PUBLICATIONS

DE

L'ÉCOLE DES LANGUES ORIENTALES VIVANTES

XI.

BIBLIOTHECA SINICA

PAR H. CORDIER.

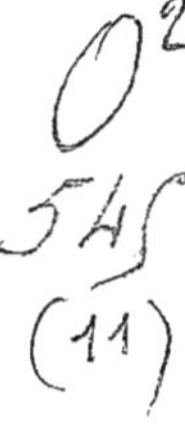

ARS IN
LITTERIS

BIBLIOTHECA SINICA

DICTIONNAIRE BIBLIOGRAPHIQUE

DES OUVRAGES

RELATIFS A L'EMPIRE CHINOIS

PAR

HENRI CORDIER

CHARGÉ DE COURS A L'ÉCOLE DES LANGUES ORIENTALES VIVANTES

Cet ouvrage a obtenu à l'Institut le prix Stanislas Julien en 1880

TOME SECOND

PARIS

ERNEST LEROUX, ÉDITEUR

LIBRAIRE DE LA SOCIÉTÉ ASIATIQUE DE PARIS

DE L'ÉCOLE DES LANGUES ORIENTALES VIVANTES, ETC.

28, RUE BONAPARTE, 28

1885.

DEUXIÈME PARTIE

LES ÉTRANGERS EN CHINE

I. — CONNAISSANCES DES PEUPLES ÉTRANGERS SUR LA CHINE

TEMPS ANCIENS ET MOYEN AGE

NOTES DIVERSES

— Notes on the intercourse of China and the Western Nations previous to the discovery of the Sea-route by the Cape.

I. Earliest Traces of Intercourse. — Greek and Roman knowledge of China.
II. Chinese knowledge of the Roman Empire.
III. Communication with India.
IV. Intercourse with the Arabs.
V. Intercourse with Armenia and Persia, etc.
VI. Nestorian Christianity in China.
VII. Literary information regarding China previous to the Mongol era.
VIII. China under the Mongol Dynasty, known as Cathay.
IX. Cathay passing into China. — Conclusion. — Supplementary Notes. — Yule, *Cathay*, I, pp. XXXIII—CCLIII.

Hypomnemata de Imperio 中國 Tchong-koué Graecis atque Romanis Serico vocato. Quae venia ampl. facult. Philos. Upsal. Praeside Doct. Gustavo Knös litt. orient. Prof. reg. et ord. reg. societ. scient. Gotting. litter. comm. conjuncto p. p. auctor Franciscus Nicolaus Changuion Anglus, in audit. Gust. die XXIV. Maji MDCCCXXIII. H. A. M. S. Upsaliae Excudebant Regiae Adademiae [sic] typographi, in-8, pp. 26.

BIBLE

— «*Sinim*, a land very distant from Palestine. From the context of Isa. XLIX. 12. it appears to have been situated towards the south or east. Some expositors have supposed it to be Pelusium or Syene; but these are only cities, and not sufficiently remote. It were better (says Gesenius) to understand it of an eastern country, perhaps *China*; of the name of which the Hebrews *may* have heard, as well as of Scythia and India.» — (T. H. Horne, *Int. to the Crit. Study and Knowl. of the Holy Scriptures*, 9th ed., 1846, III, *Geographical Index*, p. 653.)

Le passage d'Isaie (XLIX, 12) auquel il est fait allusion est celui-ci :

«Voici, ils viendront de loin; voici, ceux-ci viendront d'Aquilon, et de la mer, et ceux-là du pays des Siniens.»

Selon toute probabilité, c'est bien de la Chine qu'il s'agit dans le passage Isaïe XLIX, 12. Il faut noter d'abord que les chapitres XL—LXVI du livre qui porte ce nom, et dans lesquels se trouve le passage en question, n'ont point pour auteur le prophète Isaïe, qui vivait au VIIIe siècle avant notre ère. Ces chapitres forment un ouvrage de date beaucoup plus récente, dont l'auteur anonyme vivait en Babylonie pendant la captivité, dans la seconde moitié du VIe siècle avant J.-C. (M. Reuss fixe, pour la composition du livre, la date de 536). Le passage XLIX, 12, parle des exilés d'Israël qui reviendront de tous côtés en Palestine lorsque Jahveh, leur dieu, prendra pitié de son peuple et le rétablira dans sa splendeur première:

> Ils viendront de pays lointains,
> Ceux-ci du Nord et de la Mer [l'Occident],
> Ceux-là du pays de Sinim.

Cf. un passage analogue, XLIII, 5, 6. D'après le contexte, le pays de Sinim doit donc être un pays éloigné, situé au Sud ou à l'Est. La dernière hypothèse a été adoptée de bonne heure, car déjà la traduction grecque des Septante remplace «le pays de Sinim» par «le pays des Perses» (ἐκ γῆς Περσῶν). C'est aussi l'avis des commentateurs les plus récents. Au point de vue philologique le mot *Sinim* s'explique très bien lorsqu'on entend par là la Chine ou les Chinois (cf. Gesenius, *Thesaurus*, s. v. *Sinim*); et, historiquement, rien ne s'oppose historiquement, rien ne s'oppose à ce qu'un auteur hébreu, vivant à Babylone ou près de cette ville dans la seconde moitié du VIe siècle, ait entendu parler de l'empire chinois, comme d'un pays fort éloigné. Peut-être même quelques colonies juives s'étaient-elles déjà dirigées de ce côté, quoique l'entrée des Juifs en Chine soit généralement considérée comme ayant eu lieu au premier siècle de notre ère.

— Voir Lowrie, *Land of Sinim*, col. 322.

GRECS ET ROMAINS

STRABON Στράβων. *Liv. XV*, § XXV :

Ce même historien [Onésicrite] fait un grand éloge du pays de *Musicanus*, et raconte, au sujet de ses habitans, bien des choses dont cependant quelques-unes leur sont communes avec d'autres Indiens. Telle est, entre autres, la longévité; il en cite pour exemple des hommes qui vivent jusqu'à cent trente ans : mais, au rapport de quelques-uns les Seres vivent encore plus long-temps.

Voir la note de l'éd. de 1805, Vol. V, p. 46.

— *Liv. XV*, § XXVIII :

— On convient que tout le pays situé au delà de l'*Hypanis* est très-fertile; mais la description qu'on en donne, n'est rien moins qu'exacte. Soit ignorance, soit difficulté d'obtenir des renseignements certains sur des lieux aussi éloignés, on parle de tout avec emphase, on cherche en tout le merveilleux plutôt que le vrai.

Il faut mettre au nombre de ces exagérations ce qu'on raconte de fourmis qui tirent l'or des entrailles de la terre; d'animaux et d'hommes ayant une figure singulière et des propriétés extraordinaires; de la longévité des Sères, qui vivent jusqu'à deux cents ans.

(Edition de l'Imp. royale, 1805—1819, 5 vol. in-4.)

PUBLIUS VIRGILIUS MARO.

Georg., lib. II, v. 120—121 :

Quid nemora Æthiopum, molli canentia lana?
Velleraque ut foliis depectant tenuia Seres?

QUINTUS HORATIUS FLACCUS.

— *Lib. I, Ode XII : Ad Caesarem Augustum.*

. . . .
Ille seu Parthos Latio imminentes
Egerit iusto domitos triumpho,
Sive subiectos Orientis orae
Seras et Indos.
. . . .

— *Lib. I, Od. XXIX : Ad Iccium.*

. . . .
Doctus sagittas tendere Sericas
Arcu paterno? . . . .
. . . .

— *Lib. III, Od. XXIX : Ad Maecenatem.*

. . . .
Tu, civitatem quis deceat status,
Curas, et Urbi sollicitus times,
Quid Seres et regnata Cyro
Bactra parent Tanaisque discors.
. . . .

— *Lib. IV, Od. XV : Caesaris Augusti laudes.*

. . . .
Non, qui profundum Danubium bibunt,
Edicta rumpent Iulia, non Getae,
Non Seres infidive Persae,
Non Tanain prope flumen orti.
. . . .

POMPONIUS MELA. *De Situ Orbis.*

— *Lib. 1, Cap.* II : In ea [Asia] primos hominum ab oriente accipimus Indos, et Seres et Scythas. Seres media ferme eoae partis incolunt, Indi et Scythae ultima : ambo late patentes, neque in hoc tantum pelagus effusi . . . . .

— *Lib. III, Cap. VII : Oceanus eous, et India* : Ab iis in Eoum mare cursus inflectitur, inque orum terrae spectantis orientem. Pertinet haec a Scythico promontorio ad Colida : primumque omnis est invia; deinde ob immanitatem habitantium inculta. Scythae sunt androphagi et Sacae, distincti regione, quia feris scatet, inhabitabili. Vasta deinde iterum loca belluae infestant, usque ad montem mari imminentem, nomine Tabim. Longe ab eo Taurus attollitur. Seres intersunt; genus plenum justitiae, et commercio quod rebus in solitudine relictis absens peragit, notissimum.

Une dissertation intéressante sur les Sères est donnée dans les *Notes Supplémentaires*, pp. 662/665, de l'éd. de Pomponius Mela publiée dans la *Collection des Auteurs Latins* de M. Nisard, Paris, 1845, gr. in-8.

CAIUS PLINIUS SECUNDUS. *Naturalis Historia.*

— *Lib. VI*, XX. A Caspio mari Scythicoque Oceano, in Eoum cursus inflectitur, ad orientem conversa littorum fronte. Inhabitabilis ejus prima pars. a Scythico promontorio. ob nives : proxima inculta, saevitia gentium. Antropophagi Scythae insident, humanis corporibus vescentes. Ideo juxta vastae solitudines, ferarumque multitudo, haud dissimilem hominum immanitatem obsidens. Iterum deinde Scythae; iterumque deserta cum belluis, usque ad jugum incubans mari, quod vocant Tabin. Nec ante dimidiam ferme longitudinem ejus orae quae spectat aestivum orientem, inhabitatur illa regio.

Primi sunt hominum, qui noscantur, Seres. lanicio silvarum nobiles, perfusam aqua depectentes frondium canitiem : unde geminus feminis nostris labor redordiendi fila, rursumque texendi. Tam multiplici opere, tam longinquo orbe petitur, ut in publico matrona transluceat. Seres mites quidem, sed et ipsis feris persimiles coetum reliquorum mortalium fugiunt, commercia exspectant. Primum eorum noscitur flumen Psitaras, proximum Cambari : tertium Lanos, a quo promontorium Chryse : sinus Cyrnaba : flumen Atianos : sinus, et gens hominum Attacorum, apricis ab omni noxio afflatu seclusa collibus, eadem, qua Hyperborei degunt, temperie. De iis privatim condidit volumen Amometus sicut Hecataeus de Hyperboreis. Ab Attacoris gentes Phruri. et Tochari; et jam Indorum Casiri. introrsus ad Scythas versi, humanis corporibus vescuntur. Nomades quoque Indiae vagantur. Sunt qui ab Aquilone contingi ab ipsis et Ciconas dixere, et Brysanos.

— *Lib. XII*, I. — . . . . . Quo magis ac magis admirari subit, ab iis principiis caedi montes in marmora, vestes ad Seras peti : unionem in Rubri maris profundo, smaragdum in ima tellure quaeri.

— *Lib. XII*, XLI. — . . . . . Verum Arabiae etiamnum felicius mare est : ex illo namque margaritas mittit : minimaque computatione millies centena millia sestertium annis omnibus India et Seres, peninsulaque illa imperio adimunt.

QUINTUS AENEUS FLORUS. *Lib. IV*, XII.

— Omnibus ad Occasum et Meridiem pacatis gentibus, ad Septemtrionem quoque, duntaxat intra Rhenum atque Danubium, item ad Orientem intra Cyrum et Euphratem. illi quoque reliqui, qui immunes imperii erant, sentiebant tamen magnitudinem, et victorem gentium populum romanum reverebantur. Nam et Scythae misere legatos, et Sarmatae, amicitiam petentes. Seres etiam, habitantesque sub ipso sole Indi, cum gemmis et margaritis, elephantes quoque inter munera trahentes, nihil magis, quam longinquitatem viae imputabant, quam quadriennio impleverant; et tamen ipse hominum color ab alio venire cœlo fatebatur. [Sous Auguste.] — (Yule cite et traduit ce passage en anglais : *Cathay*, I, Note, p. xliii. — Voir la trad. de F. Ragon, Collection Panckoucke, 1833, p. 365.)

AMMIANUS MARCELLINUS. *Lib. XXIII*, VI.

— Ultra haec utriusque Scythiae loca, contra orientalem plagam in orbis speciem consertae celsorum aggerum summitates ambiunt Seras, ubertate regionum et amplitudine circumspectos : ab occidentali latere Scythis adnexos : a septemtrione et orientali, nivosae solitudini cohaerentes : qua meridiem spectant, adusque Indiam porrectos et Gangem. Adpellantur autem ibidem montes, Anniva, et Nazavicium, et Asmira, et Emodon, et Opurocarra. Hanc itaque planitiem undique prona declivitate praeruptam, terrasque lato situ distentas, duo famosi nominis flumina, Œchardes et Bautis lentiore meatu percurrunt. Et dispar est tractuum diversorum ingenium : hic patulum, alibi molli devexitate subductum : ideoque satietate frugum, et pecoribus, et arbustis exuberat. Incolunt autem fecundissimam glaebam variae gentes, e quibus Alitrophagi, et Annibi, et Sizyges, et Chardi Aquilonibus objecti sunt et pruinis. Exortum vero solis suspiciunt Rabannae, et Asmirae, et Essedones omnium splendidissimi : quibus Athagorae ab occidentali parte cohaerent, et Aspacarae : Betae vero australi celsitudine montium inclinati. Urbibus licet non multis, magnis tamen celebrantur et opulentis : inter quas maximae Asmira, et Essedon, et Asparata, et Sera, nitidae sunt et notissimae. Agunt autem ipsi quietius Seres, armorum semper et proeliorum expertes : utque hominibus sedatis et placidis otium est voluptabile, nulli finitimorum molesti. Caeli apud eos jucunda salubrisque temperies, aeris facies munda, leniumque ventorum commodissimus flatus : et abunde silvae sublucidae : a quibus arborum fetus aquarum adspergini-

(Temps anciens et moyen age.)

bus crebris, velut quaedam vellera mollientes, ex lanugine et liquore mistam subtilitatem tenerrimam pectunt : nentesque subtemina, conficiunt sericum. ad usus antehac nobilium, nunc etiam infimorum sine ulla discretione proficiens. Ipsi praeter alios frugalissimi. pacatioris vitae cultores, vitantes reliqorum mortalium coetus. Cumque ad coemenda fila, vel quaedam alia fluvium transierint advenae, nulla sermonum vice, propositarum rerum pretia solis oculis aestimantur : et ita sunt abstinentes, ut apud se tradentes gignentia, nihil ipsi comparent adventicium.

Ariani vivunt post Seras, Boreae obnoxii flatibus : . . . .

Remarks on the Sequel to the Periplus of the Erythrean Sea, and on the country of the Seres, as described by Ammianus Marcellinus : By James Taylor, Esq., Civil Surgeon, Dacca. (*Jour. of the As. Soc. of Bengal*, XVI, 1847, pp. 1/78.)

THEOPHILACTE SIMOCATTA. — Mention de la Chine donnée par Théophylacte Simocatta (610 ap. J.-C.), par Klaproth. (*Jour. As.*, VIII, 1826, pp. 227/230.)

Voir également St. Martin, *Mém. sur l'Arménie*, II, pp. 41/43.

COSMAS. — Parlant de l'isle de Taprobane, Cosmas dit: «Les Insulaires traittent avec les Chinois des soyes de bois d'Aloë, ou d'Aquila, de clou de Girofle, de bois de Girofle, de bois de Sandale & d'autres Marchandises». Et plus loin il ajoute: «Les autres marchandises viennent du Tsin : au delà du Tsin, il n'y a point de terre habitée; car l'Océan l'entoure du costé de l'Orient.» (Relation publiée dans le *Recueil* de Thévenot, 1re Partie, 1663, pp. 20/21.)

Dans un autre endroit, Cosmas dit : «Le Pays d'où vient la soye est dans la partie la plus éloignée des Indes, à la main droite de ceux qui entrent dans la Mer Indique. beaucoup au delà du Golphe Persique & de l'Isle que les Indiens appellent Selediba, et les Grecs Taprobane. On appelle ce Pays Tsin. Le Pays du Tsin est fermé à la main droite par l'Océan, de mesme que la Barbarie. qui en est aussi fermée d'vn costé; les Philosophes Indiens qu'on appelle Brachmanes. disent que si l'on tiroit vn cordeau depuis le Tsin iusques en Grece, il passeroit iustement par le milieu du Monde; & ils ne s'éloignent pas de la vérité; car il y auroit encore bien des Pays au costé droit de ce cordeau ou ligne imaginaire, tellement qu'on transporte en peu de temps en Perse la soye par terre, en changeant de plusieurs mains des peuples qui sont entre deux; mais le chemin par mer est bien plus long; car depuis l'Isle de Taprobane iusqu'au Tsin, il y a aussi loing que du fonds du Golphe Persique iusqu'à l'Isle de Taprobane; ainsi ceux qui vont par terre abregent de beaucoup le chemin, & c'est de cette facilité de porter des Marchandises en Perse que vient cette abondance de Soyrie qu'on y trouve tousiours; ce qui est au delà du Tsin n'est point habité, & l'on n'y nauige point; & qui mesureroit l'étendüe de ce cordeau tiré de là vers l'Occident, trouueroit à peu près la distāce de quatre cent stations ou journées; & voila. comme ie croy, qu'il la faudroit mesurer : depuis le Tsin iusques aux frontières de la Perse se trouue l'Ounia, l'Inde, & la Bactriane. l'on trauerse ces pays en 150 stations . . . . .» Pp. 22/3. (*Recueil* de Thévenot, Première Partie, 1663.)

Sur Cosmas, voir également : Montfaucon, *Collectio Nova Patrum et Script. Graec.*, ii. — St.-Martin, *Mém. sur l'Arménie*, II, pp. 38/40. — Charton, *Voy. anc. et mod.*, II, pp. 1/30.

— Réflexions générales sur les liaisons & le commerce des Romains avec les Tartares & les Chinois. Par M. de Guignes. Lû le 19 Août 1763. (*Rec. de l'Ac. des Insc., Mém.*, XXXII, pp. 355/369.)

— Mémoire dans lequel on entreprend de fixer la situation de quelques peuples Scythes, dont il est parlé dans Hérodote. Et de rechercher si du temps de cet Historien on connoissoit la Chine. Par M. de Guignes. Lû le 22 Avril 1766. (*Rec. de l'Ac., Mém.*, XXXV, 1770, pp. 539/572.)

— Voir Lettre du P. Gaubil, Pekin, 12 août 1752. (*Let. édif., Pant. litt.*, IV, pp. 57/58.)

— De Guignes (*Chou king*, de Gaubil, Préface, p. v.) cite un passage de la *Préparation Évangélique* (Livre VI, ch. x, p. 274) où Eusèbe, d'après Bardessanes, parle des Seres.

— Recherches géographiques et historiques sur la Sérique des Anciens. Par M. d'Anville. Lû le 7 Juillet 1761. (*Rec. de l'Ac. des Insc., Mém.*, XXXII, 1768, pp. 573/603.)

— Recherches sur la Sérique des Anciens, et sur les limites de leurs connoissances dans la Haute-Asie. Par P. F. J. Gosselin. Lu à l'assemblée publique du 17 Avril 1792. (*Rec. de l'Ac. des Insc., Mém.*, XLIX, 1808, pp. 713/749.)

— Panthéon Chinois, par Joseph Hager. Voir col. 295.

— Origine de l'un des noms sous lesquels l'Empire romain a été connu à la Chine. Par E. Jacquet. (*Nouveau J. As.*, IX, 1832, pp. 456/464.)

— Relations politiques et commerciales de l'Empire romain avec l'Asie orientale (l'Hyrcanie, l'Inde, la Bactriane et la Chine) pendant les cinq premiers siècles de l'ère chrétienne, d'après les témoignages latins, grecs, arabes, persans, indiens et chinois, avec quatre cartes, par M. Reinaud, Membre de l'Institut... Paris, Imprimerie Impériale, MDCCCLXIII, in-8, pp. 339.

Avait paru dans le *Jour. Asiatique*, 1863, Vol. I.

Devenu peu commun.

— Lettre au rédacteur du *Journal Asiatique* par N. de Khanikoff. (*Jour. As.*, 6e. Sér., Vol. II, 1863, pp. 299/303.)

— On trouvera dans Yule, *Cathay*, Vol. I :

Note I. Extract from the Periplus of the Erythraean Sea (Circa A. D. 80—89), pp. CXLIV-VI. From *Müller's Geogr. Gr. Minores*, I. pp. 303-5.

Note II. Extracts from the Geography of Ptolemy (Circa A. D. 150), pp. CXLVI-CLIII.

Note III. From Pomponius Mela *de Situ Orbis* (Supposed about A. D. 50), i, 2-iii, 7, p. CLIII.

Note IV. Extracts from Pliny's *Natural History*, pp. CLIII-CLVII.

Note V. From the itinerary of Greece of Pausanias. (Circa A. D. 174), pp. CLVII-CLVIII.

Note VI. From the History of Ammianus Marcellinus (Circa A. D. 380), pp. CLVIII-IX.

Note VII. The Introduction of the Silk-worm into the Roman Empire, from Procopius, *de Bello gothico*. (Anno D. 500-565), pp. CLIX.

Extracts from the *Topographia Christiana* of *Cosmas the Monk* (Circa 545), pp. CLXVII-CLXXXI.)

— Sur les Seres et la Serique voir l'*Encyclopädie des Classischen Alterthums*, de Pauli.

INDES

— Antiquity of the Chinese trade with India and the Indian Archipelago, by J. R,

Logan Esq. (*Jour. of the Ind. Arch.*, 1848, pp. 603 et seq.)

Dans « An Essay on the Sacred Isles in the West, with other essays connected with that Work », Major F. Wilford dit (*As. Res.*, Vol. XI, p. 109)... « The *Chinese*, who lied originally on the banks of the *Oxus* according to the *Puranas*, have preserved a great many *Sanscrit* vocables in their language, which are engrafted upon another, unknown to us. »

— Voir : Yule, *Cathay*, I, pp. LXVI et seq.

LES ARABES

LES DEUX VOYAGEURS

— Anciennes relations des Indes et de la Chine de deux Voyageurs Mahometans, qui y allèrent dans le neuvième siècle; traduites d'arabe : avec des Remarques sur les principaux endroits de ces Relations. A Paris, chez Jean-Baptiste Coignard, 1718, in-8, pp. XL-414.

Préface. — Anciennes Relations. — Eclaircissement touchant la prédication de la Religion chrestienne à la Chine. — Eclaircissement touchant l'entrée des Mahometans dans la Chine. — Eclaircissement touchant les Juifs qui ont esté trouvez à la Chine. — Eclairc. sur les Sciences des Chinois. — Table des Matières. — Privilége du Roy.

On voit par ce privilége que « le Sieur Eusèbe Renaudot (1), Prieur de Frossay et de Chasteaufort, l'un des Quarante de l'Académie française », est l'auteur de cet ouvrage.

Voir dans les *Lettres édifiantes*, XXI, pp. 183-217, une réfutation des erreurs de Renaudot écrite par le Père de Prémare.

Langlès (1981 bis) avec des corrections et des notes de la main de L., Fr. 9.05. — Klaproth (1075) Fr. 6. — Vaut Fr. 6.

— Ancient accounts of India and China, by two Mohammedan Travellers who went to those parts in the 9th Century; translated from the Arabic, by the late Learned Eusebius Renaudot, with notes, illustrations and inquiries by the same Hand. London, Sam. Harding, 1733, in-8, pp. XXXVIII-272.

Notice par E. C. Bridgman : *Chinese Repository*, I, pp. 6, 42/45; réimp. dans *The Cycle*, 21 May 1870. — Staunton, *Miscel. Notices*, 1822, pp. 111/112.

Quaritch, 1872 : 12/6.

— An Account of the Travels of two Mohammedans through India and China, in the ninth Century. Translated from the Arabic by the Abbé Renaudot. (*Pinkerton*, VII, p. 179, d'après *Harris*, I, 521.)

— Antiche Relazioni dell'Indie, e della China di due Maomettani che nel secolo nono v'andarono. Tradotte dall'Araba nella lingua Francese, Ed illustrate con Note, e Dissertazioni dal Signor Eusebio Renodozio ed insieme con queste aggiunte fatte italiane per un' anonimo. In Bologna MDCCIL. Per Tommaso Colli, a S. Tommaso d'Acquino. Con licenza de' Superiori. pet. in-4, pp. VIII-376.

Imprimatur die 5. Decembris 1748.

Anonimo = Abondio Collina?

— Relation des Voyages faits par les Arabes et les Persans dans l'Inde et à la Chine dans le IXe siècle de l'ère chrétienne, texte arabe imprimé en 1811 par les soins de feu Langlès publié avec des corrections et additions et accompagné d'une traduction française et d'éclaircissements par M. Reinaud, Membre de l'Institut. Paris, imprimé par autorisation du Roi à l'Imprimerie royale, 1845, 2 vol. in-24.

I. Discours préliminaire. — Chaîne des Chroniques.

II. Notes de la Traduction. — Remarques sur quelques passages de cet ouvrage relatifs à l'histoire naturelle [par le Dr. Roulin]. — Additions et Corrections. — Errata pour le texte de la relation. — Texte Arabe.

Le texte imprimé par les soins de Langlès n'avait jamais été publié; il était resté à l'imprimerie royale. (I, p. V.)

Articles de M. Quatremère dans le *Journal des Savans*, I, Sept. 1846, pp. 513/531. — II. Nov. 1846, pp. 677/690. — III, Déc. 1846, pp. 733/750. — IV, Avril 1847, pp. 235/249.

Etudes, par M. Ed. Dulaurier, *Jour. As.*, IVe Sér., VIII, pp. 131/215.

— Mémoire géographique, historique et scientifique sur l'Inde, antérieurement au milieu du XIe siècle de l'ère chrétienne, d'après les écrivains arabes, persans et chinois par M. Reinaud. (*Mém. de l'Ac. des Insc. et Bel. Let.*, XVIII, 1849, pp. 1/400.)

— Examen de certains points de l'itinéraire que les Arabes et les Persans suivaient au IXe siècle pour aller en Chine, d'après la relation dont Renaudot a donné anciennement la traduction et que M. Reinaud a retraduite récemment avec plus de fidélité, en l'accompagnant d'un travail géographique; par Alfred Maury. Br. in-8, pp. 36.

Extrait du *Bul. de la Soc. de Géog.*, Avril 1846.

— Hugh Murray. *Hist. Account of Discoveries and Travels in Asia*, I, pp. 60 et seq.

— Yule, *Cathay*, I, pp. CI et seq.

— *Biog. univ.*, Art. de Saint-Martin :

« En publiant son livre, l'abbé Renaudot ignorait que l'original arabe qu'il avait traduit n'était qu'un fragment du célèbre ouvrage de Masoudy, intitulé *Moroudj-eddheheb*, fragment qui ne contenait qu'une copie lacérée du chapitre dans lequel cet auteur fait la description de la Chine et des régions de l'Inde qui l'avoisinent dans les mers du Midi. C'est ce que l'auteur de cet article a découvert, en comparant le manuscrit dont Renaudot s'est servi avec l'ouvrage même de Masoudy. C'est la même rédaction. Comme en publiant sa traduction le savant théologien avait négligé de faire connaître avec précision le manuscrit qu'il interprétait, se contentant de dire vaguement qu'il faisait partie de la bibliothèque du comte de Seignelay, fils de Colbert, les savants doutèrent assez longtemps de l'authenticité de ces relations, sinon pour la totalité, au moins pour quelques parties. Ils étaient d'autant plus fondés à concevoir cette opinion, que la préface et les longues notes du traducteur laissaient voir trop évidemment qu'il n'était pas fâché de trouver dans ce livre des renseignements qui semblaient démontrer la fausseté ou l'exagération des relations données par les missionnaires jésuites

1. Né à Paris, le 21 juillet 1648; † 1er. Sept. 1720; on trouvera dans le *Mercure* de Janvier 1731, pp. 98/106, la liste de ses écrits inédits. — L'épître XII de Boileau lui est adressée.

(TEMPS ANCIENS ET MOYEN AGE.)

sur la Chine. Ces doutes subsistèrent jusqu'en 1787, quand Deguignes parvint enfin à retrouver le texte traduit par Renaudot, dans un manuscrit arabe de la bibliothèque de Paris du fonds de Colbert, qui porte actuellement le n° 597. Il inséra une notice à ce sujet dans le premier volume des *Notices et extraits des manuscrits de la bibliothèque du roi*. Le savant académicien n'eut pas de peine à se convaincre de la fidélité du travail de Renaudot; mais il ne reconnut pas que ce texte n'était qu'un fragment de l'ouvrage de Masoudy, sur lequel il avait donné une notice dans le même volume».

— Charton, *Voy. anc. et mod.*, II, pp. 94/153.

— Remarks concerning the situation of Canfu, formerly the chief resort of Arabian and other foreign merchants in China by J. R. Morrison (*The Chinese Repository*, III, June 1834, pp. 115 et seq.).

Réimp. dans *The Canton Register*, pp. 123/124, 1834, et dans *The Cycle*, 17 Dec. 1870.

— Excerpta ex Quazvinii Opere geographico. Indiam et Sindiam spectantia, pp. 193 et seq., de «Scriptorum Arabum De Rebus indicis loci et opuscula inedita..... rec. et ill. Ioannes Gildemeister». Bonnae, 1838, in-8.

— Voir Yule, *Cathay*, I, pp. lxxvii et seq.

DIVERS

— Let. éd. *Pant. litt.*, IV, pp. 25/6.

— Extracts of Alhacen his Arabike Historie of Tamerlan, touching his Martiall Trauels, done into French by Iean dv Bec, Abbat of Mortimer. (Purchas, *His Pilgrimes*, III, lib. I, c. 8, pp. 160 [140] et seq.)

— La *Géographie* d'Edrisi est citée par le Col. Yule, *Cathay*, I, pp. cxii-cxiii.

— Abstract of the Travels of Ibn Muhalhal. (*Cathay*, by Yule. I, Note XII, pp. clxxxvi-cxciii.)

— Extracts regarding China from Abulfeda (A. D. 1273-1331). (Yule, *Cathay*, I, pp. cxciii-cxciv.)

Le Colonel Yule dit dans une note, p. cxciii : «My friend Mr. Badger was kind enough to make a literal translation of these extracts for me. I have slightly smoothed the ruggedness of a literal version from Arabic, whilst trying not to affect the sense».

— On the knowledge possessed by the Ancient Chinese of the Arabs and Arabian Colonies, and other Western Countries, Mentioned in Chinese Books by E. Bretschneider, M. D. Physician of the Russian Legation at Peking. London, Trübner, 1871, brochure in-8, pp. 27.

ARMÉNIE ET PERSE

— Mémoires historiques et géographiques sur l'Arménie, suivis du texte Arménien de l'Histoire des Princes Orpélians, par Etienne Orpélian, archevêque de Siounie, et de celui des Géographies attribuées à Moyse de Khoren et au docteur Vartan, avec plusieurs autres pièces relatives à l'histoire d'Arménie; le tout accompagné d'une traduction Françoise et de notes

explicatives, par M. J. Saint-Martin. Paris, de l'imprimerie royale, 1818/1819, 2 vol. in-8.

Voir particulièrement, II, pp. 15/55 : «Dissertation sur l'origine de la famille des Orpélians, et de plusieurs autres colonies chinoises établies en Arménie et en Géorgie».

∴

— «XV. Nome distinto si acquistò Geremia detto Cielebi, e dal cognome della sua famiglia detto anche Kiomurgian, nato in Costantinopoli nel 1635; uomo dotto e peritissimo delle lingue europee, perchè Dragomano, ed amico intimo di tutti gli ambasciatori europei presso la sublime Porta ottomana. Morto egli nel 1695, nella età di 60 anni ci lasciò le seguenti opere. 1°.....5°. una Topografia della Persia, della *China*, della Notolia, e dell' Armenia; composta a richiesta dell' Internunzio austriaco. Di quest' opera però tanto importante non esiste se non se un frammento della prefazione alla carta geografica.» (*Quadro della storia letteraria di Armenia estesa da Mons. Placido Sukias Somal*. Venezia, tipografia Armena di S. Lazzaro, 1829, in-8, pp. 159/160.)

Cf. : Versuch einer Geschichte der Armenischen Literatur nach den Werken der Mechitaristen frei bearbeitet. von Carl Friedrich Neumann. Leipzig, 1836, pp. 251/2.

∴

— Voir Yule, *Cathay*, I, pp. lxxxii et seq.

RACHID EDDIN. — Voir les notes à la fin du Vol. II de l'*Histoire des Mongols* de C. d'Ohsson.

— *Biog. univ.*, art. de Saint-Martin.

— Description de la Chine sous le Règne de la Dynastie Mongole traduite du Persan de Rachid-Eddin et accompagnée de notes par M. Jules Klaproth. Paris, Imprimerie Royale. MDCCCXXXIII. in-8, pp. 52.

Extrait du *Nouveau Journal Asiatique* (XI, 1833, pp. 335/358. 447/470). — C'est une nouvelle version faite pour montrer les erreurs de la traduction par de Hammer (insérée dans le *Bulletin de la Société de Géographie* de Paris. No. 98, juin 1831, pp. 265 et suiv.) d'une description du *Khataï*, ou de la Chine sous les Mongols, extraite de l'histoire générale intitulée *Djema'a et-tewarikh*, rédigée en persan par *Rachid eddin*, vizir d'Oldjaïtou khan, roi mongol de la Perse, et terminée l'an 706 de l'hégire (1307 de J.-C.).

C'est de la traduction française de Klaproth que s'est servi principalement le Col. Yule pour sa version anglaise : «*Cathay under the Mongols. Extracted from Rashiduddin*» dans *Cathay and the Way thither*, II, pp. 253/275.

— Rashid-ud-deen's Description of China under the Mongols. Translated from the Persian, with notes, by M. Klaproth. (*Asiat. Journal*, VIII, pp. 97/107.)

CHEMIN DE LA CHINE ET DE LA TARTARIE AU MOYEN AGE

COLLECTIONS GÉNÉRALES DE VOYAGES, etc.

(Moyen âge et Temps modernes)

— LHystore merueilleuse Plaisante et Recreative du grād Empereur de Tartarie seigneur des Tartres nōme le grād Can. Cōtenāt six liures ou parties : Dont le || Premier traicte des singularitez & conditions des .XIIII. Royaulmes de Asye subiectz audict grand Chan. || Le second parle des empereurs qui depuis Lincarnation nostre seigñr ont regne et encore a p̄sent regnent en Asie. Et aussi dont premier proceda le nom du grād Chan Et la seigneurie des Tartres | Et cōment. || Le tiers descript q̄lle chose on doibt faire auāt que commencer la guerre. || Le quart parle du voyaige q̄ fist vng Religieux des freres p̄scheurs allant p. le commādement du pape oultre mer prescher les mescreās. Et sont en ceste ptie cōtenuz les royaulmes | Les gens | Les prouinces | Les loix | Les sectes | Les heresies | Et les nouuelles que ledit frere trouua es parties doriēt. || Le cinq̄esme cōtiēt commēt vng aultre religieux des freres mineurs alla oultre mer pour prescher les infidelles | Et fust iusques en la terre prestre Jan ou il vit plusieurs aultres choses fort admirables Et dignes de grand memoire | cōme il racōpte cy dedans. || Le sixiesme ple du pays de surye | et des villes sur mer | degipte | du desert | du mōt de Synay | darabe | Et des sainctz lieux q̄ sont entre le fleuue Jourdain & hierusalē | Et signāment des choses mōstrueuses ql a veues selon la diuersité des pays | cōtrees | et regiōs Et plusieurs aultres choses cōme on pourra veoir par la table cy apres.

|| Auec Preuilege. || on les vēd a paris en la rue neufue ñre dame a lēseigne. S. Nicolas et au pallays en la gallerie cōe on va a la chācellerie pour Jehā. S. denys.

Petit in-folio de 82 feuillets numérotés et de 4 feuillets préliminaires pour le titre. le permis d'imprimer et la table. Le permis porte la date du 15 Février 1528. L'ouvrage a été imprimé en 1529, comme il est dit au verso du dernier feuillet.

Le titre est encadré; il est orné d'un frontispice dont Brunet donne le fac-similé dans le *Manuel du Libraire*, II, col. 1373.

Le savant bibliographe écrit, III, col. 67/68 : « Ce volume précieux n'a été vendu que 10 fr. *mar. citr.* La Vallière, et 5 fr. Duquesnoy. mais le même exemplaire (mal annoncé sous la date de 1524) a été revendu 70 fr. Thierry; autres 67 fr. vente Chaillou. 1817; 9 liv. 5 sh. Hibbert; 99 fr. 50 c. (riche reliure de Mackenzie), St. Mauris 1840. » L'ouvrage vaudrait infiniment plus cher aujourd'hui; il n'y en a qu'un petit nombre d'ex. connus; M. Defrémery en possède un, croyons-nous; M. Ch. Schefer, également.

L'exemplaire que nous avons examiné est celui de la Bib. nationale (O 1200 Réserve).

Cet ouvrage reproduit les relations contenues dans le manuscrit Fr. 1380 (ancien 7500 C) de la Bibliothèque nationale, dont voici la description :

Petit in-folio, vélin; XVe siècle; à 2 colonnes; provient de Bigot. 165; au recto du f. 1, dessin colorié; place des autres dessins laissée en blanc.

La Table occupe 3 feuillets préliminaires.

1° *Commence recto f. 1* : Ci commence vn traittie de l'estat et des condicions de xiiij. royaumes dayse et des empereurs qui puis lincarnacion de ñre seigneur ont regne en y ceulx et regnent encore et du passage doultre mer a la terre sainte. et de la puissance du souldam de egypte que nous appelons le souldam de babilone. Et fut ce traittie fait premierement en latin par tres hault et tres noble hōme monseigneur Aycon seigneur de courcy cheualier et nepueu du roy darmenie . . .

2° *Commence verso f. 53* : Ci cōmence la itinerance de la peregrinacion & du voiage que fist vn bon preudome des freres prescheurs qui ot nom frere Biculł . . . .

3° *Commence recto f. 95* : Ci cōmence le chemin de la peregrinacion et du voiaige que fist vns bons home de lordre des freres mineurs qui ot nom frere Odric de foro julii . . .

4° *Commence recto f. 119* : Cy commence vn traictie de lestat de la terre sainte et aussi en partie de la terre de Egypte & fut fait a la requeste de tres Reuerent seigñr mons. Talairāt de pierregort . . .

5° *Commence verso f. 138* : Cest la copie des lettres que li emperercs souverains des tartres le grant caan de cathay envoya au pape Benoit xij° de ce nom . . .

6° *Commence recto f. 142* : De la gouūnance du grant caan de cathay . . .

Le manuscrit finit au verso du feuillet 146. Ces traductions sont de Jehan Le Long.

∴

Le manuscrit in-folio relié aux armes de France qui porte à la Bibliothèque nationale le No. 2810 Fr. (ancien fonds 8392) contient les ouvrages suivants : Marco Polo. — Odoric. — Taleren de Pierreguort. — L'Estat du grand Kaan. — Lettres du Pape. — Mandeville. — Hetoum et Ricold.

Voici d'ailleurs la description de ce superbe manuscrit écrit en caractères gothiques exécuté par ordre du duc de Bourgogne et donné par ce prince à son oncle le duc de Berry au commencement du XV° siècle. L'une des vignettes au commencement de l'histoire de Hetoum. Fol. 226, représente le duc de Bourgogne recevant le livre. L'écu de Jean Sans Peur est indiqué dans la vignette : *Ecartelé, au 1. & 4. semé de France, à la bordure componnée d'azur et de gueules, qui est* BOURGOGNE MODERNE. *Au 2. & 3. bandé d'or et d'azur de six pièces à la bordure de gueules qui est* BOURGOGNE ANCIEN. *Et sur le tout, d'or au lion de sable armé, & lampassé de gueules, qui est* FLANDRE. Il porte pour titre :

Ce Liure est des Merueilles du Monde. Cest assavoir de la Terre Saintte. Du Grant Kaan. Empereur des tartares. Et du pais Dinde. Lequel Liure Jehan Duc de Bourgoingne Donna a son oncle Jehan fils de Roy de France Duc de Berry et d'Auviergne. Comte de Poitou Detampes. de Bouloingne. et Dauvergne. Et contient le dit Liure six Livres. Cest assavoir. Marc Pol. Frere Odric de lordre des Freres meneurs. Le Liure fait à la requeste du Cardinal Taleran de Pierregort. L'Estat du Grant kaan. Le Liure de Messire Guillaume de Mandeville. Le Liure de Frere Jehan Hayton de lordre de premonstre Le Liure de Frere Bicul de lordre des Freres prescheurs — Et sont en ce dit Liure Deux cens soixante six hystoires.

Signé par N. Flamel.

Puis viennent :

1° *Marco Polo* : Cy apres commence le liure de Marc Paule des merveilles daise la grant et dinde la maiour et mineur Et des diuerses regions du monde. — *Commence* : Pour sauoir la pure uerite de diuerses regions du monde. Si prenez ce liure cy et le faictes lire. Si y trouuerez les grandismes merueilles qui y sont escriptes. . . . .

Fini (Fol. 96 verso) : Et a tant fine messire marc pol son liure de la diuision du monde et des meruailles dicelluy.

2° *Odoric* : Folio 97 : Cy cōmence le liure Frere audric de lordre des Freres meneurs. Cy commence le chemin de la peregriuacion et du voyaige que fist vn bon homme de lordre des freres meneurs. nomme frere Odric de fore julii. ne de vne terre que on appelle port de Venisse qui par le cōmāt du papa ala oultre mer pour preschier aux mescreans la foy de Dieu. Et sont en ce liure contenu les merueilles que li dis freres vit presentement. et aussy de plusieurs autres lesquelles il oy compter en ces parties sus dittes de gens disgnes de foy. mais celles quil oy racompter et quil ne vit point. ne racompte il point pour uerite fors pour oir dire, et le sōne en son langaige quant a ce vient. Et fut ce liure fait en latin par ce frere deuant homme en lan de grace mil .ccc. xxx. pfais le .xiiij^e^. iour de ianuier Et fu cilz liures translatez de latin en francois par frere Iean le lonc. dit et ne dyppre moisne de saint bertin en saint Aumer. en lan de grace M. CCC. lj.

Fini (Folio 115 recto et verso) : Explicet le yteneiraire Odric de Foro Julij de lordre des freres meneurs qui fist cest liure en lan de grace mil trois cens et trente. Et puis la mort dieux a fait par lui maint miracle. Et fit cilz liures translatez par frere iehan le lonc ne dyppre et moisne de saint bertin en saint aumer. En lan de grace mil .iij^c^. lj. acomplis.

3° Folio 116 : Cy commence Le Liure de Taleren de Pierreguort.....

Fini au folio 132, verso.

Par Guillaume de Bouldeselle.

4° Folio 133 : Cest la coppie des lettres que ly empereres souuerains des tartars le grant kaan de katay enuoya au pappe benoit le .xij^e^. de ce nom en lan de grace mil trois cens. xxx viii. enuiron la pentecouste et furent par le commandemēt dudit pappe translatees en latin. et furent translatees du latin en francois par frere iehan le lonc dit et ne de yppre moisne de saint bertin en saint aumer : en lan de graco. M. iij^c^. lj.

Finissant par : Escript en Cambalec en lan du rat. le sisiesme mois. le tiers iour de la lunison.

Suivi d'un Commentaire.

5° Folio 134 : Cest la teneur des lettres et de la responce que ly pape renuoya a ses principaux amis demourans en Cambaulech, dessoubz lempereur desus dit.

Fini Fol. 136 : Donne en avignon. le xuj. iour de Juing. le. V^e^ annee de n're regnacion de n're pappa. Explicit, etc.

6° *Estat du grant Caan :* Folio 136 au verso : Cȳ commence le Liure de lestat du grant Caan. Cȳ commence de lestat et de la gouuernance du grant kaan de cathay souuerain empereur des tartares. et de la disposicion de son empire. et de ses autres princes. Interprété par vn arceuesque que on dist larceuesque Saltensis. au commant du pappe iehan. xxij^e^ de ce nom. Translate de latin en francois p frere iehā le lōc dyppre moisne de s'. b'tī en s'. aumer.

Fini Folio 140 verso : Explicit de la gouuernance et de lestat du grant kaan souuerain empereur des Tartars.

7° *Mandeville :* Folio 141 : Cȳ commence le liure mesire guillaume de mandeuille — Comme il soit ainsi que la terre doultre mer cest assauoir la sainte terre de promission. entrestontes les autres terres cest la plus excellente. et la plus digne et dame soueraine de toutes autres terres. Et benoite et saintefie et consacree du precieux corps et du precieux sang n̄re seigneur Jesu Crist.

Fini au verso du Folio 225.

8° *Hayton :* Folio 226 : Cȳ commence le liure frere Iehan hayton de lordre de premonstre cousin germain du roy darmenie qui parle des merueilles des .xmj royaulmes dasie. Le royaume de cathay est tenu pour le plus noble royaume et le plus riche qui soit ou monde et est sur le riuage de la mer occeane.

Fini Folio 267 : Cȳ fine le liure des hystoires des parties dorient compile par religieux hōme frere hayton frere de lordre de premonstre iadis seigneur de core. cousin germain du roy darmenie sur le passaige de la terre sainte. p. le commandement du souuerain pere n̄re seigneur lapostole clement quint en la cite de poytiers. Le quel liure ie nicole Falcon escrips premierement en frācois. si comme le dit frere hayton le ditoit de sa bouche. sans note ne exemplaire. et de romans le translatay en latin. En lan n̄re seigneur. M. CCC. sept ou mois daoust. Deo gracias.

9° Cȳ cōmence Le Liure de Frere Bicul : de lordre des Freres prescheurs.

Commence Folio 268 : Ci cōmence le itineraire de la peregrinacion et du voiage que fist ung bon preudōme des freres precheurs qui ot nom frere bicul. qui par le cōmant du saint pere ala oult mer po^r^ prechier aux mescreans la foy de dieu.

Fini au verso du folio 299 : Explicit le ytineraire de la peregrinacōn frere riculd de lorde des freres precheurs et sont en ce liure contenu par sobriesce les royaumes et les gens lez prouinces lez loys lez sectes lez heresies. lez monstres et les merueilles que li dis freres troua es ptics dorient. et fu cilz liures t'rlastes de latin en françoys par frere ihan de yppre moisne de saint bertin en saint omer. En lan. mil. ccc. lj. acomplis.

Les lettres indiquées sous les Nos. 4 et 5 ont été publiées par M. E. Jacquet dans le *Nouv. Jour. As.*, VII, 1831, pp. 417 et seq., avec le titre de :

Notice sur quelques relations diplomatiques des Mongols de la Chine avec les Papes d'Avignon.

Mr. Pauthier s'est servi de ce ms. pour sa belle édition de Marco Polo ; c'est celui qu'il marque *B.* Mr. de Backer, depuis, en a extrait Odoric, Hetoum, Ricold, les lettres du Pape et l'*Etat du grand Khan* sous le titre de :

— Louis de Backer. L'Extrême Orient au Moyen Age d'après les manuscrits d'un Flamand de Belgique Moine de Saint-Bertin à Saint-Omer et d'un Prince d'Arménie Moine de Prémontré à Poitiers. Paris, Ernest Leroux, 1877, in-8, pp. 502.

Nous avons publié un compte-rendu très défavorable de cet ouvrage dans la *Revue critique*, 19 mai 1877. — Voir également *The Athenaeum*, No. 2598, 11 août 1877. — Le ms. 2810 Fr., dont il est ici question, est indiqué au No. 116 du catalogue de la bibliothèque de Jean, duc de Berry, au château de Mehun-sur-Yèvre, 1416 (1). Le comte A. de Bastard a commencé, mais non achevé la publication des 266 miniatures (2).

*
* *

— Novvs Orbis regionvm ac insvlarvm veteribus incognitarum, unà cum tabula cosmographica, & aliquot aliis consimilis argumenti libellis, quorum omnium catalogus sequenti patebit pagina. His accesit copiosus rerum memorabilium index. Parisiis apvd Ioannem Paruum sub flore Lilio, uia ad sanctum Iacobum, in-folio.

— Le même : Parisiis apvd Galeotvm à Prato, in aula maiore regii Palatii ad primam columnam, in-folio.

Même édition que la précédente. Frontispices et libraires différents.

On lit au recto du dernier feuillet (508) : Impressum Parisiis apud Antonium Augerellum, impensis Ioannis Parui & Galeoti à Prato. Anno M.D.XXXII. VIII. Calend. Nouembris.

Novvus Orbis Regionvm ac Insvlarvm veteribvs incognitarvm... Basileae apvd Io. Hervagivm, 1537, in-folio.

Quaritch, liv. 4/4- avec la carte du Monde de Sébastien Münster.

— Novvus Orbis Regionvm ac Insvlarvm veteribvs incognitarvm vna cvm tabvla cosmographica, & aliquot alijs consimilis argumenti libellis, nunc nouis nauigationibus auctus, quorum omnium catalogus sequenti patebit pagina. Adiecta est huic

---

1. La Librairie de Jean, duc de Berry, au château de Mehun-sur-Yèvre (1416), publiée en entier pour la première fois d'après les inventaires et avec des notes par Hiver de Beauvoir. A Paris, Aubry, 1860, in-8.

2. Librairie de Jean de France, duc de Berry, Frère du Roi Charles V, publiée en son entier pour la première fois ; précédée de la vie de ce prince, illustrée des plus belles miniatures de ses manuscrits ; accompagnée de notes bibliographiques ; et suivie de recherches pour servir à l'histoire des arts du dessin au moyen âge. Le comte Auguste de Bastard, éditeur. Paris, MDCCCXXXIV. 5 liv. gr. in-folio.

postremae editioni Nauigatio Caroli Caesaris auspicio in comitijs Augustanis instituta. Basileae apvd Io. Hervagivm, anno M. D. LV. In-folio.

— Die New Welt der landschaften vnnd Insulen...... gedruckt zu Strassburg durch Georgen Vlricher . . . An. M.D.XXXIIII, in-folio.

Ff. 103/133 ; Marr Paulen des Venedigers Erst Buch | von den Morgenlandern. — Ff. 134/152 : Haithon des Armeniers Premonstratensis ordens | von den Tartern.

RAMUSIO, † 10 juillet 1557. — Primo volume, & Terza editione delle Navigationi et Viaggi raccolto gia da M. Gio. Battista Ramvsio, & con molti & vaghi discorsi, da lui in molti luoghi dichiarato & illustrato . . . . In Venetia nella stamperia de Givnti. L'anno MDLXIII, in-fol.

Secondo volume della Navigationi et Viaggi . . . . In Venetia, Appresso i Giunti. MDLXXXIII, in-fol.

Terzo volume.... In Venetia, nella stamperia de Givnti. L'anno M.DLXV, in-fol.

Vend. Thonnelier, mar. r. (2178), Fr. 200.

— Delle Navigationi et Viaggi raccolte da M. Gio. Battista Ramvsio, in tre Volvmi divise..... In Venetia, MDCVI. Appresso i Givnti. 3 vol. in-folio.

Nous sortirions du cadre de notre ouvrage en donnant une bibliographie de Ramusio qui est d'ailleurs déjà suffisamment bien faite par Camus dans son *Mémoire sur la collection des Grands et Petits Voyages*, pp. 7 et seq. — Voir également la *Relation des Mongols* de M. d'Avezac, pp. 39,41.

— Reineri Reinecii Polyhistoris clarissimi Historia Orientalis : Hoc est Rerum in oriente à Christianis, Saracenis, Turcis & Tartaris gestarum diuersorum Auctorum. Totum opus in duas partes tributum est, contenta in singulis sequens pagina indicat. Helmaestadii, Typis Iacobi Lucij, impensis heredum Ludolphi Brandes. Anno 1602, in-4.

On lit au verso du titre :

Primus Tomus continet :

— Chronicon Hierosolomytanum, cum appendice Reineri Reineccij & Chronologia Henr. Meibomij.

In Altero sunt :

— Vita Henrici VII. Imp. auctore Conrado Vecerio.

— Vita Caroli IIII. Imp. ab ipso Carolo conscripta.

— Historia Orientalis Haythoni Armenij.

— Pauli Veneti Itinerarium.

— Fragmentum de reb. orientalibus ex Speculo Historiali Vincentij Beluacensis.

— Appendix ad Expositiones Haythoni auctore Rein. Reineccio.

Le colophon porte, à la fin de la première partie, la date de 1584; à la fin de la seconde, celle de 1585.

— The Principal Navigations, Voyages, Traffiqves and Discoveries of the English Nation, made by Sea or ouerland, to the remote and farthest distant quarters of the Earth, at any time within the compasse of these 1600 yeres : Diuided into three seuerall Volumes, according to the positions of the Regions, whereunto they were directed . . . By Richard Haklvyt, Preacher, and sometime Student of Christ-Church in Oxford. Imprinted at London by George Bishop, Ralph Newberie, and Robert Barker. 1599—1600, 3 vol. in-folio.

La première éd. est de 1589 en un vol. in-folio. — De l'édition dont nous transcrivons le titre, le premier volume parut en 1598; on y ajouta un frontispice portant la date de 1599 destiné à supprimer la mention d'une expédition à Cadix par le Comte d'Essex : «And lastly, the memorable defeate of the Spanish huge Armada, anno 1588, and the famous victorie atchiued at the citie of Cadiz, 1596.»

— Haklvytvs Posthumus or Pvrchas His Pilgrimes. Contayning a History of the World, in Sea voyages. & lande-Trauells, by Englishmen & others. Wherein Gods Wonders in Nature & Prouidence, The Actes, Arts, Varities. & Vanities of Men, wth a world of the Worlds Rarities, are by a world of Eywitnesse-Authors, Related to the World. Some left written by Mr Hackluyt at his death More since added, His also perused, & perfected. All examined, abreuiated, illustrated wth Notes. Enlarged wth Discourses. Adorned wth pictures, and Expressed in Mapps. In fower Parts. Each containing fiue Bookes. By Samvel Pvrchas. B. D. Imprinted at London for Henry Fetherston at ye signe of the rose in Pauls Churchyard. 1625—6, 5 vol. in-folio.

— Relation des Voyages en Tartarie de Fr. Gvillavme de Rvbrvqvis, Fr. Iean dv Plan Carpin, Fr. Ascelin, & autres Religieux de S. François & S. Dominique, qui y furent enuoyez par le Pape Innocent IV. & le Roy S. Louys. Plvs vn traicté des Tartares, de leur origine, mœurs, Religion, conquestes, Empire, Chams, Hordes diuerses, & changemens iusqu'auiourd'huy. Avec vn Abrégé de l'histoire des Sarasins et Mahometans; De leur pays, peuples, Religion, guerres; suite de leurs Califes, Roys, Soudans; Et de leur diuers Empires & Estats establis par le Monde. Le tout recueilly par Pierre Bergeron, Parisien. A Paris, Chez Michel Soly, ruë Sainct Iacques, au Phoenix. M.DC.XXXIV. Avec Privilege dv Roy, in-8, pp. 466-240-119, sans les préf., les tab., etc.

Le Traité des Tartares et l'histoire des Sarasins ont un titre et une pagination différents.

Cette collection a paru également à Paris et à la même date sous le nom des libraires L. de Heuqueuville, et G. Josse.

— Recueil de divers voyages curieux, faits en Tartarie, en Perse et ailleurs. Enrichi de Cartes géographiques & de Figures en Taille douce. *On a mis au devant,* le Traité de la Navigation, & des Voiages de Découverte & Conquête Modernes. Divisez en deux tomes [in-4]. A Leide, aux dépens de Pierre van der Aa. MDCCXXIX. Avec Privilége.

L'édition suivante est la même que celle-ci ; on s'est contenté de changer le titre et l'avertissement.

— Voyages faits principalement en Asie dans les XII, XIII, XIV et XV Siècles, par Benjamin de Tudele, Jean du Plan Carpin, N. Ascelin, Guillaume de Rubruquis, Marc Paul Venitien, Haiton, Jean de Mandeville, et Ambroise Contarini : accompagnés de l'histoire des Sarasins et des Tartares, et précédez d'une introduction concernant les voyages et les nouvelles découvertes des principaux voyageurs, par Pierre Bergeron. A la Haye, Chez Jean Neaulme, M.DCC.XXXV, 2 vol. in-4.

On lit à la fin de l'avertissement du Vol. I :

« Ce Recueil étoit imprimé depuis 4 ans ; mais, à peine a-t-il vû le jour, à cause de la mort de P. van der Aa son imprimeur, ce qui en a empêché le Débit jusqu'à présent : & c'est de ses héritiers, que le Libraire, qui le publie aujourd'hui, vient d'en acheter la Copie & les Exemplaires. »

— Voyages de Benjamin de Tudelle, autour du monde, commencé l'an 1173, de Jean du Plan Carpin, en Tartarie. du frère Ascelin et de ses compagnons vers la Tartarie. de Guillaume de Rubruquin, en Tartarie et en Chine, en 1253. suivis des additions de Vincent de Beauvais et de l'histoire de Guillaume de Nangis, pour l'éclaircissement des précédents voyages. Paris, Imprimé aux frais du gouvernement pour procurer du travail aux ouvriers typographes. Aout 1830, in-8, pp. IV-496.

Contient : Voyage du célèbre Benjamin autour du monde, commencé l'an 1173. pp. I/IV-5/109.

Voyages très-curieux faits et écrits par les RR. PP. Jean du Plan Carpin, Cordelier, et N. Ascelin, Jacobin, Envoyés en qualité de légats apostoliques et d'ambassadeurs de la part du pape Innocent IV, vers les Tartares et autres peuples orientaux, pp. 111/235.

Voyage remarquable de Guillaume de Rubruquis, envoyé en ambassade par le roi Louis IX en différentes parties de l'Orient, principalement en Tartarie et à la Chine, l'an de notre Seigneur. M.CC.LIII ; Contenant des récits très-singuliers et surprenants, écrits par l'ambassadeur même. Traduit de l'Anglois par le Sr. Bergeron, pp. 237/469.

Additions tirées du *Miroir historique* de Vincent de Beauvais et de l'histoire de Guillaume de Nangis, pour l'éclaircissement des précédents voyages, pp. 471/484.

Raisons au lecteur de M. de Bergeron pourquoi il a publié ces voyages, pp. 485/490.

Table des Matières, pp. 491/496.

— Naaukeurige versameling der gedenkwaardigste Zee en Land Reysen na Oost-en West-Indiën, mitsgaders andere Gewesten gedaan ; sedert de Jaaren 1246 tot op desen tijd. Te Leyden, door Pieter van der Aa, 1707, 28 tom. en 29 vol. in-8. Cartes et Pl.

Les voyages sont arrangés par ordre chronologique. — Le voyage de J. Jz. de Roy à Bornéo et Atchin, forme la continuation, sans titre général.

— De Aanmerkenswaardigst en Alomberoemde Zee-en Land Reizen der Portugeezen, Spanjaarden, Engelsen en allerhande Natiën : Oost-en West-Indiën, midsgaders andere Verafgelegene Gewesten des Aardryks . . . Voormaals alleen ten deele verzaameld en in het Hoogduits uitgegeven d. Johan Lodewyk Gottfried . . . . maar nu vermeerdert . . , ., zijnde yeder Reysbeschrijving onlangs uit sijn Oorspronkelyke taal overgeset. Leyden, P. v. d. Aa. (1727) (1706/7), 8 vol. in-fol., Cartes et Pl.

Même collection que la précédente, mais arrangée d'après les nations : Voyages des Portugais. 2 vol. — des Espagnols. 2 vol. — des Anglais. 2 vol. — des Français, Italiens. Danois et Allemands. 2 vol.

— Een kort Beskriffning Uppä Trenne Resor och Peregrinationer / sampt Konungarijket Japan : I. Beskrifwes een Reesa som genom Asia / Africa och mänga andra Hedniska Konungarijken / . . . . aff Nils Matson Kiöping. II. Förstelles thet stoora och machtiga Konungarijke Japan / III. Beskrifwes een Reesa till Ost-Indien / China, och Japan giordhoch beskrefwen aff Oloff Erickson Willman. IV. Vthföres een Reesa ifrån Musscow till China, genom Mongul och Cataija etc. Wisingsborgh, Johann Kankel, anno 1667, in-4, pp. 257. + 1 f. prél.

Première édition très rare de cette collection intéressante (Cat. Sobolewski, No. 1627.)

— Een kort Beskrffning Vppå Trenne Reesor och Peregrinationer / sampt Konungarijket Japan : I. Beskrifwes een Reesa / som genom Asia / Africa och många andra Hedniska Konungarijken / sampt öijar : Med flijt är förrättat aff Nils Matson Kiöping, fördetta Skepz Lieutnat. — II. Beskrifwes een Reesa till Ost Indien, China och Japan : III. Med Förtälliande. Om förbenembde stoora och mächta Konungarijketz Japan Tillstand / sampt thesz Inwanares Handel och Wandel : Förrättat och Beskrefwin aff Olof Erickson Willmann/Kongl: Mayst: tz Skepz=Capitaien. IV. Vthfŏres een Reesa ifrăn Musscow till China/genom Mongul och Cataia/ŏfwer Strŏmen Obij : Fŏrrättat aff een Rysk Gesandt/som till then stoore Tartaren Niuki war skickad.... Tryckt pă Wijsingzborg/ aff Hans Hŏg Grefl : Năd : Rijkz Drotzens Booktryckare Johann Kankel. Anno MDCLXXIV. in-4, pp. 304 et 2 ff. prél. pour le titre et la préface.

La page 304 contient une notice que la première édition de cette collection a été imprimée en 1667 et qu'on ajoute à cette nouvelle édition les traités suivants, ayant chacun un titre et une pagination spécials ;

Mart. Martinj, S. J., Historia om thet Tartariske Krijget uthi Konungarijket Sina ... forswenskat aff Ambr. Nidelberg. *Joh. Kankel,* 1674 [voir col. 256—257.]

Mich. Hemmersam, West-Indianisk Reese-Beskriffning. fran ahr 1639 till 1645, ifran Amsterdam till St. Joris de Mina. *Ibid.,* 1674.

Kort Berättelse om Wäst Indien eller America, som elliest kallas Nya Werlden. *Ibid.,* 1675.

Jobst Schouten, Sanfärdig Beskrijffning. Om Konungarijket Siam ... uthi Holländska Språket åhr 1636 forfattat. *Ibid.,* 1675.

Un ex. avec ces suppléments marqué 200 flor. dans la col. de Müller. Amst.. 1882; sans les supp. la collection vaut de 70 à 80 fr.. ce qui est peu. car elle est excessivement rare, même en Suède, et vient de l'imprimerie privée du comte P. Brahe.

— D. D. Dissertatio de Libris in typographia Wisingsburgensi impressis, quam consent. ampliss. ord. philos. Ups. publico examini offerunt Mag. Samuel Gestrin, ad Biblioth. Acad. Amanuensis extraord. atque Daniel Axner, Gestricii. In audit. Gust. Maj. Die XI Dec. MDCCXCIII : H. A. M. S. — Upsaliae, Litteris Viduae Direct. Joh. Edman. br. in-4, pp. 27.

— Il Genio Vagante Biblioteca curiosa di cento, e più Relazioni di Viaggi Stranieri de' nostri tempi Raccolta dal Signor Conte Avrelio degli Anzi Ed estratta da diverse Lettere private, Informazioni particolari, e Libri di varij Scrittori Italiani, Francesi, Spagnuoli, Alemani, Latini, ed altri Autori del corrente Secolo. *Al merito sublime dell' Illustriss. e Reverendiss. Monsignore Tomaso Saladini Vescovo di Parma.* In Parma, per Giuseppe dall' Oglio, & Ippolito Rosati MDCXCI-III, 4 parties in-12.

Chaque vol. est dédié à une personne différente :

II. à D. Giovanni Abbiati. Visitatore Generale, o Priore della Regia Certosa presso a Pavia. — III. Francesco Rossi. — IV. Francesco Baistrochi, Gentiluomo Parmigiano.

Collection rare.

— Relations de divers Voyages curieux, qui n'ont point esté publiées, Et qu'on a traduit ou tiré des Originaux des Voyageurs François, Espagnols, Allemands, Portugais, Anglois, Hollandois, Persans, Arabes & autres Orientaux, données au public par les soins de feu M. Melchisedec Thevenot. Le tout enrichi de figures, de plantes non décrites, d'Animaux inconnus à l'Europe, & de Cartes Géographiques, qui n'ont point encore été publiées. Novvelle Edition, Augmentée de plusieurs Relations curieuses. Tome premier. Contenant la I. et II. Partie. A Paris, Chez Thomas Moette, MDC.XCVI, in-folio.

— Tome second. Contenant la III. et IV. Partie, *Ibid.,* in-folio.

— Mémoire sur la collection des Grands et Petits Voyages, et sur la collection des Voyages de Melchisedech Thevenot; Par A. G. Camus, membre de l'Institut national. Imprimé par l'ordre et aux frais de l'Institut. Paris, Baudouin, Frimaire an XI. (1802), in-4, pp. IIj-401 et 2 pages d'errata.

— Noord en Oost Tartaryen : behelzende eene Beschryving van verscheidene Tartersche en Nabuurige Gewesten, in de Noorder en Oostelykste Deelen van Aziën en Europa; Zedert naauwkeurig onderzoek van veele Jaaren, en eigen ondervinding ontworpen, beschreven, geteekent, en in't licht gegeven, door Mr. Nicolaa, Witsen. Burgemeester te Amsterdam, &c... Te Amsterdam, By M. Schalekamps MDCCLXXXV, 2 parties in-folio, pp. 968 s. la préf. et la table; Cartes et Fig.

Les frontispices gravés pour chacune des parties portent : In Amsterdam. By François Halma. Boekverkoper. MDCCV — Cette date est celle de la 2e éd.; la 1re éd. est d'Amsterdam. 1692, in-folio. On ne connaît qu'un seul exemplaire complet de cette dernière, celui de la Bibliothèque impériale de St. Pétersbourg.

CHURCHILL. — A Collection of Voyages and Travels, some Now first printed from *Original Manuscripts,* others Now first published in English. In Six Volumes. With a General Preface, giving an Account of the Progress of Navigation, from its Beginning. Illustrated with a great Number of useful Maps and Cuts, Curiously engraven. London, Printed by Assignment from Messrs. Churchill ... 6 vol. in-folio, MDCCXXXII.

La première édition, publiée en 4 vol. in-folio, est de 1704.

— A Collection of Voyages and Travels, some Now first Printed from Original Manuscripts, others Now first Published in English. In Six Volumes. To which is prefixed. An Introductory Discourse (supposed to be written by the Celebrated

Mr. Locke) intitled, *The whole History of Navigation from its Origin to this Time.* Illustrated with near Three Hundred Maps and Cuts, curiously engraved on Copper. The Third Edition. London : Printed by Assignment from Mess[rs]. Churchill, for Henry Lintot; and John Osborn, at the Golden Ball in Pater-noster Row, 6 vol. in-folio.

Les Vol. I et II sont de 1744; III & IV. de 1745; V et VI. de 1746. Au commencement du Vol. I. il y a un portrait de Confucius. — Le Vol. VI se termine par : A General Index to the Six Volumes. — An Account of the Books contained in this Collection. — The Catalogue and Character of most Books of Voyages and Travels.

HARRIS. — Navigantium atque Itinerantium Bibliotheca : or, a Compleat Collection of Voyages and Travels : Consisting of above Four Hundred of the most Authentick Writers; beginning With *Hackluit, Purchass,* &c. in English; *Ramusio* in Italian; *Thevenot,* &c., in French; *De Bry,* and *Grynoei Novus Orbis* in *Latin;* the *Dutch East-India* Company in *Dutch* : And Continued, with Others of Note, that have Publish'd Histories, Voyages, Travels, or Discoveries, in the *English, Latin, French, Italian, Spanish, Portuguese, German* or *Dutch* Tongues; relating to any Part of Asia, Africa, America, Europe, or the *Islands* thereof to this present Time .... by John Harris, A. M. Fellow of the *Royal Society,* In two Volumes, London, MDCCV, in-folio.

«La Collection de Harris a été réimprimée en 1744-48. 2 vol. in-fol. avec de grandes additions, mais aussi avec des altérations considérables. Le choix primitif en était fort judicieux» *Bibliog. univ.*, III., p. 498. — Une autre éd. *revised* est de London, 1764, 2 vol. in-fol.

— Recueil de Voyages au Nord contenant divers Mémoires très utiles au Commerce et à la Navigation. Amsterdam, Jean Frédéric Bernard, 1731—1738, 10 vol. in-12.

Les premiers vol. avaient déjà paru en 1715.

— Mosheim, *Historia Tart. Ecclesiast.*, voir col. 320.

OXFORD. — A Collection of Voyages and Travels, consisting of Authentic Writers in our own Tongue, which have not before been collected in *English,* or have only been *abridged* in other Collections. And continued with others of Note, that have published Histories, Voyages, Travels, Journals or Discoveries in other Nations and Languages, relating to any Part of the Continent of Asia, Africa, America, Europe, or the Islands thereof, from the earliest Account to the present Time. Digested according to the Parts of the World, to which they particularly relate : with Historical Introductions to each Account, when thought necessary, containing either the Lives of their Authors, or what else could be discovered and was supposed capable of entertaining and informing the curious Reader. And with great Variety of Cuts, Prospects, Ruins, Maps, and Charts. Compiled from the curious and valuable Library of the late Earl of Oxford. Interspersed and Illustrated with Notes. London : Printed for and sold by Thomes Osborne of Gray's-Inn, MDCCXLV, 2 vol. in-folio.

ASTLEY. — A New General Collection of Voyages and Travels : Consisting of the most Esteemed Relations, which have been hitherto published in any Language : Comprehending every Thing remarkable in its Kind, in Europe, Asia, Africa, and America, With respect to the Several Empires, Kingdoms, and Provinces; their Situation, Extent, Bounds and Division, Climate, Soil and Produce; their Lakes, Rivers, Mountains, Cities, principal Towns, Harbours, Buildings, &c., and the gradual Alterations that from Time to Time have happened in each :

Also the Manners and Customs of the Several Inhabitants; their Religion and Government, Arts and Sciences, Trades and Manufactures : So as to form A Compleat System of Modern Geography and History, exhibiting the Present State of all Nations; Illustrated .... Published by His Majesty's Authority. — London : Printed for Thomas Astley, 1745-1747, 4 vol. in-4.

PRÉVOST. — Histoire générale des Voyages, ou Nouvelle Collection de toutes les Relations de Voyages par mer et par terre, qui ont été publiées jusqu'à présent dans les différentes langues de toutes les Nations connues. *Paris, Didot,* 1746-1761 (15 vol. in-4 et 1 table). — 16 vol. in-4.

Suite de l'Hist. générale des Voyages. — Tome XVII pour servir de Supplément à l'édition de Paris. *Amsterdam, Arkstée et Merkus,* 1761.

Continuation de l'Hist. générale des Voyages. — Tome XVIII formant le Ier vol. de la continuation. *Paris, Rozet,* 1768.

Tome XIX formant le dernier vol. des Voyages de Mer, *Paris, Panckoucke,* 1770.

Tome XX. *Bruxelles* et *Paris*, an X.

— Histoire générale des Voyages . . . A La Haye, chez Pierre de Hondt, 1747-80. 25 vol. in-4.

Edition meilleure que la précédente; considérablement augmentée; le vol. XVII (1763) contient les voyages des Hollandais vers les Indes Orientales; les vol. XVIII-XXIII contiennent une histoire complète des voyages vers l'Amérique, depuis Colomb jusqu'à l'année de la publication de l'ouvrage.

* Historische Beschrijiving der Reizen. Verzameling van de allerwaardigste *(sic)* zee- en landtogten. U. h. F.'s Hage, 1747. 21. vol. in-4.

Les 8 derniers vol. n'ont pas été traduits.

— Abrégé de l'histoire générale des Voyages... par J. F. Laharpe.

VI. à Paris, Etienne Ledoux, 1820 :

Livre quatrième contenant la *Chine* :

Chap. I : Précis de différens Voyages à la Chine, depuis le treizième siècle jusqu'à nos jours, pp. 194/278.

Chap. II : Voyages, négociations et entreprises des Hollandais à la Chine, pp. 279/316.

Chap. III : Voyages de Navarette; missions des Jésuites, pp. 317/365.

Chap. IV : Ambassade Russe. Observations tirées de Gémelli Carreri et autres voyageurs, pp. 366/375.

Chap. V : Description des quinze provinces de la Chine, pp. 376/435.

VII, *ibid.*, 1820 :

Chap. VI : Mœurs des Chinois, pp. 1/84.

Chap. VII : Division de la nation chinoise en différentes classes : commerce, arts, manufactures, pp. 84/225.

Chap. VIII : Sciences des Chinois : Astronomie, Médecine, Musique, Poésie, Histoire, Morale, Langage : Confucius ou Con-fut-tsé, pp. 226/312.

Chap. IX : Religion, pp. 313/358.

Chap. X : Gouvernement, pp. 359/473.

VIII, *ibid.*, 1820 :

Histoire naturelle de la Chine. Description de la grande muraille. pp. 1/74.

Chap. XII : De la Corée, pp. 75/138.

Chap. XIII : Iles Lieou-Kieou, pp. 139,162.

Livre cinquième : Asie centrale et Tibet :

Chap. I : Mantchourie-Mongolie, pp. 163/229.

Chap. II : Kalmoukie, ou pays des Eleuths, pp. 230,291.

Chap. III : Tibet, pp. 292/408.

Chap. IV : Petite Boukharie, pp. 409/438.

Chap. V : Tartarie indépendante, pp. 439/475.

Verewkine a traduit cet ouvrage en russe (1782—1787).

— Geschichte der Schiffahrten und Versuche welche zur Entdeckung der Nordöstlichen Wege nach Japan und China von verschiedenen Nationen unternommen worden. Zum Behufe der Erdbeschreibung und Naturgeschichte dieser Gegenden entworfen von Johann Christoph Adelung Herzoglich Sächsischem Rath. Halle, bey Johann Justinus Gebauer, 1768, in-4, pp. 8-740, grav. et cartes.

FORSTER. * Geschichte der Entdeckungen und Schiffahrten im Norden. Mit neuen Originalkarten versehen. Frankfurt an der Oder, 1784, in-8.

— Le même. Berlin, [1784], in-8.

Même éd. que la précédente avec un titre différent.

— History of the Voyages and Discoveries made in the North. Translated from the German of John Reinhold Forster, I. U. D. and elucidated by several new and original Maps. London : Printed for G. G. J. and J. Robinson, M.DCC.LXXXVI, in-4, pp. XVI-489, sans la Table des matières et l'Index.

— Histoire des Découvertes et des Voyages faits dans le Nord, Par M. J. R. Forster : Mise en Français par M. Broussonet. Avec trois Cartes Géographiques. A Paris, Chez Cuchet, M.DCC.LXXXVIII, 2 vol. in-8.

— Geschichte der wichtigsten geographischen Entdeckungen bis zur Ankunft der Portugiesen in Japan 1542, von Matthias Christian Sprengel, Professeur der Geschichte in Halle. Zweite vermehrte Auflage. Halle, 1792, pet. in-8, pp. 420, s. la tab. et les ff. prél.

— A General Collection of the best and most interesting Voyages and Travels in all Parts of the World; many of which are now first translated into English. Digested on a new Plan. By John Pinkerton. Illustrated with Plates. London, Longman, 1808/1814, 17 vol. in-4.

Le vol. XVII contient un « Catalogue of Books of Voyages and Travels », pp. 1/255.

— Historical Account of Discoveries and Travels in Asia, from the earliest ages to the present time. By Hugh Murray F. R. S. E. . . . . Edinburgh, 1820, 3 vol. in-8.

Notice par Abel Rémusat : *Jour. des Savans*, pp. 3/11, et *Nouv. Mél. As.*, I, pp. 413/426.

— Recueil de Voyages et de Mémoires, publié par la Société de Géographie. 7 vol. in-4.

Tome premier, Paris, de l'Imprimerie d'Everat... MDCCCXXIV, in-4, pp. LIV-568 plus 1 f. table.

[Publié à 15 fr.]

Avant-Propos [par Malte-Brun]. — Introduction aux Voyages de Marco Polo. — Voyage de Marc Pol. — Table du Texte français. — Peregrinatio Marci Pauli. — Table du Texte latin. — Glossaire des mots hors d'usage. — Errata. — Variantes des noms propres et des noms de lieux. — Liste des Membres de la Société de Géographie, depuis sa fondation.

Tome deuxième, Paris, de l'Imprimerie d'Everat... MDCCCXXV, in-4, pp. 526 et planches.

[Publié à 18 fr.]

Ce volume ne contient rien sur la Chine.

Tome Troisième, Paris, chez Arthus Bertrand, MDCCCXXX, in-4, pp. 528 et planches.

[Publié à 20 fr.]

Orographie de l'Europe, par M. Louis Bruguière.

Tome Quatrième, Paris, chez Arthus-Bertrand, MDCCCXXXIX, in-4, pp. IV-868.

[Publié à 30 fr.]

Relation des Merveilles d'une partie de l'Asie par le P. Jordan ou Jourdain Catalani. — Relation d'un voyage à l'île d'Amat ou Taiti et aux îles voisines... — Vocabulaires appartenant à diverses contrées ou tribus de l'Afrique. — Voyage en Orient du frère Guillaume de Rubruk... — Relation des Mongols ou Tartares par le Frère Jean du Plan de Carpin... — Voyage de Bernard et de ses Compagnons en Égypte et en Terre Sainte. — Relation des voyages de Saewulf, à Jérusalem et en Terre-Sainte, pendant les années 1102 et 1103.

Les autres vol. de cette collection ne contiennent rien de relatif à notre sujet.

* Bibliothèque universelle des voyages effectués par mer ou par terre dans les différentes parties du monde, depuis les premières découvertes jusqu'à nos jours, revus et traduits par Albert de Montémont. Paris, A. Aubrée, 1833-1836, 46 vol. in-8 et atlas in-folio.

An Analysis of one hundred voyages to and from India, China, etc., performed by ships in the Honble. East-India Company's service; with Remarks on the Advantages of Steam-Power applied as an auxiliary to Shipping; . . . , to which is added an Appendix, containing a Description of Melville's Patent Propellers . . . ., by Henry Wise. London : Printed for the Author, by J. W. Norie & Co.; and W. H. Allen & Co., 1839, in-8, pp. xxv-120.

— Relazioni di Viaggiatori. Venezia, co' tipi del Gondoliere. MDCCCXLI, 2 vol. pet. in-8.

Forme les Vol. I et II de la Classe XI de la *Biblioteca classica italiana di Scienze, Lettere ed Arti disposta e illustrata da Luigi Carrer.*

— Early Travels in Palestine, comprising the narratives of Arculf, Willibald, Bernard, Saewulf, Sigurd, Benjamin of Tudela, Sir John Maundeville, de la Brocquière, and Maundrell. Edited, with Notes, by Thomas Wright, Esq., M. A., F. S. A., &c. London : Henry G. Bohn, MDCCCXLVIII, pet. in-8, pp. xxxi-517.

Ce volume est le No. 7 de la collection dite «Bohn's Antiquarian Library», composée de 38 volumes à 5 shillings.

— Études sur le commerce au Moyen age. Histoire du commerce de la Mer Noire et des Colonies génoises de la Krimée par F. Elie de la Primaudaie. Paris, Comptoir des Imprimeurs-unis, Comon et Ce, 1848, in-8, pp. XIII-404.

Chap. IX : Grandes routes commerciales de la Chine. — Commerce de Tauris.

— Voyageurs anciens et modernes ou Choix des Relations de Voyages les plus intéressantes et les plus instructives depuis le cinquième siècle avant Jésus-Christ jusqu'au dix-neuvième siècle, avec biographies, notes et indications iconographiques par M. Édouard Charton, Rédacteur en chef du *Magasin pittoresque*. Paris, aux bureaux du *Magasin pittoresque*, 1854-1857, 4 vol. gr. in 8.

Tome premier : *Voyageurs anciens* depuis le cinquième siècle avant Jésus-Christ jusqu'à la fin du quatrième siècle de notre ère. 1854.

Tome deuxième : *Voyageurs du moyen âge* depuis le sixième siècle de l'ère chrétienne jusqu'au quatorzième. 1855.

Tome troisième : *Voyageurs modernes*. Quinzième siècle et commencement du seizième. 1855.

Tome quatrième : *Voyageurs modernes*. Seizième, dix-septième et dix-huitième siècles. 1857.

On a fait plusieurs tirages de cet ouvrage, portant les dates 1861, 1869, 1876. — L'ouvrage a été couronné par l'Académie française dans sa séance du 20 août 1857.

— Peregrinatores medii aevi quatuor. Burchardus de Monte Sion, Ricoldus de Monte Crucis, [Pseudo] Odoricus de Foro Julii, Wilbrandus de Oldenborg. Quorum duos nunc primum edidit duos ad fidem librorum manuscriptorum recensuit J. C. M. Laurent. Lipsiae, J. C. Hinrichs Bibliopola, 1864, pet. in-fol., pp. VIII-199.

— Cathay and the way thither; being a collection of Medieval Notices of China, translated and edited by Colonel Henry Yule, C. B., late of the Royal Engineers (Bengal), with a preliminary essay on the intercourse between China and the western nations previous to the discovery of the Cape Route. London : Printed for the Hakluyt Society, MDCCCLXVI, 2 vol. in-8.

Volume I, pp. ccliii-250.

Dedication and Preface to Sir Roderick Impey Murchison, p. II. — Errata. — List of Illustrations, p. IX. — Table of Contents, p. XI. — Preliminary Essay on the Intercourse of China and the Western Nations previous to the Discovery of the Sea-Route by the Cape : I. Earliest Traces of Intercourse. Greek and Roman knowledge of China. — II. Chinese knowledge of the Roman Empire. — III. Communication with India. — IV. Intercourse with the Arabs. — V. Intercourse with Armenia and Persia, etc. — VI. Nestorian Christianity in China. — VII. Literary Information regarding China previous to the Mongol Era. — VIII. China, known under the Mongol Dynasty as Cathay. — IX. Cathay passing into China Conclusion. — Supplementary Notes, pp. CCXXIII-CCLIII. — I. Odoric de Pordenone, pp. 1-162. — II. Letters and Reports of Missionary Friars from Cathay and India, pp. 163-250.

Volume II, pp. (251-596)-XCVIII.

III. Cathay under the Mongols, pp. 251-276. — IV. Pegolotti's Notices of the land Route to Cathay, pp. 277-308. — V. Marignolli's Recollections of Eastern Travel, pp. 309-394. — VI. Ibn Batuta's Travels in Bengal and China, pp. 395-526. — VII. The Journey of Benedict Goës from Agra to Cathay, pp. 527-596. — Appendix, I-LXVI. — Index, LXVII-XCVIII.

Avec des Cartes et des Illustrations.

Cet ouvrage forme les Vol. XXXVI et XXXVII de la collection de l'*Hakluyt Society*.

Notice : «Mediaeval Notices of China» : *Saturday Review*, June 8, 1867.

Ouvrage devenu rare; se vend de 125 à 150 francs.

— Bibliografia dei Viaggiatori Italiani ordinata cronologicamente ed illustrata da Pietro Amat di San Filippo Membro della Società geografica italiana. Roma, Coi tipi del Salviucci, 1874, in-8, pp. xxii-145. Prezzo, Lire 7.

— Studj bibliografici e biografici sulla Storia della Geografia in Italia Pubblicati per caur della Deputazione ministeriale istituita presso la Società Geografica Italiana. Roma, Tipografia Elzeviriana, 1875, in-4.

Reproduit avec des additions et des corrections la bibliographie d'Amat di San Filippo.

— Storia dei Viaggiatori italiani nelle Indie Orientali compilata da Angelo de Gubernatis con estratti d'alcune Relazioni di Viaggio a stampa ed alcuni documenti inediti. Pubblicata in occasione del Congresso geografico di Parigi. In Livorno, Franc. Vigo, 1875, in-8, pp. viii-400.

BENJAMIN DE TUDÈLE (XIIe Siècle).

* Itinerarium B. Tudelensis .... ex Hebraico Latinum Factum B. Aria Montano interprete. Ex officina C. Plantini, Antverpiae, 1575, in-8.

* Itinerarium (Hebr.), cum versione et notis C. l'Empereur ab Oppyck. Lugd. Bat., ex Off. Elseviriana/1633, in-8.

* Itinerarium Benjamini T. ex versione B. Ariae Montani. Subjectae sunt Descriptiones Mechae et Medinae-Alnabi ex itinerariis Ludovici Vartomanni et Johannis Wildii. Praefixa vero Dissertatio ad lectorem, qvam svae editioni praemisit Constantinvs l'Empereur, et nonnvllae eivsdem notae. Helmestadii, 1636, in-8.

— Beniamini Tvdelensis Itinerarivm ex versione Benedicti Ariae Montani. Svbiectae svnt Descriptiones Mechae et Medinae-Alnabi ex itinerariis Lvdovici Vartomanni et Iohannis Wildii. Praefixa vero Dissertatio ad lectorem, qvam svae editioni praemisit Constantinvs l'Empereur, et nonnvllae eivsdem notae. Lipsiae apvd Ioann. Michael. Lvdov. Tevbner. MDCCLXIV, in-8, pp. lxiv-160 sans l'index.

— De Reysen van R. Benjamin Jonasz Tudelens, In de drie Deelen der Werelt, als Europa, Asia en Afrika ... In't Nederduyts overgeschreven door Jan Bara. Amsterdam voor Josua Rex, 1666, in-12, pp. 117.

— Reize van Benjamin van Tudela in de Jaren 1160-1173 door Europa, Azië en Afrika, Vertaald en met aantekeningen voorzien door S. Keyser. Leyden, H. W. Hazenberg, 1846, in-8, pp. 103 + 2 ff. prél.

— Voyages de Rabbi Benjamin fils de Jona de Tudele, en Europe, en Asie & en Afrique, depuis l'Espagne jusqu'à la Chine. Où l'on trouve plusieurs choses remarquables concernant l'Histoire & la Géographie & particulièrement l'état des Juifs au douzième siècle. Traduits de l'Hébreu, & enrichis de Notes & de Dissertations Historiques & Critiques sur ces Voyages. Par J. P. Baratier, Étudiant en Théologie. A Amsterdam, Aux dépens de la Compagnie. MDCCXXXIV, 2 vol. in-8.

— Voyage du celebre Benjamin, autour du Monde, commencé l'an MCLXXIII ..... Ecrit premierement en Hebreu par l'Auteur de ce Voyage; traduit ensuite en Latin, par Benoit Arian Montan; & Nouvellement du Latin en François. Le tout enrichi de Notes, pour l'explication de plusieurs passages. (Dans le *Recueil* de Bergeron, 1735, I.)

«Pour aller de ces Isles (Isles *Chéneray*, adorateurs du Feu) à *Sin* dans la *Chine* aux extremitez de l'Orient, il faut être quarante jours sur la Mer. Quelques-uns assurent que cette Mer est un Détroit sujet à de violentes tempêtes que la Planette *Orion* y excite avec tant de furie, qu'il est impossible à aucun Navigateur de les surmonter, ou d'en échapper; par ce qu'elles entrainent les Navires dans les endroits les plus reserrez de cette Mer, d'où il est impossible de les retirer, & les Vaisseaux y demeurent si long tems, que les Hommes, aient consumé leurs Vivres, y perissent; danger auquel on est souvent exposé. Cependant l'industrie des Hommes a pourvû à cet inconvénient. On a trouvé un moien de l'éviter qui pourra faire plaisir à ceux qui auront la curiosité de le savoir. Voici de quelle manière on s'y prend. On a la précaution d'aporter dans le vaisseau des Peaux de Veau, en aussi grand nombre qu'il y a d'hommes; qui, dans le tems que le vent les jette dans les endroits les plus perilleux de cette mer, se renferment avec leur épée chacun dans une de ces Peaux qu'ils cousent d'une manière que l'eau n'y puisse entrer; après quoi ils se roulent dans la mer. Les Aigles, qui sont fort fréquens en cette Région, & qu'on apelle des Grifons, ne les ont pas plutôt aperçus, que les prenant pour quelque bête se lancent dessus & les transportent à terre, soit dans quelque Vallée ou sur quelque Montagne. Mais lorsqu'ils sont prets à arracher et manger leur proie, l'Homme renfermé dedans la Peau, tüe sans tarder le Grifon de son épée. C'est de cette façon qu'une grande quantité se sauve. De là, après un chemin de trois jours, on se met sur mer, où l'on est 15. jours pour arriver à *Gingalan*, qui est la demeure de 1000. *Juifs;* mais il n'y en a point à *Cholan* qui en est éloignée de sept jours de Navigation. En 12. jours je vins à *Zébid* où il y en a fort peu». (Col. 55 et 56.)

— Voyage du célèbre Benjamin autour du monde, commencé l'an 1173, pp. I-IV, 5/109 des «Voyages .... Paris, Imprimé aux frais du gouvernement .... août 1830» supra col. 891.

— The Travels of Rabbi Benjamin, the son of Jonas of Tudela, through Europe, Asia, and Africa, from Spain to China, from the year of our Lord 1160 to 1173. From the

Latin Versions of Benedict Arias Montanus, and Constantine L'Empereur compared with other translations into different Languages. (*Pinkerton*, VII.)

— The Travels of Rabbi Benjamin of Tudela A. D. 1160-1173 (pp. 63/126, de la collection des *Early Travels in Palestine*, publiée en 1848 par Thos. Wright).

Le passage de la narration de Benjamin qui est relatif à la Chine, pp. 116/117, est reproduit par le colonel Yule, dans *Cathay*... I, p. cxiv.

La version d'Asher de 1840 est celle qui est donnée, avec quelques corrections, par Mr. Wright.

— Examen géographique des courses et de la description de Benjamin de Tudèle, 1160-1173. Plusieurs lettres adressées à M. Carmoly. (*Géographie du Moyen Age*, étudiée par Joachim Lelewel. Vol. IV. Bruxelles, 1852.)

— Notice historique sur Benjamin de Tudèle, par E. Carmoly. Nouvelle édition, suivie de l'examen géographique de ses voyages, par J. Lelewel. Bruxelles, 1852, in-8. Avec 2 cartes, pp. 36 et 41.

— Harris, *Navigantium*, 1744, I.

— Charton, *Voy. anc. et mod.*, II, pp. 156/222.

— Major, *India in the Fifteenth Century*, Introduction.

JEAN DU PLAN DE CARPIN, de l'ordre des Frères mineurs, Légat du Saint Siége apostolique, Nonce en Tartarie pendant les années 1245, 1246 et 1247, Archevêque d'Antivari.

— Sa relation résumée a paru dans le liv. xxxij du *Speculum historiale* de Vincent de Beauvais, et nous en donnons l'ordre d'après l'éd. franç. du *Speculum* imprimée par Anthoine Verard (*Le quint volume*, vide *infra*, Frère Simon de St. Quentin, col. 906).

De la premiere commission des freres preschrs et mineurs daller aux tartarins. Liv. xxxii, c.ii, ff. ccxlv verso.

Ce chapitre finit : Et doncques se frere Jehan escripuit vng liure hystorial tant des choses quil vit auecque les tartarins de ses propres yeulx comme de celles quil oyt de eulx | ou il aprint des crestiens dignes de foy qui estoient prisonniers entre eulx | Lequel liure est venu entre noz mains | duquel ainsi comme par epylogation ie vueil cy mettre aucunes choses au remplaige des choses qui sont trop briefuemt narrees en lystoire dudit frere Symon.

De la cituation ꝛ qualité de la terre des tartarins	c.iii
De leur forme & habit et de leur maniere de viure	c.iiii
De leurs meurs bonnes ꝛ mauvaises	c.v
De leurs loys ꝛ lers coustumes	c.vi
De leurs tradicions superstitieuses	c.vii
Du commencement de leur empire | ou de leur principat et seq.	c.viii

La relation finit au verso du feuillet cclvi par cet avis : Lecteur, Les choses de la situacion de la terre ꝛ des meurs & gestes des tartarins ꝛ du voiage dudit frere Jehan iusques à la court de leur empereur nous les auons extraictes du liure dudit frere en adioustant a cest oeuure les choses q defailloient ou liure de frere Simon. Doresenauant en poursuiuant nous auons voulu proceder ordonneemēt et de lun ꝛ de lautre liure entrelacer aucunes narracions selon le temps | et selon lordre de lhystoire.

Vincent de Beauvais, en continuant son histoire des Tartares, donne le nom de l'autour des chapitres qu'il cite, tantôt frère Jehan, tantôt frère Symon.

— Opera dilettevole da intendere, n[el]la qual si contiene doi Itinerarij in Tartaria, per alcuni Frati dell' ordine M[inor]è di. S. Dominico, mandati da Papa Innocentio IIII. nella detta Prouinc[ia] de Scithia per Ambasciatori, Non più vulgarizata.

Au-dessous du titre, tel que nous venons de l'indiquer, se trouve une grossière gravure sur bois représentant un homme à l'aspect farouche portant un turban, couvert d'une peau de mouton, le carquois et les flèches jetés sur l'épaule ; c'est la figure d'un Tartare.

Ce volume fort rare se trouve à la Bibliothèque de l'Arsenal (No. 1078, H). Une note manuscrite au titre indique sa provenance. «Collegii Parisiensis Societatis Jesv.» Le relieur en a coupé les marges sans endommager le texte, mais en prenant une partie du titre ; les lettres placées entre des crochets sont celles qui ont été enlevées.

Pet. in-8 sans pagination : 56 feuillets, signatures A-Oij.

On lit au recto du 56e feuillet : *Stampata in Vinegia per Giouan' Antonio de Nicolini da Sabio. Ne l'Anno del Signore. MDXXXVII. Adi 17 Ottobrio.*

«Première édition italienne de cette relation de Jean du Plan Carpin ou Carpini. L'édition de 1537, dit Brunet, que nous citons, est un livre fort rare ; elle n'a été vendue que 9 fr. chez La Vallière, et 1 liv. 11sh. 6d. Crofts ; mais l'exemplaire de Stanley a été payé 19 liv. et 13 liv. 10sh. White Knights ; un autre 47 fr. salle Silvestre, en 1842, et annoncé sous la date de 1538 ; 112 fr. Libri, en 1857 ; et sous sa vraie date, 6 liv. Libri, en 1859.» — Un ex. a paru à la vente Sobolewski, No. 3223, 20 th. — Cet ex. se trouve aujourd'hui (Nov. 1881) à la librairie Maisonneuve, à Paris. — Un troisième ex. de ce rare vol. se trouve, croyons-nous, dans la bibliothèque de M. le comte Riant.

— Fragmentvm de Rebvs orientalibvs, è Speculo historiali Vincentij Beluacensis. (Reineri Reineccii, *Historia Orientalis*, voir supra, col. 889.)

— Dve Viaggi in Tartaria, per alcvni Frati dell'ordine Minore, e di San Dominico, Mandati da Papa Innocentio IIII. nella detta prouincia per Ambasciatori l'anno 1247. (Ramusio, II, 1606, f. 233 B.)

Jean du Plan Carpin et Simon de St. Quentin.

— Libellus historicus Iohannis de Plano Carpini, qui missus est Legatus ad Tartaros anno 1246. ab Innocentio quarto Pontifice maximo. (*Hakluyt*, I, 1599, pp. 21/37. — D'après un Ms. de la Bib. de Lord Lumley.)

Pp. 37/53, *Ibid.* ; Extraits en latin du liv. XXXII de Vincent de Beauvais.

— The voyage of Johannes de Plano Carpini vnto the Northeast parts of the world, in the yeere of our Lord, 1246. (*Ibid.*, pp. 53/71.)

— Voyages tres curieux, Faits & Ecrits, par les RR. PP. Jean du Plan Carpin, Cordelier, & N. Ascelin, Jacobin : Envoiez en qualité de Légats Apostoliques & d'Ambassadeurs de la part du Pape Innocent IV. Vers les Tartares, et autres peuples orientaux..... (Dans les Recueils de Bergeron, Paris, 1634, pp. 313/466, et La Haye, 1735, Vol. I.)

— Voyages au Nord, Amsterdam, J.-F. Bernard, Vol. VII.

— Dans la Collection des «Voyages...... Paris, imprimé aux frais du gouvernement.... Août 1830», supra, col. 891.

— Seer Aanmerkelyke Reys-Beschryvingen van Johan du Plan Carpin, En Br. Ascelin, Beyde als Legaten van den H. Apostolischen Stoel, en voor Gesanten van den Paus Innocentius de IV. afgesonden na

Tartaryen, En andere Oostersche Volkeren. Door de Afgesanten selfs, op ordre van den Paus beschreven : Alwaar zy naaukeurig en getrouw beschrijven, het Land en Gebied der Tartaren, desselfs Stand, hunne Huwelijken, Kleedingen, Wooningen, Godsdienst en Plegtigheden, Wichelaryen, Gewoontens, Spijs en Drank, manier van Oorlogen, Begraaffenissen, enz. Met al het geene verders aanmerkenswaardig, hun op dese Voyagien is voorgekomen. Nu aldereerst getrouwelijk na het egte handschrift vertaald, Door Salomon Bor, Predikant tot Zeyst. Met nodige Registers en Konst-Printen verrijkt. Te Leyden, By Pieter Van der Aa, Boekverkoper / 1706. Met Privilegie, pet. in-8, pp. 87, s. 1 f. prél. et la table.

Fait partie de la collection de P. V. d. Aa. col. 892. — Le même in-folio, dans la collection, VII du même, col. 892.

— The Travels of John de Plano Carpini, and others Friars, into Tartary, in the Year 1246. (Astley's *Coll.*, Vol. IV, pp. 544 et seq.)

— Johann de Plano Carpini und anderer Mönche Reisen nach der Tartarey im Jahre 1246. (*Allgemeine Historie der Reisen* ... VII, Leipzig, 1750, pp. 356 et seq.)

— Собранiе путешествiй къ татарамъ и другимъ возточньiмъ народамъ, въ XIII, XIV и XV столѣтiяхъ. I. Плано-Карпини. — II. Асцелинъ. St.-Pétersbourg, 1825, in-4.

— Relation des Mongols ou Tartares par le Frère Jean du Plan de Carpin de l'ordre des Frères Mineurs, Légat du Saint-Siége apostolique, Nonce en Tartarie pendant les années 1245, 1246, 1247, et Archevêque d'Antivari. Première édition complète publiée d'après les manuscrits de Leyde, de Paris, et de Londres, et précédée d'une Notice sur les anciens Voyages de Tartarie en général, et sur celui de Jean du Plan de Carpin en particulier, par M. d'Avezac... Paris, Arthus Bertrand... 1838, in-4, pp. 392 sans l'errata.

On lit à la suite de l'errata : « Ce volume, imprimé aux frais de la Société de Géographie de Paris, pour son Recueil de voyages et de mémoires, n'a été tiré qu'à un petit nombre d'exemplaires, pour être distribué aux amis de l'auteur. »

A la suite de la relation de Jean du Plan de Carpin, il y a, pp. 378 et seq., un Appendice : « De Itinere Fratrum Minorum ad Tartaros quae Frater Benedictus Polonus viva voce retulit. »

Cet ouvrage fait partie du tome IV, pp. 397/779, du *Recueil de Voyages et de Mémoires de la Société de Géographie*, 1839.

Notice par G. Libri, *Journal des Savans*, Juin 1842, pp. 321/32.

(Plan Carpin.)

Paravey. — Quelques observations sur le commentaire qui accompagne la relation de Plan de Carpin insérée dans le *Recueil de Voyages de la Soc. de Géog.* Paris, *Soc. Géog. Bull.*, XVI, 1841, pp. 100/120.

* Frate Giovanni dal Plano di Carpini, Epistola dei costumi dei Tartari cavata nel secolo XIV dalla Storia dei Mongoli. Livorno, tip. Vigo, in-8, pp. XXII-26.

— Podróż Brata Jana de Plano Carpino i Benedykta Polaków 1246 r. (Sybir-*Pamiętniki Polaków z Pobytu na Sybirze.* Tom. I. Chełmno, 1864, in-8, pp. 75/91.)

— Mosheim, *Hist. Tart. Eccl.*, pp. 48 seq.
— Wadding. 1246.
— De Guignes, *Hist. des Huns*, Vol. III, pp. 117 et seq.
— Forster, *Voyages and Discoveries in the North*, pp. 93/95.
— *Hist gén. des Voyages*, VII. 1749, pp. 250 et seq.
— Hugh Murray, *Hist. Account*, I. pp. 84 et seq.
— *Biog. univ.*, Art. de *La Renaudière*.
— Henrion, *Hist. Gén. des Missions*, Liv. I, Chap. II. pp. 20 et seq.
— D'Ohsson. *Hist. des Mongols*, Vol. II, pp. 207 et seq.
— Rohrbacher, *Hist. de l'Église*, XVIII, pp. 213 et seq.
— Huc. *Hist. du Christianisme*.
— *Dict. de Biog. Chrét.*, (1) Migne. 1851, p. 848.
— Charton, *Voy. anc. et mod.*, II, pp. 223/251.
— Dora d'Istria, *Revue des Deux-Mondes*, 15 fév. 1872.
— M. da Civezza, I. pp. 318/347.

SIMON DE SAINT-QUENTIN, dominicain, historien de l'ambassade composée d'Anselme ou Ascelin, d'Albéric, d'Alexandre et de lui-même, envoyée par Innocent IV vers Batchou. XIIIe. *Siècle.*

— La relation du frère Simon de St. Quentin est insérée dans le liv. xxxij du *Speculum historiale* de Vincent de Beauvais. Nous donnons la liste des chapitres dont elle se compose d'après l'édition française du *Speculum* imprimée à Paris par Anthoine Verard, 1495—1496. (*Le quint volume de Vincent Miroir historial nouuellement imprime à Paris*, liv. xxxij.)

De la sollempnite par laquelle il [l'empereur Cuyne] fut intronize. c.xxxij

De ses noms de ses princes ꝛ de la conduite de ses offz c.xxxiiij

— Bergeron, dans son recueil, a placé ces deux chapitres dans la relation de Jean du Plan de Carpin pour la rendre plus complète.

Puis viennent les chapitres qui forment la relation du Voyage d'Ascelin dans le recueil de Bergeron :

Cōment les freres prescheurs furēt receuz deuant baiothnoy prince des tartarins c.xl

Ce chapitre commence au feuillet 262.

Comment les tartarins les enquirent quelz dons ilz apportoient ꝛ de la duenement de françois c.xli

Comment les freres refuserent de aourer baiothnoy c.xlii

Commēt les freres parsuaderent ꝛ induirēt les tartarins a la chrestiente c.xliii

Comment ilz traicterent cōtre les freres de la sētence de la mort c.xliiii

Comment ilz eurent altercation ensemble de la maniere daourer c.xlv

Comment ilz refuserēt daller au grant chaan c.xlvi

1. Dictionnaire de Biographie Chrétienne et anti-Chrétienne, publié par M. l'abbé Migne. 1851. 3 vol. gr. in-8.

(Simon de Saint-Quentin.)

Comment ilz firent ennoyer lectres a nostre saint pore le pape en langaige tartarique c.xlvii

Comment par frauldes et illusions les tartarins retindrent deuant eulx les freres plus quilz ne deuoient c.xlviii

Commēt ilz contraignirent les freres dattendre Anguthan c.xlix

Commēt ilz sen retournerent apres sa venue c.l.

Des lettres qui furent enuoyees au pape par le prince des Tartarins c.li

Des lettres qui furent enuoyees de leur empereur au prīce Baiothnoy c.lii

— Voyage de Frere Ascelin, et ses compagnons vers les Tartares. Tiré des Mémoires de Frère Simon de St. Quentin dans Vincent de Beauvais. (Dans les Recueils de Bergeron, de Paris, 1634, et de la Haye, 1735.)

— Dans les « Voyages . . . . . Imprimé aux frais du gouvernement pour procurer du travail . . . Août 1830, » supra, col. 891.

— Voir *Ramusio*, Plan Carpin, supra, col. 904.

— Relations of Vincentivs Belvacensis, the most of which he receiued from Frier Simon de Sancto Quintino, one of the foure Friers sent by Pope Innocent the Fourth to the Tartars : seruing to the illustration of the former. (Purchas, *Pilgrimes*, III, pp. 58 et seq.)

Purchas commence ses extraits au c. xxxij du liv. xxxij de Vincent de Beauvais.

— Voir Hakluyt, I, 1599, pp. 65 et seq.

— Reineri Reineccii, *Hist. Orientalis*, supra, col. 889.

— The Travels of Friar Ascelin, and his Companions, towards the Tartars in 1247.

Dans la collection de Voyages de *Astley*, Vol. IV, pp. 550-552.

Cette relation est écrite d'après *Purchas*, avec quelques additions faites depuis l'édition française.

— Mosheim, *Hist. Tart. Ecc.*, pp. 45 et seq.

— De Guignes, *Hist. des Huns*, Vol. III, pp. 117 et seq.

— Biog. univ., Art. *Ascelin*, de *La Renaudière*.

— Ascelin, nonce du pape vers les Tartares. (Touron, *Hist. des Hommes ill. de S. Dominique*, I, pp. 145/150.)

— Echard, I, p. 122.

— *Hist. gén. des Voyages*, VII, 1749, p. 260.

— D'Ohsson, *Hist. gén. des Mongols*, Vol. II, pp. 207 et seq.

— Hugh Murray, *Hist. Account*, I, pp. 75 et seq.

— Rohrbacher, *Hist. de l'Eglise*, XVIII, pp. 219 et seq.

— Voir l'éd. russe, col. 905.

ANDRÉ DE LONJUMEL, 1249.

— Vincent de Beauvais, *Spec. Hist.*, Liv. XXXI, cap. xciv.

— André de Lonjumeau, Envoyé de S. Louis. (Touron, *Hist. des Hommes ill. de S. Dominique*, I, pp. 157-165.)

— D'Ohsson, *Hist. des Mongols*, Vol. II, pp. 242 et seq.

— A. Rémusat, *Mém. sur les relat. politiques*, pp. 52 et seq.

GUILLAUME DE RUBROUCK, Cordelier, Envoyé en ambassade par St. Louis en Tartarie, 1253.

— Itinerarium fratris Willielmi de Rubruquis de ordine fratrum Minorum, Galli, Anno grat. 1253. ad partes Orientales. (*Hakluyt*, I, 1599, pp. 71/92. D'après un Ms. de la Bib. de Lord Lumley.)

— The iournal of frier William de Rubruquis a Frenchman of the order of the minorite friers, vnto the East parts of the worlde. An. Dom. 1253. (*Ibid.*, pp. 93/117.)

— The Iournall of Frier William De Rvbrvquis, a Frenchman, of the Order of the Minorite Friers, vnto the East parts of the World, Anno Dom. 1253. (Samuel Pvrchas, *His Pilgrimes*, III, pp. 1 et seq.)

— Voyage remarquable de Guillaume de Rubruquis, Envoié en Ambassade par le Roi Louis IX. En différentes Parties de l'Orient : Principalement, en Tartarie et a la Chine, L'An de nôtre Seigneur, M.CC.LIII. Contenant des Récits très singuliers & surprenans. Ecrit par l'Ambassadeur même. Le tout Orné d'une Carte du Voyage, de Tailles douces; & accompagné de Tables. Traduit de l'anglois par le S^r. de Bergeron; Et nouvellement revû & corrigé. (Dans les recueils de Bergeron, de Paris, 1634 et de La Haye, 1735, I.)

Tiré de Purchas. Dans l'avertissement qui précède *l'ordre des Chapitres observé : par Rubruquis*, dans le recueil de 1735, il est dit que l'ouvrage a été fidèlement traduit de l'anglais par Bergeron, après avoir conféré le tout avec *deux* manuscrit latins.

— Voyage remarquable de Guillaume de Rubruquis, envoyé en ambassade par le roi Louis IX en différentes parties de l'Orient, principalement en Tartarie et à la Chine, l'an de notre Seigneur, M.CC.LIII; Contenant des récits très-singuliers et surprenants, écrits par l'ambassadeur même. Traduit de l'Anglois par le Sr. Bergeron, pp. 237-469 des « Voyages . . . Paris, Imprimé aux frais du gouvernement . . . Août 1830. » Voir col. 891.

— Aanmerklyke Reys, Gedaan door Willem de Rubruquis; Voor Ambassadeur van den Koning Lodewyk de IXe. afgesonden nad'oorstersche gedeelten der weereld, insonderheyd na Tartaryen en China, in't Jaar onses Heeren 1253. Vervattende veelerley sonderlinge saken, en voorgekomene gevallen. Door den Afgesant selfs beschreven : Vercierd met schoone kopere Platen, en volkomene Registers. Nu aldereerst uyt het Engelsch vertaald. Te Leyden, By Pieter Van der Aa, Boekverkoper, 1706. Met Privilegie, in-8, pp. 171, s. les ff. prél. et de la table à la fin.

Fait partie de la collection de P. v. d. Aa, col. 892.

— Le même, in-folio, dans la collection du même, VII, col. 892.

— The Journal of William de Rubruquish, a French-man, of the Order of the Minorite Friers, into Tartary and China; Written to Lewis IX king of France. 1253. (Harris' *Col. of Voyages*, I, pp. 501-556.)

— The Travels of Friar William de Rubruquis, into the Eastern Parts of the World, in the Year 1253.

Dans la collection des Voyages de *Astley*, Vol. IV, pp. 552/579.

On lit p. 553 : «The Travels of *Rubruquis* were originally written by himself, in *Latin*, by Way of Letter to the King, pursuant to his Majesty's Orders at parting. *Hakluyt* published part of it, with an *English* Translation (Vol. I, p. 71, and 93).» Les éditeurs de la version du *Recueil* de la Société de Géographie n'avaient apparemment pas vu ce passage. (Voir leur note, p. 206 du *Recueil*, Tome IV.)

— The Remarkable Travels of William de Rubruquis, a Monk, sent by Louis IX. King of France, commonly stiled St. Louis, Ambassador into different Parts of the East, particularly into Tartary and China, A. D. 1253. Containing Abundance of curious Particulars relating to those Countries. Written by the Ambassador, and addressed to his Royal Master King Louis. (*Pinkerton*, VII, pp. 22 et seq.)

— Die Reisen des Mönchs Wilhelm von Rubruquis in die ostlichen Gegenden der Welt im Jahre 1253. *(Allgemeine Historie der Reisen* .... Leipzig, 1750, VII, pp. 370 et seq.)

— Voir dans le *Recueil* de la Société de Géographie de Paris, Tome IV, pp. 205/396 :

Voyage en Orient du Frère Guillaume de Rubruk, de l'ordre des Frères Mineurs, l'an de grâce M.CC.LIII. [édité par Francisque Michel et Thomas Wright d'après des Mss. de Londres, Cambridge et Leyde] :

Notice sur Guillaume de Rubruk, pp. 205/212.

Fac-Simile du Commencement de la Relation de Rubruk dans les cinq Manuscrits qui ont servi à l'Édition donnée par la Société de Géographie.

Itinerarium Willelmi de Rubruk, pp. 213-396.

Cet ouvrage a été tiré à part et à 45 exemplaires avec le *Bernard le Sage* et le *Saewulf* du Vol. IV, du Recueil de la Soc. de Géographie : Paris, imprimerie de Bourgogne, 1839, in-4.

— Guillaume de Rubrouck, ambassadeur de Saint Louis en Orient, récit de son voyage traduit de l'original latin et annoté par Louis de Backer. Paris, Ernest Leroux, 1877, in-8, pp. XXVIII-336 et 1 f. d'errata.

Forme le Vol. XIII de la *Bibliothèque Orientale Elzévirienne* de Leroux. — Pub. à Fr. 5.

— *Hist. gén. des Voyages*, VII, 1749, pp. 263 et seq.

— Hugh Murray, *Hist. Account*, I, Chap. II.

— Forster, *Voyages and Discoveries in the North*, pp. 96-112.

— Henrion, *Hist. gén. des Missions*, Liv. I, Chap. II, pp. 28 et seq.

— Rohrbacher, *Hist. de l'Eglise*, XVIII, pp. 560/571.

— De Guignes, *Hist. des Huns*, Vol. III, pp. 126 et seq.

— D'Ohsson, *Hist. des Mongols*, Vol. II, Liv. II, Chap. VI, pp. 283 et seq.

— Weiss, *Biog. universelle*.

— James Augustus St. John, *The Lives of celebrated Travellers*, No. XI de *The National Library*, London, Henry Colburn, 1831.

MARCO POLO. — XIIIe *Siècle.*

Éditions.

— La plus ancienne traduction de la relation de ce célèbre voyageur a été imprimée en allemand en 1477 à Nuremberg.

Collation : 58 feuillets in folio, sans pagination et sans signatures.

(Marco Polo.)

Verso feuillet 1 : Frontispice : Portrait de Marco Polo avec cette inscription autour du cadre : [Haut] Das ist der edel Ritter. Marcho polo von [droite] Venedig der grost landtfarer. der vns beschreibt die grossen wunder der welt [bas] die er selber gesehenn hat. Von dem auffgang [gauche] pis zu dem nydergāg der sunnē der gleychē vor nicht meer gehort seyn.

Le Col. Yule a donné un fac-simile [réduit] de ce frontispice dans son Marco Polo, I, p. ciii.

Recto feuillet 2, commence :

Hie hebt sich an das puch dés edelñ Ritters vñ landtfarers ‖ Marcho Polo. In dem er schreibt die grossen wunderlichen ‖ ding dieser welt. Sunderlichen von den grossen kūnigen vnd ‖ keysern die da herschen in den selbigen landen | vnd von irem ‖ volck vnd seiner gewonheit da selbs.

Verso feuillet 58 : Hie endet sich das puch des edelñ Ritters und landtfarersz ‖ Marcho polo | das do sagt vō mangerley wunder der landt ‖ vñ lewt | vñ wie er die selbigen gesehen vñ durch faren hat ‖ von dē auffgang pisz zu dem nydergang der sūnē Seliglich.

Disz hat gedruckt Fricz Creūszner zu Nurm̄berg Nach cristi ‖ gepurdt Tausend vierhundert vñ im siben vñ sibenczigtē iar.

L'exemplaire que nous avons examiné est celui de la Bibliothèque Grenville No. 6787 (Vide *Bib. Grenvilliana*, Part. II, p. 805.) Lorsque Marsden publia son Marco Polo, Grenville ne possédait pas cette édition. Le seul exemplaire qui en fût connu alors était celui de la Bibliothèque impériale de Vienne qui n'a pas le portrait; Grenville en fit faire la copie dont parle Marsden, pp. lxx-lxxi et que nous décrivons plus loin. «When Mr. Marsden, dit une note Ms. de Grenville dans ce superbe ouvrage, published his translation of this work, the only known copy of this first German Edition was in the Imperial Library at Vienna, and I had a litteral transcript made from it : Since that time a second copy was found and sold by Payne and Foss to Lord Spencer : and now I have purchased from Leipsic the present beautiful copy. I know of no fourth copy. The copy at Vienna wants the portrait».

Vide *Bib. Spenceriana*, Vol. VI, p. 176.

L'ex. de Vienne relié en veau plein, classé parmi les Incunables au No. 13. G. 2. est complet sauf le portrait qui manque; mais il est court de marges et plusieurs ff. ont besoin d'être fortement lavés. Somme toute sur les cinq ex. connus de cette éd., celui de Grenville est de beaucoup le plus beau.

La Bib. royale de Berlin possède également un ex. de ce livre rarissime. Il est relié avec plusieurs autres pièces, est complet, avec le portrait qui est colorié, mais en assez mauvais état. — Un cinquième ex. (sans portrait) mais en très bon état a figuré en 1881 dans le catalogue d'un libraire de Bavière pour 900 mark. On nous dit qu'il a été acheté par le *Germanisches Museum* de Nuremberg.

— La copie dont nous avons parlé porte le No. LII dans la collection Grenville au British Museum; c'est un in-folio de 114 pages numérotées au crayon relié aux armes du Rt. Honble. Thos. Grenville. Page 114, la note suivante surmontée d'un cachet certifie l'exactitude de cette copie : «Apographum collatum cum prototypo, quod in Bibliotheca Palatina Vindobonensi adservatur. illo quidem, qui descripsit, recitante ex prototypo, me vero hoc apographum inspectante. Respondet pagina paginae, versui versus & syllaba syllabae. Vindobonae die 29. Augusti 1817. B. Kopitar, Biblioth. Palatinae Vindobon. scriptor.»

Avec ce manuscrit est relié une lettre adressée à Mr. Grenville par le Chevalier Scotti qui avait fait faire la copie de l'ouvrage de Marco Polo. Elle est en date de «Vienne 20 nmbre 1817» et se termine par ce post-scriptum : «N. B. Comme cette Edition fort peu connue du 477. est une édition non seulement précieuse, mais à la vérité fort rare aussi, elle avoit été prise par les François et portée à Paris la derniere fois qu'ils ont été à Vienne. Elle y a été rendue avec tout le reste qu'on avoit emporté à la suite des heureux succès des Coilisés, auxquels L'immortel Wellington a tant contribué en y mettant la dernière couronne dont les lauriers resteront à jamais inflétrissables».

***

— La seconde édition allemande de Marco Polo a été imprimée à Augsbourg en 1481; elle est aussi rare que la première; l'exemplaire que nous avons examiné est celui de la Bibliothèque impériale de St.-Pétersbourg.

Collation : 60 feuillets in-folio, sans pagination et sans signatures.

(Marco Polo.)

Recto feuillet 1 : Fin du roman de Guillaume d'Autriche à la suite duquel sont imprimés les voyages de Marco Polo.

Verso feuillet 1 : Frontispice : Portrait de Marco Polo colorié avec cette inscription autour du cadre : [Haut] Das ist der edel ritter Marcho polo von Venedig. [droite] der grōst landfarer. der vns beschreibt die grossen wunder der welt die er selber gese [bas] hen hat. Von dem auffgang biss zu dem nidergang der [gauche] sunnen | der geleich vor nit meer gehört seind.

Recto feuillet 2, commence :

Hie hept sich an das buch des edlē ritters vn̄ landtfarers Marcho polo. in dem er schreibt die grossen wunderlichen ding diser welt. sunderlichen vō den grossen künigen vnd keisern | die da herschen in den selbigen landen vnd von jrem volck vnnd seiner gewonheÿt da selbs.

Recto feuillet 60 : Hie enndet sich herczog Wilhalm von österreich vn̄ das buch des edeln ritters vn̄ landtfarers Marcho polo | das da sagt von mengerleÿ wunder der land vnd leüt. vnd wie er die selbigē geschen vn̄ durch faren hat von dem auffgang biss zu dem nÿdergang d'sunnen Seligklich. Diss hat gedruckt Anthonius Sorg zu Augspurg Nach xp̄i gepurt tausent vier hundert vnd jm lxxxj. jare.

Pas de fig. dans le texte; l'ex-libris collé dans l'intérieur de la couverture de l'ex. de la Bib. imp. de St.-Pétersbourg porte : *Bibliotheca Suchtelen*.

Nous avons depuis examiné l'ex. de la Bib. royale de Berlin. Il comprend 133 ff. n. c. Le Roman de Guillaume d'Autriche finit au recto du f. 74 et le portrait de Marco Polo est au verso du f. 74; le texte comprend les ff. 75/133; le portait de M. Polo n'est pas colorié dans cet exemplaire.

Voir : Ebert, 11905. — Hain, 10041.

«Quoique le Roman de Guillaume d'Autriche soit décoré de 52 gravures, il n'y en a pas dans la relation, qui finit au 133e feuillet.» (Ternaux-Compans, No. 14.)

* M. Polus. Reise in die Tartarey und zum Grossen Chan von Chatai, übersetzt v. H. Megisser. Altenburg, 1609, in-8. (Ternaux, 1031.)

— Chorographia Tartariæ : Oder Warhafftige Beschreibung der vberaus wunderbahrlichen Reise | welche der Edle vnd weit erfahrne Venedigische Gentilhuomo Marcus Polus, mit dem zunahmen Million, noch vor vierthal hundert Jahren | in die Oriental vnd Morgenländer | Sonderlich aber in die Tartarey | zu dem grossen Can von Cathai | zu Land vnd Wasser Persönlich verrichtet : Darinnen ausführlich vnd vmständlich erzehlet werden | viel zuvor vnbekandte Landschafften | Königreich vnd Städt | sampt dern Sitten vnd Gebrauchen | vnd andern seltzamen Sachen : Die Er | als der erste Erfinder der newen Welt | gegen Orient | oder den Ost Indien | gesehen vnd erfahren. In drey vnterschiedliche Bücher abgetheilet : sampt einem Discurs Herrn Johan Baptistae Rhamnusij | der Herrschafft zu Venedig geheimen Secretarij | von dem Leben des Autoris. Alles aus dem Original | so in Italienischer Sprach beschrieben | treulich vnd mit fleis verteutschet | aus mit Kupfferstücken geziehret | durch Hieronymum Megiserum. Anno M.DC.XI. Leipzig | in vorlegung Henning Grossen des Jüngern. Pet. in-8, pp. 354 (dern. page c. par erreur 351) s. 35 ff. prél. pour la préface, etc., et 7 ff. à la fin pour la table.

— Die Reisen des Marco Polo, oder Marcus Paulus, eines Venetianers, in die Tartarey, im Jahre 1272. (*Allgemeine Historie der Reisen*, Leipzig, 1750, VII, pp. 423 et seq.)

— Marco Paolo's Reise in den Orient | während der Jahre 1272 bis 1295. Nach den vorzüglichsten Original = Ausgaben verdeutscht, und mit einem Kommentar begleitet von Felix Peregrin. Ronneburg und Leipzig, bei August Schumann, 1802, in-8, pp. VI-248.

Klaproth (1023), Fr. 3.50. — Thonnelier (2368), Fr. 2.50.

— Die Reisen des Venezianers Marco-Polo im dreizehnten Jahrhundert. Zum ersten Male vollständig nach den besten Ausgaben Deutsch mit einem Kommentar von August Bürck. Nebst Zusätzen und Verbesserungen von Karl Friedrich Neumann. Leipzig, B. G. Teubner, 1845, in-8, pp. XVI-631.

— Di un frammento inedito di Marco Foscarini intorno ai Viaggiatori Veneziani e di una nuova traduzione in tedesco dei Viaggi di Marco Polo. [Par Tommaso Gar] (*Archivio Storico italiano*, Appendice, T. IV, Firenze, 1847, pp. 89 et seq.)

— Die Reisen des Venezianers Marco Polo im dreizehnten Jahrhundert. Zum ersten Male vollständig nach den besten Ausgaben Deutsch mit einem Kommentar von August Bürck. Nebst Zusätzen und Verbesserungen von Karl Friedrich Neumann. Zweite unveränderte Ausgabe. Leipzig, Druck und Verlag von B. G. Teubner, 1855, in-8, pp. XVI-631.

.˙.

— *Commence* : In nomine dn̄i nri ihū xpi filij dei viui et veri amen.

Incipit ꝑlogus i libro dn̄i marci pauli de venecijs de cōsuetudinibus et cōdicionibus orientaliū regionū.

Puis on lit la déclaration de «Frater Franciscus pepur. de bononia frm̄ ꝑdicatorū» qui a traduit l'ouvrage de la langue vulgaire en latin.

Fini p. 147 : Explicit liber dn̄i marci de venecijs Deo gracias.

Collation : 74 feuillets ou 148 pages; la dernière est blanche, in-4, pas de titre, pas de pagination; signatures p. 1, a. 1 = p. 141, k. 3 (*a-h*, par 8; *i*, par 4; *k*, par 6); au maximum 33 lignes par page; lettres de somme [1495?].

— Nous avons examiné un exemplaire au British Museum No. 790. b. 36. — Un autre ex. porte le No. $\frac{6728}{1}$ dans la Bib. Grenville. — Bib. nat. O$\frac{2}{8}$ f. *Réserve*, avec Mandeville et Ludolphe de Suchen.

Il est intéressant de noter que Christophe Colomb possédait un ex. de cette édition de Marco Polo; cet ex. qui contient des notes du célèbre navigateur génois se trouve aujourd'hui à la Biblioteca Colombina, de Séville. Voir H. Harrisse, *Bib. americana vetustissima*. — Additions, p. XII.

« Edition fort rare, dit Brunet, et la plus ancienne que l'on ait de cette version latine de Marco Polo, faite par Pipino, vers 1320. Elle est imprimée avec les mêmes caractères que l'*Itinerarium* de Joan. de Mandeville, c'est-à-dire par Gerard de Leeu, à Anvers, vers 1485, et non pas à Rome et à Venise, comme on l'avait supposé. Vend. 4 liv. 14 sh. 6d. Hanrott; 7 liv. Libri en 1859. (*Choicer Portion*, 1562.)»

Lazari, p. 460, écrit : « Jo. de Mandeville itineraria : Dom. Ludolph. de itinere ad Terram Sanctam : M. Paul. Venet. de regionibus orientalibus. Liber rariss. Zwollis, 1483, in-4.

Leggiamo questa nota nell' opera *Bibliotheca Beauclerkiana or Sale catalogue of the books of Topham Beauclerk's Library*, London, 1781, P. II, p. 15, n. 430. Marsden però ritiene celarsi soto quell'erronea indicazione la seguente prima edizione [s. a., in-4] latina de' viaggi di M. Polo. Egli istitui molte ricerche per rinvenire in Inghilterra quell' esemplare, ma non gli è stato possibile di averne traccia. »

— Marci Pavli Veneti, De Regionibvs orientalibvs Libri III. (*Novus Orbis Regionum*, éd. de 1532 et suivantes.)

Cette version du *Novus Orbis Reg.* a été traduite en allemand en 1534 dans le *New Welt* de Strasbourg. [Voir col. 889.]

— Marci Pavli Veneti Itinerarivm, seu de rebus Orientalibus Libri tres. Helmaestadii, M.D.LXXXV, in-4.

Fait partie du Recueil de Reineccius. [Supra, col. 889.]

— Marci Pauli Veneti, Historici fidelissimi juxta ac praestantissimi, de Regionibus orientalibus Libri III. Cum Codice Manuscripto Bibliothecae Electoralis Brandenburgicae collati,ex'q; eo adjectis Notis plurimùm tum suppleti tum illustrati. Accedit, propter cognationem materiae, Haithoni Armeni historia orientalis; quae & de Tartaris inscribitur; Itemque Andreae Mülleri, Greiffenhagii, de Chataja, cujus praedictorum Auctorum uterque mentionem facit, Disquisitio; inque ipsum Marcum Paulum Venetum Praefatio, & locupletissimi Indices. Coloniae Brandenburgicae Ex officina Georgii Schulzii, Typogr. Elect. Anno M.DC.LXXI, in-4.

Contient :

Epître dédicatoire.

Andreae Mülleri Greiffenhagii in Marci Pauli chorographiam, Praefatio.

Doctorum Virorum de hoc Marci Pauli Veneti opere Testimonia ac judicia (Franciscus Pipinus).

Marci Pauli Veneti de Regionibus Orientalibus Libri III.

Index primus historicus, sive Alphabetica recensio omnium eorum, quae Autor passim observavit, atque aliàs memoranda reliquit.

Index secundus chronographicus qui annos & cujuslibet anni Notabilia (quae quidem Autor designavit) continet.

Index tertius itinerarius, ubi loca recensentur, quae auctor pertransiit, & Distanstantiae Locorum, quas ipse annotavit.

Emendada.

Andreae Mülleri, Greiffenh. Disquisitio geographica & historica de Chataja... Errata. — Addenda. — Index Rerum.

Haithoni Armeni Historia Orientalis : Qvae eadem & De Tartaris inscribitur. Anno clɔ.Iɔc.LXXI.

Index.

La pagination de chaque ouvrage est différente.

Langlès (1985), Fr. 7.95. — Klaproth (1022), Fr. 5. — Sobolewski (1736), Th. 1. 5. — Thonnelier (2362), *m. r. comp.*, Fr. 35.

— *Marco Polo da Venie* ‖ *sia de le merauegliose* ‖ *cose del Mondo.*

Au-dessous de ce titre la marque de l'imprimeur Sessa : un chat tenant une souris dans sa gueule avec les initiales I et B à droite et à gauche de l'écusson (surmonté d'une couronne ducale) qui porte ce groupe, et S en queue.

Au verso du feuillet 83 :

Finisse lo libro de Marco Polo da Venie ‖ *sia dele merauegliose cose del mōdo Im* ‖ *presso in Venetia per zoanne Baptista* ‖ *da Sessa Milanese del* M.CCCCXCVI. ‖ *adi. xiii. del mese de Iunio regnā* ‖ *do lo Illustrissimo Principe Au* ‖ *gustino Barbadico inclvto* ‖ *Dvce di Venetia.*

Au recto du feuillet 84 : « Registro a b c d e f g h i k l Tutti questi sono quaderni excepto l chie duerno »; au-dessous le monogramme de l'imprimeur en blanc sur fond noir. — Le verso du feuillet 84 est blanc.

L'exemplaire que nous avons examiné est celui de la collection Grenville où il porte le No. 6666. Il est en superbe condition et parfaitement complet quoi qu'en dise une note du Catalogue de la vente Sobolewski (No. 1730); c'est un petit in-8 de 84 feuillets, chaque cahier comprenant, ainsi que l'indique le registre, 8 feuillets, excepté le cahier *l* qui n'en a que 4.

Grenville a ajouté à son exemplaire la note suivante : « This appears to be the first edition printed in the original Italian. — The abbé Morelli who sent me this book from Venice had found great difficulty in procuring a copy for the library of St. Marc. — Panzer III. 396. refers only to the mention made of it by Denis. Supp. I, p^e 415. I know of no other copy in England ».

Lazari, p. 460, dit : « Prima e rarissima edizione del compendio veneziano. Un capitolo che parla di Trebisonda, tratto dal viaggio di Fr. Odorico, precede il testo del Polo mutilo e scorrettissimo : quel capitolo non forma però parte d'esso, come nelle molte instampe di questo compendio. »

Ternaux-Compans (29) cite une édition de Sessa de 1486 qui me paraît n'avoir jamais existé que dans l'imagination de ce bibliographe trop souvent inexact.

Sobolewski (1730), *m. b.*, Niedrée, Th. 54.

* Marco Polo da Venesia de le maraveliose cose del Mondo. *Nota finale.* Impressa la presente* opera per el venerabile miser pre Batista da Farfengo, nella magnifica cita de Bressa a di xx December MCCCCC.

Ristampa dell'edizione 1496, leggiermente modificata nella introduzione. Rarissima. (Lazari, p. 460.)

— Marco Polo da Veniesia ‖ de le marauegliose co ‖ se del Mondo.

Pet. in-8, 56 ff. non chiff., sig. a-g.

Collation : titre ut supra; marque de l'imprimeur. — Finit. recto f. 56 : *Impresso in Venetia per Melchior Sessa. An* ‖ *no Dñi* M.CCCCCVIII. *Adi* XXI. *zugno.*

Bibliothèque nationale $\frac{O2}{3}$.

Riva, 1857, F. 1.50. — A. R. Smith, Libraire, Lond., Avril 1874, liv. 4.4/-.

* Marco Polo Venetiano. In cui si tratta le meravigliose cose del mondo per lui uedute, del costume di uarij paesi, dello stranio uiuere di quelli, della descrittione de diuersi animali, e del trouar dell'oro

dell'argento, e delle pietre preciose, cosa non men utile che bella. *In fine :* In Venetia per Mathio Pagan, in Frezaria, al segno della Fede, 1555, in-8.

« Ristampa dell'edizione 1496. La edizione 1555 fu riprodotta dallo stesso *Mathio Pagan* senza data. » (Lazari, p. 463.)

Vend. éd. 1555 Libri (*Partie réservée,* No. 343) liv. 2 à Sir Thomas Phillips.

Un ex. s. a. se trouve dans la Bib. Grenville (304. a. 23), en voici le titre :

— Marco Polo ‖ Venetiano. ‖ In cvi si tratta le meravi‖gliose cose del mondo per lui uedute, del costu ‖ me di uarij paesi, dello stranio uiuere di ‖ quelli; della descrittione de diuersi ‖ animali, e del trouar dell'oro ‖ dell'argento, e delle pie ‖ tre preciose, cosa ‖ non men utile che bel ‖ la. In Venetia. s. d., in-8, 56 ff. n. c., sig. a—g, par 8. A la fin : *In Venetia per Mathio Pagan, in Freza ‖ ria, al Segno della Fede;* sur le titre la marque de M. Pagan.

Il y en a également un ex. à la *Marciana,* à Venise.

— Opera stampata nouamēte delle marauigliose cose del mondo : cominciādo da Leuante a ponente fin al mezo di. El mondo nouo & isole & lochi incogniti & siluestri abondāti e sterili & doue abōda loro & largento & zoglie & pietre p̄ciose & animali & mōstri spaurosi & doue manzano carne humana e i gesti & viuer & costumi de quelli paesi cosa certamēte molto curiosa de intendere et sapere.

Pet. in-8, 56 ff. non chiffrés. sig. a-g par 8. On lit au bas du recto du f. 56 : *Finito lo libro de Marco Polo de Venetia de le marauegliose cose del mondo. Stampata in Venetia per Paulo Danza Anno. Dñi.* M.D.XXXIII. *Adi. 10. Febraro.*

Brunet cite : Vend. 45 fr. Langlès, et revend. 15 fr. comme gâté; 13 fr. 50 c. Bignon. — Vaudrait autrement cher aujourd'hui.

— De i Viaggi di Messer Marco Polo Gentil'hvomo Venetiano. (Ramusio, II, 1606.)

— Marco Polo Venetiano, Delle Merauiglie del Mondo per lui vedute; Del Costume di varij Paesi, & dello stranio viuer di quelli. Della Descrittione de diuersi Animali. Del trouat dell'Oro, & dell'Argento. Delle Pietre Preciose. *Cosa non meno vtile, che bella.* Di nouo Ristampato, & osseruato l'ordine suo vero nel dire. In Treuigi, Ad instantia di Aurelio Reghettini Libraro. MDXC, in-8, 57 ff. chiffrés, vignette sur le titre; 1 grav. sur bois hors texte.

— Marco Polo Venetiano, Delle Merauiglie del Mondo per lui vedute; Del costume di varij Paesi, & dello stranio viuer di quelli. Della Descrittione de diuersi Animali. Del trouar Dell'Oro, & dell'Argento. Delle Pietre Preciose. *Cosa non meno vtile, che bella.* Di nouo Ristampato, & osseruato l'ordine suo vero nel dire. In Venetia, Appresso Marco Claseri, MDXCVII, in-8, pp. 128, s. grav.

— Marco Polo Venetiano Delle Merauiglie del Mondo per lui vedute. Del costume di varij Paesi, & dello stranio viuere di quelli. Della Descritione de diuersi Animali. Del trouar Dell'oro, & dell'Argento. Delle Pietre Preciose. *Cosa non meno vtile, che bella.* Di nouo Risstampato, & osseruato l'ordine suo vero nel dire. In Venetia, MDCII. Appresso Paulo Vgolino, in-8, pp. 128; sur le titre vig. représentant David portant la tête de Goliath; pas de grav. hors texte.

— Marco Polo Venetiano, Delle Merauiglie del Mondo per lui vedute. Del costume di varij Paesi, & dello stranio viuer di quelli. Della Descrittione de diuersi Animali. Dell trouar dell'Oro, & dell'Argento. Delle Pietre Preciose. *Cosa non meno vtile, che bella.* Di nuouo ristampato, & osseruato l'ordine suo vero nel dire. Con licenza de' Superiori, & Priuilegio. In Venetia, M.DC.XXVI. Appresso Ghirardo, & Iseppo Imberti, pet. in-8, pp. 128; 1 grav. sur bois hors texte.

— Marco Polo Venetiano. Delle Merauiglie del Mondo per lui vedute. Del costume di varij Paesi, & dello stranio viuer di quelli. De la Descrittione de diuersi Animali. Del trouar dell'Oro, & del'Argento. Delle Pietre preciose. *Cosa non meno utile, che bella.* Di nuouo ristampato, & osseruato l'ordine suo vero nel dire. Venetia, & poi in Treuigi per Angelo Righettini. 1267 [lisez 1627]. Con licenza de' Superiori, pet. in-8, pp. 128; 1 grav. sur bois hors texte.

— Marco Polo Venetiano. Delle Merauiglie del Mondo per lui vedute. Del costume di varij Paesi, & dello stranio viuer di quelli. De la Descrittione de diuersi Animali. Del trouar dell'Oro, & del'Argento. Delle Pietre preciose. *Cosa non meno utile, che bella.* Di nuouo ristampato, & osseruato l'ordine suo vero nel dire. In Treuigi, Appresso Girolamo Righettini : 1640. Con Licenza de' Superiori, pet. in-8 de 128 pages avec une gravure sur bois.

Cette éd. n'est pas citée par Brunet.

* In Trevigi M.DC.LVII, appresso Girolamo Righettini, in-8.

Vend. Libri (*Choicer Portion,* No. 1563), 12/.

— Marco Polo Venetiano. Delle Merauiglie del Mondo per lui vedute. I. Del costume di varij Paesi, & dello strano viuer di quelli. II. De la Descrittione de diuersi Animali. III. Del trouar dell'Oro, & dell'Argento. IV. Delle Pietre pretiose. *Cosa non meno vtile, che bella.* Si nuouo ristampato, & osseruato l'ordine suo vero nel dire. In Treuigi, Per il Righettini. M.DC.LXV. Con Licenza de' Svperiori. pet. in-8 de 128 p. avec une grav. sur bois.

Examiné l'ex. de la *Marciana.*

— Marco Polo Venetiano Delle Merauiglie del Mondo per lui vedute. I. Del costume di varij Paesi, & dello strano viuer di quelli. II. Della Descrittione de diuersi Animali. III. Del trouar dell'Oro, & dell'Argento. IV. Delle Pietre pretiose. *Cosa non meno vtile, che bella.* Di nuouo ristampato, & osseruato l'ordine suo vero nel dire. In Treuigi, Per il Reghettini. M.DC.LXXII. Con Licenza de' Svperiori, pet. in-8, pp. 128; 1 grav. hors texte.

Ces éditions sont des réimpressions du texte de 1496.

— Il Milione di Marco Polo testo di lingua del secolo decimoterzo ora per la prima volta pubblicato ed illustrato dal Conte Gio. Batt. Baldelli Boni. Firenze, Da'Torchi di Giuseppe Pagani. MDCCCXXVII. Con Approv. e Privilegio, 2 vol. in-4.

Pp. I-XXXII de Vol. I : Vita di Marco Polo.
Il faut ajouter à ces deux vol. :

— Storia delle Relazioni vicendevoli dell'Europa e dell'Asia dalla Decadenza di Roma fino alla Distruzione del Califfato del Conte Gio. Batt. Baldelli Boni. Firenze, Da' Torchi di Giuseppe Pagani, MDCCCXXVII. Con Approv. e Privilegio, 2 parties in-4.

Deux grandes cartes généralement cartonnées à part complètent l'ouvrage.

Vendu 41 fr. Boutourlin; 32 fr. Walckenaer; 38 fr. Libri, en 1857. Il a été tiré sur vélin deux exemplaires de ces quatre beaux volumes, et aussi 80 exemplaires en Gr. Pap. vélin : 100 fr. [Brunet.] — Klaproth (1020), Fr. 55. — Vaut aujourd'hui à Florence de Fr. 30 à Fr. 35 en belle condition.

Notice : *Antologia,* No. 100. Aprile 1828. On en a fait un tirage à part, br. in-8, pp. 39, sig. L. S. D. I.

— I Viaggi in Asia in Africa, nel mare dell'Indie descritti nel secolo XIII da Marco Polo Veneziano. Testo di lingua detto *Il Milione* illustrato con annotazioni. Venezia, dalla tipografia di Alvisopoli, MDCCCXXIX, 2 parties in-8, pp. XXI et 1/189, 195/397.

Klaproth (1021), Fr. 13.50.

«Ristampa del Testo di Crusca procurata da B. Gamba il quale vi appose piccole note a pie di pagina.» (Lazari, p. 470.)

«Il en a été tiré 100 exemplaires, in-8, auxquels est jointe la carte géographique qui fait partie de l'ouvrage de Zurla. Il y en a aussi des exemplaires in-8, très-grand Pap., et sur des papiers de différentes couleurs.» (Brunet.)

— Il Libro di Marco Polo intitolato il Milione. (*Relazioni di Viaggiatori,* Venezia, 1841, I, pp. 1/231.)

Réimpression du texte de la Crusca.

— I Viaggi in Asia in Africa, nel mare dell'Indie descritti nel secolo XIII da Marco Polo Veneziano testo di lingua detto Il Milione illustrato con annotazioni. Volume unico. Parma, per Pietro Fiaccadori, MDCCCXLIII, pet. in-8, pp. IV-308.

Réimpression du texte de la Crusca.

— I Viaggi in Asia, in Africa, nel mare dell'Indie descritti nel secolo XIII da Marco Polo Veneziano. Testo di lingua detto *il Milione.* Udine, Onofrio Turchetto, Tip. edit. 1851, in-16, pp. x-207.

— I Viaggi di Marco Polo Veneziano tradotti per la prima volta dall'originale francese di Rusticiano di Pisa e corredati d'illustrazioni e di documenti da Vincenzo Lazari pubblicati per cura di Lodovico Pasini Membro Eff. e Segretario dell'I. R. Istituto Veneto. Venezia, MDCCCXLVII, in-8, pp. LXIV-484; 1 carte.

— I Viaggi di Marco Polo secondo la lezione del Codice Magliabechiano più antico reintegrati col testo francese a stampa per cura di Adolfo Bartoli. Firenze, Felice Le Monnier, 1863, pet. in-8, pp. LXXXIII-539.

— Il Milione ossia Viaggi in Asia, in Africa e nel Mar delle Indie descritti nel secolo XIII da Marco Polo Veneziano. Torino, Tip. dell'oratorio di S. Franc. di Sales, 1873, in-32, pp. 280.

Biblioteca della Gioventù Italiana.

— Giulio Verne. I Viaggi di Marco Polo unica versione originale fedelmente riscontrata sub codice Magliabeccano e sulle opere di Charton per cura di Ezio Colombo. Volume Unico. Milano, Serafino Muggiani e Comp., 1878, in-16, pp. 143.

Une gravure sur bois commune représentant Marco Polo sert de frontispice à ce vol. qui fait partie d'une collection populaire de Voyages.

— Marco Paulo. ¶ Ho liuro de Nycolao veneto. ¶ O trallado da carta de huũ genoues das ditas terras. ¶ Lõ priuilegio del Rey nosso senhor. q̄ nenhuũ faça a impressãm deste liuro. nẽ ho venda em todollos se' regnos ⁊ senhorios sem liçẽça de Valentim fernãdez so pena cõteuda na carta do seu

(MARCO POLO.)

preuilegio. Ho preço delle. Cento ⁊ dez reaes, in-folio de 106 ff.

Collation : 8 ff. prél. n. chiff., et 98 ff. chiffrés. — Lettres de somme.

Recto 1er f. : Titre ut supra. — Vignette représentant une sphère.

Verso 2e f. : Começase a epistola sobre a trelladaça do liuro de Marco paulo. Feita per Valētym fernādez escudeyro da excellentissima Raynha Dona Lyanor. Ende rençada ao Serenissimo ⁊ Inuictissimo Rey ⁊ Senhor Dom Emanuel o primeiro. Rey de Portugal ⁊ dos Alguarues. daquē ⁊ alemmar em Africa. Senhor de Buynee. E da conquista da nauegaçom ⁊ comercio de Ethiopia. Arabia. Persia. ⁊ da India.

Recto 7e f. : Começase a tauoa dos capitulos do liuro Primeyro.

Recto 1er f. chif. : Começase ho Liuro Primeiro de Marco paulo de Veneza das condiçoões ⁊ custumes das gētes ⁊ das terras ⁊ prouincias orientaes. E prime y ⁊ amente de como ⁊ em que maneyra Dom Marco paulo de Venza ⁊ Dom Maffeo seu irmaão se passarom aas partes do oriente; vig. représ. une galère; lettre ornée; page encadrée.

Verso f. 77 : Fin de Marco Polo.

Recto f. 78 : Nicolas Conti.

Verso f. 95 : Fin de Nicolas Conti.

Recto f. 96 : A Carta do genoues.

Verso f. 98 : Acabase ho liuro de Marco paulo. cō ho liuro de Nicolao veneto ou veneziano. ⁊ assi mesmo ho trallado de hūa carta de hūū genoues mercador. que todos escreuerō das Indias. A seruiço de D's. ⁊ auisamēto daquelles q̄ agora vam pera as ditas Indias Aos quaes rogo ⁊ peço humilmente q̄ benignamēte queirā emēdar ⁊ correger ho que menos acharē no escreuer. s. nos vocabul' das prouincias. regnos. cidades. ylhas. ⁊ outras cousas muytas ⁊ nō menos em a distācia das legoas de hūa terra pa outra. *Imprimido per Valentym fernādez alemadão. Em a muy nobre cida de Lyxboa. Era de Mil ⁊ quinhentos ⁊ dous annos. Aos. quatro dias do mes de Feureyro.*

Bibl. nat. : $\frac{02}{2}$.

Très-rare. — Lauraguais. Fr. 24. — La Serna, Fr. 81. — Vaudrait beaucoup plus cher aujourd'hui.

Il en existe un exemplaire à la Bibliothèque nationale de Lisbonne. «De viii (innumeradas) - xcuj folhas numeradas pela frente», dit Silva.

On trouvera une description détaillée de cette édition dans la *Bibliographia* de Figaniere, No. 947.

— Cosmographia ‖ breue introdu ‖ ctoria en el libro ‖ d' Marco paulo. ‖

El libro del famoso Marco paulo ‖ veneciano d'las cosas marauillosas ‖ q̄ vido enlas partes oriētales. cōuie ‖ ne saber enlas Indias. Armenia. A‖rabia. Persia ⁊ Tartaria. E d'l pod‖erio d'l grā Cā y otros reyes. Cō otro ‖ tratado de micer Pogio florētino q̄ ‖ trata delas mesmas tierras ⁊ yslas.

In-folio à 2 col., caract. goth., 34 ff. chiffrés et 4 ff. prél. non chiff.

Au titre 4 gravures sur bois représentant :

Marc paulo.
Micer pogio.
S. Domingo. ēla ysla Isabela.
Calicu.

— Les 4 ff. prélim. comprennent :
— *Recto 1 f.* : Titre.
— *Verso 1 f.* : Prologo primero.
— *F. 2 et 3* : Maestre Rodrigo al lector.
— *F. 4* : Tabla de los capitulos.

— Marco Polo, ff. 1/26.

— Tratado de Micer Pogio, ff. 27/recto f. 27 [lisez 34].

— Au verso du dernier ff. [chiffré xxvij quoique le 34e]

«Acabase el libro del famoso Marco paulo vene ‖ ciano el q̄l cuēta de todas las tierras prouīcias ⁊ islas delas Indias. Arabia ‖ Persia Armenia y Tartaria y d'las cosas marauillosas que enellas se ha ‖ llan assi mesmo el grā señorio y riquezas del gran Can de Catayo se ‖ ñor delos tartaros | añadido en fin vn tratado breue de micer Pogio ‖ florentino el qual el mesmo escriuio por mandado de eugenio papa ‖ quarto deste nombre por relacion de vn Nicolao [Conti] veneciano el ‖ qual assi mesmo auia andado las ptidas oriētales ⁊ de otros ‖ testigos dinos d' fe como por el parece fiel mēte trasladado ‖ en lengua castellana por el reuerēdo señor maestre Rodri ‖ go de santa ella | Arcediano de reyna y canonigo ēla sū ‖ ta yglesia de Seuilla. El q̄l se ēprimio por La[?]alao ‖ polono y Jacome Crōberger alemano ēla muy ‖ noble y muy leal ciudad d' Seuilla. Año de ‖ mill ⁊ q'niētos y tres a. xxviij. dias d'mayo.»

British Museum : C. 32. m. 4.

Ex. incomplet; manquent les ff. : 13, 18.

Dans le nom de l'imp., à la dernière page, une lettre a été détruite par un ver.

Cette édition ne paraît pas être connue du Col. Yule.

— Libro del famoso Marco Polo veneciano delas cosas marauillosas q̄ vido enlas partes orientales : conuiene saber enlas Indias | Armenia | Arabia | Persia | & Tartaria. E del poderio del gran Can y otros reyes. Con otro tratado de micer Pogio Florentino & trata delas mesmas tierras & islas. s. l. n. d. in-4 à 2 col. [Logroño, 1529], lettres de somme.

Collation : signatures a-d iiij. — 36 feuillets.

Verso 1er feuillet : Prologo del Interprete. — *Recto 2e feuillet* : Cosmographia introductoria. — *Verso 3e feuillet* : Tabla. — *Verso 4e feuillet* : Fin de la Tabla. — Suivent, 32 feuillets numérotés : *Feuillet i.* — *Commence* : Libro de Marco Polo Veneciano. A qui comiença vn libro que trata delas cosas marauillosas que el noble varon micer Marco Polo de Venecia vido enlas partes de Oriente.

Finit Recto f. xxxij : La presente obra del famoso Marco Polo veneciano q̄ fue traduzida fielmēte de lengua veneciana en castellano por el reuerēdo señor maestre Rodrigo arcediano de reyna y canonigo en la yglesia de Seuilla. Fue impressa y corregida de nueuo en la muy constante y leal ciudad de Logroño en casa de Miguel de eguia a treze de junio de mill y quinientos y. xx. & nueue.

Exemplaire de Grenville No. 6788.

«Cette édition de 1529, dit Brunet. est fort rare : 2 liv. 9 sh Heber; 210 flor. Butsch. et 130 fr. en 1859. — Il y en a une plus ancienne de *Séville, Cromberger*, 1520, in-fol., que cite Panzer d'après Vogt.»

Lazari dit de cette édition de 1520, p. 461 : «Di estrema rarità. Questa traduzione è tratta da un antico testo italiano : l'autore n'è Maestro Rodrigo de Santaella.»

— Historia de las Gran ‖ dezas y Cosas ‖ marauillosas de las Prouincias Orientales. ‖ sacada de Marco Pavlo ‖ Veneto, y traduzida de Latin en Romance, y aña‖dida en muchas partes por Don Martin de Bolea ‖ y Castro, Varon de Clamosa, ‖ señor de la Villa de ‖ Sietamo. ‖ Dirigida a Don Beltran de ‖ la Cueba, Duque de Alburquerque, Marques de ‖ Cuellar, Conde de Ledesma y Guelma, Lugar ‖ teniente, y Capitan General por su Ma ‖ gestad, en el Reyno de ‖ Aragon. ‖ Con Licencia, en Caragoça. ‖ Por Angelo Tauano, Año. MDCI, in-8, 164 ff. sans les prél. et la table.

Vend. 14 fr., Rémusat; 1 liv. 10 sh. et 6 sh. Heber. (Brunet). — *Bib. Grenvilliana*, 790. a. 20. — Quaritch, 1872, 25/-.

— La Description geographiqve des Provinces & villes plus fameuses de l'Inde Orientale, meurs, loix, & coustumes des habitans d'icelles, mesmement de ce qui est soubz la domination du grand Cham Empereur des Tartares. Par Marc Paule gentilhomme Venetien, Et nouuellement reduict en vulgaire François. A Paris, Pour Vincent Sertenas tenant sa boutique au Palais en la gallerie par ou on va à la Chācellerie. Et en la rue neuue Nostre dame à l'image sainct Iehan l'Euangeliste. 1556. Avec Privilege dv Roy, in-4 de 123 doubles pages.

Sans : le Privilege (page qui suit le titre). — Epistre «A Adrian de Lavnay seigneur de sainct Germain le Vieil, Viconte de sainct Siluain, Notaire & Secretaire du Roy.» De Paris ce xviii. iour d'Aoust 1556, 3 pages. — Preface av Lectevr par F. G. L., 5 pages. — Table, 8 pages. — Pièces de vers, 2 pages au commencement et un avertissement (1 page) à la fin.

Commence page 1 : «Lors que Bauldoyn Prince Chrestien tāt fameux et renommé tenoit l'Empire de Constātinople, assauoir en l'an de l'incarnation de nostre Saulueur mil doux cons soixante & neuf, deux nobles & prudēs citoyēs de Venise....»

C'est la plus ancienne édition en langue française.

Marsden (et Yule) croient qu'elle a été traduite du Latin du *Novus Orbis*, p. lxix.

L'exemplaire que nous avons examiné est celui du Collège des Barnabites qui se trouve maintenant à la Bibl. du Dépôt des Cartes et Plans de la Marine sous le No. 4925.

«Volume peu commun, dit Brunet : 34 fr. 50 c. St.-Mauris, en 1848; 48 fr. de Jussieu.» Vaut aujourd'hui 90 fr. et plus.

— Même titre. A Paris, Pour Estienne Groulleau, demourant en la rue neuue Nostre dame, à l'image sainct Iehan Baptiste. 1556. Avec privilege dv Roy, in-4.

Même éd. que la précédente, avec un nom de libraire différent. Maisonneuve, 1881, 90 fr.

— Les Voiages très-curieux & fort remarquables, Achevées par toute l'Asie, Tartarie, Mangi, Japon, les Indes Orientales, Iles adjacentes, & l'Afrique, Commencées l'An 1252. Par Marc Paul, Venitien, Historien recommandable pour sa fidelité. Qui contiennent une Relation très-exacte des Païs Orientaux : Dans laquelle il décrit très exactement plusieurs Païs & Villes, lesquelles Lui-même a Voiagées & vües la pluspart : & où il nous enseigne brièvement les Mœurs & Coutumes de ces Peuples, avant ce tems là inconnues aux Européens; Comme aussi l'origine de la puissance des Tartares, quand à leurs Conquêtes de plusieurs Etats ou Païs dans la Chine, ici clairement proposée & expliquée. Le tout divisé en III. Livres. Conféré avec un Manuscrit de la Bibliothèque de S. A. E. de Brandebourg, & enrichi de plusieurs Notes & Additions tirées du dit Manuscrit, de l'Edition de Ramuzio, de celle de Purchas, & de celle de Vitriare. (Dans le Vol. II du *Recueil* de Bergeron, La Haye, 1735.)

Bergeron a donné cette édition d'après celle de Müller.

— Voir dans le *Recueil* de la Société de Géographie de Paris, tome Ier, 1824 :

Voyages de Marco. Première Partie. Introduction, Texte, Glossaire et Variantes.

Introduction, pp. xi-liv [par Roux].

Voyage de Marc Pol, pp. 1-288 — Table des Chapitres, pp. 289-296.

[Ce voyage est publié d'après le Ms. 7367 de la Bibliothèque nationale.]

Peregrinatio Marci Pauli. Ex Manuscripto Bibliothecae Regiae, No. 3195 f°, pp. 297-494 — Index Capitum, pp. 495-502.

Glossaire des mots hors d'usage, pp. 503-530 [par Méon].

Errata, pp. 531-532.

Variantes et Tableau Comparatif des noms propres et des noms de lieux cités dans les voyages de Marco Polo, pp. 533-552.

— Rapport sur la Publication des Voyages de Marco Polo, fait au nom de la section de publication, par M. Roux, rapporteur. (*Bull. de la Soc. de Géog.*, I, 1822, pp. 181/191.)

∴

— Le Manuscrit français sur vélin de la Bibl. nat., Fr. 1116 (ancien 7367) se compose de 111 feuillets à 2 colonnes et d'un feuillet blanc, le dernier. (xive Siècle.) — Les feuillets ne sont pas numérotés.

Commence recto f. 1 : Ci comancent le lobrique de cest liure qui est appele le diuisimet dou monde.

Recto f. 4 : Ci comācēt le lobrique de cest liure qui est appelle le deuisement dou monde. Seingnors enperaors ⁊ rois. dux. ⁊ marquois....

∴

— Le Ms. latin 3195 de la Bibl. nat. est ainsi décrit dans le Vol. III. p. 384, du *Catalogus Codicum Manuscriptorum Bibliothecae Regiae*, Parisiis, 1744, in-folio :

Codex membranaceus, olim Mazarinaeus.

Ibi continentur :

1° *Petri Amphusi* clericalis disciplina;

2° *Odorici de Foro Julio* liber de ritibus & conditionibus hujus mundi; in eo autem libro author peregrinationes suas per remotissimas Asiae regiones describit;

3° *Marci Pauli*, Veneti, descriptio Orientalium regionum;

4° *Bernardi* cujusdam ad Raymundum Castri Ambrosii epistola de modo rei familiaris utilius gubernandae.

Is codex saeculo decimo quinto exaratus videtur.

Ce Ms., que nous avons examiné, est d'une écriture difficile à lire; il se compose de 64 ff. numérotés à 2 colonnes; quelques pages sont déchirées, et devraient être raccommodées; le texte est complet; Odoric occupe les ff. 19/26, Marco Polo les ff. 27 et seq.

— Marco Polo. (Charton, *Voy. anc. et mod.*, II, pp. 252/440.)

Texte de la Soc. de Géog. mis en français moderne. — Notes, Bibliographie, etc.

— Le Livre de Marco Polo citoyen de Venise Conseiller privé et commissaire impérial de Khoubilaï-Khâan : rédigé en français sous sa dictée en 1298 par Rusticien de Pise; Publié pour la première fois d'après trois manuscrits inédits de la Bibliothèque impériale de Paris, présentant la rédaction primitive du Livre, revue par Marc Pol lui-même et donnée par lui, en 1307, à Thiébault de Cépoy, accompagnée des variantes, de l'explication des mots hors d'usage et de Commentaires géographiques et historiques, tirés des écrivains orientaux, principalement chinois, avec une Carte générale de l'Asie;

par M. G. Pauthier. Paris, Librairie de Firmin Didot.... 1865, 2 parties gr. in-8. Pub. à Fr. 40.

Première Partie, pp. clvi-351.
Introduction :
1° Notice sur Marc Pol;
2° Le Livre de Marc Pol;
3° Aperçu de l'état politique de l'Asie au XIIIe. siècle de notre ère.
Conclusion.
Préface de la copie donnée par Marc Pol à Thiébault de Cépoy.
Prologue.
Le Livre de Marc Pol, citoyen de Venise, chap. I-CIV.
Seconde Partie, pp. 351/832.
Le Livre de Marc Pol, citoyen de Venise, chap. CV-CC.
Chapitres historiques supplémentaires tirés du manuscrit publié par la Société de Géographie de Paris, en 1824, chap. CCV-CCXXXII.
Appendice No. I. Testament de Marc Pol. Copié sur l'original qui est conservé dans la Bibliothèque de Saint-Marc à Venise. Extrait de V. Lazari, *I viaggi di Marco Polo,* p. 436.
Appendice No. 2. Fragment de la *Chronica libri imaginis mundi* du Frère Jacopo d'Aqui.
Appendice No. 3. Décret de Khoubilaï-khaân (en caractères *pa'-sse-pa*).
Appendice No. 4. Inscription mongole en caractères *pa'-sse-pa,* de l'année 1314 de notre ère. gravée sur pierre. et conservée dans la ville cantonale de *Tchao-chih* du département de *Si-ngan,* province du *Chen-si.*
Appendice No. 5. Lettre en mongole d'Arghoun-khan au roi de France Philippe le Bel.
Appendice No. 6. Lettre mongole d'Oeldjaïtou sultan au roi de France Philippe le Bel, pour lui annoncer son avènement.
[Ces deux doc. avaient d'abord été publiés par Abel-Rémusat dans ses *Mém. sur les relat. des Princes chrétiens* et ils ont été de nouveau reproduits par Pauthier dans son *Histoire des relations pol. de la Chine.*]
Table des Chapitres.
Index analytique, historique et géographique.
Table analytique des principales matières.
Index des Auteurs et des Ouvrages cités dans les Notes.
Glossaire des mots et tournures en vieux français expliqués dans les notes.
Table énumérative des divisions administratives de l'empire chinois sous les Mongols.
Errata.

NOTICES : *J. Asiat.,* 6e. Sér., Vol. VII, 1866: pp. 388/429 (par N. de Khanikof); — *Quarterly Review,* July 1868 (par le Col. Yule). — *Journal des Savans* (5 Art., Janvier/Mai 1869, par Barthélemy St.-Hilaire). — *The Phoenix,* I, p. 19.

— Le pays de Tanduc et les descendants du Prêtre Jean. Spécimen d'une édition du texte original français du *Livre de Marc Pol* publié pour la première fois d'après trois manuscrits inédits de la Bibliothèque impériale de Paris, accompagné de nombreux commentaires. Par G. Pauthier. (*Revue de l'Orient,* Mai 1862, pp. 287/328.)

— Le Livre de Marco Polo... par M. G. Pauthier. (Extrait du Cahier de février 1866, des *Annales de philosophie chrétienne.*) Br. in-8, pp. 51.

Contient une réponse de G. Pauthier (Paris, 24 Novembre 1865) à un article de M. Joseph Bianconi, sur l'éd. de Marco Polo de G. P., publié dans les *Etudes religieuses, historiques et littéraires, par les PP. de la Compagnie de Jésus,* cahier du 15 Nov. 1865 (tome VIII, 394).

— Polo (Marco), par G. Pauthier.

(MARCO POLO.)

Extrait de la *Nouvelle Biographie générale,* publiée par MM. Firmin Didot frères et fils. Br. in-8 à 2 col.

— A Memoir of Marco Polo, the Venetian Traveller to Tartary and China [translated from the French of M. G. Pauthier]. (*Chin. & Jap. Rep.,* Sept. & Oct. 1863.)

— Les Récits de Marco Polo citoyen de Venise sur l'histoire, les mœurs et les coutumes des Mongols, sur l'empire Chinois et ses merveilles; sur Gengis-Khan et ses hauts faits; sur le Vieux de la Montagne; le Dieu des idolâtres, etc. Texte original français du XIIIe siècle rajeuni et annoté par Henri Bellenger. Paris, Maurice Dreyfous, s. d., in-18 jésus, pp. IV-280.

— The most noble and famous trauels of *Marcus Paulus, one* of the nobilitie of the state of Venice, into the East partes of the world, as *Armenia, Persia, Arabia, Tartary,* with many other kingdoms and Prouinces. No lesse pleasant, than profitable, as appeareth by the Table, or Contents of this Booke. Most necessary for all sortes of Persons, and especially for Trauellers. Translated into English. At London, Printed by Ralph Nevvbery Anno. 1579. pet. in-4.

Pp. 167. s. les 26 premières pages qui contiennent l'épitre du traducteur, John Frampton (2 p.). Maister Rothorigo to the Reader : An introduction into Cosmographie (10 pages), la Table des Chapitres (6 p.), The Prologue (8 p.).

— The first Booke of Marcvs Pavlvs Venetvs, or of Master Marco Polo, a Gentleman of Venice, his Voyages. (Purchas, *His Pilgrimes,* 1625, Lib. I, Ch. III, pp. 65 et seq.)

D'après Ramusio.

— The Travels of Marco Polo, or Mark Paul, the Venetian, into Tartary, in 1272. (Astley's *Collection of Travels,* IV, pp. 580-619.)

Voir la trad. franç. dans l'*Hist. Gén. des Voyages.*
— Harris's *Navigantium atque Itin. Bib.,* éd. de 1715 et de 1744.

— The curious and remarkable Voyages and Travels of Marco Polo, a Gentleman of Venice who in the Middle of the thirteenth Century passed through a great part of Asia, all the Dominions of the Tartars, and returned Home by Sea through the Islands of the East Indies. [Taken chiefly from the accurate Edition of Ramusio, compared with an original Manuscript in His Prussian Majesty's Library and with most of the Translations hitherto published.] (*Pinkerton,* VII, p. 101.)

(MARCO POLO.)

— The Travels of Marco Polo, a Venetian, in the Thirteenth Century : being a Description, by that early traveller, of remarkable places and things, in the eastern parts of the world. Translated from the Italian, with Notes, by William Marsden, F. R. S. &c. With a Map. London : MDCCCXVIII, gr. in-4, pp. lxxx-782.

Les 80 premières pages sont consacrées à une remarquable *introduction* dans laquelle sont traitées diversés matières énumérées à la page 782 : Vie de Marco Polo. Description générale de l'ouvrage, Editions et Ms. en diverses langues, &c. Un index occupe les pp. 757/781.

Pub. Liv. 3.3/-. Gr. Pap. Liv. 4.4/- ; — Klaproth (1041), Fr. 20. Thonnelier (2364), Fr. 17. — Vaut Fr. 30.

Notices par : J. P. Abel-Rémusat (*Journal des Savans*. Sept. 1818, pp. 541/550. — *Nouv. Mél. As.*, I, pp. 381/396.) — John Barrow (*Quarterly Review*, XXI, 1819, pp. 177 et seq.).

— The Travels of Marco Polo, the Venetian. The Translation of Marsden revised, with a Selection of his Notes. Edited by Thomas Wright, Esq. M. A., etc. London : Henry G. Bohn, 1854, pet. in-8, pp. XXVIII-508.

— The Travels of Marco Polo, greatly amended and enlarged from valuable early manuscripts recently published by the French Society of Geography, and in Italy by Count Baldelli Boni. With copious Notes, illustrating the routes and observations of the author and comparing them with those of more recent Travellers. By Hugh Murray, F. R. S. E. Two Maps and a Vignette. New-York, Harper, 1845, in-12, pp. VI-326.

Edition publiée d'abord à Edimbourg, 1844, Oliver & Boyd, in-12. — 4th ed., Edinburg, s. a.

— The Book of Ser Marco Polo, the Venetian, Concerning the Kingdoms and Marvels of the East. Newly translated and edited with Notes. By Colonel Henry Yule, C. B., late of the Royal Engineers (Bengal), Hon. Fellow of the Geographical Society of Italy. In two volumes. With Maps and other illustrations. London, John Murray, Albemarle Street, 1871, 2 vol. in-8.

— *Vol. I*, pp. clxi-409 : Dedication to Her Royal Highness Margherita, Princess of Piedmont. — Preface. — Contents of Vol. I. — Explanatory List of Illustrations to Volume I. — Introductory Notices : I. Obscurities in the History of his Life and Book. Ramusio's Statements. — II. Sketch of the State of the East at the time of the Journeys of the Polo Family. — III. The Polo Family. Personal History of the Travellers down to their final return from the East. — IV. Digression concerning the Mansion of the Polo Family at Venice. — V. Digression concerning the War-Galleys of the Mediterranean States in the Middle Ages. — VI. The Jealousies and Naval wars of Venise and Genoa. Lamba Dorias Expedition tho the Adriatic ; Battle of Curzola ; and Imprisonment of Marco Polo by the Genoese. — VII. Rusticiano or Rustichello of Pisa, Marco Polo's Fellow-Prisoner at Genoa. the Scribe who wrote down the Travels. — VIII. Notices of Marco Polo's History, after the Termination of his Imprisonment at Genoa. — IX. Marco Polo's Book ; and the Language in which it was first written. — X. Various Types of Text of Marco Polo's Book. — XI. Some Estimate of the Character of Polo and his Book. — XII. Contemporary Recognition of Polo and his Book. — XIII. Nature of Polo's Influence on Geographical Knowledge. — XIV. Explanations regarding the Basis adopted for the present translation. — *The Book of Marco Polo.* — Prologue. — Book First. — Book Second.

— *Vol II*, pp. XVIII-525 : Contents of Vol. II. — Explanatory List of Illustrations to Volume II. — Book II. (continued). — Book III. — Book IV. — Appendices. *A.* Genealogy of the House of Chinghiz. to end of Thirteenth Century. — *B.* The Polo Families. (I. Genealogy of the Family of Marco Polo the Traveller. — II. The Polo of San Geremia). — *C.* Calendar of Documents relating to Marco Polo and his Family. — *D.* Comparative Specimens of Different Recensions of Polo's Text. — *E.* The Preface of Friar Pipino to his Latin Version of Marco Polo (Circa 1315-1320). — *F.* List of Mss. Marco Polo's Book so far as they are known. — *G.* Diagram showing Filiation of Chief Mss. and Editions of Marco Polo. — *H.* Bibliography of Marco Polo's Book. (I. Principal Editions. — II. Titles of Sundry Books and Papers which treat of Marco Polo and his Book.) — *I.* Titles of Works which are cited by abbreviated References in this Book. — *K.* Value of certain Moneys. Weights, and Measures occuring in this Book. — *L.* The Alleged Invention of Movable typesby Panfilo. Castaldi. — *M.* Supplementary Notes to the Book of Marco Polo. — Index,

Notices : *Edinburg Review*, Janv. 1872, pp. 1/36. — *British Quarterly Review*, Juillet 1872. — *Shai. Budget*, 19 Dec. 1872. — *Ocean Highways* (Major O. St. John), Dec. 1872, pp. 285/6.

— The Book of Ser Marco Polo, the Venetian, Concerning the Kingdoms and Marvels of the East. Newly translated and edited, with Notes, Maps, and other illustrations. By Colonel Henry Yule, C. B., late of the Royal Engineers (Bengal). . . . In two volumes [in-8]. Second edition, revised. With the addition of new matter and many new illustrations. London : John Murray, 1875.

Le frontispice colorié porte la date de 1874.

Notice : *Chin. Recorder*, VI, 1875, pp. 374/376.

— Notes on Col. Yule's Edition of Marco Polo's «Quinsay». By the Rev. G. E. Moule. (*Jour. N. C. Br. R. As. Soc.*, IX, 1875, pp. 1/24.)

— Markus Paulus Venetus Reisen, En Beschryving der Oostersche Lantschappen; Daar in hy naaukeuriglijk veel Landen en Steden, die hy zelf ten meestendeel bereist en bezichtigt heeft, beschrijft, de zeden en gewoonten van die Volken, tot aan die tijt onbekent, ten toon stelt, en d'opkommst van de Heerschappy der Tartaren, en hun verövering van verscheide landen in Sina, met ander namen genoemt, bekent maakt. Benessens de Historie der Oostersche Lantschappen, door Haithon van Armenien te zamen gestelt. Beide nieuwelijks door J. H. Glacemaker vertaalt. Hier is noch by gevoegt *De Reizen van Nicolaas Venetus,* en *Jeronymus van St. Steven* naar d'oostersche Landen, en naar d'Indien. Door P. P. vertaalt. Als ook een *Verhaal van de verovering van't Eilant Formosa, door de Sinezen;* door J. V. K. B. vertaalt. Met Kopere Platen verciert. t'Amsterdam, Voor Abraham Wolfgang . . . . 1664, in-4, pp. 99 s. l. l.

Million Marka Pavlova. Fragment de la

trad. en tchèque, qui se trouve dans le Musée de Berlin. Prague, No. 3 F. 26, XVe S., par un anonyme, Morave?, col. 543/572, (*Výbor z Literatury české,* II, v Praze, 1868).

— Марко Поло путешествіе въ 1286 году по Татаріи и другимъ странамъ востока венеціанскаго дворянина Марко Поло, прозваннаго Милліонеромъ — три части — St. Pétersbourg, 1873, in-8, pp. 250.

— Pohledy do Velkorise mongolské v čas nejmocnejšího rozkvetu jejího za Kublaje kána. Na základe čestopisu Marka Polova podává A. J. Vrtatko. (Výnato z Časopisu Musea král. Českého 1873). V Praze, J. Otto, 1873, in-8, pp. 71.

M. A. Jarosl. Vrtatko a traduit en entier Marco Polo, mais il n'a encore publié que ce fragment.

***

— L'édition de Marco Polo que préparait Klaproth est annoncée dans le cahier du Juin 1824 du *Journal Asiatique,* pp. 380-381 :

« M. Klaproth vient de terminer son travail sur *Marco Polo,* qui l'a occupé depuis plusieurs années . . . . . .

« La nouvelle édition de *Marco Polo,* que notre confrère prépare, contiendra l'italien de Ramusio, complété, et des Notes explicatives en bas des pages. Elle sera accompagnée d'une Carte représentant les pays visités ou décrits par le célèbre Vénitien. »

— Voir également, sur cette éd. de Klaproth, le *Bulletin des Sciences historiques, antiquités,* etc. juin 1824, Art. 580 ; le *Jour. des Savants,* Juillet 1824, pp. 446/7 et le *Jour. As.*, infra [col. 928] : *Recherches sur les Ports de Gampou.* Les matériaux que M. K. accumulait pour cette éd. ont été vendus à sa mort Fr. 200 au libraire Duprat ; voir *Cat. des Livres composant la Bib. de M. K.*, IIe Partie, No. 292.

Manuscrits : Voir l'ouvrage de Yule et *Studj bibliografici.* [Col. 901.]

Biographies et Commentaires.

— Specimen commentarii geographici circâ Marci Poli Veneti Historiam Orientalem. (And. Mulleri Greiffenhagii *Hebdomas Observationum de Rebus Sinicis,* No. VI.)

— Dissertazione intorno ad alcuni viaggiatori eruditi veneziani, poco noti pubblicata nelle faustissime nozze del nobile uomo il Signore Conte Leonardo Manino con la nobile donna Signora Contessa Foscarina Giovanelli da Don Iacopo Morelli. In Venezia, nella stamperia di Antonio Zatta, MDCCCIII, in-4, pp. XVI-90.

Rare, tiré à petit nombre pour cadeaux.

Langlès (1987), Fr. 10, *incomp.* — Thonnelier (2174), Fr. 2. — Prix insuffisants.

— Rede des Herrn Professor Dr. Christian Gottfried Daniel Stein (Gesprochen den 29sten Sept. 1819) über den Venetianer Marco Polo. (*Einladung zur Gedächtnissfeier der Wohlthäter des Berlinisch-Köllnischen Gymnasiums* . . . . von dem Director Johann Joachim Bellermann, pp. 9 et seq. [Berlin, 1821].)

— Di Marco Polo e degli altri Viaggiatori Veneziani più illustri Dissertazioni del P. Ab. D. Placido Zurla con Appendice sopra le antiche mappe lavorate in Venezia e con quattro carte geographiche. Vol. I. In Venezia, Presso Gio. Giacomo Fuchs co' Tipi Picottiani. MDCCCXVIII, in-4, pp. VIII-391.

— Di Marco Polo . . . . Vol. II. In Venezia co' Tipi Picottiani. MDCCCXVIII, in-4, pp. 408.

Langlès (1986), Fr. 38.05. — Thonnelier (2075), Fr. 12. — Kerslake (Bristol) Liv. 1.4/. — Quaritch, 1872, Liv. 1.8/.

Notice par Abel-Rémusat : *Jour. des Savans,* Mai 1823, pp. 287/296, et *Nouv. Mél. As.*, I, pp. 397/412.

— Recherches sur les Ports de Gampou et de Zaithoum, décrits par Marco Polo, par M. J. Klaproth ; suivies de l'annonce d'une nouvelle édition du Voyage de Marco-Polo, Par le même Auteur. Paris, Dondey-Dupré Père et fils, MDCCCXXIV, in-8, pp. 14.

Extrait du *Journal Asiatique.*

— Sur le pays de Tenduc ou Tenduch de Marco Polo. Par J. Klaproth. (*Jour. As.*, IX, 1826, pp. 299/306.)

— Remarques géographiques sur les Provinces occidentales de la Chine décrites par Marco Polo, par M. Klaproth. (*Nouv. J. As.*, Fév. 1828, pp. 97/120.)

— Vies de plusieurs personnages célèbres des temps anciens et modernes par C. A. Walckenaer, Membre de l'Institut. Laon, Melleville, 1830, 2 vol. in-8.

Vol. II, pp. 1/34 : Marco Polo.

— Marco Polo, par E. Delécluze. (*Revue des Deux Mondes,* 1er juillet 1832.)

— Extrait d'une notice sur la relation originale de Marc-Pol, Vénitien, par M. Paulin Paris. (Lu à l'*Académie des Inscriptions et Belles-Lettres.*) (*N. J. As.*, XII, 1833, pp. 244/254.)

Le Mémoire de M. Paulin Paris est inséré en entier dans le *Bulletin de la Société de Géographie,* I^e. Sér., XIX, Paris, 1833, pp. 23/31.

— Nouvelles recherches sur les premières rédactions du Voyage de Marco Polo, par M. Paulin Paris . . . Lues à la séance publique annuelle des cinq académies, le 25 octobre 1850. [Paris, typ. de Firmin Didot frères.] Br. in-4, pp. 13.

— Marco Polos Beskrivelse af det ostlige asiatiske Hoiland, forklaret ved C. V. Rimestad. Forste Afdeling, indeholdende

Indledningen og Ost-Turkestan. Indbydelseskrift til den aarlige offentlige Examen i Borgerdydskolen i Kjobenhavn i Juli 1841. Kjobenhavn Trykt hos Bianco Luno. 1841, in-8, pp. 80.

— *Relazioni di Viaggiatori* [vide supra, col. 899].

— Vide supra col. 880 : *Antiquity of the Chinese Trade* by J. R. Logan.

— Marco Polo's Resa i Asien.

Petite plaquette in-32 carré de pp. 16. Au bas de la page 16 on lit : Stockholm, tryckt hos P. G. Berg, 1859. Sur le titre une vignette représentant le voyageur dans un chariot traîné par des éléphants.

— Thomas : Zu Marco Polo, aus einem Cod. ital. Monacensis. (*Sitzungsberichte der Königl. Bayer. Akad. der Wiss.*, 1862, I, Hft. 4, pp. 261/270.)

— Degli Scritti di Marco Polo e dell' uccello Ruc da lui menzionato. Memoria del Prof. Cav. G. Giuseppe Bianconi letta alla Accademia delle Scienze il 6, ed 13 Marzo 1862. Bologna, Tipi Gamberini e Parmeggiani 1862, in-folio, pp. 64. — Memoria seconda. *Ibid.*, 1868, in-fol., pp. 40.

Tirages à part des *Memorie dell' Accademia dell' Istituto delle Scienze di Bologna.*

— О заслугахъ Венеціанца М. Поло. (Le mérite du Vénitien Marco Polo.) Par C. A. Skatchkoff, brochure in-8, 1865.

— Le Vénitien Marco Polo et les services qu'il a rendus en faisant connaître l'Asie par M. Constantin de Skattschkoff. (*J. As.*, 7e. Sér., Vol. IV, 1874, pp. 122/158.)

Lu en Séance publique de la Société impériale russe de Géographie, le 6/18 Octobre 1865. — Traduit du russe par Emile Durand.

Tirage à part. — Extrait No. 6. du *Journal As.* (Août-Sept. 1874), br. in-8, pp. 39.

— Marco Polo and Ibn Batuta in Fookien by Geo. Phillips. (*Chinese Recorder*, III, 1870-1871, pp. 12, 44, 71, 87, 125.)

— Notices of Southern Mangi. By George Phillips. H. M. Consular Service, China; with Remarks by Colonel Henry Yule, C. B. (From the Journal of the Royal Geographical Society.)

Notice : *Chin. Recorder*, V, pp. 169/171.

— Zaitun Researches, By Geo. Phillips. (*Chin. Rec.*, V, pp. 327/339; VI, 31/42; VII, pp. 330/338, 404/418; VIII, 117/124.)

— Notes on the Topography of some of the localities in Manji, or Southern China mentioned by Marco Polo. (*Notes and Queries on C. & J.*, Vol. I, pp. 52/54). By Thos. W. Kingsmill.

(Marco Polo.)

— Notes on Marco Polo's Route from Khoten to China. By Thos. W. Kingsmill. (*Chin. Recorder*, VII, 1876, pp. 338/343.)

— *Hist. gén. des Voyages*, VII, 1749, p. 307.

— Hugh Murray, *Hist. Account*, I, Chap. III.

— Forster, *Voyages and Discoveries in the North*, pp. 117/147.

— M. C. Sprengel, *Geschichte der wichtigsten geogr. Entdeckungen*, 1792, pp. 305/340.

— J. A. St. John. *Lives of Celebrated Travellers.*

— Marco Polo. — Orazione commemorativa del dott. Prof. Gaspare Buffa. Letta nel R. Liceo Cristoforo Colombo il 24 marzo 1872. Genova, Tipografia di G. Schenone, br. in-8, pp. 18.

— Stories of Venice and the Venetians by John B. Marsh... illustrated by C. Berjeau. Strahan & Co., London, 1873, pet. in-8, pp. VII-418.

Les chapitres VI, VII et VIII sont consacrés à l'histoire de Marco Polo et de ses oncles.

— Itinéraire de Marco Polo à travers la région du Pamir au XIIIe siècle, par J.-B. Paquier. (*Bull. Soc. Géog.*, 1876, août, pp. 113/128.)

— Elucidations of Marco Polo's Travels in North-China, drawn from Chinese sources. By the Rev. Archimandrite Palladius. (*Jour. N. C. Br. R. As. Soc.*, X, 1876, pp. 1/54.)

— Báseň o pobití Tataruv a «Million» Marka Pavlova. Podává Josef Jireček (*Časopis Musea království českého*, 1877, pp. 103/119).

— Ein Beitrag zur Erklärung der Königinhofer Handschrift. (J. Gebauer, dans *Archiv für Slavische Philologie*, Berlin, 1877, II, pp. 143/155.)

— Bibliothèque des Ecoles et des Familles. Marco Polo, son temps et ses voyages, par Paul Vidal-Lablache, Maître de Conférences à l'école normale supérieure. Paris, librairie Hachette et Cie., 1880, in-8, pp. 192.

— Notes on Marco Polo's Itinerary in Southern Persia. By A. Houtum-Schindler. (*Jour. R. As. Soc.*, oct. 1881.)

Bibliographie.

— Marsden, *The Travels of Marco Polo*, London, 1818; voir dans l'*Introduction* une liste des éditions et des manuscrits.

(Marco Polo.)

— H. Ternaux-Compans, *Bib. Asiatique et Africaine*, 1841, Nos. 2, 14, etc.

— *Bibliotheca Grenvilliana*, 1842, II, pp. 436/8.

— Lazari, *I Viaggi di Marco Polo*, 1847 :

Bibliografia. Sezione 1 : Testi a Penna, pp. 447/458. — Sezione II : Testi a Stampa, pp. 459/471.

— Charton, *Voy. anc. et mod.*, II, pp. 438/440.

— Silva, *Diccionario Bibliographico Portuguez*, VI (1862), p. 128.

— Brunet, *Manuel du Libraire*, III, 1862, 1404/1407.

— Col. Yule : *The Book of Ser Marco Polo*, Vol. II. 1875 : App. F. — Note of Mss. of Marco Polo so far as they are known.

App. G. — Diagram showing the Filiation of Chief Mss. and Editions of Marco Polo.

App. H. — Bibliographie of Marco Polo's Book.

I. Principal Editions.

[Bibliographie peu digne d'un ouvrage si remarquable à tant d'égards.]

II. Titles of Sundry Books and Papers which treat of Marco Polo and his Book.

SEMPAD (SINIBALD), Connétable d'Arménie, frère de Hétoum Ier, roi de Petite Arménie, visite Couyouc Khan en 1246.

— Voir dans Mosheim, pp. 49/54 : « Litterae Constabularii Armeniae ad Regem Cypri ». Une partie de cette lettre : « et nos intelleximus pro vero, quod iam quinque anni transierunt ex quo mortuus est Chan pater istius qui nunc est . . » pp. 50 et seq., a été traduite en anglais (Yule, *Cathay*, I, Note, pp. CXXVII-VIII).

HETOUM Ier, roi de la Petite Arménie (1), *de la dynastie fondée par Roupen.*

— Saint-Martin, *Mém. sur l'Arménie.*

— Voyage du pieux Roi des Arméniens, Héthoum, auprès de Batou et de Mangou khan, dans les années 703 et 704 de l'ère arménienne, ou 1254 et 1255 de J.-C. Par J. Klaproth. (*Nouv. J. As.*, 2e Sér., XII, pp. 273 et seq.)

— Journey of the Armenian King Hethum to Mangoo Khan, performed in the years 1254 and 1255, and described by the Historian Kirakos Kandtsaketsi. Translated from the Armenian with Notes. (*As. Journal and Month. Reg.*, X. 1833, pp 137/143.)

— The Journey of Haithon, King of Little Armenia, to Mongolia and back, A. D. 1254-1255. (E. Bretschneider, *Notices of the Mediaeval Geography and Hist. of Central and Western Asia. — Jour. N. C. B. R. As. Soc.*, X, 1876, pp. 297 et seq.)

1. Il fit en 1254 un voyage à la Cour de Mangou-Khan. Il abdiqua, en 1269, en faveur de son fils Léon III et se fit moine. Il mourut le 12 déc. 1271. Le fils de Léon III, Hétoum II, qui devint roi en 1287, se fit Franciscain après un règne de 4 ans.

HETOUM Ier, 1224
fils de CONSTANTIN, seigneur de Pardserpert
issu de la famille royale (4e. dynastie.—Race des Roupéniens.)

LÉON III
1269

HETOUM II 1289, 1295 et 1300 (troisième et dernière abdication).	THEODORE III 1293	SEMPAD 1296	CONSTANTIN 1298	OSCHIN 1308
	LÉON IV 1305			LÉON V 1320

« This narrative of the journey was originally written in Armenian. by *Kirakos Kaidzaketsi*, who accompanied king Haithon to Mongolia. A manuscript copy of it, dated 1616, was found in the monastery of Sanahin in Southern Georgia, and was translated into Russian by the Armenian Prince Argutinsky. and published in the Russian periodical *Sibirsky Westnik*, 1822, pp. 69 et seq. Klaproth translated it from the Russian version into French : — see *Nouv. Journal As.*, tome XII, pp. 214, 273 seq.».

Le Dr. B. donne dans ce mémoire des notes géog. très intéressantes sur l'Itinéraire d'Hétoum.

— Forster, *Voyages and Discoveries in the North*, pp. 113-117.

— Rohrbacher, *Hist. de l'Église*, XIX, p. 415.

— Yule, *Cathay*, pp. CXXVII et seq.

— D'Ohsson, *Hist. des Mongols*, II, pp. 310 et seq., et III, pp. 100 et seq.

— De Guignes, *Hist. des Huns*, III, p. 125.

— *Biog. universelle*, Vol. XVIII, Art. de St. Martin.

— *Biog. générale*, Vol. XXIV, Art. de E. Beauvais.

Se fit moine dans l'ordre des Prémontrés sous le nom de Macaire. Mort à Chypre le 12 décembre 1271.

« Un religieux de l'abbaye de Lucques ordre de Prémontré en Moravie, publia en 1609 une vie du roi Hayton, et Aubert le Mire l'a insérée dans sa chronique de cet ordre, p. 143. » (*Biog. universelle.*)

RICOLD DE MONTE CROCE, frère prêcheur florentin, † à Florence le 31 octobre 1309.

— Voir Quétif et Echard, I, pp. 504 b et seq., et une note additionnelle, II, p. 819 a.

— Itinerario ai Paesi orientali di Fra Riccoldo da Monte di Croce Domenicano Scritto del XIII. Secolo dato ora in luce da Fra Vincenzio Fineschi sacerdote dello stesso ordine. In Firenze. MDCCLXXXXIII. Nella Stamperia di Francesco Moücke. Con Approvazione. In-8, pp. 78.

— Ricold de Monte Crucis, Voyages en Tartarie, traduits en français en 1351 par Jean le Long d'Ypres. « This narrative (dit H. Murray, *Hist. Account*, III, p. 490) which M. Malte Brun seems to consider as unpublished, and probably as lost, I found with several other curious ones, in the following rare work in the collection of John Rennie Esq. : L'Histoire plaisante et recreative du Grand Empereur de Tartarie nommé le Grand Can. Fol. bl. l. 1528. » [Voir col. 884/887.]

— Ricold de Montecroix, Voyageur et Missionnaire en Asie (Abel-Rémusat, *Nouv. Mél. As.*, II, pp. 199/202.)

— *Peregrinatores medii aevi quatuor* . . . . . [vide supra col. 900].

— L. de Backer [vide supra, col. 888].

« S'il faut en croire Baldelli, le frère Ricold aurait lui-même exécuté une version florentine de sa relation [Storia del Millione, p. 13, note 2] ; toujours est-il qu'une édition de cette rédaction italienne a été imprimée à Florence, en 1793, par les soins du frère Vincent Fineschi. La version française se trouve dans les collections manuscrites de Paris, de Berne et de Londres, que nous avons signalées, ainsi que dans le recueil imprimé de 1529,» pp. 16/17. (D'Avezac, *Relation des Mongols.*)

* Viaggio in Terra Santa . . . Volgarizzamento del secolo XIV secondo un manoscritto della Biblioteca imperiale di Parigi. Siena, Tipografia di A. Mucci, 1864, in-8, pp. XIV-27.

« E lo stesso viaggio precedente pubblicato in occasione di nozze a cura di Q. L. Polidori, Grottanelli e Bianchi, sopra un manoscritto più corretto della Biblioteca Nazionale di Parigi. Edizione di 150 esemplari numerati.» (*Studj bibl.*)

HETOUM, DIT L'HISTORIEN, prince de Gorigos, neveu de Hetoum Ier, roi de Petite Arménie. — Se fit moine en 1305.

« Cy commence le liure frere Jehan Hayton de lordre de premonstre, cousin germain du roy darmenie qui parle des merueilles, des. xiiij royaulmes daise. — *Le royaume de Cathay* est tenu pour le plus noble royaume et le plus riche qui soit ou monde et est sur le riuage de la mer occeane. Tantes isles y a de mer que len nen puet pas bien sauoir le nombre. Les gens qui habitēt en cellui royaume sont appellez Cathains. et se treuvēt entre eulx mains beaux hommes et femmes selonc leur nacion, mais tous ont les yeux moult petis. et ont pou de barbe. Celles gens ont lettres qui de beauté ressemblent à lettres latines, et parlent une langaige qui moult est diverse des autres langues du monde. La creance de ceste gent est moult diuerse. Car aucuns croient au souleil, autres à la lune, autres aux estoiles, autres aux natures, autres au feu, autres aux buefs, autres à l'eaue. Et aucuns n'ont point de loy ne de creance. Ains viuent comme bestes. Cestes gens qui tant sont simples en leur creance et aux choses espirituelles sont plus soubtilz que toutes autres gens aux œuvres corporelles. Et dient les Cathains que ce sont ceulx qui voient de deux yeulx et les latīs voient d'un œuil. Mais les autres nations dient que ce sont avugles, et par ce puet len entendre quilz tiennent les autres gens de gros entendement. Et vraiement len voit venir de cellui pays toutes choses estranges, et merueilleuses et de soubtil labour, que bien semblent estre les plus soubtilz gens du monde d'art et de labour de mains. Les hommes de cellui pais ne sont pas vigueréux aux armes, mais ilz sont moult soubtilz et engineux dont souvent ont desconfis leurs ennemis par leurs engins et ont diuerses manières d'armeures et dengins, lesquelz nout pas autres nations. En ce pays se despent monnoie de pappier en fourme quarée. signe du signet au seigneur Et selonc ce quelle est signée vault elle plus ou moins. Et de celle monnoie achatent et vendent toutes choses. Et quant celle empire p viellesce ou autrement, cellui qui laura la rendra à la cour du seigneur et en prendra de la neufue. En cellui pays luille d'oiliue est tenue a moult chiere chose. Et quant les roys et les seignes en peuet trouuer. ilz la tienēt en grāt chierté et pour medicine la font garder. A ceste terre de Cathay ne marchist nulle terre, fors que le royaume de Tharse vers occident, et li est plus près de lui. Car de toutes autres parties le royaume de Cathay est environnez ou de désers ou de la mer occeane. — *Du royaume de Tharse....*» (D'après le Ms. Fr. 2810 de la Bib. nationale.)

— Les fleurs des hystoires de la terre Dorient : Cōpillees par frere Haycon seignr du core ⁊ cousin germain du roy Darmenie p le cōmandemēt du pape. Et sōt diuisées en .v. pties. La p̄miere ptie cōtiēt la situation des royaulmes Dorient. La .ii. ple des seigñrs q̄ en orient ont regne depuis lĩcarnatiō de nostre seigneur. La .iii. ptie parle des Tartaris. La .iiij. ple des sarrasis et des turcs depuis le premier iusq̄s aux presens q̄ ont conqueste Rhodes | Hōgrie | Et dernieremēt assailly Austriche. La .v. parle de Sophy roy de Perse | Et du prince Tamburlan. On les vent a Paris en la rue neufue nostre Dame a lēseigne d'lescu de Frāce. [1510?] Pet. in-4, à 2 col., sans pag.; signatures Aii-Kiii; lettres gothiques; une gravure au verso de la dernière page.

British Museum.

— SEnsuyuent les fleurs des histoires de la terre dorient Compillees par frere Haycon seigneur du Cort : Et cousin germain du roy Darmenie par le commandemēt du pape. Et sont diuisees en .v. parties. La premiere partie contient la situation des royaulmes dorient. La .ii. parle des seigneurs qui en Orient ont regne depuys lincarnatiō de nostre Seigneur. La .iii. partie parle des tartaris. La .iiii. parle des sarrazins et des turcz depuis le p̄mier iusques aux p̄sens qui ont conqueste Rhodes. Hongrie ⁊ dernierement assailly Austriche. La .v. parle de Sophy roy de Perse Et du prince Tamburlan. On les vend a Paris par Denys Janot demourāt a Marchepalue a la Corne de Cerf deuāt la rue neufue. n. d. (sans date). Petit in-4 goth., 4 ff. prél. et lxx ff. numérotés. Gravures sur bois.

Les 4 ff. prél. contiennent un prologue et la table.

Bib. nat. $\frac{0^2R}{18}$.

— Le même imprimé sans date, même nombre de feuillets, etc., par Philippe le Noir.

— Les Flevrs des histoires de la terre d'Orient : divisees en cinq parties. La premiere, traicte de la situation des Royaumes d'Orient. La seconde, des seigneurs qui ont régné en Orient despuis l'Incarnation de nostre Seigneur. La troisieme, des Tartarins La quatrieme, des Sarrazins & des Turcz, despuis le premier, iusques aux presents qui ont conquiste Rhodes, Hongrie, & dernierement assailly Austriche La cinquieme, du Sophy roy de Perse, & du prince Tamburlan. A Lion par Benoist Rigavd M.D.LXXXV, in-8, pp. 235 et 5 pages de table.

La dernière page est chiffrée 217 au lieu de 235 : l'ex. que nous avons examiné est celui de M. Charles Schefer qui porte bien la date de 1585; M. Brunet s'est montré trop affirmatif en n'admettant qu'une édition de 1595.

* Les Fleurs des histoires de la terre d'Orient, divisées en cinq parties : la première traite de la situation des royaumes d'Orient; la seconde, des seigneurs qui ont régné en Orient depuis l'incarnation de N. S.; la troisième, des Tartarins; la quatrième, des Sarrasins et des Turcs; la cinquième, de Sophy, roy de Perse. Lyon, Benoist Rigaud, 1595, pet. in-8 de 240 pp., y compris la table.

12 à 15 fr. — 40 fr. *mar. olive*, librairie Potier.

«Cet ouvrage est le même que le précédent, mais retouché dans le style. La page 235 y est cotée 217. M. Ternaux (*Biblioth. Asiat.*, No. 554), qui lui a bien donné la date de 1595, l'a placé inexactement sous l'année 1585.» [Brunet.]

— Here begynneth a lytell cronycle | translated & imprinted at the cost & charge of Rycharde Pynson. By the cōmaundement of the ryght high and mighty prince | Edwarde duke of Buckingham | y erle of Gloucestre* | Stafforde | and of Northamton. In-folio [London] [1525?].

Collation : 2 feuillets : titre et table — xliiii feuillets — 1 feuillet extra; on lit au verso, lettres gothiques :

«There endeth a lytell cronicle translated out of french into englysshe at the cost & charge of Richarde Pynson by the commañdement of the right high and mighty prince | Edwarde

(HETOUM, L'HISTORIEN.)

duke of Buckyngham | erle of Gloucestre | Staffordc | & of Northamton. And imprinted by the sayd Richarde Pynson | printer unto the kinges noble grace. Cum privilegio a rege indulto.

* Lisez Hereford.

Exemp. exam. au British Museum 148. c. 1.

— The Historie of Ayton, or Anthonie the Armenian, of Asia, and specially touching the Tartars. (Purchas, *His Pilgrimes,* Lond., 1625, III. Lib. I, c. v. pp. 108 et seq.)

— Liber historiarvm partivm Orientis, sive passagium terrae sanctae, Haythono, Ordinis Praemonstratensis, Authore, scriptus anno Redemptoris nostri M.CCC.VII. Haganoae, per Iohan. Sec[erium]. Anno M.D.XXIX, pet. in-4. [edente Menrado Molthero.]

Cette histoire comprend 60 chapitres dont le premier est consacré au Cathay (2 pages et demie).

1. — De Regno Cathay : *commence :* Regnum Cathay est maximum quod in orbe ualeat inueniri, et est repletum gentibus, & diuitijs infinitis, & in Oceani littore habet situ.

Finit : Ex parte uero meridiei, sunt insulae maris Oceani, de quibus superius est expressum.

— Haithoni Armeni Ordinis Praemonstratensis de Tartaris Liber. (*Novus Orbis Regionum,* éd. de 1532 et suivantes.)

Cette version du *Novus Orbis Reg.* a été traduite en allemand en 1534 dans le *New Welt* de Strasbourg.

— Historia Orientalis Haythoni Armenii : et hvic svbiectvm Marci Pavli Veneti Itinerarium, item Fragmentum è Speculo historiali Vincentij Beluavencis eiusdem argumenti. Helmaestadii M.D.LXXXV, in-4.

Suivi d'un « Appendix ad Expositiones Haythoni ». Edition de R. Reineccius.

— Haithoni Armeni Historia Orientalis : Qvae eadem & De Tartaris inscribitur. Anno clo.Ioc.LXXI, in-4.

A la suite du Marco Polo de And. Müller.

— Histoire orientale ou des Tartares, de Haiton, Parent du Roi d'Armenie : Qui comprend, Premierement, une succincte & agreable Description de plusieurs Roiaumes ou Païs Orientaux, selon l'Etat dans lequel ils se trouvoient environ l'an 1300. Secondement, une Relation de beaucoup de choses remarquables, qui sont arrivées aux Peuples de ces Païs & Nations. Le tout décrit par la main de Nicolas Salcon, & traduit suivant l'Edition latine de André Müller Greiffenhag. (Rec. de Bergeron, La Haye, 1735, II.)

— Di M. Gio. Battista Ramvsio Discorso sopra il libro del Signor Hayton Armenio. (*Navigationi,* 1606, II, f. 61.)

— Parte seconda dell' historia del Signor Hayton Armeno, che fu figliuolo del Sig. Curchi, parente del Re d'Armenia. (*Ibid.,* f. 62.)

— Historie der Oostersche Lantschappen; Daar in d'Opkoomst, Voortgang, en Oorlogen, der Tartaren, hun grote Heerschappy, en Verwinningen op verscheide volken, en voornamelijk op de Saracenen; en hun liefde en genegentheit tot de Christenen, vertoont word. Door Haithon van Armenien, Heer van Kurchus, te zamen gestelt, en nieuwlijks door J. H. Glazemaker vertaalt. t'Amsterdam, Voor Abraham Wolfgang.... 1664, in-4, pp. 70 s. l. t. (1 f.)

Aucher [*lisez* : Haroutiun Aukerian] en a donné une traduction arménienne, Venise, 1842, in-8. [*Biog. gén.*]

— Extract from the History of Hayton the Armenian (Written in 1307). *Of the Kingdom of Cathay.* (Yule, *Cathay,* I, Note XIV, pp. CXCV-VI.)

A consulter sur les Mss. de cet historien :

— *Biog. universelle,* Vol. XVIII, Art. de St.-Martin.

— *Biog. générale,* Vol. XXIV, Art. de E. Beauvois.

— Hayton, Prince d'Arménie, historien, par Paulin Paris. (Extrait du tome XXV de l'*Histoire littéraire de la France.*) In-4, pp. 29.

— Huc, *Christianisme,* I, Note, p. 276.

— Voir Centeno, col. 9-10.

GIOVANNI DA MONTE CORVINO, né en 1247 ; † 1333, Archevêque de Khan-Balikh (Peking).

— Voir dans l'Appendix de Mosheim, pp. 114 et seq., divers extraits des Annales de Wadding :

No. XXXXIIII. Ex L. Waddingi *Annal. Minor.* T. VI, p. 69. *s.* : — « Ego frater Iohannes de Monte Corvino de Ordine Fratrum Minorum, recessi de Thaurisio ciuitate Persarum anno Domini MCCXCI. et intraui in Indiam .... Data in Ciuitate Cambalicch regni Catan, anno Domini MCCCV. die VIII. mensis Ianuarii » (Mosheim, App., pp. 114/117).

— Traduit en anglais dans *Cathay,* Yule, I, pp. 197/203.

No. XXXXV. *Ex eodem loc. cit.* : « Ordo eximiae caritatis inuitat .... Baptizaui ibi circa centum personas cet. Deest finis » (Mosheim, App., pp. 117/120).

— Traduit en anglais dans *Cathay,* Yule, I, pp. 203/208. Voir pp. 209/221 du même ouvrage : « Letter from Friar Menentillus, a Dominican, forwarding copy of a letter from John of Monte Corvino. »

— Mosheim, *Hist. Tart. Ecc.,* pp. 93 et seq., p. 111.

— Rohrbacher, *Hist. de l'Eglise,* XIX, pp. 410/415.

— A. de Gubernatis, *Storia dei Viaggiatori italiani.*

— Marcellino da Civezza, *Storia universale delle Missioni Francescane,* Vol. III. — *Saggio di Bibliografia.... Sanfrancescana,* p. 409.

— Abel Rémusat, *Nouv. Mél. As.,* II, pp. 193/198.

ANDRÉ DE PÉROUSE, Evêque de Zeitoun.

— Voir une lettre d'André de Pérouse dans *Mosheim, Hist. Tart. Ecc., App.,* pp. 120/123, No. XXXXVI. L. Waddingi Annal. Minor. T. VII, p. 53. *s.* : « Nam propter immensam terrarum mariumque distantiam... Data in Cayton anno Domini MCCCXXVI, in mense Ianuarii ».

— Traduit en anglais dans *Cathay,* Yule, I. pp. 222/225.

— M. da Civezza, III, pp. 276/9.

— En voir des extraits en français dans l'*Histoire de l'Eglise* de Rohrbacher, XX, pp. 147/149.

— Huc, I, ch. IX.

ODORIC DE PORDENONE, † le 14 Janvier 1331 à Udine.

— Haym (Bibliotoca Italiana, Milano, 1803, I, p. 182, No. 7) cite seulement : *Odorichus de rebus incognitis;* tradotto in italiano da anonimo. Pesaro pel Soncino 1573, in-4. *L'una traduzione in volgare assai rozzo d'un viaggio del B. Odorico Frate Minore fatto nel 1318 da esso descritto. Sta anche nel Tomo II delle* Navigazioni del Ramusio.

Mais Brunet écrit :

Odorico da Pordenone (il beato). Odorichus de rebus incognitis. *In Pesaro (per Girolamo Soncino)*, 1513, in-4.

« Relation succincte, en langue italienne ancienne (*inculta* et *rozza*, dit Apostolo Zeno), d'un voyage fait dans une grande partie de l'Asie, au commencement du xive Siècle. Oderico en écrivit d'abord une ébauche en italien (vers l'année 1318), dont le manuscrit est conservé dans la Biblioth. Riccardienne à Florence; mais en 1330 Guillaume de Solagna rédigea une autre relation plus étendue d'après les communications verbales du pieux voyageur, et l'écrivit en latin. Il existe plusieurs copies de cette dernière version, qui présentent entre elles des différences et dans le titre et dans divers passages du texte; il en a été fait aussi plusieurs traductions italiennes. Celle que contient l'édit. très-rare de 1513 ci-dessus, a été publiée par *Pontico Virunio* d'après le manuscrit que lui communiqua François Olivieri, habitent de Jesi. L'éditeur y a joint une épître dédicatoire en latin adressée à Paul Daniel de Mantoue. C'est là où on apprend que le livre a été imprimé par Jérôme Soncino, *impressoria arte primarius, et doctissimus rerum reconditarum.* Cet imprimeur célèbre exerça successivement, et même simultanément, à *Fano*, à *Pesaro*, à *Rimini* et à *Orthone*, de 1504 à 1526 : ainsi Haym est inexact quand il donne la date de 1573 à l'édition d'Odorico, impr. par notre Soncino : c'est aussi par erreur que Tiraboschi, confondant le lieu où se trouvait le manuscrit avec celui de l'impression, rapporte dans une note que ce livre a été imprimé à *Jesi.* »

Il y a un ex. à la Bib. de Parme.

— Incipit Itinerarium fratris Odorici fratrum minorum de mirabilibus Orientalium Tartarorum. (Hakluyt, II, 1599, pp. 39/53.)

— Here beginneth the iournall of Frier *Odoricus*, one of the order of the Minorites, concerning strange things which hee sawe among the Tartars of the East. (*Ibid.*, pp. 53/67.)

— 737. In-folio sur papier. — Incipit Itinerarium fratris Oderici, ordinis fratrum Minorum, de Mirabilibus orientalium Tartarorum. « Licet multa et varia de ritibus et conditionibus, etc. » — Desinit : « Innumerabilia et mihi difficilia ad scribendum. » xve siècle.

« Abbaye de Saint-Bertin. — Cahier de 18 feuillets en mauvais état, mouillé, écrit en gothique mixte, avec sommaire et initiales en rouge. A la fin, on lit cette notice : « Et ego Michael de Lira scriptor nil plus inveni in exemplari, et explicit hic iste liber, quem scripsi Mechlinie in domo habitationis mee, anno Domini millesimo quadragentisimo quadragesimo octavo, xxi° die mensis februarii, secundum stilum et modum scribendi curie Cameracensis diocesis. » Cet itinéraire d'Oderic a été publié par les Bollandistes. (Voy. *Acta Sanctorum.* Januar., t. 1, p. 986, col. 2.) » (*Cat. des Ms. de la Bib. de Saint-Omer*, pp. 328/329 du Vol. III du *Cat. des Ms. des Bib. des Dép.*)

— Viaggio del Beato Odorico da Vdine dell'Ordine de'Frati Minori, delle usanze, costumi, & nature, di diuerse nationi, & genti del mondo, & del martirio di quattro frati dell'ordine predetto, qual patirono tra gl'Infedeli. (Ramusio, II, 1606, f. 245 B.)

— De B. Odorico, siue Orderico, de Portv-Naouis, ord. Minorvm, Vtini in Foro-Ivlii, pp. 983/992, XIV Januarii, *Acta Sanctorum*, I, Antverpiae, 1643.

— Wadding dans les *Annales Minorum*, VII, pp. 123/126. Anno Christi 1331, écrit au commencement du paragraphe XIII : Hoc anno die XIV. Januarii Feria II. circa horam nonam beatus Odericus Provinciae sancti Antonii ex portu Naono oppido Fori-Julii oriundus, obiit in civitate Utinensi.....

Les parag. XIII-XX sont consacrés à Odoric. Nous lisons au parag. XIV, p. 123 : « Mirabilia sunt, quae se vidisse in illis regionibus recenset; scripsit enim seu potius dictavit, dum jaceret infirmus, fratri Guillelmo de Saxonia scriptori, ita jubente, & importune imperante fratre Guidotto Ministro Provinciae sancti Antonii, quaecumque vidit prodigiosa in regionibus Orientis, inscriptusque est liber de Mirabilibus mundi, in quo plura judicabit lector incredibilia nisi fidem adstruat, vel extorqueat sanctitas auctoris. »

— Utinen. Canonizationis B. Odorici Matthivssi Sacerdotis Professi Ordinis Minorum Sancti Francisci Conuentualium. Responsiones ad Animadversiones additionales R. P. D. Fidei Promotoris.... in-fol., pp. 28.

— Vita, e Viaggi del B. Odorico da Udine descritti da Don Basilio Asquini Bernabita, e dedicati alli MM. RR. PP. Guardiano, e Religiosi tutti Del Ven. Convento di San Francesco della stessa Città. In Udine, MDCCXXXVII. Nella stamperia di Giambattista Murero. Con licenza de' superiori, in-8, pp. XVI-260.

Port. d'Odoric en tête.

— Elogio storico alle gesta del Beato Odorico dell'ordine de'Minori Conventuali con la Storia da lui dettata de'suoi Viaggj Asiatici illustrata da un religioso dell'ordine stesso e presentata agli amatori delle antichità. In Venezia MDCCLXI. Presso Antonio Zatta. Con Licenza de' Superiori, in-4, pp. VIII-152.

Carte à la fin. — Portrait gravé; une pl. gravée représentant : Area del B. Odorico. (Face antérieure et face postérieure.) —

— Cet ouvrage est de Giuseppe Venni.

— *Peregrinatores medii aevi quatuor*... [vide supra col. 900.]

— Odoric of Pordenone : Biographical and Historical Notices. — The Eastern Parts of the World described, by Friar Odoric the Bohemian, of Friuli, in the Province of Saint Anthony. (*Cathay and the Way thither*, Yule, I, pp. 1-162.)

On trouvera dans l'Appendice qui termine le Vol. II de l'ouvrage du Colonel Yule :

— I. Latin Text of Odoric from a MS. in the Bibliothèque Impériale.

Descriptio Orientalium partium Fratris Odorici Boemi de foro Julii provinciae Sancti Antonii. pp. I-XLIII.

C'est le texte du MS. 2584 du *Fonds latin.*

— II. Old Italian Text of Odoric, from a MS. in the Biblioteca Palatina at Florence. pp. XLIV-LXIII.

— Dal Viaggio del Beato Oderico (Odorico). (Testo palatino, edito dal Yule). (A. de

Gubernatis, *Storia dei Viag.*, pp. 138 et seq.)

— B. Fratris Oderici de Foro Julii, Ordinis Minorum, iter ad partes infidelium a Fratre Henrico de Glars eiusdem Ordinis descriptum, nunc vero primo in lucem editum ad fidem Mss. codicis Bibliothecae Regiae Monacensis (Cod. Lat. 903) cura Patris Marcellini a Civetia. (Storia universale delle Missioni Francescane, III, pp. 739/781.)

«Questa pubblicazione fu da me fatta in fine del III volume della mia *Storia universale delle Missioni Francescane*, con brevi note a piè di pagina, che dichiarano i principali luoghi percorsi dal grande Apostolo nella prodigiosa sua missione in Tartaria, in Cina, e in quasi tutto l'Arcipelago Indiano; dei quali schiarimenti mi giovai anche nel racconto che feci della sua vita e del suo apostolato nel capitolo XII dello stesso libro, dove in corrispondenza del testo latino diedi una parte del racconto in italiano. L'esemplare di questo Codice da me pubblicato l'ebbi in dono dalla gentilezza del chiaro illustratore dèi viaggi di Marco Polo Vincenzio *Lazari* per gentile intramessa del mio amico Cesare *Guasti*. Il Lazari giudicò che fosse completo, e che venisse portato d'Irlanda a Ratisbona il 1539; e che fosse affastellamento di Frate Marchesino da Badaion, originalmente transcritto da Frate Enrico da Glars nel 1440. In quanto all'essere venuto in Ratisbona d'Irlanda il *Lazari* pensava facilmente spiegarsi con osservare, che il compagno di peregrinazione del Beato Odorico fu un tal Frate Giacomo Irlandese.

In quanto alla vera traduzione italiana del Viaggio del Beato, com'il lettore vede, non è stata ancora pubblicata; e crediamo che sia nella Biblioteca Marciana di Venezia; ma non saprei dire se fosse quella del Codice della classe VI, numero 208, cartaceo in-4, che contiene i Viaggi del beato Odorico da Udine, di Marco Polo, di Alvise Cadamosto, di Pietro Sinzia, di Vasco di Gama, di Emmanuele Re di Portogallo, di Cristoforo Colombo, ec., o l'altro della classe XI numero 32, cartaceo in foglio, ove il Viaggio del beato Odorico è preceduto dall'altro *Viaggio da Venezia a San Giacomo di Galizia.*

Un altro Codice è nella Laurenziana di Firenze, col titolo: *Oderigo da Frigoli, Viaggio da Padova a Costantinopoli e alla terra del Ponto;* e un altro nella Casanatense di Roma, intitolato : *Odorico, Libro de diverse bele he stranie cose, etc.*» (Marcellino da Civezza, *Saggio di Bib. Sanfrancescana*, No. 465.)

* Discorso intorno all'Itinerario del Beato Odorico Matiussi da Udine Missionario Apostolico dell'Ordine de'Minori. Con appendice.

«Pubblicato nei numeri 5 e 6 dell'anno V della CRONACA delle Missioni Francescane (*Roma* 1865). E un interessante lavoro, con cui viene vendicata la virtu e la verità de'viaggi del Beato degli insulti dell'anonimo traddutore italiano della *Storia universale delle Missioni Cattoliche del Barone* d'Henrion.» (*Saggio di Bibliografia Sanfrancescana,* per Fr. M. da Civezza, In Prato, 1879, No. 194.)

* Storia di Cambanau, di Taid e d'altri luoghi dell'India, narrata dal B. Oderico del Friuli. Anno MCCCXXX. [In] Zambrini. — *Le Opere volgari a stampa dei Secoli XIII e XIV indicate e descritte etc.*

«Ne furono tirati alcuni esemplari a parte.» *(Studj bibl.)*

— Il B. Odorico da Pordenone. Cenni Storici. (Dal *Cittadino Italiano* del 23 Settembre) [Udine, 1881], br. in-8, pp. 23.

Par le Prof. Giovanni Del Negro. — Avec un port. d'Odoric.

— Sopra la Vita e i Viaggi del Beato Odorico da Pordenone dell'Ordine de'Minori. Studi con documenti rari ed inediti del chierico francescano Fr. Teofilo Domenichelli sotto la direzione del P. Marcellino da Civezza M. O. In Prato, Per Ranieri Guasti, 1881, pet. in-8, pp. 410 + 1 f. pour la permission et 1 carte.

— Il Beato Odorico di Pordenone ed i suoi Viaggi : Cenni dettati dal Colonello Enrico Yule, Presidente della Società Hakluyt di Londra, quando s'inaugurava in Pordenone il Busto di Odorico il giorno 23° Settembre MDCCCLXXXI, br. in-8, pp. 8.

— Mosheim, *Hist. Tart. Ecc.*, pp. 100-102.

— Forster, *Voyages and Discoveries in the North,* pp. 147-148.

— Rohrbacher, *Hist. de l'Eglise,* XX, pp. 150/2.

— *Biog. gén.*, Vol. XXXVIII, Art. de H. Fisquet.

— *Biog. univ.*, Vol. XXXI, Art. de La Renaudière.

— Hugh Murray, *Hist. Account,* I, C. IV, pp. 183 seq.

— Giuseppe Valentinelli, *Bibliografia del Friuli,* Venezia, 1861, pp. 384,5.

— Voir dans «*The Geographical Magazine*». May 1875, pp. 137-138, une note intéressante du Colonel H. Yule et du Rev. G. E. Moule (de Hang-tchéou) sur un passage curieux du voyage d'Odoric.

Manuscrits : Voir Yule, *Cathay,* et Domenichelli [supra, col. 940].

JEAN DE CORA, Archevêque de Sulthanyeh.

— Recueil de 1529. Vide supra, col. 884.

— Le livre du Grant Caan, extrait d'un manuscrit de la Bibliothèque du Roi, par M. Jacquet. (*Nouv. J. As.*, VI, 1830, pp. 57/72.)

C'est le texte d'une partie du manuscrit No. 2810 Fr. que nous avons décrit plus haut [col. 886]. Ce texte est précédé d'une *Note préliminaire* sans importance et suivi d'un *Glossaire.*

— «The Book of the Estate of the Great Caan, set forth by the Archbishop of Soltania, circa 1330.»

Traduction anglaise du Col. Yule, *Cathay,* I, pp. 238/250, d'après la publication de M. Jacquet dans le *Journal Asiatique* (IIe Série, VI, pp. 57/72).

— Louis de Backer, *L'Extrême Orient.* Vide supra, col. 888.

JOURDAIN DE SÉVERAC.

— «Reverendis in Christo Patribus, & Fratribus Praedicatoribus & Minoribus in Thaurisio, Diagorgano, & Merga commorantibus, frater Jourdanes Praedicatorum Ordinis, omnium minimus, post salutem, & pedum oscula cum lacrymis seipsum humiliter commendat.

. . . .

Datae in Thana Indiae, in Civitate ubi Sancti mei socii martyrizati sunt, anno Domini MCCCXXIII. M. Jan. in festo sanctorum Martyrum Fabiani & Sebastiani.»

(Wadding, *Annales Minorum,* VI, pp. 359/361, Anno Christi 1321, XIV.)

— On lit. p. 549 du Vol. I des *Scriptores Ordinis Praedicatorum* de Quétif :

«F. Jordanus absque agnomine sed congregationis ex ordine pro fide propaganda in terris infidelium Peregrinantium dictae ardentissimus in Oriente missionarius, sedente Avenione Joanne XXII claruit, & epistolam tum de martyrio quatuor Fratrum Minorum, tum de suis in ea regione pro Christo gestis scripsit. Hanc ut legitur in cod. Ms. Colbert 5496 memb. ejus aetatis hic visum est exscribere additis in margine variis lectionibus Waddinghi, qui alteram quoad initium similem refert in Annal. ad 1321 n. 13. Extat autem dicti cod. Colbert. fol. 182 ut sequitur :

Epistola Fratris Jordani de martyrio Fratrum....... Datum in Caga die XII. *octob. anno Dñi* MCCCXXI, pp. 549/550. »

Voir également les remarques à la suite de cette lettre.

— Rapport [sur le Ms. de la relation de Jourdain de Séverac] fait à la Commission Centrale, par M. A. Jaubert. (*Bull. de la Soc. de Géog.*, pp. 214/219, II, 1824.)

— Voir dans le *Recueil* de la Société de Géographie de Paris, Tome IV, 1839 :

Description des merveilles d'une partie de l'Asie, par le P. Jordan ou Jourdain Catalani, natif de Séverac, de l'ordre des Frères Prêcheurs ou Dominicains, évêque à Columbum, dans la presqu'île de l'Inde en deça du Gange. Imprimée d'après un manuscrit du XIVe siècle (pp. 1/68).

(Editée par le baron Coquebert de Montbret, d'après un ms. sur parchemin, à deux colonnes, format in-4, appartenant à M. le baron Walckenaer.)

Eclaircissemens préliminaires, pp. 1/24.

Note sur les Chrétiens de Saint-Thomas, pp. 25/36.

Fac-simile du Titre et de quelques Passages du Manuscrit de l'ouvrage de Jourdain de Séverac.

Mirabilia Descripta per Fratrem Jordanum, ordinis praedicatorum, oriendum de Severaco, in India majori episcopum Columbensem, pp. 37/64.

Note additionnelle à ce qui a été dit du personnel du Père Jordanus, pp. 65/68.

— Mirabilia Descripta. The Wonders of the East, by Friar Jordanus, of the Order of Preachers and Bishop of Columbum in India the Greater (circa 1330). Translated from the Latin original, as published at Paris in 1839, in the Recueil de Voyages et de Mémoires, of the Society of Geography, with the addition of a Commentary, by Colonel Henry Yule, C. B., F. R. G. S., Late of the Royal Engineers (Bengal). London : Printed for the Hakluyt Society. M.DCCC.LXIII, in-8, pp. 68 s. les prél.

C'est le trente-unième vol. de la Coll. publiée par l'*Hakluyt Society*.

— Additional Notes and Corrections to the Translation of the Mirabilia of Friar Jordanus (*Hak. Soc.*, 1863).

(Dans *Cathay and the Way thither*, Yule, I, pp. 192/196.)

— Letter of Friar Jordanus of the order of Preachers. «Dated from Caga the 12th day of October, in the year of the Lord 1321.» (Traduite en anglais de l'ouvrage de Quétif & Echard, *Scriptores Ord. praedic.*, tome I, pp. 549,550, par Yule, *Cathay*, I, pp. 225/228.)

Voir sur cette lettre que l'on trouve au folio 182 du Ms. No. 5006 et non 5486 de la Bib. Nat., le *Recueil* de la Soc. de Géog., IV, pp. 5/6.

(Voir Note de M. d'Avezac, *Jean du Plan de Carpin*, p. 421.)

— A Second Letter from Friar Jordanus. «Dated in *Thana* of India, the city where my holy comrades were martyred, in the year of the Lord 1323, in the month of January, and in the feast of the holy martyrs Fabian and Sebastian.» (Traduite en anglais de Wadding, *Annal. Minor.*, VI, pp. 359/61, par Yule, *Cathay*, I, pp. 228/230.)

Voir sur cette lettre le *Recueil* de la Soc. de Géog., IV, pp. 6/7.

(JOURDAIN DE SÉVERAC.)

PASCAL DE VICTORIA, Franciscain espagnol.

— «Reverendis in Christo & dilectis, Guardiano. & Fratribus Conventus Victoriensis, cum totius Custodiae Patribus, & dulcissimis Fratribus, frater Paschalis Ordinis Minorum salutem cum omni benedictione, non etiam immemor aliis nostris parentibus, ac notis, & amicis reverentiam filialem . . . . . Data in Armalech, in festo Laurentii, Anno Domini MCCCXXXVIII, in Imperio Medorum. (Lettre insérée dans Wadding, *Annales Minorum*, VII, pp. 256/7.)

— Voir *Mosheim*, p. 117, et dans l'Appendice No. LXXXXII la lettre de ce frère mineur datée «in Armalech, in Festo Sancti Lavrentii, Anno Domini MCCCXXXVIII, in Imperio Medorum,» reproduite d'après Wadding, t. VII, pp. 256 et seq.

— Traduite en anglais par Yule, *Cathay*, I, pp. 231/237.

JEAN DEI MARIGNOLI DI SAN LORENZO, Cordelier florentin, légat du Pape à Peking (1342-46).

— Johannes von Marignola minderen Bruders und Päbstlichen Legaten Reise in das Morgenland v. J. 1339-1353. Aus dem Latein übersetzt, geordnet und erläutert von J. G. Meinert . . . . Für die Abhandlungen der k. böhm. Gesellschaft der Wissenschaften. Prag, 1820, in-8, pp. 108.

Brit. Mus. 10055. bb.

Tirage à part du Vol. VII, *Abhandlungen der königlichen Böhmischen Gesellschaft der Wissenschaften*, *Historischer Theil.* Prag, 1822.

Parlant de Jean dei Marignoli, M. d'Avezac écrit : «L'empereur Charles IV le nomma son chapelain. et le chargea de faire un résumé des anciennes chroniques de Bohême. Le voyageur trouva le moyen d'insérer, de disséminer dans sa rédaction des lambeaux de son voyage en Orient. Cette chronique, écrite en latin, a été publiée à Prague en 1768. d'après un manuscrit du couvent de Sainte-Croix-la-Grande du Vieux Prague, par Gélase Dobner, dans ses *Monumenta historica Boemiae nusquam antehac edita*, [6 vol. in-4, pp. 70-282; et les *Observationes praeviae*, ibid., pp. 68-78]. M. Meinert, après avoir collationné le texte donné par Dobner, sur le manuscrit que possède aujourd'hui l'Université de Prague, a extrait, réuni et coordonné tout ce qui est relatif au voyage de Tartarie, et il en a fait une traduction allemande qu'il a accompagnée d'un commentaire; son travail a été inséré au tome VII des *Abhandlungen* de la Société des Sciences de Bohême, et a d'ailleurs été imprimé à part : Johannes von Marignola minderen Bruders und Päbstlichen Legaten Reise in das Morgenland v. j. 1339-1353; aus dem latein übersetzt. geordnet und erläutert von J. G. Meinert, Prague, 1820, br. in-8, pp. 108» (*Relation des Mongols*).

— Notice sur la relation du frère Jean de Marignola, par M. le Baron de Férussac. (*Bull. de la Soc. de Géog.*, II, 1824, pp. 115/120.)

— John de' Marignolli and his Recollections of Eastern Travel :

Biographical and Introductory Notices.

Recollections of Travel in the East, by John de' Marignolli, papal legate to the Court of the great Khan, an afterwards Bishop of Bisignano. (*Cathay and the Way thither*, by Yule, II, pp.309-394.)

— Voir Mosheim, p. 115, et l'Appendix No. LXXXII : Lettre du Pape Benoit XII reproduite de Wadding, T. VII, pp. 214 et seq. : datée «Auenione 11. Kal. Nouembris anno IIII» (1338) et adressée à «Dilectis filiis Nicolao Boneti sacrae theologiae Professori, Nicolao de Molano, Ioanni de Florentia, et Gregorio de Hvngaria Ordinis Fratrum Minorum».

Il ne faut pas confondre notre Cordelier (Frère mineur) avec le Frère prêcheur du même nom, son contemporain, Jean de Florence, premier évêque de Tiflis en Géorgie, mort à Péra en 1348 dont parle Touron, *Hommes illustres de St. Dominique*, II, pp. 120 et seq.

(PASCAL DE VICTORIA. — JEAN DEI MARIGNOLI.)

FRANC. BALDUCCI PEGOLOTTI.

= Della decima e delle altre gravezze &c. Tomo terzo contenente la pratica della Mercatura scritta da Francesco Balducci Pegolotti E copiata da un Codice manoscritto esistente in Firenze nella Biblioteca Riccardiana. Lisbona, e Lucca. MDCCLXVI. E si vende da Giuseppe Bouchard Librajo Francese in Firenze, in-4, pp. XXIV-380.

Voir : Capitolo I. *Avvisamento del viaggio del Gattajo per lo cammino della Tana ad andare, e tornare con mercatanzia.* = Cap. II. *Cose bisognevoli a' Mercatanti, che vogliono fare il sopradetto viaggio del Gattajo.* = Cap. III. *Ragguaglio di pesi, e misure del Gattajo, e della Tana.*

British Museum, 179. i. 3.

= «François Balducci Pegolotti, de Florence, employé d'une compagnie de marchands florentins, résida longtemps en cette qualité dans les comptoirs européens d'Orient, notamment à celui de Tana vers l'embouchure du Don, où il recueillit les renseignements les plus précis sur l'itinéraire des caravanes qui allaient, par l'intérieur de l'Asie, jusqu'en Chine; ces informations se trouvent consignées dans son *Libro di divisamenti di paesi e di misure di mercatanzie e d'altre cose bisognevoli di sapere a' mercatanti di diverse parti del mondo,* imprimé en 1766 à Florence, sous la fausse rubrique de Lisbonne et Lucques, en un volume in-quarto qui forme le troisième de l'ouvrage de Gian Francesco Pagnini della Ventura, de Volterre, en quatre tomes, intitulé : *Della Decima e di varie altre gravezze imposte dal Comune di Firenze, della moneta et della mercatura de' Fiorentini fino al secolo XVI.* Ce texte de Pegolotti a été fourni à l'éditeur par un manuscrit de la bibliothèque Riccardienne de Florence, que Baldelli y a, depuis, vainement cherché. (*Storia del Milione,* p. 41. note 3.) Le premier chapitre contient un *Avvisamento del viaggio del Gattajo per lo cammino della Tana ad andare e tornare con mercatanzia,* littéralement transcrit, traduit, et annoté par Sprengel; Forster a répété cet itinéraire; Malte-Brun a simplement copié Sprengel sans le citer, et son nouvel éditeur n'a réparé ni l'omission singulière du nom de Sprengel, ni la méprise typographique qui, dans la première édition, avait transformé Balducci Pegolotti en Balduin Pegoletti; il a de plus ajouté une note où il énonce, sans aucune considération propre à justifier cette assertion, que Pegolotti aurait effectué lui-même en 1345, le voyage de Khithây par la route dont il donne l'itinéraire». (D'Avezac, pp. 26-28.)

= Voir dans Yule, *Cathay and the Way thither,* II, pp. 279/308 :

«Notices of the Land Route to Cathay and of Asiatic trade in the first half of the fourteenth Century by Francis Balducci Pegolotti».

On trouvera dans l'Appendice (No. III. pp. lxiv-lxvi, qui termine l'ouvrage (Vol. II) du colonel Yule le texte des deux premiers chapitres de Pegolotti d'après le manuscrit original conservé à la bibliothèque Riccardienne de Florence.

* Avvisamento del Viaggio di Gathai per il camino della Tanna ad andare e tornare con Mercatanzia. Lisbon & Lucca, 1755.

«The author of this work, Francisco Balducci Pergoletti, [sic] wrote in 1335.» *Pinkerton,* XVII, *Cat.,* p. 147. — Cette indication nous paraît être erronée.

= Forster, *Voyages and Discoveries in the North,* pp. 150-153 (*Forster* donne un extrait de l'ouvrage de *Pegolotti* qu'il appelle *Pegoletti*).

SIR JOHN DE MAUNDEVILLE.

= Maunduyle. — in-4. goth. s. d.

Au recto du dernier f. : ¶ *Here endeth the boke of John Maunduyle.* ‖ *knyght of wayes to Jerusalem ⁊ of marueylys* ‖ *of ynde and of other countrees.* ‖ *Emprented by Rychard Pynson.* — Au verso la marque de Pynson.

Collation : a-g par 8, h et i par 6, k par 4; 72 ff.; dans l'ex. de Grenville, 6713, le seul connu a_1 et VIII., c_1 et VIII. manquent.

L'ex. qui avait appartenu à Sir Francis Freeling avant d'être acheté par Grenville contient en tête sur ff. séparés, des notes de ses deux propriétaires.

«I believe that no other copy of this edition is known to exist — it was unknown to Ames & Herbert. = Dibdin describes it in p. 586, Vol. 2 of his *Typographical Antiquities,* but he is not correct in stating that it was obtained from Ford of Manchester. I purchased it from Dyer of Exeter.

«I rather think this edition of Pynson's must have been the first printed in this country. = W. de Worde published an edition in 1499 & again in 1503 = both with woodcuts — an imperfect copy of the latter is in the possession of Mr. Douce . . . . .» [suit une liste d'éd. anglaises]. *(Note ms. de Sir F. Freeling.)*

— Pas de titre. Carte et Vig., in-4.

Bib. Grenville, 6714. «That this book was printed by T. Este appears from Herbert's Ames, II, 1022, and from Douce's *Illustrations of Shakespeare,* I, p. 21. This copy has the last leaf in Ms. and appears to want the title.»

— The Voiage and trauayle of syr John Maundeuile Knight, which treateth of the way toward Hierusalem, and of maruayles of Inde with other Ilands and Countryes. London, 1568, in-4.

A la fin : Imprinted at London in Breadstreat at the nether ende, by Thomas East. an. 1568. The 6 day of october. — Goth. — Vig.

* The Voyages and Trauailes of Sir Iohn Mandeuille Knight. Wherein is treated of the Way towards Hierusalem, and of the meruailes of Inde, with other Lands and Countries. London, Printed by Thomas Snodham, 1612, in-4.

Goth. — Vig. — Sig. a-u par 4, u_4 blanc. *(Cat. of the Huth Library,* III, p. 896.)

— The ‖ Voyages and ‖ Trauailes of Sir *John Mandeuile* ‖ Knight . . . . . London : ‖ Printed by Thomas Stansby ‖ 1618, in-4, vig. sur le titre et dans le texte.

Bib. Grenville, 6715.

* The Voyages and Travailes, which treateth of the way to Hierusalem. London, 1625, in-4.

Goth. — Vig. (*Cat. of the Lib. at Chatsworth,* III, p. 17).

— Voyages and Travels . . . . London, 1657, in-4. — Vig.

Bib. Grenville, 6716.

— The Voyages and travels of Sir J. Mandevile, knight, wherein is set down the way to the Holy Land, and tho Hierusalem; as also to the lands of the Great Caane, and of Prester John, etc. London, 1670, in-4. Vignettes.

— The Voyages & Travels of Sir John Mandevile . . . . London, Printed for *R. Scot, T. Basset, J. Wright,* and *R. Chiswel.* 1684, in-4, pp. 139 + 1 f. au com. et 2 ff. à la fin.

— The ‖ Voyages & Travels ‖ of Sir *John Mandevile,* Knight . . . . . London, ‖ Printed for *Rich. Chiswell, B. Walford, Mat. Wotton,* and ‖ *Geo. Conyers.* 1696, in-4.

Bib. Grenville, 6718. « This edition seems to have been so popular as to have been quite exhausted & to have become scarce. The present copy was bought by Mr. Milner in 1810 for the high price of liv. 7 . 7 . 0. » (Note Ms. de Grenville.)

— The Voyages and Travels of Sir *John Mandevile,* Knight : Wherein is set down the Way to the *Holy Land,* and to *Hierusalem :* As also to the Lands of the great *Caan,* and of *Prestor John;* to *India,* and divers other Countries : Together with many and strange Marvels therein. London : Printed for *R. Chiswell, B. Walford, M. Wotton,* and *G. Conyers.* 1705. — in-4, pp. 135 + 2 ff. à la fin. — Vig.

— The Voyages and Travels of Sir J. Mandevile... wherein is set down the way to the Holy Land... as also to the lands of the Great Caan, and of Prester John; to India, and divers other countries, etc. London [1710], in-4.

— The Travels and Voyages of Sir J. M. etc. London [1720?] in-12.

— The Voyages and Travels of Sir John Mandevile, Knight : . . . London : Printed by A. Wilde, for G. Conyers, in *Little-Britain,* T. Norris, at *London Bridge,* and A. Bettesworth, in *Paternoster-Row,* 1722, in-4, pp. 132 + 2 ff. à la fin.

Vig. — British Museum 10056. c.

— The Voiage and Travaile of Sir *John Maundevile,* Kt. which Treateth of the Way to Hierusalem; and of marvayles of Inde, with other Ilands and Countryes. Now publish'd entire from an Original Ms. in the Cotton Library. London : Printed for J. Woodman, and D. Lyon, in *Russel-Street, Covent Garden,* and C. Davis, in *Hatton Garden.* 1725, in-8.

Le Ms. de la Bib. Cott. marqué *Titus. C. XVI.*

— Même éd. London : 1727.

Mêmes lib. — Le titre seulement est changé.
Vend. Sunderland Library (7925) liv. 2.5 sh.

— The Voiage and Travaile of Sir John Maundevile, Kt. which treateth of the way to Hierusalem; and of Marvayles of Inde, with other ilands and countryes. Reprinted from the Edition of A. D. 1725. With an introduction, additional notes, and Glossary, By J. O. Halliwell, Esq., F. S. A., F. R. A. S. London : Published by Edward Lumley, M.DCCC.XXXIX, in-8.

— Mr. Thos. Wright a reproduit cette version en la « modernisant » dans sa collection des « *Early travels in Palestine* ». 1848. pp. 127/282.

— The Voiage and Travaile of Sir John Maundevile... By J. O. Halliwell, London: F. S. Ellis, MDCCCLXVI, in-8, pp. XXXI-326.

12 ex. ont été imp. sur papier fort.

— The Travels and Voyages of *Sir* John Mandevile, *Knt.* containing An Exact Description of the Way to *Hierusalem, Great Caan, India,* the Country of *Preston-John,* and many other Eastern Countries: With an Account of many strange Monsters, and whatever is curious and Remarkable therein. Faithfully collected from the *Original Manuscript,* and Illustrated with Variety of *Pictures.* London : Printed for *J. Hodges,* at the *Looking Glass* opposite to *St. Magnut's Church, London Bridge,* and *J. Harris,* at the *Looking Glass* and *Bible,* on *London Bridge.* Price bound, *one shilling.* in-12, pp. 138 + 3 ff. pour la table. [1730.]

British Museum, 435. a. 1.

— The Travels and Voyages [titre ut supra]. London : Printed for *J. Osborne,* near *Dock-head, Southwark,* and *James Hodges,* at the *Looking-Glass, on London Bridge.* Price bound, *one shilling.* in-12, pp. 138 + 3 ff. pour la table.

Une grav. en bois pour front. — Même éd. que la précédente.
British Museum, 10055, a.

— The Foreign Travels of Sir John Mandeville. Containing, An Account of remote Kingdoms, Countries, Rivers, Castles, &c. Together with a Description of Giants, Pigmies, and various other People of odd Deformities; as also their Laws, Customs, and Manners. Likewise, enchanted Wildernesses, Dragons, Griffins, and many more wonderful Beasts of Prey. &c. &c. &c. Printed and Sold in Aldermary Church-Yard, London, in-12, pp. 24, vig. [1750?]

Chap Book. — British Museum $\frac{1079\text{-}i\text{-}14}{23}$.

— Réimp. pp. 405/416 de *Chap Books of the Eighteenth Century...* by John Ashton. London, Chatto & Windus, 1882, in-8.

— The Foreign Travels of Sir John Mandeville [ut supra] &c. &c. Printed and Sold in London, in-12, pp. 24, vig.

Chap Book. — British Museum $\frac{12315.\ \text{aaa.}\ 6}{3}$.

— The Foreign Travels and Dangerous Voyages Of that renowned English Knight Sir John Mandeville. Wherein He gives an Account of Remote Kingdoms, Countries, Rivers, Castles, and Giants of a prodigious Height and Strength. Together with the People called Pigmies, very small and of a low Stature. To which is added,

An Account of People of odd Deformities, some without Heads. — Also dark inchanted Wildernesses, where are fiery Dragons, Griffins, and many wonderful Beasts of Prey, in the Country of Prester John. — All very delightful to the Reader. Printed and Sold in Bow-Church-Yard, in-12, pp. 24, vig. [1785?]

Chap Book. = British Museum $\frac{1076\text{-}1\text{-}8}{12}$.

— Briefe Collections of the Trauels and Obseruations of Sir Iohn Mandeville; written by Master Bale. (Purchas, *His Pilgrimes,* III, Lib. I, Ch. vi, pp. 128 et seq.)

— Ce liure est eppelle mā ‖ deuille et fut fait | compose ‖ par monsieur iehan de man ‖ deuille cheualier natif dāgle ‖ terre de la uille de saīct alei ‖ Et parle de la terre de pro- ‖ mission cest assauoir de ieru ‖ salem et de pluseurs autres ‖ isles de mer et les diuerses i ‖ estranges choses qui sont es ‖ dites isles.

Finit au recto du feuillet 88 : Cy finist ce tres plaisant ‖ liure nome Mandeville par ‖ lanc moult autentiquement ‖ du pays et terre d'oultre mer ‖ Et fut fait La Mil cccc ‖ lxxx le iiii iour dauril.

S. l. ni nom d'imp., petit in-folio de 88 feuillets ; sig. a (7 feuillets) — l (9 feuillets) ; les autres cahiers ont 8 feuillets.

L'exemplaire que nous avons examiné est celui de Grenville, 6775.

Brunet qui décrit cette édition d'après un exemplaire qu'il a vu chez J. Techener écrit : Cette édition du 4 Avril 1480 paraît avoir été impr. à Lyon, et comme en cette même année Pâques tombait le 2 Avril, elle doit être antérieure à l'édition datée du 8 février. C'est un livre de la plus grande rareté, et, quoique sans figures, il a une grande valeur.

— *Ce liure est appelle*
Mandeuille et fut fait et
compose par monsieur
iehan de Mandeuille che
ualier natif dangleterre
de la ville de sainct Alein
Et parle de la terre de
promission cest assauoir
de iehrusalem ꝛ de plu
seurs autres isles de mer
et les diuerses et estran
ges choses qui sont es d'
isles.

A la fin se lit la souscription suivante :

Cy finist ce tres play
sant liure nōme Mande
uille parlāt moult antē
tiquement du pays ꝛ tre
doultre mer Imprime a
lyō sur le rosne Lan Mil
cccclxxx le viij iour de
freuier a la requeste de
Maistre Bartholomieu
Buyer bourgoys du dit
lyon.

(MANDEVILLE.)

In-fol. goth., sig. ai — p. iij.

Bib. nat., Réserve, $O\frac{2}{3}$ f.

« L'exemplaire que nous décrivons [le même que nous] n'a que 93 ff. ; mais les cahiers *b.* et *c.* paraissent y manquer. Celui qui a appartenu au duc de La Vallière renferme 113 ff., et, selon la description que nous a communiquée M. Van Praet, il diffère un peu de celui-ci dans l'orthographe des mots de l'intitulé ci-dessus. Par exemple, à la 3e ligne, il y a *mons'* au lieu de *monsieur*, à la 4e *iehā* au lieu de *iehan*, à la 6e *de angleterre* au lieu *dangleterre*, etc. » (Brunet.)

* Le même livre appelle Mandeville *(sans lieu ni date)*, gr. in-4, goth., fig. en bois.

« Edition à longues lignes, au nombre de 35 sur les pages (qui sont entières), et qui paraît avoir été imprimée à Lyon, vers 1490. Elle se compose de 76 ff. non chiffrés, sous les sign. a-miii. Les deux premiers cah. sont de 8 ff. chacun, et les autres de 6. Au verso du premier f. se voit une grande pl. grav. sur bois, représentant l'auteur, avec l'inscription : *Joannes de Montevilla* ; puis, au commencement du 2e f., se lit le titre suivant, imprimé en 5 lignes : *Ce liure est appelle Manoduille* (sic) *et fut fait et compose par messire | iehan de mandeuille cheualier natif dangleterre de la ville de saint a | lain Et parle de la terre de promission cest assauoir de iherusalem et | de plusieurs aultres isles de mer et des diuerses et estranges choses | qui sont esdictes illes.* La souscription finale est placée au recto du dernier f., après la 31e ligne, et ainsi conçue : *Cy finist ce tres plaisant liure nomme mandeuille parlāt molt | autentiquement du pais et terre doultre mer et du saint voyage de | iherusalem.* Dans l'exemplaire ici décrit, et qui a été vend. 2 liv. 1 sh. Haurott ; 61 fr. 50 c. St.-Mauris, en 1841 ; il manque 3 ff. du cah. B.

Une note sur La Croix du Maine cite une édition des mêmes Voyages, impr. à Lyon (chez Pierre Bouteiller), 1487, in-4. » (Brunet).

Autre édition de la fin du xve. siècle, sous ce titre :

* Monteuille cōpose par ‖ messire Jehā de mōte ‖ uille cheualier natif dangleter ‖ re de la ville de saint alain. le ql ‖ parle de la terre de promission.... ‖ de mer.

« Ce titre est impr. en rouge, et il y a dessous un cavalier armé. On lit au recto du dernier f. : *Cy finist le tres plaisant liure nōme Monteuille parlānt ‖ moult autentiquement de pays ꝛ terre doultre mer. Jm‖prime a Lyon par Barnabe Chaussart.* Au-dessous de la souscription est répétée la même planche qui se voit sur le titre, et plus bas se lit un huitain commençant :

Son me donne peu de louange.

Le volume est un gr. in-4 goth. de 66 ff. à longues lignes, au nombre de 44 par page, signat. a-q, avec fig. en bois.

Un exempl. en *mar. r.* avec quelques raccommodages au titre, 300 fr. Coste. En *Mar.* de Koehler, exempl. médiocre, 370 fr. Yéméniz, revendu 401 fr. Potier, et 255 fr. seulement Benzon. » (Brunet et sup.)

— Sensuit le Liure du noble et puissāt cheualier nōme maistre Jehā mādeuille natif du pays dāgleterre. Leql parle d' la terre doultre mer ꝛ du saīct voyage de iherusalē ꝛ de plusieurs aultres pais Lesqlles uous pourres cōgnoistre en ce psent liure cy apres declaires. xx..... Au verso de l'av. dernier f. *Cy fine le liure cōpose p maistre Jehan de Mandeuille cheualier natif du pays dāgleterre. Imprime a paris Par la veufue feu Jehā trepperel et Jehan iehānot imprimeur ꝛ libraire iure en luniuersite de Paris | demourant en la rue neufue Nostre dame a lenseigne de lescu de France,* in-4, goth., sign. a-v., grav. sur le titre, au recto du dernier f., et dans le texte.

Bib. nat., Réserve, $\frac{O2}{5}$ f.

(MANDEVILLE.)

* Le même livre de J. de Mandeville. *Paris, Philippe le Noir,* sans date, in-4, goth.

«Réimpression faite après l'année 1521, mais qui est encore assez précieuse.

Vend. 3 liv. 5 sh. White Knights.» (Brunet.)

* Maistre Jehan mandeuille Cheualier natif du pays Dangleterre Lequel parle des Aduentures des pays estranges, tant par mer que par terre ou il sest trouue, comme Mōtaignes boys ilsle terre nouuelle, ou il a trouue plusieurs bestes oyseaulx dragōs serpens hommes sauaiges poissōs ꝛ aultres bestes. Ensemble la terre de promission ꝛ du sainct voyage de Hierusalem. *xviij.* a paris Pour Jehan Bonfons... (au verso du dernier f.) : *Cy fine le liure compose par maistre Jehan de mandeuille... Imprime a Paris pour Jehan bonfons libraire demourant en la rue neufue nostre dame a lenseigne Sainct Nicolas,* pet. in-4, goth. de 68 ff. à 2 col., titre en rouge et noir.

«Publié vers 1550. Vend. 21 fr. *mar. r.* La Vallière, et quelquefois plus ou moins cher.» (Brunet.)

— Recueil ou Abrégé des Voiages et Observations, du S^r^. Jean de Mandeville, Chevalier et Professeur en Medecine, faites dans l'Asie, l'Afrique, &c. Commencées en l'An MCCCXXXII. Dans lequelles sont compris grand nombre des choses inconnues par Monsieur Bale. (Dans le *Recueil,* de Bergeron, La Haye, 1735, II.)

— Itinerarius domini Iohānis de mādeville militis. (In fine : *Explicit itinerarius domini Iohannis de Mandeville militis,* in-4 goth. de 71 ff. non chiffrés à 2 col. de 30 lign., sign. a-i. iij.

Edition rare de cette traduction latine, qui commence par 3 ff. préliminaires, contenant le titre ci-dessus et la table des chapitres. Au recto du 4e f. se lit ce sommaire :

Incipit itinerarius a ter
ra Anglie in ptes Iherosoli
mitanas. ꝛ in vlteriores trās
marinas. editus primo in lī
gua gallicana a milite suo au
tore Anno incarnatōnis dñi
MCCCLV. in ciuitate Leodi
ens. ꝛ paulo post in eadē ciui
tatē trāslatus in hanc formā
latinam.

Vend. 20 fr. Brienne; 9 liv. 9 sh. White Knights; 40 fr. 50 c. Eyriès (Brunet). — 6 liv. 10 sh., Sunderland Library (7923), mais inc. d'un f.

Bib. nat., Réserve, $\frac{02}{6}$ f.

— Itinerarius, pet. in-4 de 116 ff. goth. (dont 62 pour Mandeville), sign. a-h par 8 (excepté g qui n'a que 6 ff.). — Anvers, Gerard Leeu, vers 1485?

L'ex. que nous avons examiné est celui de Grenville (Brit. Museum, 566. f. 6.)

1er feuillet blanc.

Commence recto du 2e feuillèt : Tabula pñtis libri singula per ordinem capl'a et in eoꝝ quolibet quid agitur notificat euidenter.

Au bas du 4e f., verso : Liber pñis cui' auctor fert iohūnes de Mādeuille militari ordīs | agit de diuers. patrijs | regionibꝫ | puincijs | ꝛ insul' Turchia | Armenia maiore ꝛ miōre | egipto | libia bassa ꝛ alta | suria | arabia | psia | caldea | tartaria | india. et de infinit. insul' | ciuitatibꝫ villis castris ꝛ locis q̄ gentes legū morum et rituum inhabitant diuersoꝝ.

Recto du 5^e^ feuillet : Commendacio breuis ire iherosolimitane Capt'm pmū.

Verso f. 62 : Explicit itinerarius a terra anglie ī ptes ierosolimitanas et in vlteriores transmarinas editus p'mo in lingua gallicana a domino iohanne de mandeuille milite suo auctore. Anno incarnacionis dñi MCCCLV. in ciuitate Leodiensi ꝛ paulo post in eadē ciuitate trāslatus in dictā formā latinā......

Cet itinéraire est suivi de celui de Ludolphus de Suchen :

Recto folio 63 : Registrū in librum ludolphi de itinerere ad t'ram sanctam.

A la dernière page : Domini ludolphi eccl'ie prochialis in Suchen pastoris libellus de itinere ad terram sanctā Finit feliciter.

Bib. nat., Réserve, $\frac{02}{8}$ f, — British Museum, 566. f. 6.

Brunet écrit : «Autre édition de la fin du xve. siècle : la souscription que nous allons rapporter semble prouver qu'elle a été impr. à Venise ; cependant Panzer, IX, 200, la croit sortie des presses de Theodoric Martin, à Aloste, et M. Grenville en trouvait les caractères conformes à ceux que Gerard Leeu a employés à Anvers, de 1484-85.

Mr. Campbell *(Ann. de la typ. néerlandaise)* le donne à Gérard Leeu, et fixe la date de l'impression à la première année du séjour de ce typographe à Anvers, après son départ de Gouda.

Dans une autre édition in-4 goth., sans lieu ni date, mais de la fin du XVe siècle, l'auteur est nommé *Montevilla.*»

Il est certain par l'emploi des signatures ꝺ, ꝺꝺ, ꝺ et la conformité des caractères pour les trois ouvrages que le *Mandeville,* le *Ludolphe* et le *Marco Polo* (voir col. 912) sortent de chez le même imprimeur, probablement ensemble, ainsi que le prouve l'ex. de la Sunderland library qui était complet et renfermait les trois ouvrages. Il a été vendu liv. 150 à Quaritch.

* Ioh. de Mandeville. Itinerarium. Zwollis, 1483, in-4. *(Forte belgice.)* [Hain, 10645.]

Sans nom d'imprimeur ; cette édition est citée par Maittaire, IV, p. 442, Panzer, III. p. 567. 10., Jansen, p. 268. Freytag, Vogt, Bauer, et même Hain, qui ajoute : *Forte Belgice,* «et, malgré tout ce cortége d'autorités, nous la considérons comme fort douteuse, pour ne pas dire apocryphe.» (Brunet, *Supp.*)

— Johannis de monte vil | la Itinerari' in partes Jherosolimitanas. Et in vlteriores transmarinas, in-4 goth. — 48 ff. n. c., s. l. n. d.

Recto f. 1 : Titre ut supra.

Recto f. 3 : Incipit Itinerarius Johannis de Montevilla a terra Anglie in ptes Jherosolimitanas, et in vlteriores transmarinas ....

Au bas du dernier f. : Explicit itinerarius domini Johan | nis de Montevilla militis.

Bib. nat., Réserve, $\frac{02}{7}$ f. — British Museum : C 32. $\frac{e}{2}$2.

Nous supposons que cette éd. que nous avons vue est la même que la suivante :

* Itinerarius. ‖ Johannis de monte vil ‖ la Itinerarius in partes ‖ Jherosolimitanas. Et in ‖ vlteriores trāsmarinas. ‖ Au f. 3 : Incipit Itinerarius Johañis de Montevilla a terra ‖ Anglie in ptes Jherosolimitanas et in vlteriores transmarinas, etc., *s. l. n. d.* (c^a^ 1485), in-4, goth.

«Cette édition, non décrite, ne correspond à aucune de celles indiquées par Hain, Dibdin, et autres bibliographes.

Un exemplaire fig. au petit catal. anglais de M. Asher en 1865, et est porté, réuni à d'autres pièces moins importantes, à 150 fr.» (Brunet, *Supp.*)

* Itinerarius domini Johãnis de Mãdeville militis. (In fine :) Explicit itinerarius domini Iohannis de Mandeville militis. *S. l. n. d.*, in-4, goth., à 2 col.

En *mar. anc.*, 135 fr. Yéméniz. (Brunet, *Supp.*)

— Reysen. — *Sans indic. de lieu, de typogr. ni de date*, in-fol. de 108 ff. imprimés, goth. à 2 col., à 29 et 30 lignes, sans ch., récl. ni sign.

Au f. 1, recto : Dit is die tafel van || desen boecke || (D) at eerste capittel van || desen boeck is Hoe dat Jan vã || mandauille schyet wt enghe || lāt...., au f. 108 v° 26e ligne : regneert in allen tiden || Amen || ¶ *Laus deo in altissimo.* ||

Il faut ajouter 1 f. blanc au com. et 1 f. blanc à la fin ; ce qui fait 110 ff. pour l'ouvrage entier.

«Seul ouvrage cité, dit M. Campbell, p. 338, d'une imprimerie néerlandaise, dont on ne connaît ni l'adresse ni le propriétaire ; l'exécution typogr. dénote une enfance de l'art relative ou locale ; la date de cette rare édition (deux exemp. seulement sont connus) doit remonter au moins à 1470.»

Nous avons examiné l'ex. du British Museum : C. 32. m. 5.

— Thantwerpen, Govaerdt Back, 1494, in-4.

Au recto du 2e f. : Ɑ Hier beghint een genoechlijc boec gemaect || eñ bescreuen bi eenē edelen ridder eñ notabe || len doctoer in medicinē eñ wel geleert in astro || nomien gehieten heer ian van Mãdeuille ge || boren wt enghelant. *A la fin* : Ɑ Dit boeck is gheprent Thātwerpen int vo || ghelhuys bij my Gouaerdt Back, int iaer ōs || heeren M.CCCC. ende xciiij. den XIX dach in || Junio.

Au recto du 1er f. une pl. coloriée.

Bib. Grenville, 6707.

— De wonderlijcke Reyse van Jan Mandevijl, beschrijvende eerst de Reyse ende gheschiedenisse van den H. Lande... Daer na de ghestaltenisse ende zeden van den Lande van Egipten, Syrien,..... Persen,... Indien, ende Ethiopien, etc. t'Amsterdam, Gedruckt van Ian Bouman, 1650, in-4.

— De Wonderlijcke Reyse van Jan Mandevyl Naer het H. Landt | ghedaen in't Jaer 1322 . . . T'Antwerpen. By Jacobus de Bodt | . . . . Anno 1677, in-4 à 2 col. pp. 79.

L'app. se trouve p. 80 qui n'est pas chiff., elle est datée du 22 Août 1623. — Vig. sur le tit. — Brit. Mus., 12410. f. 10.

* De wonderlijke Reyse, beschrijv. de gestaltenisse en zeden v. Egypten, Perssen, Indien en Ethiopien. Utr., 1707, in-4.

— De wonderlyke Reyse van Jan Mandevyl, naer het H. Land, gedaen in't Jaer 1622 *[sic]* . . . . Men heeft desen nieuwen Gendschen Druk van alle Fouten gesuyverd . . . . Tot Gend, by Jan Gimblet, in-4 à 2 col., pp. 79 [1780].

A la p. 80 qui n'est pas ch., liste des publications du libraire. — Vig. sur le titre. — Brit. Mus. 1295. c.

Trad. différente des suivantes :

— De wonderlijke Reyze van Jan Mandevyl, etc. t'Amsterdam. By Gysbert de Groot Keur, 1742, in-4, à 2 col., pp. 94 + 1 f. p. la table. — Vig. sur le titre.

* De wonderlyke Reize van Jan Mandevyl... Amsterdam [1750?], in-4.

— De wonderlyke Reyze... t'Amsterdam [1760]. Gedruckt by de Erven de Weduwe Jacobus van Egmont. in-4, à 2 col., pp. 94 + 1 f. pour la table. — Vig. sur le titre.

— De wonderlyke Reyze... Te Amsterdam. By d'Erve Van der Putte en Bastian Boekheut. 1779, in-4, à 2 col., pp. 78 et 1 f. p. la table. Vig. sur le titre.

— Tractato de le piu marauegliose cosse e piu notabile che se trouano in le parte del mōdo redute ꝛ collecte soto breuita in el presente cōpēdio dal strenuissimo caualer sperō doro Johanne de Mandauilla anglico nato ne la Cita de sancto albano..... in-4, goth., 114 ff., sig. a-o.

Verso f. 1 : Titre ut supra. — Verso dernier f. : *Explicit Johannes d'Mãdeuilla impressus Mediolani ductu ꝛ auspicijs Magistri Petre de corneno pridie Callendas augusti.* MCCCCLXXX. *Johane. Galeazio Maria Sfortia Vicecomitte Duce nostro invictissimo ac principe Jucondissimo.*

Bib. nat., Réserve, $\frac{02}{10}$f.

«Vend. liv. 1 1/- Pinelli, et serait plus cher aujourd'hui.» (Brunet.)

— Tractato dele piu maraue || gliose cose... reducte e colte sotto breuita in lo p̄esente com || pēdio dal strenuissimo caualier.... Johã || ne de Mandauilla anglico. A la fin : Ɑ. *Impssuz boñ. p Ugonē Ru* || *geriū āno dñi.* M.CCCClxxxviii. In-4 goth. à 2 col. de 39 lignes, sign. a-k.

«Vend. 81 fr. en février 1822. — Yéméniz, *mar.*, fr. 230.» (Brunet.)

Il en a paru un ex. à la vente Sobolewski (No. 1724), mais les feuillets 8, 9, 16 et 17 manquaient et les ff. 63 et 64 avaient été endommagés dans la partie supérieure.

British Museum, 789. a. 19.

— Joanne de Mandauilla. Au verso du titre : Tractato de le piu marauegliose cose e piu notabile che si trouino ī le parte del mōdo... à la fin : *Impresso venetia p'mi Nicolo de li ferari de pralormo Piemontese stāpador ne lano 1491 adi. 17. de nouemberio* (sic), pet. in-4, goth. de 70 ff. non chiffrés, à 2 col. de 41 lignes, sig. A-i.

British Museum : b. 4. h. 11.

Vend. 14 fr. La Vallière. — Gancia, Fr. 115.

— Tractato bellissimo delle piu marauigliose cose ꝛ piu notabile che si truouino nelle parte del mondo scripte et racolte dallo strenuissimo Caualiere asperondoro Giouanni Mandauilla Frãzese che visito quasi tutte le parti del mondo habitabili ridocto in lingua Thoscana, in-4 à 2 col. sig. a-k par 8 = 80 feuillets non chiffrés, gothiques.

Au verso du dernier feuillet : Finito il libro bellissimo di Giouanni Madiuilla ridocto in lingua Toschana Impresso nel la Excelsa Cipta di Firenze per ser Lorēzo de Morgiani ꝛ Giouanni da Maganza. A di. vii. di Giugno. M.CCCC.lxxxxii.

La première page qui porte le titre est ornée d'une gravure sur bois.

Ex. de Grenville examiné, 6705.

Crofts : liv. 1.3.

— Tractato bellissimo delle piu marauigliose cose... in-4, à 2 col. sig. a-k par 8 = 80 ff. n. c., goth., s. d.

Au verso du dernier f. : ¶ Finito il libro bellissimo di || Giouanni Mandiuilla ridocto i || lingua Toschana Impresso nella || excelsa cipta di Firenze appeti || tione di Ser Piero da Pescia &c.

Bib. Grenville, 6701. — Vig. sur le titre. — Le Cat. Grenville marque *circa* 1512; elle nous paraît plutôt contemporain de la précédente.

— Johanne de Mandauilla. *A la fin : ¶ Impresse nella nobel cita d' Bolo || gna, p mi Joanne iacobo ⁊ Joanne || antonio di benedìtti da Bologna ne || lanno de la christiana gratia* MCCCC || lxxxxıj. *adi* XVIII *de Luglio.....* in-4, goth. à 2 col., 56 ff., sig. a-g par 8.

Bib. Grenville, 6706.

— Johanne de Mandauilla. Tractato de le piu marauegliose cose e piu notabile che si trouino en le parte del mondo redute e colte sotto breuita in lo presente compendio dal strenuissimo caualier a sperõ doro Iohãne de Mandauilla anglico nato ne la cita de Sancto Albano.... *A la fin : ¶ Qui fenisse el libro de Zouane de Mandauilla : el quale trata de le cose marauegliose del mondo. Stampado per Maestro Manfredo de Mõferato da Streuo de Bonello* MCCCC.lxxxxvI *Adi. ii del mese de Decembrio,* in-4, à 2 col. s. pag., sig. A-P.

British Museum : 789. a. 20.

«L'éd. (de Venise) per *Maestro Manfredo de Monteferrato.* 1496, in-4, a été vend. 3 liv. 5 sh. White Knights, et 1 liv. 6 sh. Heber.» (Brunet.)

— Jouanne Mandauilla che tracta de le più marauegliose cose più notabile che si trouyno in le parte del mondo. (In fine) : *Impresso in Bologna, per mi Piero et Iacobo fratelli da Campii. Neli anni* M.CCCC.lxxxxvII. *Laus deo,* in-4, caract. dem. goth. signat. a-j.

Liv. 1. 12sh. *mar. v.* Heber. (Brunet.)

— Johanne de mandauilla. Tractato de le piu marauegliose cose e piu notabile..... Pet. in-4, goth. à 2 col.

Sig. A-M. par 4 exc. M qui a 6 ff. = 50 ff., le titre ut supra est encadré; au recto du dernier f. : *Qui finisse el libro d'zouãe de Mãdauilla el q̈le trata de le cose marauegliose del mõdo. Stãpado i Milano p Maestro Ulдericho Scinzenzeler nel ano del. Mccclxxxxvii. a di. XXI. del mese de octobre.*

Bib. Ambrosiana.

— Johanne de mandauilla. — Même titre. A la fin : *Qui finisse el libro d' zouãe de Mãdeuilla el q̈le trata de le cose marauegliose del mondo. Stãpado ĩ Milão p Maestro Ul[deri]cho scinzẽzeler nelano del* M.CCCClxxxx *[ ] adi* VI. *del mese de deccembre.* in-4 à 2 col. de 50 ff. n. chiff.

British Museum : 10077. b.; le bas de la dernière p. endommagé; impossible de lire la date exacte.

— Giouãne de mãdauilla, pet. in-4 à 2 col.

Sig. A-P, tous par 4 exc. P (3 ff.) = 59 ff. Dans l'ex. que j'ai examiné, celui de l'Ambrosiana à Milan, il n'y a que 56 ff., le f. P manquant, ainsi que les ff. A et Ajj. On lit à la fin : *Qui Finisse el libro di Zoãne de Mãdauilla : el q̄le trata đ le cose marauegliose đl mõdo. Stãpado in Venexia p Mãfredo da sustreuo : & Zorzi druscõi cõpagni. M.cccc. adi xxiii. Decembrio.*

— Iohãne de Man || dauilla || Tractato de le piu ma || raviliose cose e piv || notabile, pet. in-8.

Sig. A-EE par 4, exc. EE qui n'a que 3 ff. — 111 ff. n. c. — Au recto du dernier f. : ¶ *Qui Finisse el libro di Zoãne de mãda || uilla : il q̄le trata dele cose marauеglio || se del mõdo : Stãpato in Venexia || per Manfredo da sustreuo. daca || Bonis. M.CCCCC.V. || adi XXVI Ze || naro* : + D

British Museum, 280. f. 32.

— Questo · Sie · El Libro · de Johanne · De · Mandauilla. pet. in-4 à 2 col. goth. de 58 ff.

Sig. a-g par 8 exc. g qui a 10 ff. — Collation : f. 1 recto : titre ut supra et gravure sur bois; f. 1 verso : *Tractato de le piu marauegliose cose....* dernier f. verso : *Qui finisse el libro de zouãne de Mandauilla el quale trata de le cose marauegliose del mõdo. Stampato in Milano per Rocho ⁊ Fratelli da Valle ad Instãtia de Meser Nicolo da Gorgonzola. M.CCCCC.XVII. adi Ultimo de zugno.* Au-dessous la marque de N. Gorgonzola.

Bib. Ambrosiana.

«Un bel exemplaire de l'édit. de *Venise, J. Bapt. Sessa,* 1504, in-4, avec une gravure en bois sur le frontispice, a été vend. 6 liv. 8sh. 6d. Hibbert. Le même Sessa a donné en 1515 une autre édit. in-4 de cette trad.; ....» (Brunet.)

— Joanne de Man || dauila : Qual tracta de le piu || marauegliose cose e piu no || tabile... in-8, de 128 ff., dont 119 f. c., 1 n. c. à la fin (colophon) et 8 n. c. en tête pour le titre, l'avert. et la table.

On lit à la fin : *Qui finisse el libro....... Im || presso ĩ Venetia p Marchio || Sessa & Piero de rauani || compagni. Anno dñi. || 1521. Adi. 26. || de Ago- || sto.* — *Au-dessous la marque de M. Sessa.*

Bib. Grenville, 6656.

— Joanne de Mandauilla : Qual tratta delle piu marauegliose cose e piu notabile cħ si trouinote come presentialmente ha cercato tutte le parte habitabile del mõdo : & ha notato alcune degne cose che ha vedute in esse parte. MDXXXIIII, pet. in-8 de 119 ff. chiff., plus 8 ff. pour le titre, la table, etc.

A la fin : *Stampato in Venetia per Aluise di Torti nellanno del Signore* MDXXXIIII. *Nel mese di Agosto. Registro A B C D E F G H I K L M N O P Tutti sono Quaterni.*

— Iohanne de Mandauilla. Pet. in-8 de 119 ff. plus 8 ff. pour le titre & la table.

A la fin : *Qui finisse el libro de Iohanne de Mandauilla..... Stampato in Venetia per Aluise Torti nell anno del Signore. MDXXXVII. Nel mese di Otubrio. Registro A B C D E F G H I K L M N O P Tutti sono Quaterni.*

Bib. Ambrosiana.

— Ioanne de Mandavilla Qual tratta de le piu marauegliose cose e piu notabile che se trouino, e como presentialmente ha cercato tutte le parte habitabile del mondo, & ha notato alcune degne cose che ha uedute in esse parte. In Venetia MDLIII, pet. in-8, de 119 ff. c., plus 8 ff. pour le titre, la table, etc.

A la fin : *Stampato in Venetia per Nicolo de Bascharini nell anõ del Signore* MDLIII. *Nel mese di Ottobrio. Registro A B C D E F G H I K L M N O P Tutti sono Quaterni.* — Examiné l'ex. de la Marciana.

(MANDEVILLE.)

— Ioanne de Mandavilla, nel qvale si contengono di molte cose marauigliose. Con la Tauola di tutti i Capitoli, che nella presente opera si contengono. Nouamente stampato, & ricorretto. In Venetia, MDLXVII, pet. in-8 de 106 ff. Fig. sur le titre.

A la fin : Registro A B C D E F G H I K L M N O. Tutti sono Quaterni, ecceto O, ch'e cartesino.

— I Viaggi di Gio. da Mandavilla volgarizzamento antico toscano ora ridotto a buona lezione coll' aiuto di due testi a penna per cura di Francesco Zambrini. Bologna, Presso Gaetano Romagnoli. 1870, 2 vol. pet. in-8, pp. XXVIII/184, 217.

Imola. — Tip. d'I. Galeati e Figlio, Via del Corso. 35. — Tiré à 206 ex. numérotés. — Forme les liv. 113 et 114 de la collection *Scelta di Curiosità letterarie inedite o rare del secolo XIII al XVII in Appendice alla Collezione di Opere inedite o rare.*

* Ch. Otto von diemeringen ein ‖ Thumherre zu Metz in Lothoringen han dises buch verwandelt vsz ‖ welschz vnd vsz latin zu tütsch durch das die tütschen lüte ouch moegent ‖ dar inne lesen von mēnigen wunderlichen sachen die dor inne geschribē ‖ sind... (Le f°. VI *recto* est occupé par une gravure en bois de la grandeur de la page; le texte commence au *verso*) : (D) O ich Johann ‖ von Montavill ‖ ein Ritter geborn vsz Engelant von ‖ einer stat die heisset sant Alban... (Au v° du f. CI, ligne 7) : Vnd das selbe bitte ‖ ouch ich Johans von Montavil Doctor in der artznye vnd Ritter ge‖born vsz Engelland von der stat heisset sant Alban der des ersten disz buch ‖ got zu lob gemacht hat. ‖ Hie hat ein end das v. buch. (Puis vient une grande grav. s. bois) *S. l. n. d.* (*Bâle?* vers 1475.) In-fol., goth., sans ch., récl. ni signat., 102 ff., dont le premier blanc, à 38 et 42 lignes à la page entière, avec 139 gr. sur bois.

« Cette édition très ancienne peut être considérée comme la première. ainsi que le croyait M. Tross. qui la découvrit, et demandait 600 fr. d'un exempl. incomplet des ff. 89 et 90; ce qui nous a fait mettre au colophon le nom de Bâle. c'est que les armes de la ville figurent au milieu d'un édifice gravé au feuillet 43. » (Brunet, *Supp.*)

— Iohannes de montevilla : hie hebt sich an das buch des ritters herr hannsen von monte villa. (A la fin) : *Das buch hat gedruckt vnd vol enndet Anthoni Sorg zu Augspurg an der mitwochen vor sant marie Magdalene tag.* M.CCCC.LXXXJ. *jare*, in-fol. de 91 ff. non chiffr. à 34 et 35 lign. par page, fig. en bois.

« Cette traduction est de Michelfeld ou Michelfelser; il en a paru une seconde édition à *Augsbourg par J. Schœnsperger*, en 1482. in-fol. de 87 ff. à 34 lignes par page, avec fig. en bois. [Il en existe un ex. dans la Bibliothèque Grenville, 6774.] Une autre traduction allemande de cette relation. par Otto von Demeringen, a été imprimée à Strasbourg, chez *J. Pruss*, en 1484, in-fol. fig. en bois; en 1488. in-4; et aussi dans la même ville par *Barth. Kistler*, 1499, in-fol. de 77 ff. fig. en bois, et réimpr. plusieurs fois depuis. L'édit. de Strasbourg. par Math. Hüffus, pet. in-fol. 31 fr. en novembre 1856. Une traduction hollandaise du même ouvrage a été imprimée à Anvers, par Govaerdt Back, 1494, in-4. » (Brunet.)

L'ex. que nous avons examiné — celui de la Bib. roy. de Berlin — est incomplet; il n'a que les 80 ff. [dont le dernier blanc] de la fin.

Voir Hain, *Rep. Bib.*

— *(Recto 1er f.)* : Johannes Von Mon- ‖ teuilla Ritter. — *(Recto 2e f. sig. aii)* : *Do ich Johan von Monteuilla Ritter Geborn vssz En ‖ geland, etc.* — *Sig. miii* : *Ich Otto von Demeringen Thumherre zu Metz in Lothringen ‖ han dises buch usz Latin vn̄ welscher sproch in teutsch, etc.* ‖ (à la fin du dernier f.) : *Gedruckt zu Straszburg ‖ Johannes Prüssz. Anno Domini*, M.CCCC.LXXXIIIJ [1484], in-fol.

Bib. Grenville, 6773.

Un ex. en mar. vert, fil., tr. dor. a paru à la vente Sobolewski, No. 1726 avec la note suivante : « Belle reliure janséniste de Duru. Cette traduction allemande, quoiqu'elle ne soit pas la première, est un livre de la plus grande rareté. Elle se compose de 87 feuillets non chiffrés. sig. a-m, ornés d'un grand nombre de figures sur bois fort bizarres. Brunet, Graesse et d'autres bibliographes citent une édition de 1484. mais point celle de 1483. Ils ont probablement commis une erreur. L'exemplaire a quelques raccommodages, très habilement faits du reste, dans les marges. Sans cela, il est en bel état. »

La Bib. nat. possède un ex., incomplet au commencement et à la fin, d'une éd. allemande que l'on a cataloguée à la date 1484; il commence au f. a-iiij et comprend 73 ff. — Réserve $\frac{02}{11}$f.

Les sig. doivent être : a, b, e, g, i. k, l, m. par 8; et c, d, f et h par 6; voir *Cat. of the Huth Library*, III, p. 896.

— Von . der . erfarüng . ‖ des . strengen . Ritters ‖ iohannes . vō . mon ‖ tauille.

Titre ut supra recto 1er. f. — s. pag: — 70 ff. — sig. Ajj—Mjjjj — Grav. sur le titre et dans le texte. — Trad. d'Otto von Demeringen. — Finit recto fol. 70 : ¶ *Gedruckt vnnd volendt durch Johannem Knoblouch Bürger vnnd ‖ inwoner der keyserlichen fry en stat Strassburg. nach Cri ‖ sti geburt fünffzchē hundert vn̄ sybenn jor ‖ In dez XXI. tage des Mo ‖ nes Octobris.*

Excessivement rare. — British Museum, 148. c. 3.

— Reysen vnd Wanderschafften durch das Gelobte Land, Indien vnd Persien, dess Hocherfahrnen, vnd Weitfahrenden Doctors vnd Ritters Johannis de Monteuilla auss Engelland von ihm in Frantzösischer vnnd Lateinischer Sprach, vor zwey hundert vnnd sechtzig Jaren, selbst beschrieben. Nachmals durch Otto von Demeringen Thumbherrn zu Metz in Lothringen, verteutscht... auffs neuw corrigieret und mit schönen Figuren gezieret. Gedruckt zu Franckfurt am Mayn, MDLXXX, pet. in-8, s. pag., sig. a-d_5 plus 6 ff. prél. et 1 f. à la fin.

— Reysen vnd Wanderschafften · Des Hocherfarnen vnd Weitberumpten Herrn Doctors vn̄ Gebornen Ritters | Johannis de Monteuilla auss Engellandt | so er ins gelobte Land | Indien | vnd Persien | vor 200. vnd ettlich Jahrn gethan | vnd in Lateinischer vnd Frantzösischer Sprach selbs beschrieb-

(MANDEVILLE.)

en hatt. Allen Teutschen zu gutem | in Teutscher Sprach vbersetzet | durch Herrn Ottho von Demeringen | Thumbherrn zu Metz. Zu Cölln | Bey Wilhelm Lützenkirchen. Im Jahr M.DC. In-8, pp. 266 s. l. t. de ff. 3 à la fin.

Bib. royale de Berlin.

— Reysen vnnd Wanderschafften durch das gelobte Landt, Indien vnnd Persien, den... Johannis de Monteuilla... Nachmals durch Otto von Demeringen ... verteutscht. (*Reyssbuch dess heyligen Lands*... Franckfort am Mayn, 1584, in-folio, ff. 405-432.)

— Reysen unnd Wanderschafften durch das gelobte Landt, Indien und Persien ... durch Otto von Demeringen ... verteutscht. (*Bewehrtes Reissbuch dess Heiligen Lands,* etc. Nürnberg, Pt. I., 1659, in-folio, pp. 759/812.)

— Reysen ... durch das gelobte Landt, Indien und Persien, etc. (Feyerabend [S.] *Reyssbuch dess heyligen Lands,* etc. Franckfort am Mayn, Th. I., 1609, in-folio, pp. 759/812.)

— Des vortrefflich Welt-Erfahrnen ..... Ritters Johannis de Montevilla, curieuse Reiss-Beschreibung, wie derselbe in das gelobte Land, Palästinam, Jerusalem, Egypten, Türckey, Judäam, Indien, Chinam, Persien ... angekommen, und fast den ganzen Erd- und Weltkreiss durchzogen seye ...... Nunmehr ... ins Teutsche übersetzt .. jetzt von neuem auferlegt, vermehrt und verbessert, etc. [1700?], in-8.

— Des edlen engelländischen Ritters und weltberühmten Landfahrers Johann v. Montevilla wunderbare und seltsame Reis-Beschreibung ... Von Neuem an's Licht gestellt durch Ottmar F. H. Schönhuh. Reutlingen [1865?], in-8. pp. VI-202.

* Mandauilla (Juan de). Libro de las maravillas del mundo y del viaje de la terra sancta de Jerlm̄ y todas las prouincias y ciubdades de las Indias y de todos los ombres monstruos q̄ hay por el mundo. En Valencia, en casa de Jorge Costilla, año de mill y Quinientos y XXI (1521), in-fol., goth., à 2 col., de LXIII ff., signés a-h par 8, le 64e feuillet blanc, fig. s. bois.

« Aucun bibliographe n'a mentionné cette édition qui figure au cat. Salvā, no. 3782, lequel reproduit quelques-unes des singulières figures sur bois qui décorent ce volume. Barcia ne signale que deux éditions de *Valencia*, 1515, in-4, et 1540, in-fol.; Salvà ne les a jamais vues ni l'une ni l'autre, et il révoque en doute l'existence de la première; Antonio mentionne la seconde comme ayant été imprimée par Juan Navarro. » (Brunet. *Supp.*) — Cette édition de Valence, 1540, se trouve au Britisch Museum, H. C.

— Juan de Mandauila. Libro de las Marauillas del mundo y del viage d' la tierra santa de Hierusalē ꝛ de todas las puincias ꝛ hombres monstruosos que hay en las Indias. In-fol. goth. à 2 col., titre rouge, avec encadrement et grande vignette noirs; fig. sur bois; 59 ff. chiff., au bas du verso du f. 59 : « ...*Imprimiosse el presente libro de las marauillas del mundo : en la muy insigne ciudad de Valencia por Juan Nauarro. Acabosse a veynte y ocho dias del mes de Enero. Año del nascimiento de nr̄o señor Jesu christo de* M.D.XXXX. »

British Museum : 567. i. 5.

— Selua deleytosa. Libro de las marauillas del mūdo llamado Selua deleytosa | que trata del viaje de la tierra santa de Hierusalem y de todas las prouincias y ciudades de las Indias y d' los bōbres mostruos que ay en el mundo : con otras muchas admirables cosas q̄ escriuio el noble cauallero Juan de mandauilla como el lo vio y passeo | agora de nueuo impresso corregido y emendado. Año de M.D.xlvij. In-fol. goth. à 2 col., titre rouge et noir avec encadrement et grande vignette; fig. sur bois; 57 ff. chif., 1 f. à la fin : « ......*Imprimiose en Alcala de Henares* | *a veynte y ocho dias del mes de Março, año del nascimiento de nuestro señor Jesu christo de mil y quinientos y quarenta y siete años.* » 1 f. prél. pour la table.

Brit. Museum, 149. c. 6.

— Ci commence le liure qui parle des diuersités des pais qui sunt par uniūse monde. Le quel liure fut copile fait et ordonne par mesire Jehan mandeuille chlr ne dangleterre de la uille con dit saint Albain. (Au recto du f. 1.)

Finit au verso du f. 73 : Explicit liber dn̄i iohannis mandeuille militis.

Manuscrit (Grenville XXXIX) du XIVe. siècle; in-folio à 2 col., goth., vélin; 73 feuillets.

Le monogramme qui est au dos du volume indique qu'il vient d'une Biblioth. franç., sur les plats, armes de Grenville.

— Jean de Mandeville. Ses Voyages, *commençant par ces mots de la table des chapitres :* « Ci commencent les tiltres du livre Iehan de Mandeville, chevalier, et est chascun chapitre en nombre signé selon le feuillet où il chiet. » *Suivent les premiers mots de l'ouvrage.* « Ci commence le livre de Jehan de Mandeville, chevalier, lequel parle l'estat de la Terre sainte et des merveilles qu'il y veues. » *Le ms. finit par :* « Affin que cil qui voudra aler en ces parties que il treuve assés à dire, et pour ce que je vous ay dit et fait mention des diversités d'aucuns païs, vous doit souffire quant à présent. Ci fine le livre Jehan de Mandeville; chi leur prie chascun et chascune que Dieu li veuille faire remission de ses pechiés. Amen. »

Ce Ms. est la 2e. pièce d'un recueil de 4 Ms. décrit sous le No. 947, p. 417, du *Cat. des Ms. de la Bib. de Tours* par Dorange. Il est sur vélin, XIVe. siècle et provient de l'abbaye de Marmoutier, 86.

— In quarto sur papier. (Recueil). — 1°. Voyage de Mandeville. — Incipit : « Wan de mir alzit ist zü sinne gewesen fremde lant und wunder zu beschowen. » — Desinit : « Helfft das wir von dir niemer gescheydent. Amen.» — 2°. Gesta Romanorum. — Incipit «Cesar regnavit in civitate Romana» — Desinit : «Deus ei miseretur. Amen.» — 1419 et 1421.

Ecrit sur deux colonnes, en cursive. Le n°. 1 contient, après l'introduction de Jean de Mandeville, la table des chapitres. En tête du voyage, on lit la rubrique suivant : «Dis büch het gemachet ein Ritter von Engelant, heisset her Johan Mentaville von Saint-Alban, und het XLV cappitel, etc.» et cette note à la fin : «Heu male finivi, quod non bene scribere scivi. Explicit librum de monstris marinis et alia ibidem universa, finitum ac scriptum per me Velmarum Luczelstein sub anno domini M°CCCC°XIX°, sabato post Gregorii pape» . . . . . *Cat. des Ms. de la Bib. de Schlestadt*, pp. 554-5 du Vol. III du Cat. des Ms. des Bib. des Dép.

— Romant de Mandeville, in-4, envir. 700 p. v. (Delandine, *Ms. de la ville de Lyon.* No. 683, I, p. 444.)

Après l'ouvrage de Mandeville qui tient les deux tiers du volume on trouve cinq autres pièces indiquées par Delandine.

Ce volume, de la Bibliothèque de M. Pierre Adamoli, appartint plus anciennement à messire Charles de Dysimieux, chevalier, seigneur de la Féole. Les armoiries de ce dernier, portées par un dragon ailé, sont coloriées au frontispice.

— Forster, *Voyages and Discoveries in the North*, pp. 148-150.

— Watt, *Bib. Brit.*, II, 639 *v.*, art. sans valeur.

— *Biog. univ.*, Vol. XXVI, Art. de la Renaudière.

— *Retrospective Review*, Vol. III, pp. 269/293.

— L. Hain, *Repertorium Bibliographicum*, II, Pars I, pp. 343/345.

— Halliwell, éd. de Mandeville de 1839, XI-XIV.

— Brunet, III, 1356-1361, et *Supp.*, 931-933, le meilleur art. bib. sur ce voyageur.

— Ebert, *Allg. Bib. Lex.* II, 27/28.

— Allibone, II, 1212. Article intéressant parce qu'il donne l'opinion de qq. écrivains célèbres sur Mandeville, mais très médiocre au point de vue bibliographique.

Manuscrits : Voir les éd. de Halliwell et le *Cat. des ms. relatifs à la Chine* publié dans la *Revue de l'Extrême Orient.*

IBN BATOUTAH ou Abou Abd Allah Mohammed.

«Il était réservé à un savant allemand, digne précurseur de Burckhardt, d'appeler le premier, avec quelque détail, l'attention de l'Europe sur les voyages d'Ibn Batoutah. Seetzen se procura en Orient, parmi d'autres manuscrits curieux destinés à la bibliothèque de Gotha, un volume composé de 94 pages grand in-8, et contenant un abrégé de la relation d'Ibn-Batoutah; il en donna le précis dans un travail inséré aux Ephémérides géographiques du baron de Zach . . . [Zach's *Monatliche Correspondenz*, Bd. XVII, pp. 293-304.]

— De Mohammede Ebn Batuta Arabe Tingitano eiusque itineribus. Commentatio academica, ... A. D. VII. Martii CIƆIƆCCCXVIII. Avctor Joannes Gothofredvs Lvdovicvs Kosegarten; Ienae, [1818,] in-4, pp. 51.

Texte et trad. de trois fragments du même abrégé d'Ibn Batoutah que Seetzen avait analysé.

S. de Sacy a rendu compte de cet opuscule dans le *Journal des Savants* de Janvier 1820.

— Descriptio terrae Malabar, ex arabico Ebn Batutae Itinerario edita, interpretatione et annotationibus instructa, per Henricum Apetz. Jenae, M.DCCCXIX, in-4, pp. 24.

Autre fragment du même abrégé.

Notice de Burckhardt dans l'Appendice de ses *Travels in Nubia*, 2d ed., Lond., 1822, in-4, pp. 487-492.

Nous puisons ces renseignements dans la savante préface de la trad. de MM. Defrémery et Sanguinetti.

— The Travels of Ibn Batūta; translated from the abridged Arabic manuscript copies, preserved in the Public Library of Cambridge. With Notes, illustrative of the History, Geography, Botany, Antiquities, &c., occurring throughout the work. By the Rev. Samuel Lee, B. D..... London : Printed for the Oriental Translation Committee..... 1829, in-4, pp. XIX-243.

Dedication to Lieut-Col. Fitzclarence, pp. V-VIII. — Preface. pp. IX-XVIII. — Additions and Corrections, p. XIX. — The Travels of Ibn Batūta, pp. 1-243. [Voir sur la Chine le chap. XXIII, pp. 207 et seq.]

Cette traduction est faite d'après trois manuscrits arabes, copiés du même abrégé, légués à la Bibliothèque de l'Université de Cambridge par Mr. Burckhardt.

Notices par Silvestre de Sacy : *J. des Savans*, 1829, Août. pp. 475/484. — Sept., pp. 552/559. — *Quarterly Review*, May 1820, p. 238.

— Viagens extensas e dilatadas do Celebre Arabe Abu-Abdallah, mais conhecido pelo nome de Ben-Batuta. Traduzidas por José de Santo Antonio Moura, Ex-Geral da extincta Congregação da Terceira Ordem de S. Francisco, Lente Jubilado, e Interprete Regio da Lingua Arabica, Official da Secretaria de Estado dos Negocios Estrangeiros, e Socio da Academia Real das Sciencias de Lisboa. Tomo I. Lisboa. Na Typografia da Academia. 1840, pet. in-4, pp. VII-533 s. l. errata.

Le seul volume publié.

«Cette traduction a été faite sur un manuscrit que le P. Moura avait acheté pendant son séjour à Fez, en 1797 et 1798. Le seul volume publié jusqu'à ce jour correspond à la première partie de l'original, et finit à l'arrivée d'Ibn Batoutah dans le Pendjâb.» (Defrémery et Sanguinetti, I, p. XVII.)

«Plusieurs morceaux importants de la relation originale ont été traduits en français dans ces dix dernières années. Le premier, contenant le voyage dans le Soudân, est dû à M. le baron de Slane, qui y a joint des notes, et l'a fait suivre d'une lettre à M. Reinaud, sur le manuscrit autographe. [*Jour. As.*, mars 1843, pp. 181-246.] Cet extrait a été l'objet de plusieurs observations, de la part de M. Fulgence Fresnel. [*Ibid.*, Janvier 1849, pp. 61/63.]

«M. Edouard Dulaurier a donné, dans le *Journal asiatique* [Février, Mars 1847], le texte et la traduction, accompagnés de notes savantes, du chapitre relatif aux îles de l'archipel indien.

«L'un de nous a traduit, à plusieurs reprises, des portions étendues de l'ouvrage original. Il a publié, en premier lieu, les Voyages d'Ibn Batoutah dans la Perse et dans l'Asie centrale. [*Nouvelles Annales des Voyages*, janvier, avril, juillet 1848]; puis, le Récit du voyage en Crimée et dans le Kiptchak. [*J. As.*, juillet et sept. 1850; réimp. dans les *Fragments de géographes* et d'historiens arabes et persans, inédits, relatifs aux anciens peuples du Caucase et de la Russie méridionale, par M. Defrémery, pp. 137-208]; puis encore, les Voyages dans l'Asie mineure. [*Annales des Voyages*, déc. 1850, janvier, mars, avril 1851]; et, enfin, le chapitre relatif au sultan mongol des deux Irâks et du Khorâçân, Abou Sa'îd. [*J. As.*, fév.-mars 1851. Rép. dans les *Fragments de géographes*, etc., pp. 255-264.] ....

«Enfin, au commencement de l'année dernière, M. Cherbonneau, professeur d'Arabe à Constantine, a donné une traduction libre et un peu abrégée du commencement de l'ouvrage, jusqu'au départ d'Ibn Batoutah pour la Syrie, moins toutefois la préface. [*Nouv. Ann. des Voyages*, fév., mars, avril, mai 1852.] [Defrémery et Sanguinetti.]

— Voyages d'Ibn Batoutah, texte arabe, accompagné d'une traduction par C. Defrémery et le Dr B. R. Sanguinetti. Paris. Imprimé par autorisation de l'empereur à l'Imprimerie Impériale. MDCCCLIII-LVIII. 4 vol. in-8; et index alphabétique, in-8, MDCCCLIX.

— *Ibn Batuta's Travels in Bengal and China.*

Introductory Notice.

Notes (4).

The Travels of Ibn Batuta in China, preceded by extracts relating to Bengal and his Voyage through the Archipelago.

Notes (4). (Yule, *Cathay*, II, pp. 495/526.)

Ces voyages sont extraits et traduits de la version française de MM. Defrémery et Sanguinetti.

— Reinaud, dans son introduction à la Géographie d'Abou'lféda, I, pp. CLVI-CLXI.

RUY GONÇALEZ DE CLAVIJO.

— Historia ‖ del Gran Tamorlan ‖ e Itinerario y Enarracion del viage, ‖ y relacion de la Embaxada que Ruy Gonçalez de Clavijo le hizo, ‖ por mandado del muy poderoso Señor Rey Don ‖ Henrique el Tercero de Castilla. ‖ Y ‖ vn breve discvrso fecho por ‖ Gonçalo Argote de Molina, para mayor inteligencia ‖ deste Libro, ‖ Dirigido al mvy illvstre señor ‖ Antonio Perez, del Consejo de su Magestad, y su ‖ Secretario del Estado. ‖ Impresso. ‖ Con licencia de sv Magestad. ‖ En Sevilla. ‖ Encasa de Andrea Pescioni. ‖ Año de M.D.LXXX.II. pet. in-fol. à 2 col. 68 ff. c. et 9 f. n. c. au commencement + 1 f. pour le titre.

Bib. nat., $\frac{02}{86}$q. — Brit. Museum, 814. l. 34.

«L'auteur de cet ouvrage, devenu rare, est Ruy Gonzales de Clavijo lui-même, qui mourut en Ambassade près de Tamerlan. Argote n'en a été que l'éditeur.

«Ce volume est de 68 ff. précédés de 10 ff. d'intitulé et de pièces préliminaires du nombre desquelles est la vie de Tamerlan, par Pierre Messie [Mexia], et une autre vie du même, trad. de Paul Jove par Gaspar de Baeça. Vend. 60 fr. Courtanvaux; 44 flor. Meerman; 149 fr. en mai 1826; 3 liv. Heber; 150 fr. Walckenaer; 210 fr. 2e. catalogue Quatremère.» (Brunet.) — Vend. liv. 29-10/- Beckford Library, Juillet 1882!

— Historia ‖ del Gran Tamorlan, ‖ e itinerario...... Segunda Impression, ‖ a que se ha añadido la vida del Gran | Tamorlan sacada de los comentarios, que escribió ‖ Don Garcia de Silva y Figueroa, de su ‖ embajada al Rey de Persia. ‖ En Madrid : En la Imprenta de Don Antonio de Sancha, ‖ Año de M.DCC.LXXXII.. in-4, pp. XIV-248.

Dans le 3e. vol. de la collection des *Cronicas*. Imprimée par Don Antonio de Sancha. (Madrid, 1782).

— Narrative of the Embassy of Ruy Gonzalez de Clavijo to the Court of Timour, at Samarcand, A. D. 1403-6. Translated, for the first time, with Notes, a Preface, and an Introductory Life of Timour-Beg, By Clements R. Markham, F. R. G. S. London : Printed for the Hakluyt Society, M.DCCC.LIX. in-8, pp. LVI-200.

Forme le vol. XXVI de la collection de la Société Hakluyt.

— Hugh Murray, *Hist. Account*, I, Chap. V, pp. 203-224.

Murray dit dans une note, p. 204 : «I have been informed that a translation [in English] was made by Lord Valentia; but it has not been published......»

— Le Voyage de Ruy Gonzalez de Clavijo à la cour de Tamerlan (1403-1406) par Ed. Sayous. (*Bull. Soc. de Géog.*, Mars 1878, pp. 268/273.)

HANS SCHILDTBERGER, servit dans les armées de Bajazet et de Timour; retourna en Bavière, son pays, en 1427.

— *Commence :* Ich Schildtberger zoche auss von ‖ meiner heimet mit Namen auss der ‖ stat Munchen gelegen in bayern . in ‖ der zeyt als künig Sigmund... *A la fin :* Ein en dhatt der Schiltperger. In-folio, 46 ff. n. c., s. l. n. d., grav. [Augsbourg, A. Sorg, 1475?]

Brit. Mus. $\frac{12403.\ c.\ 1}{3}$.

— Schildtberger. ‖ Ein wunderbarliche vnnd kurtzweilige ‖ history | Wie Schildtberger | einer auss der Stadt ‖ München in Beyern | von den Türcken gefangen ‖‖ in die Heydenschafft gefüret | vnd wider ‖ heimkommen ist | sehr lüstig ‖ zu lesen. s. d. [vers 1540]. Pet. in-4 de 70 ff. avec 37 grav. sur bois.

A la fin : *Gedruckt zu Franckfurdt am Mayn* | ...

Tross, 1869, Fr. 70. — Thonnelier (2207), Fr. 32.

British Museum, 789. a. 7.

— Schildtberger. Ein wunderbarliche.... history, ... M.D.XLIX. in-4 [Franckfurdt].

Même éd. (réimpression), que la précédente; le titre ne présente d'ailleurs que des différences insignifiantes : *Stad* pour *Stadt*, *inn die* pour *in die*, avec 1 fig. diff.; le reste est semblable comme fig. et comme texte.

British Museum, 789. a. 13.

— Schiltberger's aus München von den Türken in der Schlacht von Nicopolis 1395 gefangen, in das Heidenthum geführt, und 1427 wieder heimgekommen, Reise in den Orient und wunderbare Begebenheiten. Von ihm selbst geschrieben. Aus einer alten Handschrift übersetzt und herausgegeben von A. J. Penzel. München, 1814, Bey B. A. Fleischmann, in-8, pp. 206.

Thonnelier (2207 *bis*), Fr. 1.50.

L'édition avait paru en 1813 : *München 1813. Bey M. J. Elger*. On s'est contenté de changer le titre l'année suivante; il n'y a en réalité qu'une édition avec des titres diff. portant les dates 1813 et 1814.

— Reisen des Johannes Schiltperger aus München in Europa, Asien und Africa von 1394 bis 1427. Zum ersten Mal nach der gleichzeitigen Heidelberger Handschrift herausgegeben und erläutert von Karl Friedrich Neumann, München, 1859, in-8, pp. XVI-166.

— Forster, *Voyages and Discoveries in the North*, pp. 153-158.

SCHAH-ROKH.

— Ambassade de S'charok, fils de Tamerlan, Et d'autres Princes ses voisins, à l'Empereur du Khatai. (Thévenot, *Relations de divers Voyages,* IVe. Partie.)

— The Embassy of Shâh Rokh, Son of Tamerlan, and other Princes, to the Emperor of Katay, or China. Translated from the Persian into French, and now first done into English.

Dans la Collection de Voyages de *Astley,* Vol. IV, pp. 620-632.

Traduit du Vol. IV de la collection de *Thévenot.*

— Voir dans *Murray : Discoveries,* I, pp. 226/233.

— Beknopt Verhael, Van't Gezantschap, dat den Vorst Siah-roch, Zoon en Navolger in't Ryk van den Grooten Timoer of Tamurlaen, die mede in't Land der Usbekken heerschte, omtrent het Jaer veertien hondert twintig, uit Heraat, daer hy Hof hield, na Chatay (Sina) aengestelt heeft gehad. Getrokken uit een Persiaensch Boek, Adziájib Elmachloekhaat, dat is, de Wonderen des Waereldsgenaemt, door den vermaerden Persischen History-schryver, Amier Choond, beschreven, en door mijn zorg in Persien vertaeld. (Witsen, *Noord en Ost Tartarye,* 1785, pp. 435 et seq.)

— Mémoires relatifs à l'état de l'Inde, par M. Hastings, traduits de l'Anglois par M. de Lamontagne, & publiés par M. le Chevalier du P. Troisième édition, augmentée des Ambassades réciproques d'un Roi des Indes, de la Perse, &c., et d'un empereur de la Chine, traduites du Persan, avec des notes, &c. Par L. Langlès, officier de NN. SS. les Maréchaux de France. A Londres, et se vend à Paris chez Royez, MDCCLXXXVIII, in-8, pp. 176-viij-58.

— Mémoires historiques sur le sultan Schah-rokh, par M. Quatremère.... (*Jour. As.,* 3e. Sér., II, 1836, pp. 193 et seq., 338 et seq.)

Contient le commencement du morceau suivant :

— Notice de l'ouvrage persan qui a pour titre : *Matla-ussaadeïn ou-madjma-albahreïn* مطلع السعدين ومجمع البحرين et qui contient l'histoire des deux sultans Schah-rokh et Abou-Saïd. (Manuscrit persan de la Bib. du Roi, No. 106; man. persan de la Bib. de l'Arsenal, No. 24.) Par M. Quatremère. (*Not. et Ext. des Ms.,* XIV, Pt. I, 1843, pp. 1 et seq.)

Cette notice intéressante à consulter sur les ambassades envoyées de la Chine est suivie de la traduction d'un morceau important qui comprend le récit de l'ambassade envoyée dans ce pays éloigné par Schah-Rokh :

Récit de l'arrivée des Ambassadeurs qui avaient fait le Voyage du Khata. Exposition des merveilles et des choses extraordinaires qui concernent ce pays, pp. 387 et seq.

— The Embassy sent by Shah-Rukh to the Court of China A. D. 1419-1422. Abstracted from Quatremère's Translation in *Notices et Extraits,* XIV, Pt. I, pp. 387 seqq.; with Notes.

(Yule, *Cathay,* I, pp. CXCIX-CCXIV, Note XVII.)

— Hist. *gén. des Voyages,* VII, 1749, p. 374.

JOSAFA BARBARO, vers 1436. Notes recueillies par lui sur la Chine pendant son ambassade en Perse.

— Viaggi fatti da ‖ Vinetia, alla Tana, in Per ‖ sia, in India, et in Costanti ‖ nopoli : con la descrittione particolare di Città, ‖ Luoghi, Siti, Costumi, et della Porta del ‖ gran Tvrco : & di tutte le Intra- ‖ te, spese, & modo de gouerno ‖ suo, & della ultima Im ‖ presa contra Por ‖ toghesi. In Vinegia, M.D.XLIII, pet. in-8 de 180 ff.

Au recto du dernier f. : In Vinegia, nell'anno M.D.XLIII, nelle case de figliuoli di Aldo.

Contient : J. Barbaro, Ambrogio Contarini, deux ouvrages d'Alvigi di Giovanni et deux sans nom d'auteur. — Réimp. : Vinegia, Aldo, 1545, in-8 de 163 ff.

— Di Messer Iosafa Barbaro Gentil'hvomo Venetiano, Il viaggio della Tana, & nella Persia. (*Ramusio,* II, f. 91 B et seq.)

— Extracts regarding Cathay from the Narrative of Signor Josafa Barbaro. (Written about 1480, but the information acquired about 1436). (Yule, *Cathay,* Note XVI, pp. CXCVII-IX, from *Ramusio,* ii, f. 106 v, et 107.)

— Rervm ‖ Persicarvm ‖ Historia, ‖ initia gentis, mores, ‖ instituta, resque gestas ad haec usque tempora ‖ complectens, ‖ Auctore Petro Bizaro Sentinate. ‖ Cui accessit ‖ Et Appendix, ... In eâ Josephi Barbari et Ambrosii Contareni ‖ Legatorum Reipub. Venetae Itineraria Persica : ‖ .... Francofvrti. ‖ Typis Wechelianis apud Claudium ‖ Marnium, & heredes Ioannis Aubrii. ‖ M.DCI, in-fol.

Barbaro, pp. 440 et seq.

Langlès (3275), Fr. 12.

NICOLO de' CONTI.

— Marco Paulo. — Ho liuro de Nycolao Veneto... Lyxboa, 1502. [Vide supra, col. 918-919].

— Cosmographia breue introductoria en el libro d Marco Paulo. Sevilla, 1503. [Vide supra col. 919-920].

— Libro del famoso Marco Polo... Logroño, 1529. [Vide supra col. 920.]

— Discorso di M. Gio. Battista Ramvsio sopra il Viaggio di M. Nicolo Di Conti, Venetiano (*Navigationi,* 1606, I, f. 338).

— Viaggio di M. Nicolo di Conti, Venetiano, descritto per Messer Poggio Fiorentino (*Ibid.*, ff. 338/345).

— The Voyage of Nicolo di Conti a Venetian, to the Indies, Mangi, Cambalu and Quinsai, with some Obseruations of those places. (Purchas, III, lib. I, C. 7, pp. 158/159.)

D'après Ramusio.

«Nicolo di Conti a Venetian, hauing trauelled quite thorow India, after fiue and twentie yeeres returned home; and because to saue his life he had made denyall of his Faith, hee went to the Pope (then Eugenius the Fourth, an. 1444) being at Florence, to obtayne absolution; who enioyned him in way of penance, truly to make Narration of his Voyage, and whole Peregrination to his Secretarie Poggius, who writ it in the Latine tongue. Ramusio sought for it in Venice and other Cities of Italie in vaine, and at last heard that it was translated into Portugall by the care of king Emanuel, An. 1500. a Copy whereof he procured from Lisbon. but so corrupt, that he doubted to publish it, which yet for want of better he did; and we out of him these Obseruations», p. 158.

— Marcus Paulus Venetus Reisen... door J. H. Glazemaker vertaalt.... Amsterdam, 1664. [Vide supra col. 926.]

— Eenige Aanmerkingen uyt de Reys van Nicolo de Conti, Een Venetiaan, na Indiën, Mangi, Cambalu en Quinsay, gedaan 1419 en vewolgens.

Dans le Vol. I du Recueil de P. v. d. Aa, in-8, 1707 et in-folio, [col. 891/2].

— Poggii Bracciolini Florentini Historiae de varietate fortunae libri quatuor, ex ms. codice Bibliothecae Ottobonianae nunc primum editi, & Notis illustrati a dominico Georgio. Accedunt ejusd. Poggii Epistolae LVII. quae nunquam antea prodierunt. Omnia a Joanne Oliva Rhodigino vulgata. Lutetiae Parisiorum Typis Antonii Urbani Coustelier, Serenissimi Aurelianensium Ducis, Typographi. M.DCC.XXIII. Cum privilegio Regis, in-4, pp. XXVIII-294 et 2 f. n. c., un à la fin, l'autre après les prél.

Le Liv. IV, pp. 123/152, comprend N. Conti.

— Une trad. a été donnée dans *India in the Fifteenth Century.*

— Viaggio di Niccolo' di Conti Veneziano, scritto per M. Poggio Fiorentino. (*Relazioni di Viaggiatori,* 1841, I, pp. 233/278.)

— Dal Viaggio di Niccolò di Conti. (A. de Gubernatis, *Storia dei Viag.*, pp. 161 et seq.)

— C. Bullo. La vera patria di Nicolò de' Conti e di Giovanni Caboto Studj e Documenti. Chioggia, Tipografia di Lodovico Duse, 1880, in-4, pp. XXXIII-91.

— Voir Zurla, *Di Marco Polo,* II, pp. 187/198.

— Fr. Kunstmann, *Kenntniss Indiens im XV. Jahrhundert,* München, Kaiser, 1863, in-8, 34-66.

TOSCANELLI, indique une ambassade envoyée par le Grand Khan au pape Eugène IV, 1431—1447.

La lettre de Toscanelli à Fernam Martins parut interpolée dans les *Historie del S. D. Fernando Colombo*... In Venetia, MDLXXI, pet. in-8; mais l'original est en latin et non en italien; c'est à M. Henry Harrisse, le savant bibliographe que l'on doit cette découverte. Cf. *L'Histoire de Christophe Colomb attribuée à son fils Fernand.* Examen critique du mémoire lu par M. d'Avezac, membre de l'Institut de France à l'Ac. des Insc. et B. L. dans ses séances des 8, 13 et 22 août 1873 par M. Henry Harrisse. Paris 1875 (Ext. du *Bul. de la Soc. de Géog.* Oct. et Nov. 1874) aux pp. 56/57.

Le texte original latin, écrit à Fernam Martins par Toscanelli, et communiqué par ce dernier à Christophe Colomb a été copié entièrement de la main du grand navigateur, et complète un des quatre feuillets de garde à la fin du volume suivant qui se trouve à la Biblioteca Colombina de Séville : *Pii. II. Pontificis maximi. Historia rervm vbique Gestarvm. Cvm locorvm descriptione non finita Asia minor incipit... Impressioni Venitiis dedicta : per Iohannem de colonia sociumque eius Iohannem manthen de Gherretzem anno millesimo : cccclxxvii;* in fol. 105 f. n. c. en caractères romains.

M. Harrisse, à qui j'adresse mes sincères remerciements pour ces précieuses indications, a publié ce texte latin, pp. 178/180, de son magnifique ouvrage :

Fernand Colomb, sa vie, ses œuvres. Essai critique par l'auteur de la *Bibliotheca Americana Vetustissima.* Paris, Tross, MDCCCLXXII, gr. in-8.

— Extract from a letter of Paolo dal Pozzo Toscanelli to Fernando Martinez, Canon of Lisbon. (Written 25th June, 1474). (Yule, *Cathay,* I, Note XV, pp. CXCVI-VII.)

Cette lettre est extraite de «*Del Vecchio e Nuovo Gnomone Fiorentino, etc., di Lionardo Ximenes della Comp. di Gesù, Geografo di sua Maestà Imp.,* Firenze, 1757, pp. LXXXI-XCVIII».

ANTONIO PIGAFETTA [1].

— Le voyage et na-‖uigation | faict par les Espaignolz es ‖ Isles de Mollucques. des isles quilz ‖ ont trouue audict voyage | des roys ‖ dicelles | de leur gouuernement ⁊ ma-‖niere de viure | auec plusieurs aultres ‖ choses. ‖ Cum priuilegio. ‖ ❡ *On les vend a Paris en*

---

1. Ne pas confondre notre Pigafetta avec l'auteur du livre suivant :

— Itinerario di Marc'Antonio Pigafetta gentil'huomo Vicentino. All'illustrissimo Signore Eduardo Seymer Conte d'Hertford, &c. Londra Appresso Giouanni Wolfio Inghilese. 1585, in-4, pp. 141 suivies de 2 pages de table; 3 ff. prél. de dédicace.

Le titre est entouré d'un encadrement très orné.

la maison de ‖ *Simon de Colines* | *libraire iure de lu* ‖ *niuersite de Paris* | *demourãt en la rue* ‖ *Sainct Jehan de Beauluais* | *a lensei-* ‖ *gne du Soleil Dor*, pet. in-8, goth. de 76 ff. c. [les 9 premiers ff. ne sont pas ch., le f. 9 étant le premier ch.) + 4 ff. à la fin.

Ce livre n'est qu'un extrait fait par Ant. Fabre, parisien, d'après le manuscrit italien qu'Amoretti a publié depuis. C'est ce même extrait qui a ensuite été traduit en italien, impr. séparément [Vide infra] et inséré depuis par Ramusio dans sa collection.

On lit au recto du 2e. f. ¶ *Le voyage* ꝛ *nauigation aux isles de* ‖ *Mollucque* | *descrit* ꝛ *faict de noble* ‖ *homme Anthoine Pigaphetta Vin* ‖ *cetin* | *cheualier de Rhodes* | *presen* ‖ *tee a Philippe de Villiers lisle adam* ‖ *grant maistre de Rhodes. commẽsé* ‖ *le dict voyage lan mil cinq cens dix-* ‖ *neuf* | *et de retour Mil.* CCCCC.XXII. *le* ‖ *huytiesme iour de Septembre.*

Au bas du f. 76 : ¶ *Cy finit lextraict dudict liure* ‖‖ *translate de italien en* ‖ *Francois.* Bib. nat. $\frac{O1}{429}$ (Réserve).

« Vend. 14 fr. 50 c. La Vallière ; 30 fr. Eyriès, et serait plus cher aujourd'hui. » (Brunet.)

= Il Viaggio fatto dagli Spagnivoli a torno a'l mondo. Con Gratia per Anni XIIII. MDXXXVI, in-4, s. l. et s-pag., sig. a-m par 4 et 3 ff. prél.

Contient une lettre de Maximilien Transylvain, Sec. de l'Empereur au Cardinal de Salzbourg ; un abrégé du voyage de Pigafetta.

* Le même. Venise, 1534, in-4.

= A briefe declaration of the vyage or nauigation made abowte the worlde. Gathered owt of a large booke written hereof by master Antonie Pygafetta Vincentine, knyght of the Rhodes and one of the coompanye of that vyage in the which *Ferdinando Magalianes* a Portugale (whom sum caule *Magellanus*) was generall capitayne of the nauie. (F. 216 et seq. de *The Decades of the newe worlde or west Indie*... Wrytten in the Latine tounge by Peter Martyr de Angleria, and translated into Englysshe by Rycharde Eden. London, In aedibus Guilhelmi Powell, Anno 1555, in-4.)

= Viaggio atorno il Mondo fatto & descritto per M. Antonio Pigafetta Vicentino Caualier di Rhodi, & da lui indrizzato al Reuerendissimo gran Maestro di Rhodi M. Philippo di Villiers Lisle adam tradotto di lingua Francesa nella Italiana. (*Ramusio*, I, 1563, f. 352 B.)

Sur la Chine, f. 369.

= Primo Viaggio intorno al Globo terracqueo ossia Ragguaglio della Navigazione alle Indie Orientali per la via d'Occidente fatta dal cavaliere Antonio Pigafetta Patrizio Vicentino Sulla Squadra del Capit. Magaglianes negli anni 1519-1522. Ora pubblicato per la prima volta, tratto da un Codice Ms. della Biblioteca Ambrosiana di Milano e corredato di note da Carlo Amoretti Dottore del Collegio Ambrosiano. Con un Transunto del Trattato di Navigazione dello stesso Autore. In Milano MDCCC. Nella Stamperia di Giuseppe Galeazzi... In-4, pp. LII-237.

Leclerc, *Bib. Am.* (448), Fr. 25.

= Viaggio attorno il Mondo fatto e descritto per Antonio Pigafetta Vicentino, indrizzato al reverendissimo gran Maestro di Rodi messer Filippo di Villiers de-l'Isle-Adam ; tradotto di lingua francese nella italiana. (*Relazioni di Viaggiatori.* Venezia, 1841, II, pp. 303/414.)

= Premier Voyage autour du Monde, Par le Chevr Pigafetta, sur l'escadre de Magellan, pendant les années 1519, 20, 21 et 22 ; Suivi de l'extrait du Traité de Navigation du même auteur ; et d'une Notice sur le chevalier Martin Behaim, avec la description de son Globe terrestre. Orné de cartes et de figures. A Paris, chez H. J. Jansen, L'an IX, in-8, pp. LXIV-415, plus 1 f. de table.

Leclerc, *Bib. Am.* (449), Fr. 16.

= Traduit en anglais dans *Pinkerton*, XI, pp. 288/420.

MANUSCRITS. = *Paris* : Bib. nat., Fonds français, 5650. = 24224. = *Cheltenham* : Bib. de Sir Thomas Philip, ms. franç., avait appartenu à Solar et à Libri. = *Milan* : Bib. Ambrosiana, *Cod. Chart.* L. *103 super* ; c'est le ms. traduit en italien moderne par Amoretti. = *Padoue* : Bib. Univ., XVIII S., version de l'abrégé franç. de Fabre publiée par Ramusio. (Voir H. Harrisse, *Bib. Am. Vetustissima*, Add., pp. XXVIII-XXXIV).

FILIPPO SASSETTI.

= Lettere di Filippo Sassetti. (*Relazioni di Viaggiatori*, Venezia, 1841, II, pp. 127/275.)

= Ces lettres parurent d'abord dans le Vol. III, P. IV, de *Prose Fiorentine*, pp. 1/286.

= Lettere di Filippo Sassetti sopra i suoi viaggi nelle Indie Orientali dal 1578 al 1588. Reggio, dalla stamperia Torreggiani e C., 1844, in-8, pp. XI-239 s. la table et les errata.

= Lettere edite e inedite di Filippo Sassetti raccolte e annotate da Ettore Marcucci. Firenze, Felice Le Monnier, 1855, pet. in-8, pp. XLVII-575.

= Lettere di Filippo Sassetti sopra i suoi viaggi nelle Indie Orientali dal 1578 al 1588. Torino, Tip. dell'Oratorio di S. Franc. di Sales, 1871, in-16, pp. XI-255.

Forme le Vol. XXV de la *Biblioteca della Gioventù Italiana.*

= Lettere di Filippo Sassetti correte, accresciute e dichiarate con note aggiuntavi la vita di Francesco Ferrucci scritta dal medesimo Sassetti rivista ed emendata. Milano, Edoardo Sonzogno, 1874, in-16, pp. 398.

La préface est de Eugenio Camerini. — Ce vol. est le No. 18 de la *Biblioteca classica economica*, publiée par vol. de une lira.

— Dalle lettere di Filippo Sassetti edite da Ettore Marcucci. (A. de Gubernatis, *Storia dei Viag.*, pp. 187 et seq., pp. 361 et seq.)

ABRAHAM FARISSOL, rabbin plus connu sous le nom de Peritsol.

* Iggheret orechot olam, *c'est-à-dire,* Petit traité des chemins du monde. — Composé en 1525.

* Publié d'abord en hébreu à Venise, 1587.

אגרת אורחות עולם Id est, Itinera Mundi, sic dicta nempe Cosmographia, Autore Abrahamo Peritsol. Latinâ Versione donavit & Notas passim adjecit Thomas Hyde, S. T. D. é Coll. Reginae Oxon. Protobibliothecarius Bodlejanus. Texte hébreu et trad. latine.

Dans le Vol. I du *Syntagma Dissertationum* de Hyde, Ox., 1767, pp. XXVIII-244.

Hyde avait déjà publié le texte et cette trad. à Oxford, 1691; — * hébreu, à Offembach, 1720; Ugolini l'a aussi inséré dans le tome VII de son *Tesoro delle antichità sacre*.

— *Biog. univ.* : Art. *Farissol*, par Silvestre de Sacy; et *Hyde*, par Jourdain.

Cette relation n'a d'ailleurs aucun intérêt pour nous, car la seule allusion qu'elle contienne à la Chine et peut-être à Cambalu se trouve dans le chap. XXVIII; quelques notes intéressantes de Hyde se rapportent plus directement à notre sujet.

HADJI MAHOMED.

»Parmi connenientе qui ancora aggiungero vn breue sommario fattomi dal sudetto Chaggi Memet mercante Persiano, auanti il suo partire di questa città, d'alcuni pochi particolari della città de Campion & di quelle genti : li quali si come da lui breuemente & per capi furono referiti, così io qui nel medesimo modo gli racconterо a beneficio & vtile de benigni lettori. (Ramusio, II, 1606, *Espositione sopra Marco Polo*, f. 16.)

— Reports of Chaggi Memet, a Persian of Tabas in the Prouince of Chilan, touching his Trauels and Obseruations in the Countrey of the Great Can, vnto M. G. Baptista Ramvsio. (Purchas, *His Pilgrimes*, III, lib. I, c. IX, pp. 164/166.)

— The Relation of Chaggi Memet, a Persian Merchant, to Baptista Ramusius, and other Eminent Citizens of Venice, concerning the way from Thauris in Persia, to Campion, a City of Cathay, by Land; which he travel'd himself before with the Caravans. (*Travels of Avril,* Lond., 1693, p. 162.)

— Hajji Mahomed's account of Cathay, as delivered to Messer Giov. Battista Ramusio. (Circa 1550.)

(F. SASSETTI. — PERITSOL. — HADJI MAHOMED.)

(Yule-Cathay, I, Note XVIII, pp. CCXIV-CCXX, From the *« Espositione of M. Giov. Batt. Ramusio,*" prefixed to the travels of Marco Polo, in the II vol. of the *Navigationi e Viaggi,»* f. 14 vers. to f. 16 vers.)

— Voir sur Mahomed la collection d'*Astley* où il est appelé *Hajji Mehemet*, Vol. IV, pp. 638/641.

AUGER GISLEN DE BUSBECK, ambassadeur de Charles-Quint près de la Porte, 1551—1562, recueille la relation d'un derviche turc.

— Lettres du Baron de Busbec, Ambassadeur de Ferdinand I. Roy des Romains, de Hongrie, &c., auprès de Soliman II. Empereur des Turcs. Nommé ensuite Ambassadeur de l'Empereur Rodolphe II. à la Cour de France, sous le regne de Henry III. Traduites en François, avec des Notes Historiques & Géographiques. Par M. l'Abbé De Foy, Chanoine de l'Eglise de Meaux. Dédiées à Monseigneur le Comte d'Argenson, Secrétaire d'Etat, & Ministre de la Guerre. A Paris, Chez Bauche... Laurent d'Houry. M.D.CC.XLVIII, 3 vol. in-12.

Vol. II, pp. 310 et seq. : « Voici ce que m'a dit un certain Turc vagabond, du Royaume de Cataye & de la ville capitale. Cet homme étoit de ceux, qui par un motif de piété parcourent les Pays les plus éloignés, & n'honorent Dieu que sur les montagnes, ou sur des éminences, ou dans des lieux vastes et déserts. Celui-çi avoit voyagé presque dans tout l'Orient, & s'étant associé avec des Portugais Marchands, qui alloient en caravane en Cataye, il y étoit allé aussi. Il me dit qu'ils passèrent par des routes peu pratiquées à cause du grand nombre de voleurs qui sont dans ces Pays. Lorsqu'ils eurent quitté les Confins de la Perse, ils trouvèrent deux ou trois Villes, qu'il me dit que l'on appeloit *Sammercanda*, *Borchara & Taschan*, ils entrèrent ensuite dans de grands déserts, dont une partie est habitée par des Peuples féroces & tout-à-fait incapables d'aucune société, même entr'eux, & certains Cantons par d'autres Peuples un peu plus sociables, mais les uns & les autres sont également dépourvûs de vivres. Si les voyageurs n'avoient la précaution d'en charger grand nombre de chameaux, ils coureroient les risques d'en manquer à chaque instant.

« Enfin, après plusieurs mois de marche, ayant couru mille dangers, ils arriverent aux portes du Royaume, où le Roi tient une forte garnison. Là on interroge les Marchands sur ce qu'ils portent, d'où ils viennent, & en quel nombre ils sont. Dès que cette garnison est informée de ce qu'elle veut sçavoir, elle en donne avis la nuit suivante à la sentinelle de la plus proche Garnison, par un fallot qu'elle allume sur une hauteur; celle-çi donne le même signal dans l'instant à la sentinelle suivante, ainsi, comme de bouche en bouche, l'arrivée de tous les Etrangers parvient au Roi dans quelques heures, tandis que le Courier le plus diligent ne pourroit le faire que dans plusieurs jours. Le Roi avec la même promptitude, & avec la même voye, répond ce qu'il juge à propos; un certain signal, signifie qu'on laisse entrer, un autre, que l'on fasse attendre, un autre, que l'on refuse l'entrée.

« Si l'entrée est permise, ils marchent sous la conduite de certains Officiers, & logent dans des hôtelleries éloignées de distance égale les unes des autres, dans lesquelles ils trouvent à juste prix tout ce qui est nécessaire pour la vie; arrivés à Mancup, il faut faire une déclaration bien exacte des Marchandises que l'on apporte, ensuite on va faire sa cour au Roi, & lui donner des présens tels qu'on le juge à propos. Il achete ce qui lui plait, & fixe un prix pour tout le reste qu'il n'est pas permis d'excéder; il indique ensuite un jour dans lequel on expose en vente toutes les marchandises nouvellement arrivées; le commerce se fait en échange, ou en espèce; & dès que les marchands ont vendu ce qu'ils avoient apporté, on leur donne leur audience de congé; les mêmes officiers, sous la conduite desquels ils étoient arrivés, les reconduisent, & on les fait loger dans les mêmes hôtelleries; ces Peuples ont des Préjugés si désavantageux sur les mœurs des Etrangers, qu'ils souffrent le moins qu'ils peuvent, qu'ils restent parmi eux de peur de contracter quelques-uns de leurs vices.

(BUSBECK.)

«Ils ont tous l'esprit vif et pénétrant, & ont de la douceur dans le caractère : ils se gouvernent dans une grande politique ; leur Religion diffère également du Christianisme, du Judaïsme et du Mahométisme ; aux cérémonies près cependant, elle a plus de rapport avec celle des Juifs, qu'avec les deux autres. Ils ont depuis bien des siècles l'usage de l'impression, ce qu'on voit par quelques-uns de leurs livres qui sont fort anciens, leur papier est de soye, & si fin, que l'on ne peut l'imprimer que d'un côté.

«Le Commerce le plus considérable que l'on y fait est le Musc que l'on y trouve en grande quantité ; ce qu'on peut leur porter de plus précieux, ce sont des Lions. Voilà tout ce que j'ai appris du Royaume de Catayo ; comme je n'ai que ce vagabond de Turc pour garant de ce que je viens de vous en raconter, je ne vous donne pas cette relation comme bien certaine. Je lui demandai ensuite, s'il n'avoit point rapporté de ces Pays si éloignés quelques plantes rares, ou quelques fruits, ou quelques pierres ; rien, me dit-il, si ce n'est cette petite racine que je porte toujours avec moi, pour m'en servir dans un besoin pressant. Quel est donc l'usage que vous en faites ? lui répliquai-je. Lorsque je me trouve faible, me répondit-il, & transi de froid, j'en mache un petit morceau : sur le champ je suis réchauffé, et je recouvre mes forces. C'étoit du napel.»

Les deux premières lettres de Busbeck furent publiées à Anvers en 1581 par Louis Carion sous le titre d'*Itinera Constantinopolitanum & Amazianum*. En 1590, on ajouta les deux suivantes avec le titre d'*Augerii Gislenii Turcicae legationes epistolae quatuor*. — *Ibid.*, 1592. — En 1632, on ajouta à la collection les lettres de l'empereur Rodolphe.

Les éditions des lettres de Busbeck sont assez nombreuses, et Ternaux-Compans cite les suivantes : Monachii, 1620, in-8. — Hanoviae, 1629, in-8. — Nürnberg, 1664, in-folio. — Lipsiae, 1688, in-12.

— Account of Cathay by a Turkish Dervish, as related to Auger Gislen de Busbeck (Circa 1560).

(Cathay by Yule, I, Note XIX, pp. CCXX-CCXXI, From *Busbequii Epistolae*. Amsterdam, 1661, pp. 326/330.)

VOYAGES DANS LES TEMPS MODERNES [1]

GALEOTTO PEREIRA.

— Certaine reports of the prouince of China learned through the Portugals there imprisoned, and chiefly by the relation of Galeotto Perera, a Gentleman of good credit, that lay prisoner in that Countrey many yeeres. Done out of Italian into English by *Richard Willes*. (Hakluyt, II, 2d. Pt., 1599, pp. 68/80).

— The relation of Galeotto Perera, a Gentleman of good credit, that lay Prisoner in China. (Purchas, *His Pilgrimes*, Lond., 1625, III, Lib., C.XI.)

GASPAR DA CRUZ.

— Tractado em que se ‖ cõtam muito por estẽso as cousas ‖ da China, cõ suas particulari ‖ dades, ⁊ assi do reyno dormuz ‖ cõposto por el. R. padre frey ‖ Gaspar da Cruz da ordẽ ‖ de sam Domingos. ‖ Dirigido ao muito poderoso Rey dom ‖ Sebastiam nosso señor. ‖ Impresso com licença. 1569, pet. in-4, de ff. 88. n. c. — Sig. *a-l* par 8.

Lettres gothiques. Au dessus du titre précédent un écusson ; le titre encadré. — A la fin : *Foy impresso este tratado da ‖ China, na muy nobre ⁊ sempre leal cidade de Euora ‖ em casa de Andre de Burgos impressor ⁊ caua ‖ lleiro da casa do Cardeal Iffante. Acabou ‖ se aos. xx. dias de feuereiro de mil qui ‖ nhentos ⁊ setenta.*

Très rare. — Bib. nat. $0\frac{2}{1}$n.

— Tractado em que se contam muito por estenso as cousas da China, com suas particularidades, e assi do reyno dormuz composto por el R. Padre Frey Gaspar da Cruz da ordem de Sam Domingos. Dirigido ao muite poderoso Rey Dom Sebastiam nosso señor. Impresso com licença. 1569. Segunda ediçao. Lisboa, na Typographia Rollandiana, 1829, in-16 [occupe 195 pages dans le Vol. IV des Voyages de Pinto publiés à Lisbonne en 1829].

— A Treatise of China and the adioyning Regions, written by Gaspar Da Cruz a Dominican Friar, and dedicated to Sebastian King of Portugall : here abbreuiated. (Purchas, *His Pilgrimes*, III, lib. I, C. x, pp. 166 et seq.)

HERRADE (le P. Martin). — MARIN (le P. Hiéronyme).

— Seconde Partie de l'histoire dv Grand Royavme de la Chine, contenant le voyage que P. Martin de Herrade, et F. Hieronyme Marin auec ceux de leur compagnie ont fait deuers ce Royaume en l'an 1577. ensemble leur entree en iceluy, & tout ce qu'ils y ont veu & entendu l'espace de quatre mois, et seize jours qu'ils y ont esté. [Voir la IIe. Partie de l'ouvrage de *Mendoza*, Liv. I. — Voir col. 3 et seq.]

ALFARO (le P. Pedro d').

— Seconde Partie de l'histoire dv Grand Royavme de la Chine, contenant le voyage que P. Pedre d'Alfare, Gardien des Philippines, de l'ordre de S. François, de la Prouince, S. Joseph, & trois autres Religieux du mesme ordre ont fait vers ce grand Royaume, en l'an 1579 : ensemble leur entrée miraculeuse en iceluy, & ce qu'ils y ont veu, & entendu, & leur est aduenu en sept mois, qu'ils y ont esté. [Voir la IIe. Partie de l'ouv. de *Mendoza*, Liv. II. — Voir col. 3 et seq.]

«Lo scrittore del viaggio non fu veramente il Padre Alfaro ma uno de' suoi compagni, cioè il Padre Agostino de Tordesillas...» (Marcellino da Civezza, No. 18.) [Voir Tordesillas, col. : 572.]

1. Il faudra consulter également les chap. : *Ouvrages généraux*. — *Géographie*. — *Missions catholiques*. — *Missions protestantes*. — *Relations des Russes, des Hollandais, des Anglais*, etc., avec les Chinois.

IGNACE (Le Père).

— Seconde Partie de l'histoire dv Grand Royavme de la Chine, contenant vn itineraire du nouueau monde, ensemble le voyage de P. Martin Ignace, Gardien de l'ordre de S. François, lequel en l'année 1584. est allé depuis Espagne iusques à la Chine, & de la Chine est retourné en Espagne par les Indes orientales, apres, auoir fait le tour de la terre : Auec vn abbregé & epitome des choses plus singulieres & notables, qu'il a veuës & entendues audit voyage. [Voir la IIe. Partie de l'ouvrage de *Mendoza,* Liv. III. — Voir col. 3 et seq.]

Voir Marcellino da Civezza, *Saggio di Bibliografia sanfrancescana,* No. 363.

∴

— The rare Trauailes of *Iob Hortop,* an Englishman, who was not heard of in three and twentie yeeres space. Wheren is declared the dangers he escaped in his voiage to Gynnie, where after hee was set on shoare in a wildernes neere to Panico, hee endured much slauerie and bondage in the Spanish Galley. Wherein also he discouereth many strange and wonderfull things seene in the time of his trauaile, as well concerning wild and sauage people, as also of sundri monstrous beasts, fishes and foules, and also trees of wonderfull forme and qualitie. London. Printed for William Wright. 1591, in-4, goth. de 12 ff. n. chif.

C'est probablement l'ouvrage suivant cité par Ternaux (649); mais Hortop n'a pas été en Chine :

— The travailes of an Englishman containing his sundrie calamities endured for the space of twentie and odd yeres in his absence from his native countrie. Wherein is truly decyphered the sundry shape of wilde beasts, birds, fishes, foules, roots, plants, with a description of a man that appeared in the sea, and also of a huge giant brought from China to the King of Spayne; dedicated to Queen Elizabeth. London, W. Wright, 1591, in-4.

FERNÃO MENDES PINTO.

— Peregrinacam de Fernam Mendez Pinto. Em qve da conta de mvytas e mvyto estranhas cousas que vio & ouuio no reyno da China, no da Tartaria, no do Sornau, que vulgarmente se chama Sião, no do Calaminhan, no de Pegù, no de Martanão, & em outros muytos reynos & senhorios das partes Orientais, de que nestas nossas do Occidente ha muyto pouca o nenhũa noticia. E tambem da conta de mvytos casos particulares que acontecerão assi a elle como a outras muytas pessoas. E no fim della trata breuemente de algũas cousas, & da morte do Santo Padre mestre Francisco Xauier, vnica luz & resplandor daquellas partes do Oriente, & Reytor nellas vniversal da Companhia de Iesus. Escrita pelo mesmo Fernão Mendez Pinto. Dirigido à Catholica Real Magestade del Rey dom Felippe o III. deste nome nosso Senhor. Com licença do Santo Officio, Ordinario, & Paço. Em Lisboa. Por Pedro Crasbeeck. Anno 1614. A custa de Belchior de Faria Caualeyro da casa del Rey nosso Senhor, & seu Liureyro. Com priuilegio Real. Està taixado este liuro a 600 reis em papel . . . in-folio, 303 feuillets, sans le titre, priv. et déd. 2 feuillets au commenc., et la table, 5 feuillets à la fin.

Ouvrage fort rare dont Silva, Vol. II, pp. 285/289, écrit :

« D'esta primeira edição existem hoje na Bibl. Nacional não menos de tres exemplares : um pertencente ao antigo fundo do estabelecimento, e os dous provindos das livrarias n'elle incorporadas de Cypriano Ribeiro Freire, e D. Francisco de Mello Manuel. Os poucos exemplares que d'ella apparecem rarissimas vezes á venda, tem corrido pelos preços de 2 : 400 até 3 : 600 réis. »

Nous avons examiné l'ex. de la Bib. Grenville, Fo. 6580.

Vend. 32 fr. *m. r.* la Vallière; 19 sh., Heber. (Brunet.)

— Peregrinaçam ‖ de ‖ Fernam Mendez ‖ Pinto e por elle escrita : ‖ o qve consta de mvitas, e mvito ‖ estranhas cousas que vio, & ouvio no Reyno da ‖ China, no do Tartaria, no de Pegú, no de Mar- ‖ tavão, & em outros muitos Reynos, & senho- ‖ rios das partes Orientaes, de que nestas nos- ‖ sas do Occidente ha muyto pouca, ou ne- ‖ nhũa noticia. ‖ Em Lisboa, Na Officina de Antonio Craesbeeck de Mello, 1678, in-folio, pp. 445 [ch. par erreur 145] à 2 col. + 1 f. prél.

Bib. nat. $\frac{O^{2}}{25}$.

— Peregrinação de Fernão Mendes Pinto. E agora de novo correcta, e accrecentada com a conquista do Reyno de Pegù feyta pelos Portuguezes, sendo Visorrey da India Ayres de Saldanha no anno de 1600. Lisboa, na officina de José Lopes Ferreira, MDCCXI, in-folio.

— Peregrinação de F. M. P..... Correcta, e acrecientada com o Itinerario de Antonio Tenreyro, que da India veyo por terra a este Reyno de Portugal. . no anno de 1529. E com a conquista do Reyno de Pegù feyta pelos Portuguezes... no anno de 1600. Lisboa oriental, na offic. Ferreyriana, MDCCXXV, in-folio.

— Peregrinaçaõ ‖ do ‖ Fernaõ Mendes ‖ Pinto. ‖ e por elle escrita : ‖ . . . Lisboa : ‖ Na Officina de Joam de Aquino Bulhoens. ‖ anno de M.DCC.LXII . . . in-fol., pp. 428 à 2 col., + 5 ff. prél. pour la table.

Bib. nat., $\frac{O^{2}}{25. A.}$

Vend. 30 fr. (Langlès.)

— Peregrinação de Fernão Mendez Pinto. Nova Edição conformé á primeira de 1614. Lisboa, na Typographia Rollandiana. 1829, 4 vol. in-16.

Le 4e. vol. contient : Itinerario de Antonio Tenrreyro, 155 pages. Tractado..... da China... por Gaspar da Cruz, 195 pages. — Conquista do Reyno de Pegu, 72 pages.

Quaritch, Sept. 1872, No. 285, 18/-.

Brunet et la *Biog. gén.* citent une édition de Lisbonne, 1833, 2 vol. pet. in-4, ou in-8.

— Historia ‖ Oriental ‖ de las Peregrinaciones ‖ de Fernan Mendez Pinto ‖.... al Excelentissimo Señor Don Duarte, Marqves ‖ de Flechilla... año [écusson] 1620. ‖ Con Privilegio. ‖ En Madrid, Por Tomas Iunti, Impressor del Rey nuestro Señor. ‖... in-fol., à 2 col., pp. 481 + 13 ff. prél.

Bib. nat., $\frac{O^2}{23.\ A.}$

Il y a au British Museum deux ex. de l'édition, de Madrid, 1620, avec des titres et des dédicaces différentes.

— Historia ‖ Oriental ‖ de las Peregrinaciones ‖ de Fernan Mendez Pinto ‖ Portvgves, adonde se escriven mvchas, y ‖ muy estrañas cosas que vio, y oyó en los Reynos de la China, Tartaria, Sornao, que ‖ vulgarmente se llama Siam, Calamiñam, Peguu, Martauan, y otros muchos ‖ de aquellas partes Orientales, de que en estas nuestras de Occi ‖ dente ay muy poca, o ninguna noticia. ‖ Casos famosos, acontecimientos admirables ‖ leyes, gouierno, trages, Religion, y costumbres de aquellos ‖ Gentiles de Asia. ‖ Tradvzido de Portvgves en Castellano por el ‖ Licenciado Francisco de Herrera Maldonado, Canonigo de la ‖ santa Iglesia Real de Arbas. ‖ Al Excelentissimo Señor ‖ Ramiro Felipez de Gvzman, Señor de la casa de Gvzman, ‖ ... Con licencia, en Valencia, ‖ En casa de los herederos de Chrysostomo Garriz, por Bernardo Nogues, junto ‖ al molino de Rouella, Año 1645. ‖.... In-folio à 2 col., pp. 482 sans l'ép., l'Apologia, etc. (11 ff. au comm.) la t. et le colophon. (5 ff. à la fin.)

Exemplaire de Grenville, No. 6591. — Bib. nat. $\frac{O^2}{23.\ C.}$

Cette traduction de Maldonado a eu de nombreuses éditions.

11 fr. Rodriguez; 18 sh. Heber (Brunet). — Quaritch, 1872, 20/-. Thonnelier (2370), Fr. 9.

— Historia ‖ oriental ‖ de las Peregrinaciones ‖ de Fernan Mendez Pinto ‖.... Al Excelentissimo Señor Don Duarte, Marques ‖ de Flechilla..... Con Privilegio. ‖ En Madrid, Por Diego Flamenco, año de 1627. ‖... In fol., pp. 481 à 2 col., + 7 ff. prél.

Bib. nat., $\frac{O^2}{23.\ B.}$

— Historia ‖ Oriental ‖ de las Peregrinaciones ‖ de Fernan Mendez Pinto Portvgves. ‖.... Tradvcido de Portvgves en Castellano por el Licencia ‖ do Francisco de Herrera Maldonado, Canonigo de la santa ‖ Iglesia Real de Arbas. ‖ Al Señor don Antonio de Vrvtia y Agvirre, Cavalle- ‖ ro del Orden de Calatraua, del Consejo de su Magestad en el Real ‖ de las Ordenes, &c. ‖ Con Licencia. ‖ En Madrid Por Melchor Sanchez. Año de 1664. ‖ Acosta de Mateo de la Bastida Mercader de libros, vendese en su casa frontero da las ‖ gradas de San Felipe. In-fol. à 2 col., pp. 452 à 2 col. + 10 ff. au com., et 4 ff. à la fin pour la table.

Bib. nat. $\frac{O^2}{23.\ D.}$

— Les ‖ Voyages advantvrevx ‖ de ‖ Fernand ‖ Mendez Pinto. ‖ Fidelement tradvicts de ‖ Portugais en François par le Sieur Bernard ‖ Figvier Gentil-homme Portugais. ‖ Et dediez a Monseigneur ‖ le Cardinal de Richeliev. ‖ Le Contenv de la presente ‖ Histoire se verra à la page suiuante. ‖ A Paris, ‖ Chez Mathvrin Henavlt ruë Clopin, deuant ‖ le petit Nauarre : & à sa boutique en la Cour du ‖ Palais, à costé de la chappelle sainct ‖ Michel, proche la fontaine. ‖... M.DC.XXVIII. ‖ Auec Priuilege du Roy, ‖ in-4, pp. 1193, s. l'ép. l. t. etc.

Thonnelier (2369), Fr. 16. — Bib. nat. $\frac{O^2}{24}$ (Ex. de Huet, év. d'Avranches, avec l'ex-libris, et des notes à la fin).

— Les Voyages advantvrevx de Fernand Mendez Pinto, fidellement tradvits de Portugais en François par le Sieur Bernard Figvier Gentil-homme Portugais. Dediez à Monseignevr le Cardinal de Richeliev. A Paris, Chez Arnovld Cotinet et chez Jean Roger.... M.DC.XLV, in-4, pp. 1020, s. l'ép. l. t., &c.

Ternaux-Compans (1943) cite une édition de Paris, 1663, in-4.

— Les Voyages advantvrevx de Fernand Mendez Pinto. Traduit du Portugais. Par B. Figuier. Paris, imprimé aux frais du gouvernement pour procurer du travail aux ouvriers typographes. Août 1830. 3 vol. in-8.

— De wonderlyke ‖ Reizen ‖ Van ‖ Fernando Mendez Pinto; ‖..... Nieuwelijks door J. H. Glazemaker vertaelt;..... t'Amsterdam, ‖ Door Jan Rieuwertsz en Jan Hendrisz ‖.. 1652, in 4.

Front. gravé.

— De Wonderlyke Reisen van Fernan Mendez Pinto. Amsterdam, 1653, in-4.

— Wunderliche und Merckwürdige ‖ Reisen ‖ Ferdinandi ‖ Mendez Pinto, ‖ Welche er iñerhalb ein und zwantzig Jah ‖ ren / durch Europa, Asia, und Africa, und deren Königreiche ‖ und Länder; als Abyssina, China, Japon, Tartarey, Siam, Calamin ‖ ham, Pegu, Martabane, Bengale, Brama, Ormus, Batas, Queda ‖ Aru, Pan, Ainan, Calempluy, Cauchenchina ‖ und andere Derter verrichtet. ‖ Darinnen er beschreibet ‖ Die ihme zu Wasser und Land zugestossene grosse ‖ Noht und Gefahr; wie er nemblich sey dreyzehnmal gefangen genom ‖ men und siebenzehnmal verkaufft worden; auch vielfältigen ‖ Schiffbruch erlitten habe: ‖ Dabey zugleich befindlich eine gar genaue Entwerffung der ‖ Wunder und Raritäten erwehnter Länder; der Gesetze / Sitten / und Gewon ‖ heiten derselben Völcker; und der grosse Macht und Heeres-Krafft ‖ der Einwohner. ‖ Nun erst ins Hochteutsche übersetzet / und mit unter ‖ schiedlichen Kupferstukken gezieret. ‖ Amsterdam / Bey Henrich und Dietrich Boom / Buchhandlern / Im Jahr Christi 1671, in-4, pp. 393 et 2 f. n. c. au com.

Front. gravé.

Thonnelier (2371), Fr. 6.50.

«O Sr. Castilho menciona ainda outra edição, ou traducção diversa; Argentorati (Strasbourg), 1674, in-4.» (Silva.)

— Ferdinand Mendez Pintos || Abentheuerliche Reise || durch || Ostindien und Sina in den Jahren 1537 bis 1558. Jena, 1809, in-8.

Bib. nat. O² 2G. — Forme le Vol. II de *Die Reisenden der Vorzeit. Auszüge aus älteren interessanten Reisebeschreibungen.*

* Ph. H. Külb. Fernand Mendez Pinto's Abentheuerliche Reise durch China, die Tartarei, Siam, Pegu und andere Länder des östlichen Asiens. Jena, 1868, in-8.

Brockhaus, 1872 (77), Th. 1.

— Obseruations of China, Tartaria, and other Easterne parts of the World, taken out of Fernam Mendez Pinto his Peregrination. (*Purchas,* III, Lib. II, C. 2.)

* The Voyages and Adventures of Ferdinand Mendez Pinto .... done into English by H. C. [ogan]. London, 1663, in-folio.

* The third Edition. Done into English by H. C. [ogan]. London, 1692, in-folio.

— «E ainda duvidoso, se existe ou não traducção da *Peregrinação* em italiano, apezar da affirmativa de José Carlos Pinto de Sousa na *Bib. Hist. de Portugal*, pag. 155 da edição de 1801.» (Silva.)

— Sur Pinto, voir la phrase de Shakespeare.

— Hugh Murray, *Historical Account,* I, Ch. VI, pp. 284 et seq.

— Silva, *Dic. Bibliog.,* Vol. 2, pp. 285/289.

— *Biog. univ.,* Art. de Rossel, Vol. 33, pp. 381/3.

— *Biog. générale,* Art. de F. D. [enis], Vol. 40, col. 280.

— Cat. of the Books of the British Museum, Art. : *Mendes Pinto* (Fernando).

— Noticia da vida e obra de F. M. P. (A. F. et J. F. De Castilho, *Livraria Classica Portugueza,* etc., T. XI-XVI, 1845, etc., in-16.)

— F. Mendes Pinto, excerptos seguidos de una noticia sobra sua vida e obras... per J. F. de Castilho, 2 vol. Rio de Janeiro, 1865, [imprimé à Paris], in-12. (Vol. 4 et 5 de la *Livraria classica.*)

— Reise nach Ostindien. 1537-58. (Schwabe, J. J., *Allg. Hist. des Reisen,* Bd. 10.)

.·.

— The Voyage and Travels of Mr. Anthony Jenkinson, from Russia, to Boghâr, or Bokhara, in 1557. To which are added, some Informations of others, concerning the Road thence to Katay, or China.

Dans la Collection d'*Astley,* Vol. IV, pp. 630/638.

— Hakluyt, I, 1599, passim.

— Purchas, III, Lib. II, C. I, § 2 et seq.

— Notes collected by Richard Johnson, who was at Boghar with Mr. Anthony Jenkinson, of the Reports of Russes, and other Foreigners, giving an Account of the Roads of Russia to Cathaya, as also of sundry strange People. (*Travels of Avril,* Lond., 1693, pp. 155/159.)

— Voyage d'Anthoine Ienkinson, Pour decouurir le chemin du Cattay par la Tartarie, écrit par luy-mesme aux Marchands Anglois de la Compagnie de Moscovv, qui l'auoient obligé de faire ce voyage. [Précédé de deux pages d'*Avis,* Sur la Nauigation d'Anthoine Ienkinson en la mer Caspienne.] pp. 17/28 de la 1ère. Partie de la *Coll.* de Thévenot (1663).

Trad. d'après la Relation d'Hakluyt.

— *Voyages au Nord,* IV, n. éd., 1732.

— *Hist. gén. des Voyages,* VII, 1749, p. 391.

BENOIT DE GOËS.

— Ex India Cataium Lustraturus mittitur è Nostra Societate Benedictus Goësius Lusitanus. (*De Christ. Exp. apud Sinas,* Aug. Vind., 1615, Liber V, Cap. 11, pp. 544 et seq.)

— Reliquum itineris Cataium usque, quod Sinarum Regnum esse compertum est. (*Ibid.,* Cap. 12, pp. 551 et seq.)

— Fratris Nostri Benedicti mors intra Sinense regnum, postquam ad eum excipiendumè Nostris unus Pechino missus aduenisset. (*Ibid.,* Cap. 13, pp. 561 et seq.)

Kircher a tiré de cette relation : «Le chemin qu'a tenu le Père Benoit Goës de la Compagnie de Jesus : pour aller en Cathaie ou la Chine.» (*Chine illustrée,* pp. 85/88. — Dans l'éd. latine, pp. 62/64.)

— Voir dans la «Troisiesme Partie de l'Histoire des Choses plvs memorables advenves tant ez Indes Orientales, qu'autres païs de la descouuerte des Portugais... par le P. Pierre Dv Iarric Tolosain......... à Bovrdeavs... CIↃDCXIIII.» in-4.

Liv. V :

Benoist de Goes de la Compagnie de Iesvs, est enuoyé pour faire la descouuerte du Catay : & ce qui lui advint en vne partie du chemin, pp. 145-155.

Benoist de Goes après beaucoup de trauaux & dangers, trouua finalement le Catay n'estre autre païs que la Chine, où il finit son voyage, & le cours de ceste vie, pp. 155-162.

Le P. du Jarric a reproduit dans son travail les renseignements fournis par le P. Guerreiro dans ses *Relations.* (Voir col. 341-342.)

— The report of a Mahometan Merchant which had beene in Cambalu : and the troublesome trauell of Benedictvs Goes, a Portugall Iesuite, from Lahor to China by land, thorow the Tartars Countreyes. (Purchas, III, Lib. II, C. 4, pp. 310 et seq.)

— A Long and Dangerous Journey from Lahor, a City of the Great Mogul, to China over Land, by Benedict Goez. (*Travels of Avril,* Lond., 1693, pp. 163/170.)

— The Travels of Benedict Goëz, a Portugueze Jesuit, from Lahor in the Mogol's Empire, to China, in 1602.

Dans la Collection de Voyages de *Astley* : Vol. IV, pp. 642-649. Cette relation est faite principalement d'après l'ouvrage de Trigault.

— The Travels of Benedict Goëz, a Portugueze Jesuit, from Lahor in the Mogol's Empire to China, in 1602. (Pinkerton, VII, p. 577, d'après Astley, IV, p. 642.)

— *The Journey of Benedict Goës from Agra to Cathay.* [avec une carte spéciale].

Introductory Notice.

The Journey of Benedict Goës to Cathay; from Chapters XI, XII, and XIII of the work entitled « De Christiana expeditione apud Sinas, suscepta ab Societate Jesu, ex P. Matthae Ricii commentariis, etc., auctore P. Nicolao Tringautio. » August. Vind., 1615.

Notes. — Yule, *Cathay*, II, pp. 526-596.

— Voir le chap. XXVII du *Traité de la Navigation* dans le Recueil de Bergeron de 1735.

— *Hist. gén. des Voyages*, VII, 1749, p. 410.

— Laharpe, *Abrégé des Voyages*, VI, Livre V, Chap. IV, pp. 420/438.

— *Biog. univ.*, Art. d'Eyriès.

— C. Ritter, *Asien*, I, 1ère. sect., § 22, p. 218. — I, 2e. sect., § 29, p. 362; V, liv. III, 1ère. sect., § 5, no. 2, pp. 391, 503/506.

— E. de Guilhermy, *Ménologe de la Compagnie de Jésus*, Assistance de Portugal, 1ère. partie, 11 Avril.

— Benoit de Goès. Missionnaire voyageur dans l'Asie centrale 1603-1607. Par le R. P. J. Brucker de la Compagnie de Jésus. Extrait des *Etudes religieuses*. Lyon, Imprimerie Pitrat aîné, 1879, br. in-8, pp. 42.

DE FEYNES.

— An exact and cvriovs svrvey of all the East Indies, euen to Canton, the chiefe Cittie of China : All duly performed by land, by Monsieur de Monfart, the like whereof was neuer hetherto, brought to an end. Wherein also are described the huge Dominions of the great Mogor, to whom that honorable Knight, Sir Thomas Roe, was lately sent Ambassador from the king. Newly translated out of the Trauailers Manuscript. London, Printed by Thomas Dawson, for William Arondell, in Pauls Church-yard, at the Angell. 1615. pet. in-4, pp. 40 s. l'ép. et la préface.

Monsieur de Monfart = Henry Defeynes.

— Il y a un extrait du voyage de Monfart dans le Vol. III, Lib. III, C. 8, pp. 410/411 des *Pilgrimes* de Purchas, 1625.

— Lowndes écrit : A copy is in the British Museum. [Nous l'avons examinée.] Inglis, 984, 1 l. 11 s. 6 d. — Gordonstoun, 1633, 3 l. 7 s. — Heber, pt. VI. 1 l. 5 s. It is reprinted in the third volume of the Somers Collection of Tracts.

— Voyage faict par terre depuis Paris jusques à la Chine. Par le Sr. de Feynes gentilhomme de la maison du Roy Et ayde de Mareschal de Camp de ses armées. Avec son retour par mer. A Paris. Chez Pierre Rocolet en la gallerie des prisonniers aux armes de la ville. 1630, in-8, pp. XVIII-212.

Au roy. — Au lecteur. — Table des royaumes où j'ay voyagé. — A Monsieur de Feynes sur ses voyages. — Privilege. — Voyage. Macao et Canton sont les seuls points de la Chine visités par de Feynes.

Langlès (2118), Fr. 12.50.

— Voyage qui a esté fait par terre de Paris à la Chine : Par le Sieur de Monferran.

Ms. du XVIIe siècle, pet. in-folio de 37 pages. — Bibl. nat. : Fr. 22982 (Fonds de l'Oratoire, 121).

« Premierement partant de Paris alla en pelerinage par deuotion à nostre Dame de Lorette; d'où il fut à Venise, Et pour commencer le voyage qu'il auoit entrepris, Il s'y embarqua.....

« Et dudit Regne des Mollucques fut à Macquau qui est ville du commencement de la Chine, c'est vn petit lieu qui est au bord de la mer au pied d'vne montagne, où autrefois les Portugais ont eu vne forteresse, mesmes qu'il y en a beaucoup qui y habitent : Ce n'est pas lieu de grande importance. Ce sont Gentils et tiennent la mesme loy susdite; Et alors l'on cõmence à trouuer des gens plus blancs que l'on n'auoit pas accoustumé; Dudit Mallaca à Macquau il y a vn mois enuiron de chemin. De Macquau l'on passe par les Cochinchines sujettes au Roy de la Chine, bien qu'ils se font la guerre, et y a parmi eux beaucoup de Chrestiens...

« Et dudit lieu [Cochinchine] s'achemina à Canton qui est la ville principalle qui se peut voir à la Chine et y a de distance enuiron de trois mois de chemin et ne sçauroient aller plus avant quoyque l'on veuille dire. Car jamais personne n'y a esté que six Jesuistes qui demeurèrent vingt ans audit Canton pour apprendre la langue... [mœurs & coutumes, soie, cormoran].

« Et de Canton rebroussa chemin à Macquau — et prit son chemin au Royaume de Pegou...»

Un autre ms. de cette relation existe à la Bibliothèque de l'École de médecine de Montpellier, No. 104, dans le Cat. de cette collection. (*Cat. des Ms. des Bib. des Dép.*, I, p. 323.)

JEAN ALBERT DE MANDELSLO[1].

* Albert von Mandelslohe. Schreiben von seiner Ost-Indischen Reise aus der Insel Madagascar anno 1639 abgelassen, samt einen kurtzen Bericht von dem jetzigen Zustand des äussersten orientalischen Königreichs Tzina mit etlichen Anmerkungen. Schleswig, 1645, in-folio. (Ternaux.)

« Cette première édition reparut à la suite des voyages d'Oléarius; l'ouvrage fut ensuite augmenté d'après les manuscrits de l'auteur et divers matériaux fournis par Oléarius. Il fut intitulé *Voyage aux Indes*, etc., Sleswig, 1658, 1 vol. in-folio, avec figures; *ibid.*, 1668; Hambourg, à la suite d'Oléarius, 1696, in-fol. Il fut traduit en hollandais, Amsterdam, 1658, in-4. (*Biog. univ.* — Art. d'Eyriès).

— Des hoch-Edelgebohrnen Johann Albrechts von Mandelslo Morgenlandische Reise-Beschreibung.

Sur les Chinois, voir p. 97. (*Reise-Beschreibung*, dans Oléarius, Hamburg, 1696, in-fol.)

— Beschrijvinghe des ‖ Koninckryckx ‖ Persien. ‖..... Met een Reyse van daer te Lande naer ‖ Oost-Indien. ‖ Door Johan Albrecht van Mandelslo. ‖.... In't Hooghduyts beschreven door Adam Olearius... t'Amsterdam, ‖ Door Jan Jansz... ‖ Anno 1651, in-4.

* Beschryvingh van de gedenkwaerd. zeeen landtreyze deur Persiën naar O.-Indiën. Uyt het Hoogd. vert. Amst., 1658, in-4, pl.

Cat. Fred. Müller, 1882 (1970), fl. 2.

— Relation dv Voyage de Moscovie, Tartarie,

1. Né en 1616 dans le Mecklenbourg, † à Paris en 1644. Ce voyageur n'a pas visité la Chine, quoiqu'on donne une notice de ce vaste pays dans le récit de ses voyages.

et de Perse, fait à l'occasion d'vne Ambassade, Euuoyée au Grand-Duc de Moscouie, & du Roy de Perse; Par le Duc de Holstein : Depuis l'an 1633. iusques en l'An 1639. Traduite de l'Alleman du Sieur Olearivs, Secretaire de la dite Ambassade. Par L. R. D. B. A Paris, chez Francois Clovzier . . . M.DC.LVI. in-4., pp. 543 sans l'ép. et l'itinéraire.

Pp. 503-548 : Devx Lettres dv Sievr de Mandelslo av sviet de son voyage des Indes :

1° De l'Abaie de S. Augustin dans l'Isle de Madagascar ce 12. Iuillet 1639.

« Il s'y trouve [à Goa] de toutes sortes de Nations, mais plus de Chinois que d'autres. Les Portugais ayans eu assez d'adresse & de bon-heur pour gaigner leur amitié, & d'establir vn bon commerce avec eux, par le moyen d'vne assez belle Ville qu'ils ont bastie sur la riuière de *Contaon*, en terre ferme à 23 degrez de latitude, où les Chinois apportent leurs marchandises en grande quantité.

« Ils sont assez ciuils, mais fins & trompeurs. Ils ont le visage fait comme les Tartares, les yeux petits, noirs & enfoncez, le visage plat, large & bazané, la barbe claire. Leur habit ordinaire, tant aux hommes qu'aux femmes, est vne veste, de celles que l'on appelle Ïapponoises. Leur païs est fort grand, & composé de 15 Prouinces, qui feroient autant de royaumes en Europe. Le gouuernement de leur Roy n'est pas si absolu que celuy des autres Roys des Indes. Les Chinois aiment l'argent, & donnent volontiers vn' once d'or fin pour huict onces d'argent. Ils ont de l'affection pour les sciences, mais ils ne les apprenent que dans leur langue, qui est fort riche, & s'exprime en 60.000 caractères, qui signifient autant de mots.

« Ceux qui ont vû ce païs là, m'ont asseuré qu'il n'y en a point de plus puissant au monde, ny de plus fertile en toutes sortes de fruicts & de viures. On y trouve le meilleur or, la plus belle soye, & les plus belles estoffes de toutes les Indes. La canelle, le sucre, le musc et l'ambre gris y sont en abondance. La Chine n'est plus si inaccessible qu'elle l'estoit autrefois, & mesmes elle ne l'a iamais esté au poinct que les Portugais l'ont voulu faire croire; ce qu'ils faisoient sans doute pour tascher de s'en conseruer le commerce à eux seuls. Il y demeure présentement grand nombre de Portugais, qui ont mesmes obtenu permission d'y bastir des Conuents. Et il y a icy vn Iesuite, qui se doit embarquer auec nous pour Angleterre qui a demeuré 24 ans dans la Chine . . . . »

2° De Londres, ce 3 Mars 1655.

L. R. D. B = le Résident de Brandebourg = de Wicquefort.

* On cite les éd. françaises de : Paris, 1659, in-4; 1666, 2 vol. in-4; 1679, 2 vol. in-4; Leyde, 1719, 2 vol. in-fol., cartes et figures; Amsterdam, 1737, 2 vol. in-fol.

— Voyages Celebres & remarquables, Faits de Perse aux Indes Orientales, Par le Sr. Jean-Albert de Mandelslo, Gentilhomme des Ambassadeurs du Duc de Holstein en Moscovie & Perse. Contenant une Description nouvelle & très-curieuse de l'Indostan, de l'Empire du Grand-Mogol, des Iles & Presqu'îles de l'Orient, des Royaumes de Siam, du Japon, de la Chine, du Congo, &c. Où l'on trouve la situation exacte de tous ces Pays & Etats. & où l'on rapporte assez au long le Naturel, les Mœurs, & les Coutumes de leurs Habitans; leur Gouvernement Politique & Ecclesiastique; les Raretez qui se rencontrent dans ces Pays; & les Ceremonies qu'on y observe Mis en ordre & publiez, après la mort de l'Illustre Voyageur, par le Sr. Adam Olearius, Bibliothecaire du Duc de Holstein, & Mathematicien de sa Cour. Traduits de l'Original Par le Sr. A. de Wicquefort, Conseiller des Conseils d'Etat & Privé du Duc de Brunswick, Lunebourg, Zell, &c. Resident de l'Electeur de Brandebourg, & Auteur de l'Ambassadeur & de ses Fonctions. Divisez en deux Parties. Nouvelle Edition revûe & corrigée exactement, augmentée considérablement, tant dans le corps de l'Ouvrage qu'aux Marginales, & surpassant en bonté & en beauté les précédentes Éditions. On y a encore ajouté des Cartes Géographiques, des Représentations des Villes, & autres Taille-douces très-belles & très-exactes. On y trouve à la fin une Table fort ample & fort exacte. A Amsterdam, Chez Michel Charles Le Cêne, MDCCXXVII, 2 vol., in-folio.

— The Voyages and Travels of Mr. John-Albert de Mandelslo, (a Gentleman belonging to the former Embassy) into the East-Indies, in the years 1638, 1639 and 1640. Containing a Particular Description of the Empire of the Great Mogul, the Kingdom of Decan, Calicut, Cochin, Zeylon . . . . . the Chinese Empire . . . . . . &c. In three Parts. (Harris' *Coll.*, II, pp. 113-176.)

Ces voyages avaient déjà paru en Anglais :

— The Voyages and Travels of the Ambassadors sent by Frederick, Duke of Holstein, to the Great Duke of Muscovy, and the King of Persia, begun in the year MDCXXXIII, and finish'd in MDCXXXIX. Containing a compleat History of Muscovy, Tartary, Persia, and other adjacent Countries . . . Whereto are added, The Travels of John Albert de Mandelso (a gentleman belonging to the Embassy), from Persia into the East Indies . . . Written originally by Adam Olearius, Secretary to the Embassy . . .; Faithfully rendered into English, by John Davies, of Kidwelly. London, 1662, pet. in-folio.

Jurgen Andersen, 1644-1650. — Jurgen Andersens aus der hertzogthumb Schlesswig gelegenen Stadt Tundern Orientalische Reise-Beschreibung. 140 pages dans la collection d'Olearius, Hamburg, 1696, in-folio.

Voir le 3e. livre sur la Chine.

— De Beschryving der Reizen van Georg Andriesz; Deur *Oostindiën* en d'Eilanden, deur *Sina, Tartarijen, Persiën, Turckijen, Arabiën, Syriën, Palestina, Italiën* en *Duitslant* : sedert zijn uytvaart in't Jaar 1644, tot aan zijn wederkering in't 1650 jaar. Door Adam Olearius, in de Hoogduitsche Taal uitgegeven, en van J. H. Glazemaker vertaalt. Met kopere Platen versciert. T'Amsterdam, By *Jan Rieuwertsz.* en *Pieter Arentsz* . . . . In't Jaar 1670, in-4, pp. 164 s. l. p.

ALEXANDRE DE RHODES.

— Divers voyages et missions dv P. Alexandre de Rhodes en la Chine, & autres Royaumes de l'Orient, auec son retour en Europe par la Perse & l'Arménie. Le tovt divisé en trois Parties. A Paris, chez Sebastien Cramoisy et Gabriel Cramoisy, MDCL.III, in-4.

Epistre à la Reyne. — Table des Chapitres. — Extraict dv Privilege dv Roy. — Permission du Reuerend P. Prouincial. — Première Partie. pp. 1/60 : Le Voyage de Rome jusques à la Chine. — Seconde Partie. pp. 61/276 : Les divers voyages et Missions dans le royaume d'Annam. qvi comprend le Tunquin. & la Cochinchine. — Troisiesme Partie, pp. 1/82 : Les divers voyages et Missions.

Au commencement de la 2e. partie est insérée une carte du Royaume d'Annam.

On complètera les renseignements relatifs au Tong-king avec l'ouvrage suivant :

— Tunchinensis Historiae Libri duo, quorum altero status temporalis huius Regni. Altero mirabiles evangelicae praedicationis progressus referuntur. Coeptae per patres Societatis Iesv, ab anno 1627 ad Annum 1646. Authore P. Alexandro de Rhodes Auenionensi, eiusdem Societatis Presbytero Eorum quae hic narrantur teste oculato. Lugduni, Sumptib. Ioan. Bapt. Devenet . . . . MDCLII, in-4.

— Sommaire des divers voyages et missions apostoliqves, Du R. P. Alexandre de Rhodes, de la Compagnie de Iesvs, à la Chine, & autres Royaumes de l'Orient, auec son retour de la Chine à Rome. Depuis l'année 1618. jusques à l'année 1653. A Paris, chez Florentin Lambert . . . . . M.DC.LIII. Avec Privilege dv Roy. pet. in-8, pp. 114, s. l. déd. etc.

Ternaux-Compans (880) a inventé une édition de 1603. — Carayon indique une réimp. de 1655, même lieu, même format.

— Divers Voiages dv P. Alexandre de Rhodes En la Chine, & autres Roiaumes de l'Orient, Auec son retour en Europe par la Perse & l'Armenie, Le tovt divisé en trois parties. Seconde edition. A Paris, Chez Sebastien Mabre-Cramoisy . . . . . ., M.DC.LXVI. in-4, pp. 342, s. l. t.

Carayon indique une édition de 1688.

— Divers Voyages de la Chine et autres Royaumes de l'Orient. Avec le retour de l'Autheur en Europe. par la Perse & l'Armenie. Le tout divisé en trois parties. A Paris, Chez Christophe Iournel, M.DC.LXXXI. Avec Priv. de sa Maiesté, in-4, pp. 342, s. l. t.

— Divers Voyages . . . . . Paris, 1682, in-4.

Cat. Fred. Muller, 1882 (1374), Fl. 6.

— Voyages et Missions du Père Alexandre de Rhodes de la Compagnie de Jésus en la Chine et autres royaumes de l'Orient. Nouvelle édition par un Père de la même Compagnie. Paris, Julien, Lanier & Cie., 1854, in-8. pp. VII—448. Pub. à Fr. 4.

On trouvera une courte notice sur le P. de Rhodes et une liste de ses travaux en tête de cette édition.

— Voir *Biog. univ.*, Art. d'Eyriès. — *Biog. gén.*, Vol. XLII.

THOMAS HERBERT.

— A Relation of some yeares Travaile, begunne *Anno* 1626. Into *Afrique* and the greater *Asia,* especially the Territories of the *Persian* Monarchie : and some parts of the Orientall *Indies,* and Iles adiacent. Of their religion, language, habit, discent, ceremonies, and other matters *concerning them.* Together with the proceedings and death of the three late Ambassadeurs : Sir *D. C.* Sir *R. S.* and the *Persian Nogdi* Beg : As also the two great Monarchs, the King of *Persia,* and the Great *Mogol.* By T. H. Esquier. London, Printed by William Stansby, and Jacob Bloome, 1634, pet. in-fol., fig., pp. 6 + 225 et tab.

D. C. = Dodmore Cotton. — R. S. = Robert Shirley. — T. H. = Thomas Herbert.

China : pp. 206-7.

Vend. Thonnelier (2513), Fr. 13.

— Some yeares || travels || into || divers parts of || Asia and Afrique. || Describing especially the two famous Empires, || the *Persian,* and great *Mogull* : weaved with || the History of these later Times || As also, many rich and spatious Kingdomes in || the Orientall INDIA, and other parts of ASIA ; Together with the adjacent Iles. || Severally relating the Religion, Language, Qualities. || Customes. Habit, Descent, Fashions, and other || Observations touching them. || With a revival of the first Discoverer of America. || Revised and Enlarged by the Author. London, . . . 1638, in-fol. pp. 364 & tabl. fig. & 2 pl.

Dédicace signée : Tho. Herbert.

China : pp. 336-341.

— Some years || travels || into || divers parts || of || Africa and Asia the Great || describing || More particularly the Empires of PERSIA and || INDUSTAN : Interwoven with such re- || markable Occurrences as hapned in those || parts during these later Times || As also, many other rich and famous Kingdoms in || the Orientall INDIA, with the Isles adjacent. || Severally relating their Religion, Language. Customs and Habit : || As also proper observations concerning them. || Third Impression much Enlarged, with many Additions, nigh a third || part more then was in any of the former Impressions, besides the addi- || tion of many new and lively Brass-cuts ; all by the Author now living. London . . . . MDCLXV. in-fol. pp. 420 & tabl., fig., pl. & carte dans le texte.

Dédicace signée : Tho. Herbert.

China : pp. 394-398.

— The Same . . . In this fourth Impression are added (by the Author now living) as well many Addi || tions throughout the whole work. as also several sculptures, never before printed. London, 1677, in-fol. pp. 399 & tabl. fig. pl.

Dédicace signée : Tho. Herbert.

China : pp. 375-378.

— Th. Herbert's Zee- en Lant-Reyse, Na verscheyde Deelen van Asia en Africa : beschryvende Voornamelijck de twee beroemde Rijcken van den Persiaen, en den Grooten Mogul. Als mede | verscheyde Machtige en Groote Koninckrijcken van Oost-Indien | en andere Gedaelten van Asia | te samen met de aenleggende Eylanden : Byzonderlijck verhandelende de Godtsdientst | Tale | Eygenschappen | Gewoonten | Drachten | Afkomsten | Manieren |

en andere aenmerckingen omtrent deselve. Beneffens een Verhael van den eersten Vinder van America. Uyt het Engels in de Nederlandtsche Tale overgeset door L. V. Bosch. Tot Dordrecht... 1658. pet. in-4. pp. 8 de diverses pièces. & 292.

British Museum 10028, df. 3.
Illustrations dans le texte.
Chine : pp. 173-179.

* Amst. 1665, in-4, pl.

Cat. Fred. Müller, 1882 (743 et 744), Fl. 4,50 et 4.

— Relation dv Voyage de Perse et des Indes Orientales. Traduite de l'Anglois de Thomas Herbert. Avec les Revolvtions arrivees au Royaume de Siam l'an mil six cens quarante-sept. Traduites du Flamand de Ieremie Van Vliet. A Paris, chez Iean dv Pvis, ruë S. Iacques, à la Couronne d'or. M.DC.LXIII. Avec Privilege dv Roy. in-4, pp. 632, s. l'ép. au lecteur et la tab.

De la Chine, pp. 527/537.
Vend. Thonnelier (2514), Fr. 3.

BORTS, 1670. — Voir col. 146.

J. JANSSEN STRUYSS (Jans Janszoon Strauss).

— Drie aanmerkelijke Reizen door Italien, Griekenlandt, Lijflandt, Moscovien, Tartarijen, Meden, Persien, Oost-Indien, Japan, etc. ‖ Met verscheydene curieuse Koopere Platen, door den Auteur selfs na het leven geteekent, verçiert. ‖ Amsterdam, by Jacob van Meurs, 1676, in-4, pp. 377 + 34 & ind., Pl. & cartes.

* Le même. Amsterdam, 1686, in-4.

* Le même. Haarl., 1741-2, in-4.

— J. J. Struys Drie aanmerkelyke Reizen, Door Italien, Griekenland, Lyfland, Moscovien, Tartaryen, Meden, Persien, Oost-indien, Japan, en verscheiden andere Gewesten. Waar in vertoont werden, behalven een naauwkeurige, en omstandige beschryvinge der gemelde Landen, en't geen tot haar natuur behoort, zeer wonderlyke, en waarachtige toevallen den Schryver overgekomen door Schipbreuken, Plonderingen, Slavernye onder de Turken, en Persiaanen, zwaare Hongersnood, Pyniging, en andere ongemakken. Gedurende den tyd van Zes en Twintig Jaren. Nevens twee Brieven, inzonderheid verhandelende het overgaan van Astracan, en't geene daar omtrent is voorgevallen; als ook een verhaal der elenden, en zwaare ongemakken, uitgestaan by D. Butler, door hem zelfs geschreven uit Ispahan. Laaste Druk. Waar in alle de Kopere Plaaten zyn vernieuwt, die door den Schryver zelfs in zyn tyd na het leven zyn getekent. Hier is noch by gevoegt Frans. Jansz. van der Heiden vervaarlyke Schipbreuk van't Oostindisch Jacht *ter Schelling,* onder het Land van Bengalen. Te Amsterdam, By Steeve van Esveldt, Boekverkooper, 1746, in-4., Front. et Planches gravées.

Vend. Thonnelier (2217), Fr. 10.
— Ebert cite une éd. allemande d'And. Müller, Amsterdam, 1678, in-fol.

* Reysen door Lyfland, Moscovien, Tartarien, Persiën en Oost-Indiën. Amst., 1705, in-4.

* Le Même. Amst. (1713), in-4.

Ces deux dernières éd. sont des éd. populaires du troisième voyage de Struys. — Cat. de Fred. Müller, 1882 (2055—2056), fl. 2 chacune.

— Les ‖ Voyages ‖ de ‖ Jean Struys, ‖ en Moscovie, en Tartarie, en Perse, ‖ aux Indes, & en plusieurs autres païs ‖ étrangers; ‖ Accompagnés de remarques particulières sur la qualité, ‖ la religion, le gouvernement, les coutumes et le négoce ‖ des lieux qu'il a vus; avec quantité de figures en ‖ taille-douce dessinées par lui-même; & deux ‖ lettres qui traitent à fond des malheurs d'Astracan. ‖ A quoi on a ajouté une chose digne d'être suë, la ‖ Relation d'un Naufrage, dont les suites ont produit des effets ‖ extraordinaires. ‖ Par ‖ Monsieur Glanius. ‖ A Amsterdam, chés la Veuve de Jacob van Meurs. M.DC.LXXXI. Titre rouge & noir. in-4, préf., 2 pp., table, 8 pp. texte, pp. 360, autre table pp. 14 & relation du Naufrage, pp. 80., pl. & carte.

Langlès (2096), Fr. 20. — Klaproth (1027), Fr. 15.

— Les Voyages de Jean Struys, en Moscovie, en Tartarie, en Perse, aux Indes, & en plusieurs autres Païs étrangers; Accompagnez de remarques particulieres sur la Qualité, la Religion, le Gouvernement, les Coutumes & le Negoce des lieux qu'il a vus; avec quantité de figures en taille douce dessinées par luy-même; & deux lettres qui traitent à fond des malheurs d'Astracan. A Lyon, chez Tomas Arnaulry. M.DC.LXXXII, 3 vol. in-12.

Struys a visité Formose (Mai 1650) pendant son premier voyage, voir les chap. X et XI dans le Vol. I, pp. 140 et seq.

— Les Voyages de Jean Struys, en Moscovie, en Tartarie, en Perse, aux Indes, & en plusieurs autres Païs étrangers; Accompagnez de remarques particulieres sur la qualité, la Religion, le Gouvernement, les Coûtumes & le Négoce des lieux qu'il a vûs; avec quantité de figures en taille douce, dessinées par lui-même; & deux Lettres qui traitent à fond des malheurs d'Astracan. Par Mr Glanius. A Amsterdam, Aux dépens de la Compagnie, MDCCXVIII, 3 vol. in-12.

* Les mêmes. — Amst., 1720, 3 vol. pet. in-8. (M. Nijhoff, 1877, Cat. N°. 154.)

* Les mêmes. — Rouen, Robert Machuel, 1724 et Paris, Pierre Ribou, 1719, 3 vol. in-12, fig.

Vend. Thonnelier (2218), Fr. 9.

Brunet et Ebert citent éd. françaises : trad. de Glanius : Lyon, 1684, 3 vol. in-12; — Amst. 1718 et 1720, 3 vol. in-12; — Brunet donne Lyon, 1683, 3 vol. in-12, mais ne cite pas l'éd. de 1682 que nous avons vue.

— The ‖ VOIAGES and TRAVELS ‖ of ‖ John Struys ‖ through ‖ *Italy, Greece, Muscovy, Tartary, Media, Persia, East-* ‖ *India, Japan,* and other countries in *Europe,* | *Africa,* and *Asia :* ‖ containing ‖ Remarks and Observations ‖ Upon ‖ the Manners, Religion, Politics, Customs and Laws of the Inhabitants; ‖ and a ‖ Description ‖ of other several ‖ Cities, Towns, Forts and Places of Strength : ‖ Together with ‖ An Account of the Authors many Dangers by Shipvreck, Robbery, ‖ Slavery, Hunger, Torture and the like. And Two Narratives of the Taking of *Astracan* by the *Cossacks,* sent from ‖ Captain D. *Butler.* ‖ Illustrated with Copper plates, designed and taken from the Life ‖ by the Author himself. Done out of *Dutch,* By John Morrison. London ...... 1684. in-4, pp. 378, mêmes planches & cartes que dans l'édition de 1676.

— *Biog. universelle;* art. d'Eyriès; Ebert, II, 849. p. 24.

PEDRO CUBERO.

— Breve Relacion, de la Peregrinacion qve ha hecho de la mayor parte del Mvndo Don Pedro Cvbero Sebastian, Predicador Apostolico del Asia, natural del Reyno de Aragon; con las cosas mas singulares que le han sucedido, y visto, entre tan barbaras Naciones, su Religion, Ritos, Ceremonias, y otras cosas memorables, y curiosas que hà podido inquirir; con el viage por tierra, desde España, hasta las Indias Orientales. Escrita por el mismo Don Pedro Cvbero Sebastian. Dirigida al Rey Nvestro Señor D. Carlos Segvndo, Monarca de las Españas, &c. Con privilegio. En Madrid : Por Iuan Garcia Infançon, Año 1680, in-4, pp. 360 et 9 ff. lim. au com.

Leclerc, *Bib. Am.,* (157), Fr. 40.

— Peregrinacion del Mvndo, del Doctor D. Pedro Cvbero Sebastian, Predicador Apostolico. Dedicada Al Excelentissimo Señor D. Fernando Ioachin Faxardo, de Reqvesens, y Zuñiga, Marqves de los Velez, &c. Virrey, y Capitan General del Reyno de Napoles. En Napoles, Por Carlos Porsile 1682. Con licencia de los Superiores, in-4, pp. 451, 2 ff. de t. à la fin. — 5 ff. lim. au com. — Front. gravé et port.

Leclerc, *Bib. Am.,* (158), Fr. 40. — Quaritch, (1872). Liv. 2.

— Peregrinacion qve ha hecho de la mayor parte del Mundo Don Pedro Cvbero Sebastian, Predicador Apostolico del Asia, natural del Reyno de Aragon; con las cosas mas singulares que le han sucedido, y visto, entre tan Barbaras Naciones, su Religion, Ritos, Ceremonias, y otras cosas memorables, y curiosas, què ha podido inquirir; con el viage por tierra, desde España, hasta las Indias Orientales. Escrita por el mismo Don Pedro Cvbero Sebastian. Dedicado al SS. Christo de las Injurias, sita en la Iglesia del Señor San Millan, anexo de S. Iusto, y Pastor desta Coronada Villa de Madrid. Segvnda Impression. En Zaragoza, Por Pasqual Bueno, Impressor del Reyno de Aragon. Año de 1688. in-4, pp. 288 et 7 ff. lim. au com.

Leclerc, *Bib. Am.,* (159), Fr. 30. — Quaritch, (1872) 18/.

— Descripcion general del Mvndo y notables svcessos qve han svcedido en el. Con la Armonia de svs tiempos, ritos, ceremonias, costvmbres, y trages de sus Naciones, y Varones Ilustres que en èl ha avido. Escrita por el Dotor Don Pedro Cvbero Sebastian, Missionario Apostolico, Confessor General, que ha sido, de los Exercitos del Augustissimo Señor Emperador Leopoldo, Primero de este nombre, contra el Turco en Vngria. Dedicala *[sic]* a la Serenissima Reyna de los Angeles, Maria Santissima de los Desamparados, Patrona, y Protectora desta Nobilissima Ciudad de Valencia. En Valencia : Por Vicente Cabrera, Impressor, y Librero de la Ciudad en la Plaça de la Seo. Año 1697. Vendense en la misma Imprenta, in-4, pp. 342 et 6 ff. lim. au com.

M. Leclerc écrit dans la *Bib. Americana,* p. 43 : « Nous devons à l'obligeance de M. le docteur Court d'avoir à signaler une deuxième partie de la relation de Cubero, imprimée à Naples chez Salvador Castaldo, en 1684, sous ce titre : « Descripcion general del Mundo ». C'est un volume in-4 de 446 pp. sans la table ; il est dédié « A la Serenissima Regina de los Angeles ».

Cette deuxième partie est beaucoup plus rare que la première. L'édition de 1684 doit en être la seule imprimée. C'est la première fois qu'on signale l'existence de deux parties de l'ouvrage de ce voyageur. Pinelo qui cite cette date, ne mentionne pas que ce soit ce volume.

L'exemplaire existe dans la riche collection de M. Court. »

* Epitome de los arduos viages que ha hecho el Doctor Cubero Sebastian en las quatro partes del mundo, Asia, Africa, America, y Europa. Cadiz, Christoval de Requena, 1700, in-4, pp. 112 et 7 ff. lim.

Leclerc, *Bib. Am.*, (160), Fr. 15.

— Peregrinazione del Mondo, del Dottor Don Pietro Cvbero Sebastiano, Predicatore Apostolico. Tradotta dalla lingua Spagnola nell' Italiana Per il Signor D. Francesco de la Serna, y Molina, Nobile del Regno d'Aragona. Dedicata all' eccellentissimo signor D. Gasparo d'Haro, e Gvsmano, Marchese del Carpio, e d'Helicce, &c. Vice Rè, e Capitan Generale nel Regno di Napoli. Impresso à spese del Magnif. Giuseppe Criscolo. In Napoli, Per Carlo Porsile M.DC.LXXXIII. Con licenza de' Superiori. in-4, pp. 339 s. la table (2 ff.) à la fin et 4 ff. prél. pour le titre &c. Front. gravé et portraits de D. G. de Haro e Gusman et de D. Pedro Cubero Sebastian.

Cap. 41. Si descriue breuemente il grande, e potente Impero della Cina.

Cap. 42. Si descriue la Tartaria, il modo di vita, Riti, e Cerimonie de' Tartari.

Cap. 43. Scriuesi l'occasione della sanguinosa guerra frà Tartari, e Chinesi.

BERYTE. — BOURGES. — Voir col. 354.

— Route que tinrent les Pères Bouvet, Fontaney, Gerbillon, le Comte, & Visdelou depuis le Port de Ning po jusqu'à Peking, avec une Description très exacte & circonstanciée de tous les lieux par où ils passèrent dans les Provinces de Tche kiang, de Kiang nan, de Chan tong, & de Pe tcheli. (Du Halde, *Description*, I, pp. 61-81.)

Les Pères partirent de Ningpo le 26 Novembre 1687.

— The Travels of Five French Jesuits from Ning-po fû to Pe-king, in 1687.

Cette version faite d'après du Halde est imprimée dans la *Collection de Voyages* de Astley, Vol. 3, pp. 513-530. — Voir aussi *Hist. gén. des Voy.* (Prévost), V, pp. 418 et seq.

— Route que tint le Père de Fontaney depuis Peking jusqu'à Kiang tcheou dans la Province de Chan si, & depuis Kiang tcheou jusqu'à Nan king, dans la Province de Kiang nan. (Du Halde, *Description*, I, pp. 81-94.)

Le Père de Fontaney quitta Peking le 30 mars 1688.

(PEDRO CUBERO. — etc.)

— The Journey of Jean de Fontaney, Jesuit, from Peking to Kiang chew, in the Province of Shan si, and thence to Nanking, in 1688.

C'est une version anglaise arrangée ; elle a été imprimée dans la *Collection de Voyages* de Astley, Vol. 3, pp. 530—539. — Voir également l'*Hist. gén. des Voyages* (Prévost), V, pp. 446/460, Chap. IX.

— Route que tint le Père Bouvet depuis Peking jusqu'à Canton, lorsqu'il fut envoyé par l'Empereur Cang hi en Europe en l'année 1693. (Du Halde, *Description*, I, pp. 95-104.)

Le P. Bouvet quitta Peking le 8 juillet 1693.

— The Journey of Joachim Bouvet, Jesuit, from Pe-king to Kanton, when sent by the Emperor Kanghi into Europe, in 1693.

C'est une version anglaise arrangée ; elle a été imprimée dans la *Collection de Voyages* de Astley, Vol. 3, pp. 540—545. — Voir *Hist. gén. des Voyages*, V, pp. 460 et seq.

PHILIPPE AVRIL.

— Voyage en divers Etats d'Europe et d'Asie, Entrepris pour découvrir un nouveau chemin à la Chine. Contenant Plusieurs Remarques curieuses de Physique, de Geographie, d'Hydrographie & d'Histoire. Avec une Description de la grande Tartarie, & des differens Peuples qui l'habitent. A Paris, Chez Claude Barbin.... Jean Boudot.... George & Louis Josse, M.DC.XCII. Avec Privilege du Roy. in-4, pp. 406 sans l'Epistre et la Préface du commencement et la Table de la fin.

Liv. I. Voyage d'Orient. — II. Voyage de Tartarie. — III. Voyage de Chine. — IV. Voyage de Moscovie. — V. Voyage de Moldavie. — Relation de ce qui s'est passé à Julfa, à la publication du Jubilé, l'an 1691.

Carte et gravures. Par le Père Philippe Avril, de la Compagnie de Jésus.

* Utrecht, 1693, in-12. — Paris, Jean Boudot, 1693, in-12, pp. 342 (De Backer).

— Travels into divers Parts of Europe and Asia, undertaken by the *French* King's Order to discover a new Way by Land into China. Containing many curious Remarks in Natural Philosophy, Geography, Hydrography, and History. Together with a Description of *Great Tartary*, and of the different People who inhabit there. By Father Avril, of the order of the Jesuits. Done out of French, To which is added, A Supplement extracted from *Hakluyt* and *Purchas;* giving an account of several Journeys over Land from *Russia Persia*, and the *Moguls* Country to *China*. Together with the Roads and distances of the places. Imprimatur April 4. 1693. *Char. Heron.*

(PHILIPPE AVRIL.)

London : Printed for *Tim. Goodwin*, at the *Maidenhead* over-against *St. Dunstan's Church* in *Fleet Street*. MDCXCIII, in-12, pp. 191-178 s. l. p.

Notice par E. C. Bridgman : *Chin. Rep.*, X, pp. 297 et seq.

— An Account of Several Roads into China. (Harris' *Collection of Voyages*, II, pp. 253-8.)

— Father Averil's Travels into some Parts of Tartary. (*Ibid.*, pp. 247 et seq.)

* Avril, Ph., Reize door verscheidene Staten van Europa en Asia, Turkyen, Persien, enz. Nevens de beschryvinge v. Groot Tartaryen. Uit het Frans. d. H. v. Quellenburgh—Utr., 1694, in-4, pl.

Cat. Fred. Muller, 1882 (1796), fl. 2.50.

— Nachrichten aus Persien, aus der Turcken, aus der grossen Tartaren, aus Siberien | Moscau und Pohlen. Oder Vierfache Reis-Beschreibung R. P. Avril Soc. Jesu.

Vol. XVII. des *Neüen Weltbottens* (Stöcklein) Nos. 383/387, pp. 41/97.

— *Biog. univ.*, Art. de Weiss.

— *Biog. générale.*

∴

— Relation du Voyage fait à la Chine sur le Vaisseau l'Amphitrite, en l'année 1698. Par le Sieur Gio: Ghirardini, Peintre Italien. A Monseigneur le Duc de Nevers. M.DCC, in-12, pp. 80-156.

Ghirardini. peintre italien, partit de France pour la Chine avec le Père Bouvet et d'autres missionnaires. De Canton, où il arriva le 2 Nov. 1698, il écrivit cette Relation sous forme de lettre au Duc de Nevers. Les 80 premières pages sont consacrées à cette lettre qui est datée «à Canton ce 20 février 1699.»

Cette lettre est suivie de:

Lettre à Monsieur ** touchant les honneurs que les Chinois rendent au Philosophe Confucius et à leurs ancêtres, pp. 1/103.

Seconde lettre sur le même sujet avec le décret d'Alexandre VII (23 mars 1656), pp. 103/151.

Lettre du Roy de Portugal au Cardinal Barberin Protecteur de cette couronne (à Lisbonne le 31 d'Aoust 1699), pp. 151/156.

Langlès (2364), Fr. 7.

— Relation du voyage Fait à la Chine sur le Vaisseau l'Amphitrite, en l'année 1698. Par le sieur Gio. Ghirardini, Peintre Italien. A Monseigneur le Duc de Nevers. A Paris, chez Nicolas Pepie .... M.DCC. Avec Permission, in-12, pp. 94.

— A Journal of the First French Embassy to China, 1698-1700. Translated from an unpublished Manuscript by Saxe Bannister, M. A. Queen's College, Oxford. With an Essay on the friendly disposition of the Chinese Government and People to Foreigners. London: Thomas Cautley Newby, 1859, in-12, pp. IV-CLIV.

C'est la traduction du Journal de l'*Amphitrite*.

Il y avait onze missionnaires à bord de l'*Amphitrite* : les PP. Bouvet, Dolzé. Pernon. de Broisia, de Premare. Regis, Parennin, Geneix et le frère de Belleville (embarqués à la Rochelle), Domenge et Baborier (embarqués au Cap de Bonne Espérance). Ces derniers pères étaient partis avec l'escadre de M. des Augers qui ne garda que les PP. Foucquet et d'Entrecolles et le frère Frapperie.

Voir sur ce voyage les lettres adressées au P. de la Chaise par le P. de Prémare (A Canton, le 17 février, 1699, *Let. éd.*, éd. de Mérigot, XVI, pp. 338 et seq., éd. de Grimbert, II, pp. 180 et seq.) et par le P. Bouvet (A Pékin. le 30 de novembre 1699. *Let. éd.*, éd. de Mérigot, XVI, pp. 372 et seq., éd. de Grimbert, II, pp. 200 et seq.).

— Lettre du P. de Tartre, à M. de Tartre son Père. A Canton. le 17 Décembre 1701 (sur le 2e. Voyage de l'*Amphitrite*) (*Let. éd.*, 3e. Recueil).

GEMELLI-CARERI.

— Giro del Mondo del Dottor D. Gio : Francesco Gemelli Careri. In Napoli, Nella Stamperia di Giuseppe Roselli. 1699—1700. 6 vol. pet. in-8.

Parte quarta contenente le cose più ragguardevoli vedute nella Cina. 1700.

Le premier vol. est orné du portrait du Dr. Gemelli-Careri.

* Napoli, 1708, 6 vol.; Napoli, 1721, 9 vol.

Stuck, p. 119, cite : Venezia, 1719, 9 vol. in-8.

— Dal Giro del Mondo del Dottor Gio. Francesco Gemelli Careri. (A. de Gubernatis, *Storia dei Viag.*, pp. 250 et seq.).

— Voyage du Tour du Monde, Traduit de l'Italien de Gemelli Careri, par M. L. N. Enrichi d'un grand nombre de Figures. A Paris, chez Etienne Ganeau, Libraire rue S. Jacques, aux Armes de Dombes, vis-à-vis la Fontaine S. Severin M.DCCXIX. Avec Approbation & Privilege du Roy. 6 vol. in-12.

Tome IV. : De la Chine.

— Voyage du Tour du Monde, Traduit de l'Italien de Gemelli Careri, Par M. L. N. Nouvelle Edition augmentée sur la dernière de l'Italien, & enrichie de nouvelles Figures. A Paris, chez Etienne Ganeau . . . MDCCXXVII. Avec Approbation & Privilege du Roy. 6 vol. in-12.

«Le libraire Martin me paraît être le premier qui, dans le catalogue des livres de Bellanger. publié en 1748, attribua à Le Noble cette traduction, imprimée huit ans après la mort de ce fécond écrivain; il a été suivi par De Bure dans sa *Bibliographie instructive*, et par tous les rédacteurs de *Dictionnaires historiques*. Mais il est à remarquer que les écrivains du temps les plus exacts laissent cette traduction sous le voile de l'anonyme; je puis citer Le Clerc, dans sa *Bibliothèque ancienne et moderne*; le *Journal des Savants*; l'abbé Lenglet. dans sa *Méthode pour étudier l'Histoire*; l'abbé Prévost. dans le t. V de son *Histoire générale des Voyages*, éd. in-4. Il est aussi à observer que Grosley, dans ses *Illustres Troyens*, n'attribue pas cette traduction au sieur Le Noble. Sur le frontispice de la seconde édition, publiée en 1727, on lit par M. L. N. Peut-être est-ce cet ordre de lettres initiales qui aura donné à Martin l'idée de présenter Le Noble comme traducteur de ce *Voyage*. Il est plus probable que Dubois de Saint-Gelais est ce traducteur. Voy. son article dans le *Moreri* de 1759. (A. A. Barbier, dans les *Supercheries littéraires dévoilées*, II, 1870, 800.)

— A Voyage round the World, by Dr. John Francis Gemelli Careri. In Six parts, viz. I. Of Turky. II. Of Persia. III. Of India.

IV. Of China. V. Of the Philippine Islands. VI. Of New Spain. Written originally in Italian, Translated into English. (Churchill's *Collection of Voyages*, IV, 1745.)

— Travels of Doctor John Francis Gemelli Careri in China, in 1695. (Astley's *Collection*, III, pp. 546/66).

Trad. sur la version française.
— *Hist. générale des Voyages*, V, pp. 469 et seq.
— *Biog. univ.*, Art. d'Eyriès.

∴

— Voyage du Perou en Chine et de Chine au Perou en 1708 à bord du *St. Antoine*, Capitaine Frondat.

Ms. français de la *Bib. Royale* de Stockholm dont nous devons l'indication à M. Strindberg. — In-fol., pp. 95 ; 12 cartes coloriées signées Pierre Moirie. — Sans titre. — Relié en cuir.

ADAM BRAND. — EVERT ISBRAND.
Voir le chap. des *Relations de la Russie*.

JOHN BELL.

— Travels from St. Petersburg in Russia to diverse parts of Asia. In two volumes. By John Bell, of Antermony-Glasgow: Printed for the Author by Robert and Andrew Foulis, Printers to the University, M.DCC.LXIII, 2 vol. in-4.

Volume I. Containing :
A Journey to Ispahan in Persia, in the years 1715, 1716, 1717, and 1718.
Part of a journey to Pekin in China, through Siberia, in the years 1719, 1720, and 1721. With a map of the Author's two routes between Mosco and Pekin.
Volume II. Containing :
The continuation of the journey between Mosco and Pekin. To which is added, a translation of the Journal of Mr. de Lange, resident of Russia at the Court of Pekin, in the years 1721 & 1722.
A journey from Mosco to Derbent in Persia, in the year 1722.
A journey from St. Petersburg to Constantinople, in the years 1737 and 1738,

— Travels from St. Petersburg in Russia, to Diverse Parts of Asia, containing, I. A journey to Ispahan in Persia, in the years 1715, 1716, 1717, and 1718. — II. A journey to Pekin in China, through Siberia, in the years 1719, 1720, 1721. With a Map of the Author's two routes between Mosco and Pekin : To which is added, a translation of the Journal of Mr. de Lange, Resident of Russia at the Court of Pekin, in the years 1721, 1722. — III. A journey from Mosco to Derbent in Persia, in the year 1722. — IV. A journey from St. Petersburg to Constantinople, in the years 1737 and 1738. By John Bell, Esq.; [Gentleman in several Embassies to the Emperors of China, Persia, &c.] in two volumes [in-12]. London : Printed for W. Homer, in the Strand, 1764.

— Travels from St. Petersburg in Russia, to various parts of Asia, in 1716, 1719, 1722, &c. By John Bell, of Antermony. (*Pinkerton*, VII, p. 271.)

Allibone cite : Dublin, 1764; Edin., 1788; et 1806.

On a publié dans le *N. C. Herald*, No. 390, 16 Jan. 1858, la portion du voyage de Bell relative aux événements qui se sont passés à Peking pendant l'ambassade russe (Nov. 1720). L'ouvrage de Bell a été traduit en russe.

Voir Lange au chap. des *Relations de la Russie avec la Chine*.

— Voyages depuis St. Petersbourg en Russie, dans diverses contrées de l'Asie; A Pékin, à la suite de l'Ambassade envoyée par le Czar Pierre I, à Kamhi, Empereur de la Chine; A Ispahan en Perse, avec l'Ambassadeur du même Prince, A Schah Hussein, Sophi de Perse; A Derbent en Perse, avec l'Armée de Russie, commandée par le Czar en Personne; A Constantinople, par ordre du Comte Osterman, Chancelier de Russie, & de M. Rondeau, Ministre d'Angleterre à la Cour de Russie. On y a joint une Description de la Sibérie, & une Carte des deux Routes de l'Auteur entre Moscow & Pékin. Par Jean Bell d'Antermony. Traduits de l'Anglois par M***. Avec des Remarques Historiques, Géographiques, &c. A Paris, chez Robin, MDCCLXVI, 3 vol. in-12.

Langlès (2099), Fr. 8.

— Extrait du Journal du Voyage du P. Gaubil et du P. Jacques de Canton à Peking, contenant plusieurs Observations Géographiques sur la situation des Provinces, Villes & Canaux, & qui se sont rencontrez sur la route. Par le P. Gaubil de la Compagnie de Jesus [Décembre 1722 — Mars 1723]. (*Observations*, publiées par le P. Souciet, I, pp. 127/134).

— The Journey of Anthony Gaubil, Jesuit, from Kanton to Peking, in 1722. Now first translated from the French [des *Observations* de Souciet]. (Astley's *Coll.*, III, pp. 581—584.)
— Voir *Hist. gén. des Voyages*, V, pp. 527 et seq.

LE GENTIL. — Voir col. 29.

∴

— Sur les Voyages à Canton, par le Cap de Bonne-Espérance ou par le Nord. (*Rec. de l'Ac. des Sc.*, *Hist.*, [Année 1772, Ière. Partie] 1775, pp. 94 et seq.)

— Mémoire dans lequel on fait voir que de France à Canton, par le Nord-Est, les voyages seroient presqu'aussi longs qu'ils le sont par le Cap de Bonne-Espérance. Par M. le Gentil. (*Rec. de l'Ac. des Sc.*, *Mém.*, [Année 1772, Ière. Partie] 1775, pp. 452/5.)

* H. (I. H.) Kurze Beschreibung über des Schiffs, *Cronprinz Christian,* glücklich gethane Reise nach und von China, von 1730 bis 1732. Copenhagen und Leipzig, 1750, in-8.

Götting. Zeit. 1750, p. 604. — Stuck (622).

— Journal de la Navigation du Vaisseau de la Compagnie des Indes *Le Jazon* commandé Par Monsieur Defremery pour le Voiage de Chine années 1741, 1742 & 1743.

Ms. du XVIIIe. Siècle; Bib. du Dépôt des Cartes et Plans de la Marine, No. 5106; pet. in-folio de pp. 250. — Fig.

P. 6, on trouve comme passagers pour Chine : François Griffé, missionnaire; Cabeüil, 1er. subrécargue, Drugeon 2e, idem, Boissierre, commis, à la table; — Joannis, m^{e}. d'hotel, Jacques Cantier, 2e. Cuisinier, Nicolas Voiselle, domestique de M. Cabeüil, François Vaintelon, domestique de M^{r}. Drugeon, à l'office.

Voir pp. 67 et seq. : Voiage de Pontichéry [sic] à Mahé avec le détail de ce qui sy est passé pendant la guerre qu'on y a faitte : 1741.

Pp. 136 et seq. : Remarques sur la Ville de Canton, Religion, Police et Mœurs des Chinois.

Ce voyage fort intéressant du Capitaine Nicolas De Fremery de Lorient est attribué dans le *Cat. gén. des Livres composant les Bib. du Dép. de la Marine et des Colonies,* Paris, 1840, III, p. 402, soit à Charles-Nicolas Maupin, de St. Germain-en-Laye, soit à Jean-Baptiste Berthelin, de Paris, tous les deux désignés sur le rolle de l'équipage, p. 3 du Ms., comme enseignes *ad honores.*

* Capt. Alex. Hamilton. A New account of the East Indies. London, 1744, 2 vol. in-8.

* Reichard's (Ioh. Peter). Reisen nach China. Onelzbach, 1755, in-8.

Stuck (1181).

P. OSBECK, etc.

— Dagbok ofwer en Ostindisk Resa Aren 1750 . 1751 . 1752. Med Anmärkningar Uti Naturkunnigheten, främmande Folkslags Sprak, Seder, Hushållning, m. m. På Fleras åstundan Utgifwen Af Pehr Osbeck. Kongl. Sw. Wettenskaps Societetens Ledamok. Jamte 12 Tabeller Och Afledne Skepps-Predikanten Toréns Bref. Stockholm, Lor. Ludv. Grefing, 1757, in-8, pp. 376 s. l. t. etc. (12 planches).

— Andledningar Til Nytig Upmärksamhet Under Chinesiska Resor, upgifne I Kongl. Vet. Academien, Uti Et Inträdes-Tal, Den 25 Februarii, 1758. Af Pehr Osbeck, Hof-Predikant och Ledamot af K. Vet. Societ. i Upsala. *På kongl. Vetenskaps Academiens befallning.* Stockholm, Tryckt hos Direct. Lars Salvius, 1758. Pièce in-8 de 18 pages, sans pagination.

— Herrn Peter Osbeck, Pastors zu Hasslöf und Woxtorp, der Königl. Schwedischen Akademie zu Stockholm und der Kön. Gesellschaft zu Upsala, Mitgliedes, Reise nach Ostindien und China. — Nebst O. Toreens Reise nach Surratte und C. G. Ekebergs Nachricht von der Landwirthschaft der Chineser. Aus dem Schwedischen übersetzt von J. G. Georgi. Mit 13 Kupfertafeln. *Rostock,* verlegts *Johann Christian Koppe,* 1765, in-8, 3 ff. n. c. + pp. xxiv-552 + 13 ff. n. c. pour l'index.

— Reise des Herrn Olof Toree nach Surate und China, nebst einer kurzen Beschreibung von der Chinesischen Feldökonomie, und einer Nachricht von dem gegenwärtigen Zustande der engländischen Colonien in dem nördlichen Amerika. Herausgegeben vom Herrn Linnäus. Leipzig, bey Christian Gottlob Hilschern, 1772. in-8, pp. 238.

— A Voyage to China and the East-Indies by Peter Osbeck . . . . together with a Voyage to Surratte by Olof Toreen . . . . and an Account of the Chinese Husbandry, by Captain Charles Gustavus Eckeberg. — translated from the German by John Reinhold Forster, F. A. S., to which are added a Faunula and Flora Sinensis. London, B. White, 1771, 2 vol. in-8.

Langlès (2359), Fr. 10.05. — Quaritch, 1872, 12/.

Voir un compte-rendu de ce voyage dans *The Chinese Repository,* I, pp. 209 et seq. by E. C. Bridgman; réimp. dans *The Cycle,* 11th. June 1870. — *The Canton Register,* Vol. 3, No. 11, 1830.

— Voyage de Mons. Olof Torée Aumonier de la Compagnie Suedoise des Indes Orientales, fait à Surate, à la Chine &c. depuis le prémier Avril 1750. jusqu'au 26. Juin 1752., publié par M. Linnaeus, & traduit du Suedois par M. Dominique de Blackford. A Milan. MDCCLXXI. Chez les Freres Reycends Libraires sous les Arcades de Figini. Avec approbation, in-12, pp. 92.

— Précis historique de l'économie rurale des Chinois, Présenté à l'Académie Royale des Sciences de Suède l'an. 1754, par M. Charles Gustave Eckeberg, Capitaine d'un vaisseau de la Compagnie Suédoise des Indes Orientales, publié par M. Linnaeus, & traduit du Suédois par M. Dominique de Blackford. *Ibid.*, in-12, pp. 47.

Ces deux ouvrages sont suivis d'un autre avec une pagination différente, intitulé « Précis de l'état actuel des colonies angloises dans l'Amérique Septentrionale par M. Dominique de Blackford ».

L'original suédois de l'ouvrage d'Ekeberg a paru à Stockholm, 1757, in-8, pp. 32.

* Carl Gustav Ekeberg Ostindiska Resa, ären 1770 och 1771. Stockholm, 1773, in-8.

— Carl Gustav Ekeberg's Königl. Schwedischen Schiffs-Kapitäns Ostindische Reise in den Jahren 1770 und 1771. Aus dem Schwedischen übersetzt. Nebst einem Anhange geographischer, naturhistorischer und wissenswerther Nachrichten Schina und Die Schinesische Tartarey betreffend. Aus dem Französischen übersetzt. Neue Ausgabe. Dresden und Leipzig, 1807, in-8.

[C. G. Ekeberg.] Min Son på Galejan, Eller en Ostindisk Resa, Innehållande Allahanda Bläckhornskram, Samlade på Skeppet Finland, som Afseglade ifrån Götheborg i Dec. 1769, och återkom dersammastädes i Jun. 1771. Stockholm, Tryckt hos Peter Sohm, 1805-1806, 2 vol. in-8.

⁂

* Voyage to the East-Indies in 1747 and 1748. Containing an account of the islands of St. Helena and Java. Of the City of Batavia, and of the Government and political conduct of the Dutch. Of the Empire of China. London, 1762, in-8.

DELAPORTE. — Voir col. 86.

PIERRE POIVRE.

— Voyages d'un philosophe ou Observations sur les mœurs & les arts des peuples de l'Afrique, de l'Asie et de l'Amérique. A Yverdon, M.DCC.LXVIII, in-12, pp. 140 et 1 f. de table.

— Voyages d'un philosophe, ou Observations sur les Mœurs & les Arts des Peuples de l'Afrique, de l'Asie & de l'Amérique. Par M. Poivre, ancien Intendant de l'Isle de France. A Maestricht, Chez Jean-Edme Dufour & Philippe Roux, MDCCLXXIX, in-12, pp. 154.

— Voyages d'un Philosophe. par Pierre Poivre. Troisième Edition à laquelle on a joint une notice sur la Vie de l'Auteur, et deux de ses discours aux Habitans et au Conseil-Supérieur de l'Isle de France. A Paris, Chez du Pont.... L'an II, in-12, pp. xciv-200.

«Les *Voyages d'un Philosophe* publiés sous son nom (celui de Pierre Poivre], sont un choix de fragments tirés de ses manuscrits, mais imprimés à son insu. Ils ont eu de nombreuses éditions; la dernière, publiée à Paris en 1797 chez Dupont, est augmentée de plusieurs fragments et précédée d'une notice sur la vie de Poivre par Dupont de Nemours.» (*Biog. univ.*, Art., *Poivre*, par de Gérando.)

*Travels of a Philosopher; or Observations on the Manners and Arts of the various nations in Africa and Asia. Translated from the French. London, 1769, in-8, 2/6 d. — Glasgow, 1770, in-12. Watt, *Bib. Britannica.*

— Trad. en Suédois, Götheborg, 1788, in-8.

⁂

— Mémoires de la campagne de découvertes dans les mers des Indes, par Mr le Cher Grenier, Enseigne de Vaisseau & de l'Académie Royale de Marine; Où il propose une Route qui abrege de 800 lieues la traversée de l'Isle de France à la Côte de Coromandel & en Chine. A Brest, Chez R. Malassis, Imprimeur ordinaire du Roi & de la Marine, M.DCC.LXX, in-4, pp. 38 et 1 carte.

Antoine de Lasalle. — Ce philosophe français, né à Paris le 18 Avril 1754, mort dans la plus profonde misère à l'Hôtel-Dieu de Paris, le 21 Nov. 1829, n'est plus connu aujourd'hui que comme le traducteur de F. Bacon (Dijon, 15 vol. in-8, an VIII). Il avait beaucoup voyagé et nous devons le citer parmi ceux qui ont visité la Chine, car nous trouvons l'entrée suivante dans un «Précis historique de la vie d'Antoine Delasalle», ms. de 2 pages in-4, écrit par Lasalle lui-même, relié avec l'exemplaire du «*Désordre régulier» à Berne, 1786, in-12,* appartenant à M. Ferdinand Denis, l'excellent administrateur de la Bib. Ste. Geneviève: «De 1774 en 1775; l'Orient — Java — Macao — Wampow — Canton en Chine — Sumatra — Ste Helène (Isle du roman de Cléveland) l'Orient.»

On consultera sur Lasalle les biographies écrites par Gence, l'une publiée en 1837, pet. in-8; l'autre dans la *Biog. univ.*, vol. 23, pp. 289/290; et le mémoire de M. Ferdinand Denis dans la *Biog. gén.*, vol. 29, col. 730/1.

SONNERAT.

— Voyage aux Indes Orientales et à la Chine, Fait par ordre du Roi, depuis 1774 jusqu'en 1781 .... par M. Sonnerat .... A Paris, MDCC.LXXXII, 2 vol. in-4, fig.

«Pour la beauté des épreuves, cette édition est préférable à celle de 1806 : 20 à 25 fr.; — fig. color., 36 à 40 f.; — gr. pap. de Holl., fig. en noir. 40 à 50 fr. Vend. 140 fr. *m. r.* Patu de Mello; et avec les fig. enlumin. Vend. 140 fr. Morel-Vindé; 80 fr. 50 c. Labédoyère.» (Brunet.) — Langlès (2360), Fr. 89.95, pap. H., fig. col. Thonnelier (2380), Fr. 7.50.

— Voyage aux Indes Orientales et à la Chine. Fait par ordre du Roi, depuis 1774 jusqu'en 1781 : Dans lequel on traite des Mœurs, de la Religion, des Sciences & des Arts des Indiens, des Chinois, des Pégouins & des Madégasses; suivi d'Observations sur le Cap de Bonne-Espérance, les Isles de France & de Bourbon, les Maldives, Ceylan, Malacca, les Philippines & les Moluques, & de Recherches sur l'Histoire Naturelle de ces Pays. Par M. Sonnerat, Commissaire de la Marine, Naturaliste Pensionnaire du Roi .... A Paris, M.DCC.LXXXII, 3 vol. in-8.

Vol. II. Livre IV, Chap. I. *De la Chine*, pp. 221/284.
Vol. III. Livre V. *Histoire naturelle*, pp. 95/286.
— Le même, Paris, Dentu, 1806, 4 vol. in-8 et Atlas in-4.

* Sonnerat... Reise nach Ostindien u. China, vom Jahre 1774-81. Aus dem Franz. 2 Bde. Mit 140 Original Kpfrn. Zürich, 1783. Orell, Füssli u. Co., gr.-4, 2 vol.

— Herrn Sonnerat ... Reise nach Ostindien und Ssina [sic] auf Befehl des Königs in den Jahren 1774 bis 1781 unternommen. Aus dem französischen Original in einen freien Auszug gebracht. Mit 17 Kupfertafeln. Frankfurt und Leipzig, bey Adam Gottlieb Schneider, 1784, in-8.

* Reize naar de O.-Indiën en China, 1774-81. U. h. Fr. d. J. D. Pasteur, Leid., 1785, 3 vol. in-8.

* Voyage to the East Indies and China, between the years 1774 and 1781. Translated from the French by Francis Magnus. Calcutta, 1788-89. 3 vol. gr. in-8.

— Observations de M. Law de Lauriston, sur l'ouvrage intitulé: Voyage de M. Sonnerat aux Indes orientales et à la Chine. (*Mém. conc. les Chinois*, IX, pp. XII et seq.) — Le ms. de ces Observations se trouve dans le Vol. III, No. 37, de la collection de pièces tirées des archives des Affaires étrangères publiée dans notre ouvrage, *La France en Chine*.

Ces observations ne relèvent que les erreurs relatives aux Indes.

— Réponse à des attaques faites par M. de Sonnerat contre les missionnaires de la Chine. (*Let. édif.*, *Pant. litt.*, IV, pp. 509-512).

* Lettre à M. Sonnerat, par Charpentier de Cossigny. A l'Ile de France, de l'imp. roy., 1782, in-4, pp. 112 et 7 ff. séparés à la fin.

* Supplément au Voyage de Sonnerat dans les Indes orientales et à la Chine, par un ancien marin (Foucher d'Obsonville). Amsterdam (Paris), 1785, in-8, pp. 31.

— Lettre d'un Missionnaire à M. l'abbé G***. Contenant une relation de son voyage de Canton à Péking. (*Mém. conc. les Chinois*, VIII, pp. 291/300).

* Thomas Gilbert. Voyage from New South Wales to Canton in 1788. With views of the islands discovered. London, 1789, in-4.

JOHN MEARES.

* Voyages made in the years 1788 and 1789, from China to the South-West Coast of America. To which are prefixed, an Introductory Narrative of a Voyage performed in 1786, from Bengal in the ship *Nootka*, and Observations on the probable existence of a North-West Passage and some account of the trade between the North West Coast of America and China. and the latter Country and Great Britain. London, Walter, 1790, in-4.

Langlès (2162), Fr. 29.

2d. ed., 1796, 2 vol. in-8.

— Capt. George Dixon : Remarks on the Voyage of John Meares; in a Letter to that Gentleman. Lond., 1790, in-4, 2s. 6d.

— John Meares : An Answer to Mr. George Dixon, late Commander of the Queen Charlotte. Lond. 1791, in-4, 2s.

— Capt. G. Dixon : Further Remarks on the Voyages of John Meares. Lond. 1791, in-4, 3s. 6d.

* Trad. : Italien, Torino, 1798, 4 vol. in-8. — Allemand, par G. Forster. Berl., 1796, 3 Part. in-4.

— Voyages de la Chine à la Côte nord-ouest d'Amérique, faits dans les années 1788 et 1789; Précédés de la relation d'un autre Voyage exécuté en 1786 sur le vaisseau le *Nootka*, parti du Bengale; D'un Recueil d'Observations sur la Probabilité d'un Passage Nord-Ouest; Et d'un Traité abrégé du Commerce entre la Côte Nord-Ouest et la Chine, etc. etc. Par le Capitaine J. Meares, Commandant le Vaisseau la *Felice*. Traduits de l'Anglois par J. B. L. J. Billecocq, Citoyen Français. Avec une Collection de Cartes géographiques, Vues, Marines, Plans et Portraits, gravés en taille-douce. A Paris, chez F. Buisson. An 3e de la République. 3 vol. in-8 et atlas in-4.

Langlès (2162 *bis*), Fr. 15.

∴

— Voyage de La Pérouse autour du Monde, publié conformément au décret du 22 avril 1791, et rédigé par M. L. A. Milet-Mureau, Général de Brigade dans le Corps du Génie, ... A Paris, de l'Imprimerie de la République. An V (1797), 4 vol. in-4 et atlas in-folio.

SIR GEORGE STAUNTON. — JOHN BARROW. — Voir le Chap. des *Rel. des Anglais*.

DE GUIGNES. — VAN BRAAM. — Voir le Chap. des *Rel. des Hollandais*.

— Voyage à Canton, capitale de la province de ce nom, à la Chine; Par Gorée, le Cap de Bonne Espérance, et les Isles de France et de la Réunion; suivi d'observations sur le voyage à la Chine, de Lord Macartney et du Citoyen Van Braam, et d'une Esquisse des Arts des Indiens et des Chinois. Par le C. Charpentier Cossigny, Ex-Ingénieur. A Paris, Chez André, ... an VII de la République française, in-8, pp. VIII-607.

Avertissement. pp. III-VIII. — Voyage, pp. 1/152. — Observations sur le Voyage à la Chine de Lord Macartney, pp. 153/414. — Observations sur le Voyage de Van Braam, pp. 415/472. — Esquisse, pp. 473/589. — Table, pp. 590/606. — Errata, p. 607.

— Charpentier-Cossigny's Reise nach China. 1801. 22 Bd. (*Magazin von merkwürdigen neuen Reisebeschreibungen*. Berlin, 1790—1839.)

— A short account of a passage from China, late in the season, down the China Seas, Through the Southern *Natuna Islands*, along the West Coast of *Borneo*, through the Straits of *Billitton* (or Clements Straits) to the Straits of *Sunda*. Accompanied with the following Charts, — From the Southern

Natunas to the Islands Carimatta and Souroutou; with those Islands only that were seen by the Fleet and laid down upon the Spot; — with the Soundings and useful Views of the Islands. — A Particular Chart of the Clements and Gaspar Straits upon a large Scale. — A general Chart, Six Inches to a Degree, comprehending from the Equator to the Straits of Sunda, and Eastward to Batavia, and from the Island Carimatta Westward to Lingin. — A Chart of the Straits of Allass, with Remarks for navigating them. — Dampier's and the Pitt's Straits, upon a large Scale, with Views of the Lands around them. — A Sheet of Views of particular Headlands and Islands. The whole laid down, drawn, and corrected, from the latest observations. By George Robertson. London : Printed by S. Couchman . . . . . . for Gilbert and Wright . . . . . . 1802, petit in-fol., pp. 67.

— The Oriental Voyager; or Descriptive Sketches and cursory remarks, on a Voyage to India and China in his Majesty's Ship *Caroline,* performed in the years 1803-4-5-6 . . . . . By J. Johnson, Esq., Surgeon in the Royal Navy. *London, John Asperne,* 1807, in-8.

Langlès (2361), Fr. 9.

— Journal, from 1st January 1814, to 31st December 1817 [of Captain J. Johnson].

British Museum; Additional ms. No. 29861; acheté le 30 Juin 1875.

— Voyage commercial et politique aux Indes orientales, aux îles Philippines, à la Chine, avec des Notions sur la Cochinchine et le Tonquin, pendant les années 1803, 1804, 1805, 1806 et 1807 . . . par M. Félix Renouard de Sainte-Croix, Ancien Officier de Cavalerie au service de la France, chargé par le gouverneur des îles Philippines de l'organisation des Troupes pour la défense de ces îles. Cet ouvrage est accompagné de Cartes géographiques de l'Inde et de la Chine, par MM. Mentelle, Membre de l'Institut, et Chanlaire, l'un des Auteurs de l'Atlas national. Paris, Aux Archives du Droit français, chez Clament frères, . . . de l'imprimerie de Crapelet, 1810, 3 vol. in-8.

Les petits-fils de l'auteur, MM. Louis et Ernest Dunoyer de Segonzac, ont continué la tradition de la famille : le premier a visité la Chine d'abord comme officier de marine, puis il y a résidé comme sous-directeur de l'Arsenal de Fou-tcheou; le second est attaché aux Douanes impériales chinoises.

— Reise nach Ostindien, den Philippinischen Inseln und China, nebst einigen Nachrichten über Cochinchina und Tunkin, von Felix Renouard de Sainte-Croix, ehemaligem Französischen Cavallerie-Offizier. Aus dem Französischen übersetzt von Ph. Chr. Weyland, Herzogl. Sachsen-Weimarischem Legations- und Krieges-rath. Berlin, in der Vossischen Buchhandlung, 1811, in-8, pp. 458.

Forme le Vol. 32 de la collection : *Magazin von merkwürdigen neuen Reisebeschreibungen, aus fremden Sprachen übersetzt und mit erläuternden Anmerkungen begleitet.*

— Daniell (Thomas & William). A picturesque Voyage to India by the Way of China. London, 1810-16; in-4 oblong; pl. col.

Langlès (2362), Fr. 300. — Vaut aujourd'hui de Fr. 15 à Fr. 20.

— Journal of a Voyage, in 1811 and 1812, to Madras and China; returning by the Cape of Good Hope and St. Helena; in the H. C. S. *the Hope,* Capt. James Pendergrass. By James Wathen. Illustrated with twenty-four coloured Prints, from Drawings by the Author. London, 1824, in-4, pp. xx-246.

HENRY ELLIS. — CLARKE ABEL. — Voir le Chap. des *Rel. des Anglais.*

— Voyage of His Majesty's Ship *Alceste,* along the Coast of Corea, to the island of Lewchew; with an account of her subsequent shipwreck. By John M'Leod, Surgeon of the *Alceste.* Second Edition. London : John Murray, 1818, in-8, pp. 323 + 2 f. prél.

— Voyage of His Majesty's Ship *Alceste,* to China, Corea, and the Island of Lewchew, with an Account of her Shipwreck. By John M'Leod, M.D., Surgeon of the *Alceste.* The Third Edition. London : John Murray, 1819, in-8, pp. VII-339.

First ed., 1817.
Langlès (2381), Fr. 20.

— Voyage du Capitaine Maxwell, Commandant l'*Alceste,* vaisseau de S. M. B. Sur la mer Jaune, le long des côtes de la Corée, et dans les îles de Liou-tchiou, avec la relation de son naufrage dans le détroit de Gaspar, ayant à bord l'ambassade angloise, à son retour de la Chine. Par John Mac-Leod, chirurgien de l'équipage. Traduit de l'anglois, Par Charles-Auguste Def., [auconpret]. Avec cinq Planches. Paris, Chez Gide, 1818, in-8, pp. 359.

L'app. sur les îles Liou-tchiou, — pris dans le Mém. du P. Gaubil, — imprimé dans l'éd. ang., n'est pas réimp. dans la trad. française.

* Tagebuch einer Landreise durch die Küstenprovinzen China's, von Manchao an der Seeküste von Hainan nach Canton. In den J. 1819 u. 1820. Aus dem Engl. von C. F. Leidenfrost. 1822 (XXXI Bd., 2 Abth., *Neue Bibliothek der wichtigsten Reisebeschreibungen,* Weimar, 1815-35).

* — einer in den Jahren 1819-1820 gemachten Fussreise von Manchao auf der Insel Hainan nach Canton. Aus dem Engl. (Aus dem *Ethnogr. Archiv.*) gr. in-8, Jena, 1823. Bran. [Engelmann].

Voir : *Journal of a trip overland from Hainan to Canton in 1819,* col. 154.

G. TIMKOVSKI. — Voir le Chapitre des *Relations des Russes.*

— History of a Voyage in the China Sea. By John White, Lieutenant in the United States Navy. Boston : Wells and Lilly, 1823, in-8, pp. IX-372, avec une carte du Donnai d'après Dayot et Pl.

Notice : *Bull. Soc. de Géog.*, III, 1825, p. 26.

L'ouvrage a été réimprimé sous le titre de :

— A Voyage to Cochin China. By John White . . . Longman, 1824, in-8, pp. XI-372.

*Reise durch China. 6 Bde. (*Taschenbibliothek der wichtigsten und interessantesten See- und Landreisen* . . . . . Nürnberg, 1827-36.)

Louis-Domeny de Rienzi. — Essai de Statistique de la Chine [par Rienzi], précédé d'une Notice sur ce Voyageur par le Directeur de la Revue.

Extrait de la *Revue des Deux Mondes*, br. in-8, pp. 39.

— Travels in Kamtchatka and Siberia; with a Narrative of a Residence in China, by Peter Dobell, Counsellor of the Court of his Imperial Majesty the Emperor of Russia. London, Henry Colburn & Richard Bentley, 1830, 2 vol. pet. in-8.

Le *Ch. Repos.*, XVIII, p. 424, cite : London, 1823, 2 vol. in-12.

— Sept Années en Chine. Nouvelles Observations sur cet Empire, l'archipel Indo-Chinois, les Philippines et les iles Sandwich, Par Pierre Dobel, Conseiller de Collège au service de Russie, ancien Consul de cette Puissance aux Iles Philippines, Traduit du Russe par le Prince Emmanuel Galitzin. Paris, Gide, 1838, in-8, pp. x-358.

Dupret, 1861, Fr. 5 : Paris, 1842, in-8.

L'ouvrage avait d'abord paru en russe.

— Voyage autour du Monde par les mers de l'Inde et de Chine exécuté sur la corvette de l'état *La Favorite* pendant les années 1830, 1831 et 1832 sous le commandement de M. Laplace Capitaine de frégate; publié par ordre de M. le Vice-Amiral Comte de Rigny, ministre de la Marine et des Colonies. Paris. Imprimerie royale. MDCCCXXXIII-XXXV. 4 vol. gr. in-8.

Le Vol. IV contient une table des matières.

Voyage autour du Monde . . . . Tome V. Paris, Arthus Bertrand, MDCCCXXXIX, gr. in-8.

Ce volume contient la Zoologie :

— 1re. partie : Recherches anatomiques et zoologiques sur les mammifères marsupiaux, par MM. Fortuné Eydoux et Laurent.

— 2e. partie : Zoologuie par MM. Fortuné Eydoux et Paul Gervais.

— Voyage autour du Monde exécuté, pendant les années 1830, 1831 et 1832, sur la corvette *la Favorite* Commandée par M. Laplace. Capitaine de Frégate. Atlas hydrographique. Publié par ordre du Roi sous le Ministère de M. le Comte de Rigny Vice-Amiral, Secrétaire d'Etat au Département de la Marine et des Colonies. Au Dépôt-général de la Marine. 1833. gr. in-folio.

Onze feuilles, avec la Table des Cartes et Plans qu'elles renferment.

— Nouvelles Expéditions anglaises aux îles Falkland et à la côte nord-est de la Chine par Allan Cunningham (traduit de l'*Athenaeum* dans la *Revue des Deux Mondes,* 1 Septembre 1833).

— Report of Proceedings on a Voyage to the Northern Ports of China in the ship *Lord Amherst.* Extracted from Papers, printed by order of the House of Commons, relating to the trade with China. London : B. Fellowes, 1833, in-8, pp. 296.

Un compte-rendu de ce voyage a été imprimé dans *The Canton Register*, 4 March 1834; réimp. dans *The N. C. Herald*, No. 463, June 11, 1859.

— Report of Proceedings on a Voyage to the Northern Ports of China in the ship *Lord Amherst.* Extracted from Papers, printed by order of the House of Commons, relating to the trade with China. 2nd ed. London, B. Fellowes, 1834, in-8, pp. 296 + 1 f. prél.

«This Voyage was projected by Mr. Marjoribanks, the late President of the Select Committee of Supra-Cargoes at Canton. The Gentlemen entrusted with the Mission, were Mr. Lindsay, one of the Company's Supra-Cargoes, and the Rev. Charles Gutzlaff, a Prussian missionary (advt.).»

Lindsay's Report, pp. 1-267.

Gutzlaff's Report, pp. 269-296.

Notices : par E. C. Bridgman dans *The Ch. Rep.*, II, pp. 528 et seq. ; réimp. dans *The Cycle*, 26 Nov. 1870. — *Asiatic Jour. & Monthly Reg.*, XII, 1833, pp. 94/107, 157/172.

* The Journal of two Voyages along the coast of China, in 1831 and 1832; the first in a Chinese Junk, the second in the British Ship *Lord Amherst* : with notices of Corea,

Lewchew, &c. By Charles Gutzlaff. New York, 1833, in-12, pp. 322.

Notice par E. C. Bridgman dans *The Ch. Rep.*, II, pp. 528 et seq.

— Journal of Three Voyages along the Coast of China, in 1831, 1832, & 1833, with Notices of Siam, Corea, and the Loo-choo Islands. By Charles Gutzlaff. To which is prefixed, an introductory Essay on the Policy, Religion, etc. of China, By the Rev. W. Ellis, Author of «Polynesian Researches, etc.» London : Frederick Westley and A. H. Davis, 1834, in-12.

The first voyage was published in the *Chinese Repository*, Vol. 1, pp. 16, May 1832, et seq.

The second voyage was made with Mr. Lindsay on board the «Lord Amherst». Vide supra.

The third voyage was made in the «Sylph». This account of it appeared originally in the «*Canton Register*». (Vide Note, p. XCII.) It was also published in *The Chinese Repository*, Vol. II, pp. 20, May 1833 et seq.

Il y a une notice de l'ouvrage complet dans le *Ch. Rep.* Vol. III, pp. 406 et seq.

Mrs. Gützlaff mourut le 16 Février 1831 (p. LXXXV).

— Voir *Quarterly Review*, LI, 1834, p. 468.

Voir col. 615—616.

* Emil Wendt u. Th. Vockerode, Jahrbuch der Reisen für junge Freunde der Länder- u. Völkerkunde. 1. Jahrg. Gützlaff's *Reisen in China*. (Mit 8 Kpfrn. u. 2 Karten.) Leipzig, 1843 (Dörffling u. Franke), in-8 [Engelmann].

* Journal of Voyages of D. Tyerman and G. Bennett in the South Sea Islands, China, India, etc. Compiled by J. Montgomery. London, 1831, 2 vol. in-8.

— Wanderings in New South Wales, Batavia, Pedir Coast, Singapore, and China; being the Journal of a Naturalist in those Countries during 1832, 1833, 1834. By George Bennett Esq., F. L. S., F. R. C. S., London, 1834, 2 vol. in-8.

Notice : *Quarterly Review*, LIII, 1835, pp. 1 et seq.

— Voyage of the *Huron*; round the promontory of Shantung; transactions in the harbor at Wei-hae-wei, of Keshan so, on the south side of the promontory, at Shanghae, at the Chusan Group, at the Nanjeih (Lamyet) islands, and in Tungshan (Tsangoa Bay). (*Chinese Rep.*, IV., pp. 308 et seq.)

Par E. Stevens. — Voyages des Missionnaires protestants Stevens et Medhurst pour distribuer des livres religieux aux Chinois.

— Extract from the manuscript Journal of the Reverend W. H. Medhurst in the *Huron*, during her voyage along the eastern coast of China, in the summer and autumn of 1835. (*Chin. Rep.*, IV, pp. 406 et seq.; Jan. 1836. — Réimp. dans *The Canton Register*, Vol. 9, 1836, Nos. 4 & 6. — Résumé dans *The As. Jour. & M. Reg.*, XX, 1836, pp. 17/29.)

— Voyage of the *Huron*, Capt. Winsor, to the East Coast of China. (*Canton Register*, Vol. 8, 1835, p. 179.)

— Travels in South Eastern Asia, embracing Hindustan, Malaya, Siam, and China; with notices of numerous Missionary Stations, and a full account of the Burman Empire, by the Rev. Howard Malcolm, of Boston, U. S. *London, Charles Tilt*, 1839, 2 vol. in-12.

Cet ouvrage a eu de nombreuses éditions. La première est de Boston, 1839, 2 vol. in-12; — 1839, in-8; Edin., «People's Edition»; 10th amer. ed., Phil., 1857.

— Journal of a Residence in China and the neighbouring Countries from 1830 to 1833 by David Abeel — revised and reprinted from the American Edition with an introductory Essay by the Hon. and Rev. Baptist Wriothesley Noel, M. A. London, James Nisbet & Co., 1835, in-12.

New York, 1834, in-12. — *Ibid.*, 2d ed., 1836, in-12.

— A brief Captivity amongst the Chinese. (*The Penny Magazine*, Aug. 1836; — réimp. dans *The Canton Register*, 1837.)

* A Subaltern's Sick leave, or Rough Notes of a Visit in search of health to China and the Cape of Good Hope. By Lieutenant Nicolas Polson, of the Bengal Native Infantry.

Notice : *Canton Register*, Vol. XI, 1838, No. 26.

Nicolas Polson, *pseud.* de Nicholson.

— Un voyage en Chine par Adolphe Barrot. (*Revue des Deux Mondes*, 1 et 15 Novembre 1839.)

— Relation d'un Voyage en Chine, par M. Richenet. Lettre à M. — des Missions étrangères à Paris. Macao, 4 Avril 1806. (*Jour. Asiat.*, 3e Sér., VII, 1839, pp. 512/536; VIII, 1839, pp. 97 et seq., 230 et seq., 295 et seq.; IX, 1840, pp. 30 et seq.)

— Manille, Canton, un théâtre chinois; Journal d'un officier de marine. (Article anonyme publié dans la *Revue des Deux Mondes*, 15 Septembre 1840.)

— Travelling Sketches in Various Countries. By Henry Fulton, M.D. London, Longman, MDCCCXL.

Dans le Vol. II (Asia, in-12), les Chapitres VI—IX sont consacrés à la Chine.

* James Holman, R. N. Travels in China, New Zealand, etc. London, 1840, in-8.

Notice : *As. Jour. & M. Reg.*, XIX, 1836, pp. 51/54.

* Kreuz- und Querzüge in China. Mit steter Rücksicht auf die Regierung u. Religion, die Sitten u. Eigenthümlichkeiten seiner Bewohner. Mit 1 Titelkpfr. (4 Th., *Reisen für die Jugend*, Leipzig, Hinrichs, 1840-3, in-8.)

— Sketches of China; partly during an inland journey of four months, between Peking, Nanking, and Canton; with Notices and Observations relative to the present war. By John Francis Davis, Esq., F. R. S., &c. Late His Majesty's Chief Superintendent in China. London, Charles Knight & Co., 1841, 2 vol. in-12.

— Schetsen en Tafereelen uit China door J. F. Davis. Groningen, W. Van Boekeren, 1843, 2 vol. in-8.

C'est une traduction de l'ouvrage précédent.

Sir E. Belcher's Voyage round the World. [Voir le chap. de la *Guerre d'opium.*]

— La troisième Partie de «*Life in China*», ouvrage du Rev. W. C. Milne, est consacrée à ses voyages. Elle a pour titre «*A Glance at Life in the Interior of China*» [1843] et se compose de trois chapitres [col. 68].

— Cartas escriptas da India e da China, nos annos de 1815 a 1835 por José Ignacio de Andrade a sua Mulher D. Marias Gertrudes de Andrade. Lisboa, Na Imprensa Nacional, 1843, 2 vol. in-8, avec portraits.

— Trade and Travel in the Far East; or Recollections of twenty-one years passed in Java, Singapore, Australia and China, by G. F. Davidson. London, Madden & Malcolm, 1846, in-12.

— Campagne dans les mers de l'Inde et de la Chine, à bord de la frégate l'Erigone commandée en 1841, 1842 et 1843, par M. Cecille, Capitaine de vaisseau, et en 1843 et 1844, par M. Roy, Capitaine de vaisseau, publiée par ordre du Roi sous le ministère de M. le Bon de Mackau, Ministre de la Marine et des Colonies. Paris, Arthus Bertrand, 1847-1850, 4 vol. in-8.

Les trois premiers volumes contiennent la *Météorologie* et le dernier renferme la fin des observations météorologiques et le *Magnétisme*, par M. A. Delamarche, ingénieur-hydrographe, et M. J. Dupré, lieutenant de vaisseau.

— Voyage en Chine, Cochinchine, Inde et Malaisie par Auguste Haussmann, Délégué commercial, Attaché à la légation de M. de Lagrené, Ministre plénipotentiaire de France, pendant les années 1844-45-46. Paris, G. Olivier . . . . . Desessart . . . . . 1847-1848, 3 vol. in-8.

I. (1847) : Première Partie : Voyage. — Du Cap au Nord de la Chine.
II. (1848) : Suite de la première Partie : Voyage.
III. (1848) : Deuxième Partie : Commerce de la Chine.

GEORGE SMITH.

— A Narrative of an exploratory visit to each of the Consular Cities of China, and to the islands of Hongkong and Chusan, in behalf of the Church Missionary Society, in the years 1844, 1845, 1846, by the Rev. George Smith, M. A., of Magdalen Hall, Oxford, and late Missionary in China. London : Seeley, 1847, in-8.

2d. ed., Lond., Seeley, 1847, in-8. — Réimp., New-York, 1847, in-12.

ROBERT FORTUNE.

— Three years' Wanderings in the Northern Provinces of China, including a visit to the Tea, Silk, and Cotton Countries : with an Account of the Agriculture and Horticulture of the Chinese, new plants, etc., by Robert Fortune, Botanical Collector to the Horticultural Society of London. 2nd. ed. London, Murray, 1847, in-8.

* Robert Fortune. Dreijährige Wanderungen in den Nord-Provinzen von China. Nach der 2. Auflage aus dem Englischen übersetzt von Prof. Dr. E. A. W. Himly. Göttingen, Vandenhœck & Ruprecht, 1853, gr. in-8, pp. IV-308. (*Bib. hist. geog.*, 1853.)

— Two Visits to the Tea Countries of China and the British Tea Plantations in the Himalaya. With a Narrative of Adventures, and a full description of the Culture of the Tea Plant, the agriculture, horticulture, and botany of China. By Robert Fortune. Third Edition. London, Murray, 1853, 2 vol. in-8.

Extrait sur *Hangchow* pub. dans *The N. C. Herald*, No. 106, 7 Aug. 1852.

— A Journey to the Tea Countries of China including Sung-Lo and the Bohea Hills, with a short notice of the East-India Company's Tea Plantations in the Himalaya Mountains : By Robert Fortune. With illustrations. London, 1852, in-8.

Duprat, 1861, Fr. 18.75.

— Robert Fortune's Wanderungen in China während der Jahre 1843-1845 nebst dessen Reisen in die Theegegenden Chinas u. Indiens 1848-1851. Aus dem Engl. übers. von Jul. Thdr. Zenker. Mit (13) Kpfrn. u. Karten. Leipzig, Dyk, 1854, in-8, pp. 413.

— A Residence among the Chinese : inland, on the coast, and at sea, being a narrative of scenes and adventures during a third visit to China, from 1853 to 1856, by Robert Fortune. London, Murray, 1857, in-8.

Pub. at 157. — *Quarterly Review*, CII, 1857.

— Yedo and Peking. A Narrative of a Journey to the Capitals of Japan and China. With Notices of the Natural Productions, Agriculture, Horticulture, and Trade of those Countries, and other things met with by the way. By Robert Fortune, Hon. Member of the Agri-Hort. Society of India. With Map and Illustrations. London : Murray, 1863, in-8, pp. xvi-395.

— Leaves from my Chinese Note Book. No. I : Howqua's Garden; II : Grafting of Trees; III : Method of taking Honey from Beehives. (*Gardener's Chronicle,* Oct. 1853; réimp. dans *The China Mail,* 1854, No. 473, 9 March — 477, 6 April — 483, 18 May.)

— Voyage agricole et horticole en Chine extrait des publications de M. Robert Fortune; traduit de l'Anglais par M. le Baron de Lagarde Montlezun.... Paris, Ve Bouchard-Huzard, 1853, in-8, pp. xv-232.

— Aventures de Robert Fortune dans ses Voyages en Chine à la recherche des Fleurs et du Thé, traduit de l'anglais (1843-50). Paris, Hachette, 1854, in-16.

— Charles Lavollée. Un Botaniste en Chine; Voyages de M. Robert Fortune. (*Revue des Deux Mondes,* 1 juillet 1858.)

— Sketch of a visit to China in search of new plants. (*Hortic. Soc. Journ.*, I, 1846, pp. 208/223.) — A notice of the Tien-ching or Chinese Indigo. (*Ibid.*, pp. 269/271.) — Note upon *Daphne Fortuni*, a new species introduced from China. (*Ibid.*, II, 1847, pp. 34/35.) — Experience in the transmission of living plants to and from distant countries by sea. (*Ibid.*, pp. 115/120.) — Note upon *Azalea ovata*, a new species introduced from China. (*Ibid.*, p. 126). — *Dielytra spectabilis*, a new plant introduced from China. (*Ibid.*, pp. 178/9.) — Chinese pinnated Berberris. (*Ibid.*, VII, 1852, pp. 225/6.) — [Chinese Method of taking honey from hives]. (*Entom. Soc. Trans.*, II, 1853 *(Proc.)*, pp. 139/140.) — Notice of a New Chinese Spiraea (*S. Reevesiana*, fl. pl. ?), discovered at Foo-chow-foo. (*Hort. Soc. Journ.*, IX, 1855, pp. 109/110.) — Some account of the Chinese Green Indigo plant, with specimen of the dye. (*India, Agric. Soc. Journ.*, IX, 1857, pp. 105/106.)

Voir col. 207.

∴

— Notices and Reminiscences of a Voyage from Canton, via Whampoa, Kinsing Mún, and Hongkong, to Wusung and Shanghai, in the Summer of 1847. From a private journal. By E. C. Bridgman. (*Ch. Rep.*, XVI, pp. 398 et seq.)

— Notices and Reminiscences of a Voyage from Canton, via Whampoa, Kinsing Mun, and Hongkong, to Wusung and Shanghai, in the Summer of 1847. (From a Private Journal.) (*Chin. & Jap. Rep.*, Sept. 1864.)

J. C. BOWRING.

— Hot Springs of Yong-Măk.

Voir col. 151.

— Letters from a French Traveller : *The China Mail,* 1848 : Letter I, No. 152, 13 January — II, No. 153, 20 January — III, No. 156, 10 Feb.

Ces trois lettres sont les seules qui aient paru d'une série qui devait en comprendre 14 ou 15.

* F. W. Grube und seine Reise nach China und Indien. Herausgegeben von E. Grube. Crefeld, 1848, in-8.

— Journal d'un Voyage en Chine en 1843, 1844, 1845, 1846 par M. Jules Itier. A Paris, chez Dauvin et Fontaine, 1848-53, 3 vol. in-8. Pub. à 15 fr.

Notice par C. Lavollée dans la *Revue de l'Or. et de l'Algérie,* V, 1849, pp. 296/308.

— *The Chinese Miscellany.* No. 1. A Glance at the Interior of China obtained during a journey through the Silk and Green Tea Districts. Shanghai, 1849, in-8, pp. 192. Pl.

Le titre intérieur porte : A Glance...... Taken in 1845.

— A Glance at the interior of China, obtained during a Journey through the Silk and Green Tea Countries. By W. H. Medhurst, D.D. Author of « China, its State and Prospects », etc. « English and Chinese Dictionary », etc. London : John Snow, 1850, in-8, pp. 192.

Même éd. que la précédente; on s'est contenté de substituer au titre imp. à Shanghai un titre imprimé à Londres.

— Interior China. — Medhurst and Fortune. (*North British Review,* Aug. 1857.)

— A Voyage to China; including a Visit to the Bombay Presidency; the Mahratta Country; the Cave Temples of Western India, Singapore, the Straits of Malacca and Sunda, and the Cape of Good Hope by Dr. Berncastle, Member of the Royal College of Physicians, London. In two volumes — London, William Shoberl, 1850, 2 vol. in-12.

— *Idem,* 1851, 2 vol. in-12.

Inscribed to Lapy Franklin.

— An extract of the Journal of Mr. J. W. Norman M.D. (from Hungary) of a voyage from Bombay to Bassora on the Euphrates, thence into Persia, and thence to Shanghai, in the North of China (*N. C. Herald,* 1851, No. 52, July 26 — 55, Aug. 16, etc.).

— La Chine et la presqu'île Malaise. Relation d'un voyage accompli en 1843, 1844, 1845 et 1846, par le Dr. Melchior Yvan. Paris, Boulé, 1850, in-8, pp. 158.

* Souvenirs de l'Ambassade française en

Chine. Macao et ses environs. Par le Dr. M. Yvan. Paris, 1852, br. gr. in-8, pp. 56.

— De France en Chine par le Dr. M. Yvan. Paris, Hachette, 1855, in-12, pp. 388, s. l. t.

Canton, voir col. 153.

— Dépôt général de la Marine. Rapport sur la campagne de la corvette *la Bayonnaise* dans les mers de Chine, par M. E. Jurien de Lagravière, Capitaine de vaisseau. Prix: 75 centimes. Annales hydrographiques (1851). 1re Partie, Revue et mise en ordre par B. Darondeau, ingénieur hydrographe. Paris, Paul Dupont, 1851, in-8, pp. 36.

Ce rapport est daté de la «Rade de Cherbourg, 6 décembre 1850.» 3 cartes.

Voir col. 107.

— Amiral Jurien de la Gravière. Souvenirs d'une station dans les mers de l'Indo-Chine : III. La colonie européenne en Chine, Macao, Canton, Hongkong. (*Revue des Deux Mondes*, 1 décembre 1851.) — IV. Les Côtes de Chine, avec une carte gravée. (*Rev.*, 15 janvier 1852.) — V. Le Port de Shanghaï et les Chinois du nord. (*Rev. des Deux Mondes*, 15 mars 1852.) — VI. Les Ports de la Chine. (*Rev.*, 1 mai 1852.) — XII. Amaral et les Pirates chinois. (*Rev.*, 1 mai 1853.)

— Voyage en Chine et dans les mers et archipels de cet empire pendant les années 1847-1848-1849-1850 par Jurien de la Gravière Capitaine, commandant la corvette *La Bayonnaise*, expédiée par le Gouvernement français dans ces parages, avec une belle carte gravée sur acier. Paris, Charpentier, 1854, 2 vol. in-18.

«Le 24 avril 1847, la corvette *La Bayonnaise* quittait la rade de Cherbourg pour se rendre dans les mers de Chine, où elle devait transporter le personnel du nouveau poste diplomatique créé à Canton.»

Le même : 2e édition, Paris, Hachette, 1864, 2 vol. in-18.

Le même : 3e édition, Paris, H. Plon, 1872, 2 vol. in-18.

— Voyage en Chine. Ténériffe. — Rio-Janeiro. — Le Cap. — Ile Bourbon. — Malacca. — Singapore. — Manille. — Macao. — Canton. — Ports chinois. — Cochinchine. — Java. Par M. C. Lavollée, Membre de la Mission de France en Chine (1843-1846). Paris, Just Rouvier . . . . . . A. Ledoyen. Octobre 1852. in-8, pp. 466. Pub. à 6 fr.

* Lavollée, Reise i China, tilligerned beskrivelse af Michel Novarros fangenskab i det indre af China. Kjφbenhavn, Steen, 1858, in-8, pp. 170 (*Bib. hist. geog.*, 1858).

— Recollections of a Three years' Residence in China; including Peregrinations in Spain, Morocco, Egypt, India, Australia, and New Zealand. By W. Tyrone Power. London, Richard Bentley, 1853, in-8, pp. xv-380.

HUC et GABET.

— Souvenirs d'un voyage dans la Tartarie et le Thibet pendant les années 1844, 1845 et 1846. Par M. Huc, Ancien missionnaire apostolique. Cinquième édition. — Paris, Gaume, 1868, 2 vol. in-12.

1ère. éd., Paris, A. Le Clère et Cie., 1850. 2 vol. in-8. — 2e. éd., *Ibid.*, 1853, 2 vol. in-12. — 3e. éd., Paris, Gaume Frères, 1857. 2 vol. in-12.

Notice par C. Lavollée dans la *Rev. de l'Or. et de l'Algérie*, 1850 : VII, pp. 367/375 ; VIII, pp. 88/98.

— E. Huc. Excursion dans la Tartarie mongole. (*Rev. de l'Orient*, IX, pp. 110/125).

— Voyage en Mongolie et au Thibet, avec des notes géographiques de O. Mac Carthy. (*Rev. de l'Orient et de l'Algérie*, III, 1848, pp. 1/40.)

Ce voyage est réimp. des *Annales de la Propagation de la Foi* (juillet 1847) [voir col. 450-451].

— Travels in Tartary, Thibet, and China during the years 1844-5-6, by M. Huc, translated from the French by W. Hazlitt. 2nd ed., *Nat. illust. Library*, s. a., 2 vol. in-12.

— Recollections of a Journey through Tartary, Thibet, and China during the years 1844, 1845 and 1846, by M. Huc; a condensed Translation by Mrs. Percy Sinnet. London, Longman, 1852, pet. in-8.

* Huc und Gabet, Wanderungen durch die Mongolei nach Thibet zur Hauptstadt d. Tale Lama. In deutscher Bearbeitung herausgegeben von Karl Andree. Neue (Titel-) Ausg. Ebd. 1855. pp. xxxii-360, gr. in-8. (*Bib. geog.*, 1865.)

* Huc en Gabet, Omzwervingen door Mongolie en Thibet tot naar de hoofdstad van den Tale Lama. Naar de Hoogd. bewerking van Dr. Karl Andree, door J. J. A. Gœverneur. Groningen, Wolters, 1857, in-8, pp. xvi/958 (*Bib. hist. geog.*, 1857).

— L'Empire chinois faisant suite à l'ouvrage intitulé *Souvenirs d'un Voyage dans la Tartarie et le Thibet* par M. Huc, ancien missionnaire apostolique en Chine. Paris. Imprimé par autorisation de l'Empereur à l'Imprimerie Impériale. M.DCCCLIV, 2 vol. in-8.

2e édition, Paris, Gaume Frères, 1854, 2 vol. in-8.

3e édition, Paris, Gaume, 1857, 2 vol. in-12.

4e édition, Paris, Gaume, 1862, 2 vol. in-12.

Notices : *The Athenaeum*, 1855, No. 1421, pp. 78/9. — *Quarterly Review*, CII, 1857.

— Das Chinesische Reich von Huc. Deutsche Ausgabe. Leipzig, Dyk. 1856, 2 vol. in-8, pp. xx/243, vi/276.

* Huc und Gabet, Wanderungen durch das chinesische Reich. In deutscher Bearbeitung herausgegeben von Karl Andree. Neue (Titel-) Ausg., Leipzig, 1855, Senf. pp. xxxii-364, gr.-8. (*Bib. geog.*, 1865.)

* Huc, früher apostolischer Missionär in China : *Das chinesische Reich.* Deutsche Ausgabe, zwei Theile. Leipzig, Dyk'sche Buchhandlung, 1856.

Petermann's *Mitth.*, p. 304, 1856.

— Due Milioni distrutti romanzo di Francesco Viganó preceduto da una conversazione sul Viaggio nella China di Huc, sull' Emilio e Giulitta, altro romanzo dell'autore, in genere sui romanzi editi e inediti di lui; con altre particolarità. Milano, Volpato, 1855, in-8, pp. lxviii-282.

* Huc, Resa i Kina. Öfversättning. (Med hufvudtitel : Familje-Bibliotek.) Stockholm, Axel Hellsten. 1864, in-8, pp. 6, xiii & 390. (*Bib. hist.*)

— Charles Lavollée. Un Missionnaire français en Chine. (L'*Empire chinois*, par M. Huc.) (*Revue des Deux Mondes*, 15 Octobre 1854.)

— Meadows' *Chinese and their Rebellions*, Chap. V.

— Divers passages de l'*Empire chinois* ont paru en anglais en 1856 dans le *N. C. Herald*.

— Voir *Annales Prop. Foi*, col. 448 *passim* et seq. — *Annales de la Cong. de la Mission*, col. 466 et seq.

∴

* Путешествіе въ Китай. Voyage en Chine 1849-50, par Kovalevski. St. Pétersbourg, 1853, in-8.

Relation d'un voyage par la Mongolie et d'un séjour de quelques mois à Peking.

— Notes on a Trip from Shanghae to Chusan and Ningpo. By Dr. J. Murray. (*N. C. Herald*, No. 150, 11 Juin 1853 et seq., réimp. dans le *Shae. Miscel.*, I.)

— Voyage à la frontière Russo-Chinoise, par Jules Rivière, Architecte, membre de la Société Orientale. (*Rev. de l'Orient et de l'Algérie*, XV, 1854, pp. 415/423.)

— A Visit to India, China, and Japan, in the year 1853 by Bayard Taylor. New York, G. P. Putnam & Co., 1855, in-12.

— A Visit to India, China, and Japan, by Bayard Taylor, newly revised and edited by George Frederick Pardon. London, James Blackwood, [1859], pet. in-8.

Cette édition est beaucoup moins complète que celle de 1855, mais elle contient un appendice qui donne des détails manquant au récit de Taylor.

Notice : *The Athenaeum*, 1856, No. 1473, pp. 70/71.

— Voyage en Chine du Capitaine Montfort avec un Appendice historique sur les derniers événements par Georges Bell. Paris, Victor Lecou, 1854, in-12.

— Diary of an Overland Trip between Foo-Chow-foo and Ningpo by P. Q. Way. (*N. C. Herald*, Nos. 294 & 295, March 1856; réimp. dans le *Shae. Miscellany*, I.)

— A Woman's Journey round the World, from Vienna to Brazil, Chili, Tahiti, China, Hindostan, Persia, and Asia Minor. An unabridged Translation from the German of Ida Pfeiffer. 6th ed., Ward & Lock, 1856, pet. in-8.

— Narrative of the Expedition of an American Squadron to the China Seas and Japan, performed in the years 1852, 1853, and 1854, under the command of Commodore M. C. Perry, United States Navy, by order of the government of the United States. Compiled from the original notes and journals of Commodore Perry and his Officers, at his request, and under his supervision, by Francis L. Hawks, D. D. L. L. D. With numerous illustrations. Published by order of the Congress of the United States. Washington : A. O. P. Nicholson, 1856, in-4, pp. xvii-537.

Notice : *The Athenaeum*, 1856, No. 1499, p. 889.

— The North Pacific Surveying and Exploring Expedition; or my last cruise. Where we went and what we saw : being an Account of Visits to the Malay and Loo-choo Islands, the Coasts of China, Formosa, Japan, Kamtschatka, Siberia, and the mouth of the Amoor River. By A. W. Habersham. Lieut. U. S. Navy, and late of the North Pacific Surveying and exploring Expedition. Philadelphia : Lippincott, 1857, in-8, pp. 507.

— Die Expedition in die Seen von China, Japan und Ochotsk unter Commando von Commodore Colin Ringgold und Commodore John Rodgers, im Auftrage der Regierung der Vereinigten Staaten unternommen in den Jahren 1853 bis 1856, unter Zuziehung der officiellen Autoritäten und Quellen. Deutsche Original-Ausgabe von Wilhelm Heine ... Leipzig, Hermann Costenoble, 1858-59, 3 vol. gr. in-8.

* Geo. Francis Train. The Merchant abroad in Europe, Asia, and Australia, a Series of Letters from Java, Singapore, China, Bengal, the Crimea, Melbourne, Sydney, England, &c. 1857, in-8.

* Vassilief. Auszüge aus einem in Peking geführten Tagebuch. (*Russki Vjästnik*, Nos. 10, 12, 1857.)

— Voyages to India, China and Australia, with an Account of the Swan River Settlement, by W. S. Bradshaw. London, J. F. Hope, 1857, pet. in-8.

— Les derniers voyages en Chine, à Siam, en Cochinchine et au Japon. (*Revue Britannique*, Juin-Juillet, 1857.)

— China, Australia and the Pacific Islands, in the years 1853-56, by J. d'Ewes, Esq. London, R. Bentley, 1857, in-12.

— Ningpo to Shanghai in 1857. [Via the borders of An-whui Province, Hoo-chow-foo and the Grand Canal.] Canton : Printed at the «Friend of China» Office, s. d. [1862], in-8, pp. 112 + 3 f. prél. pour l. p. et l'index, une carte et 1 pl. représentant Buddha.

Par William Tarrant.

— Travelling in China. (*Dublin University Magazine*, Fév. 1857.)

— Théodore Aube. La Chine à la veille de la guerre; notes et souvenirs d'une croisière dans les mers de Tartarie, de Chine et du Japon. (*Revue des Deux Mondes*, 15 janvier 1858.)

* Dr. K. Neumann. Reise von Shanghai über Hangtschau nach Ningpo. Nach einem Englischen Bericht. (*Ebenda*, Jan. 1858.)

K. L. Biernatzki. Eine Reise über Land von Ningpo nach Canton. (*Zeit. Allg. Erd.*, V, 1858, pp. 11/43.)

* G. G. Alexander. Reminiscences of a Visit to the Celestial Empire and rough notes on China and the Chinese. (*Colburn's United Service Mag.*, Jan.-March 1858.)

* Andrássy, Graf Emanuel. Reise in Ost-Indien, Ceylon, Java, China und Bengalen. A. d. Ungar. übersetzt. Mit Holzschnitten u. 16 color. Gemälden. Pest, Geibel, 1859, gr. in-fol., pp. v-107.

— Personal Narrative of a Voyage to Japan, Kamtschatka, Siberia, Tartary, and various parts of coast of China; in H. M. S. *Barracouta*, by J. M. Tronson, R. N., with Charts and Views. London, Smith Elder & Co., 1859, in-8.

— Fankwei; or the San Jacinto in the Seas of India, China, and Japan. By William Maxwell Wood, M.D., U.S.N., London, Sampson Low, Son & Co. — New-York, Harper, 1859, in-8, pp. VIII-545.

Les chapitres 22-39 (pp. 263-545) sont consacrés à la Chine.

(1857 — 1859.)

— Reise der österreichischen Fregatte *Novara* um die Erde in den Jahren 1857, 1858, 1859 unter den Befehlen des Commodore B. von Wüllerstorf-Urbair, pub. en vol. gr. in-4.

— Statistisch-Commercieller Theil von Dr. Karl von Scherzer. Wien, 1864-5, 2 vol.

— Zoologischer Theil.

I. Band, Wien, 1869. *Säugethiere* (Johann Zelebor). — *Vögel* (August von Pelzeln). — *Reptilien* (Dr. Franz Steindachner). — *Amphibien* (par le même). — *Fische* (Dr. Rudolf Kner).

II. Band, I. Abtheilung. — A. Wien, 1868. 1. *Coleoptera* (Dr. Ludwig Radtenbacher). — 2. *Hymenoptera* (Henri de Saussure). — 3. *Formicidae* (Dr. Gustav L. Mayr). — 4. *Neuroptera* (Friedrich Brauer).

II. Band, I. Abtheilung. — B. Wien. 1868. 1. *Diptera* (Dr. J. R. Schiner). — 2. *Hemiptera* (Dr. Gustav L. Mayr).

II. Band, III. Abtheilung : Wien, 1868. 1. *Crustaceen* (Dr. Camil Heller). — 2. *Anneliden* (Prof. Ed. Grube). — 3. *Mollusken* (Georg Ritter v. Frauenfeld).

— Linguistischer Theil von Dr. Friedrich Müller. Wien, 1867.

— Anthropologischer Theil. II. Abtheilung, Wien, 1867. — III. Abtheilung, Wien, 1868.

— Geologischer Theil : I. Band. I. Abtheilung : Geologie von Neu-Seeland, Wien, 1864. — II. Abtheilung : Paläontologie von Neu-Seeland.

— Botanischer Theil.

I. Band, Wien, 1870 : *Algae* (A. Grunow). — *Fungi, Hepaticae* et *Musci Frondosi* (Dr. H. W. Reichardt). — *Cryptogamae vasculares* (Dr. Georg Mettenius). — *Ophioglosseae und Equisetaceae* (Dr. Julius Milde).

— Nautisch-Physicalischer Theil, Wien, 1862-65.

— Bericht an die Kais. Akademie der Wissenschaften in Wien über einige während des Aufenthaltes S. M. Fregatte *Novara* im Hafen von Hongkong erzielte Resultate. Von Herrn Dr. Karl Scherzer. (*Sitzungsber. d. phil-hist. Cl. d. Akad. d. Wiss. z. Wien*, XXIX, 1858, pp. 17/25.)

— Georg Frauenfeld. Reiseskizzen von Manila, Hongkong und Shanghai, gesammelt während der Weltreise der österr. Fregatte *Novara*. (*Mitth. der k. k. Geog. Ges. zu Wien*, 1860, pp. 50/60.)

— Instructionen für die Fachmännischen Begleiter der k. k. Mission nach Ostasien und Südamerika. Wien, 1868, pet. in-8.

— Fachmännische Berichte über die österreichisch-ungarische Expedition nach Siam, China und Japan (1868-1871). Im Auftrage des k. k. Handelsministeriums redigirt und herausgegeben von Dr. Karl von Scherzer, Ersten Beamten der Expedition. Mit einer Karte von Indien, einer Weltkarte und Holzschnitten. Stuttgart. Verlag von Julius Maier, 1872, in-8, pp. IV-XVI-494.

— Narrative of a Journey from Tientsin to Moukden in Manchuria in July, 1861, By A. Michie. (*J. R. Geog. Soc.*, vol. XXXIII, 1863, pp. 153/166.)

(1859—1861.)

— Reise von Tien-tsin nach Mukden, der Hauptstadt der Mandschurei. *Mittheilungen*, de Petermann, 1862, No. 4. (Tiré du *N. C. Herald.*)

— The Siberian Overland Route from Peking to Petersburg, through the deserts and steppes of Mongolia, Tartary, &c. By Alexander Michie. London : John Murray, 1864, in-8. pp. XIII-402, Grav. et Cartes.

— Viaje de Nueva Granada a China y de China a Francia por Nicolas Tanco Armero con una introduccion por Pedro Maria Moure. Paris, Simon Raçon, 1861. in-8, pp. L-568.

— Canton to Hankow (overland). Letter dated Shanghai 14th June 1861, to the *N. C. Herald,* 1861, June 15 & 22, No. 568 & 569.

— Narrative of an overland trip, through Hunan, from Canton to Hankow. By Dr. W. Dickson. Read before the Society, 20th August, 1861. (*Journal N. C. B. R. A. S.*, N. S., No. I, pp. 159/173.)

Le Dr. Dickson était accompagné de Mr. R. F. Thorburn et des Rev. Beach (William Roberts) et Bonney (Samuel William).

— Diary of an overland Journey from Tientsin to Chefoo. (*N. C. Herald*, No. 583, Sept. 28, 1861.)

* Baron de Chassiron. Notes sur le Japon, la Chine et l'Inde, 1850-1860. Paris, 1861, gr. in-8.

— Niphon and Pe-che-li; or, two years in Japan and Northern China. By Edward Barrington de Fonblanque. London : Saunders, Otley & Co. 1862, in-8, pp. 287.

Quarterly Review, CXIV, 1863, p. 449.

* Delaville-Dedreux. La Navigation aérienne en Chine. Relation d'un voyage accompli en 1860 entre Fout-cheou et Nant-chang. Paris, Desloges, 1863, in-18, pp. 71 (*Bib. hist.*).

— A Lady's Visit to Manilla and Japan by Anna d'A. [lmeida]. London, Hurst & Blackett, 1863, pet. in-8.

— Journey from Pekin to St. Petersburg across the Desert of Gobi. By C. M. Grant. (*Jour. R. Geog. Soc.*, Vol. XXXIII, 1863, pp. 167/177.)

— Die Preussische Expedition nach Ost-Asien : Voir : Werner, Spiess, Kreyher, Maron, etc., au chap. des *Relations de la Chine avec la Prusse.*

* Le comte Henri Russell-Killough. Seize mille lieues à travers l'Asie et l'Océanie, voyage exécuté pendant les années 1858-1861. Sibérie, désert de Gobi, Péking, fleuve Amour, Japon, Australie, Nouvelle-Zélande, Inde, Himalaya. Paris, 1864, 2 vol. grand in-18, pp. 423, 427, avec une carte et une vue panoramique.

— The Overland Journey from St. Petersburg to Pekin.

C'est une espèce de guide pour les voyageurs, inséré dans *The N. C. Herald*, 720, May 14, 1864 — et 721, May 21, 1864.

— The Overland Journey from St. Petersburg to Pekin. By A. Wylie Esq. (*Journal N. C. B. R. A. S.*, N. S., No. I, Art. IV, pp. 1/20.)

— Itinerary of a Journey through the Provinces of Hoo-pih, Sze-chuen and Shen-se by A. Wylie. (*Ibid.*, No. V, Dec. 1868, pp. 153 et seq.)

— Notes of a Journey from Ching-too to Hankow by Alexander Wylie. (*Proc. Geog. Soc.*, XIV, 1870, pp. 168/185. — Réimp. dans *The Cycle*, 17 Sept. 1870.)

* Mrs. H. Dwight Williams. A year in China; and a narrative of Capture and Imprisonment when Homeward Bound, on board the Rebel Pirate « Florida ». With an Introduction by William Cullen Bryant. New York, 1864, in-8, pp. XVI-362.

* S. Bille : Min Reise til China 1864. Kopenhagen, Reitzel, 1865, in-8, pp. 276 et 2 cartes.

— Notes of a Trip from Shanghai to Ningpo *Via* Soochow and Hangchow. By Z. (*N. C. Herald*, 789, 9 sept. 1865.)

Voir *Chin & Jap. Rep.*, Dec. 1865.

— Notes de Voyage sur Aden, Pointe-de-Galles, Singapore, Tché-fou, par Mr Henri Jouan. (Extrait des *Mémoires de la Soc. Imp. des Sc. nat. de Cherbourg*, T. XV) in-8, pp. 30 [Janvier 1865 — fin 1867].

— Stray Notes of a Trip to Chang-kia Pass. By the Rev. Jos. Edkins. (*Ch. & Jap. Rep.*, July 1865, pp. 346/7.)

— Souvenirs du séjour d'un horloger neuchatelois en Chine. Par Aug. Jeanneret-Oehl. Neuchatel. Imprimerie G. Guillaume fils. 1866, in-8, pp. 136.

— Cartas a J. M. Pereira Rodrigues. De Macau a Fu Chau. Recordações de Viagem por Gregorio José Ribeiro, Capitão-Tenente da Armada . . . . Lisboa, 1866 (com uma introducção por E. A. Vidal), pet. in-8, pp. 77.

— Notes for Tourists in the North of China. By N. B. Dennys. Hongkong: Printed by A. Shortrede & Co. 1866, in-8, pp. 61-v et 2 ff. prél. pour la préf. et la table; plans.

Ces notes avaient d'abord paru sous forme d'articles dans la *China Mail*.

— Relation de voyage de Shanghaï à Moscou, par Pékin, la Mongolie et la Russie asiatique, rédigée d'après les notes de M. de Bourboulon, ministre de France en Chine, et de Mme. de Bourboulon par M. A. Poussielgue. 1859-1862. Texte et dessins inédits. (*Le Tour du Monde*, 1864, I, pp. 81/128; II, pp. 33/96, 289/336; 1865, I, pp. 234/272.)

— Voyage en Chine et en Mongolie de M. de Bourboulon ministre de France et de Madame de Bourboulon 1860-1861 par M. Achille Poussielgue. Paris, Hachette, 1866, in-18.

— Notes of a Journey from Peking to Chefoo viâ Grand Canal, Yen-chow-foo, etc. By Rev. A. Williamson. (*Jour. N. C. Br. R. As. Soc.*, No. III, Dec. 1866, pp. 1 et seq.)

— Account of an Overland Journey from Peking to Shanghai, made in February and March 1866. By Rev. W. A. P. Martin, DD. (*Ibid.*, No. III, Dec. 1866, pp. 26 et seq.)

— Notes by the way: taken during a Journey by the so-called Overland Route to China. London: Printed by Williams and Strahan . . . 1866, in-8, pp. 32.

By J. H. Dudgeon.

— A Sketch of the New route to China and Japan by the Pacific Mail S. S. Co. San Francisco, 1867, br. in-12.

— Journal d'un voyage dans l'Inde anglaise, à Java, dans l'Archipel des Moluques, sur les côtes méridionales de la Chine, à Ceylan (1864) par Fr. Devay. Paris, Firmin Didot, 1867, 2 vol. in-8.

Voir sur la Chine, Vol. II., chap. 18-25.

— La Chine et le Japon au temps présent par Henry Schliemann (de Saint-Pétersbourg), Paris, Librairie centrale, 1867 [lisez 1866]. in-12, pp. 221.

A. S. BICKMORE.

— Sketch of a Journey from Canton to Hankow through the Provinces of Kwangtung, Kwangsi, and Hunan with geological notes by Albert S. Bickmore. Read before the Society February 17th 1867. (*Jour. N. C. B. R. As. Soc.*, Art. I, No. IV, N. S., Dec. 1867.)

— Voyage dans l'intérieur de la Chine. (*Bul. Soc. Géog.*, Août 1867, pp. 173/181.)

— Sketch of a Journey from Canton to Hankow. By Albert S. Bickmore, M. A. Read Dec. 9, 1868. (*Jour. Royal Geog. Soc.*, XXXVIII, 1868, pp. 50/68. — *Proc. R. Geog. Soc.*, XII, 1868, pp. 51/4.)

Voir col. 210.

Cuthbert Collingwood. — Rambles, 1868, voir col. 172.

— The Overland Route to China. (*Colburn's New Monthly Magazine*, Juillet 1868.)

BEAUVOIR.

— Australie. — Voyage autour du Monde par le Comte de Beauvoir. — Ouvrage enrichi de deux grandes cartes et douze gravures-photographies par Deschamps. Douzième édition. Paris, E. Plon, 1878, in-18, pp. IV-364.

La 1ère. éd. est de 1869.

— Java, Siam, Canton. — Voyage autour du Monde par le Comte de Beauvoir. — Ouvrage enrichi d'une grande carte spéciale et quatorze gravures-photographies par Deschamps. Paris, Henry Plon, 1870, in-18, pp. 452.

La 1ère. éd. est de 1869.

— Pékin, Yeddo, San Francisco. — Voyage autour du Monde par le Comte de Beauvoir. — Ouvrage enrichi de quatre cartes et de quinze gravures-photographies par Deschamps. Onzième édition. Ouvrage couronné par l'Académie française. Paris, E. Plon, 1878, in-18, pp. 360.

La 1ère. éd. est de 1872.

— Le même. Édition illustrée, gr. in-8, 1872, Paris, Plon, Fr. 16.

— Le même. 10e édition, gr. in-8, avec 100 grav. et 7 cartes, 1874. *Ibid.*, Fr. 20.

Trad. en anglais et en italien.

— The Count de Beauvoir in China. (*Lippincott's Magazine*, Philad., Sept. 1873).

— Souvenirs d'un Voyage en Chine. Conférences faites à Montbéliard de 1864 à 1867, par L. F. Juillard, ancien aumonier de l'armée d'expédition de Chine, Chevalier de la Légion d'honneur et Pasteur à Valentigney. Montbéliard, Imp. et lith. de

Henri Barbier, s. d. [1869], in-12, pp. 244 + 1 f. d'errata.

— Seize mois autour du monde (1867—1869) et particulièrement aux Indes, en Chine et au Japon. Ouvrage accompagné d'une carte. Par Jacques Siegfried. Paris, Hetzel, MDCCCLXIX, in-18, pp. 360.

— Notes of a Journey from Ningpo to Shanghai. By Chr. T. Gardner, H. B. M. Consular Service, China. (*Proc. R. Geog. Soc.*, XIII, 1869, pp. 170/182.)

— Notes of a Trip overland from Canton to Kiukiang. (*Shanghai News-Letter*, May 18, 1869. — *N. C. Herald*, May 29, 1869. — *Sup. Court & Cons. Gaz.*, Vol. V, May 29, 1869.)

Ce voyage a été fait par MM. E. D. Barbour et E. W. Stevens, de la maison américaine Russell & Co. Le compte-rendu a été écrit par Mr. Barbour.

— Mr. Alabaster's Overland Trip from Chefoo to Chinkiang. (*Sup. Court & Cons. Gaz.*, Vol. VI, 1869, pp. 194/5, 208/210. — *N. C. Herald*, Sept. 23, 1869.)

— Our New Way round the World by Charles Carleton Coffin — Sold by Subscription only — Boston : James R. Osgood & Co., in-8, pp. XVIII-524.

Les chap. 30-51 (pp. 258-419) sont consacrés à la Chine.

T. T. COOPER. — Voir col. 158-159.

— Route from Tientsin to Kiachta. By W. A. Whyte. (*Proc. R. Geog. Soc.*, XIV, 1870, pp. 243/250. — Réimp. dans *The Cycle*, 12 Nov. 1870.)

Dans ce même no. du *Cycle* il y a une notice défavorable de ce mémoire sous le titre de *Papers on China.*

Letters of the BARON VON RICHTHOFEN to the *Shanghai General Chamber of Commerce*, sept brochures in-folio :

— Letter from Baron Richthofen on the Province of Hunan. Printed at the « Shanghai Evening Courier » office 1870, pp. 12.

— Reprinted at the « Ching-foong » printing office 1872.
Voir *Zeit. d. Ges. f. Erd.* zu Berlin, 1870, No. 28, pp. 331/9.
Voir col. 150.

— Letter from Baron von Richthofen on the Province of Hupeh. Printed at the «Shanghai Evening Courier» office 1870, pp. 5.

— Printed by F. & C. Walsh.... 1874.
Voir col. 150.

— No. III. Report by Baron von Richthofen on the Provinces of Honan and Shansi. Shanghai : Printed at the « North-China Herald » office 1870, pp. 25.

— Reprinted at the « Lee Nam » office 1875.
Voir col. 129.

— No. IV. Letter by Baron von Richthofen on the Provinces of Chekiang and Nganhwei. Shanghai : Printed at the « North-China Herald » office, 1871, pp. 19.

— No. V. Letter by Baron von Richthofen on the Regions of Nanking and Chinkiang. Shanghai : Printed at the « Evening Courier » office, 1871, pp. 19.

— No. VI. Letter by Baron von Richthofen, from Si-ngan-fu, on the Rebellion in Kansu and Shensi. Shanghai : Printed at the office of the « North-China Herald ». 1872, pp. 6.

— No. VII. Letter by Baron Richthofen on the Provinces of Chili, Shansi, Shensi, Sz'-chwan, with notes on Mongolia, Kansu, Yünnan and Kwei-chau. Shanghai : Printed at the « Ching-foong » Printing office, and at the office of the « North-China Herald », 1872, pp. 86 sans l'Appendice (3 pages).

— Voir Petermann's *Mitth.*, 1873, pp. 137/146, 216/224, 293/306.
— Voir sur les voyages de Richthofen des remarques du Prof. J. D. Whitney, Cambridge, dans le *Jour. of the Am. Or. Soc.*, Vol. X, No. 1, 1872, p. VIII.

— Land Communication between Europe and China. By Baron Richthofen. (*The Geog. Mag.*, July 1, 1874, pp. 144/6.)

Mémoire lu à la Soc. de Géog. de Berlin le 11 Avril 1874.

.·.

— Journeys in North-China, Manchuria, and Eastern Mongolia; with some account of Corea by the Rev. Alexander Williamson ..... London : Smith Elder & Co., 1870, 2 vol. in-8 :

— Vol. I, pp. XX-414 with a Map of North-China and Corea.
Le Rev. Jonathan Lees, de Tientsin, a écrit les pages 250-341.
— Vol. II, pp. VIII-442 with a Map to accompany the Notes on Manchuria.
— Le chap. XV (Vol. II, pp. 295-312) est consacré à la Corée que le Rev. Williamson n'a jamais visitée et qu'il décrit d'après les renseignements qu'il a pu obtenir.
— Le chap. XVI (Vol. II, pp. 312-392) est A Description of «Peking, By the Rev. Joseph Edkins, B. A., London University» (col. 126).
— *Appendix A* (Vol. II, pp. 393-428) contient un « Journey of Mr. Oxenham from Peking to Hankow, through Central Chih-li, Honan, and the Han River ».
— *Appendix D* contient : « List of Plants from Shan-Tung. » — « List of Plants from North China and Mandchuria » collected by the Rev. A. Williamson.
Notices : *The Phoenix*, No. 4, 1870. — *Chinese Recorder*, III, pp. 194/196. — *Edinb. Review*, Oct. 1872.

— Overland Trip from Kiu-kiang to Foochow. (*Chinese Recorder*, III, 1870, pp. 15, 37, 64.)

Voyage de MM. H. G. Hollingworth, A. K. Cunningham et F. M. Youd.

— Journey from Tien tsin to Peking. By Fraulein Margaretha Weppner. Translated from the German by Dr. Dudgeon. (*Chinese Recorder*, III, 1870, pp. 178/181.)

* The Antipodes and round the World. By Alice M. Frere. (Mrs. Godfrey Clerk.)

Notice : *Shanghai Evening Courier*, 26 Mars 1870.

— Séance publique de la Société impériale d'acclimatation 4 mars 1870. — Récits d'un Voyage en Chine par G. Eugène Simon, Consul de France en Chine. Extrait du *Bulletin de la Société impériale d'Acclimatisation* (No. de mars 1870). Paris, Imprimerie de E. Martinet, 1870, br. in-8, pp. 18.

Voir *N. C. Herald*, No. 691, Oct. 24, 1863.

* Across America and Asia. Notes of a Five Years' Journey around the World, and of Residence in Arizona, Japan and China. By Raphael Pumpelly, Professor in Harvard University, and sometime Mining Engineer in the employ of the Chinese and Japanese Governments. New York, Holt & Williams, 1870, gr. in-8 (Dol. 5) et pet. in-8 (Dol. 2.50).

Notice : *Atlantic Monthly*, XXV (1870), pp. 382/3.

— Relation d'un voyage de Peking à Blagoveshtchensk, par la Mandchourie [en russe] par l'Archimandrite Palladius. (*Mém. de la Soc. de Géog.*, St.-Pétersbourg, 1871.)

* Cardwell. Boat excursions in Central China. (*Illustr. Missionary News*, London, 1 Nov. 1871, pp. 124/5.)

Voir col. 134.

— Reisen in China von Peking zur Mongolischen Grenze und Rückkehr nach Europa. Von Dr. Adolf Bastian. Jena, Hermann Costenoble, 1871, in-8, pp. cxiv-664. (*Die Völker des Östlichen Asien: Studien und Reisen* von Dr. Adolf Bastian. Sechster Bd.)

* Overland through Asia, by Thomas W. Knox. London, Trübner, 1871.

Notice : *Shanghai Budget*, 6 Déc. 1871.

— De Pékin à Shanghai. — Souvenirs de Voyages par Eugène Buissonnet. Paris, Amyot, 1871, in-12, pp. xv-335.

Pub. à Fr. 3.50.

— Notes of a Walk through parts of Hupeh, Honan, Shansi, and Chihli in 1871. [By James Henderson, of Tientsin.]

Shanghai Evening Courier, puis dans le *Shanghai Budget*, 1871, Sept. 29; Oct. 4, 18, 25; Nov. 8, 15, 22, 29; Dec. 6, 28 — 1872, Jan. 11 & 18.

— Incidents of a Journey from Hankow to Szechuen. Reprinted from the «North-China Herald». Br. in-8, pp. 20 à 2 col. s. l. n. d. [Shanghai].

E. Plauchut. Le Tour du Monde en cent-vingt jours. (*Revue des Deux Mondes*. 1 et 15 Sept. 1871.)

Notice : *Shanghai Budget*, 1 Feb. 1872.

Edmond Plauchut. Le Tour du Monde en 120 jours. — Un Naufrage aux Iles du Cap Vert. Paris, Lévy, 1873, in-18.

— Iu-Chien-Tchou-Iom. — Trois entretiens illustrés sur la Chine donnés à Québec, Avril 1872 par le R. P. Vasseur, S. J. Miss. apostolique en Chine, Directeur de l'œuvre chinoise de St. Luc pour la Propagation de la Foi. in-4 à 2 col., pp. 56.

Cte de Gabriac. Course humoristique autour du Monde. — Indes, Chine, Japon. — Illustrée de huit gravures sur bois. Paris, Lévy, 1872, in-8.

— Mers de Chine par Paul Brandat. Paris, Pichon, 1872, in-18, pp. 224.

Lettre à M. Frédéric Passy. — Che-fou. — Pei-ho. — En Mer. — Woo-song. — Hong-kong. — En Mer. — Saïgon. — Saïgon (1861). — Saïgon (1862). — Vinh-luong (1862). — Mitho (1862). — Insurrection. — Kernévès. — etc.

Pub. à Fr. 2.50.

* A. D. Carlisle. Round the World in 1870, an account of a brief tour made through India, China, Japan, California and America. London, 1872, in-8.

Notice : *Shanghai Budget*, 25 May 1872.

A. D. Carlisle. Autour du Monde. Inde, Chine, Japon, Californie, Amérique du Sud. Ouvrage traduit de l'anglais par Gabriel Marcel. Paris, Decaux, 1877, gr. in-18.

* Dr. E. Bretschneider. Briefe eines Kurländers auf einer Reise nach Indien und China. (*Riga'sche Zeitung*, 1872, Feuilleton.)

— From Gotham to Cathay. Via the Great West. (*The China Review*, I, pp. 45/50, 105/110, 190/195, 256/260.)

Gotham = New-York.

* A Seven Months' Trip, Up and Down and Around the World. By Hon. James Brooks, M.C. New York, D. Appleton & Co., 1872, in-12, pp. 375.

* De Paris à Pékin, ou les Joies du Foyer, par A. C. Bouyer et E. Faucon. 1872, in-8.

* Fragments de voyages autour du monde. Philippines, Chine, Malaisie, Polynésie,

Mexique, Amérique centrale, etc., par Gabriel Lafond (de Lurey). Bureaux du *Siècle*, 1873, in-4 à 2 col., pp. 234.

DOUDART DE LAGRÉE. — FRANCIS GARNIER. — L. DE CARNÉ. — J. DUPUIS, etc. Voir col. 157, 158, 159, 160, 161.

— William H. Seward's Travels around the World, Edited by Olive Risley Seward. With numerous illustrations. New York: D. Appleton & Co., 1873, in-8, pp. xII-788.

I. United States, Canada, and Pacific Ocean. — II. Japan, China, and Cochin-China. — III. The Eastern Archipelago, Straits of Malacca and Ceylon. — IV. British India. — V. Egypt and Palestine. — VI. Europe.

Ouvrage criblé d'erreurs.

Notices : *Shanghai Budget*, 1873, 14 June & 5 July.

— Promenade autour du Monde 1871 par M. le Baron de Hübner, ancien Ambassadeur, ancien Ministre, auteur de Sixte-Quint. Paris, Hachette, 1873. 2 vol. in-8.

Vol. I. 1ère. Partie : Amérique; 2e. Partie : Japon.

Vol. II. 2e. Partie : Japon (suite et fin); 3e. Partie : Chine.

2e éd., 1873. — 4e éd., 1875.

Publié en allemand en 1874.

On en a fait une éd. en un vol. in-4, avec 318 gravures sur bois, Paris, Hachette.

Notices : *Le Temps*, par D. Bernard, 17 Mai 1874. — *The Athenaeum*, No. 2457, Nov. 28, 1874. — *Paris-Journal*, par L. Dommartin, 14 Mai 1873. — *Le Siècle*, par L. Jourdan, 10 Mai 1873. — *Journal des Débats*, par Cuvillier-Fleury, 4 Mai 1873. — *Revue générale*, par L. Arendt, Avril 1874. — *Le Correspondant*, par Xavier Marmier, 10 Juillet 1873. — *Journal des Savants*, par Caro, 1874, 1er Fév. et 2 Avril, pp. 159/173, 231/245. — *Missions Catholiques*, par l'abbé X. M., VII, pp. 105/107, 117/119, 130/132.

* A Ramble round the World, 1871. By M. le Baron de Hübner, formerly Ambassador and Minister. Translated by Lady Herbert. London, Macmillan, 1874, 2 vol. in-8.

PRSJEWALSKY. [Voir le chap. des *Relations russes.*]

— Meeting the Sun : a Journey all round the World, through Egypt, China, Japan, and California, including an account of the Marriage Ceremonies of the Emperor of China. By William Simpson, F. R. G. S... London: Longmans, 1874, in-8, pp. xII-413.

Les chapitres XI-XXII sont consacrés à la Chine.

Notices : *Lond. & China Express*, Feb. 20, 1874. — *The Athenaeum*, No. 2418, Feb. 28, 1874.

— Voyage en Asie par Théodore Duret. Le Japon — la Chine — la Mongolie — Java — Ceylan — l'Inde. Paris, Michel Lévy frères, 1874, gr. in-18, pp. III-367. Prix 3 fr. 50 c.

La seconde partie, pp. 65—161, composée de onze chapitres est consacrée à la Chine et à la Mongolie. L'auteur était le compagnon de voyage de M. Henri Cernuschi.

— Teresina Peregrina; or Fifty Thousand Miles of Travel round the World. By Thérèse Yelverton (Viscountess Avonmore). London, Richard Bentley, 1874, 2 vol. in-8.

Dans le premier volume, il y a quelques chapitres consacrés à la Chine : V. China. VI. Kin loong at Hongkong. VII. Canton : Chinese Interiors. VIII. Macao : New year's Day.

— The Straits of Malacca Indo-China and China or Ten Years' Travels, Adventures and Residence abroad by J. Thomson, F. R. G. S. Author of «Illustrations of China and its people». Illustrated with upwards of Sixty wood engravings by J. D. Cooper from the Author's own sketches and photographs. London, Sampson Low, Marston, Low & Searle. 1875, in-8, pp. xv-546.

Notices : *The Athenaeum*, No. 2459, Dec. 12, 1874. — *The Bookseller*, Christmas No., 1874, pp. 84 et seq.

— Traduit en français par A. Talandier et H. Vattemare, Paris, Hachette, in-8 ; avec 128 gravures.

— Ein Ausflug in Nord-China. (Von Dr. von Möllendorf.) (*Mitth. der Deutschen Ges. für Natur- und Völkerkunde Ostasiens,* Yokohama, 7. Hft., Juni 1875, pp. 17/20.)

— Letters from China & Japan. By L. D. S. Henry S. King & Co., London, 1875, pet. in-8, pp. vI-210.

L. D. S. = Mrs. H. G. Swainson.

— An Overland Tour from Foochow to Kiukiang. By Rev. F. Ohlinger. (*Chin. Recorder,* V, 1874, pp. 152/166.)

— The Eastern Seas, being a Narrative of the Voyage of H. M. S. «Dwarf» in China, Japan and Formosa, with a Description of the coast of Russian Tartary, and Eastern Siberia from Corea to the River Amur; by Captain R. W. Bax, R. N., with map and illustrations. London, John Murray, 1875, in-8.

Notices : *The Athenaeum*, No. 2511, Dec. 11, 1875. — *Saturday Review*, 1875, p. 718.

SOSNOWSKY. [Voir *Relations russes.*]

— Aus den Reiseberichten S. M. Kbt. «Cyclop», Capt.-Lieutenant v. Reiche. (*Annalen der Hydrographie,* 1875, pp. 365, 392, 419; 1876, pp. 95, 149, 309, 500.)

— Aus den Reiseberichten S. M. S. «Ariadne», Capt. z. See Kühne. (*Ibid.*, 1876, pp. 175/181.)

— Meteorologische Beobachtungen an Bord S. M. S. «Ariadne», Capt. z. See Kühne, angestellt in den Monaten Juli bis October 1875 zu Tschifu (Chefoo), im Gelben Meer, zu Niuschwang, Nagasaki und Shanghai. (*Ibid.*, 1876, pp. 111/2.)

— Aus den Reiseberichten S. M. S. «Louise», Corv.-Capt. Ditmar. (*Ibid.*, 1876, pp. 59, 495.)

— Notes made on a tour through Shan-hsi and Shen-hsi. By Rev. C. Holcombe. (*Jour. N. C. Br. R. As. Soc.,* X, 1876, pp. 55/70.)

Le Rev. C. Holcombe avait pour compagnon de route le Rev. A. Smith qui a publié le récit de son voyage dans le *Celestial Empire*. Les articles de ce dernier ont été réunis sous le titre de : *Glimpses of Travel in the Middle Kingdom*, Shanghai, 1875, br. in-8.

— Journey through Hunan, Kweichow and Szechuen Provinces. By Chas. H. Judd. (*Chin. Rec.*, VIII, 1877, pp. 498/516.)

— The Way to Ichang. By G. (*The Far East*, Vol. III, No. I, pp. 1/4.)

— A travers la Chine par Léon Rousset, ancien professeur à l'Arsenal de Fou-tcheou, Membre de la Société de Géographie. Paris, Hachette, 1878, in-18, pp. 429 et 2 ff. prél. et 1 carte.

— Excursions autour du monde. Pékin et l'intérieur de la Chine par le Cte Julien de Rochechouart, Ministre plénipotentiaire. Ouvrage orné de gravures. Paris, E. Plon, 1878, in-18, pp. 355 et 1 f. table.

— Excursions autour du monde. Les Indes, la Birmanie, la Malaisie, le Japon et les États-Unis par le Cte Julien de Rochechouart, Ministre plénipotentiaire. Ouvrage orné de gravures. Paris, E. Plon, 1879, in-18, pp. III-282 et 1 f. table.

(1877—1879.)

— De Marseille à Shanghaï et Yedo. Récits d'une parisienne par Mme Laure D. F. [Durand Fardel]. Avec une carte. Paris, Hachette, 1879, in-18, pp. III-436.

Notice : *Le Temps*, 23 Août 1879, par Jules Loiseleur. — La préf. de l'ouvrage est de Prosper Blanchemain.

— Le Fleuve Bleu. — Voyage dans la Chine occidentale par Gaston de Bezaure Interprète Chancelier en Chine. Ouvrage orné de gravures et d'une carte. Paris, E. Plon, 1879, in-12, pp. 312 et 1 f. table.

Notices : *Gazette du Midi*, Samedi 7 Juin 1879, par H. Olive. — *Gazette de France*, 25 Mai 1879, par Armand de Pontmartin. — *Le Français*, 23 et 30 Avril 1879, par le Dr. Fabius.

— A Journey round the World. in the years 1875-1876-1877. By the Venerable John Henry Gray, M.A., LL. D., ... Archdeacon of Hongkong. London : Harrison, 1879, in-8, pp. XV-612.

Notice : *Lond. & China Express*, 28 Mars 1879.

— The Flight of the *Lapwing*. A Naval officer's Jottings in China, Formosa and Japan. By the Hon. Henry Noel Shore, R. N. London : Longmans, 1881, in-8, pp. XV-549, grav. et carte.

(1879—1881.)

II. — COMMERCE.

OUVRAGES DIVERS.

* Bruuel. Observations sur le commerce en général, et sur celui de la Chine en particulier, 1791, in-8.

Quérard, *France littéraire*. — On l'a vainement cherché à la Bib. nationale.

— A Voyage to Madagascar and the East Indies. By the Abbe Rochon, Member of the Academies of Sciences of Paris and Petersburgh, Astronomer of the French Navy . . . . . &c. To which is added, M. Brunel's Memoir on the Chinese Trade. Illustrated with an Original Map of Madagascar, drawn by M. Robert. Translated from the French, By Joseph Trapp, A. M. London : Printed for Edward Jeffery . . . . M,DCC,XCIII. in-8.

Le mémoire de Brunel occupe les pp. 386/394. — Il ne se trouve pas dans les éd. françaises de Rochon, Paris, 1791, in-8, et Paris, an X, 3 vol. in-8. — Alexis Marie de Rochon, né le 21 février 1741 au château de Brest; † 5 avril 1817.

(DIVERS.)

— Idée générale du commerce et des liaisons que les Chinois ont eus avec les nations occidentales. Par M. de Guignes. Lû le 4 Mai 1784. (*Rec. de l'Ac. des Insc.*, XLVI, 1793, pp. 534/579.)

— Notice sur les objets de commerce à importer en Chine. [Par le P. Cibot.]. (*Mém. conc. les Chinois*, VIII, pp. 267-270.)

— Manuel du Commerce des Indes orientales et de la Chine; Par Pierre Blancard, ancien Navigateur, Membre du Conseil d'Agriculture, Arts et Commerce de la ville de Marseille. Dédié à S. M. l'Empereur et roi d'Italie. A Paris, chez Bernard . . . ; à Bordeaux, chez Bergeret; à Marseille, chez Sube et Laporte. 1806, in-folio, pp. lxxiij-544-72 sans la Table. — Une carte.

Chapitre IX. pp. 387/474 : = Macao (387-388). — Chine (389-438). — Canton (439-454). — Plan d'une expédition directe pour la

(DIVERS.)

Chine (454-458). — Plan d'une expédition indirecte (458-466). — État des marchandises de la Chine propres p. la France (466).

— Observations sur le Manuel du Commerce des Indes Orientales, et de la Chine, par J. F. Charpentier Cossigny, Ex-Ingénieur.... A Paris, Gagnard, Juin 1808, in-4, pp. 71.

— Oriental Commerce; containing a geographical Description of the principal places in The East Indies, China and Japan, with Their Produce, Manufactures, and Trade, including the coasting or country trade from port to port; also the rise and progresse of the trade of the various European Nations with the Eastern World, particularly that of the English East India Company, from the discovery of the passage round the Cape of Good Hope to the present period; with An Account of the Company's Establishements, Revenues, Debts, Assets, &c. At Home and Abroad. Deduced from authentic Documents, and founded upon practical Experience obtained in the Course of Seven Voyages to India and China. By William Milburn, Esq. Of the Honourable East India Company's Service. London : Printed for the Author, and published by Black, Parry, & Co., 1813, 2 vol. in-4.

— Oriental Commerce; or the East India Trader's Complete Guide; containing a Geographical and Nautical Description of the Maritime Parts of India, China, Japan and neighbouring countries, including the Eastern Islands, and the trading Stations on the Passage from Europe; With an Account of their respective commerce, productions, coins, weights, and measures; their port regulations, duties, rates, charges, &c. And a Description of The Commodities imported from thence into Great Britain, and the Duties payable thereon; together with a mass of miscellaneous information, collected during many years' employment in the East India Service, and in the course of seven voyages to India and China. Originally compiled by the late William Milburn, of the Honourable East India Company's service : A careful Digest having been made from the Papers left with his Executor, and the whole incorporated with much additional and valuable Matter, by Thomas Thornton, M. R. A. S. London : Printed for Kingsbury, Parbury, and Allen,

Leadenhall Street, 1825, gr. in-8, pp. 586 + 2 f. prél. préf. — Cartes.

— Gedachten over den Chinahandel en den Theehandel, strekkende ten Betoge, dat alle belangen zich vereenigen tot de oprigting van eene Sociëteit, Op Vereenigd Kapitaal handelende, aan welke bij uitsluiting die takken van commercie overgedragen worden. Te Rotterdam, bij Arbon en Krap, 1824, in-8, pp. 95.

— Sir James B. Urmston, late President of the H. E. I. Co's Factory at Canton. Observations on the China Trade and on the Importance and advantages of removing it from Canton to some other part of the coast of that Empire. London, George Woodfall, 1833, in-8, pp. 149.

Printed for private circulation.

— Gützlaff. — Sketch of Chinese History. App. [Voir col. 241.]

— A Chinese Commercial Guide consisting of a Collection of Details respecting foreign trade in China. By John Robert Morrison. Canton : Printed at the Albion Press, and sold at the Canton Register Office, No. 4 Danish Hong. 1834, in-8, pp. XII-116.

Notice : *Chin. Rep.*, III, p. 386.
Ce *Guide* peut être considéré comme la continuation du *Companion to the Anglo-Chinese calendar*, 1832. — Voir col. 227-228.

— A Chinese Commercial Guide, Consisting of a collection of Details and Regulations respecting foreign trade with China. By the late Hon. J. R. Morrison. Second Edition. Revised throughout, and made applicable to the trade as at present conducted, Macao : S. Wells Williams, 1844, in-8. pp. VIII-280.

— A Chinese Commercial Guide, consisting of a Collection of Details and Regulations respecting foreign trade with China. By the late Hon. J. R. Morrison. Third Edition, revised throughout, and made applicable to the trade as at present conducted. Canton. Printed at the Office of the Chinese Repository, 1848, in-8, pp. VIII-311.

La seconde et la troisième éd. du *Guide* ont pour auteur S. W. Williams. La troisième éd. n'est d'ailleurs qu'une réimpression de la seconde, faite pendant un voyage du Dr. Williams aux États-Unis.

— A Chinese Commercial Guide, consisting of a Collection of Details and Regulations respecting Foreign trade with China, Sailing Directions, Tables, &c. By S. Wells Williams. Fourth Edition. Revised and enlarged. Canton : Printed at the Office of the Chinese Repository, 1856, in-8, pp. VIII-376.

Au commencement il y a une «Map of the Chinese Empire, compiled from Native and Foreign authorities by S. W. Williams, 1847».

— The Chinese Commercial Guide, containing Treaties, Tariffs, Regulations, Tables, etc., useful in the Trade to China & Eastern Asia; with an Appendix of Sailing Directions for those seas and Coasts. By S. Wells Williams, LL. D. Fifth Edition. Hongkong; Published by A. Shortrede & Co., 1863, in-8, pp. XVI-388-266.

Preface-Contents : I. Four Treaties with China. II. Articles of Trade with China. III. Foreign Commerce with China. IV. Foreign Commerce with Japan. V. Moneys, Weights, &c. in China. VI. Western Moneys, Weights, &c. VII. Tables on Prices, Exchanges &c. — Index. — Appendix.

This work is inscribed to Edward Cunningham Esq.

Notice : *N. C. Herald*, No. 697, 5 Déc. 1863.

— The Fur Trade : Animals which produce fine furs; those producing hairy skins; the progress of the fur trade in Asia, America, and Europe; imports into China. By S. W. Williams. (*Ch. Rep.*, III, pp. 528 et seq.)

— Considerations respecting the trade with China. By Joseph Thompson, late of the East-India House. London : Wm. H. Allen, 1835, in-12, pp. 177.

Notice par A. S. Keating, *Chin. Rep.*, IV, pp. 537/550.

— The present position and prospects of the British Trade with China; together with an outline of some leading occurrences in its past history. By James Matheson, Esq. of the firm of Jardine, Matheson and Co., of Canton. London : Smith, Elder & Co., 1836, in-8, pp. 135 + 6 p. de tables à la fin et 2 ff. prél.

Notice : *Chin. Rep.*, V, Oct. 1836, p. 246.

— A Practical Treatise on the China and Eastern Trade : comprising the Commerce of Great Britain and India, particularly Bengal and Singapore, with China and the Eastern Islands, including much useful information, and many interesting particulars relative thereto; with Directions, and numerous Statements and Tables, adapted to the use of merchants, commanders, pursers, and others, connected with the Trade of China and India. By John Phipps. London, Wm. H. Allen & Co.; Calcutta, W. Thacker & Co., 1836, gr. in-8, pp. XX-338-LXVI.

— Statement of the exports of tea in British and American bottoms, with the amount of silk to England, and the number of vessels reported to the Chinese for 1836-37-38. (*Chinese Repository*, IX, p. 191.)

— Question Chino-Parisienne. [1843] pièce in-4 de 2 ff. (4 pages) : Imprimerie Dondey-Dupré, rue Saint-Louis, 46, au Marais.

Lettre de Paris, le 4 Septembre 1843, adressée aux membres de la réunion chino-parisienne par le bureau composé de D. Potonié, président, J. Mader, secrétaire, E. Levillain, trésorier. Cette réunion avait été formée dans le but de faciliter aux commerçants parisiens les relations avec la Chine, relations qui devaient être commencées par les délégués, adjoints à l'ambassade Lagrené.

— Note sur le Commerce des livres en Chine et sur leur prix de revient en Europe. Pièce in-8, pp. 4.

Extrait du *Journal de la Librairie*, 27 mai 1843.

— Remarks on China and the China Trade. By R. B. Forbes. Boston : Samuel N. Dickinson, Printer, 1844, in-8, pp. 80.

— Annales du Commerce extérieur, publiées par le Département de l'Intérieur, de l'Agriculture et du Commerce (3e série des Avis divers). Chine et Indo-Chine. (Faits commerciaux. — Nos. 1 à 9.) Avril 1843 à Octobre 1845. Paris, Paul Dupont, 1852, in-8.

Ibid., (No. 10) Mars et Avril 1846. Paris, Paul Dupont, 1852, in-8.

Ibid., (Nos. 11 et 12) Juillet 1846 à Août 1847. *Ibid.*, 1852, in-8.

Ibid., (Nos. 13 à 20) Mai 1848 à Décembre 1852. *Ibid.*, 1852, in-8.

Ibid., (Nos. 21 à 39) Février 1855 à Juillet 1867. *Ibid.*, 1868, in-8.

— Instructions générales [remises aux Délégués du Commerce, Mission de Chine]. (*Ann. du Comm. ext.*, No. 5, Chine, *Faits commerciaux*, 3e Série des Avis divers, No. 140. — Voir également les Nos. 31, 54, 82, 83, 84, 85, 103, 114, 115, 140 et 141 de cette collection.)

— Commerce avec le littéral japonais et les îles Liou-Tcheou, spécialement au point de vue des intérêts français. (Extrait de deux rapports de M. Auguste Heurtier, délégué du Ministère de l'Agriculture, du Commerce et des Travaux publics, dans les mers de la Chine et du Japon.) (*Ann. du Com. ext., Faits com.*, No. 24, Mars 1857.)

Iles Liou-Tchou, *Ibid.*, No. 35, Nov. 1863.

— Manuel du Négociant français en Chine, ou Commerce de la Chine considéré au point de vue français. Par M. C. de Montigny, Attaché à l'Ambassade du Roi en Chine. 1846, gr. in-8.

Forme la IIe. Partie des *Documents sur le commerce extérieur*, publiés par le Ministère de l'Agriculture et du Commerce; 3e série des Avis divers. No. 319; *Faits commerciaux*, No. 10.

— Etude pratique du Commerce d'exportation de la Chine, par Isidore Hedde, Ed. Renard, A. Haussmann, et N. Rondot, délégués commerciaux attachés à la Mission de France en Chine; revue et complétée par Natalis Rondot, délégué de l'industrie lainière en Chine . . . . Paris, à la librairie du commerce, chez Renard, 1848, gr.-8, pp. 280.

Duprat, 1861, Fr. 6. — Leroux, 1873, Fr. 12.

— Chambre de commerce de Lyon. Commerce de la France avec la Chine. Délibération prise sur le rapport de M. Rondot, délégué de la Chambre. Lyon, 1860, br. gr. in-8, pp. 26.

Duprat, 1861, Fr. 3. — Leroux, 1873, Fr. 2.

— Chinas Handel, Industri och Statsförfattning, jemte underrättelser om Chinesernes folkbildning, seder och bruk, samt Notiser om Japan, Siam M. Fl. Orter. af C. F. Liljevalch. Stockholm, Beckman, 1848, in-8, pp. VIII-407.

Portrait col. de Tsi-Yong, Vice-Roi de Canton.

— Tables of the foreign Trade at the Five Ports for the year ending 31st Dec. 1845, ... (*Chin. Rep.*, XV, pp. 291/297.)

— Tables of the Foreign Trade with China at the Five Ports during the years 1847 and 1848. Compiled from the British Consular Returns and other sources. (*Ibid.*, XVIII, pp. 295-303.)

— Consular Returns of the British and Foreign trade with China for the year 1849. (*Ibid.*, XIX, pp. 513/523.)

— Chambre de Commerce de Rouen. Exploration commerciale dans les mers du Sud et de la Chine, par M. Marc Arnaud-tizon, Délégué de la Chambre de Commerce de Rouen. Rapport de ce délégué. Rouen. Imprimerie de Alfred Péron, 1854, in-8, pp. 115 s. l. t.

* Die Indische und Chinesische Handels-Bilanz. Nach amtlichen Quellen. (*Ausland*, Nr. 13, 1857.)

Rodolphe Lindau. — Le commerce étranger en Chine. (*Revue des Deux Mondes*, 1 Octobre 1861.)

— Наши торговыя дѣла въ Китаѣ. (Notre commerce avec la Chine.) Par C. A. Skatschkoff. St. Pétersbourg, 1863, br. in-8.

(DIVERS.)

— Berichte über Chinesische Handels-Verhältnisse. (Herausgegeben vom Königl. dänischen Ministerium.) Aus dem Dänischen in's Deutsche übertragen von Dr. C. Resensmith. Hamburg, Verlag von F. H. Nestler und Melle. (Hermann Hülsemann.) 1865, in-8, pp. 164.

— Commercial Words and Phrases. (1) List of terms used in Commerce. By Rev. John Mc Gowan. (2) Kiukiang Commercial List. Originally compiled by E. B. Drew. (3) Silk Goods. (4) Names of Silks. (5) Piece Goods. Gathered and Arranged by the Editor. (Doolittle's *Dict.*, Part III, No. XX.)

— Compradore, Shroff, Godown-Keeper, and Coolie. (Doolittle's *Dict.*, Part III, No. LXXIX.)

* G. B. Beccari. Il commercio Chinese nel 1865. Cenni geografici, statistici e commerciali. S. Giovanni Valdarno, tip. Righi, 1869, in-8, pp. 104.

— La Chine les Warrants & l'avenir du Commerce des Soies par A. Lapareille, Rédacteur de la Séricilculture pratique. Valréas. — Imprimerie séricicole de Jabert. br. in-8, pp. 47, s. date.

— France et Chine. Compagnie d'exportation et d'importation et transports à vapeur de voyageurs et marchandises sur les Fleuves de la Chine. Paris, typ. Morris, 1877, br. in-8, pp. 58.

Prospectus d'une compagnie créée par M. Schaedelin.
— Voir les rapports des consuls anglais [*Blue Books*].

DOUANES IMPÉRIALES.

(*Imperial Maritime Customs.*)

Les Publications des Douanes impériales forment quatre séries distinctes :

I. — STATISTICAL SERIES.
II. — SPECIAL SERIES.
III. — MISCELLANEOUS SERIES.
IV. — SERVICE SERIES.

I. — STATISTICAL SERIES.

No. 1. — *SHANGHAI DAILY RETURNS.*

Leur publication a commencé en 1866.

No. 2. — *CUSTOMS' GAZETTE.*

Leur publication a commencé en 1869. — Trimestriel.

— Customs' Gazette. Published by order of the Inspector General of Customs. Shanghai, Printed at the Customs' Press. Brochures in-4 :

No. I, January-March 1869, Pub. June 24, 1869-1869. — II, April-June 1869, Pub. Aug. 20, 1869-1869. — III, July-Sept. 1869, Pub. Dec. 9, 1869-1869. — IV, Oct.-Dec. 1869, Pub. Feb. 14, 1870-1870. — V, Jan.-March 1869, Pub. June 7, 1870-1870. — VI, April-June 1870, Pub. Sept. 15, 1870-1870. — VII, July-Sept. 1870, Pub. Jan. 31, 1871-1871. — VIII, Oct.-Dec. 1870, Pub. March 10, 1871-1871. — IX, Jan.-March 1871, Pub. June 10, 1871-1871. — X, April-June 1871, Pub. Sept. 11, 1871-1871......

Le dernier numéro paru est le suivant :

— China. — Imperial Maritime Customs. I. — Statistical Series : No. 2. Customs Gazette. No. LIII. January-March 1882. Published by order of the Inspector General of Customs. (Published 13th May 1882.) Shanghai : Statistical Department of the Inspectorate general. MDCCCLXXXII, in-4.

No. 3. — *RETURNS OF TRADE.*

Leur publication a commencé en 1859.

— Returns of trade at the Treaty Ports in China, for the year 1875. Part I. — Abstract of Trade and Customs Revenue Statistics, from 1865 to 1875. Published by order of the Inspector General of Customs. Shanghai : Statistical Department of the Inspectorate General of Customs. MDCCCLXXVI, in-4.

— Part II. — Statistics of the Trade at each Port. Published ..... Shanghai : .... MDCCCLXXVI, in-4.

Se composent de deux parties in-4 annuelles, formant 2 cahiers.

No. 4. — *REPORTS ON TRADE.*

Leur publication a commencé en 1864.

— Reports on Trade at the Treaty Ports in China, for the year 1870. Published by order of the Inspector General of Customs. Shanghai, Printed at the Customs' Press, 1871, in-4.

Forme un cahier in-4 annuel. — Les années 1871-2 ne forment qu'un cahier.

No. 5. — *RETURNS OF TRADE, CHINESE VERSION.*

Leur publication a commencé en 1875.

II. — SPECIAL SERIES.

No. 1. — *NATIVE OPIUM.*

Rapport publié en 1864.

No. 2. — *MEDICAL REPORTS.*

Leur publication a commencé en 1871 ; avant de former le n°. 2 de cette série, ils composaient la VIe. partie de la *Customs' Gazette.* — Ils sont semi-annuels.

— Customs' Gazette. No. X, April-June 1871 ; Part VI, Medical Reports for the Half Year ended 31st March 1871 (Published September 11, 1871). Shanghai, 1871, br. in-4.

C'est le premier rapport.

— No. XI, July-September 1871. Part VI, Medical Reports for the Half Year ended 30th September 1871 being No. 2 of the Series. Shanghai, 1871, br. in-4.

— No. XIII, January-March 1872. Part VI, Medical Reports for the Half Year ended 31st March 1872 being No. 3 of the Series. Shanghai, 1872, br. in-4.

— Medical Reports for the half year ended 30th September 1872 ; forwarded by the Surgeons to the Customs at the Treaty Ports in China ; Being No. 4 of the Series, and forming the sixth part of the Customs Gazette for July-September 1872. Published by order of the Inspector General of Customs. — Shanghai : Printed at the Customs' Press, 1873, br. in-4, pp. 105.

— Med. Rep. for the half year ended 31st March 1873 ; forwarded..... ; being No. 5 of the Series, and forming the sixth part of the Customs' Gazette for January-March 1873. Published by order..... *Ibid.*, 1873, br. in-4.

— Med. Rep. for the half year ended 30th September 1873 ; forwarded..... ; being No. 6 of the Series and forming the sixth part of the Customs' Gazette for July-September 1873. Published by order ..... Shanghai : Imperial Maritime Customs Statistical Department, 1874, br. in-4, pp. 69.

. . . .

— China. Imperial Maritime Customs. II. — Special Series : No. 2. Medical Reports, for the half-year ended 31st March, 1878. 15th Issue. Published by order of the Inspector General of Customs. Shanghai : Statistical Department of the Inspectorate General. MDCCCLXXVIII, in-4.

No. 3. — *SILK.*

— China. Imperial Maritime Customs. II. — Special Series : No. 3. SILK. Published by order of the Inspector General of Customs. Shanghai : Statistical Department of the Inspectorate General. MDCCCLXXXI, in-4.

No. 4. — *OPIUM.*

— China. — Imperial Maritime Customs. II. — Special Series : No. 4. OPIUM. Published by order of the Inspector General of Customs. Shanghai : Statistical Department of the Inspectorate General. MDCCCLXXXI, in-4.

III. — MISCELLANEOUS SERIES.

No. 1. — *THE TARIFF TABLES.*

— A Set of Tables showing the Bearing of the Chinese Customs' Tariff of 1858, on the Trade of 1866 & 1867; compiled from the returns of Imports and Exports, and of Native Goods carried in foreign vessels for native consumption. Published by order of the Inspector General of Customs. Office of Customs, Shanghaï, September, 1868, in-4.

No. 2. — *TEN YEARS' STATISTICS.*

Publiée en 1873.

No. 3. — *EXPOSITION DE VIENNE.*

— China. — Port Catalogues of the Chinese Customs' Collection at the Austro-Hungarian Universal Exhibition, Vienna, 1873: to illustrate the international exchange of products. Published by order of the Inspector General of Chinese Maritime Customs. Shanghai : Printed at the Imperial Maritime Customs Press. MDCCCLXXIII, in-4, pp. XVI-518.

I. Introductory Remarks. — II. Extracts from Inspector General's Circulars. — III. Official Programme of the Vienna Exhibition, 1873. — IV. Port Catalogues [14 Ports]. — V. Index.

— China. — Trade Statistics of the Treaty Ports, for the period 1863-1872. Compiled for the Austro-Hungarian Universal Exhibition, Vienna, 1873 : to illustrate the international exchange of products. Published by order of the Inspector General of Chinese Maritime Customs. Shanghai : Printed at the Imperial Maritime Customs' Press. MDCCCLXXIII, in-4.

Table of Contents. — I. Introduction prefixed to copies issued in China; with synopsis, &c. — II. Introductory remarks prefixed to copies issued in Europe. — III. Names of Commissioners and Examiners by whom the collections sent to Vienna were formed. — IV. Scheme of the general table of Statistics. — V. General Tables. — VI. Port Statistics [14 Ports].

Pagin. diff. pour chaque port.

— China. Handels-Statistik der Vertrags-Häfen f. die Periode 1863-1872. Zusammengestellt für die österreichisch-ungarische Welt-Ausstellung. Wien 1873. Zur Erläuterung d. internationalen Austausches der Producte. Veröffentlicht auf Veranlassung d. General-Inspectors der Chines. See-Zollverwaltung. Wien, Gerold, gr. in-4, pp. 336.

No. 4. — *EXPOSITION DE PHILADELPHIE.*

Catalogue publié en 1876.

No. 5. — *EXPOSITION DE PARIS.*

— Chine. Douanes maritimes impériales. III. — Série générale : No. 5. Catalogue spécial de la collection exposée au Palais du Champ de Mars, exposition universelle de 1878. Publié par ordre du Directeur général des Douanes. Shanghai : ... MDCCCLXXVIII, in-4.

Il y a aussi un tirage du titre en anglais.

No. 6. — *LIGHTHOUSES.*

— China. — Imperial Maritime Customs. III. — Miscellaneous Series : No. 6. List of the Chinese Lighthouses, Light-Vessels, Buoys and Beacons. for 1878. (Corrected to 1st December, 1877.) Sixth Issue. Published by order of the Inspector General of Customs. Shanghai : Statistical Department of the Inspectorate General. MDCCCLXXVIII, in-4.

No. 7. — *LIGHTHOUSES, CHINESE VERSION.*

First Issue, 1877.

No. 8. — *GENERAL LIST.*

1879.

No. 9. — *BERLIN FISHERY EXHIBITION CATALOGUE.*

Catalogue publié en 1880.

IV. — SERVICE SERIES.

No. 1. — *SERVICE LIST.*

— Service List of the Imperial Maritime Customs. Shanghai : ... 1875, in-8.

— China. — Imperial Maritime Customs. Service List. *Second Issue :* 1st August, 1876. Shanghai : ... 1877, in-8.

— *Third Issue :* 1st August 1877. Shanghai : ... 1877, in-8.

— China. — Imperial Maritime Customs. IV. — Service Series : No. 1. Service List. *Fourth Issue.* (Corrected to 31st July, 1878.) Published for the use of the Customs service : by order of the Inspector General of Customs. Shanghai : ... MDCCCLXXVIII, in-8.

— *Fifth Issue.* (Corrected to 31st July 1879.) ...... Shanghai : ... MDCCCLXXIX, in-8.

No. 2. — *INSTRUCTIONS FOR OUT-DOOR STAFF.*

First Issue, 1876.

No. 3. — *INSTRUCTIONS FOR LIGHT-HOUSE-KEEPERS.*

Second Issue, 1877 (First Issue, 1870, Circular No. 23).

No. 4. — *INSTRUCTIONS FOR LIGHT-SHIP-KEEPERS.*

Second Issue, 1877. (First Issue, 1870, Circular No. 23).

No. 5. — *INSTRUCTIONS FOR IN-DOOR STAFF.*

First Issue, 1877.

No. 6. — *INSTRUCTIONS FOR KEEPING AND RENDERING ACCOUNTS.*

Third Issue, 1877 (First Issue, 1868, Circular No. 31; Second Issue, 1870, Circular No. 7).

— Memorandum explanatory of the system of official accounts adopted by the Inspectorate General of Imperial Maritime Customs. China-Shanghai, A. H. de Carvalho, s. d., br. in-fol., pp. 20.

No. 7. — *INSPECTOR GENERAL'S CIRCULARS.*

First Series.

∴

— Letters, &c., from the Imperial Commissioner Ho, and other Chinese Authorities, relating to the Foreign Customs Establishment. [Shanghai : Printed at the *North-China Herald* office. 1860]. Br. in-8, pp. 20.

— Regulations of the Chinese Maritime Customs; and Customs' and Harbor regulations for the port of Shanghai. Compiled by Thomas Dick. Office of Maritime Customs, Shanghai, August, 1864. Shanghai: A. H. de Carvalho, in-folio.

I. General Trade and Customs' Regulations... II. List of Contraband Goods... III. Customs' Regulations for the Port of Shanghai. IV. Harbor Regulations for the Port of Shanghai — Appendix [contains Anson Burlingame's letter to Geo. F. Seward, dated Peking, 15th June, 1864]. — Notes.

— Returns of the Native Charges, as far as they can be ascertained, levied on the principal imports and exports, at and near the different Treaty Ports in China; and of the quantities of Goods on which such charges are levied as compared with the quantities paying the Transit Dues specified by Treaty. Published by order of the Inspector General of Customs. Shanghaï — Printed at the Customs' Press, December 1869, br. in-4.

— Chinese Emigration. The Cuba Commission. Report of the Commission sent by China to ascertain the condition of Chinese Coolies in Cuba. Shanghai : Printed at the Imperial Maritime Customs Press. MDCCCLXXVI, in-4, pp. 236.

Les commissaires étaient Tchen Lan-pin et MM. A. Macpherson et A. Huber.

∴

— Memorial from the British Chamber of Commerce, Shanghai, to Her Majesty's Principal Secretary of State for Foreign Affairs, relative to the Administration of the Imperial Maritime Customs of China. Pièce in-fol., 4 ff.

Réimp. dans le *N. C. Herald*, No. 584, Oct. 5, 1861. — Voir le chap. de *Changhai* : Chambre de Commerce.

— Ex-territoriality as applied to the China Customs. As provided for by Treaty, and legislated for by Statute and Order in Council. A Series of arguments proving that British Consuls have the right to adjudicate on Customs Cases. Also Correspondence between the British Consul at Canton and the Hongkong General Chamber of Commerce, Relative to the seizure and confiscation of Wyhing's Fire Crackers. Also, Code of Ordinances for the Government of H. M. Subjects in China, Under an Order in Council dated 13th June, 1863. Printed at the Office of the «Daily Press», Hongkong, April 1863, gr. in-8 à 2 col. pp. 31.

— China. No. 1 (1865). — Foreign Customs Establishment in China. Presented to both Houses of Parliament by Command of Her Majesty. 1865. London. Printed by Harrison and Sons, in-fol., pp. 13.

— Custom House and Tariff Terms. (1) Custom House Officials, supplied by E. B. Drew. (2) General Terms and Tariff Rules. By F. H. Ewer. (3) Dialogue between Custom House Official and Merchaut. By F. H. Ewer. (Doolittle's *Dict.*, Part III, No. XVII).

— Mr. Robert Hart, Inspector General of Imperial Customs, China. (*The Far East*, No. 4, 1876, pp. 98-99, avec une phot.)

On trouvera des renseignements dans divers procès, tels que :

— Johannes von Gumpach *v.* Robert Hart. (*Shanghai Evening Courier*, 1870, April 13, 14, 16, 20.)

— R. *v.* Richard Webb Halket. (*Shanghai Budget*, June 7, 1873.)

TABLES DE CHANGE, POUR FACILITER OU ABRÉGER LES CALCULS, ETC.

— Comparative Tables, Rates for Sterling Bills as compared with Drafts on Canton. Extended to 9 s. per Dollar and 50 per Cent Discount. also, equivalent of £ 1 to £ 1.000.000 Sterling in Dollars, at from 4 s. to 9 s. per Dollar. Shanghai, J. H. de Carvalho [April 1857], long in-8.

Par Pedro Loureiro. « A portion has been previously published, and will be found in Mr. Henry Rutter's « Calculations of Exchange», printed at Canton in 1856» (Preface).

— Tables shewing the Exchange given by remittance of Silver and Gold Bullion from Shanghaï to India (minus charges). Printed at the « North China Herald » Office. Shanghaï [september 1858], br. in-8, pp. 15.

Par F. M. Page.

— Shanghai Exchange Tables for the conversion of Taels into Dollars and vice-versa, to which are added Tables used in British Consular Accounts, by C. Treasure Jones, of H. M. Consular Service, China. Shanghai, A. H. de Carvalho, [July 1865], br.

— Shanghai Exchange Tables for the conversion of Taels into Dollars and vice-versa compiled by C. Treasure Jones, Editor of the « Shanghai Evening Express ». Condensed Edition. Price one Dollar and a half. Shanghai : *Evening Express* Office, 1870, in-12, pp. 43.

— Tables for ascertaining the cost per lb. of China Raw and Waste Silk, laid down in London, all charges paid, at rates of exchange from 5 s 6 d to 7 s 5 d per Tael, for Raw Silk, and from 5 s 0 d to 7 s 6 d per Tael, for Waste Silk. By Edward Holdsworth. Shanghaï, Printed at the « North China Herald » Office, 1867, in-8.

— Silk Tables showing the cost of Silk per Pound avoirdupois and kilo as purchased in Shanghai and laid down in London and Lyons. — calculated with various rates of charges and at different rates of exchange per tael. By August H. Maertens, Silk Inspector. Shanghai, June 1870, gr. in-8.

Notice : *Moniteur des Soies*, No. 620, 11 juillet 1874.

— Voir le chap. VII du *Chinese Commercial Guide*, 1863. — H. Rutter's Tables, etc.

III. — PORTS OUVERTS AU COMMERCE ÉTRANGER.

	NOMS			PROVINCE	DATE DE L'OUVERTURE
	FRANÇAIS	ANGLAIS	CHINOIS		
	I. — SUR LA CÔTE DE CHINE				
1	Niou tchouang	Newchwang	牛莊	Ching king (Mandchourie)	Traité de Tientsin, 1858
2	Tien tsin	Tien tsin	天津	Tche-li	Convention de Peking, 1860
3	Tche fou	Che foo	芝罘	Chan toung	Traité de Tientsin, 1858
4	Chang hai	Shanghai	上海	Kiang sou	Traité de Nanking, 1842
5	Ning po	Ningpo	寧波	Tche kiang	do
6	Wen tcheou	Wenchow	温州	do	Convention de Tchefou, 1876
7	Fou tcheou	Foochow	福州	Fo kien	Traité de Nanking, 1842
8	Emoui	Amoy	厦門	do	do
9	Chan teou	Swatow	汕頭	Kouang toung	Traité de Tientsin, 1858
10	Canton	Canton	廣州	do	Traité de Nanking, 1842
11	Pe haï[1]	Pakhoi[2]	白扎	do	Convention de Tchefou, 1876

1. Prononciation en langue mandarine.
2. Prononciation dans le dialecte cantonais.

(PORTS OUVERTS.)

	NOMS			PROVINCE	DATE DE L'OUVERTURE
	FRANÇAIS	ANGLAIS	CHINOIS		
	II. — Sur le Yang-tseu kiang				
12	Tchen kiang	Chinkiang	鎮江	Kiang sou	1861
13	Wou hou	Wu hu	蕪湖	Ngan houei	Convention de Tchefou, 1876
14	Kiou kiang	Kiu kiang	九江	Kiangsi	1861
15	Han keou	Hankow	漢口	Hou pé	1861
16	I tchang	I chang	宜昌	do	Convention de Tchefou, 1876
	III. — Dans l'île Formose				
17	Tai ouan	Tai wan	臺灣	sur la côte ouest, au sud — Formose (Fo kien)	Traité de Tientsin, 1858
18	Ta kao	Ta kow	打狗	sur la côte ouest, au sud — Formose (Fo kien)	Traité de Tientsin, 1858
19	Tam soui	Tamsui	淡水	au nord — Formose (Fo kien)	Traité de Tientsin, 1858
20	Ki long	Keelung	雞龍	au nord — Formose (Fo kien)	Traité de Tientsin, 1858
	IV. — Dans l'île Hai nan				
21	Kioung tcheou	Kiung chow	瓊州	Kouang toung	Traité de Tientsin, 1858

OUVRAGES DIVERS.

— George Smith. A Narrative of an exploratory visit . . . . (voir col. 1007—8).

— Alex. Bowers. The Yang-tze-kiang . . . . (voir col. 78.)

— Quelques ports de la Chine. I. Ting-Haë, capitale de l'île de Chusan (établissement anglais). — II. Shang-Haï. — III. Ning-Po. — IV. Retour à Chusan. Bateaux à vapeur. Commerce de l'opium. — V. Amoy. — VI. Hong-Kong. Par L.-A.-R. Grivel. (*Rev. de l'Orient*, VII, 1845, pp. 201/9.)

— Die Seehäfen des nördlichen China. (*Preuss. Handels-Archiv*, 21 März 1862, pp. 225/7.)

— The Treaty Ports of China and Japan. A complete Guide to the Open ports of those Countries, together with Peking, Yedo, Hongkong and Macao. Forming a Guide Book & Vade Mecum for travellers, merchants, and residents in general. With 29 maps and plans. By Wm. Fred. Mayers, F. R. G. S., H. M.'s Consular Service. N. B. Dennys, late H. M.'s Consular Service and Chas. King, Lieut. R. M. A. Compiled and edited by N. B. Dennys. London : Trübner & Co., — Hongkong : A. Shortrede & Co., 1867, in-8, pp. VIII-668-XLIX-26.

Les 26 dernières pages contiennent le «Catalogue of Books» indiqué col. 842.

Notice : *N. C. Herald*, 18 May 1867.

— Hongkong - Macao - Canton. Par Henri Jouan. (*Mém. Soc. Sc. nat. de Cherbourg*, XIII, 1868.)

— Die neu eröffneten Häfen in China : Ichang, Wuhu, Wenchou u. Peihai (Pak-hoi). (*Annalen der Hydrog.*, IV Jahrg., 1876, Berlin, pp. 515/518.)

— Voir les Rapports des Consuls anglais. (*Blue Books*).

LISTES DE RÉSIDENTS ÉTRANGERS.

— Alphabetical List of Foreign Residents in

China. *(Chinese Rep.*, 1836, V, p. 426; 1841, X, p. 58; 1842, XI, p. 55; 1843, XII, p. 15; 1844, XIII, p. 3; 1845, XIV, p. 3; 1847, XVI, p. 3; 1848, XVII, p. 3; 1849, XVIII, p. 3; 1850, XIX, p. 3; 1851, XX, p. 3.

— List of Commercial Houses, Agents &c. — With Names of Partners, Assistants, &c. *(Chin. Rep.*, XV, Jan. 1846, pp. 3/8).

— Voir à l'art. HONGKONG: *Chronicle and Directory for China* ....; CHANGHAI: *Desk Hong List, Shanghai Almanac*, &c.

NIOU TCHOUANG.

— T. T. Meadows. Report on the Consular District of Newchwang. *(Nautical Magazine*, Oct. 1864, pp. 505/514).

Voir *Changhai*, Chambre de commerce.

— Notes on a visit paid to the coal districts of Huatzuling and Pen-hsi-hu in the neighbourghood of Newchwang. *(North-China Daily News*, 10 June 1872).

— Roads and Harbour of Newchwang. By E. C. Taintor. *(Customs' Trade Reports* 1871—1872. — Réimp. dans *The Shai. Budget*, Aug. 29, 1874).

— Beschreibung des Hafens von Niuchwang in der Mandschurei und Klima desselben. *(Hydrographische Mittheilungen*, II. Jahrg., Berlin, 1874, pp. 92/97).

— *Chinese Commercial Guide*, 1863, pp. 215/217.

TIEN TSIN.

— Consular Regulations for the Port of Tientsin—Local Consular Regulations for Tientsin. (Tientsin 7th December 1863; John Gibson, Acting Consul). — *(N. C. Herald*, 702, Jan. 9, 1864. — Réimp. dans le No. 703.)

— John Gibson. The Trade of Tientsin. *(Naut. Magazine*, January 1865, pp. 18/24).

— *Chinese Commercial Guide*, 1863, pp. 212 et seq.

— Massacre de Tientsin: Voir *Relations politiques*.

TA KOU.

(Entrée du Pei ho.)

— Local Consular Regulations for Taku (John Gibson, Acting Consul). — *(North China Herald*, 702, Jan. 9, 1864. — Réimp. dans le No. 703.)

TCHE FOU.

— Winds and Weather at Chefoo, during seven months of the year 1859. *(Journal N. C. B. R. A. S.*, Vol. II, No. I; Art. IX, pp. 97/104.)

By Mr. J. H. Hendry, Chief officer of the *Swallow*.

— *Chinese Commercial Guide*, 1863, pp. 211/212.

CHANG HAI.

OUVRAGES DIVERS.

— *What I have seen in Shanghai*: (by E. C. Bridgman)

Position of the city; character of the inhabitants; mercantile interests; special enterprises; Mr. Fortune; open and secret excursions into the country; bad policy of the late plenipotentiaries; reasons for their conduct; christian missions; Committee of Delegates now engaged in revising the Chinese version of the New Testament, &c. *(Chinese Repository*, XVIII, pp. 384 et seq.)

Protestant Missions; (1) the London Missionary Society; (2) the Church (of England) Missionary Society; (3) the American Protestant Episcopal Church; (4) the American Baptist Sabbatarian Church; (5) the American Southern Baptist Convention; (6) the American Methodist Episcopal Church. Second letter to the Editor, by E. C. B. *(Ibid.*, pp. 515 et seq.)

Missions of the Romish Church; the Jesuits; Institution for the Propagation of the Faith; its Annals; number of Vicarages and Christians; the style of the Pope, Bishops and Priests; the Bible, Commentaries, and ten Commandments; Prayer-book; Bishop of Kiangnan; site of the new cathedral; chapel; religious services; other sites; Sü-kia Hwui; ways and means of conducting their missions, illustrated by extracts from their annals; results; character of their system; circumstances of its agents, &c. *(Ibid.*, pp. 574 et seq.)

— Plan of the English Settlement at Shanghai, 2d ed., 1864-66, 1 feuille.

— Plan of the Hongkew or American Settlement at Shanghai, 1864-66, 1 feuille.

— Catalogue of Austrian and Hungarian Products exhibited in the Shanghai Club published by Victor Schönberger. Shanghai, July 1869, br. in-8.

— The Battle of Sik-a-wei. Reprinted from the *Shanghai Evening Courier*. Shanghai, 1871, br. in-8, pp. 24.

A été également réimp. dans le *Shanghai Budget*, 25 Août 1871. — Cette imitation de la célèbre *Battle of Dorking*, écrite pour montrer les vices de la politique anglaise en Chine, a été écrite par le Rev. C. H. Butcher et Mr. Walter Pearson, Secrétaire de la Chambre de commerce; Mr. Ney Elias, le voyageur, en avait donné l'idée.

*Ελευθεριομαχια. — The Battle of Freedom: A Valedictory Poem. (A Greek Poem written in 1863.) By E. C. Taintor. Shanghai, 1874, in-8, pp. 8.

Tiré à 80 exemplaires non mis dans le commerce.

— Shanghaï et les intérêts européens en Chine. Par A. Kleczkowski. *(Revue de France*, 15 Mai 1878, pp. 331/360.)

HISTOIRE.

— Storming of the Entrenched Imperialist Camps by the British and Americans — at Shanghae on Tuesday the 4th April. *(North China Herald*, 193, 8th April 1854.)

List of Killed and Wounded in attack, &c. on 4th April.

H. M. Str. «*Encounter*»
Lieut. N. Dew, slightly.
M. Tupman, Naval Cadet. do.
W. Blackman, Carpt., killed.
Am. Hevens, ordinary 1., slightly.
H. M. Brig «*Grecian*»
Geo. Bailey, Capt. Foretop, very severly.

John Budge, A. B., very severly.
Henry Thursby, midship., severe contusion.
Hen. Willcox, Quar. Master, do.
Hen. Nicoll, do.
Jn. Little, Asst. Surgeon, slightly.
U. S. Sloop «*Plymouth*»
Geo. M'Corkle, killed = 4 wounded (most of them severely).
Shanghae Volunteers.
Mr. J. E. Brine, dangerously if not mortal.
Mr. Gray, loss of thigh.
Capt. Pearson, American Merchant Ship «*Rose Standish*», very severely wounded (died since).
Total 2 killed, 16 wounded.
Guns found mounted in camps — 2. 12, 4. 6 and 4. 8 pounders, and a number of wall-pieces.
Force engaged about 800.

— Attaque du *Colbert* et de la *Jeanne d'Arc* contre la ville chinoise le 6 janvier 1855. *N. C. Herald*, 232 (6 Jan. 1855) & 233 (13 Jan. 1855).

— Sur l'enterrement des marins du *Colbert* et de la *Jeanne d'Arc*, et le mausolée construit à leur mémoire, voir le *N. C. Herald* 242, 17 Mars 1855.

— Explosion of the *Union Star*. (*Daily Shipping & Commercial News*, June 20 & 21, 1862; réimp. dans the *N. C. Herald*, No. 621, June 21. 1862.)

— Reminiscences of the opening of Shanghae to Foreign Trade. By W. H. M. [edhurst]. (*Chin. & Jap. Rep.*, Oct. 1864, pp. 79/88.)

POPULATION.

— List of Foreign Residents at Shanghai and Amoy, August 1846, (*Chin. Rep.*, XVI, pp. 412/413).

— A List of the Foreign Residents in Shanghai, 1850. (*North China Herald*, Vol. I, No. I).

— Census taken at Shanghai of the British Population, 31 March 1851. (*Ibid.*, No. 40, Mai 3, 1851).
218 Males
38 Females = total 256.

— Voir *Shanghae Almanac and Miscellany*.

— Census of the English and Hongque Settlements, 1865. (Voir col. 1050.)

— Population des Concessions anglaise et américaine. Recensement de 1870. (Voir à la fin de *Shanghai considered socially*, de Lang.)

— Population of Shanghai. (*Shai. Budget*, Jan. 23, 1873).

— North China and Japan Desk Hong List.

Pub. annuelle faite par le *North China Herald*, renfermant en un volume long et étroit la liste des résidents étrangers et divers renseignements sur le départ des courriers, l'administration, etc.

— «Domus et placens uxor.» The Ladies Directory for Shanghai. 1873. Shanghai: Printed at the «North China Herald» Office, pet. in-8.

. . . .

— The Ladies Directory or Red Book for Shanghai, for the year 1876. Printed at the «North China Herald» Offiice, 1876, pet. in-8.

CLIMAT ET MÉTÉOROLOGIE.

(*Voir col. 169.*)

— Abstract of Observations at Shanghai in the open air for 1847 and 1848. (*Chin. Rep.*, XVIII, p. 514.)

— Atmospherical Changes. (*N. C. Herald*, No. 9, 28 Sept. 1850.)

— Meteorology and Climate of Shanghae deduced from observations made during the years 1848, 1849 and 1850. (*N. C. Herald*, No. 74, 27 Dec. 1851. — Réimp. dans *The Shae. Almanac for 1852.*)

Voir pour l'année suivante le *N. C. Herald*, No. 125, 12 Dec. 1852, et le *Shae. Almanac for 1853*, etc., etc.

HYGIÈNE.

* Shanghai Hygiene or Hints for the preservation of health in China. By J. Henderson. Shanghai, 1863, in-8.

Extraits dans le *N. C. Herald*, No. 674, 27 June 1863.

— Account of the Visit to Pootoo by the Sanatory Commission (24 Feb. 1863). (*N. C. Herald*, No. 659, 14 March 1863.)

Voir col. 187.

— Sanitaria for Shanghai: Letter addressed to the Editor of the *North China Herald*, by J. Henderson, No. 713, March 26, 1864.

— Relation médicale d'une campagne au Japon, en Chine et en Corée. Thèse présentée et publiquement soutenue à la Faculté de médecine de Montpellier le 12 juin 1868. Par Cheval (Elisée-Julien), né à La Gacilly (Morbihan), Docteur en médecine, Médecin de deuxième classe de la Marine impériale. Montpellier, Boehm et fils, 1868, br. in-4, avec une carte de Corée.

Le Dr. Cheval était à bord du «Primauguet».

— Shang-haï au point de vue médical. Contribution à la Climatologie médicale par Paul Edouard Galle, Docteur en médecine de la Faculté de Paris, ... Paris, Adrien Delahaye, 1875, br. in-8, pp. 80.

EAU : — Remarks on the Water we use in Shanghaï by Dr. Lamprey, Surgeon H. M.'s 67th Reg. (*Jour. N. C. B. R. A. S.*, N. S., No. II., Dec. 1865, pp. 177/8.)

— Shanghai Water by Edward Henderson, M. D. (*N. C. Daily News*. — Réimp. dans *The Shaï. Budget*, I, No. 7, etc., et dans *The Cycle*, 14 Jan. 1871.)

— Municipal Council of Shanghai. Appendices to Report for the year ended 31st March, 1871. Shanghai: Printed at the «North-China Herald» Office, 1871, br. in-8.

Contient le premier rapport du Dr. Edward Henderson comme Officier de Santé, le rapport du Professeur E. Frankland (Oct. 14, 1870) sur 12 échantillons de l'eau de Shanghai et des environs, et différents rapports de police.

— The Water Supply.

Rapport du Dr. E. Henderson dans le *Municipal Report for the year ended 31st March 1875*, pp. 84/87.

— Shanghai Water. Reprinted from the «*North-China Herald and S. C. & C. Gazette*», br. in-8 à 2 col., pp. 10.

Contient les rapports de Henderson et de Frankland.

— Report on proposed Water Works for Shanghai. Shanghai: F. & C. Walsh, 1875, br. in-8, pp. 11.

PROSTITUTION : Voir col. 857—858.

— Voir *Sciences médicales*, col. 691—700.

CONSEIL MUNICIPAL ANGLO-AMÉRICAIN.

— Official Papers on the Administration of affairs at the Port of Shanghae, 1854. Port, Custom-House & Land Regulations, and Proceedings of Public Meeting, of July 11th; also, Election of Municipal Council, together with the Joint Consular Notifications of the Three Treaty Powers. Printed at the «Herald» office, Shanghae, 1854, in-8.

1° [The] Land Regulations settled and agreed upon by Capt. Balfour, H. B. M.'s Consul, and *Kung-moo-Keu*, Intendant of Circuit, on the 24th day of September, 1846, and further defined in the agreement entered into between Rutherford Alcock, Esq., H. B. M.'s Consul, and *Lin* Intendant of Circuit, on the 27th day of November, 1848.

2° [Lands] described in a proclamation issued by *Lin*, Taoutae, bearing date the 6th day of April, 1849, in consequence of an arrangement entered into between H. E. on the one part and M. de Montigny, the Consul of France, on the other part . . — an arrangement subsequently approved and confirmed by the Minister of France, M. de Forth Rouen, and the Imperial Commissar Seu.

The consuls of the Three Treaty Powers:

Rutherford Alcock, anglais,
Robert C. Murphy, americain,
B. Edan, français

et Woo, le Taotai, approuvent les New Land Regulations (1854). A public Meeting of the Foreign renters of Land is held at H. B. M.'s Consulate on the 11th of July 1854: The Committee of Roads and Jetties, tend their resignation and the first municipal Council is elected:
William Kay, Chairman,
Edward Cunningham. Treasurer,
Rev. Dr. W. H. Medhurst,
David Olyphant King,
Charles A. Fearon,
John Skinner,
William Seton Brown.

Quoique le Consul de France ait signé les *Land regulations* de 1854, le gouvernement français ne les a pas ratifiées. (Voir meeting du 10 Mars 1866, *N. C. Herald*, Supp. 17 Mars 1866; et extrait d'une lettre de M. de Bourboulon, ministre de France, à M. Edan, Consul de France *p. i.* à Shanghai, insérée par M. le Vte. Brenier de Montmorand, dans le *N. C. Herald*, 1825, 19 Mai 1866.)

— The Shanghae Land Regulations, (Original and Present Codes) and Sundry Documents relating thereto. Published by order of the Municipal Council for 1861. Printed by A. H. de Carvalho, Shanghae, 1861, br. in-12, pp. 36.

The first Regulations (pp. 1—11) are «dated Taou-kwang, 25th year, 11th month, 1st day. November 29th, 1845» they were agreed to by Kung Mookew. Intendant of Circuit, etc. and Superintendant of Customs in the Province of Keangnan, and Capt. Balfour, British Consul, and they were translated by W. H. Medhurst. — A new Set of Land Regulations was framed by Rutherford Alcock, H. B. M.'s Consul, Robert C. Murphy, Consul U. S. A., B. Edan, H. I. M.'s Consul *ad interim*, in July 1854 (pp. 12—21). and Woo, the Chief local authority, and examined at the Public Meeting of Foreign Renters of Land, held at H. B. M.'s Consulate, on the 11th day of July 1854 (Minutes, pp. 22—34).

— Proposed Revised Land Regulations for the Foreign Settlement of Shanghai, br. in-fol.

A committee had baen appointed at the Land Renters' Meeting of April 15th, 1865, to consider as to the method of government best adopted to the requirements of the settlements.

— Land Renters' Meeting. Minutes of a Special Meeting of Land Renters, held at H. B.M.'s Consulate, on Friday the 9th, Monday the 12th, Tuesday the 13th, and Saturday the 17th March 1866. To consider, discuss, and amend the code of «Proposed Revised Land Regulations» for the foreign settlement of Shanghai prepared by the Committee appointed at the Meeting of Land Renters of the 15th April 1865, br. in-8.

— Land Regulations and Bye Laws for the Foreign Settlements of Shanghai North of the Yang-King-Pang. *Shanghai*, 1870, br. in-8, 1860-1870, 2 parties in-8.

— Revision of Land Regulations. Remarks by Council's legal Adviser. Shanghai: Printed at the «North China Herald» office, Pièce in-8, pp. 4.

Daté : May 17th 1875 — et sig. : W. V. Drummond.

∴

— Meeting of Ratepayers. Debates, Proceedings and Votes of the Shanghai Ratepayers, in Public Meeting assembled on Friday, 25th February, 1876, at the Board Room of the Municipal Council. Shanghai: Printed at the «North China Herald» office, 1876, br. in-8.

Le compte-rendu des réunions, soit annuelles, soit extraordinaires des contribuables est publié régulièrement sous forme de brochures et dans les journaux locaux.

∴

— Municipal Report for the year ending 31st March — br. in-8.

Les Rapports du conseil municipal anglo-américain ont été publiés chaque année; l'année municipal courant du 1 Avril d'une année jusqu'au 31 Mars de l'année suivante jusqu'en 1875, époque à laquelle la fin de l'année municipale fut reportée au 31 décembre. Nous ne signalons que les rapports les plus intéressants :

— Municipal Report for the year ending 31st March 1864, br. in-8.

— Municipal Report for the year ending 31st March 1864 [lisez 1865], br. in-8.

Annexé à ce rapport : *Census of the English and Hongque Settlements;* nous notons : 18 Nationalities, 5129 inhabitants of which 1319 Army, 532 Royal Navy.

— Appendices to Report for the year ended 31st March, 1871. Shanghai: Printed at the «North China Herald» office, 1871, br. in-8.

— Report for the year ended 31st March, 1875. Shanghai: Carvalho & Co., 1875, br. in-8.

— Report for the nine months ended 31st December, 1875. Shanghai: Carvalho & Co., 1876, br. in-8.

∴

— Municipal Budget. Estimate for the year commenced 1st April, 1870, and ending 31st March, 1871, with Remarks by Municipal Council, and Sub-Committees of 1869—1870. br. in-8.

Publication annuelle comme le Rapport.

∴

— Rules and Instructions for the Municipal Police of Shanghai. Printed by order of the Municipal Council 1856 [by J. H. de Carvalho], br. in-8.

Sig.: Samuel Clifton, Superintendent of Police.

Voir les autres rapports de Police dans les rapports annuels du Conseil Municipal.

— The Municipal Council of Shanghai. Reports from Assessment Committees of 1867. Revised Assessments, &c. made under authority of Land Renters Meeting of 25th February, 1867, together with rates of taxation, proposed by the Municipal Council, to be levied for the remainder of the Municipal year — beginning from 1st October, 1867. Shanghai: Printed at the «North China Herald» office, 1867, br. in-8, pp. 18.

— Shanghai Land Assessment Schedule. Directed to be made under Resolution IV, passed at the Special Meeting of Rate-Payers, held at the Lyceum Theatre, on the 7th and 9th September, 1875. English Settlement, 1876. Shanghai: Carvalho, in-4, pp. 51.

— Hongkew, 1876. Shanghai: Carvalho, in-4, pp. 25.

— Shanghai House Assessment Schedule. Directed to be made under Resolution IV, passed at a Special Meeting of Rate-Payers, held at the Lyceum Theatre, on the 7th and 9th September, 1875. For the Settlements North of the Yang-king-pang. 1876. Shanghai: Printed at the «Celestial Empire» office, in-4, pp. 25.

— Drainage of the Settlements. Shanghai: A. H. de Carvalho, 1870, Pièce in-fol., pp. 16.

— The Shanghai Volunteer Artillery. Howitzer Drills and Exercises. Shanghai: Printed at the «North China Herald» office, 1871, br. in-8, pp. 8.

Voir les rapports du *Defence Committee* dans les rapports annuels du Conseil municipal.

— Tariff of Dues leviable on Merchandise imported to, and exported or transhipped from the port of Shanghai revised by the Council for the Foreign community of Shanghai 1st June 1871. Shanghai: Printed at the «North China Herald» office, 1871, br. in-8.

— Second Report of the Fire Commission, to the 30th September, 1872, upon the working of the Shanghai Fire Department, 1871-2. Shanghai: Printed at the «North China Herald» office, br. in-8, pp. 15.

. . . .

— Report of the Fire Commission, for the year ended 31st March, 1874, upon the working of the Shanghai Fire Department. Shanghai: Printed at the «North China Herald» office, br. in-8, pp. 11.

— Report of the Fire Commission upon the working of the Shanghai Fire Department, for the year ending 31st March, 1875. Shanghai: Carvalho & Co., br. in-8, pp. 8.

. . . .

— Report by the Special Committee of Rate-Payers appointed to consider the Plans and Proposals of the Woosung Road Company, Shanghai, August 1873. A. H. de Carvalho, Printer & Stationer, Shanghai, br. in-8, pp. 15.

— Special Report on proposed Municipal Buildings. Shanghai: Printed by F. & C. Walsh, . . . 1874, Pièce in-8, pp. 7.

— Returns called for by Mr. J. P. Bisset at Special Meeting of Rate-Payers held on 8th June, 1874. Published for the information of Rate-Payers North of the Yang-king-Pang. Shanghai: Carvalho, [1875], Pièce in-8, pp. 6.

— Health officer's Report for the year ended 31st December, 1875. Published for the information of the Rate-Payers. Shanghai: Carvalho & Co., 1876, br. in-8, pp. 18.

C'est le sixième rapport du Dr. E. Henderson et le seul imprimé à part; le premier rapport a été publié dans l'app. au Rapport de 1871 [voir col. 1050]; les autres rapports ont été insérés soit dans les Rapports du Conseil municipal, soit dans leurs appendices.

— Proposed Alteration in the Names of the Streets (of Shanghaï). (*N. C. Herald*, Supp. 617, May 24, 1862.)

— Correspondence on the Better Government of Shanghai: Extracted from the *North China Herald*. Shanghai: Printed at the «North-China Herald» office, September 1862, br. in-8.

— Amalgamation of the English and Hongque Settlements. *(N. C. Herald,* 690, 17 Oct. 1863.)

Letter of Residents in the British Settlement.
— Letter of Mr. E. Cunningham, Chairman of the Hong-que Assessment Committee to R. F. Gould, Secretary Municipal Council. *(N. C. Herald,* 696, 28 Nov. 1863.) — The Hongkew district was incorporated with the British Settlement by the resolutions taken at the Public Meetings of the 31st March 1862, and 4th April 1863: Vide Meeting of the 31st March 1862. *(N. C. Herald,* 610, 5th April 1862.) — Meeting of the 4th April 1863. *(Ibid.,* 663, April 11, 1863.) — Meeting of the 30th Nov. 1863. *(Ibid.,* 697, Dec. 5, 1863.)

— Letter by Sir Rutherford Alcock regarding Municipal Government in Shanghaï. *(North-China Daily News,* 14 Aug. 1866.)

Peking, 16th July 1866; addressed to C. A. Winchester Esq., H. B. M.'s Consul, Shanghai.

SOOCHOW CREEK BRIDGE:

— Translation of the Soochow Bridge Charter, dated Tung Che, 2nd year, 6th month, 3rd day (July 1863). *(N. C. Herald,* May 6, 1869.)

— Soochow Creek Bridge Company. Extracts from the Proceedings of Land Renters, and Rate-Payers Meetings, having reference to the Soochow Creek Bridge Company. Br. in-8, pp. 13, s. d. [1872?]

— Notes *in Re Messrs H. Fogg & Co.'s Wall.* — Correspondence with Soochow Creek Bridge Company, and Memoranda relating thereto. Issued for the information of Rate-payers by Municipal Council of Shanghai, north of Yang-king-pang, October 1872. A. H. de Carvalho, . . Shanghai. br. in-8, pp. 33.

— Ratepayers' Meeting. August 12th, 1872. Proposal from Soochow Creek Bridge Company. Estimates for the New Bunding Scheme. Shanghai: Printed at the « North China Herald » office, 1872, br. in-8, pp. 11.

LE KIN:

— Sur la taxe connue sous le nom de *Le kin* 捐厘, voir le rapport de l'interprète de la municipalité anglaise Y. Yungking et les remarques des linguistes du Consulat d'Angleterre sur ce rapport dans *The North China Herald,* 819, April 7, 1866.

— Lekin Dues. Opinion of Council's Legal adviser on levying of Lekin Dues by Chinese within the Settlements, and Correspondence on the Subject with the Consular Body. Published by the Council for the information of the Ratepayers. br. in-8, pp. 9. [Shanghai: Printed at the « North China Herald » office, 1875.]

— Voir la lettre adressée au *Daily News* par Mr. F. S. Turner, Secretary to the anglo-oriental Society for the Suppression of the opium trade, et imprimée dans le Supp. du *London & China Telegraph,* Oct. 15, 1877.

EAU. — Voir *Hygiène.*

PROSTITUTION. — Voir col. 857—858.

SHANGHAI GENERAL HOSPITAL. —

Voir. col. 1057.

— Voir *Conseil Municipal français.*

CONSEIL MUNICIPAL FRANÇAIS.

— Sur l'obtention d'un « French Consular Ground at Shanghai ». *(Chin. Rep.,* XVIII, pp. 332/333.)

— Procès Verbal de la réunion des propriétaires fonciers de la Concession française, tenue au Consulat Général le 10 Février 1866.

« L'objet de la réunion indiqué à l'avance dans les journaux était de délibérer sur une demande de la Compagnie des Messageries Impériales relative à l'établissement d'un Wharf, et de décider, à cette occasion, s'il y avait lieu ou non de modifier les restrictions votées dans l'assemblée annuelle du 30 Avril 1864 pour l'établissement des Wharfs sur la Concession française. »

Ce Procès verbal est inséré dans *The North China Herald,* 813, Feb. 24, 1866.

— Report of the Committee [Messrs Hogg, Dixwell, Viault, Bernard, Wignall] appointed on the 10th of February 1866, by the meeting of Land Renters upon the French Concession, for the purpose of considering in what respect the existing regulations as to Wharves may be advantageously changed. *(North China Herald,* 814, March 3, 1866.)

La réunion des propriétaires pour considérer ce rapport eut lieu au Consulat de France le 10 Mars 1866. (Procès verbal en anglais dans *The North China Herald,* March 17, 1866.)

— Voir dans la *Supreme Court and Consular Gazette,* 4 Mai 1867, la traduction en anglais d'une lettre sur la concession française datée de Paris, 18 juin 1866, et écrite par M. Drouyn de Lhuys à M. de Bellonet, chargé d'affaires de France à Peking.

— Réglement d'Organisation municipale de la Concession française de Shanghai publié par le Vte. Brenier de Montmorand, Consul Général de France à Shanghai.

Le texte français en dix-huit articles a été publié officiellement dans le *North China Daily News* du 12 Juillet 1866 et réimprimé dans *The North China Herald,* 833, July 14, 1866.

— Remarks on the French Municipal Regulations of Shanghai. *(N.C.D.News,* 15 Juillet 1869.)

— Correspondence with French Municipal Council regarding the width of the Yang-King-Pang Creek. Issued for the information of the Rate-Payers by the Council for the Foreign Community of Shanghai north of the Yang-King-Pang, March 1873. Shanghai: Printed at the Mercantile Printing office ... 1873, br. in-8, pp. 19.

∴

— Rapport fait aux Propriétaires Fonciers de la Concession française par le Conseil d'Administration Municipale pour l'année commencée le 1er Avril 1863 et terminée le 31 Mars 1864, br. in-8, pp. 15.

Président: E. Buissonnet.

«Il y a aujourd'hui un an Messieurs, que votre Conseil d'Administration municipale a eu l'honneur de vous rendre compte de sa première année de gestion....»

. . . .

— Conseil d'Administration municipale de la Concession française, à Shanghai. Compte-rendu de la gestion pour l'exercice 1867-68. Budget, 1868-69. Shanghai: F. & C. Walsh, 1868, br. in-8, pp. 28+1 tableau.

. . . .

— Conseil d'Administration municipale de la Concession française à Shanghai. Compte-rendu de la gestion pour l'exercice 1876. Budget, 1877. Shanghai: Imprimerie Carvalho & Cie, 1877, br. in-8.

Ces Rapports continuent à être publiés annuellement.

EMEUTE DU 3 MAI 1874.

— Rapport du Conseil d'Administration Municipale sur l'Affaire des Rues de Ningpo et de Saigon adressé à Messieurs les Electeurs de la Concession Française. br. in-8. pp. 16 + 3 plans. [1874.] [Printed at the «North China Herald» office].

— Conseil d'Administration municipale de la Concession française à Shanghai. Compte-rendu de l'affaire des rues de Ningpo et de Saigon, et correspondance échangée à ce sujet. Shanghai: Imprimerie «North China Herald» office. 1874, br. in-8, pp. 85 + 3 Plans.

— *Moniteur des Soies*, No. 623, Lyon, 1 Août 1874.

— Société académique indo-chinoise...., Extrait No. 3 du *Bulletin*...., avril 1881. La France dans l'Extrême Orient. — La Concession française de Chang-hai. — Conférence faite à la Société Académique indo-chinoise dans sa séance du 31 mars 1881 par Ernest Millot..... Deuxième édition. Paris, Challamel aîné, 1882, br. in-8, pp. 23 et 1 grav.

— Conseil d'Administration Municipale de la Concession française à Shanghaï. Extrait du Compte-rendu de la Séance Générale du Conseil: du 24 Juillet 1882. — : du 31 Juillet 1882. — Compte-rendu de la Séance Spéciale du Conseil du 16 Août 1882. Shanghaï, Imprimerie Fonceca & Silva. 1882, br. in-8, pp. II—37.

— La France dans l'Extrême-Orient. — La Concession française de Shang-haï. — Réponse de M. Ernest Millot, ancien président du conseil d'administration municipale de la concession française de Shang-haï, chevalier de la légion d'honneur, à MM. P. Brunat, J. Chapsal et E. G. Vouillemont, membres actuels de ce Conseil. Paris, Challamel, 1882, br. in-8, pp. 30.

TRIBUNAUX. — PRISONS.

— The Supreme Court of China and Japan (opened 4th September 1865). [Voir *Pub. périodiques.*]

— Memorandum on the Mixed Court. By Chal. Alabaster. pp. 8.

— Sur le même sujet voir le *N. C. Herald*, 832, July 7, 1866.

— China. No. 1 (1881). Report on the Mixed Court at Shanghae. Presented to both Houses of Parliament by Command of Her Majesty. 1881. London: Printed by Harrison and Sons. [C. — 2881.] *Price 1d.* Pièce in-fol., pp. 5.

Par Mr. C. F. R. Allen.

AMUSEMENTS DIVERS.

— Rules and Regulations of the Shanghai Race Club, and List of the Members. 1864. A. H. de Carvalho, printer and stationer, Shanghai, br. in-8, pp. 35.

— The Committee of the Shanghai Race Club *v.* the Shanghai Cricket Club. *(Shanghai Budget*, 1874, June 6, 13, 20 & July 18.)

Voir également la correspondance sur le même sujet dans le *Shanghai Budget*, 25 July 1874. — Voir le *N. C. Herald*, de la même époque.

FIVES' COURT.

— Histoire de Fives' Court et du terrain adjacent. *(N. C. Herald*, 857, Dec. 29, 1866.)

— E. Hogg *v.* Ah-yow et Ah-chun.

Voir les journaux de Janvier et de Février 1867.

THE NEW RACQUET COURT (opened in June 1867).

— Voir une notice historique dans le *N. C. Herald*, June 22, 1867. The old Racquet Court était près de the Fives' Court dans le Ma-lou.

— Sport at Shanghai.

Relation d'une excursion de chasse publiée dans *Land and Water*, reproduite dans le *Shanghai Evening Courier*, 16 Mars 1869.

— The first Bachelors' Ball was given on Tuesday the 26th of Nov. 1850 and it is noticed in the *N. C. Herald*, No. 18. In Aug. 1850 there were about thirty residents and their families in Shanghai. See list *N. C. Herald*, 3 August.

— Report upon the Foreign and Native Theatres in the English Settlement. *(N. C. Herald*, June 16, 1877, p. 596).

By Henry Lester and C. B. Clark. — Shanghai, 15th May 1877.

SHANGHAI CLUB.

— Catalogue of Books in the Library of the Shanghai Club. Shanghai Club, 1875, br. in-8, pp. 24.

CLUB CONCORDIA.

Le Club allemand de Shanghai fut inauguré officiellement le Mercredi 10 Janvier 1866. On trouvera un compte-rendu de l'inauguration dans *The North-China Herald*, 808, Jan. 20, 1866.

DIVERSES SOCIÉTÉS DE BIENFAISANCE.

SAILORS' HOME.

— The Sailors' Home. — A Public Meeting was held at the Shanghai Library, on the 25th February, 1859, at 11 a. m., to consider the practicability of establishing a «Sailors' Home» at this port. Brochure in-8, pp. 10.

Capt. Shadwell, de la marine anglaise, était le Président de cette réunion. Il fut décidé que le comité de Direction serait composé de: «H. B. M. Senior Naval Officer, British Chaplain, (both *ex Officio*), MM. E. Webb, J. Whittall, J. Thorne, F. D. Williams, R. M. Olyphant» et que le capital nécessaire, Taels 14,000, serait obtenu par des actions (140) de Taels 100.

SHANGHAI SOCIETY FOR THE RELIEF OF DISTRESSED FOREIGNERS OF ALL NATIONALITIES.

Formée à un Meeting dans la Bibliothèque, 6 Juin 1865; J. P. Lynill présidait la réunion; compte-rendu dans le *North-China Herald*, 776, 10 Juin 1865.

THE LADIES' BAZAAR FUND OF 1865.

Le Bazar qui avait été établi le 21 Déc. 1865 au Club, a reçu le nom officiel de *The Ladies' Bazaar Fund of 1865* à la réunion tenue le Samedi, 3 Février 1866, au Consulat Général de France. Les «trustees» nommés à cette réunion dont on trouvera le compte-rendu dans *The North-China Herald*, 811, Feb. 10. 1866, étaient : les Consuls de France, des Etats-Unis, de la Grande Bretagne, de Hollande, des Villes Hanséatiques, et du Juge de la Cour suprême anglaise. L'intérêt de la somme produite par le Bazar devait être payé tous les trois mois à la Supérieure des Sœurs de la Charité.

— The Bund: A Miscellany of Prose and Verse, facts and fiction. (to be continued spasmodically). All rights reserved. Registered at the Supreme Court, 1867. Br. in-8, 1 fig.

HOPITAUX.

SHANGHAI GENERAL HOSPITAL.

— Report of the Shanghai General Hospital. 31st December 1869. Shanghai, Walsh, 1870, pp. 17.

. . . .

— Report..... for the year ending December 31st 1871. Shanghai, Walsh, 1872, pp. 15.

— Report of the Shanghai General Hospital, 31st December, 1875. Instituted January 1st, 1864. Shanghai: Printed at the «Celestial Empire» Office. 1876, br. in-8, pp. 14.

— Correspondence with the Trustees of the Shanghai General Hospital respecting a loan from the Municipality. Published by order of the Council for the information of the Rate-Payers. Printed at the «North-China Herald» Office. 1875, br. in-8, pp. 14.

CHINESE HOSPITAL. — AMERICAN EPISCOPAL HOSPITAL. — GÜTZLAFF NATIVE HOSPITAL. Voir col. : 625—626.

TEMPERANCE SOCIETY.

Conférences.

— Biography. A Lecture by C. H. Butcher. (*North-China Herald*, May 20, 1869.)

— Chemistry of the Skies, or Spectrum Analysis applied to the heavenly bodies. A Lecture by D. J. Macgowan, 16 April 1869. (Abrégé dans le *North-China Herald*, May 6, 1869.)

— The Tai-ping Rebellion. By M. T. Yates. Voir col. 272.

— The Iliad. By E. C. Taintor. Voir plus loin.

— British Policy and Chinese Obstructiveness. By C. S. Churton. (*N. C. D. News*, Jan. 25, 1876.)

NEW MASONIC HALL

(opened Sept. 1867).

Un compte-rendu de la cérémonie d'inauguration et du banquet qui l'a suivie se trouve dans *The N. C. Herald*, Sept. 28, 1867.

ÉGLISES PROTESTANTES.

TRINITY CHURCH.

Notice. — During the restoration of Trinity Church, Divine Service is held in the Godown of J. White Esq, *Wei-kee.* Hours of Service 11 o'clock A. M. and 3 P. M.

JOHN HOBSON,
Officiating Minister.

N. C. Herald, Vol. I, No. I. Saturday 3rd August 1850, 2e page.

— On the 3rd page of the same paper, same number, we see that the roof of the Church fell on with a great crash on the morning of the twenty-fourth June, about half-past five a. m. and a great deal of rain had fallen throughout the preceding day, (Sunday), much thunder and lightning accompanied it and some of the claps were very heavy. The span of the roof was very wide between the walls, and it appears that a waterspout had poured its stream just over the beam in the centre, and had so injured it and the surrounding brickwork, that the continued deluge of rain caused the walls to bulge out, and give way »..... it is supposed that it will cost four thousand dollars to repair the damage done».

— In the number of 24 Aug. 1850, appears the list of contributions towards the repairs of the Church — the list amounts to Dol. 4894.

— In No. 11, 12 Oct. 1850 «A Contributor to the Church Fund» writes a long letter saying that the trustees intend erecting a tower at a cost of Dol. 1500 and that they are not rich enough to incur such expenses.

— We see in No. 55 of the *N. C. Herald*. August 16, 1851, a list of subscription for building a wall estimated Dol. 1000 — round the Church property.

— Vide an obituary Notice of the Revd. J. Hobson M. A. in the *N. C. Herald*, No. 66, May 17, 1862 by W. H. C.

He died 30th April 1862 at Nagasaki.

NEW TRINITY CHURCH.

— Laying the Foundation Stone, Thursday, 24th May 1866. (Account of the Ceremony in the *North China Herald*, 826, May 26, 1866.)

— Trinity Church. (*N. C. Herald*, Aug. 5, 1869.)

Notice historique à l'occasion du premier service célébré dans cette église le 1er août 1869.

Il y a un dessin de cette église dans *The Illustrated London News*, No. 1965, Vol. LXX, 10 March 1877.

THE SEAMEN'S CHURCH, POU-TOUNG

opened *August 1867*.

— Voyez the *N. C. Herald*, Aug. 31, 1867.

— Report Seamen's Church Pootung. 1875. Shanghai: Carvalho, br. in-8, pp. 15.

SERMONS.

— Discourse to a Christian Congregation in a Heathen Land, by the Rev. John Hobson, British Chaplain at Shanghai, China. London, Hatchard [and] Nisbet & Co, 1856.

— Christian Joy. A Sermon preached in the London Mission Chapel, Shanghai 25th November 1858. The last Thursday in the Month usually observed in the United States of America as Thanksgiving-day, by the Rev. John S. Burdon. Published by request.

— A charge delivered to the Anglican Clergy in Trinity Church at Shanghae, on March 16th, 1860. By the Right Reverend George Smith, D. D. Bishop of Victoria. Shanghae, Printed at the North-China Herald Office, 1860, br. in-8, pp. 19.

— A Sermon preached in Trinity Church, Shanghai, Sunday, 18th of May, 1862, on the death of the Rev. John Hobson, M. A., (British Chaplain, and Pastor of the Congregation;) by the Right Rev. William J. Boone, D. D., (Missionary Bishop of the Episcopal Church of the United States to China). To which are appended Extracts from a Sermon by the Lord Bishop of Victoria, preached in the above Church on Sunday, the 8th of June 1862. pet. in-8, pp. 28.

At the end, pp. 25 et seq. there is an Obituary Notice from the *North-China Herald*.

— *Christian Missions*. A Sermon preached in Trinity Church October 11th, 1863. By the Rev. William Muirhead of the London Missionary Society. Printed by Special Request. Shanghae London Mission Press, 1863, br. in-12, pp. 22.

— The Four Consolers. A Sermon preached at the Church of our Saviour, Hongque, on Sunday evening, Aug. 19th, 1866, on the occasion of the Death of Commander Townsend, U. S. N. by Charles H. Butcher, M. A. British Consular Chaplain, Shanghai: Printed by request. Printed at the A. P. M. Press, Shanghai, 1866, br. in-8, pp. 6.

— The Lessons of the Burial Service and the Change of the Body. — Two Sermons preached in Trinity Church Shanghai, on Sunday, October 15th 1871, Being the Sunday after the funeral of John Markham, Esq., H. B. M.'s Consul, By Charles Henry Butcher, M. A. Canon of St. John's Cathedral, Hongkong, and British Consular Chaplain, Shanghai.

DIVERSES SOCIÉTÉS SAVANTES.

— Rules of the Shanghai Debating Society. Shanghai, A. H. de Carvalho, br. in-12, pp. 4.

— Rules of the Shanghai Debating Society. Printed at the «Shanghai Recorder» Office, br. in-8, pp. 4.

Officers: P. A. Myburgh, *President*; Rev. C. H. Butcher, *Vice-President*; E. Lawrence, *Vice-President*; C. Alabaster, *Secretary*; W. Dunlop, *Treasurer*; Dr. Coghill & A. C. Dulcken, *Councillors*.

— First Annual Report of the Society for the Diffusion of Useful Knowledge in China. (*Shanghai Budget*, Jan. 29, 1874.)

SOCIÉTÉ ASIATIQUE.

(North-China Branch of the Royal Asiatic Society.)

JOURNAL.

— Journal of the Shanghai literary and scientific Society. No. 1. June, 1858. Shanghai: Printed at the Office of the *North-China Herald.* MDCCCLVIII — in-8, pp. 144 sans la Preface et la Table des matières.

Preface. — Contents:

Article I. Inaugural Address. By Rev. E. C. Bridgman, D. D., the President of the Society, Delivered October 16th, 1857. pp. 1/16.

Art. II. On Cyclones, or the Law of Storms. A Paper by Sir F. W. Nicolson, Bart., Captain of H. M. S. «*Pique*»; Read October 16th, 1857, pp. 17/43.

Art. III. Coins of the 大清 *Ta-Ts'ing,* or Present Dynasty of China. By Mr. A. Wylie. Laid before the Society, November 17th. 1857, pp. 44/102.

Art. IV. Contribution to the Ethnology of Eastern Asia. By D. J. Macgowan, M. D. Read November 17th, 1857, pp. 103/106.

Art. V. A Buddhist Shastra, translated from the Chinese: with an Analysis and Notes. By the Rev. J. Edkins, B. A. Read November 17th, 1857, pp. 107/128.

Art. VI. Visit to Simoda and Hakodadi in Japan. Extracted, by permission, from a letter from Capt. A. H. Foote, U. S. Ship *Portsmouth,* dated September 15th, 1857. Read before the Society, December 15th, 1857.

Art. VII. Record of Occurrences in China. Prepared by the Editorial Committee. June 1st 1858. pp. 138/144.

C'est le seul numéro qui ait paru sous le nom de la *Shanghai Literary and Scientific Society:* le journal ayant été continué par la *North-China Branch of the Royal Asiatic Society.*

— Journal of the North-China Branch of the Royal Asiatic Society. No. II. May, 1859. Shanghai: Printed at the office of the *North-China Herald.* MDCCCLIX, in-8, pp. 145 à 256, s. l. p. et la t. d. m.

Preface.

Contents:

Art. I. Narrative of a Visit to the Island of Formosa; By Robert Swinhoe, Esq., of H. B. M. Consulate. Amoy. Read before the Society, July 20th, 1858. pp. 145/164.

Art. II. Notices of the Character and Writings of *Meh Tsï;* By the Rev. Joseph Edkins, B. A. Read before the Society, January 19th, 1858, pp. 165/169.

Art. III. Chinese Bibliography: By D. J. Macgowan, M. D., Ningpo. Letter to the Secretary, read before the Society, March 16th, 1858, pp. 170/175.

Art. IV. On the musical Notation of the Chinese. By the Revd. E. W. Syle., A. M., Read before the Society, February 16th, 1858. pp. 176/179, avec 6 planches.

Art. V. Lecture on Japan. By S. W. Williams, LL. D., U. S. A. Sec. of Legation, &c., &c. Delivered Tuesday evening, October 26th, 1858, pp. 180/210.

Art. VI. On the Study of the Natural Sciences in Japan. By Thr. J. L. C. Pompe van Meerdervoort, M. D. Read before the Society, December 23d, 1858. pp. 211/221.

Art. VII. Memorandum on the present state of some of the Magnetic Elements in China and places adjacent. By Capt. C. F. A. Shadwell, C. B., H. M. S. «*Higflyer*» Read before the Society, January 18th, 1859. pp. 222/224.

Art. VIII. Notes on some new species of Birds found on the Island of Formosa. By R. Swinhoe, Esq. (Supplementary to Article I. page 145) pp. 225/230.

Art. IX. Sailing Directions for the Yang-tze Kiang, from Woosung to Hankow. By Captain John Ward, R. N., H. M. S. «*Actaeon*». pp. 231/246.

Art. X. Thermometrical Observations, taken during a passage from Nagasaki to Shanghai: By Capt. J. Fedorovitch of the Russian Steam-ship «*Strelock*». Communicated by H. I. M. Consul-general M. C. de Montigny. p. 247.

Art. XI. Record of Occurrences in China. Prepared by the Editorial Committee, April 20th, 1859, pp. 248/256.

— No. III. December, 1859. Shanghai: Printed at the office of the *North-China Herald.* MDCCCLIX, in-8, pp. 257/368, s. l. p. et la t. d. m.

Preface.

Contents:

Art. I. Sketches of the Miau-tsze. Translated for the Society, By Rev. E. C. Bridgman, D. D. Notes by the Translator. pp. 257/286.

Art. II. The Small Chinese Lark. By Robert Swinhoe, Esq., H. B. M. Consulate, Amoy. Read before the Society, July 19th, 1859, pp. 287/292.

Art. III. On the Banishment of Criminals in China. By D. J. Macgowan, M. D. Read before the Society, September 21st, 1858, pp. 293/301.

Art. IV. Cotton in China. By D. B. Robertson, Esq., H. B. M. Consul at Shanghai. Read before the Society, July 19th, 1859. pp. 302/308.

Art. V. A Sketch of the Tauist Mythology in its modern form. By the Rev. Joseph Edkins. Read before the Society, May 17th, 1859. pp. 309/314.

Art. VI. Narrative of the American Embassy to Peking. By S. Wells Williams, LL. D. Read before the Society, October 25th, 1859. pp. 315/349.

On a fait un tirage à part de cette relation avec un titre spécial: «Narrative of the American Embassy to Peking, In July, 1859. By S. Wells Williams, LL. D. From the *Journal of the North-China Branch of the Royal Asiatic Society.* Vol. I. — No. III. — Art. VI. Read before the Society, Shanghai, October 25th, 1859» in-8, pp. 37.

Art. VII. Meteorological Tables, from Observations made in Japan. pp. 350/352.

Art. VIII. Record of Occurrences. Prepared by the Editorial Committee, Dec. 1st, 1859. pp. 353/368.

— Vol. II., No. I. September, 1860. Shanghai: Printed at the Office of the *North-China Herald.* MDCCCLX, in-8, pp. 128, sans la p. et la t. d. m.

Preface.

Contents:

Art. I. A Sketch of the Life of Confucius. By the Rev. Joseph Edkins. pp. 1/19.

Art. II. The Ethics of the Chinese, with special reference to the doctrines of human nature and sin. By the Rev. Griffith John. Read before the Society. November 15th, 1859. pp. 20/44.

Art. III. On the cosmical phenomena observed in the neigborhood of Shanghai, during the past thirteen Centuries. By D. J. Macgowan, Esq., M. D. Read before the Society, December 23d, 1858. pp. 45/76.

Art. IV. On the ancient Mouths of the Yangtsï Kiang. By the Rev. J. Edkins. Read before the Society, March 13th, 1860. pp. 77/84.

Art. V. Dissection of a Japanese Criminal. By Dr. J. L. C. Pompe Van Meerdervoort. Read before the Society, December 27th, 1859. pp. 85/91.

Art. VI. Notes on the mineral ressources of Japan, &c. By Wm. H. Shock, Chief Engineer in the U. S. Navy. Read before the Society, Sept. 12th, 1858. pp. 92/94.

Art. VII. Supplemental Memorandum on the present state of the Magnetic Elements in China and places adjacent. (vide *(Journal of North China Branch of the Royal Asiatic Society,* Vol. I., No. 2, p. 222.) being observations made during the year 1859. By Capt. Shadwell, R. N., C. B., late of H. M. S. *Highflyer.* p. 95.

Art. VIII. Temperature of Hakodadi, from Observations taken at the English Consulate, from October 1858 to September 1859. Communicated by Charles F. A. Courtney, Surgeon. p. 96.

Art. IX. Winds and Weather at Chefoo, during seven months of the year 1859. pp. 97/104.

Art. X. Record of Occurrences. By the Editorial Committee, August 13th, 1860, pp. 105/128.

C'est tout ce qui a paru de la première série du *Journal of the North China Branch of the Royal Asiatic Society*.

— Journal of the North-China Branch of the Royal Asiatic Society. New Series. No. I. December, 1864. Shanghai. Printed at the Presbyterian Mission Press. MDCCCLXV. in-8. pp. 129 à 174 — 1/148 s. l. p. at la t. d. m.

Preface.

Contents:

Art. I. Notes on the City of Yedo, the Capital of Japan, By Rudolph Lindau, Esq. pp. 129/141.

Art. II. Notes on some of the physical causes which modify climate, By James Henderson, M. D. Read before the Society, 21st May, 1861, pp. 142/158.

Art. III. Narrative of an overland Trip, through Hunan, from Canton to Hankow. By Dr. W. Dickson. Read before the Society, 20th August, 1861. pp. 159/173.

Note, p. 174.

Les articles précédents doivent être reliés à la suite du dernier volume de la première série (Vol. II, No. I.); La seconde série commence véritablement avec l'article suivant:

Art. IV. The Overland Journey from St. Petersburg to Pekin. By A. Wylie Esq. pp. 1/20.

Art. V. The Medicine and Medical Practice of the Chinese. By James Henderson M. D., F. R. C. S. E. pp. 21/69.

Art. VI. The Sea-board of Russian Manchuria. By J. M. Canny Esq. Read before the Society on Sept. 5th and Nov. 29th 1864. pp. 70/108.

Art. VII. Retrospect of Events in the North of China during the years 1861 to 1864. By R. A. Jamieson Esq. pp. 109/132.

Miscellaneous: pp. 133/145.

I. Remarks on some impressions from a Lapidary Inscription at Keu-yung-kwan, on the great wall near Peking. By A. Wylie Esq. Fac-similes exhibited, May 6th, 1864 (pp. 133/136).

II. Extracts from a Report upon the present condition of the Sea wall at the head of Hang-chow bay. By Major Edwards R. E. Read before the Society August 5th 1864. pp. 136/139.

III. Report on the appearance of the Rugged Islands. By Edward Wilds Esq. Master commanding H. M.'s Surveying Ship *Swatlow*. Read before the Society August 5th, 1864, pp. 139/143.

IV. Barometric and Thermometric Observations taken during the month of September 1864, with a view to determining the height of the Lew Shan. By Messrs. Hollingworth and Piry, of H. I. M's. Customs, Kiukiang. Laid before the Society, December 13th 1864. pp. 143/144.

V. Specimen of a new Font of Chinese Movable Type belonging to the Printing Office of the American Presbyterian Mission. By William Gamble Esq. p. 145.

Summary of Proceedings. pp. 146/148.

— New Series No. II. December, 1865. Shanghai: Printed at the Presbyterian Mission Press. MDCCCLXVI, in-8, pp. 187, s. l. p. et la t. d. m.

Preface.

Contents:

Art. I. Notes on the Geology of the Great Plain. By Dr. Lamprey, Surgeon H. M.'s. 67th Regt. pp. 1/20.

Art. II. A Sketch of the Geology of a Portion of Quang-tung Province, By Thos. W. Kingsmill. pp. 21 [ch. 1 ainsi que les pages suiv. 2, 3, etc. par erreur]. 38.

Art. III. 鳥獸 *Neau-show*. Birds and Beasts (of Formosa). From the 18th Chapter of the revised edition of the 臺灣府志 *Tai-wan foo-che*, Statistics of Taiwan. Translated by Robert Swinhoe, Esq. H. B. M. Consul at Taiwan; with critical Notes and Observations. pp. 39/52.

Art. IV. 西洋紀聞 *Sei yo ki-bun*, or Annals of the Western Ocean. Translated by the Rev. S. R. Brown. pp. 53/84. (Parts I & II.)

Art. V. Sorgo, or Northern Chinese Sugar Cane. By Varnum D. Collins Esq. pp. 85/98.

Art. VI. A Visit to the Agricultural Mongols. By the Rev. Joseph Edkins. pp. 99/111.

Art. VII. The Hieroglyphic Character of the Chinese written language. By R. A. Jamieson Esq. Read before the Society on November 13th, 1865. pp. 113 123.

Art. VIII. The Remains of Ancient Kambodia. By Dr. Bastion. (lisez Bastian.) pp. 125/133.

Art. IX. Retrospect of Events in China and Japan during the year 1865. By Thos. W. Kingsmill, Treasurer. pp. 135/170.

Miscellaneous. pp. 171/181:

I. Respecting *China Grass*. By Robert Jarvie Esq. Shanghai pp. 171/173.

II. Notes on the Funeral Rites performed at the obsequies of Takee. Contributed by Rev. Chas. H. Butcher A. M. British Consular Chaplain at Shanghai. pp. 173/176.

III. Traces of the *Judicium Dei*, or Ordeal in Chinese Law, Contributed by W. T. Stronach Esq. p. 176.

IV. Remarks on the water we use in Shanghai. By Dr. Lamprey, Surgeon H. M.'s 67th Regiment. pp. 177/8.

V. Remarks by R. A. Jamieson Esq. made upon exhibiting a *To-lo Pall* to the Society. pp. 178/181.

Summary of Proceedings. pp. 182/187.

— New Series No. III. December 1866. Shanghai: Printed by C. do Rozario, at the Mercantile Printing Office. MDCCCLXVI, in-8. pp. 121 s. l. p. et la t. d. m.

Preface.

Contents:

Art. I. Notes of a Journey from Peking to Chefoo via Grand Canal, Yen-chow-foo, etc. By Rev. A. Williamson. Read before the Society, March 13th & April 16th, 1866. pp. 1/25.

Art. II. Account of an Overland Journey from Peking to Shanghai, made in February and March 1866. By Rev. W. A. P. Martin, D. D. pp. 26/39.

Meeting of the 29th March 1866.

Art. III. *Sei-yoo Ki-bun* (Annals of the Western Ocean). An Account of a Translation of a Japanese Manuscript. By Rev. S. R. Brown. Part. III. pp. 40/62.

Art. IV. 廣東貢院 Description of the Great Examination Hall at Canton. By J. G. Kerr, A. M., M. D. pp. 63/70. Read before the Society, on the 13th Nov., 1866.

Art. IV. *a.* Notes on the opinions of the Chinese with regard to Eclipses. By Rev. A. Wylie, pp. 71/74. Read 13th Oct., 1866.

Art. V. On some wild silkworms of China. By D. B. Mc. Cartee, A. M., M. D., of Ningpo. pp. 75/80. Read 13th April, 1866.

Art. VI. Political intercourse between China and Lewchew. By S. Wells Williams. LL. D. pp. 81/93. Read 13th October, 1866.

Art. VII. Notes on some outlying Coal-Fields in the South-Eastern Provinces of China. By Thos. W. Kingsmill. pp. 94/106. Read 13th Nov. 1866.

Art. VIII. A short sketch of the Chinese game of Chess, called *Kh'e* 棋 also called *Seang-Kh'e* 象棋, to distinguish it from *Wei-Kh'e* 圍棋 another game played by the Chinese. By H. G. Hollingworth. pp. 107/112. Read 13th Oct. 1866.

Art. IX. Retrospect of Events in the North of China during the year 1866. Compiled by Chas. H. Butcher, M. A. pp. 113/118. Read 13th March 1867.

Supplementary Notes. pp. 119/121.

— New Series No. IV. December 1867. Shanghai: A. H. de Carvalho, ... 1868. in-8, pp. 266 s. la t. d. m.

Contents.

Art. I. Sketch of a Journey from Canton to Hankow through the

Provinces of Kwangtung, Kwangsi, and Hunan, with geological Notes. By Albert S. Bickmore, A. M. pp. 1/20. Read Feb. 17th, 1867.

Art. II. Translation of Inscription on Tablet at Hang chow, recording the changing the T'ien chu tang (Roman Catholic Church) into the T'ien Hao Kung. By Christopher T. Gardner, Esq. H. B. M.'s Consular Service. pp. 21/31.

Art. III. Notes on the North of China, its Productions and Communications. By Rev. A. Williamson, Chefoo. pp. 33/63. Read 13th March and 18th April, 1867.

Art. IV. Notes on the Productions, chiefly mineral of Shantung. By the Rev. A. Williamson. pp. 64/73.

Art. V. Entomology of Shanghai. By W. B. Pryer, Esq. pp. 74/79.

Art. VI. Notes on a Portion of the Old Bed of the Yellow River and the Water Supply of the Grand Canal. By Ney Elias, F. R. G. S. pp. 80/86.

Art. VII. Eclipses recorded in Chinese Works. By A. Wylie. pp. 87/158.

Art. VIII. Chinese Chronological Tables. By Wm. Fredk. Mayers, Esq. pp. 159/183.

Art. IX. The Christianity of Hung tsiu tsuen, a Review of Taeping Books. By Robert James Forrest, Esq., H. B. M.'s Acting Consul. Ningpo. pp. 185/208.

Art. X. Carte agricole générale de l'Empire chinois. Texte, préface, légende et répertoire. Par Monsieur G. Eug. Simon, Consul de France à Ning-Po. pp. 209/224.

Art. XI. Chinese Notions about Pigeons and Doves. By T. Watters, Esq. pp. 225/242.

Art. XII. The Bituminous Coal Mines west of Peking. By Rev. Joseph Edkins. pp. 243/250.

Art. XIII, Retrospect of Events in China and Japan during the year 1867. By Thos. W. Kingsmill, Esq., Corresponding Secretary. pp. 251/265.

Miscellaneous, p. 266 [Han River].

— New Series No. V. December 1868. Shanghai: A. H. de Carvalho . . . - 1869. in-8. pp. XVII-285, s. la t. d. m.

Report of the Council for the Year 1868, pp. I-XVII.

Contents:

Art. I. Note sur les petites Sociétés d'Argent en Chine. Par Mr. G. Eug. Simon, Consul de France à Ning-Po. pp. 1/23.

Art. II. Notes on the Coal Fields and General Geology of the Neighbourhood of Nagasaki. By Thos. W. Kingsmill, Esq., Corresponding Secretary. pp. 24/29.

Art. III. Notions of the Ancient Chinese respecting Music. A complete Translation of the *Yok-kyi*, or Memorial of Music, according to the Imperial Edition. By Dr. B. Jenkins. pp. 30/57. Read 9th June 1868.

Art. IV. Some Remarks on recent Elevations in China and Japan. By Albert S. Bickmore, Esq. pp. 58/66. Read 5th Nov. 1867.

Art. V. Notices of *Lok Ping Cheung* 駱秉章 late Governor General of Sze Chuen 西川. By Rev. C. F. Preston. pp. 67/77. Read 13th Nov. 1868.

Art. VI. The Tablet of *Yü*. By W. H. Medhurst, Esq., H. B. M.'s Consul at Hankow. pp. 78/84.

Art. VII. Note sur quelques-unes des recherches que l'on pourrait faire en Chine et au Japon au point de vue de la Géologie et de la Paléontologie. Par G. Eug. Simon, Consul de France à Ning-Po. pp. 85/152.

On a fait un tirage à part de cette Note avec titre spécial, br. in-8, de pp. 68 : Note sur les recherches que l'on pourrait faire en Chine et au Japon au point de vue de la Géologie et de la Paléontologie par G. Eug. Simon, Consul de France à Fou-Tcheou. Shanghai : Imprimerie de A. H. de Carvalho, 1869.

Art. VIII. Itinerary of a Journey through the Provinces of Hoopih, Sze-chuen and Shen-se. By A. Wylie. pp. 153/258.

Art. IX. Report of an Exploration of the new Course of the Yellow River. By N. Elias, Jr., F. R. G. S. pp. 259/279.

Art. X. Retrospect of Events in China and Japan during the year 1868. pp. 280/285.

— for 1869 & 1870. New Series No. VI. Shanghai: A. H. de Carvalho . . . . 1871, in-8. pp. XV-200, s. la t. d. m. et les errata.

Contents:

Report for the year 1869. pp. I—VII.

Report for the year 1870. pp. IX—XV.

Art. I. Notes on the Shantung Province, being a Journey from Chefoo to Tsiuhsien, the City of Mencius. By John Markham, Esquire, H. B. M's. Consul, Chefoo. pp. 1/29.

Art. II. On Wên-ch'ang, the God of Literature, his history and worship. pp. 31/44.

Art. III. The Fabulous source of the Hoang-ho. By E. J. Eitel, Esq. pp. 45/51.

Art. IV. Sur les Institutions de Crédit en Chine. Par Mons. G. Eug. Simon. Consul de France à Fou-Tcheou. pp. 53/71.

Art. V. On the Introduction and use of gunpowder and firearms among the Chinese. With notes on some ancient Engines of Warfare, and illustrations. By W. F, Mayers, Esq., F. R. A. S., F. R. G. S., etc. Of H. B. M. Consular Service, China. pp. 73/104. Read 18th May, 1869.

Art. VI. The Chinese Game of Chess as compared with that practised by Western Nations. By K. Himly, Esq. Of the North-German Consular Service. pp. 105/121. Read 16th March, 1870.

Art. VII. Note on the Chihkiang Miautsz'. By D. J. Macgowan, M. D. pp. 123/127.

Art. VIII. Notes on the Provincial Examination of Chekeang of 1870, with a Version of one of the Essays. By Rev. G. E. Moule. Of the Church Missionary Society. pp. 129/137. Read 16th December, 1870.

Art. IX. Chinese Chemical Manufactures. By F. Porter Smith, M. B., pp. 139/147. Read 25th January 1871.

Art. X. Journal of a Mission to Lewchew in 1801. By S. Wells Williams, Esq. LL. D. pp. 149/171. Read 27th February 1871.

Art. XI. Translation of the Inscription upon a Stone tablet commemorating the repairs upon the Ch'eng Hwang Miau or Temple of the Tutelary Deity of the City. By D. B. Mc Cartee, A. M., M. D. pp, 173/177. Read 11th April, 1871.

Art. XII. Retrospect of Events in China and Japan during the years 1869 and 1870. By J. M. Canny, Esq. pp. 178/199.

Note, p. 200.

Errata.

— for 1871 & 1872. New Series No. VII. Shanghai: A. H. de Carvalho . . . . 1873, in-8, pp. IX—260, s. la t. d. m. et les errata.

Contents.

Report for 1872. pp. I—IX.

Art. I. A historical and statistical Sketch of the Island of Hainan. By Wm. Frederick Mayers, Esq. F. R. G. S., etc. H. B. M.'s Acting Consul at Chefoo. pp. 1/23. Read 13th October, 1871.

Art. II. The Aborigines of Hainan. By Robert Swinhoe, F. R. G. S., F. Z. S., H. B. M.'s Consul at Ningpo. pp. 25/40. Read 25th March, 1872.

Art. III. Narrative of an exploring Visit to Hainan. By Robert Swinhoe, Esq., F. R. G. S., F. Z. S., H. B. M. Consul at Ningpo. pp. 41/91. Read 13th May, 1872.

Art. IV. Chinese Lyrics. By George Carter Stent. pp. 93/135. Read 5th June, 1872.

Art. V. The Mythical Origin of the Chow or Djow Dynasty, as set forth in the Shoo-king. By Thos. W. Kingsmill. pp. 137/146. Read 7th February, 1872.

Art. VI. The Obligations of China to Europe in the matter of physical science acknowledged by eminent Chinese; being Extracts from the Preface to Tsang Kwo-fan's edition of Euclid with brief introductory observations. By Rev. G. E. Moule. pp. 147/164. Read 12th June, 1872.

Art. VII. The Life and Works of Han yü or Han Wên-kung. By T. Watters. pp. 165/181. Read April, 17th, 1872.

Art. VIII. Chinese Legends. By G. C. Stent. pp. 183/195. Read 12th June, 1872.

Art. IX. The Antiquities of Cambodia. By J. Thompson, F. R. G. S. pp. 197/204. Read January 11th, 1872.

Art. X. Quelques renseignements sur l'histoire naturelle de la Chine septentrionale et occidentale. Par le R. Père Armand

David, Missionaire Lazariste. Lettre à M. — [F. B. Forbes] à Shanghai. pp. 205/234.

Art. XI. Chinese use of Shad in consumption and iodine plants in Scrofula. By D. J. Macgowan, Esq., M. D. pp. 235/236. Read June 12th, 1872.

Art. XII. On the «Mutton Wine» of the Mongols and analogous preparations of the Chinese. By Dr. Macgowan. pp. 237/240. Read March 23rd, 1872.

Art. XIII. Retrospect of Events in China, etc. during the years 1871 and 1872, pp. 241/250.

Meteorological Observations for 1872. pp. 251/260.

Errata.

— New Series No. VIII. Shanghai: A. H. de Carvalho . . . . . 1874, in-8, pp. XII-187. s. la t. d. m.

Contents.

Report for 1873.

Art. I. Recollections of China prior to 1840. By S. W. Williams, LL. D. pp. 1/21. Read 13th January, 1873.

Art. II. The Legend of Wên Wang, Founder of the Dynasty of the Chows in China. By Thos. W. Kingsmill. pp. 23/29. Read 28th March, 1873.

Art. III. Extracts from the history of Shanghai. By the Rev. C. Schmidt. pp. 31/43. Read 26th March, 1873.

Art. IV. Chinese Fox-Myths. By T. Watters. pp. 45/65. Read 18th April, 1873.

Art. V. Brief Account of the French Expedition of 1866 into Indo-China. By S. A. Viguier. pp. 67/77. Read 2nd June, 1873.

Art. VI. A Visit to the City of Confucius. By the Rev. J. Edkins, B. A. pp. 79/92. Read 2nd June, 1873.

Art. VII. Short Notes on Chinese Instruments of Music. By N. B. Dennys. pp. 93/132. Read October 21st, 1873.

Art. VIII. The Stone Drums of the Chou Dynasty. By S. W. Bushell, B. Sc., M. D. pp. 133/179. Read November 18th, 1873.

Art. IX. Retrospect of Events in China for the Year 1873. pp. 181/187.

Ce dernier article contient pp. 185/7 un mémoire sur le Lieutenant Francis Garnier (par Henri Cordier).

— New Series, No. IX. Shanghai: Carvalho & Co. . . . . 1875, in-8, pp. XXXIII-219 s. l. t. d. m.

Contents.

Report for the Year 1874. Ce rapport comprend également : Rules of the North - China Branch of the Royal Asiatic Society. pp. XVII—XX.

Introduction. President's [F. B. Forbes] Address, delivered, February 13th, 1874, pp. VXX—XXXIII.

Art. I. Notes on Col. Yule's Edition of Marco Polo's «Quinsay». By the Rev. G. E. Moule. pp. 1/24. Read 8th December, 1873.

Art. II. Legends of the Ancient Mazdayaçnian Prophets and the Story of Zoroaster. By D. N. Camajee. pp. 25/52. Read May 20th, 1874.

Art. III. The Aborigines of Northern Formosa. By E. C. Taintor, A. M., F. R. G. S. pp. 53/88. Read June 18th, 1874.

Art. IV. Notes on the *Miao-fa-lien-hua-ching*, (妙法蓮華經) a Buddhist Sûtra in Chinese. By T. Watters, H. B. M. C. S. pp. 89/114. Read November 23rd, 1874.

Art. V. Narrative of Recent Events in Tong-king. By Henri Cordier, pp. 115/172. Read December 14th, 1874.

Cette Relation a été également imprimée à 200 ex. en une brochure gr. in-8 de pp. 74 : «A narrative of the Recent Events in Tong-king by Henri Cordier, Honorary Librarian of the North-China Branch of the Royal Asiatic Society. *Sic in Asia versatus est* . . . . Shanghai: American Presbyterian Mission Press. January, 1875.» [Voir col. 159.]

Art. VI. Notes on Chinese Toxicology. No. I. — Arsenic. By D. J. Macgowan, M. D. pp. 173/182. Read 14th December, 1874.

Art. VII. Retrospect of Events in China and Japan for the year 1874. By Rev. James Thomas. pp. 183/200.

Art. VIII. A classified Index to the Articles printed in the Journal of the North - China Branch of the Royal Asiatic Society, from the foundation of the Society to the 31st of December, 1874. [By Henri Cordier] pp. 201/219.

Cet Index comprend les 130 mémoires ou articles publiés dans le Journal de la Soc. As. depuis sa fondation en 1858 jusqu'au 31 Déc. 1874.

— New Series No. X. Shanghai: «Celestial Empire» Office . . . 1876, in-8, pp. XII-324-15-147-22 et tables.

Contents.

Report for the Year 1875.

Art. I. Elucidations of Marco Polo's Travels in North - China, drawn from Chinese sources. By the Rev. Archimandrite Palladius, pp. 1/54. Read January 20th, 1875.

Art. II. Notes made on a tour through Shan-Hsi and Shen-hsi. By Rev. C. Holcombe, pp. 55/70. Read June 7th, 1875.

Art. III. Short notes on the identification of the Yue-ti and Kiang Tribes of ancient Chinese History. By T. W. Kingsmill, pp. 71/73. Read June 7th, 1875.

Art. IV. Notices of the Mediaeval Geography and History of Central and Western Asia. Drawn from Chinese and Mongol writings, and compared with the observations of Western Authors in the Middle Ages. By E. Bretschneider, M. D. pp. 75/307. Read November 29th, 1875.

Art. V. Retrospect of Events in China, for the year 1875. By Archibald J. Little. pp. 309/324.

Appendix I. List of the principal Tea Districts in China. [By H. G. Hollingworth.] pp. 15.

App. II. Observatoire météorologique et magnétique, des pères de la Compagnie de Jésus, à Zi-ka-wei. pp. 147—22 et tableaux.

— New Series No. XI. Shanghai: Printed at the «Celestial Empire» Office . . . . . 1877, in-8, pp. XVI-184.

Contents.

Report for the year 1876.

Inaugural Address by the President delivered on the 20th of February, 1877. The Border Lands of Geology and History, pp. 1/31.

Art. I. Fort Zelandia, and the Dutch Occupation of Formosa. By H. E. Hobson, Esq. pp. 33/40. Read 3rd April, 1876.

Art. II. The Vertebrata of the Province of Chihli with Notes on Chinese Zoological Nomenclature. By O. F. von Möllendorff, Ph. D. pp. 41/111. Read January 20, 1877.

Art. III. On the Style of Chinese Epistolary Composition. A Review. By the Rev. W. A. P. Martin, D. D. pp. 118/122. Read December 8, 1876.

Art. IV. On Chinese Names for Boats and Boat Gear with Remarks on the Chinese Use of the Mariner's Compass. By J. Edkins, D. D., Peking, pp. 123/142. Read December 8, 1876.

Art. V. Chinese Eunuchs. By G. Carter Stent, pp. 143/184. Read March 26, 1877. [Voir col. 850.]

— New Series No. XII. Shanghai: Printed at the «Celestial Empire» Office. 1878, in-8, pp. 335 + 3 ff. prél. et 2 pages n. c. + 18 pl. à la fin.

Contents.

List of Members.

Art. I. On the Stone Figures at Chinese Tombs and the Offering of living Sacrifices. By William Frederick Mayers. pp. 1/17. Read March 12th, 1878.

Art. II. The Comparative Study of Chinese Dialects. By E. H. Parker. pp. 19/50.

Art. III. Droughts in China, A. D. 620 to 1643. By Alex. Hosie, M. A., *H. B. M.'s China Consular Service*, pp. 51/89.

Art. IV. Sunspots and Sunshadows observed in China, B. C. 28— A. D. 1617. By Alex. Hosie, M. A., pp. 91/95.

Art. V. The Ancient Language and Cult of the Chows: Being Notes Critical and Exegetical on the *Shi-king*, or Classic of

Poetry of the Chinese. By Thos. W. Kingsmill, President, pp. 97/125 + 3 ff. de texte chinois.

Art. VI. The Climate of Eastern Asia. By Dr. H. Fritsche, Director of the I. Russian Observatory at Peking, pp. 127/335.

Errata in Article II, 2 pages n. c.

— New Series, No. XIII. Shanghai: Printed at the «Celestial Empire» Office. 1879. in-8, pp. XXXI-132.

Contents.

Report for the Year 1878 and President's [T. W. Kingsmill] Adress, pp. 1/XXXI.

Art. I. Alligators in China. By A. A. Fauvel, Esq. pp. 1/36 f.

Read Dec. 13, 1878.

Cet article avait déjà paru sous forme de brochure in-8 : Shanghai: Printed at the «Celestial Empire» Office. 1879, pp. 36 f.

Art. II. Periodical Change of Terrestrial Magnetism. By F. W. Schulze, pp. 37/98 et 1 f. d'errata.

Art. III. The Family Law of the Chinese, and its comparative relations with that of other nations. By P. G. von Möllendorff, Esq., pp. 99/121.

Art. IV. The Story of the Emperor Shun. By Thos. W. Kingsmill, pp. 123/132.

— 1879. New Series No. XIV. Printed at the «Celestial Empire» Office, Shanghai. in-8, pp. XV-64.

Contents.

Report for the year 1879, pp. 1/XV.

Art. I. The intercourse of China with Central and Western Asia in the 2nd Century B. C. By T. W. Kingsmill Esq. pp. 1/29.

Art. II. Rock Inscriptions at the North side of Yentai Hill. By J. Rhein. Esq. pp. 31/34.

Art. III. Siamese Coinage. By Joseph Haas. pp. 35/64.

— 1880. New Series, No. XV. American Presbyterian Mission Press, in-8, pp. XLIII-316.

Contents.

Report for the year 1880. pp. 1/XLIII.

Art. I. Early European Researches into the Flora of China. By E. Bretschneider, M. D. pp. 1/194. Read Nov. 19, 1880.

Art. II. Coins of the present Dynasty of China. By S. W. Bushell, M. D. pp. 195/308. Read June 7, 1880.

Art. III. The «Naturalistic» Philosophy of China. By Frederic H. Balfour, F. R. G. S. pp. 311/316. Read Sept. 21, 1880.

Ce numéro est suivi de la brochure suivante :

— North-China Branch of the Royal Asiatic Society. (Founded 1857.) List of Publications. Shanghai: Printed by Kelly & Walsh, The Bund, 1881, in-8, pp. 8.

RAPPORTS.

— Report of the Council of the North-China Branch of the Royal Asiatic Society, for the Year 1864, Presented at the General Meeting held January 10th 1865. With an Appendix containing the revised Rules, and List of Members and Office Bearers for 1865. Shanghai: Presbyterian Mission Press. MDCCCLXV; br. in-8, pp. 9.

—, For the Year 1865. Presented at the General Meeting held January 18th, 1866. Shanghai: A. H. de Carvalho., br. in-8, pp. 16.

—, For the Year 1866. Presented at the General Meeting held January 17th, 1867. Shanghai: Mercantile Printing Office, br. in-8, pp. 12.

—, For the Year 1867. Presented at the General Meeting held February 10th, 1868. Shanghai: Printed by A. H. Carvalho, br. in-8, pp. 11.

—, For the Year 1868. Shanghai: Printed by A. H. de Carvalho, br. in-8, pp. 17.

Ce rapport est également imprimé au commencement du No. V. du *Journal*.

Les rapports des années suivantes sont publiés avec le Journal et n'ont pas été tirés à part.

RÈGLEMENTS.

— Rules of the North-China Branch of the Royal Asiatic Society. Shanghai: A. H. de Carvalho, 1874, br. in-8, pp. 4.

Tiré à 20 exemplaires.

Réimp. dans le Rapport de 1874 : (*Journal*, No. IX, pp. XVII à XX).

Voir Appendix au Rapport de 1864, pp. 7/9 : *Rules of the North-China Branch of the Royal Asiatic Society, passed at the Annual Meeting of the Society held January 10th 1865.*

BIBLIOTHÈQUE.

— Catalogue of Books relating to China and the East. br. in-8, pp. 29, sans titre et s. l. n. d. [Shanghai, 1868.]

C'est le catalogue des livres appartenant à la bibliothèque particulière de Mr. Alexander Wylie. Ce cat., imprimé par William Gamble, contient beaucoup de fautes, et les titres ne sont pas donnés en entier. La plus grande partie des livres de Mr. A. Wylie ont été achetés par la Société Asiatique.

— List of Books, Papers, Charts, etc. in the Society's Library (pp. 10/16 of the *Report* for 1865).

— A Catalogue of the Library of the North China Branch of the Royal Asiatic Society (Including the Library of Alex. Wylie, Esq.) Systematically classed. By Henri Cordier, Hon. Librarian. Shanghai: Printed at the «Ching-Foong» General Printing Office. 1872. gr. in-8, pp. VIII-86.

Ce Catalogue (tiré à 500 ex.) comprend 826 numéros.

— A Catalogue of the Library of the North China Branch of the Royal Asiatic Society (Including the Library of Alex. Wylie Esq.), Systematically classed. Shanghai: Printed at the «Shanghai Mercury» office. 1881, in-8, pp. 67.

Pub. à Dol. 0. 50. Nouv. éd. augmentée du précédent.

MUSEUM.

— Catalogue of Animals and Birds in the Shanghai Museum on the 31st December, 1875. Shanghai. Printed at the «North-China Herald» Office, 1876, gr. in-8, pp. 15. [by W. B. Pryer].

Consulter sur le Museum le «*Curator's Report*», pp. XI-XIV du Rapport du Conseil de la Société Asiatique pour 1874. — Voir les rapports des années suivantes dans les Rapports du Conseil.

***

— The North-China Branch of the Royal Asiatic Society.

Histoire de cette Société donnée par *Old Mortality* [Henri Cordier] dans le *North-China Daily News*, 25 Oct. 1873 : cet article a été réimp. *in extenso* dans le *North-China Herald*, 30 Oct. 1873 et en abrégé dans la *China Review*, Vol. II, No. 6, June 1874.

— «Old Mortality's» Views on the Secret of Progress. (Letter signed *Clovis* to the Editor of the *Shanghae Evening Courier*, réimp. dans le *Shanghai Budget*, 20 Nov. 1873.)

— Sur les travaux de la Société royale asiatique de Shanghai. Par M. Henri Cordier. (*Atti del IV Congresso internazionale degli Orientalisti*, Vol. II.)

SHANGHAI LIBRARY.

— Catalogue of the Shanghai Library. Comprising all Books included in the Collection up to December, 1861. London, Printed, for the Library, by Smith, Elder & Co., ... M.DCCC.LXII, in-8.

— Supplement to the Catalogue of the Shanghai Library. Comprising all books added to the Library from January, 1862, to May, 1865. London: Printed for the Library by Lucy and Gregory . . . . in-8.

— Catalogue of the Shanghai Library. Comprising all books included in the Collection up to March, 1867. London: Printed for the Library, by Porter & Gregory . . . . MDCCCLXVII, in-8.

— Catalogue of the Shanghai Library. Comprising all books included in the Collection up to October, 1872. Shanghai: Printed for the Library by the «North-China Herald» Office, 1872, in-8.

— Local History, and the Shanghai Library. By *Old Mortality* [Henri Cordier]. (*North-China Daily News*, 8 Mars 1873; réimp. dans le *North-China Herald*, 13 Mars 1873).

CONFÉRENCES

(Lectures).

— Shanghai considered socially. A Lecture by H. Lang. (*Shanghai Evening Courier*, 1870, June 3, 7, 10, 17, 27 & July 5.)

Cette conférence a été réimprimée deux fois sous forme de brochure in-8; une première fois en 1870; la seconde fois en 1875 :

— Shanghai considered socially. A Lecture by H. Lang. Second Edition. Shanghai: American Presbyterian Mission Press. 1875, in-8, pp. 60+2 ff. à la fin.

M. T. Yates. Ancestral Worship. Voir col. 854.

— Tai-ping Rebellion. Voir col. 272.

— Lecture on some phases of interaction between the East and the West, and how the West has influenced China. By the Rev. C. Kreyer. Shanghai, Printed at the «North-China Herald» Office. 1871, in-8, pp. 10.

— The Iliad and the recent Discoveries at Troy. A Lecture, delivered in the Masonic Hall, under the auspices of the Shanghai Temperance Society, on Monday evening, the 25th January. By E. C. Taintor Esq.

A d'abord paru dans le *Shanghai Evening Courier*, puis dans le *Shanghai Budget*, 4 Feb. 1875. — Imprimé à 85 ex., Shanghai, 1875, in-4, pp. 38.

— On the religious beliefs of Ancient Greece. A lecture delivered to the Young Men's Christian Association, of Shanghai, on the 18th of December 1876. By Dean Butcher. (*The Far East*, Vol. II, No. I, pp. 14/21, Jan. 1877).

PUBLICATIONS PÉRIODIQUES.

— *The North-China Herald.* — Vol. I. No. I. Shanghae, Saturday 3rd August 1850, Price 15 dollars per annum. Printed and published by the Proprietor, Henry Shearman, Shanghae.

Ce premier numéro contient :

— A la première page : Advertisements. — List of Foreign Residents in Shanghae, 1850 (56 names).

— A la deuxième page : . . . Address to the Public. — Consideration of our present and future relations with China.

— A la troisième page : Present prices of ship stores at Shanghai. — Falling in of the roof of Trinity Church.

— A la quatrième page : . . . Shipping intelligence (14 ships in port — and 10 receiving ships).

On trouve également dans ce premier numéro une table des dernières dates d'Europe et d'Amérique (Angleterre, 24 Mai! — San Francisco, 12 Mai!!)

Vol. I. No. 1. Saturday 3rd August 1850. — 52, Saturday 26th July 1851, pp. 1/208.

Vol. II. No. 53, Saturday, 2 August 1851—105, Saturday 31st July 1852, pp. 1/212.

Vol. III. No. 106, Saturday August 7, 1852—157, Saturday, July 30, 1853, pp. 1/208.

Vol. IV. No. 158, Saturday, Aug. 6, 1853—209, Saturday, July 29, 1854, pp. 1/208.

Vol. V. No. 210, Saturday, Aug. 5, 1854—261, Saturday, July 28, 1855, pp. 1/210.

Vol. VI. No. 262, Saturday, Aug. 4, 1855—313, Saturday, July 26, 1856.

Nous lisons à la 4e page du journal depuis le :

— No. 296, March 29, 1856 : Edited, Printed and Published every Saturday by the Executors of the late Henry Shearman, Shanghai.

Henry Shearman est mort âgé de 53 ans, à Shanghai, le 22 Mars 1856, et son décès est annoncé dans le No. 295 du *N. C. Herald*.

— No. 304, May 24, 1856 : Mr. Charles Spencer Compton, editor, etc.

Vol. VII. No. 314, Saturday, August 2, 1856—365, July 25, 1857, pp. 1/208.

Le prix de la souscription est élevé de Dol. 15 à Taels 12 par an à partir du No. 363, July 11, 1857.

Vol. VIII. No. 366, Saturday, August 1, 1857—418, Saturday, July 31, 1858, pp. 1/212.

Vol. IX. No. 419, Saturday, August 7, 1858—470, Saturday, July 30, 1859, 1/208.

On lit dans le No. 468, July 16, 1859 : « *Official Notification.* — It is hereby notified that from and after the 13th instant and until further orders, the *North-China Herald* is to be considered the official Organ of all Notifications proceeding from Her Majesty's Legation and Superintendency of trade in China. Sgd. Horace Rumbold Secretary of Legation. H. M's Legation, Shanghai 13th June 1859 ».

Vol. X. No. 471. Saturday, August 6, 1859. — 492. Saturday, December 31, 1859, pp. 1/88.

Vol. XI. No. 493. — Saturday, January 7, 1860—544, Saturday, December 29, 1860, pp. 1/208.

Vol. XII. No 545. — Saturday, January 5, 1861—596, December 28, 1861, pp. 1/208.

A partir du No. 585, le *Herald* est édité par Samuel Mossman.

Vol. XIII. No. 597, Saturday, January 4, 1862. — 648, Saturday, December 27, 1862, pp. 1/208.

Vol. XIV. No. 649, Saturday, January 3, 1863. — 700, Saturday, December 26, 1863, pp. 1/208.

A partir du No. 675, 4 Juillet, 1863, le *Herald* est édité par R. Alexander Jamieson.

Vol. XV. No. 701, Saturday, January 2, 1864. — 753, Saturday, December 31, 1864, pp. 1/212.

Vol. XVI. No. 754, Saturday, January 7, 1865. — 805, Saturday, December 30th 1865, pp. 1/208.

Vol. XVII. No. 806, Saturday, January 6th 1866—857, Saturday, December 29, 1866, pp. 1/208.

A partir du No. 828, 9 Juin 1866, le *Herald* est édité par R. S. Gundry.

Vol. XVIII. No. 858, Saturday, January 5th 1867. — 870, Saturday, March 30th 1867, pp. 1/52.

Le *N. C. Herald* était depuis sa fondation un in-folio imprimé sur 5 colonnes. Au mois d'Avril 1867 il change de titre et de format (in-folio à 4 col.) et devient :

— *The North-China Herald* and *Market Report:* Vol I., No. I, Shanghai, Monday, April 8th 1867. Price Taels 12 per annum. — No. 37, Tuesday, December 31st 1867, pp. 1/444.

[Edited by R. S. Gundry, Printed and Published at the « North-China Herald Office », Shanghai].

Vol. II, No. 38. — Shanghai, Wednesday, January 8th, 1868. — No. 88, Monday, December 28th, 1868, pp. 1/646.

Vol. III. No. 89, Shanghai, Tuesday, January 5th, 1869. — No. 139, Wednesday, December 29th, 1869, pp. 1/682.

La *Supreme Court and Consular Gazette* ayant (voir col. 1075/6) été réunie au *N. C. Herald,* ce dernier journal fut publié sous le nom de :

— *The North-China Herald and Supreme Court & Consular Gazette,* Vol. IV. No. 140, Shanghai, January 4, 1870. — No. 165, Shanghai, June 30, 1870, pp. 1/494.

Ce journal est publié dans le format des revues hebdomadaires anglaises : *The Spectator, The Saturday Review,* etc.

Vol. V. No. 166, Shanghai, July 7, 1870. — No. 191, December 28, 1870, pp. 1/474.

Vol. VI. No. 192, Shanghai, January 4, 1871. — No. 217, June 30, 1871, pp. 1/494.

Vol. VII. No. 218, Shanghai, July 7, 1871. — No. 243, December 28, 1871, pp. 495/1012.

Vol. VIII. No. 244, Shanghai, January 4, 1872. — No. 269, June 29, 1872, pp. 1/536.

Vol. IX. No. 270, Shanghai, July 6, 1872. — No. 295, December 26, 1872, pp. 1/570.

Vol. X. No. 296, Shanghai, January 2, 1873. — No. 321, Shanghai, June 28. 1873, pp. 1/584.

Vol. XI. No. 322. — Shanghai, July 5, 1873. — No. 347, December 25, 1873, pp. 1/566.

Vol. XII. No. 348, Shanghai, January 1, 1874. — No. 373, June 27, 1874, pp. 1/606.

Vol. XIII. No. 374, Shanghai, July 4, 1874. — No. 399, December 31, 1874, pp. 1/654.

Le *N. C. Herald* édité par R. S. Gundry (1866—1873) l'a été depuis par G. W. Haden et Frederic Henry Balfour.

J. Broadhurst Tootal qui en était l'administrateur est mort à Changhai à 59 ans le 3 février 1873.

***

— Shanghai Almanac for 1852, and Commercial Guide. Printed at the « *Herald* » Office. Shanghai. in-8.

Cet almanac contient outre un calendrier : des observations météorologiques, le traité de Nanking, une notice sur Seu Kwangke, une liste des résidents dans les différents ports, etc. en tout 21 articles. — C'est la première année de cette publication.

— Shanghae Almanac for 1853, and Miscellany. The Port of Shanghae is in North Latitude 31° 15′ 41″, and East Longitude 121° 29′ 6″. Variation of the needle 20′ easterly. Printed at the « *Herald* » Office, Shanghae, in-8.

Le *Miscellany* se compose de 16 articles réimprimés du *N. C. Herald,* d'une liste des membres du Parlement et d'un calendrier anglo-chinois. — Notice dans le *N. C. Herald,* Oct. 3, 1868.

— Shanghae Almanac for 1854, and Miscellany. The Port of Shanghae is in North Latitude 31° 15′ 41″, and East Longitude 121° 20′ 6″. Variation of the needle 20′ easterly. Printed at the « *Herald* » Office. Shanghae. in-8.

Le *Miscellany* se compose d'articles réimprimés du *N. C. Herald.*

— Shanghae Almanac for 1855, and Miscellany. The Port of Shanghae .... China New Year falls on the 17th February. Printed at the *Herald* Office. Shanghae, in-8.

Le *Miscellany* se compose d'articles réimprimés du *N. C. Herald.*

— Shanghae Almanac for the Bissextile or Leap year 1856, and Miscellany. The Port .... China New Year, falls on the 6th February. Printed at the « *N. C. Herald* » office, Shanghae. in-8.

Le *Miscellany* se compose d'articles réimprimés du *N. C. Herald.*

— Shanghai Almanac for the year 1857 ... Printed at the *N. C. Herald* Office, Shanghai, in-8.

— Miscellany or Companion to the Shanghai Almanac for 1857. Printed and Published at the *N.-C. Herald* Office, Shanghai. in-8.

C'est, croyons-nous, la dernière année des *Miscellanies.*

— Shanghai Almanac for the year 1858 ... Print. at the *North-China Herald* Office, Shanghai, in-8.

— Shanghai Almanac for the Bissextile or Leap Year 1860 ... Print. at the *North-China Herald* Office, Shanghai, in-8.

— Shanghai Almanac for the year 1861 ... Print. ....

— Shanghai Almanac for the year 1863 ... Shanghai: Printed at the *North-China Herald* Office.

— Shanghae Almanack and Diary. A. D. 1869 (First after Leap Year). The 8th year of Tung-Che, Commences 11th February. Shanghae: Printed and Published for the Proprietor, at the « Cosmopolitan Printing Office » Canton Road, in-8.

Publié par W. T[arrant].

— *The Shanghai Chronicle of Fun, Fact and Fiction*, March 1859. Printed for the Editor at the « North-China Herald ». Price five mace.

Nous lisons dans le *N. C. Herald*, No. 464, June 18, 1859, p. 182:

OBITUARY.

Died from exhaustion and neglect, on the 10th inst. the *Shanghai Chronicle of Fun, Fact and Fiction*, aged 3 months; regretted by a limited number of friends and admirers.

— *The Daily Shipping & Commercial News*. Published every morning. Grand in-folio.

« Printed at the *North-China Herald* Office ». — Édité par Samuel Mossman, remplacé en 1863 par R. Alex. Jamieson. — Le 1 Juillet 1864 devient :

— *The North-China Daily News*.

Existe encore sous ce nom. C'est l'organe le plus important du Nord de la Chine.

— *The North-China and Japan Market Report* [Published on the Day the Overland Mail for Europe closes]. In-fol.

Pub. pendant les années 1861 et suivantes; n'existe plus.

— *Shanghai Daily Times*.

Dans le *N. C. Herald*, No. 579, Aug. 31, 1861, nous voyons un avis daté Shanghai, 30th August 1861 et signé W. Wynter & Co., annonçant qu'un journal serait établi le 15 Sept. 1861 : *Shanghai Daily Times*, même format que le *N. C. Herald*, 30 Taels par an. — [et] *Shanghai Weekly Times*, réimp. du *Daily Times*, 15 Taels par an. — Nous n'avons jamais vu d'ex. de ces feuilles. — Le *N. C. Herald*, No. 612, April 19, 1862, contient un procès de A. Silverthorne *v.* Wynter & Co., proprietors of the *Shanghai Times*.

— *Supreme Court and Consular Gazette, and Law Reporter for H. B. M. Supreme and Provincial Courts, and the Consular Courts of China and Japan*.

Journal hebdomadaire, grand in-8, imprimé sur deux colonnes.

— Vol. I. January 5th to June 29th 1867. Shanghai: Printed and Published at 23 Kiangse Road, MDCCCLXVII.

Contient les Nos 1—26 (Saturday, 29th June 1867) — 326 pages sans le titre et la table.

No. I: Shanghai, Saturday, 5th January 1867. — Printed and Published at No. 2 Tientsin Road, Shanghai. [14 pages.]

A partir du No. 9 on lit: Printed and Published at No. 23, Kiangse Road, Shanghai.

— Vol. II. July 6th to December 28th 1867. Shanghai: Printed and Published at 23 Kiangse Road, MDCCCLXVII.

Contient les Nos 27, Saturday 6th July 1867. — No. 52, Saturday 28th December 1867. 268 pages sans le titre, la table et la feuille d'annonces.

Le No. 27 est marqué Vol. II. No. I.

— Vol. III. January 4th to June 27th 1868. Shanghai: Printed and Published at 23 Kiangse Road MDCCCLXVIII.

Contient les Nos 53, Saturday 4th January 1868—78, Saturday, 27th June 1868. 290 pages sans le titre et la table.

— Vol. IV. July 4th to December 1868 ..... MDCCCLXVIII.

Contient les Nos 79, Saturday 4th July 1868—104, Saturday 26th December 1868. 268 pages sans le titre et la table.

— Vol V. January 2nd to June 26th, 1869 .... MDCCCLXIX.

Contient les Nos 105, Tuesday 5th January 1869—130, 26th June 1869. 312 pages sans le titre et la table.

— Vol. VI. July 3rd to December 25th 1869 .... MDCCCLXIX.

Contient les Nos 131, Saturday 3rd July 1869—156, Saturday 25th December 1869. 371 pages sans le titre et la table.

Ce journal fut alors incorporé à « *The North-China Herald and Market Report* » dont le No. 140, 4 Janvier 1870, parut sous le titre de « *The North-China Herald and Supreme Court and Consular Gazette* ». [Voir col. 1073].

— *The Shanghai Recorder*.

Quotidien; gr. in-fol.; n'existe plus.

— *The Shanghae Evening Express*. No. I. Vol. I. Shanghae, Tuesday, October 1, 1867. Price Dollar 1 per Month. In-fol., imp. sur 3 col.

On lit au bas de la p. 4: « Edited by C. Treasure Jones. Printed and Published for the Proprietors at the *Mercantile Printing Office*, No. 13, Shantung Road, Shanghae ».

Format plus grand à partir du No. 154, Vol. II, April 1, 1868. N'existe plus.

— *The Shanghai News-Letter for California and the Atlantic States*.

Journal mensuel, petit in folio, imprimé sur trois colonnes.

Vol. I. No. I: Shanghai, October 16, 1867, Terms: Single Copies 25 cts. — Dollars 2. 50 per annum. — No. 24, Shanghai, December 21st, 1869. — pp. 1/148.

Les pages ne sont numérotées que depuis le No. 15, March 20th, 1869. p. 66.

Vol. II. No. 25: Shanghai, January 11th, 1870, Dollars 3 per annum. — Vol. II. No. 49, Shanghai, December 11th, 1871, pp. 1/194.

A partir du No. 15, on lit au bas de la dernière page du journal: Printed for the Proprietors, by F. & C. Walsh ....

Ce journal, organe des intérêts américains à Shanghai, fut édité jusqu'au mois de Décembre 1871 par Mr. John Thorne. Il passa à cette époque dans les mains de Mr. Hugh Lang, éditeur du « *Courier* ». Le titre devint simplement « *The Shanghai News-Letter* » et l'abonnement fut élevé à Dollars 6 par an. Le « *News-Letter* » n'était plus alors en réalité qu'un résumé du « *Weekly Courier* » préparé pour les malles américaines. Il continua à paraître pendant les années 1872 et 1873, et au commencement de Janvier 1874 il fut incorporé au *Shanghai Budget and Weekly Courier* dont le No. 157 parut le 8 Janvier 1874 avec le titre de « *The Shanghai Budget and Weekly News-Letter* ». (Voir col. 1078.)

— *The Shanghae Evening Courier*. Journal quotidien, in-folio, abonnement trimestriel, 4 Dollars.

Vol. I. No. 1 (Thursday, October 1, 1868) — 113 (Saturday, February 13, 1869) p. 1/452.

No. I: Printed and Published by C. do Rozario, at the Mercantile Printing Office, 31 Keangse Road, Shanghai.

Devise: *Per mare, per terras.*

Vol. II. No. 114 (Monday, February 15, 1869) — 384 (Friday, December 31, 1869), pp. 453/1536,

Vol. III. No. 385 (Monday, January 3, 1870) — 1002 (Saturday, December 30, 1871), pp. 1587/3988.

No. 460: Printed and Published at the «Shanghai Evening Courier», Commercial Bank Buildings, Nankin Road.

Avec ce numéro le format est agrandi et la devise devient : *Vires acquirit eundo.*

No. 698: Printed and Published by H. Lang at the «Shanghai Evening Courier» Office, Commercial Bank Buildings, Nankin Road.

No. 917: Printed and Published at the «Shanghai Evening Courier» Office, No. 6, Foochow Road.

Vol. IV. No. 1003 (Tuesday, January 2nd 1872) — 1310 (Tuesday, December 31st 1872), pp. 3989 (No. 1003) à 3996 (No. 1004) et pp. 9 (No. 1005) et 1230 (No. 1310).

No. 1072: Printed for the Proprietors by Da Costa & Co., and Published at the Office of the «Shanghai Evening Courier».

New Series. Vol. V. No. 1 (Friday, January 3, 1873) — 147 (Monday June 30, 1873), pp. 1— .

A partir de la page 472 (No. 119) on a cessé la pagination.

No. 122: Printed at the «Mercantile Printing Office».

No. 128: Printed at the Shun Pao Printing Office.

New Series. Vol. VI. No. 148 (Tuesday, July 1, 1873) — 272 (Wednesday, Dec. 31, 1873), pp. 1/628.

New Series. Vol. VII: No. 273 (Friday, January 2nd 1874) — 474 (Tuesday, September 1st, 1874) p. 1— .

A partir de la page 184 (No. 317) on a cessé la pagination.

Vol. VIII: No. 475 (Wednesday, Sept. 2, 1874) — 580 (Friday, January 8, 1875). Pas de pagination.

No. 475: Printed and Published at the «Courier» Printing Office, 5 Foochow Road, Shanghai, by H. Lang, Editor and Proprietor.

Vol. IX: No. 581 (Saturday, January 9, 1875) — 620 (Saturday, February 27, 1875). Pas de Pagination.

No. 591: Printed and Published at the «Courier» Printing Office, 5 Foochow Road, Shanghai, by the Executors of H. Lang, late Editor and Proprietor.

Mr. Hugh Lang est mort le 19 Janvier 1875, à l'âge de 43 ans, de la rupture d'un anévrisme de l'aorte. Son journal a été acheté par le propriétaire de «*l'Evening Gazette*» et les deux publications réunies en une seule ont paru sous le titre de «*The Shanghai Courier & China Gazette published every evening,*» No. 621. Vol. IX, New Series, Monday 1st March 1875.»

Nous ne croyons pas qu'il existe d'exemplaire complet du «*Courier*». L'exemplaire que nous avons consulté appartenait à Mr. Lang. Depuis la mort de ce dernier il a été dépareillé et les volumes qui en restent (Vol. III-VIII et partie des Vol. I et II) ont été déposés dans la bibliothèque de la *North-China Branch of the Royal Asiatic Society.*

— *The Cycle,* a Political and Literary Review. First Series. May 1870 to June 1871. Shanghai: C. do Rozario. 1871.

Journal hebdomadaire, petit in-folio, imprimé sur deux colonnes.

The Cycle. Vol I. No. I. Shanghai, 7th May, 1870. Ten Taels per annum, à Vol. I. No. 60, Shanghai, Saturday, 24th June 1871. — pp. 1/720.

No. I: Printed and Published for the Proprietors, by C. do Rozario, at the Mercantile Printing Office, Shanghai, Saturday, 7th May, 1870.

Au bas de la page 720 on lit: «End of the First Series».

Ces soixante numéros sont les seuls qui aient paru.

— *Le Nouvelliste de Shanghai;* Journal hebdomadaire. Première année. No. 1, Lundi, 5 Décembre 1870.

In-fol. à 4 col. — Imprimerie cosmopolite : Canton Road-Shanghai. H.-A. Béer, Rédacteur-Gérant. — Le dernier numéro de ce journal est le No. 182, Mardi, 31 décembre 1872.

— *Le Progrès.* Journal de l'Extrême Orient. Vol. I. Shanghai 21 mars 1871, No. 1.

In-fol. à 4 col., hebd. — Imprimerie du *Progrès.* Rédacteur-Gérant, Emile Lépissier.

Le dernier numéro de ce journal est le : Vol. I, Shanghai 23 janvier 1872, No. 45.

— *Le Courrier de Shanghai.* Journal de la Malle. Paraissant une fois par semaine. Première année, No. I. Jeudi, 16 janvier 1873.

Ce journal qui devait remplacer le défunt *Nouvelliste* n'a eu que trois numéros; le dernier est le No. 3. Jeudi 6 février 1873. — Imprimerie F. & C. Walsh; A. Virmaitre, rédacteur.

— *The Shanghai Budget and Weekly Courier.* —

Journal hebdomadaire, imprimé pour le départ des malles d'Europe, reproduisant les articles du «Shanghai Evening Courier». — Petit in-Folio.

Vol. I. No. 1 (Wednesday 4 January 1871) à No. 52 (Thursday, 28 December 1871) pp. 1/776.

No. I: Shanghai, Wednesday, January 4th 1871. — Price Dollars 3 per Quarter.

Printed and Published by H. Lang, at the Office of the *Shanghai Evening Courier,* Shanghai.

Vol. II. No. 53 (Thursday January 4th 1872) à No. 104 (Tuesday, December 31st 1872), pp. 1/834.

March 28, 1872: Printed for the Proprietors by Da Costa & Co.; and Published at the Office of the «Shanghai Evening Courier».

Vol. III. No. 1 [105] (Thursday, January 9, 1873) à No. 156 (Wednesday, December 31, 1873) pp. 1/812.

No. 128 (June 14, 1873): Edited by H. Lang: — Printed and Published for the Proprietors, by C. do Rozario, at the Mercantile Job Printing & Newspaper Office, 8, Honan Road, Shanghai. — It was printed there from No. 127.

Vol. IV, No. 157 (Thursday, January 8, 1874). à No. 209 (Thursday, December 31, 1874), pp. 1/870.

No. 163 (February 19, 1874): Printed and Published at the Courier Printing Office. — 5 Foochow Road, Shanghai, by H. Lang, Editor and Proprietor.

Vol. V. No. 209 (Thursday, January 7, 1875) à No. 216 (Thursday, February 25, 1875), pp. 1/132.

No. 212 (21 January 1875): Printed and Published at the Courier Printing Office, 5 Foochow Road, Shanghai, by the Executors of H. Lang, late Editor and Proprietor.

Ce volume se compose de 8 numéros mais on remarquera qu'il y a deux Nos. 209 (l'un au commencement du Vol. V; l'autre à la fin du Vol. IV); le No. 210 n'existe pas; il y a également deux Numéros 216 : celui du 18 Février et celui du 25; ce dernier numéro aurait dû porter le chiffre 217. La pagination est d'ailleurs exacte. Le numéro du 25 Février 1875 est le dernier du «*Budget*». Lorsque le «*Shanghai Evening Courier*» fut réuni à l'«*Evening Gazette*», (voir col. 1079) le «*Shanghai Budget*» cessa d'exister et ses abonnés reçurent «*The Celestial Empire*» à sa place.

L'exemplaire que nous avons examiné appartenait à Mr. Lang; il se trouve maintenant dans la bibliothèque de la North-China Branch of the Royal Asiatic Society.

Le *Shanghai News-Letter* ayant été incorporé au *Budget,* le titre de ce dernier journal fut changé en celui de «*The Shanghai Budget and Weekly News-Letter*» à partir du No. 157. Vol. IV. Shanghai, Thursday, January 8, 1874.

— *Puck, or the Shanghai Charivari.*

In-4, imprimé sur deux colonnes, illustré de gravures sur bois.

No. I. Shanghai, April 1st, 1871=No. 2, July 1st, 1871=No. 3, October 2nd, 1871=No. 4. 1st January, 1872=No. 5, 1st May, 1872=No. 6, 1st July, 1872=No. 7, 15th November, 1872.

Ces 7 numéros forment le Vol. I de ce journal qui a 104 pages. — Les premiers numéros ont été réimprimés.

Vol. II. No. 1, March 3rd, 1873=No. 2, 18th August 1873, pp. 1/32.

C'est tout ce qui a paru de ce journal comique qui a été projeté par MM. Peter Robertson et E. H. Grimani (dessinateur), auxquels se joignit Mr. Frederic Henry Balfour, depuis éditeur du *Celestial Empire* et du *N. C. Herald.*

Le 1er numéro a été publié à Dollar 1 =; les autres à 50 cts.

Du numéro 5 on a fait un tirage de cinq ou six exemplaires imprimés avec des caractères d'or sur papier de couleur (vert ou rose.)

Ce journal était imprimé par F. & C. Walsh, 3 Canton Road.

— *The China and Japan Sporting Magazine* published monthly under the patronage of the Stewards of the Shanghai Race Club. — Shanghai, Da Costa & Co., Dollars 12 per annum; in-4, imprimé sur deux colonnes.

Vol. I. No. I: Saturday, May 3, 1873 = No. 2, Tuesday, June 3, 1873.

— *The Evening Gazette*, Vol. I, No. I, Shanghai, Monday 2 June 1873.

Pub. by Da Costa & Co., In-fol., quotidien, Dollars 5 par trimestre. A partir du No. 57 nous lisons en tête du Journal que Frederic Henry Balfour est l'éditeur de la *Gazette* qui continue à être publiée et imprimée par Da Costa & Co. [Maison montée par Pedro Loureiro]. — Le dernier numéro est daté : Vol. I, No. 80, Tuesday 2 September 1873; la publication de ce journal ayant été interrompue par l'incendie de l'imprimerie de Da Costa & Co. (Ching foong Printing Office) dans la nuit du 2 au 3 septembre 1873, la publication du journal ne fut reprise par Mr. Frederic H. Balfour que le 15 janvier 1874; il fut incorporé au *Shanghae Evening Courier* en 1875, voir supra col. 1077.

— *The Chinese Recorder and Missionary Journal.*

Voir *Fou tcheou*, col. 1089.

— *The Commonwealth.*

Hebd. — Pub. anonyme [par John Thorne et J. P. Roberts]. — N'a eu que quatre ou cinq nos. en 1875 ou 1876.

— *The China and Japan Pocket Diary*, Almanac and Navigating Directory for 1875. Calculated to the Meridian of Shanghai. By R. H. Bergman, Master C. N. Co's Steamer « Tunsin ». Lane Crawford & Co. — Shanghai, Hongkong and Yokohama, in-32, pp. VII-202.

— *The Far East.* A monthly Journal, illustrated with photographs. Published simultaneously in Tokio, Japan; Shanghai, China; and in Hongkong. New Series. Vol. I. No. 1 [July 1876]. Proprietor and Editor, J. R. Black. Shanghai, Printed at the « Celestial Empire » Office.

Depuis Juillet 1876, cette publication parait en livraisons mensuelles in-4 de 28 pages imprimées sur deux col. et ornées de photographies.

Ce recueil avait été fondé au Japon et le premier numéro de la première série parut le 31 Mai 1870; d'abord publié tous les quinze jours comme un journal, en juin 1878, c'est-à-dire avec le No. 1 du Vol. IV, le *Far East* changea de forme et devint une publication mensuelle; il cessa de paraître en Octobre 1875.

— *The Celestial Empire.*

Journal hebdomadaire fondé par Pedro Loureiro. — Edité par Frederic Henry Balfour.

— *The Shanghai Mercury.*

***

— The European Press in China. By Henri Cordier. (*The London & China Express*, Vol. XXIV, No. 965.)

Traduction de l'article suivant paru plus tard :

— La Presse européenne en Chine. Par Henri Cordier. (*Revue de l'Extrême Orient*, I, 1882, pp. 121/128.)

COMMERCE.

— Notes on the Silk trade of Shanghai. (*North-China Herald*, Vol. I, No. 2, Aug. 10, 1850.)

Voir col. 713—716.

— Review of the Trade of Shanghai 1850. br. in-8, 50 cents.

Tirage à part du *North-China Herald*, No. 33, 15 Mars 1851.

— Handelsbewegung des Hafens von Schanghai.

Bremer Handelsblatt, October 1855; réimp. dans *Petermann's Mittheilungen*, I, 1855, p. 304.

— The Great Currency Question, or, the Rise and Fall of Mexico; by Philo-Carolus. Shanghai. 1856, br. in-8, pp. 35.

Avait paru ainsi que d'autres articles sur le même sujet dans le *North-China Herald* de 1856 et particulièrement dans les numéros de février et de mars.

— The Currency of Shanghae. — Its inconveniencies and the remedy for them. (*North-China Herald*, 17 June 1854, No. 203.)

— Copper Cash and the Tea trade, Being an Attempt to show the Effect of the Debasement of the Currency of China on the Foreign trade of the Country. By Thos. W. Kingsmill, Corresponding Secretary N. C. B. Royal Asiatic Society. Shanghai: Printed at the « Shanghai Recorder » Office, MDCCCLVIII, br. in-8, pp. 15 et 1 table.

— Art. *Shanghai*, dans le *Dictionnaire du Commerce et de la Navigation*, II, pp. 1489/1490.

— Foreign Industries of Shanghai: I. Old Dock, Foundry, &c. (*Shanghai Budget*, 1873, July 19.) — II. Kaou Chang Meaou Arsenal. (*Ibid.*, Aug. 2.)

SOCIÉTÉS COMMERCIALES.

— The Brick and Saw-Mill Company.

Le compte-rendu de la réunion (24 Avril 1867) dans laquelle il fut décidé de dissoudre cette Compagnie, ainsi qu'une notice historique, se trouvent dans le *N. C. Herald*, April 27, 1867, pp. 39 et 40.

— Report of the Chinese Merchants S. N. Company for period extending from the beginning of the Seventh Moon of the 13th year of Tung Chi to end of Sixth Moon of the 1st year of Kwang Su. Pièce in-4, 3 ff.

Translation for private circulation. — S. d. [1875].

— Shanghai Waterworks Company.

On en trouvera les prospectus dans les journaux de 1875. — Voir *N. C. Daily News*, 31 Mars 1875.

On trouvera dans les journaux locaux, et en particulier dans le *N. C. Daily News*, les pièces relatives aux autres Sociétés.

IMPRIMERIE. VOIR COL. 793—802.

CHAMBRE DE COMMERCE.

On peut diviser les publications de la Chambre de commerce en trois séries :

1° *LETTRES DU BARON VON RICHTHOFEN.*

Voir le chap. des *Voyages*, col. : 1021—1022.

2° *PUBLICATIONS DIVERSES.*

Ces publications se composent de circulaires, de rapports commerciaux et même politiques; voici l'indication des plus intéressants :

— Report on the Tariff and General Relations. British Chamber of Commerce, Shanghae, 2d October, 1857. Printed at the North-China Herald Office, Shanghae, Pièce in fol., 8 ff.+1 t.

— Report of the Deputation appointed by the British Chamber of Commerce, Shanghai, on the Commercial Capabilities of Ports and Places on the Yang-tsze-kiang visited by the expedition under Vice-Admiral Sir James Hope, K. C. B., in February and March 1861, Pièce in-fol., 2 ff. à 2 col.

— Minutes of Annual Meeting of the British Chamber of Commerce, Shanghai, held on 27th July, 1861, and Copies of Sundry Cases connected with the Administration of the Imperial Maritime Customs sent in to the Committee of the Chamber. Pièce in-8, pp. 15 à 2 col.

— Memorial from the British Chamber of Commerce, Shanghai, to Her Majesty's Principal Secretary of State for Foreign Affairs, relative to the Administration of the Imperial Maritime Customs of China. [20th Aug. 1861.] Pièce in-folio, 4 ff.

Réimp. dans le *N. C. Herald*, No. 584, Oct. 5, 1861.

— Correspondence on Custom House Matters and Foreign Trade in China. [Aug.—Oct. 1861]. Pièce in-fol., 2 ff.

— John Clark's (Engineer M. C.) Report on the Shore line of the Settlements. [30th Sep. 1864] Pièce in-fol., 1 f. et 2 dessins.

Voir *Port de Changhai*, infra, col. : 1083.

— Memorandum respecting the Silk Region in the Newchwang Consular District. [By T. T. Meadows, 24th Oct. 1864.] Pièce in-fol., 1 f.

Voir *Niou tchouang*, supra, col. : 1015.

— Memorial of the Shanghai General Chamber of Commerce addressed to Sir Rutherford Alcock, K. C. B., H. B. M.'s Minister Plenipotentiary and Chief Superintendent of Trade, on the subject of the Revision of the Treaty of Tientsin. Shanghai: Printed at the « Shanghai Recorder » Office. Pièce in-fol., pp. 12.

— Shanghai General Chamber of Commerce. Treaty Revision. — Copies of Despatches from Sir Rutherford Alcock to Mr. Consul Medhurst, and the British Government, on differential duties, transit dues & sale of transit passes, Read to the Committee by H. M. Consul, 20th August, 1869. — Memorandum by Mr. F. B. Johnson thereon, Dated 13th September, 1869. — Chamber's Letter to Sir Rutherford Alcock's, replying to the Despatches, Dated 11th November 1869. — Sir Rutherford Alcock's Reply, Dated 24th November, 1869. — Printed for the private perusal of the Members of the Chamber, 30th December, 1869. — Printed by F. & C. Walsh .... Pièce in-fol., pp. 28.

— Lettre de la Chambre de Commerce de Shanghai à Lord Clarendon. [Shanghai, 31 décembre, 1869.] Pièce in-4, pp. 10.

— The Same, in english, in-fol., pp. 11.

— Report on the trade of the Upper Yangtsze. 1869. Voir col. 78.

— The Chamber of Commerce to Earl Granville upon the Defence of the Settlement. [Shanghai, 30th September 1870.] Pièce in-fol., 2 ff.

— Letter on Mildewed Shirtings from the Shanghai General Chamber of Commerce to the Manchester Chamber of Commerce. [Shanghai, 17th December 1872.] Pièce in-fol., 2 ff.

— The Woosung Bar. [Letter from Robert Hart, Peking, 5th March, 1874] with a Map. Pièce in-fol., 3 ff.

Réimp. dans le *N. C. D. News*, 19 avril 1875.

— Shanghai General Chamber of Commerce. Letter on the Chefoo Convention to the Chamber's London Committee. Shanghai, June 15th, 1877, Pièce in-fol., pp. 9.

Voir Lettre à Lord Derby dans le *Lond. & China Express*, Dec. 7, 1877.

— Letter to the Ministers of Treaty Powers on the Conservation of the River Wangpu. [Shanghai 7th August, 1877.] Pièce in-fol., 2 ff.

3° *RAPPORTS ANNUELS.*

— Shanghai General Chamber of Commerce. Minutes of Annual Meeting and Report. 1867. Printed by F. & C. Walsh . . . Pièce in-fol., pp. 7.

. . . .

— Shanghai General Chamber of Commerce. Minutes of Annual Meeting and Report. 1873. Printed by F. & C. Walsh. . . . Pièce in-fol., pp. 36.

— Shanghai General Chamber of Commerce. Minutes of Annual Meeting and Report. 1873—4. Printed by F. & C. Walsh . . . . Pièce in-fol., pp. 34.

— Shanghai General Chamber of Commerce. Minutes of Annual Meeting and Report. 1875. Pièce in-fol., pp. 11.

. . . .

. . . .

PORT DE CHANGHAI ET BARRE DE WOUSONG

吳淞

— Yangtsze kiang: sailing directions by Capt. Bethune. [Voir col. 76.]

— Sailing directions to accompany seven charts. [Voir col. 83.]

Consulter p. 427: *Square Island to Shanghai*, pp. 427 et seq., by Com. George Wellesley.

— Directions for entering the port of Shanghai. (*North-China Herald*, No. 3.)

Réimp. dans le *Chin. Rep.*, Nov. 1850, XIX, pp. 621/623.

— A few brief particulars respecting the Wúsung Custom-house Register. By G. T. Lay. (*Chin. Rep.*, XII, pp. 144/145.)

— Port Regulations of Shanghai, drawn up by Her Britannic Majesty's Consul, Rutherford Alcock Esq., and dated November 6th 1846. (*Chin. Rep.*, XV, pp. 566/567.)

Réimp. de la *China Mail.*

— Statements of the number, tonnage, &c., of the merchant vessels of different nations in the port of Shanghai, for the year 1846. (From the *China Mail*, Feb. 11th, 1847.) (*Chin. Rep.*, XVI, pp. 356/361).

— Regulations for the anchoring of British Shipping at the port of Shanghai. (From the *China Mail*, May 6, 1847). (*Chin. Rep.*, XVI, pp. 361/363.)

Taúkwáng, 27th year, 2d month, 6th day, (4th April 1847).

— Lettre de John Clark, C. E., Engineer M. C. sur la Bund line. — Engineer's Office, 16th January 1865. To the Municipal Council. (*N. C. Herald*, 756, Jan. 21, 1865.)

Voir le Rapport de 1864, Supra, col. : 1081.

— Voir Lettres de Mr. Robert Hart et de la Chambre de Commerce, supra, col. : 1082.

— Regulations for preventing Collisions on the Water, in English and Chinese. Published by the Harbour Master. [S. A. Viguier.] Shanghai: Printed at the Custom's Press, 1870, br. in-8, pp. 10.

— Obstructions to entering the harbour of Shanghai. (*Shanghai Evening Courier*, Nos. 653 & 659, 14 & 21 Nov. 1870.)

— Consular Documents on the Woosung Bar. (*Shanghai Evening Courier*, 7 Mars 1871.)

— Our Waterways. (*Shanghai Budget*, May 26, 1871, avec 1 fig.)

— The Tonnage-Dues Fund, the Harbor of Shanghai, and the Wu-sung Bar by Baron von Gumpach. (*Shanghai Budget*, 1872, June 8, 15, 22.)

— The Tonnage-Dues Fund, the Harbour of Shang-hai, and the Wu-sung Bar by Johannes von Gumpach. (Reprinted from the « Shanghai Evening Courier »). Shanghai. « Chingfoong » Printing Office, 1872, br. in-4, pp. 46.

— Memorandum on the Harbour of Shanghai and its approaches. (*Shanghai Budget*, Nov. 21, 1872).

— Dépêche du Prince Kong sur la Barre de Wou song. (Toung tche, 13e année, 3e lune, 25e jour; [11 Mai 1874]. (*N. C. D. News*, 24 June 1874.)

— The Hwang poo. (*N. C. Herald*, Dec. 20. 1877.)

Lettre de G. James Morrison, Shanghai, 13 Dec., à l'éditeur du journal.

— *Chinese Commercial Guide*, 1863, pp. 161 et seq.

— Voir les *Blue Books* au Chap. des *Rel. de l'Angleterre.*

ETABLISSEMENTS CHINOIS DANS LES CONCESSIONS ÉTRANGÈRES.

— Minutes of First Meeting of Committee of Chinese Reading Room held at British Consulate on 6th April 1874. (*Shanghai Budget*, June 20, 1874.)

— Second Report of the Chinese Polytechnic Institution and Reading Rooms, Shanghai. From October, 1875 to March, 1878. Shanghai: Printed at the « Celestial Empire » Office, 1878, br. in-8, pp. 21.

— The Chinese Polytechnic and Reading Room. [By John Fryer.] (*Celestial Empire*, Vol. III, p. 178.)

— Correspondance entre le Ministre de Belgique et le Secrétaire du Polytechnic. (*N. C. Herald*, June 30, 1877.)

RECREATION FUND.

— Minutes of a Meeting of the Recreation Fund Shareholders, held at the Club, March 20th, 1866. (*N. C. Herald,* 817, March 24, 1866.)

New Committee appointed: E. F. Duncanson
J. P. Tate
A. A. Hayes
A. J. How
E. P. Hogg.

— General Report of the above Committee to the Shareholders, and the Treasurer's (H. W. Dent) account dated Shanghai 20th June 1865 [from March 1863]. (*N. C. Herald,* 820, April 14, 1866.)

Tirage à part, pièce in-fol., pp. 2.

— Minutes of a Meeting of the Committee held at Paou-shun, on Tuesday, the 24th July. (*N. C. Herald,* 836, Aug. 4, 1866).

— Meeting on the 18th October 1866 (*N. C. Herald,* 847, Oct. 20, 1866).

New Committee: Mess. Bell, Turing, Probst, Hargreaves and Groom.

— Report dated Shanghai, June 8, 1871. Pièce in-fol., pp. 2.

Signé : John Dent, F. B. Johnson, F. B. Forbes, Francis A. Groom, *Trustees.*

— Report of the Trustees of the Shanghai Recreation Fund. — Statement showing Financial Position of the Recreation Fund Trust on 30th April 1872. (*Shanghai Budget,* May 11, 1872.)

Trustees : John Dent, F. B. Johnson, David Reid, Frank B. Forbes and Francis A. Groom. — Le premier était président du Conseil municipal anglo-américain, les quatre autres avaient été nommés trustees par un ordre de H. B. M.'s Supreme Court, daté 18 février 1870.

Le rapport entier du 18 Février 1870 au 30 Avril 1872 forme une brochure in-fol., de pp. 8.

— Report of the Honorary Secretary (Francis A. Groom) of the Recreation Fund dated 14th Oct. 1873 with a Statement showing the position of the Fund on the 31st of Dec. 1873. (*Shanghai Budget,* 31 Dec. 1873.)

Le rapport entier du 1er mai 1872 au 14 oct. 1873 a été tiré à part en une br. in-folio. Il est signé de : Robt. I. Fearon, David Reid, F. B. Forbes, F. B. Johnson.

— Shanghai Recreation Fund. Report of the Honorary Secretary, from 14th October 1873, to 31st December 1875. Published as an Appendix to the Report of the Municipal Council for the nine months ended 31st December, 1875. Shanghai: Carvalho & Co., 1876, br. in-8, pp. 11.

AMATEUR DRAMATIC CORPS.

— *2 Février 1866.* Meeting du *Shanghai Rangers Theatrical Corps.* Election d'un nouveau comité. On décide que l'on continuera les représentations. On annonce que *Jardine Matheson & Co.* reprendront à la fin du mois le godown (magasin) qu'ils prêtaient aux *Rangers.* — *8 Février 1866.* Meeting des mêmes pour savoir si l'on jouera une pièce dans le godown de *Jardine* avant la fin du mois. *Dent & Co.* proposent de louer aux *Rangers* pour leur théâtre deux de leurs godowns dans Hongkong Road pour Tls. 1200 par an et d'avancer les fonds pour faire les arrangements nécessaires estimés à Tls. 2500. Les *Rangers* proposent de demander à l'*Infantry Dramatic Corps* de les joindre en cette affaire et de ne former à l'avenir qu'une seule troupe. Dans le cas où l'*Infantry* refuserait la proposition de Dent, les *Rangers* l'accepteraient pour leur compte.

— Meeting of a provisional theatrical Committee 10th November 1866 (R. W. Little, Temporary Secretary). (*N. C. Herald,* 851, Nov. 17, 1866.)

— Minutes of a Meeting of the Dramatic Corps of the Infantry and Rangers, Shanghai, 15th Nov., 1866 (*Ibid.*)

Proposed by Mr. A. C. Westall, seconded by Mr. Little «that a Dramatic Society be formed».

Committee elected: Mess. Alabaster, Groom, Little, Merry, Tate, Underwood.

— Meeting held at the Club 16th Nov. 1866. (*N. C. Herald,* 852, Nov. 24, 1866.)

— Meeting of the 22d Nov. 1866 (*Ibid.*).

Proposed by Mr. Groom and seconded by Mr. Underwood: «That instead of fitting up a godown, a temporary theatre on the plans submitted to the meeting be built and fitted up.»

Pièces jouées par the Amateur Dramatic Corps.

1867 March 1st. 1. Whitebait at Greenwich. — Faust and Marguerite.
March 28th. 2. Taming the Truant. — To Paris and back for Pounds 5. —
April 25th. 3. Lending a Hand. — Still Waters run deep.
May 31st. 4. An ugly Customer. — Ivanhoe.
Nov. 19th. 5. The Overland Route.
Dec. 19th. 6. A Regular Fix. — Fra Diavolo.

1868 Jan. 17th. 7. Plot and Passion. — A Blighted Being.
Feb. 17th. 8. The twelve labours of Hercules. — Fra Diavolo.
April 13th. 9. The Ticket-of-leave Man.
Sept. 29th. 10. Plot and Passion.
Oct. 29th. 11. The Maid and the Magpie. — The little Sentinel.
Dec. 2d. 12. Model of a Wife. — The Rivals.

1869 March 5th. 13. Found in a Four-Wheeler. — Ruy Blas.
April 2d. 14. Head or Tails. — The Critic.
May 11th. 15. Slasher and Crasher. — Bombastes Furioso.
May 25th. 16. Ein Berliner in Wien. — The Critic.
Représentation donnée par les amateurs allemands et anglais en aide de la Bibliothèque de Changhai (Shanghai *Public* Library).
Oct. 22d. 16. London Assurance.
Représentation donnée en l'honneur du duc d'Edimbourg.
Dec. 14th. 17. The Field of the Cloth of Gold.

1870 Jan. 21st. 18. The School for Scandal.
Feb. 25th. 19. My Hearts in the Highlands. — Minstrels. — Box and Cox.
April 6th. 20. Aggravating Sam. — The First Night.
May 10th. 21. Who is who? — Fair Rosamond.
June 7th. — Don Caesar de Bazan. — The Belle of the Barley Mow.
Rep. en aide du «Rowing Club».
October 28th. 22. Urgent private Affairs. — The Porter's Knot.
December 1st. 23. Dearest Mamma. — To Parents and Guardians.

1871 January 10th. 24. Jocrisse the Juggler. — The Turkish Bath.
February 7th. 25. Turn Him out. — Ivanhoe.

Pièces jouées par l'Amateur Dramatic Corps au Théâtre Concordia (allemand) après l'Incendie du Lyceum Theatre.

March 10th. 26. Our Wife. — Little Toddlekins.
December 12th. 27. One Touch of Nature. — Minstrels.

1872 January 30th. 28. First Part of King Henry IV. = The Lion Slayer.
March 9th. 29. A wonderful Woman. = A Suit of Tweeds.
April 16th. 30. Woodcock's Little Game. = Grimshaw, Bagshaw, & Bradshaw.
May 8th. 31. The Merchant of Venice. = The two Bonnycastles.
Nov. 27th. 32. Take that girl away. = In the pigskin.

1873 Feb. 11th. 33. Milky White. = B. B.
March 31st. 34. Aladdin.
Rep. donnée en l'honneur du Grand Duc Alexis, de Russie.
May 6th. 35. Orange Blossoms. = The First Night.
June 3rd. 36. A Thumping Legacy. = The Chimney Corner.

Pièces jouées au nouveau Lyceum Theatre :

1874 January 27th. 37. Incompatibility of Temper. = Masks and Faces.
Feb. 27th. 38. A Cup of Tea. = Romulus and Remus.
March 2d. = Répétition de la 38e représentation.
April 8th. 39. The Bells.
April 17th. = Répétition de la 39e représentation.
May 6th. 40. In possession. = Checkmate.
June 9th. 41. Ici on parle français. = A regular Fix. = Villikin and his Dinah.
Dec. 4th. 42. Mr. Drinkwater's Adventure with a Tartar Princess. = Kind to a Fault.

1875 January 30th. 43. One Touch of Nature. = Thespis.
March 12th. 44. I've written to Brown. = The Heir at Law.
March 16th. = Répétition de la 44e représentation.
April 28th. 45. Payable on demand. = Cool as a Cucumber.
June 3rd. 46. Tweedleton's Tail Coat. = Cox and Box. = My Dress Boots.
June 10th. = A Cup of Tea. = Cox and Box.
Nov. 23rd. 47. A Bachelor of Arts. = My Uncle's Will.

1876 January 21st. 48. Not a bad Judge. = His own Enemy.
February 22nd. 49. Dearest Mamma. = Trial by Jury.

Voir col. 1056.

TCHENKIANG.

= Minutes of a Public Meeting held at the Custom House, Chinkiang, 1st October, 1866, for the purpose of considering the advisability of erecting a Public Wharf and Godowns on the South bank of the River. (*N. C. Herald*, 846, Oct., 13, 1866.)

= Address of the merchants of Chinkiang to Sir Rutherford Alcock presented during his visit to the port (Chinkiang, 30th May, 1867) (*N. C. Herald*, June 15, 1867).

KIOU KIANG.

= Regulations for the port of Kewkiang. (Kewkeang, March 11th, 1864, F. J. Hughes, Vice-Consul) (*N. C. Herald*, 712, March 19, 1864).

= The Foundation Stone of the Protestant Episcopal Church of Kiukiang was laid on the 25th January 1867. Vide an account of the ceremony in the *N. C. Herald*, Feb. 2, 1867.

HAN KEOU.

= *The Hankow Times.*

Journal hebdomadaire, in-folio, abonnement Taels 15 par an.

Vol. I, No. I, Hankow, 6th January 1866.

Une annonce à la première page indique que F. W. Thomson est le *Manager* de ce Journal. Au bas de la quatrième page du second numéro (13th January, 1866) on lit : *«Printed the at «Hankow Times Printing Press Office» for the Proprietors by F. W. Thomson»*. = No. 52, Hankow December, 29th 1866, pp. 1/208.

Vol. II, No I, Hankow, 5th January 1867. = No. 52, Hankow, December 1867.

Vol. III, No. I, Hankow, January 4th 1868. = No. 13, Hankow, March 28th 1868, pp. 1/52.

C'est le dernier numéro de ce journal qui ait été publié.

C'est par erreur que les auteurs du Catalogue qui se trouve à la fin de l'ouvrage intitulé *Treaty Ports of China and Japan* disent (p. 12) que le *Hankow Times* était un journal paraissant trois fois par semaine (tri-weekly).

***

= The first rules of the Hankow General Chamber of Commerce will be found in *The Hankow Times*, March 10, 1866.

= On trouvera les *«Land Regulations»* dans le même journal, June 15th, 1867.

= The Hankow Church *(St. John the Evangelist).*

Voir *N. C. Herald*, June 10, 1869 ; cet édifice a été commencé en Janvier 1868.

NINGPO.

= Notes of a Seven months' residence in the City of Ningpo, from December 7th 1842, to July 7th, 1843. Communicated by the Rev. W. C. Milne. (*Chinese Repository*, XIII [1844] et XVI [1847].)

Le même sujet est traité par M. Milne dans la seconde partie de *«Life in China»*. Lond. 1857, pp. 75 et seq. [Voir col. 63.]

= *Chinese Commercial Guide*, 1863, pp. 188 et seq.

NINGPO BOOK CLUB :

Les conférences suivantes ont été faites en aide du *Ningpo Book Club :* =

Première conférence : Ningpo : Historical and Topographical, by Dr. Mc. Cartee, Tuesday, 24th March 1868. Résumé.

Deuxième conférence : The Poetry of Tennyson, by Rev. A. E. Moule, Friday, 24th April 1868. Résumé.

Troisième conférence : Population of China, by Rev. M. J. Knowlton, Friday, 9th May 1868. Résumé. = On la trouvera imprimée *in extenso* dans *N. & Queries for C. & J.*, II., pp. 88/92—103/106—117/120. [voir col. 214.]

Quatrième conférence : A Campaign with Garibaldi, by E. C. Bowra, Friday, 22 May 1868, Résumé.

Cinquième conférence : Nineveh, by the Rev. James Bates, Wednesday, 3rd June 1868. Résumé.

Sixième conférence : The War in the United States, by Rev. J. Butler, Tuesday, 16 June 1868, Résumé.

Septième conférence : The Drama, by C. T. Gardner, 30th June 1868. Résumé.

Cette Conférence a clos la première série de conférences.

Huitième conférence : Chinese Mendicity, by Rev. A. E. Moule, 25 September 1868, Résumé. = *N. C. Herald*, 3 Oct, 1868.

Neuvième conférence : Chinese Novels, by C. T. Gardner, 9th October 1868. Résumé.

Dixième conférence : The Founder of Jesuitism, by E. C. Bowra, October 28, 1868. On n'a publié aucun résumé de cette conférence.

Onzième conférence : Certain Gods of the Chinese Pantheon, by Dr. D. B. Mc. Cartee, Nov. 10th 1868. Résumé.

Douzième conférence : Gavazzi, the Patriot Priest, by the Rev. John Mara. 25th Nov. 1868. Résumé.

Treizième conférence : The Rebel Occupation of Ningpo, by E. C. Lord, 16th Dec. 1868.

Quatorzième conférence : Sur le même sujet, by E. C. Lord, 30th Dec. 1868. On n'a publié aucun compte-rendu de cette seconde conférence.

Quinzième conférence : Lecture d'un choix de pièces en vers et en prose, 13th January 1869. Résumé.

Seizième conférence : The Mountain Tribes of the Chekiang Province, by Rev. M. J. Knowlton 27th January 1869. Résumé [Voir col. 135].

Dix-septième conférence : Reminiscences of Twenty Five Years' Residence in China, by Dr. D. B. Mc. Cartee, 3rd ? 1869. Résumé.

? *conférence :* The times of Charles V of Spain and Germany, by the Rev. J. Leyenberger, 2nd April 1869. Notice : *N. C. Herald*, 13 April 1869.

? *conférence :* Hangchow and its surroundings, by the Rev. Mr. Green, 14th April 1869. [Voir col. 136.]

Une nouvelle série de *conférences* a été inaugurée le 13 Octobre 1869 par «Personal Reminiscences of Ningpo, coupled with reflections upon the position of Foreigners in China» by Rev. Thomas Hudson. Résumé *N. C. Herald*, Oct. 20, 1869.

— The Rivers of China, by Rev. M. J. Knowlton. [Voir col. 78.]

FOU TCHEOU.

— *Chinese Commercial Guide,* 1863, pp. 184 et seq.

ARSENAL : Voir col. : 720—721.

PUBLICATIONS PÉRIODIQUES.

— The Foo-chow-foo Courier. No. 1. Tuesday, October 12, 1858.

Feuille lithographiée, «entirely an amateur production», and «published by the *Courier* Committee».

— *Foochow Advertiser.*

— *The Missionary Recorder:* A Repository of Intelligence from Eastern Missions, and a Medium of General Information. Volume I. 1867. American M. E. Mission Press: Foochow. in-8 [avec un index].

Le premier numéro du *Missionary Recorder* parut à «Foochow, China, January, 1867». Il se composait de 2 feuillets (4 pages) in-folio; chaque page comprenant quatre colonnes de texte; les nos. 2 et 3 parurent en février et mars 1867 sous la même forme; mais le no. 4, April 1867, fut publié dans le format in-8 et se composait de 16 pages à 2 col; il continue à paraître de la sorte régulièrement tous les mois au prix de 1 dol. par an. — Les articles des trois premiers numéros in-folio furent réimprimés dans le format in-8 et forment un cahier de pp. I à XVI qui se relie avec le Vol. I.

Le *Missionary Recorder* est remplacé par le périodique suivant dont le premier numéro parut en Mai 1868, en cahiers mensuels in-8 :

— *The Chinese Recorder and Missionary Journal.* Rev. S. L. Baldwin, Editor. Volume I. May, 1868, to April, 1869. Foochow, Printed by Rozario, Marçal & Co. 1869, in-8, pp. 264 et index.

— *The Chinese Recorder and Missionary Journal.* Rev. Messrs. S. L. Baldwin, & Justus Doolittle Editors. Vol. 2. June 1869 to May 1870. Foochow. Printed by Rozario, Marçal & Co., 1870, in-8, pp. 347, s. l'index.

—— Rev. Justus Doolittle Editor. Vol. 3. June, 1870, to May 1871. Foochow. Printed by Rozario, Marçal & Co. 1871, in-8, pp. 364, s. l'index.

—— Vol. 4. June, 1871, to May 1872. Foochow. Printed by Rozario, Marçal & Co. 1872, in-8, pp. 386, s. l'index.

La publication du *Chinese Recorder* un moment interrompue, est reprise à Changhai en Janvier 1874 sous la direction du savant Mr. Wylie. C'est l'époque brillante de ce périodique, époque pendant laquelle le Dr. Bretschneider et l'Archimandrite Palladius, de Peking, donnèrent des articles remarquables et remarqués.

— The Chinese Recorder and Missionary Journal. Volume V. Shanghae: American Presbyterian Mission Press. 1874, in-8, pp. II—376.

Depuis plusieurs années, Mr. A. Wylie, a quitté la direction du *Recorder* qui continue à paraître à Changhai en cahiers bi-mensuels, mais qui a perdu le caractère scientifique qui en faisait presque toute la valeur.

— *The Foochow Herald combined with the «Daily Advertiser and Shipping Report».* No. 1. Thursday, 11th September 1873. Printed at «the Foochow Herald» Office. Foochow, in-fol., pp. 8.

CHANTEOU

(*Swatow*).

— The New Port of Swatau by Dr. Macgowan. (*China Mail;* réimp. dans le *N. C. Herald,* No. 256, June 23, 1855, et dans le *Shanghai Miscellany,* 1856, No. 19.)

— *Chinese Commercial Guide,* 1863, pp. 180/1.

— Jahresbericht des Konsuls zu Swatow (China) für 1872. (*Preuss. Handelsarch.,* 1873, N. 35.)

EMOUI.

— A Short History of Koolangsu. 1878. br. in-8, pp. 38.

Par H. A. Giles. — Printed by A. A. Marçal, Amoy.

— *The Amoy Gazette.*

Journal quotidien. — Paraît le soir.

— *Waffles' Bi-Monthly.*

Journal comique, paraissant l'hiver à intervalles irréguliers.

— *Chinese Commercial Guide,* 1863, pp. 182/4.

— Survey of the Harbor of Amoy. By Commander R. Collinson. From the *Nautical Magazine.* (*Chin. Rep.,* XII, pp. 121/126.) [Voir col. 83.]

— Voir *Géographie,* col. 138—139.

CANTON.

— List of Foreign Residents in Canton.

July, 1845. (*Chin. Rep.,* XIV, p. 347.)

August, 1846. (*Ibid.,* XV, p. 426.)

July, 1847. (*Ibib.,* XVI, p. 346.)

August, 1848. (*Ibid.,* XVII, p. 419.)

— Notices concerning China, and the Port of Canton. Also a Narrative of the Affair of the English Frigate *Topaze,* 1821—22, with Remarks on Homicides, and an Account of the Fire of Canton. Malacca: Printed at the Mission Press. 1823, in-8, pp. XIV—97 [sans nom d'auteur].

Cet ouvrage est attribué à Robert Morrison dans les *Memorials of Protestant Missionaries,* p. 9. On trouve d'ailleurs quelques-unes de ces *Notices* dans les *Memoirs of the Life of . . . Robert Morrison.*

— An Account of the Proceedings of the Government Metropolitan Police in the City of Canton. By James Henry, Esq. M. D. . . . Dublin: Hardy & Walker, 1840, in-12, pp. 79.

Fig. «etched by J. Kirkwood». — N'a rien à faire avec la Chine; c'est une satire.

— Jargon spoken at Canton: how it originated and has grown into use; mode in which the Chinese learn English; examples of the language in common use between foreigners and Chinese. (*Ch. Rep.,* IV, pp. 428 et seq., Jan. 1836.)

Pidgin English.

— Empire Chinois : Canton et Macao par

C. de Montigny. (*Rev. de l'Orient*, X, 1846, pp. 3/40.)

— A Reminiscence of Canton (June 1859) (*N. C. Herald*, 1862: I. No. 639, Oct. 25; II. 640, Nov. 1; III, 641, Nov. 8; . . . . VI & last. 643, Nov. 22).

— The Morning of my Life in China. Comprising an Outline of the History of Foreign Intercourse from the last year of the Regime of Honorable East India Company, 1833: to the imprisonment of the Foreign Community in 1839. By Gideon Nye Jr. . . . Canton, 1873, pet. in-4, pp. 73.

Conférence faite à Canton le 31 Janvier 1873.

Notices dans le *Shanghai Budget*, 17 Avril 1873 et dans le *North-China Daily News*, à la même date.

— Peking the Goal, — The Sole Hope of Peace. Comprising an Inquiry into the origin of the pretension of Universal Supremacy by China and into the causes of the first war: With incidents of the Imprisonment of the Foreign Community and of the First Campaign of Canton. 1841. By Gideon Nye Jr. Corresponding Member of the Am. Geog. and Statistical Society: Author of Rationale of the China Question; The Memorable Year, &c., &c. Canton, 1873, pet. in-4, pp. 104.

Conférence faite à Canton le 14 Avril 1873.

— Inaugural Address at Concordia Hall, Canton, December 15th, 1873. By Mr. Nye. [Canton], s. d., br. in-8, pp. 7.

Réimp. dans le *Shanghai Evening Courier*, 27 Mars 1874 et dans le *Shanghai Budget*, 2 avril 1874.

— Recollections of China prior to 1840. By S. W. Williams, LL. D. (*Jour. N. C. B. R. As. Soc.*, N. S., VIII, 1874, pp. 1/21.)

Réimp. dans le *Shanghai Evening Courier*, 1875, Jan. 15, 16 et 20, et dans le *Shai. Budget*, Jan. 23, 1875.

— Imports and Exports of Canton. [By S. W. Williams] (*Chin. Rep.*, II, Feb. 1834, pp. 447/472.)

— Statement of tonnage dues, import and export duties, paid by British vessels in the port of Canton from 1st Jan. to 31st Dec., 1845. (From the *China Mail*, Feb. 12th 1846). (*Chin. Rep.*, XV, pp. 150/154.)

— Statements of the number, tonnage, &c., of the merchant vessels of different nations in the port of Canton, for the year 1845. (From the *China Mail*, Feb. 5th, 1846.) (*Chin. Rep.*, *Ibid.*, pp. 165/172.)

— The Same . . . . , for the year 1846. (From the *China Mail*, Feb. 25th, 1847.) (*Chin. Rep.*, *Ibid.*, pp. 314/320.)

— Notices of the Cotton trade and of the imports of the principal European and American Manufactures into Canton. By Yenchong. (*Chin. Rep.*, XVI, pp. 47/50.)

— Remarks on the Cotton trade, as it is at present carried on by foreigners in China. Communicated for the *Chinese Repository*, by H. R. (*Chin. Rep.*, XVI, pp. 134/136.)

— Document from the Hoppo, containing a memorial from the Canton Governement to the Emperor, with eight regulations restrictive of foreign trade. [Trad. par J. R. Morrison.] (*Chin. Rep.*, III, pp. 579/584.)

Taoukwang, 15th year, 2d moon, 10th day [March 8th, 1835].

— The thirteen Factories. (*The Friend of China*, 20th Dec. 1856.)

Voir également the *Chin. Rep.*, XV.

— Question of Entry into the city of Canton, and papers relating thereto. (*Chin. Rep.*, XVIII, pp. 216/224.)

Auguste Haussmann. — Canton et le Commerce européen en Chine. (*Revue des Deux Mondes*, 15 Octobre 1846.)

— Canton General Chamber of Commerce: its regulations, with brief remarks respecting its origin, object and labors. (*Chin. Rep.*, VI, May 1837, pp. 44/47.)

— First annual Report of the General Committee of the Canton Chamber of Commerce, to which are subjoined the decisions of the Committee, approved at a public meeting of the Chamber on Saturday, November 4th, 1837. (*Ibid.*, pp. 327/333.)

— Second annual Report of the Committee of the Canton General Chamber of Commerce, presented at a general meeting held the 3d of November, 1838. (*Ibid.*, VII, pp. 386/389.)

— Rules and Regulations of the Canton British Chamber of Commerce, established January 8th 1847. With a prefatory note. (*Ibid.*, XVI, pp. 87/92.)

— Sur le pavillon français élevé à Canton en 1858, voir les vers: *The Battle of the Flag Staff*, dans la *China Mail*, 17 Mars 1858, et la *China Overland Mail*, 28 Mars 1858. — Voir également diverses lettres dans la *China Mail* du 31 Mars et la *China Overland Mail* du 11 Avril 1858.

— Arrest of Messrs. Still and Taylor. (*China Mail* & *China Overland Mail*, 5 Mai 1858.)

— Allocution de Monsieur le Consul de France, à l'occasion de la pose de la première pierre de l'Église de Canton. [Canton, 8 dec. 1863.] Hongkong, Shortrede, br. in-4, pp. 8.

— Allocution de Monseigneur Guillemin, à l'occasion de la pose de la première pierre de l'Église de Canton. Hongkong, Shortrede, br. in-4, pp. 9.

SOCIETY FOR THE DIFFUSION OF USEFUL KNOWLEDGE IN CHINA.

Voir col. : 1060.

— Formation of the Society for the Diffusion of Useful Knowledge in China. (*Chin. Rep.*, III, p. 378.)

— First Report of the Society for the Diffusion of Useful Knowledge in China, with the minutes of the first annual meeting, held at Canton, October, 19th, 1835. (*Chin. Rep.*, IV, pp. 454 et seq., Dec. 1835.)

— Second Report of the Society for the Diffusion of Useful Knowledge in China. March 10th 1837. (*Canton Register*, X., 1837, No. 11. — *Chin. Rep.*, V, pp. 507 et seq.)

PUBLICATIONS PÉRIODIQUES.

— *Canton Register*. Vol. I. Canton, November 8th 1827. No. I., pet. in-folio à 2 col., 4 pages.

Devient au 2e N° :

The Canton Register. Vol. I. Thursday, November 15th 1827. No. 2.

Ces deux premiers numéros sont d'un format un peu moins grand que les suivants.

L'exemplaire que nous avons examiné, celui de la Chambre de Commerce de Hongkong est incomplet; nous avons complété nos renseignements à l'aide de l'ex. également imparfait du British Museum.

Vol. 2, Saturday, 3rd January 1829, No. I. — Tuesday, 22nd December 1829, No. 24.

Ce journal qui paraissait au commencement tous les quinze jours, est devenu ensuite hebdomadaire. Le format a été augmenté depuis le No. 22 du Vol. 10 (1837).

Dans le Vol. 4, 1831 on remarquera un Numéro spécial publié avec le titre de « Canton Register Extraordinary » May 26th, 1831, publié pour annoncer que les relations entre l'Angleterre et la Chine cesseront le 1er Août « if evils are not remedied ». Un ex. de ce numéro existe au British Museum $\left(\frac{1850.\ c}{66}\right)$ avec une lettre autographe de John Francis Davis.

En 1843 le journal devient :

The Hongkong late Canton Register, Vol. 16, No. 25, Tuesday, June 20th 1843. No. 653.

Le nom de John Slade, l'éditeur, disparaît avec le numéro 28 (1843) et nous lisons au No. 29, July 18th 1843. Edited, Printed and Published by John Cairns, at the *Canton Register* Office.

Ce journal devient un grand folio à 4 col. avec le No. I, du Vol. 17, Victoria, Tuesday, January 2nd 1844, No. 681.

The Honkong Register, édité par Robert Strachan, cesse de paraître à la fin de 1859 et est remplacé par le journal quotidien suivant :

The China Chronicle, Hongkong Register; and Daily Eastern Advertiser. New Series, Vol. I. No. I, Victoria, Monday, January 2, 1860. in-folio à 4 col., Malcolm Mc. Leod, Editor and Proprietor.

Le supplément commercial du *Canton Register* se nommait *Canton General Price Current* (commencé à la fin de 1833); celui du *Honkong Register: The Overland Register and Price Current,* No. I, Hongkong, 30th August 1845.

— Opinion du Dr. Morrison sur le *Canton Register:* — (*Memoirs .... of R. Morrison,* II.)

« Nov. 7th [1827] The « *Canton Register* » is a new thing in the world. Nothing like it has ever before appeared in China. The Macao Paper in Portuguese was a liberal attempt; but the restoration of legitimate power has suppressed it. This paper shows the zeal of the merchants — they are not afraid to print about their smuggled drug: there is so much « price current »; the paper will not be very *current* any where but with the traders » pp. 383/384.

« Dr. Morrison's aid was earnestly solicited to support this new publication, and it was promised upon condition that he should have full liberty to express his opinions on those moral and religious subjects which it was his object to promote: this privilege was readily granted, with an offer of 300 dollars a-year, to be bestowed on any benevolent institution he chose. From this time, Dr. Morrison contributed essentially to its support, till the last number that was published previous to his decease. » p. 384.

« Nov. 10th [1827]. Evening. — To-day I have written about three sheets for the Canton Register. Mr. W — and Mr. — have no knowledge of Chinese; nor do they seem to have any talent in collecting information from the natives. I have nothing to do with the paper beyond sending a paragraph. I think it right to encourage the thing. » p. 384.

— *Chinese Courier and Canton Gazette.* No. I. Thursday 28th July 1831. Pet. in-fol. à 2 col., 4 pages.

Plus tard le format est augmenté et le journal devient :

— *The Chinese Courier*. Vol. I. Canton, Saturday, April 14, 1832, No. 37. in-fol. à 3 col.

Le numéro précédent était le No. 36, Thursday, 5th April 1832 du *Chinese Courier and Canton Gazette.* L'ex. du British Museum que nous avons examiné va jusqu'au Vol. III, Canton, Monday, September 23, 1833, No. 6.

« Between my arrival at Canton and 1840, there were two foreign newspapers published. The first of these was the Canton *Register:* the other was the Canton *Courier*. The latter, however, had rather a short life. It criticised somewhat severely certain measures of the East India Company, the Company stopped taking the 12 copies for which it had subscribed, and the *Courier* collapsed. For, in those days, there were few or no advertisements to supplement the income from subscriptions ». (S. W. Williams' *Recollections of China, Jour. N. C. B. R. As. Soc.*, S., No. VIII, p. 17.)

— *The Canton Miscellany*. No. I. « Nullius addictus jurare in verba magistri ‖ Quo me cunque rapit tempestas deferor hospes » China. Published by the Editors. MDCCCXXXI, in-8, pp. XII-66.

L'article le plus long de ce numéro est le premier, pp. 1/10 : « Extracts from an unpublished Journal of the Last Embassy to Peking in 1816 ».

Ce magazine n'a eu que cinq numéros, tous publiés en 1831.

— *The Chinese Repository*. Vol. I. From May, 1832, to April, 1833. Canton: Printed for the Proprietors .... 1833.

La collection complète de cette publication périodique célèbre forme vingt vol. in-8. Le premier numéro porte la date de mai 1832, le dernier de déc. 1851; il paraissait par cahier mensuel; chaque vol. était accompagné d'un index et on a donné à la fin de la publication :

— A General index of subjects contained in the twenty volumes of the *Chinese Repository;* with an arranged list of the articles, in-8, pp. clxviii.

Le tout est imprimé sur papier de Chine; environ 1000 ex. de chaque vol. ont été imprimés; les trois premiers volumes ont eu une seconde édition. Les éditeurs ont été Elijah Coleman Bridgman et S. Wells Williams.

En août 1836, le Dr. Bridgman écrivait dans le *Chin. Rep.*, Vol. V: «of the first volume [of the *Repository*] there were printed 400 copies; of the second 400; of the third 800; of the fourth 1000; and thus far one thousand of the fifth. The number of pages in the first was 512; of the 2nd 576, and of the 3d and 4th, each, 584; giving a total of 2256 closely printed octavo pages; each volume has been accompanied with an index. The price of the first and second volumes was dol. 6 a copy, unbound; the price of the subsequent ones has been one half that sum. Of volume 1st, no copies remain on hand; of the 2d, there are 18; of the third 219; and of the fourth 500. The present circulation in China is 200 copies; in Manila 15; in Sandwich Islands 13; in Singapore 18; in Malacca 6; in Penang 6; in Batavia 21; in Siam 4; in Sydney, New South Wales 6; in Burmah 3; in Bengal, Nipál and A's'am 7; in Ceylon 2; in Bombay 11; in Cape Town, South Africa 4; in Hamburg 5; in England 40; in America, 154 copies; this gives a total of 515 now sent out from the office monthly; about one fifth of them, however sent gratuitously to Public Institutions, Journals, &c.

P. S. Since writing the foregoing, new demands have been received for the Repository, not only for back volumes, but also for the present; these demands will increase the circulation to more than 800 copies, monthly.»

«During the last seven years of its existence there was an annual deficit of from 300 to 400 dollars. In the last year of its existence it had only 300 subscribers at 3 dollars each, which hardly paid the workmen's wages». (S. W. Williams' *Recollections of China, Jour. N. C. Br. R. As. Soc.*, N. S., VIII, p. 13.)

Le Dr. S. W. Williams nous écrivait le 8 Mai 1878: «In all there were about 21000 vol. of the *C. R.* struck off in 20 years, of which I think 2 or 3 thousand only ever left China; about 6500 vol. were burned.»

Un ex. complet vaut aujourd'hui 900 francs.

— *The Canton Press.* Vol. I, Canton, Saturday, September 12th, 1835, No. I. Printed and Published every Saturday at No. 3rd British Hong.

In-4 à 2 col., hebdomadaire.

Le format de ce journal devient un in-4 à 3 col. puis un petit in-folio à 4 col.

A partir du No. 40 (No. 196 de la collection complète) du Vol. 4, Saturday 6th July 1839, l'impression est faite à Macao.

Le No. 443 (Vol. 9, No. 13 Macao, Saturday, 30th March 1844) est ainsi que l'indique un article inséré à la première page, le dernier de ce journal qui était édité par Edmund Moller.

— *Commercial Price Current.* No. I. Vol. I. Canton, Saturday, September 12th 1835.

Publié comme supplément à la «*Canton Press*».

— *Anglo-Chinese Calendar.* Voir col. 227.

— *Chinese Commercial Guide.* Voir col. 1030.

— European Periodicals beyond the Ganges: *Prince of Wales' Island Gazette; Malacca Observer; Periodical Miscellany; Singapore Chronicle; Singapore Free Press; Chronica de Macao; Macaista Imparcial; Canton Register; Canton Press;* and *Chinese Repository.* [By E. C. Bridgman.] (*Chin. Rep.*, V, Aug. 1836, pp. 144 et seq.)

The Malacca Observer and Chinese Chronicle commença sa carrière en Septembre 1826 et la termina en Octobre 1829; bimensuel.

Le prospectus d'un ouvrage qui devait s'appeler l'*Indo-Chinese Repository*, trimestriel, et être imprimé à l'*Anglo-Chinese College*, parut dans le *Malacca Observer* du 29 Nov. 1827. (Voir *Indo-Chinese Gleaner*, col. 608.)

TROISIÈME PARTIE

RELATIONS DES ÉTRANGERS AVEC LES CHINOIS

I. — OUVRAGES DIVERS

— History of the intercourse of foreign nations with China, from a topographical account of Canton. *(Indo-Chinese Gleaner,* No. X. Oct. 1819, pp. 186/191.)

Traduit en français dans la *Chine* de Pauthier, Didot, in-8, pp. 472/474.

— Intercourse of the Chinese with Foreign Nations [by E. C. Bridgman]. *(Chin. Rep.,* I, pp. 364 et seq.)

— Early foreign intercourse with China, as described by Arrian, Ptolemy, the Arabian Travelers, Ibn Batuta, Rubruquis, Marco Polo, Oderic, Clavijo, Mendez Pinto, Anthony Jenkinson, and others [by J. R. Morrison]. *(Chin. Rep.,* III, pp. 107 et seq.)

Réimp. dans *The Cycle,* 10 Dec. 1870.

— L'Europe et la Chine, par Michel Chevalier. *(Revue des Deux Mondes,* 15 juillet 1840.)

Tirage à part : Paris, H. Fournier, 1840, in-8, pp. 51.

— La Chine et l'Europe, ou Considérations politiques commerciales sur l'invasion prochaine des produits asiatiques dans les marchés européens; et sur les mesures administratives à prendre pour neutraliser les effets que produira, vraisemblablement, la dite invasion. par Monsieur Guillaume Lobé; . . . A Amsterdam, chez F. Canongette & Cie. 1843, in-8, pp. 40.

Publié d'abord dans le *Journal de la Haye.*

— Documents officiels chinois sur les ambassades étrangères envoyées près de l'empereur de la Chine, traduits du Chinois par G. Pauthier. Extrait de la *Revue de l'Orient.* Paris, Rignoux, 1843, in-8, pp. 24.

Extrait de la *Revue de l'Orient,* II, 1843, pp. 1/22.
Cet ouvrage est, en quelque sorte, l'ébauche du suivant :

— Histoire des Relations politiques de la Chine avec les Puissances occidentales depuis les temps les plus anciens jusqu'à nos jours suivie du cérémonial observé à la Cour de Pé-king pour la réception des ambassadeurs. Traduit pour la première fois dans une langue européenne par G. Pauthier. Paris, Firmin Didot, 1859, in-8, pp. xx-239.

Introduction. — I. Préambule. — II. Relations anciennes. — III. Relations pendant le moyen âge. — IV. Relations modernes. — Ambassades portugaises. — V. Ambassades hollandaises. — VI. Ambassades russes. — VII. Ambassades anglaises. — VIII. Traités de 1842, 1843 et 1844. — IX—X. Cérémonial. — Appendices : Lettre d'*Argoun* à Philippe le Bel. — Lettre d'*Ocldjaïtou* au même.

La «Traduction du Cérémonial chinois observé à la cour de Péking pour la réception des envoyés et ambassadeurs étrangers

(Édition officielle de 1824.) 賓禮», publié, pp. 185 et seq., de l'ouvrage de P., avait paru pour la première fois en 1843 dans la *Revue de l'Orient*, et dans le tirage à part, *supra, Documents officiels*, pp. 16 et seq.

— Cérémonial observé dans les fêtes et les grandes réceptions de Khoubilaï-Khaân, traduit du chinois par M. G. Pauthier. Extrait de la *Revue de l'Orient, de l'Algérie et des Colonies*. Paris, Benjamin Duprat, 1862, br. in-8, pp. 15.

Tirage à part de la *Revue de l'Orient*, Sept.-Oct. 1862, pp. 224/236.

— 中國 La Chine en 1868. Son Ambassade envoyée aux États-Unis et près des puissances européennes pour réviser les traités de 1858; discours inaugural du premier ambassadeur à une assemblée de New-York. Par G. Pauthier. Extrait de l'*Annuaire encyclopédique*, Tome VIII. Paris, Imprimerie H. Carion, 1868, in-12, pp. 30.

— Sur les Ambassades en Chine, par Klaproth. (*J. Asiatique*, III, 1823, pp. 361/4.)

— Situation actuelle des Européens en Chine. — Les cinq ports. Par C. Lavollée. (*Revue nouvelle*, II, 1846, pp. 537/576.)

— Situation actuelle....... Paris, imprimé par Plon frères, 1846, in-8, pp. 40.

Tirage à part du précédent.

A.-D. de Jancigny. — Situation de l'Extrême Orient. (*Revue des Deux Mondes*, 15 Octobre 1848.)

— The Past and Future of China. (*Blackwood's Magazine*, Janv. 1854.)

Extraits dans le *N. C. Herald*, 190, 10 mars 1854.

— Remarks on Chinese Foreign Relations in four Parts. By D. J. Macgowan. (*N. China Herald.*)

Pt. I, 385, 12 déc. 1857. — II, 386, 19 déc., et 387, 26 déc. 1857. — III, 387, 26 déc. 1857. — IV, 388, 2 janv. 1858.

Voir dans le même journal, fév.-mars 1858, *Notes on Embassies*.

Charles Lavollée. — Mission de la Chine et du Tonkin. (*Revue des Deux Mondes*, 15 août 1858.)

— La Chine devant l'Europe par le Marquis d'Hervey-Saint-Denys du Conseil de la Société asiatique. Paris, Amyot, MDCCCLIX, in-8, pp. III-164 + 1 f. p. l. t.

Avec un plan de l'embouchure du Peï-ho.

*La Chine et les puissances chrétiennes par D. Sinibaldo de Mas, ancien envoyé extraordinaire et ministre plénipotentiaire de la reine d'Espagne en Chine, etc. Paris, Hachette, 1861, 2 vol. in-12.

(Divers.)

— Considérations générales sur l'ensemble de la civilisation chinoise et sur les relations de l'occident avec la Chine. Par M. Pierre Laffitte. *Ordre et Progrès*. Prix de ce volume : trois francs. Paris, Dunod, Juin 1861, 73e année de la grande crise, in-8, pp. XI-158 + 1 f. à la fin.

— Public Notification for the Province of Hoonan.

Contre les étrangers; trad. du chinois dans le *N. C. D. News*, 29 sept. 1866.

— Notes on Chinese Matters by Robert Hart, Inspector General of Maritime Customs. Peking 30th June 1869. — Remarks on the foregoing by J. Ross Browne. (*Sup. Court & Cons. Gazette*, Vol. VI, Nov. 6, 1869, pp. 277/283.)

— La Chine et l'Europe . . . . par Joseph Ferrari [voir col. 67].

— Retrospect of the year 1863. (*N. C. Herald*, 1864 : 701, Jan. 2; 702, Jan. 9; 703, Jan. 16.)

— Retrospect of Events which occurred in the North of China during 1865. (*N. C. Herald*, 1866 : 806, Jan. 6; 807, Jan. 13; 809, Jan. 27; et 811, Feb. 10.)

— Retrospect of Events in China during 1866. (*N. C. Herald*, 858, Jan. 5, 1867).

— Retrospect of 1869. Reprinted from the « *North China Herald and S. C. & C. Gazette* ». s. d., br. in-8, pp. 33.

— A Retrospect of Political and Commercial Affairs in China during the five years 1868 to 1872. Reprinted from the « North-China Herald ». Shanghai : « North - China Herald » Office. 1873, in-8, pp. 170.

— A Hand-book of Treaties with China and Japan. *First Series*. Great Britain with China and Japan, United States of America with China and Japan, and France, with China. Shanghae. Printed by A. H. de Carvalho, in-8, pp. XX-153.

Compilé par A. da Silveira.

— A Sketch of our Relations with China during three and a half centuries 1517—1869. By Baron de Méritens, Knight of the Légion d'Honneur, formerly Chinese Secretary to the French Legation at Peking, late Commissioner of Chinese Customs at Foochow. Foochow. Printed by Rozario, Marcal & Co. MDCCCLXXI, br. in-8, pp. II-91.

(Divers.)

— Treaties between the Empire of China and Foreign Powers together with Regulations for the conduct of Foreign Trade, &c., &c., &c. Edited by William Frederick Mayers, Chinese Secretary to Her Britannic Majesty's Legation at Peking. Shanghai : Printed and Published by J. Broadhurst Tootal, «North-China Herald» Office, ... 1877, in-8, pp. VIII-225-XI + 1 f. errata.

— Le *N. C. Herald* office avait publié en 1861 au prix de Taels 5 par ex., un vol. contenant les traités de la Grande Bretagne, de la France, des Etats-Unis, de la Russie, de la Hollande et du Portugal avec la Chine et le Japon.

— Ecole libre des sciences politiques. Relations des peuples de l'Europe avec l'Extrême-Orient. Cours de M. Léon Rousset. La Chine. (*Revue politique et littéraire*, No. 47, 25 mai 1878).

— Ecole spéciale des Langues Orientales vivantes. Cours complémentaire de Géographie, d'histoire et de législation des Etats de l'Extrême Orient. Discours d'ouverture prononcé le mercredi 30 novembre 1881 par M. Henri Cordier. Paris, Ernest Leroux, 1881, gr. in-8, pp. 16.

— Gützlaff's *Sketch of Chinese History*, 1834, Vol. II. [Voir col. 241.]

II. — PORTUGAL.

OUVRAGES DIVERS.

— Sur la première expédition des Portugais (1514) en Chine, voir une lettre d'André Corsalis à Laurent de Medicis, datée du 6 Janvier 1515 (*Ramusio*, I, ff., 180, 181) citée par le Col. Yule, *Cathay*, I, p. CXLI. — C'est donc par erreur que l'on considère (comme Mr. W. F. Mayers, dans *Notes & Q. on C. & J.*, Vol. 2, No. 9 «*The Portuguese in China*») 1517 (expédition d'Andrade) comme la date de l'arrivée des Portugais en Chine.

Duarte Barbosa. Livro em que dá relação do que viu e ouviu no Oriente.

A paru d'abord dans une trad. italienne dans la collection de Ramusio. — A été publié depuis dans le Vol. II de la *Collecção de Noticias para a Historia e Geographia das Nações Ultramarinas*. Lisboa, na Typographia de Academia Real das Sciencias, 1813, in-4. — Voir Silva, II, p. 206.

FERNÃO LOPES DE CASTANHEDA.

— Historia do ‖ descobrimento & conqui-‖sta da India pelos Por‖tugueses. ‖ Feyta per Fernão Lopez ‖ de Castanheda. ‖ E aprouada pelos senhores deputa-‖dos da sancta Inquisição.

In-4 de 267 p. ch., + 2 ff. n. c. au com. pour le titre *ut supra* et le *Prologo*. — Au bas de la page 267 : Foy Impresso este pri-‖meiro liuro da historia da ‖ India em a muyto nobre ⁊ leal cidade de Coimbra, ‖ por Iohão da Barreyra ⁊ Iohão Aluarez, ‖ empressores del Rey na mesma vniuer-‖sidade. Acabouse aos seys dias do ‖ mes de Março. De ‖ M. D. LI.

Edition originale du premier livre de cet ouvrage. — Extrêmement rare. — Maisonneuve, 1881, fr. 700.

British Museum 582, e, 34.

— Ho Livro primeiro ‖ dos dez da historia do descobri-‖mento & conquista da India pelos Portugueses. Agora emmẽdado & ‖ acrecentado. E nestes dez liuros se contẽ todas as milagrosas façanhas que ‖ os Portugueses fizerão em Ethiopia, Arabia, Persia, E nas Indias, dentro ‖ do Ganges & fora dele, & na China & nas Ilhas de Maluco, do tempo q̃ ‖ dom Vasco da Gama conde da Vidigueira & almirante do Mar Indico ‖ descobrio as Indias, ate a morte de dom Ioão de Castro que la foy gouer ‖ nador & visorey. Em que se contem espaço de cinquoenta annos, ‖ Com priuilegio Real.

In-fol. de CCij pages c. à 2 col., goth. + 2 ff. n. c. pour le titre ut supra avec les Armes au-dessus ; le privilége et le prologue.

Réimpression de l'éd. de 1551. A la fin : Foy impresso este pri-‖meiro livro da historia da ‖ India em a muyto nobre & leal cidade de Coim-‖bra. por Ioão de Barreyra impressor del rey ‖ na mesma vniuersidade. Acabouse aos ‖ vinte dias do mes de Iulho. De ‖ M. D. LIIII.

Bib. nat., Oy, 66.

— Histo-‖ria do liuro se ‖ gundo do des ‖ cobrimẽto & ‖ conquista da India pelos ‖ Portugueses. ‖ Feyta per Fernão lopez de ‖ Castanheda. ‖ Com priuilegio Real.

In-fol. de pp. 239 à 2 col. + 4 ff. prél. n. c. pour le tit. ut supra encadré, le privilége, le prologue et la table. — Fig. sur bois. Au bas de la page 239 : Foy impresso este segundo liuro ‖ da historia da India em a muyto nobre & leal cidade de Coymbra ‖ por Ioão de Barreyra, & Ioão aluarez empressores del rey na ‖ mesma vniuersidade. Acabouse aos vinte dias do ‖ mes de Ianeyro. De ‖ MD. LII.

Ed. originale de ce livre.

Bib. nat., Oy, 66.

— Ho ter-‖ceiro liuro da ‖ historia do descobrimento & con ‖ quista da India, polos Portugue-‖ses Feito por Fernão lopez de ‖ Castanheda. ‖ Com priuilegio Real. ‖ Em Coimbra. ‖ M. D. LII.

In-fol. de pp. 311 c. [la dern. c. par erreur 303] à 2 col., + 2 ff. n. c. au com. pour le titre encadré, le priv. et le prol. et 2 ff. n. c. à la fin pour la table. Au bas de la page 311 : Colophon ut supra .... Acabouse aos doze dias ‖ do mes Doutubro. De ‖ MDL. II.

Ed. orig. de ce livre.

Bib. nat., Oy, 66.

Maisonneuve pour ces deux livres, fr. 450.

— Os liuros ‖ quarto & quĩ‖to da historia ‖ do descobrimento & cõquista ‖ da India pelos Portu-‖gueses. ‖ Com privilegio Real. ‖ M. D. LIII.

In-fol. de CCX pp. c. à 2 col. goth.; + 1 f. à la fin pour le privil. et 4 ff. au com. pour le titre ut supra encadré, la table, le prol. et des vers latins. A la fin, p. CCX : Acabouse de empremir a presen ‖ te obra per João da barreira ꝛ Joã ‖ aluares em a muyto nobre ꝛ sempre ‖ leal cidade de Coimbra. Aos XV. ‖

Ed. orig. de ce livre.

— Ho sex-‖to Liuro da ‖ historia do descobri-‖mento & conqui ‖ sta da India ‖ polos ‖ Portugueses. Feyto por ‖ Fernão Lopez de ‖ Castanheda. ‖ Impresso em Coymbra. ‖ Com privilegio Real. ‖ M. D. LIIII.

In-fol. de pp. CXCVIIJ c. goth., à 2 col. + 2 ff. n. c. pour le titre encadré ut supra, le privil. et les armes. A la p. 198 : A qui faz fim ho seysto libro da hi-‖storia do descobrimẽto ꝛ cõquista da India pelos portugueses. Feyto por ‖ Fernão lopez de Castanheda. E impresso em a muyto nobre ꝛ ‖ sempre leal cidade de Coymbra per João de barreira ‖ empremidor da vniuersidade. Acabouse aos ‖ iij. dias do mes de Fenereiro de ‖ M. D. LIIII.

Ed. orig. de ce livre.

— Ho ‖ seitimo ‖ liuro da histo‖ria do descobrimento ꝛ con-‖quista da India pelos ‖ Portugueses. ‖ Feyto por Fernã Lopez de ‖ Castanheda. Com privilegio Real. ‖ 1554.

In-fol. de CLXVI pp. n. c., goth. 2 col. + 2 ff. n. c. au com. pour le titre encadré ut supra, le priv. et le prologue.

Ed. orig. de ce livre.

— Ho Octavo ‖ liuro da historia do ‖ descobrimẽto & cõ-‖quista da India pelos ‖ Portugueses. ‖ Feyto por Fernão Lopez de ‖ Castanheda, que ‖ Deos tem. ‖ Impresso em Coimbra. ‖ Com Real Privilegio. ‖ M. D. LXI.

In-fol. de pp. 283 c. à 2 col. + 2 ff. au com. pour le titre ut supra encadré et le prologue des fils de Castanheda. A la p. 283 : Foy impresso este Octavo liuro da historia da India em ‖ a muyto nobre & leal cidade de Coimbra, por ‖ Ioão de Barreyra impressor del Rey ‖ na mesma vniversidade. Aca-‖bouse aos vintaseys dias ‖ do mes Dagosto de ‖ 1561. annos.

Ed. orig. de ce livre.

Bib. nat., Oy, 66, Réserve.

Nous avons consulté pour ces 8 livres l'ex. du British Museum relevé en 2 vol. in-fol. C. 33 m.

Castanheda né à Santarem; † à Coimbre le 23 mars 1559.

Historia do Descobrimento Conquista da India pelos Portuguêses por Fernão Lopez de Castanheda. Lisboa, na Officina de Simão Thaddeo Ferreira, 1797, 2 vol. in-8.

Publié par le professeur Francisco José dos Santos Marrocos.

Maisonneuve, 1871, fr. 12.

— Historia ‖ do ‖ Descobrimento ‖ e ‖ Conqvista da India ‖ pelos ‖ Portvgveses ‖ por ‖ Fernão Lopez de Castanheda. ‖ Nova Edição. ‖ Lisboa. M. DCCC. XXXIII. ‖ Na Typographia Rollandiana. ‖ Por Ordem superior, 8 vol. in-4.

Contient l'ouvrage entier de Castanheda.

Maisonneuve, 1881, fr. 80.

— Le premier livre ‖ de l'histoire de l'Inde, ‖ contenant commẽt l'Inde a esté decouuerte ‖ par le commãdement du Roy Emanuel : ‖ & la guerre que les capitaines Portu-‖galois ont menee contre Samorin ‖ Roy de Calecut : faict par Fernãd ‖ Lopes de Castagneda : & tra-‖duit de Portuguès en Frã-‖çois par Nicolas de ‖ Grouchy. ‖ De l'imprimerie de Michel de Vascosan, demou-‖rant à l'enseigne de la Fontaine, rue S. Iaques. ‖ M. D. LIII. ‖ Avec privilege. in-4, 173 ff. c. pour le tit., priv., etc., et le texte.

British Museum, 582, g. 17. — Bib. nat., Oy, 67.

— L'histoire ‖ des Indes de Por-‖tvgal contе-‖nant comment l'Inde a este de-‖couverte, par le commandement du Roy Ema-‖nuel, & la guerre que les capitaines Portugalois ‖ ont menee pour la conqueste di-celles, faict par ‖ Fernand Lopez de Castañeda, & traduict ‖ de Portuguès en Fran-çois par Ni-‖colas de Grouchy. ‖ En Anvers ‖ Par Iehan Steelsius à lescu de Bourgoigne. ‖ Lan M. D. LIIII. ‖ Avec priuilege Imperialle. Pet. in-8 de 211 ff. n. c. 4 ff. n. c. + au com. pour le tit., le priv., l'epitre de Grouchy à Charles Martel, Seigneur de Baqueville, et celle au lecteur de Pierre Delamare, viconte du duché de Longueville.

Trad. du premier livre. — British Museum 583, a. 39.

Maisonneuve, 1871, fr. 50.

— Histoire ‖ de Portvgal, ‖ contenant les entreprises, ‖ nauigations, & gestes memorables des Portugallois, tant ‖ en la cõqueste des Indes Orientales par eux descou-‖uertes, qu'és guerres d'Afrique & autres exploits, depuis ‖ l'an mil quatre cens nonãte six, iusques à l'an mil cinq cens ‖ septante huit, sous Emmanuel premier, Iean troisiesme, & ‖ Sebastian premier du nom. ‖ Comprinse en vingt livres, dont les ‖ douze premiers sont traduits du latin de Ierosme Osorivs, ‖ Euesque de Sylues en Algarve, les huit suiuans prins de ‖ Lopez de Castagnede & d'autres historiens. ‖ Nouuellement mise en François par S. G. S. Auec un discours du fruit qu'on ‖ peut recueillir de la lecture de ceste histoire, & ample Indice des ‖ matieres principales y contenues. || De l'Imprimerie de François Estienne, || Pour Antoine Chuppin || M.D.LXXXI. in-fol., pp. 762 + 6 ff. n. c. au com. et 10 ff. n. c. à la fin pour la généal. d'Emmanuel et la table.

British Museum, 182, g, 6.

— Histoire || de Portvgal, || contenant les entre-||prises, nauigations, & gestes memorables des || Portugallois, tant en la conqueste des Indes || Orientales par eux descouuertes, qu'ès || guerres d'Afrique & autres exploits, depuis || l'an mil quatre cens nonante six, sous Emma-||nuel I. Iean III. & Sebastian I. du nom. || Comprinse en vingt Liures, dont les douze premiers sont traduits || du Latin de Ierosme Osorivs, Euesque de || Sylues en Algarve, les huit suyuans prins de Lopez || Castagnede & d'autres Historiens. || Nouuellement mise en François, par S. G. S. Auec vn || discours du fruict qu'on peut recueillir de la lecture de || ceste histoire, & ample Indice des matieres principales || y contenuës. || A Paris, || chez Abel l'Angelier, au premier pillier || de la grand' salle du Palais. || M.D.LXXXVII. || Auec priuilege du Roy. in-8, 680 ff. c. + 8 ff. n. c. au com. pour le titre, S. G. S. à Nicolas Pithou, le discours au lecteur, et le répertoire des années de cette histoire; + 22 ff. n. c. à la fin pour la généal. d'Emmanuel, roi de Portugal, et l'Indice.

S. G. S. = Simon Goulard, Sensilien.

— Historia del des: || cvbrimiento y con-||quista dela India por los Portugueses, || compuesta por Hernan Lopez de Casta-||ñeda en lenguaje Portugues, y tra-||duzida nueuamente en Ro-||mance Castellano || Dirigida al muy ilustre señor don Luys || de Auila y Çuñiga Comendador || mayor de Alcantara, &c. || En Anvers. || En casa de Martin Nucio. || M.D.LIIII. || Con Preuilegio Imperial. Pet. in-8, ff. 220 c. + 6 ff. n. c. à la fin pour la table.

Trad. du premier livre. — British Museum, 800, d, 25.

— Historia || dell' Indie || Orientali, || Scoperte, & conquistate da' Portoghesi, di com-||missione dell' Inuittissimo Re Don || Manuello, di gloriosa memoria. || Nella quale, oltre alle strane vsanze, maniere, riti e costumi di || quelle genti; si uiene anco in notitia di molte Guerre fatte in || quei paesi; & di molte Prouincie, Isole, Città, Castelli, Fiumi, || Monti, Laghi, Mari, Minere di metalli, Perle, Gioie, Ani-||mali, droghe di specierie, & di molte altre cose degne di me-||rauiglia. || Distinta in Libri VII. || Composti dal Sig. Fernando Lopes || di Castagneda. || Et nuouamente di lingua Portoghese in Italiana tradotti || dal Signor' Alfonso Vlloa. || Parte prima. || [et Parte seconda] con le sve Tavole copiosissime. || Con privilegio. || In Venetia, Appresso Giordano Ziletti. MDLXXVII. 2 vol. in-4.

British Museum, 582, g, 13. — Bib. nat., Oy, 70.

— Le même . . . . MDLXXVIII. 2 vol. in-4.

British Museum, 279, d, 28.

— ¶ The first Booke || of the Histo-||rie of the Discouerie and Con-||quest of the East Indias, enterprised by || the Portingales, in their daungerous || Nauigations, in the time of King || Don Iohn, the second of that || name. || Which Historie conteineth || much varietie of matter, very profitable || for all Nauigators, and not vnplea-||saunt to the Readers. || Set foorth in the Por-||tingale language, by Hernan || Lopes de Castaneda. || And now trans-||lated into English, by || N. L. Gentleman. || ¶ Imprinted at London, by || Thomas East. 1582.

In-4 de 164 ff. c. + 6 ff. n. c. au com. pour le tit., la dédicace du traducteur, Nicholas Lichefild [Lichfield], à Sir Fraunces Drake, et le Prologue au Roi de Portugal. — Au recto du f. 164 : Imprinted at London by || Thomas East, dwelling betweene || Paules Wharf and Bay-||nards Castle. 1582.

British Museum, 582, e, 4. — Quaritch, 1883, m. b., Livres 16 — (Ex. Beckford.)

JOÃO DE BARROS.

— Asia de Joam de Barros | dos || fectos que os Portugueses fize-||ram no descobrimento ℭ || conquista dos ma-||res ℭ terras do || Oriente. || Impressa per Germão Galharde em || Lixboa : a. xxviij. de Junho || anno de. m. $^{\text{o}}_{\text{v}}$. lij. gr. in-fol. goth. 128 ff. c. + 4 ff. n. c. au com. pour le titre, l'errata et la table.

— Segunda decada da Asia de Joã || de Barros dos feitos que os || Portugueses fizeram no || descobrimẽto ℭ cõqui||sta dos mares ℭ ter-||ras do oriente. || Impressa per Germão Galharde em || Lixboa. aos. xxiiij. dias de || Março de M.D.L.iij, gr. in-fol. goth. de 143 ff. c. + 2 ff. n. c. au com. pour le tit., et la table.

British Museum, 150, i, 4.

— Terceira || decada da Asia de || Ioam de Barros : || Dos feytos que os Portugueses || fizeram no descobrimento || & conquista dos mares || & terras do || Oriente. || Em Lisboa || Por Ioam de Barreira. || M.D.LXIII, in-fol. de ff. 266 c. + 8 ff. n. c. au com. pour le tit., la tab. et le prol.

A la fin : Foy impressa a presente obra em Lixboa, por Ioam de Barreira || impressor del Rey nosso senhor. Acabouse aos || xviij. dias do mes de Agosto. De || M.D.LXIII.

Bib. nat., Oy, 72.

«Em um dos exemplares que examinámos lê-se tamben, por omissão typographica, M.D.LIII.» (Figaniere.)

— Qvarta Decada || da Asia || de Ioão de Barros || Dos feitos que os Portugueses || fizerão no descobrimento, e con-||quista dos mares, é terras || do Oriente. || Em Madrid na Impressão Real. || M.DC.XV. In-fol. de pp. 711 + 11 ff. n. c. pour le titre gravé, les priv., déd. de l'éditeur Ioão Baptista Lavanha, l'appologia de Barros et 6 ff. n. c. à la fin pour les tables.

On lit au bas du dernier f. : Em Madrid, MDCXV. Por Anibal Falorsi.

Sur le f. qui suit le front. gravé avec le titre *ut supra*, on lit : Qvarta decada da Asia de Ioão de Barros. Dedicada a el Rei Dom Philippe II. Nosso Senhor. Reformada accrescentada e ilustrada com notas e taboas geographicas por Ioão Baptista Lavanha.

British Museum, 582, i, 8.

— Decada primeira || da Asia de || Ioão de Barros || dos feitos qve os Por-||tvgveses fezerão no descobri-||mento & conquista dos mares & terras || do Oriente. || Dirigida ao Senado da cama-||ra desta cidade de Lisboa. || Em Lisboa || Com todas as licenças necessarias. || Impressa per Iorge Rodriguez. Anno de 1628. || Aa custa de Antonio Gonçaluez mercador de liuros. In-fol. — Decada segvnda .... Anno de 1628. In-fol. — Decada terceira .... Anno de 1628. In-fol.

On complète ces trois décades par la décade IV de Madrid, 1615.

British Museum, 582, i, 11.

*Decada primeira da Asia de João de Barros... novamente dada á luz, e offerecida ao Senhor João Britow's. Lisboa, na Offic. da Pedro Ferreira, 1752, in-fol., ff. VI/208.

Cité par R. Pinto de Mattos.

— Trad. en holl. dans la coll. de Van der Aa (voir col. 892) et en italien dans celle de Ramusio (voir col. 889).

— L'Asia del S. Giovanni di Barros, Consigliero del Christianissimo Re di Portogallo de' fatti de' Portoghesi nello scoprimento, & conquista de' Mari & Terre di Oriente. Nella quale oltre le cose appartenenti alla militia, si ha piena cognitione di tutte le Città, Monti, & Fiumi delle parti Orientali, con la descrittione de' paesi, & costumi di quei popoli. Nuouamente di lingua Portoghese tradotta. dal S. Alfonso Vlloa. Con priuilegio dell' illustrissimo Senato Veneto. In Venetia, Appresso Vincenzo Valgrisio. MDLXII, 2 vol. in-4.

Trad. des deux premières décades de Barros.

British Museum, 280, k, 16.

— Die Asia des Joao de Barros in wortgetreuer Uebertragung von Dr. E. Feust. Ersten Bandes erste Hälfte. Nürnberg, Verlag von Theodor Cramer. 1844, in-4, pp. XIV-191 + 1 f. n. c. pour les errata.

Voir col. 1112.

DIOGO DO COUTO.

— Decada qvarta da Asia .... por Diogo do Covto .... Em Lisboa. Impresso por Pedro Crasbeeck .... Anno M.DCII. In-fol.

— Decada qvinta .... Pedro Crasbeeck .... Anno 1612, in-fol.

— Decada sexta ... Pedro Crasbeeck .... Anno 1614. in-fol.

«Os poucous exemplares d'esta Decada, que escaparam ao incendio em que se consumiu grande parte da edição, andam sem folha de rostos; vimos porém alguns que a trazem de impressão mais moderna, e em que se acha estampado o titulo supra». (Figaniere.)

— Decada setima .... Pedro Crasbeeck .... Anno 1616, in-fol.

British Museum, 582, i, 13.

— Decada ovtava || da Asia || dos feitos qve os Portvgvezes || fizerão no descobrimento dos mares, & conquistas || das terras do Oriente : em quanto gouernarão a || India Dom Antão de Noronha, & Dom || Luis de Ataide. || Por Diogo do Covto || Chronista, & Guarda mõr da Torre do Tombo do Estado || da India. || Lisboa. || A custa de Ioam da Costa, & Diego Soarez. || M.DC.LXXIII. || Com todas as licenças necessarias. In-fol., pp. 247 + 4 ff. n. c. au com. pour la déd., le prol., etc.

British Museum, 148, c, 19.

— Cinco Livros || da decada doze || da historia da India || por || Diogo do Covto || Chronista & Guarda mór da Torre do || Tombo do Estado da India. || Tirados a luz pello Capitão M^el Frz de Villa Real Cavalleiro || fidalgo da casa do serenissimo Dom Ioao IV. Rey de || Portugal nosso senhor, Residente na Corte de Pariz || e Consul da Nação Portugues a nos || Reynos de França. || Com licença e Previlegio. || Em Pariz. || Anno M.DC.XLV, in-fol. à 2 col.

British Museum, 582, i, 19.

*Decadas da Asia, que tractam dos mares que descobriram, armadas que desbarataram, exercitos que venceram, e das acções heroicas e façanhas bellicas que obraram os Portuguezes nas conquistas do Oriente. Lisboa Occidental, na Officina de Domingos Gonçalves, 1736, 3 vol. in-fol.

«O 1. contém as Decadas IV. e V. O 2. a Decada VI. O 3. a VII. a VIII. e a IX. até ahi inedita» (Figaniere).

— Da Asia de João de Barros e de Diogo de Couto. Nova edição offerecida a sua Magestade D. Maria I. Rainha fidelissima &c. &c. &c. Lisboa, Na Regia Officina Typografica, Anno MDCCLXXVIII. Com Licença da Real Meza Censoria, e Privilegio Real. 24 vol. pet. in-8 (1778—1788).

British Museum 978, c, 1/24.

MANUEL DE FARIA E SOUSA.

— Asia ‖ Portvgvesa. ‖ Tomo I. ‖ de Manvel de Faria y Sovsa ‖ Cauallero de la Orden de Christo, ‖ y de la Casa Real. ‖ Dedicala su hijo el Capitan Pedro de ‖ Faria y Sousa. ‖ Al Rey N. S. ‖ Don Alonso VI. ‖ de Portugal, &c. ‖ Lisboa. ‖ En la Officina de Henrique Valente de ‖ Olìueira Impressor del Rey N. S. ‖ Año 1666. in-fol, 396 pp. c. + 16 ff. n. c. au com. pour le tit. encadré, la déd., &c.; et 21 ff. n. c. à la fin pour la table.

Réimp. en 1703, Lisboa, por Bernardo da Costa Carvalho.

— Asia ‖ Portvgvesa. ‖ Tomo II. ‖.......... ‖ Dedicala.... ‖ al Princepe N. S. ‖ D. Pedro Regente, ‖ y gobernador destos ‖ Reynos de Portvgal, &c. ‖ Lisboa ‖ En la Officina de Antonio Craesbeeck ‖ de mello Impressor de sua Altéza ‖ año 1674. in-fol., pp. 968 c. dont 883 pour le texte et le reste pour la table. + 4 ff. n. c. au com. pour le titre encadré, etc. et 1 à la fin pour la fin de la table et les errata.

— Asia ‖ Portvgvesa. ‖ Tomo III. ‖ .... Lisboa.... Año 1675. in-fol. de pp. 564 c. + 4 ff. n. c. au com., et 3 ff. n. c. à la fin pour la table et les errata.

— The Portugues Asia : ‖ or, the ‖ History ‖ of the ‖ Discovery and Conquest ‖ of ‖ India ‖ by the ‖ Portugues; ‖ containing ‖ All their Discoveries from the Coast of ‖ Africk, to the farthest Parts of China and ‖ Japan; all their Battels by Sea and Land, ‖ Sieges and other Memorable Actions; a ‖ Description of those Countries, and many ‖ Particulars of the Religion, Government ‖ and Customs of the Natives, &c. ‖ In Three Tomes. ‖ Written in Spanish by Manuel de Faria y Sousa, ‖ of the Order of Christ. ‖ Translated into English by Cap. John Stevens. ‖ London, Printed for C. Brome, at the Sign of ‖ the Gun, at the West-End of St. Pauls. 1695. 3 vol. in-8.

British Museum, 582, e, 6.

— Contribution to an historical sketch of the Portuguese settlements in China, principally of Macao; of the Portuguese envoys and embassadors to China; of the Catholic Missions in China; and of the papal legates to China. By A. L. Knt. Macao, China, 1832, pet. in-8.

Imprimé à 100 exemplaires.

De nombreux extraits de cet ouvrage sont donnés dans le *Chinese Repository* avec un compte rendu du Rev. E. C. Bridgman : Vol. I, pp. 398/408 et pp. 425/446.

Cet article du *Chinese Repository* a été réimprimé dans *The Cycle* du 16 Juillet 1870.

— Portuguese in China : Contribution to an historical sketch of the Roman Catholic Church at Macao; and the domestic and foreign relations of Macao. By A. L. Knt. Canton, China : 1834, pp. 53.

C'est la continuation de l'ouvrage précédent. Il y en a un compte rendu dans le *Chinese Repository* par le Rev. E. C. Bridgman. Vol. III, pp. 289 et seq.

— An Historical Sketch of the Portuguese Settlements in China; and of the Roman Catholic Church and Mission in China. By Sir Andrew Ljungstedt, Knight of the Swedish Royal Order Waza. A supplementary Chapter, Description of the City of Canton, Republished from the *Chinese Repository*, with the Editor's permission. Boston : James Munroe & Co., MDCCCXXXVI. In-8, pp. XVI-323-XVIII.

Preface. — Preface [de l'ouvrage de 1832]. — Works consulted. — Contents. — I. Temporary Settlements. — II. Fixed Settlements at Macao. — III. Suburban Settlements. — Roman Catholic Church and Missions in China. — Appendix. — Description of the City of Canton. — Index to the «Historical Sketch of the Portuguese settlements in China».

On trouvera dans l'Appendice (No. VIII, pp. 212 et seq.) : «Twelve Articles in Chinese, of a Convention, dated Këenlung's XIVth year, corresponding to 1749, by which the Mandarins rule.» — and — «Eleven Articles of a Convention, dated 9th November, 1749 : to them the Portuguese Government of Macao adhere».

La portion de l'ouvrage, relative à Macao, qui s'étend de la p. 10 à la p. 16 a été réimp. dans le *Shai. Budget*, 12 fév. 1874.

Le prospectus de l'ouvrage a été imprimé dans le *Ch. Rep.*, III, 1835, pp. 533 et seq.

Andrew Ljungstedt est mort à l'âge de 76 ans et demi, le 10 Novembre 1835.

Notice étendue dans *Portugal e os Estrangeiros*, I, 1879, No. 767.

— Ensaios sobre a Statistica das possessões Portuguezas na Africa occidental e Oriental; na Asia occidental; na China, e na

Oceania : escriptos de ordem do governo de sua Magestade fidelissima a Senhora D. Maria II. por José Joaquim Lopes de Lima.............. Ordenados em seis Livros. Lisboa, na imprensa Nacional, 1844, in-4.

— Expéditions portugaises aux Indes Orientales par M. L. Candau, ancien chef d'institution. Tours, Mame, 1857, in-12, pp. 140; 1 grav.

Autres éditions; 1858 et 1860. — Ce n'est qu'un résumé des voyages de Pinto. — Cet ouvrage fait partie de la *Bibliothèque des écoles chrétiennes approuvée par Mgr. l'Évêque de Nevers*, 8e. *Série*. — Bib. nat., Oy, 103.

— Concordat entre le Saint Siége et le Portugal sur le patronat des Indes et de la Chine. (Lisbonne, 21 février 1857 — Camillo, cardinal Di Pietro, pro-nonce apostolique, Rodrigo de Fonseca Magalhaes.)

Trad. franç. dans les *Annales eccl.* de *Chantrel*, pp. 501/504 (série pub. en 1861).

— Une question catholique aux Indes et en Chine. — Le Portugal et le Concordat avec le Saint Siége par Léon Pagès, ancien attaché à la Légation de Chine. — Extrait de l'*Ami de la Religion*. Paris, De Soye et Bouchet, 1858, br. in-8, pp. 23.

— Memorias sobre as Possessões Portuguezas na Asia. Escriptas no anno de 1823 por Gonçalo de Magalhães Teixeira Pinto. Desembargador da Relação de Goa. e Agora publicadas com breves notas et additamentos de Joaquim Heliodoro da Cunha Rivara. Nova-Goa. 1859. Na imprensa Nacional. in-16, pp. vi-194 + 1 f. d'errata.

— The Life of Prince Henry of Portugal, surnamed the Navigator; and its results : comprising the discovery, within one century, of half the World. With new facts in the discovery of the Atlantic Islands; a refutation of French Claims to priority in discovery; Portuguese knowledge (subsequently lost) of the Nile Lakes; and the History of the Naming of America. From Authentic Cotemporary Documents. By Richard Henry Major . . . . . London, A. Asher, 1868, in-8.

Voir Chap. XX, pp. 389/419 : RESULTS EASTWARD, 1487—1517. . . Discovery of Coast of China in 1517. French Claims to first discovery of China disproved.

— Authorities for the History of the Portuguese in India. By T. W. H. Tolbort, B. C. S. (*Jour. As. Soc. of Bengal*, XLII, No. 3, 1873.)

— Supplemento á Collecção dos Tratados, Convenções, Contratos e Actos publicos celebrados entre a Corõa de Portugal e as mais potencias desde 1640 coordenados pelo Visconde de Borges de Castro e continuação por Julio Firmino Judice Biker primeiro official, Chefe de Repartição, Archivista e Bibliothecario do Ministerio dos Negocios estrangeiros. Lisboa, Imprensa nacional, 1878, in-8, pp. 446.

Ce Vol. XV est le Vol. VII du Supplément de la Collection. — Il contient des documents de 1799 à 1839 et est particulièrement intéressant pour les agissements des Anglais à Macao sous le premier Empire. Le Mémoire de M. de Santarem sur Macáo, réimp. en 1879, occupe les pp. 236 et seq. Voir col. 1118.

— Portugal e os Estrangeiros. Estudos de Manoel Bernardes Branco . . . . . Lisboa, 1879, 2 vol. in-8.

Contient quelques notices bibliographiques, peu importantes d'ailleurs, sur la Chine.

— Outre les bibliographies de Figaniere (*Relações e noticias da Asia*, pp. 159 et seq., de la *Bibliographia historica Portugueza*, 1851) et de Silva (*Diccionario bibliographico Portuguez*) déjà cités (Préfaco, Notes 5 & 6, p. V) on pourra également consulter :

— Bibliotheca historica de Portugal, e seus Dominios ultramarinos : . . . . Lisboa . . . Anno M. DCCCI, in-4.

Par José Carlos Pinto de Sousa.

— Manual bibliographico Portuguez de livros raros, classicos e curiosos coordenado por Ricardo Pinto de Mattos revisto e prefaciado pelo Snr. Camilio Castello Branco. Porto, Livraria Portuense, 1878, in-8, pp. xii-582 + 1 f. n. c. pour les errata.

— F. M. Pinto. Voir col. 978 et seq.

— Voir le vol. de traités publiés par Mayers.

AMBASSADES.

THOMAS PIRES.

— Scheeps-Togt door Fernando Perez d'Andrade, als Opperhoofd der Vloot, uit last des Konings Don Manuel van Portugaal, Van *Malacca* afgezonden na de *Golf van* Bengale en Kusten van China, in 't Jaar 1516. Verhaalende (behalven desselfs Ontdekking van 't Eiland Sumatra, en deerlyk verbranden van een zyner ryk-gelaade Schepen en andere Rampspoeden op zyn Togt na Bengale en elders onder Stormen en Tempeesten geleeden,) zyn Zeldzaame en onverwagte aankomst in China; en Beschryving van dat Koningryk. Als mede zyn Onderhandeling met de Koningen van Ternate en Bantam. Uit d'eyge Berigten en Order des Konings van Portugaal in 't Portugys beschreven, door Joan de Barros,

Raadsheer en Histori-schryver der zelve Majesteit. Nu eerst uit d'Oorspronklyke Taalin 't Nederduyts vertaald en met Land-Tafereelen, Konst-printen en noodig Register verrykt. Te Leyden, By Pieter van der Aa, Boekverkoper 1706. — Met Privilegie, in-8.

— F. M. Pinto, Voy. adventureux, ch. XCI, trad. franç., p. 418.

— Thomas Pirès, Voyageur portugais. (Abel-Rémusat, *Nouv. Mél. As.*, II, pp. 203/206; et *Biog. univ.)*

ALEXANDRE METELLO DE SOUSA MENEZES.

Arrivé à Peking, le 18 mai 1727; parti le 16 juillet 1727. (João V.)

— Lettre du Pére Parennin, Miss. de la Cie. de Jésus, au Rév. Pére Nyel, de la même Comp., sous-précepteur de MM. les Infans d'Espagne. A Peking, ce 8 octobre 1727. *Lettres éd.*, anc. éd., XIX, p. 206. — *Mérigot*, XXI, pp. 56/95. — *Pant. litt.*, III, p. 548; trad. en all. dans le *Welt-Bott*, XIX, 412.

— Pauthier : *Hist. des Rel. pol.*, pp. 43/45.

— Voir infra, col. 1118 : *Mem. sobre o Estabelecimento de Macau.*

FRANCISCO DE ASSIS PACHECO DE SAMPAIO.

Arrivé à Peking le 1er mai 1753; parti le 8 juin 1753. (Joseph-Emmanuel.)

— Epitre du P. Patouillet. (*Let. édif.*, XVIII, Rec.)

— Pauthier, *Hist. des Rel. polit.*, p. 46.

— Voir infra col. 1118 : *Mem. sobre o estabelecimento de Macau.*

* Relação da jornada que fez ao Imperio da China, e summaria noticia da Embaixada que deu na Cõrte de Pekim, em o primeiro de Maio de 1753, o Senhor Francisco Xavier Assiz Pacheco e Sampaio; escripta a um Padre da Companhia de Jesus, assistente em Lisboa, pelo Reverendo Padre Neuville, francez, da mesma Companhia, assistente no seu Collegio de Macau. Lisboa, na Officina dos herdeiros de Antonio Pedroso Galrão. 1754, in-4, pp. 14. (Livraria do Archivo Nacional, *Relações da India*, vol. 5. num. 10.) (Figaniere, No. 982.)

* Noticia admiravel, e curiosa Relação do grande Imperio da China. Refere — se a despedida que no mesmo Imperio fez o Embaixador Portuguez, que chegou ao presente a esta Cidade, em a nau proximamente vinda de Macau, em o primeiro de Setembro de 1755. Lisboa, na Officina de Domingos Rodrigues. 1755. in-4, pp. 8, (Figaniere, No. 960.)

∴

— Adresse des résidents portugais de Changhai à Son Excellence Joze Rodriguez Coelho do Amaral, ministre plénipotentiaire en Chine, gouverneur de Macao, &c.; insérée avec la traduction anglaise dans *The North China Herald*, 729, July 16, 1864 (Shanghai, 29 de Junho de 1864).

MACAO.

OUVRAGES DIVERS.[1]

— De Missione ‖ legatorvm Iaponen‖sium ad Romanam curiam, rebusq., in ‖ Europa, ac toto itinere animaduersis ‖ Dialogvs ‖ ex ephemeride ipsorvm legatorvm col‖lectvs, & in sermonem latinvm versvs ‖ ab Eduardo de Sande Sacerdote Societatis ‖ Iesv. ‖ [Vignette] ‖ *In Macaensi portu Sinici regni in domo* ‖ *Societatis Iesv cum facultate* ‖ *Ordinarij, & Superiorum.* ‖ *Anno* 1590, in-4, pp. 412 + 4 ff. n. c. au com. pour le titre, la perm., etc. + 12 ff. n. c. à la fin pour l'ind. et les errata.

Un exemplaire, C. 24. a, est exposé au Musée Britannique dans la King's Library avec cette mention : « The first book printed by Europeans in China. ».

Le traité du P. Sande se trouve en espagnol et en latin dans les publications suivantes :

— Historia ‖ del reyno de Iapon ‖ y descripcion de aqvella ‖ tierra, y de algunas costumbres, cerimonias, y re-‖gimiento de aquel Reyno : Con la relacion de la ‖ venida de los embaxadores del Iapon a Roma .... por el Doctor Buxeda de Leyua .... *En Caragoca.* ‖ Impressa .... Pedro Puig .... año 1591, in-8.

— De ‖ trivm regvm ‖ Iaponiorvm legatis, ‖ qui nvper Romam profecti, ‖ Gregoris XIII. Pont. Max. ‖ obedientiam publicè præstiterunt. ‖ Varia ‖ Quæ Lectorem mirificè delectare, & piorum omnium ‖ animos ad maximas Deo gratias agendas vehe-‖menter excitare possunt. ‖ Denuo impressa cum extracto quarundam litterarum Roma ‖ missarum de eorum ad suos reditu. ‖ [Vig.] ‖ Lovanij. ‖ Ex officina Ioannis Masij, sub viridi Cruce. ‖ Anno M.D.LXXXV. ‖ Cvm gratia et privilegio. ‖ in-4, pp. 24.

British Museum, 493, h, 24.

— De ‖ trivm regvm ‖ Iaponiorvm legatis, ‖ qui nvper Romam ‖ profecti, Gregorio ‖ XIII. Pont. Max. Obedien-‖tiam pvplicé præ-‖stitervnt. ‖ Varia ‖ Quæ Lectorem mirificè delectare, & piorum omnium ‖ animos ad maximas Deo gratias agendas vehe-‖menter excitare possunt. ‖ [Vig.] ‖ Antverpiæ, ‖ Excudebat Martinus Nutius ad insigne dua-‖rum Cyconiarum. Anno 1593. ‖ pet. in-8, ff. 16 n. c.

British Museum, 1369, $\frac{a}{1}$ 47.

— Relaçam da viagem, qve por ordem de S. Mgde. Fez Antonio Fialho Ferreira, deste Reyno à Cidade de Macao na China : e felicissima acclamaçam de S. M. El Rey nosso Senhor Dom Ioaõ o IV. que Deos guarde, na mesma Cidade, & partes do Sul. pièce in-4 de 6 ff.

Au recto du f. 6 : Na officina do Domingos Lopes Rosa. Anno de 1643. Taxão esta Relação em seis reis. Lisboa 20. de Nouembro 1643. Pinheiro Coelho.

---

1. Relatifs à Macao ou publiés à Macao.

*João Marquesa Moreir. — Relação da magestosa, mysteriosa e notavel acclamação que se fez á magestade d'el-rei D. João o IV na cidade do Nome de Deus do grande imperio da China. Lisboa, por Domingos Lopes Rosa, 1644, in-4, pp. 40.

I. F. da Silva, 1004.

*João Tavares de Velez Guerreiro. — Jornada que o Senhor Antonio de Albuquerque Coelho, Governador e Capitão Geral na Cidade do Nome de Deus de Macau na China, fez de Goa até chegar á dita Cidade.

«E' impressa em papel chinez, e em folhas dobradas, segundo o uso das impressões da China. (Bibliotheca Nacional de Lisboa, a Real d'Ajuda, e a Livraria das Necessidades.)» (Figaniere, No. 924.)

— Jornada, ‖ que Antonio de Albuquerque ‖ Coelho, ‖ Governador, e Capitaõ General da Cidade do ‖ Nome de Deos de Macao na China, ‖ Fez de Goa atè chegar á dita Cidade no ‖ anno de 1718. ‖ Dividida em duas partes. ‖ Escrita ‖ pelo Capitaõ ‖ Joaõ Tavares ‖ de Vellez Guerreiro, ‖ e dedicada ‖ ao Duque, ‖ por ‖ D. Jayme de la Te, y Sagau. ‖ Lisboa occidental, ‖ Na officina da Musica. ‖ M. DCC. XXXII. ‖ Com todas as licenças necessarias. ‖ Vendese na mesma officina. pet. in-8, pp. 427 + 7 ff. prél.

*Memoria dos successos de Macau em 1808; do desembarque das tropas britannicas em auxilio d'esta Colonia, e do reembarque das mesmas; parte que tomaram os Chins n'este negocio, e documentos justificativos.

Sahiu no tom. 1. num. 19 a 23, 25 e 26. da *Mnemósine Lusitana*. Lisboa, na Impressão Regia. 1816. in-4 (Figaniere, No. 957).

— First Settlement of the Portuguese in Macao. Extracted from a Chinese Topographical Account of Heang shan, the district in which Macao is situated. (*Indo-Chinese Gleaner*, No. X, Oct. 1819.)

L'*Indo-Chinese Gleaner*, XIV, Oct. 1820, contient une réponse d'un Portugais à cet article, pp. 430/1.

— Bazes da Constituição da Monarchia Portugueza. Macao. Reimpressas na Typographia do Governo. 1823, in-12, pp. 9.

— Memoria sobre a destruição dos Piratas da China, de que era chefe o celebre Campau-sai : e o desembarque dos Inglezes na cidade de Macao e sua retirada. Escripta por José Ignacio Andrade. Lisboa, na impressão regia. Anno 1824. Com Licença da Meza do Desembargo do Paço. pet. in-8, pp. 83.

— Memoria dos Feitos Macaenses contra os Piratas da China : e da entrada violenta dos Inglezes na cidade de Macáo : auctor José Ignacio Andrade. Segunda Edição. Lisboa : Na Typografia Lisbonense, 1835. A. C. Dias, in-8, p. 161 + 1 f. à la fin.

«Do mesmo auctor é tambem a Memoria que sobre este assumpto corre impressa no tom. 2. num. 4. da *Mnemósine Lusitana*. Lisboa, na Impressao Regia. 1817. in-4.» (Figaniere, No. 930.)

Voir col. 864.

*José de Aquino Guimarães e Freitas, natural de Minas Geraes. *Memoria sobre Macau*. Coimbra, na Imprensa da Universidade. 1828, gr. in-8. (Figaniere, No. 927.)

— Of the Portuguese Settlements in China, principally of Macao. (*Canton Miscellany*, 1831, No. 4, pp. 222/239, 284/294; No. 5, pp. 307/318, 351/384.)

— Manual de Juiz de Paz. Para uzo de todos os Cidadaõs, contendo huma grande parte de artigo : de Legislação relativa á esta Magistratura, que facilitão á pratica do Decreto de 16 de Maio de 1832. Seguido de huma Tabella de Regulamento Geral Interino dos Emolumentos dos Officiaes de Justiça. Coordenado, Por J. D. C. dos Santos, Macao A. D. 1834. Na Thhypographia de Manoel Cordova. in-12, pp. IV-53.

— Let. de M. Mouly, lazariste, sur Macao, adressée à M. Légo, Sec. de la Cong., datée Macao, 15 Nov. 1834. (*Pant. lit., Let. éd.*, IV, pp. 11/15; *Ann. Prop.*, IX, 1836, pp. 68/81.)

— Alectorea, poema sobre as gallinhas, em quatro cantos por José Baptista de Miranda e Lima. Macao : Na Typographia Feliciana de F. F. da Cruz. 1838. in-4, 52 feuillets sans pag., excepté les 9 derniers, consacrés aux Notes (Notas), qui sont numérotés I-XVIII.

*Esboço Historico do Estabelecimento de Macau, extrahido dos Registos Officiaes existentes na Torre do Tombo, e Secretarias de Estado.

«Sahiu no tom. 4. pag. 559 e seguintes da *Revista Litteraria*, Porto, na Typographia Commercial. 1839. in-8.» (Figaniere, No. 952.)

— Description of the temple of Matsoo po, at Ama kŏ, in Macao [by D. Abeel]. (*Chinese Repository*, IX, pp. 402/404.)

*Noticias ácerca de Macau.

«Vejam-se os num. 8. 9. e 10. dos *Annaes Maritimos e Coloniaes*. Lisboa, na Imprensa Nacional. 1841. in-8.» (Figaniere, No. 965.)

— Projecto para a extincção da mendicidade

nesta cidade. Macao — na typographia «Armenia», 1843. br. in-32, pp. 16, imprimé sur papier bleu.

— Eustaquio Magnanimo Poema por Joze Baptista de Miranda e Lima. Macao, na Typographia activa de João Joze da Silva e Souza. 1844. in-12, pp. 26.

* Pauta geral d'alfandega da cidade de Macao.. Macao: Janeiro de 1844. Broch. in-8, pp. 40.

— Assassination of H. E. João M. F. do Amaral, [22 août 1849,] governor of Macao and its dependencies, with the papers and correspondence relating thereto. (*Chin. Rep.*, XVIII, pp. 532 et seq., 447/8.)

* José Manuel de Carvalho e Sousa. — Historia de Macáo, recopilada de authores nacionaes e estrangeiros, com accrescentamento de varias noticias collegidas de documentos officiaes, e manuscriptos antigos. Perspectivas e plantas de todos o seus edificios publicos. Varias pinturas curiosas sobre o costume chinez. Macao, na Typ. de Silva e Sousa, 1845, in-8.

«Devia sahir periodicamente, publicando-se um folheto cada mez: porém só chegaram a imprimir-se os nos. 1º e 2º, contendo aquelle II-80 pag., com tres estampas; e este IV-19 pag., com outras tres estampas, todas lithographadas. — Vi exemplares d'estes numeros, por favor do sr. Carlos José Caldeira, que m'os facilitou com alguns outros de obras impressas na referida cidade, dos quaes já tenho feito e farei ainda menção nos logares respectivos.» (I. F. da Silva, 3985).

— Etablissement portugais de Macao. Par H. de Chonski (*Rev. de l'Orient et de l'Alg.*, VII, 1850, pp. 355/366; VIII, 1850, pp. 31/38).

— Relatorio da Emigração Chinesa do Põrto de Macau, dirigido a S. Exc. o governador geral de Macau, Isidoro Francisco Guimarães por A. Marques Pereira, Superintendente da Emigração chineza em Macau. Macau, Typ. de José da Silva, 1861, br. in-8, pp. 64.

— A Marques Pereira. Relatorio acerca das Attribuições da Procuratura dos Negocios Sinicos da Cidade de Macau, etc. — Macau, Typ. de José da Silva, 1867.

— Os Chins de Macau, por Manuel de Castro Sampaio, Hongkong, 1867, in-8.

— Exame do Relatorio sobre o Seminario de S. Jose, apresentado ao exmo. Governador da Provincia de Macao e Timor pelo Rdo. Conego Antonio Luiz de Carvalho, Ex-Reitor interino do Seminario, pelo Pe. F. X. Rondina, Professor no mesmo Seminario, 1868, in-8.

— The «China Mail» in contradiction with itself and the political Status of Macao vindicated from two different points of view. No. 2. Hongkong, October (30th) 1868, pp. 5.

Sig.: C. A. P.

«The *China Mail* in its issue of the 26th inst. replies to the arguments in vindication of the political status of Macao, contained in our brochure dated the 23rd.» p. 2.

— Ephemerides commemorativas da Historia de Macau e das Relações da China com os povos christãos por A. Marques Pereira. Macau, José da Silva, 1868, in-8.

Le même auteur annonçait les ouvrages suivants: *Chronologia Macaense.* — *Bibliographia Macaense.* — *Portugal e a China.*

— A Verdade Reivindicada ou a Questão dos Jesuitas, publicado por E. J. de Couto, e dedicado aos seus Antigos condiscipulos. Impresso em Shanghae, 1872, br. in-8.

— Um brado pela Verdade ou a questão dos Professores Jesuitas em Macáo e a instrucção dos Macaenses por Leoncio a Ferreira, Macao, 1872, br. in-8.

* Regulamento da Emigração chineza pelo porto de Macau approvado em Portaria nº 34 de 28 de maio de 1872. Macau, Typographia mercantil, 1872, br. in-18, pp. 49.

Sig.: Secretaria do governo de Macau, 28 de maio 1872. Henrique de Castro Secretario geral.

* Codigo ‖ e ‖ regulamento ‖ para a ‖ Procuratora dos negocios sinicos ‖ de ‖ Macau ‖ approvado em Portaria d'este governo ‖ nº 59 de 11 de Junho de 1877 ‖ Macau ‖ Typographia mercantil ‖ 1877. br. in-8, pp. 37.

Sig.: Secretaria do governo de Macau, 11 de Junho de 1877. O Secretario geral interino, Jose Maria Teixeira Guimarães.

澳門風俗規矩 ‖ Manners & Customs ‖ of the ‖ Chinese at Macao ‖ translated by ‖ Rufino F. Martins ‖ Reprinted from the «Far East», ‖ Shanghai: ‖ Printed at the «Celestial Empire» office ‖ 1877, in-18, pp. IX/303.

Chaque page est encadrée en violet; le dragon impérial en rouge à la dernière; en tête *In Petri Loureiro memoriam;* dix chapitres.

— Memoria sobre o Estabelecimento de Macau escripta pelo Visconde de Santarem. — Abreviada Relação da Embaixada que el-Rei D. João V mandou ao Imperador da China e Tartaria. — Relatorio de Francisco de Assis Pacheco de Sampaio a el-Rei D. José I dando conta dos successos da embaixada a que fôra mandado á côrte de Pekim no anno de 1752. — Publicação feita por Julio Firmino Judice Biker, Socio correspondente do Instituto de Coimbra. Lisboa, Imprensa nacional, 1879, in-8, pp. 108.

Le Mémoire de M. de Santarem avait déjà paru dans le Vol. XV de la collection de Traités; voir *supra* col. 1112.

— *Chinese Commercial Guide*, 1863, pp. 229 et seq.

— Voir *Pirates*, col. 864—866.

PUBLICATIONS PÉRIODIQUES.[1]

— *A Abelha da China.*

Ce fut le premier de tous les journaux publiés en Chine; il fut supprimé par le gouvernement portugais. — Hebd. — Le premier numéro a paru le 12 sept. 1822. — Voir *J. A.*, 1823, II, p. 62.

— *O Verdadeiro Patriota.*

Pet. in-fol. à 2 col.; 4 pages = 2 ff. — Num. I. Quarta Feira, 1 de Agosto, Anno 1838.

— *Boletim Official do Governo de Macao.*

Pet. in-fol. à 2 col.; 4 pages = 2 ff., hebd. — Vol. I. Quarta Feira 5 de Septembro de 1838, No. 1. — *Macao, Impresso e publicado por M. M. D. Pegado. Na Typographia Macaense,* 1838.

Après le No. 19, 9 janvier 1839, ce journal devient :

— *Gazeta de Macao.*

Il y avait déjà eu un journal de ce nom dont le premier numéro parut le 3 janvier 1824.

— *Chronica de Macao.*

Pet. in-fol. à 2 col.; 4 pages = 2 ff. — Bimensuel. — *Macao, no typographia de Manoel Cordova. Con Licença do Governo.* — Premier numéro est du 12 Oct. 1834.

Cessé de paraître en 1837 ou 1838.

— *O Macaista Imparcial.*

Pet. in-fol. à 2 col.; 4 pages = 2 ff. — bi-hebdomadaire. — *Macao; Impresso e publicado por F. F. da Cruz na Typographia Feliciana.* — Le premier numéro a paru le 9 juin 1836.

Supprimé en 1838 par le gouvernement.

Le prospectus a été imprimé dans le *Chin. Rep.*, V, p. 153.

— Macao Directory 1830, pet. in-4 à 2 col., pp. 4.

Contient la liste des résidents avec leurs noms en chinois et à la dernière page quelques phrases qui «may be found useful for giving directions to Chair-Bearers».

III. — ESPAGNE.

— Spanish Relations with the Chinese, viewed in connection with their eastern possessions. (*Chin. Rep.*, II, pp. 350 et seq.)

Réimp. dans *The Cycle*, 29 Oct. 1870.

— Sketch of Spanish Colonial History in Eastern Asia. (*Chin. Rep.*, VII & VIII.)

— Voir le Chap. III du Lib. II. Vol. III. des *Pilgrimes*, de Purchas. Ce chapitre contient des extraits de la *Conquista de las Islas Malucas*, Madrid, 1609, de Bartolomé Leonardo de Argensola.

— Voir les ouvrages espagnols au chap. RELIGION et le vol. de traités de Mayers.

IV. — HOLLANDE.

OUVRAGES DIVERS.[2]

WYBRANDT VAN WAERWIJCK.

— Historische Verhael || Vande Reyse gedaen inde Oost-Indien, met 15 Sche-||pen voor Reeckeninghe vande vereenichde Ghe-|| octroyeerde Oost-Indische Compagnie : || Onder het beleydt van den Vroomen ende Manhaften Wybrandt van Waerwijck, || als Admirael || ende Sebalt de Weert, als Vice-Admirael. || Wt de Nederlanden ghevaeren in den Iare 1602.

Dans le Vol. I de *Begin ende Voortgangh.*

— Kort verhaelt van de twee-jaerige Voyagie ghe||daen door Cornelis van Veen, in de || Oost-Indien.

1. Il y a à la Bibliothèque Ste. Geneviève, à Paris, une collection de divers journaux de Macao; elle est marquée : ge. 6, in-fol., et oe, 1844, in-8.

2. Nous n'avons nullement l'intention de reprendre ici le travail si admirablement fait par M. *Tiele* (voir col. 1138). Nous n'indiquons que les voyageurs qui ont été en Chine où les amiraux dont les relations parlent de ce pays ou dont une partie de l'escadre l'a visité. Ainsi on ne trouvera ni *Willem Barentsz*, ni *Gerrit de Veer*, ni *Jan Huygen van Linschoten*, etc. La plupart des ouvrages marqués comme provenant du catalogue de Muller font maintenant partie de notre collection particulière.

Dans le Vol. I de *Begin ende Voortgangh*, à la suite du voyage de Wolphardt Harmansen, pp. 26/27. Ces deux navires, détachés à Bantam de l'escadre de Warwijck, étaient allés en Chine.

CORNELIS MATELIEF.

— Historiale ‖ ende ware ‖ Beschrijvinge vande reyse des ‖ Admiraels Cornelis Matelief de Jonghe | naer ‖ de Oost-Indien | wtghetrocken in Mayo 1605. Mitsgaders ‖ de belegheringhe voor Malacca, als ooc den flach ter ‖ Zee teghen de Portugijssche armade |‖ ende andere-discourssen. ‖ Tot Rotterdam, ‖ By Jan Janssz. Anno 1608. in-4, en tout 6 ff. n. c.

Sur le titre une grav. sur bois : navires dans le port d'une ville qu'on voit au second plan.

British Museum, T. 1713/23. — Muller, 1882, fl. 12. — Tiele, 165.

— An ‖ Historicall and true ‖ discourse, of a voyage made by the ‖ Admirall Cornelis Matelife the ‖ yonger, into the East Indies, who departed ‖ out of Holland, in May 1605. ‖ With the besieging of Malacca, ‖ and the battaile by him fought at Sea against the ‖ Portugales in the Indies, with other ‖ discourses. ‖ Translated out of the Dutch, according ‖ to the coppie printed at ‖ Rotterdam. ‖ [Fleuron] ‖ Imprinted at London for William Barret, and are to be ‖ sold at his shop in Paules Church-yard, at ‖ the signe of the greene Dragon, 1608. in-4, pp. 25, Sig. A_3—D_2.

British Museum, 582, c, 35.

— Breeder verhael ende klare-be-‖schriivinge van tghene den Admirael Cornelis ‖ Matelief...‖ Tot Rotterdam, ‖ By Jan Janssz. Anno 1608, in-4, 9 ff. n. c.

Tiele, 166. — Muller, 1882, fl. 8.

* Breeder verhael .....

Même éd., autre tirage. — Tiele, 166.

— Historische Verhael |‖ Vande treffelijcke Reyse, gedaen naer de Oost-Indien ‖ ende China, met elf Schepen. ‖ Door den Manhaften Admirael ‖ Cornelis Matelief de Ionge. ‖ Inden Jaren 1605. 1606. 1607 ende 1608.

Occupe 191 pages dans *Begin ende Voortgangh*, Vol. II; voir *Beschrijvinge van China*, pp. 91 et seq. — Planches.

— Journael, ‖ Ende ‖ Historische Verhael, van de ‖ treffelijcke Reyse ‖...... t'Amsterdam, ‖ Voor Joost Hartgers .... ‖ 1648, in-4, pp. 142.

Réimp. du précédent sans les suppléments. — Tiele, 167. — Muller, 1882, fl. 5.

— Voir Vol. V et VI de la Collection de Renneville, 1725.

(Cornelis Matelief.)

— Zehende ‖ Schiffahrt oder Reyse ‖ der Hollander vnnd Seelander in Ost In-‖dien beschehen vnder dem Admiral Cornelis Matelief ‖ dem Jungen | so mit eylff grossen Schiffen Anno 1605. den 12. ‖ Maij ausz Hollandt abgeloffen vnd in Mertzen dieses ‖ 1608. nach gehaltener Schlacht vor Malacca ‖ wider mit zweyen Schiffen wol ist ‖ ankommen. ‖ Zusammen gebracht vnnd beschrieben ausz Ni-‖derlandischer Verzeichnusz durch einen Lieb-‖haber der Schiffahrten. ‖ [Vig.] ‖ Gedruckt zu Franckfurt am Mayn | durch Matthis ‖ Bockern : in Verlegung Leuini Hulsij ‖ Wittib | im Jahr ‖ M. DC. VIII. in-4, pp. 52.

British Museum, 1028, d, 32.

— Le même ... M. DC. XIII. in-4, pp. 52.

British Museum, 1028, d, 33.

Tiré des deux publications de Janssz, Rotterdam, 1608.

WILLEM IJSBRANTSZ BONTEKOE.

— Iovrnael ‖ ofte ‖ Gedenckwaerdige beschrij-‖vinghe vande Oost-Indische Reyse van ‖ Willem Ysbrantsz. Bontekoe van Hoorn. ‖ Begrijpende veel wonderlijcke en gevaerlijcke ‖ saecken hem daer in wedervaren. ‖ Begonnen den 18. December 1618. en vol-eynt den 16. November 1625. ‖ [Planche gravée.] ‖ Tot Hoorn, Ghedruckt by Isaac Willemsz. ‖ Door Ian Iansz. Deutel, Boeck-verkooper op't Oost in Biestkens ‖ Testament | Anno 1646. in-4.

La planche gravée représente au premier plan les armes de la ville de Hoorn entourée de marchands; au second plan la ville elle-même. 75 pp. c. + 5 ff. n. c. au com.

F. 1 recto : titre; f. 2 recto et verso : déd. de Deutel aux Directeurs de la Compagnie des Indes orientales de la Chambre de Hoorn, datée du 16 juillet 1646; f. 3 recto : *Voor-reden aen den Leser;* f. 3 verso & f. 4 verso : sonnets, etc.;

f. 5 recto : portrait gravé de Bontekoe dans un oval; le navigateur qui tient un compas s'appuie sur un globe; son nom est gravé autour de l'oval; on lit dessous, gravé :

Dits 't beclt van BONTE-KOE *dien Godt, op sijne vaert*
Tot clckx verwonderingh, heeft wonderlijk bewaert;
Mits hij de Doodt ontgingh, self midden inde Doodt;
In't water, vuer in Moordt in Dorst en Hongersnoodt.
J. J. d. [eutel].

Plus 8 pl. hors texte; l'indication de ces planches est donnée p. 76 n. c.

On ajoute à ce voyage celui de Dirck Albertsz. Raven, au Spitzberg qui ainsi qu'on le verra est dans beaucoup d'éditions imprimé à la suite de celui de Bontekoe et ne forme pas comme dans le cas présent un ouvrage séparé.

British Museum, $\frac{10057, \text{ dd.}}{1-2}$ — Tiele, 168.

Première édition.

Muller, 1882, fl. 9.

*Journael ‖..... Hoorn, Deutel, 1646, in-4, fig.

Autre éd. de la même date, non mentionnée par Tiele; Muller, 1882, fl. 6.

(Willem Ijsbrantsz Bontekoe.)

— Iovrnael ‖ ofte ‖ Gedenckwaerdige Be-schry-‖vinghe van de Oost-Indische Reyse van ‖ Willem Ysbrantsz Bontekoe van Hoorn, ‖ Begrypende veel wonderlijcke en gevaerlijcke ‖ saken hem daer in weder-varen. ‖ Begonnen den 18. December 1618. en vol. eynt den 16. November 1625. ‖ in-4. [Utrecht, 1647.]

Sur le titre le portrait gravé par H. Wynter de l'éd. de Hoorn, 1646; le bas de l'ex. que nous avons examiné était déchiré, mais on lisait p. 72 : t'Vtrecht, Gedruckt by Gillis Bilsteyn, 1647; pp. 72 + 4 ff. n. c. au com. pour le tit. etc. — A la suite le voyage de Raven avec une pag. spéciale; au bas de la dernière page de cette dernière relation l'indication de *sept* pl. de Bontekoe.

British Museum, 10057, dd. — Tiele, 169.

*Journael . . . . Rotterdam, Isaack van Waesberghe, 1647, in-4.

Tiele, 170.

— Iovrnael ‖ . . . . 1625. ‖ Waer by ghevoeght is het Iournael van Dirck Albertsz. Raven, als ‖ oock verscheyden gedenckwaerdige geschiedenissen, op veel plaetsen ‖ verbetert en een groot deel vermeerdert. ‖ Pl. ‖ Tot Hoorn, Ghedruckt by Isaac Willemsz. ‖ Door Ian Iansz. Deutel, Boeckverkooper op't Oost in Biestkens ‖ Testament | Anno 1648. in-4, pp. 80 + 5 ff. n. c. au com. pour le titre, etc.

British Museum, 1295, c. — Tiele, 171. — Muller, 1882, fl. 5.

— Iournael . . . . Ian Iansz. Deutel . . . . 1648, in-4, pp. 72 + 4 ff. prél.

L'ex. que nous avons examiné, Brit. Mus., n'avait pas de titre; mais on lit au bas de la p. 72 : *t'Haerlem, Gedruckt by Thomas Fonteyn, 1646.*

British Museum, 980, k, 3. — Tiele, 172.

— Journael ‖ ofte ‖ Gedenkwaerdige beschrijvin-‖ge . . . . . . ‖ t'Amstelredam, ‖ Voor Joost Hartgers, Boeck-verkooper in de Gasthuys-Steegh | bezii-‖den het Stadthuys | in de Boeck-winckel. 1648, in-4, pp. 76 (ch. 56) + 2 ff. n. c. au com. pour le titre, etc. Pl. en 6 divisions.

British Museum, 1061, g, 18. — Tiele, 173. — Muller, 1882, fl. 5.

*Journael ‖ ofte ‖ Gedenckwaerdige beschrijving-‖ghe . . . . t'Amstelredam, ‖ Voor Joost Hartgers, Boeck-ver*ko*per . . . 1648, in-4, pp. 76 + 2 ff. n. c. au com. pour le titre, etc.

Tiele, 174 : « La page 76 porte le numéro exact. La différence se voit entre autres par la 1e ligne du texte qui finit ici par *Decem-*, & dans l'éd. précédente par *De-*, ainsi que par les deux premières lignes du texte de Raven, qui finissent ici par *voor, Heeren*, & dans l'éd. préc. par *Raven, Hee-*. »

*Journael . . . . . . t'Sardam, By Willem Willemsz, 1648, in-4.

Tiele, 175.

(Willem Ijsbrantsz Bontekoe.)

— Iournael, ‖ Ofte ‖ Gedenckwaerdige beschrijvinge ‖ van de Oost-Indische Reyse | van ‖ Willem Ysbrantsz ‖ Bonte-koe van Hoorn. ‖ . . . . ‖ Waer by gevoeght is het Journael van Dirck Albertsz Raven . . . . ‖ [Planche gravée] ‖ t'Utrecht. ‖ By Lucas de Vries, Boeck-verkooper in de Snippe vlucht | 1649. in-4, pp. 78 + 1 f. n. c. au com. pour le tit. et l'avis au lecteur.

13 Pl. dans le texte; la dernière représente un enterrement au Spitzberg; c'est elle qui est également reproduite sur le titre.

British Museum, 10057, dd. — Tiele, 176. — Muller, 1882, fl. 5.

— Journael ‖ . . . . . ‖ t'Amsterdam, ‖ By Joost Hartgers, Boeck-verkoper op den Dam | bezijden het Stadt-‖huys | in de Boeck-winckel | 1650. in-4, pp. 76 + 2 ff. n. c. au com. pour le titre, etc.

A la fin : t'Amsterdam, Gedrukt by Christoffel Cunradus, ... Anno 1650.

British Museum, 566, f, 26. — Tiele, 177.

— Iournael, ‖ Ofte ‖ Gedenckweerdige Beschrijvinge van de Oost-‖Jndische Reyse van ‖ Willem Ysbrantsz Bontekoe ‖ van Hoorn . . . . t'Utrecht, Gedruckt voor de Weduwe van Esdras Snellaert, 1651, in-4, pp. 72 + 4 ff. n. c. au com.

Quoique la table des pl. à la fin du voyage de Raven en porte le nombre à 8, notre ex. comme celui de M. Tiele n'en contient que 7. — Voir l'éd. d'Utrecht, 1647, supra.

British Museum, 10057, dd. — Tiele, 178.

*Journael . . . . . Amsterdam, By Michiel de Groot, 1645, in-4.

Tiele, 179.

*Journael . . . . Utrecht, Lucas de Vries, 1655, in-4.

Tiele, 180.

— Journael ofte Gedenckwaerdige beschrijvinge van de Oost-Indische Reyse van Willem Ysbrantsz Bonte-koe van Hoorn . . . . Tot Dordrecht . . . . . By Abraham Andriessz . . . . . 1655, in-4, pp. 76 + 1 f. n. c. au com. pour le tit. et l'avis au lecteur.

Pas cité par Tiele. — Bib. de l'Université de Leyde.

— Journael ‖ . . . . . ‖ t'Amsterdam, ‖ By Abraham de Wees, Boeck-verkooper | in de Lijnbaans-steegh ‖ in de vier Euangelisten. Anno 1656. in-4, pp. 76 + 2 ff. n. c. au com. pour le titre et l'avis au lecteur.

A la fin : *Tot Steenwyck, Gedruckt by Hendrik Stuyfsant, Boeckdrucker woonende in de Ooster-straet. Anno 1656.*

British Museum, 10057, dd. — Tiele, 181.

— Journael, ‖ . . . . ‖ t'Amsterdam, ‖ By Abraham de Wees . . . . ‖ . . . . Anno 1659. in-4,

(Willem Ijsbrantsz Bontekoe.)

pp. 76 + 2 ff. n. c. au com. pour le titre et l'avis au lecteur.

A la fin : *Tot Campen, Gedruckt by Gerrit vander Tollen, Boeckdrucker | voor-nen in de Broeder-straet | naest her Slot van Egmont | Anno 1659.*

British Museum, 10057, dd. — Tiele, 182.

* Journael . . . . t'Amsterdam, Gedruckt by Jan I. Bouman . . . . 1659, in-4.

Tiele, 183.

* Journael . . . . Amsterdam, Wed. van Theunis Jacobsz, 1660, in-4.

Tiele, 184.

— Journael, ‖ Van de Acht-jarige, Avontuerlijcke Reyse van ‖ Willem Ysbrantsz. ‖ Bontekoe van Hoorn, ‖ Gedaen nae ‖ Oost-Indien; ‖ Uyt Texel gevaren den 18. December, 1618. ‖ en t'huys gekomen den 16. November, 1625. ‖ Verhalende het opspringen van't Schip | en hoe hy van sijn volck gebergt ‖ wierdt | voorts het ongemack | honger | dorst en andere perijckelen die hem neffens zijn ‖ Volck overgekomen zijn | nevens veele gedenckwaerdige Geschiedenissen. ‖ [Pl. représentant des navires] ‖ t'Amsterdam, ‖ By Gillis Joosten Zaagman, in de Nieuue-straet | ‖ Ordinaris Drucker van de Journalen Zee | ende Landt-Reysen. in-4, pp. 60 à 2 col.

Au verso du titre port. de Bontekoe et avis au lecteur; le vol. ne contient que Bontekoe; la dernière page est consacrée à un récit de 1646 qui se trouve à la suite du journal de Raven dans d'autres éditions.

British Museum, 10055 bb. — Tiele, 185.

— Journael ofte Beschryvinge ‖ Van de Avontuerlijcke Reyse . . . . . t'Amsterdam, Gedruckt ‖ By Gillis Joosten Saeghman, (1663), in-4, fig., pp. 60 à 2 col.

Autre éd. que la préc.; pas citée par Tiele. — Muller, 1882, fl. 5.

— Journael . . . . . t'Amst., ‖ Gedruckt by de Weduwe van Theunis Jacobsz . . . . . ‖ 1664, in-4, fig., pp. 76 + 2 ff. n. c. au com.

Pas citée par Tiele. — Muller, 1882, fl. 3.

* Journal . . . . . Amst., Michiel de Groot, 1667, in-4.

Tiele, 186.

* Journal . . . . . Amst., Michiel de Groot, 1672, in-4.

Tiele, 187.

* Journal . . . . Amst., By de Weduwe van Gysbert de Groot, 1692, in-4.

Tiele, 189.

— Journael, ‖ . . . ‖ t'Amsterdam, ‖ By de Weduwe van Gysbert de Groot . . . . ‖ . . . ‖ . . . | 1696, in-4, pp. 76 + 2 ff. n. c. au com. pour le tit., etc.

British Museum, 10057, dd. — Tiele, 190.

Les éd. de la veuve ou des héritiers Gysbert de Groot, Amsterdam, 1696, 1708, 1730, sont identiques; le portrait sur bois du titre a été évidemment tiré avec la même pl. ainsi que les gravures du texte, du moins celles qui sont communes aux diff. éd. savoir celles des p. 9, 15, 21, 23, 49 et 61; dans les éd. de 1708 et de 1730, la pl. de la p. 23 est reproduite p. 7; les éd. de M. de Groot et de 1696 ont une fig. spéciale p. 7; chacune de ces éd. a donc 7 pl. dans le texte.

* Journael . . . . Amst., Wed. v. Gysbert de Groot, 1700, in-4.

Pas citée par Tiele. — Muller, 1882, fl. 2.

— Journael . . . . t'Amsterdam, ‖ By Michiel de Groot, Boeckverkooper | op den Nieuwendijck, s. d., in-4, pp. 76 + 2 ff. n. c. au com. pour le titre, etc.

British Museum, 10057, dd. — Tiele, 188.

— Journael ofte gedenckwaerdige Beschrijvinge, ‖ Van de acht-Jarige | ende seer Avontuerlijcke Reyse | van ‖ Willem Ysbrantsz ‖ Bontekoe van Hoorn, ‖ Gedaen na ‖ Oost-Indien, ‖ Begrijpende veel wonderlijcke ende gevaerlijcke saecken, hem ‖ op deselve Reyse wedervaren. ‖ Oock is hier by gevoeght een verhael, van ‖ Dirck Albertz Raven, ‖ Commandeur op't Schip Spitsbergen, gedestineert na Groenland. ‖ [Port. gravé sur bois] ‖ Tot Utrecht, ‖ Gedruckt by de Weduwe van J. van Poolsum, Ordinaris ‖ Stads Druckster | woonende op de Plaets | tegen over 't Stadhuys | 1701. in-4, pp. 64.

La pag. comprend le 1er f. (titre et avis au lecteur), Bontekoe, imprimé sur 2 col., pp. 3/54, et Raven, imprimé sur toute la largeur de la page, pp. 55/64.

British Museum, 10057, dd. — Tiele, 191.

— Journaal, ‖ ofte ‖ Gedenkwaardige Beschrijvinge van de Oost-‖Indische Reyse van ‖ Willem Ysbrantsz Bontekoe, van Hoorn. ‖ . . . . . . ‖ Journal van Dirk Alberts Raven . . . ‖ t'Amsterdam, ‖ By de Weduwe van Gysbert de Groot, Boek-verkoopster op de Nieuwen-Dijk | ‖ tusschen de twee Haarlemmer sluysen | in de Groote Bybel 1708. in-4, pp. 76 + 2 ff. n. c. au com. pour le titre, etc.

British Museum, 10057, dd. — Tiele, 192.

* Journael . . . . . Amsterdam, By de Wed. van Gysbert de Groot, 1716, in-4.

Tiele, 193.

— Journaal, ‖ . . . . t'Amsterdam, ‖ By Jacob Brouwer . . . . ‖ 1722, in-4, pp. 76 + 2 ff. n. c. au com.

Pas citée par Tiele. — Muller, 1882, fl. 2.

— Journael .... t'Amsterdam, ‖ By de Erve van de Weduwe Gysbert de Groot.... ‖ Anno 1730, in-4, pp. 76 + 2 ff. n. c. au com. pour le tit., etc.

British Museum, 10057. dd. — Tiele, 194.

— Journael, ‖.... ‖ t'Amsterdam, ‖ Gedrukt by Isaac vander Putte, Papier en Boekverkooper op't Water in de Loots-Man, in-4, pp. 76 + 2 ff. n. c. au com. pour le titre, etc.

British Museum, 10057, dd. — Tiele, 195.

— Journael, . . . Tot Amsterdam, By Joannes Kannewet, 1756, in-4, pp. 76 + 2 ff. n. c. au com. pour le tit., etc.

Pas citée par Tiele. — Muller, 1882, fl. 2.

— Journael ofte gedenkwaerdige Beschryvinge, ‖..... Te Dordrecht, ‖ gedruckt by Adriaan Wolpot, Boekverkooper op de Voorstraet ‖ over't Stadhuys | 1766 ‖ in-4, pp. 64.

British Museum, 10057, bbb. — Tiele, 196.

— Journaal, ‖.... ‖ Tot Amsterdam, ‖ By Joannes Kannewet, Boekverkoper in de Nes ‖ in de Gekroonde Jugte Bybel. 1778. in-4, pp. 76 + 2 ff. n. c. au com. pour le titre, etc.

British Museum, 10057, dd. — Tiele, 197.

— Journael ofte gedenkwaerdige Beschryvinge, ‖ Van de Acht-jarige, ende seer Avontuurlijke Reyse van ‖ Willem Ysbrantsz ‖ Bontekoe van Hoorn, ‖ Gedaen na ‖ Oost-Indien, ‖ Begrypende veel wonderlijke ende gevaerlijke Zaken, hem ‖ op deselve Reyse wedervaren. ‖ Ook is hier bygevoegt een Verhael van ‖ Dirk Albertz Raven, ‖ Commandeur op't Schip Spitsbergen, gedestineert na Groenland. ‖ *[Port.]* ‖ Te Dordrecht, Gedrukt by Adriaan Walpot en Zoon, Boek- en Konstverkooper, ‖ op de Voorstraet over 't Stadhuys, 1780, in-4, pp. 64.

Même description que l'éd. d'Utrecht, 1701.
British Museum, 10057, dd. — Tiele, 198.

— Journaal, ‖..... ‖ Te Amsterdam, ‖ By d'Erve Vander Putte, Bybel- Boek- en-Papier-Verkopers | op ‖ 't Water | in de Lootsman. 1789, in-4, pp. 76 + 2 ff. n. c. au com. pour le titre, etc.

British Museum, 10057, dd. — Tiele, 199.

— Journaal, ... ‖ Gedrukt by de Erven de Weduwe Jacobus van Egmont : ‖ Op de Reguliers Breê-Straat, tot Amsterdam, in-4, pp. 76 + 2 ff. n. c. au com. pour le titre, etc.

British Museum, 10057, dd. — Tiele, 200. — Muller, 1882, fl. 1, 50.

— Journaal ofte gedenkwaardige Beschryving, ‖ . . . Te Amsterdam, ‖ By S. en W. Koene, Boekdrukkers in de Boomstraat. in-4, pp. 64.

Même description que l'éd. d'Utrecht, 1701.
British Museum, 10057, dd. — Tiele, 201.

— Gedenkwaardige Beschryving, ‖ Van de Achtjarige en zeer Avontuurlyke Reise.... ‖ Te Amsterdam, ‖ By B. Koene, Boekdrukker in de Boomstraat. in-4, pp. 64 [181?].

Voir description de l'éd. préc. de Koene. — Préface différente.
British Museum, 10057, dd. — Tiele, 202. — Muller, 1882, fl. 1, 25.

— Journaal .... Te Haarlem, bij J. J. Weeveringh. [1860] in-4, pp. 92 sur 2 col.

Dans le texte se trouvent 6 gravures sur bois, dont 5 sont dessinées par Ch. Rochussen et gravées par E. Vermorcken. C'est l'édition la plus récente du journal de Bontekoe publiée par M. J.-H. van Lennep dans son recueil populaire intitulé *Jan Davids boekekraam* (Magasin de livres de Jan David). Cette éd. a été publiée en 2 livraisons. — Tiele, 203. — Muller, 1882, fl. 1, 25.

— Relation du Voyage de Bontekoë aux Indes Orientales.

Thévenot, *Coll.*, I, 1696. [No. XVII de Camus]. — *Rec.* de Renneville, T. IV, 2e partie, éd. de 1754; T. VIII, éd. de 1725. — Prévost, *Hist. des Voy.*, VIII, p. 417, éd. in-4; XXXI, p. 321, éd. in-12, d'après Thévenot.

— Die Vier und Zwantzigste ‖ Schiffahrt ‖ ‖ In welcher mit wahren Umbstanden beschrieben wird ‖ ‖ Erstlich ‖ Die denckwurdige Reyse nach Ost Indien ‖ S. ‖ Wilhelm Iszbrands Bontekuhe von Horn : ‖ Vorgenommen den 28. Decemb. 1618. vnd vollbracht den 16. Novemb. 1625. ‖ Demnach : ‖ Eine andere Reyse ‖ ‖ durch den Commandeur Turck Alberts ‖ Raven | nach Spitzbergen | im Jahr 1639. verrichtet. ‖ In welchen vnterschiedlich viel merckwurdige Handel vnd Falle ‖ grundlich erzehlet werden. ‖ Beneben darzu nothwendigen Kupfferstucken. ‖ Verlegt vnd zum Druck befordert | durch Christophel le Blon. ‖ [Pl. repésentant l'explosion du navire] ‖ Gedruckt zu Franckfurt am Mayn ‖ bey Philippo Fivet ‖ ‖ Im Jahr 1648. in-4, pp. 81 + 6 ff. n. c. au com. pour le titre, la déd. de C. le Blon et l'avis au lecteur. Port. gravé de Bontekoe en tête, et 8 Pl.

Forme la 24e partie de la collection de Hulsius.
British Museum, 10028, d, 51.

— Wilhelm Isbrands Bontekoes Reise nach Ostindien. *(Allg. Historie der Reisen*, Bd. VIII, Leipzig, 1751, pp. 378 et seq.)

GEORGIUS CANDIDIUS.

Voir Seyger van Rechteren, *infra*, col. 1129; et le chap. TAI OUAN, de notre *Bib.*, col. 139.

SEYGER VAN RECHTEREN.

— Journael, ‖ Ghehouden door Zeyger van Rechteren: ‖ Op zyne gedane voyagie naer Oost-Indien. ‖ [Portrait] ‖ Tot Zwolle, ‖ Ghedruckt by Frans Jorrijaensz ende Jan Gerritsz, Boeck-‖druckers. Anno 1635. ‖ Met consent der selver Heeren. in-4, pp. 90 + 4 ff. prél.

Le port. sur le titre semblable à celui de l'éd. suivante; poème *Sie hier;* ép. déd. aux Etats d'Over Yssel, différente de celle de l'éd. suivante, et les autres pièces de l'éd. suivante, sauf l'avis au lecteur qui diffère. Carte et pl. (voir éd. suivante).

Très rare; l'ex. de Tiele n'avait ni la carte ni la pl. que nous avons dans notre ex. que nous avons acheté de Muller, 1882, fl. 12.50.

— Iournael, ‖ Gehouden op de reyse ende wederkomste ‖ van ‖ Oost-Indien ‖ door ‖ Seyger van Rechteren ‖ Voor desen Kranckbesoecker in de voor-genoemde Lan-‖den, ende nu Geweldige Generael van de Landen van ‖ Over-Yssel. ‖ Den tweeden druck | van nieuws verbetert ‖ ende vermeerdert. ‖ t' Zwolle, ‖ Ghedruckt by Jan Gerritsz ende Frans Jorrijaensz ‖ Boeck-druckers | Anno 1639. in-4.

Pp. 111 + 7 ff. prél. n. c. : 1 pour le titre ut supra; recto 2ᵉ f. port. de S. v. R. en buste comme pour l'éd. préc.; verso 2ᵉ f., poésie commençant par *Siet hier dit is de Man;* recto 3ᵉ f. — recto 4ᵉ f., ép. déd. aux habitants d'Over-Yssel; verso 4ᵉ f. poème : *Tot den Berispers ofte spotters;* recto 6ᵉ f. poème com. : *Al die nae Rijckdom;* recto et verso 7ᵉ f. : *Tot den Lief-hebbende Leser.*

Carte p. 56 : *Af Conterfeijting van Die groote vermaerde Riuier Chincheo ghelegen Int groot Coninckryck Chijna.*

Pl. p. 66 : *Af Conterfeijtinge vant fort Zeclandia in taijovang gelegen Op de N breete van 22 graden bijt koninckrijck van China in Oostindien Ao 1629.*

British Museum, 566, b, 31. — Muller, 1882, fl. 10.

— Iournael ‖ Gehouden op de reyse ende wederkomste ‖ van ‖ Oost-Indien ‖ door ‖ Seyger van Rechteren ‖ Voor desen Kranckbesoecker in de voor-genoemde Lan-‖den, ende nu Geweldige Generael van de Landen van ‖ Over-Yssel. ‖ Den tweeden druck | van nieuws verbetert ‖ ende vermeerdert. ‖ t' Zwolle, ‖ Gedruckt by Ian Gerritsz ende Frans Iorrijaensz ‖ Boeck-druckers | Anno 1639. in-4.

La description de cette éd. répond tout-à-fait à celle de la précédente quoique le tirage en soit absolument différent. M. Tiele ne cite qu'une éd. de Zwolle, 1639.

British Museum, 10057, dd.

— Journael | ‖ Ghehouden op de Reyse ende weder-komste van ‖ Oost-Indien. ‖ Door ‖ Seyger van Rechteren, Voor desen Kranckbesoecker in de voor-‖ghenoende Landen | ende nu Geweldige Generael vande Landen van ‖ Over-Yssel.

Dans le Vol. II de *Begin ende Voortgangh*, à la suite du voyage de Wybrandt Schram, pp. 19/89. — Pl. — Cette éd. est augmentée de différentes pièces sur la Chine : exp. de Cornelis Reyersz, racontée aussi par Bontekoe. Formose par Candidius; une description de Macao; et un mémoire sur les marchandises introduites au Japon par les Portugais, en 1637.

— Seyger van Rechteren était aumonier au service de la Compagnie des Indes Orientales. «L'auteur», dit Tiele, p. 252, «a inséré dans le journal de ses voyages un «court récit concernant la Chine» *(Kort verhael van't groot Koninghrijck van China)*, suivi d'un «récit succinct concernant Tayowang» *(Kort verhael van Tayovang)*, une petite île près de Formosa, et d'un «court récit» concernant le commerce des Hollandais en Chine et au Japon (1ᵉ éd. pp. 45/67, 2ᵉ éd. pp. 57/80). Van Rechteren prétend que c'est le résumé d'entretiens fréquents avec des officiers qui avaient été prisonniers en Chine pendant près de cinq années; mais en réalité les deux dernières insertions sont tirées d'un mémoire officiel que Pieter Nuyts, troisième gouverneur de Formosa (1627—1629), présenta au gouvernement des I. O. le 10 février 1629, et qui se trouve dans l'ouvrage de Valentijn *(Ouden Nieuw Oost-Indien*, IV 2, pp. 63—70).»

— Voyage de Seyger van Rechteren en 1628 [à Formose en 1630]. *(Rec. des Voy. de la Cie. des Indes*, IX, p. 199.)

Trad. en anglais dans le Vol. III de la Col. des Voyages d'Astley.

— Hendrick Hagenaer (dans la Collection de Commelin).

Voir Tiele, pp. 253 et seq.

— Begin ende Voortgangh | ‖ van de ‖ Vereenighde Nederlantsche Geoctroyeerde ‖ Oost-Indische ‖ Compagnie. ‖ Vervatende ‖ De voornaemste Reysen | by de Inwoonderen der selver ‖ Provincien derwaerts gedaen. ‖ Alles ‖ Nevens de Beschrijvinghen der Rijcken | Eylanden | Havenen | ‖ Revieren | Stroomen | Rheeden | Winden | Diepten en Ondiepten; Mitsga-‖ders Religien | Manieren | Aerdt | Politie en Regeeringhe der Volcke-‖ren; oock mede haerder Speceryen | Drooghen | Geldt ende ‖ andere Koopmanschappen | met veele Discoursen verrijkt : ‖ Nevens eenighe Koopere Platen verciert. ‖ Nut ende dienstigh alle Curieuse, ende andere Zee-varende Liefhebbers. ‖ Met dry besondere Tafels ofte Registers | in twee Delen verdeelt : ‖ Waer van't eerste begrijpt, ‖ Veerthien Voyagien | den meeren-deelen voor desen ‖ noyt in't licht geweest. ‖ Gedruckt in den Jaere 1646. 2 vol. in-4 oblong, front. gravé.

L'auteur de cette collection est Isaac Commelin; elle a d'abord paru sans date en 2 vol., probablement en 1644; puis en 1645 et 1646.

— Of the ‖ Conversion ‖ of ‖ Five Thousand and Nine Hundred ‖ East-Indians, ‖ In the Isle Formosa, ‖ neere China, ‖ To the Profession of the true God, in ‖ Jesus Christ; ‖ By meanes of M. Ro : Junius, a Minister ‖ lately in Delph in Holland. ‖ Related by his good Friend, M. C. Sibellius, Pastor ‖

in Daventrie there, in a Latine Letter. ‖ Translated to further the Faith and Joy of many ‖ here, by H. Jessei, a Servant of‖ Jesus Christ. ‖ With a Post-script of the Gospels good ‖ Successe also amongst the ‖ West-Indians, ‖ in New-England. ‖ Isai. 49. 12..... ‖ Imprimatur, Joseph Caryl. ‖ London, ‖ Printed by Iohn Hammond, and are to be sold at his house ‖ voer-against S. Andrewes Church in Holborne; and ‖ in Popes-Head-Alley, by H. Allen, 1650. in-4, pp. 38 + 4 ff. n. c. au com. pour le titre, et la préf. de H. Jessei; + 1 f. n. c. à la fin pour les errata.

British Museum, E, 614.

— Kort Verhael ‖ Van d'Avontuerlicke Voyagien ‖ en Reysen van ‖ Paulus Olofsz. ‖ Rotman, ‖ Zeylende van *Batavia* na het Eylant *Tywan*, op het Fluyt-‖Schip *De Koe:* waer in verhaelt wordt hoe zy door een schricke-‖lijcke *Orkaen* het Schip verlooren | en met acht Mannen ‖ daer af quamen | en veel vreemde toe-vallen in't *Ko‖ninckrijck van China* hadden | en eyndelijck be-‖houden tot Batavia weder aenquamen. ‖ [Vig.] ‖ t'Amsterdam, ‖ By Gerrit van Goedesbergh, Boeck-verkooper | op't Wa‖ter | aen de Nieuwe-brugh | in de Delfsche Bybel. 1657. in-4, pp. 34 en tout.

British Museum, 1295, c, 22.

— Formose négligée, voir col. 140.

— Borts ‖ Voyagie, ‖ Naer de Kuste van ‖ China ‖ en ‖ Formosa. ‖ By een gestelt, en Berijmt ‖ door ‖ Matthijs Cramer. ‖ t'Amsterdam, ‖ Gedruckt by Pieter Dircksz. ‖ Boeteman, op de Negelantiers ‖ graft, voorden Autheur. 1670, in-8, pp. 132, port. et 13 pl. grav.

Voir O. Dapper, col. 1188.

*S. de Vries. — Curieuse Anmerckingen der byzonderste Oost- en West-Ind. verwonderens-waerdige dingen, nevens die van China, Africa ...... Utrecht, 1682. 4 vol. in-4, cart. et pl. [Voir col. 21.]

Muller, 1882, fl. 10.

— Recueil des voyages qui ont servi à l'établissement et aux progres de la Compagnie des Indes Orientales, Formée dans les Provinces Unies des Païs-bas. A Amsterdam, aux Dépens d'Estienne Roger ... M.D.CCII, in-12.

Publié par René Augustin Constantin de Renneville.

(Divers.)

— A ‖ Collection ‖ of ‖ Voyages ‖ Undertaken by the ‖ Dutch East-India Company, ‖ for the Improvement of ‖ Trade and Navigation. ‖ Containing ‖ An Account of several Attempts to find out the ‖ North East Passage, and their Discoveries in ‖ the East-Indies, and the South Seas. ‖ Together ‖ With an Historical Introduction, giving an ac-‖count of the Rise, Establishment and Pro-‖gress of that great Body. ‖ Translated into English, and Illustrated with se-‖veral Charts. ‖ London, Printed for W. Freeman ..... 1703, in-8.

British Museum, 979, f, 9.

Traduction de la collection française de 1702.

— Recueil des voyages qui ont servi à l'établissement et aux progrez de la Compagnie des Indes Orientales, formée Dans les Provinces-Unies des Païs-Bas. Nouvelle Edition, revûë par l'Auteur & considérablement augmentée. Enrichie d'un grand nombre de Figures en Taille-douce. A Rouen, Chez Jean-Baptiste Machuel le Jeune, ruë Damiette, vis-à-vis S. Maclou. M.D.CC.XXV. Avec approbation & Privilege du Roi. 10 vol. in-12.

— Recueil des voiages qui ont servi à l'établissement & aux progrès de la Compagnie des Indes Orientales, Formée dans les Provinces-Unies des Païs-Bas. Seconde Edition revue, & augmentée de plusieurs pièces curieuses. A Amsterdam, chez Isaac Rey. MDCCLIV, 7 vol. in-12.

Les Vol. 1/5 ont chacun deux parties avec une pag. spéciale, ce qui fait en réalité 12 vol.

— Pieter van der Aa, voir col. 892.

— N. Witsen, col. 894.

— François Valentyn, col. 141.

On a donné à la Haye en 1856-58 une reproduction abrégée des trois premiers volumes du grand ouvrage de Valentyn : Oud en Nieuw Oost-Indiën. Met aanteek., inhoudregisters, chronolog. lijsten, enz. Uitgeg. d. S. Keijzer. 's Grav., 1856-58, 3 vol. gr. in-8.

— Beschryvinge van den Handel, en Vaart der Nederlanders op Tsjina. (Fr. Valentyn, *Oud en Nieuw Oost Indiën*, IV Deele, 2e stuk, 1726, Amst., in-folio, 31 pages.)

* Register (Alphabet) op de Brieven en papieren door de Nederl. O. I. Comp. van 1726-78 naar China afgezonden. 2 dln. in-fol.

Muller, Oct. 1854. No. 886.

— De Reizende Chinees, op bevel en koften

(Divers.)

van zynen keizer. Amst., Hendrik Bosch, 1727-28, 4 vol. in-8.

— Voyages and Travels into Asia. — Book I. Voyages and Travels in the Empire of China. (Astley's *Col. of Voyages*, Vol. III, London, 1746) :

Chap. I. The Embassy of Peter de Goyer and Jacob de Keyzer.... by John Nieuhoff, pp. 399/431.

Chap. II. The Embassy of John Van Campen and Constantine Noble to Sing la mong .... By Arnoldus Montanus, pp. 431/440.

Chap. III. The Expedition of the Dutch for recovering Formosa, in conjunction with the Tartars, pp. 441/455.

Chap. IV. The Embassy of the Lord Van Hoorn to Kanghi, Emperor of China and Eastern Tartary, pp. 455/483.

Chap. V. A narrative of the Dutch Embassy en 1655 : With the Arts used by the Jesuits to defeat it, pp. 483/491. [Pris d'Ogilby, 1673, I, p. 299.]

Chap. VI. The first Attempts of the Dutch to trade in China, and Settlement at Tay wan. Now first translated from the French, pp. 492/498. [Rechteren, d'après le Vol. V du *Recueil de Voy. aux I. O.*]

— Vies des Gouverneurs généraux, avec l'abrégé de l'histoire des établissemens hollandois aux Indes Orientales; Ouvrage où l'on trouve l'Origine de la Compagnie des Provinces Unies, ses premiers Traités de Commerce, la Fondation de Batavia, les deux Siéges mémorables de cette Ville, les Conquêtes des Hollandois aux Moluques, à Amboine, Banda, Macassar, Ceylan, Malabar &c. leurs Guerres, leurs Alliances, leurs Progrès, leurs Désastres, la Perte de Formose, les Rebellions des Insulaires d'Amboine, de Macassar et de Java, les Différends de la Compagnie avec d'autres Nations Européenes, le Soulevement & le Massacre des Chinois à Batavia, & en général tous les Evénemens, publics ou particuliers, dignes de remarque, relatifs aux Affaires des Indes, arrivés depuis un Siècle & demi, jusqu'à nos jours, & rapportés, année par année, sous l'Administration de chacun des Chefs de la Nation Hollandoise en Asie; Orné de leurs Portraits en Vignettes au naturel, Enrichi de plusieurs Cartes, Plans & Figures nécessaires, & suivi des Considerations sur l'Etat présent de la Compagnie par Monsieur le Baron d'Imhoff, çi-devant son Gouverneur Général aux Indes Orientales. Par J. P. I. Du Bois, Secretaire Privé d'Ambassade de S. M. le Roi de Pologne, Electeur de Saxe, en Hollande. A la Haye, Chez Pierre de Hondt, MDCC.LXIII, in-4.

Il y a des ex. en grand papier. A été trad. en holl.

* *Ordre du Roi de Hollande,* en hollandais et Chinois, publié à Batavie en 1669; sur papier européen. Ms. (*Cat. des Ms. et Xylog. de St. Pétersb.*, 1852, No. 727.)

— Mémoire bibliographique sur les Journaux des navigateurs néerlandais réimprimés dans les collections de De Bry et de Hulsius, et dans les collections hollandaises du XVIIe siècle, et sur les anciennes éditions hollandaises des Journaux de navigateurs étrangers; la plupart en la possession de Frederik Muller a Amsterdam. Rédigé par P. A. Tiele, Conservateur à la Bibliothèque de l'Université de Leide. Avec tables des voyages, des éditions et des matières. Amsterdam, Frederik Muller, 1867, in-8, pp. XII-372.

Il y a des ex. sur grand papier.

— *Hamel* : Voir CORÉE.

— *Massacre des Chinois à Batavia,* Voir LES CHINOIS CHEZ LES PEUPLES ÉTRANGERS.

— Dutch Trade in Formosa in 1629. Printed at the «Celestial Empire» office, Shanghai, br. in-8, pp. 26 avec 1 phot.

Par Geo. Phillips.

— Fort Zelandia, and the Dutch occupation of Formosa. By H. E. Hobson. (*Jour. N. C. B. R. As. Soc.*, N. S., No. XI, 1877, pp. 33/40.)

— Conquêtes et découvertes de la République des Pays-Bas par Jules Geslin d'après des documents hollandais de l'époque. Première Partie. — Dans l'Archipel Indien. Paris, Maurice Dreyfous, s. d. [1883], in-18 jésus. — Deuxième Partie. En Asie, en Afrique, en Amérique. *Ibid.*, in-18 jésus.

AMBASSADES.

PIETER VAN GOYER ET JACOB VAN KEYSER.

NIEUHOF.

— Het ‖ Gezantschap ‖ Der Neêrlandtsche Oost-In-‖dische Compagnie, ‖ ..... ‖ door ‖ Joan Nieuhof; ‖ t' Amsterdam, ‖ By Jacob van Meurs, Boekverkooper en Plaatsnijder, ‖ op de Keyzers-graft, schuyn over de Wester-marct, ‖ in de Stadt Meurs. Anno 1665, in-fol., pp. 258 + 3 ff. n. c. au com. pour le tit., le priv., la déd.; + 5 ff. n. c. à la fin pour la table et la disp. des pl., Front. grav., et portr. de J. Nieuhof.

British Museum, 568, g. 5.

— Het ‖ Gezantschap ‖ Der Neêrlandtsche Oost-In-‖dische Compagnie, ‖ aan den ‖

Grooten ‖ Tartarischen Cham, ‖ Den tegenwoordigen ‖ Keizer van China : ‖ waar in ‖ De gedenkwaerdighste Geschiedenissen *[sic]*, die onder het Rei- ‖ zen door de Sineesche Landtschappen, Quantung, Kiangsi, Nanking, Xan- ‖ tung en Peking, en aan het Keizerlijke Hof te Peking, sedert den jare 1655. ‖ tot 1657. zijn voorgevallen, op het bondigste verhandelt worden. ‖ Beneffens ‖ Een Naukeurige Beschrijving der Sineesche Steden, Dorpen, Regee- ‖ ringh, Wetenschapen, Hantwercken, Zeden, Godsdiensten, Gebouwen, Drachten, ‖ Schepen, Bergen, Gewassen, Dieren, &c. en Oorlogen tegen de Tarters. ‖ Verçiert met over de 150. Afbeeltsels, na't leven in Sina ‖ getekent : En beschreven ‖ door ‖ Joan Nieuhof; ‖ Toen eerste Hofmeester des Gezantschaps, tegenwoordig ‖ Opperhooft in Coylan. ‖ t' Amsterdam, ‖ By Jacob van Meurs, Boekverkooper en Plaetsnijder, ‖ op de Keyzers-graft, schuyn over de Wester-marçt, ‖ in de Stadt Meurs. Anno 1670, in-fol., pp. 258 + 3 ff. n. c. au com. pour le titre, le priv., la déd. ; + 5 ff. n. c. à la fin pour la table et la disp. des pl., Front. grav., et port. de J. Nieuhof.

British Museum, 147, h, 7.

— Het ‖ Gezandtschap ‖ Der Neêrlandtsche Oost-Indi- ‖ sche Compagnie, ‖ . . . . . ‖ door ‖ Joan Nieuhof, ‖ . . . . . ‖ Tot Amsterdam, ‖ By Wolfgang, Waasberge, Boom, van Someren, ‖ en Goethals. 1693, in-fol., pp. 258 + 3 ff. n. c. au com. pour le tit., le priv., la déd. ; + 5 ff. n. c. à la fin pour la table et la disp. des pl., Front. grav. et port. de J. Nieuhoff.

British Museum, 567, k, 18.

— L'Ambassade ‖ de la ‖ Compagnie orientale ‖ des ‖ Provinces Unies ‖ vers ‖ l'Empereur ‖ de la ‖ Chine, ‖ ou ‖ Grand Cam ‖ de ‖ Tartarie, ‖ faite par les ‖ Srs. Pierre de Goyer, & Jacob de Keyser, ‖ Illustrée d'une tres-exacte Description des Villes, Bourgs, Villages, ‖ Ports de Mers, & autres Lieux plus considerables de la Chine : ‖ Enrichie d'un grand nombre de Tailles-douces. ‖ Le tout recueilli par le ‖ Mr. Jean Nieuhoff, ‖ Mre. d'Hostel de l'Ambassade, à present Gouverneur en Coylan : ‖ Mis en François, ‖ Orné, & assorti de mille belles Particularitez tant Morales que Politiques, par ‖ Jean le Carpentier, Historiographe. ‖ Premiere Partie. ‖ [Pl. gravée *Invidiae Prudentia Victrix.*] ‖ A Leyde. ‖ Pour Jacob de Meurs, Marchand Libraire ‖ & Graveur de la Ville d'Amsterdam, 1665. in-fol., pp. 290 + 7 ff. n. c. au com. pour le titre, l'ép. à Colbert, la préf. au lecteur, la table et le priv. Front. grav. ; port. de Colbert.

La seconde partie comprend la *Description générale de l'Empire de la Chine*, pp. 134 + 1 f. n. c. pour la description des Pl.

British Museum, 152, i, 9.

— Voir l'abbé Prévost.

— Extrait dv Voyage des Hollandois, envoyez ès années 1656. & 1657. en qualité d'Ambassadeurs vers l'Empereur des Tartares, maintenant Maistre de la Chine, traduit du Manuscrit Hollandois. *(Coll. de Thévenot*, 1ère Partie, 1696, pp. 29/et seq.) [No. V de Camus.]

C'est un abrégé de la relation suivante :

— Voyage des Ambassadevrs de la Compagnie hollandoise des Indes Orientales, envoyés l'an 1656. en la Chine, vers l'Empereur des Tartares, qui en est maintenant le Maistre, traduit d'un Manuscrit Holandois *(Ibid.*, II, 1696). [No. XXXII de Camus.]

Rovte des Holandois à Pekin. (Thévenot, *Col.)* [No. XXXIII de Camus.]

Cette route d'après l'avis inséré par Thévenot à la tête du Voyage est également de Nieuhoff.

— Relation de l'Estat present dv Commerce des Hollandois & des Portugais dans les Indes Orientales, où les places qu'ils tiennent sont marquées, & les lieux où ils traffiquent *(Recueil de Thévenot*, I, 1696). [No. XX de Camus.]

Thévenot dit à la fin de cette relation qu'il l'a traduite sur le Ms. original qui lui avait été envoyé de Hollande.

* Die Gesandtschaft der Ost-Indischen Gesellschaft in d. Verein. Niederländern, an den Tartarischen Cham, etc. Mit 150 Kupfertafeln. Amst., 1669, in-fol.

— Stuck cite des trad. all. : Amst. 1666, in-4 ; Amst. 1669, in-fol. ; Amst. 1675, in-fol.

— Legatio Batavica ‖ ad ‖ Magnum Tartariae Chamum ‖ Sungteium, ‖ Modernum Sinae Imperatorem. ‖ Historiarum narratione, ‖ quae ‖ Legatis in Provinciis Quantung, Kiangsi, Nanking, Xantung, ‖ Peking, & Aula Imperatoriâ ab Anno 1655 ad annum 1657 obtigerunt, ‖ ut & ardua Sinensium in bello Tartarico fortunâ, Provinciarum ‖ accurata Geographia, urbium delineatione, ‖ nec non ‖ Artis & Naturae miraculis ex Animalium, Vegetabilium, ‖ Mineralium genere per centum & quinquaginta aeneas figuras passim ‖ illustrata & conscripta vernacule ‖ per ‖ Joannem Nieuhovium, ‖ Primum Legationis Aulae magistrum, jam Coylanae Praefectum. ‖ Latinitate donata ‖ Per Clarissimum Virum ‖ Georgium Hornium, ‖ Historiarum in celeberrimâ Lugd. Batav. Acad. Prof. ‖ [Pl. grav. *Invidiae Prudentia Victrix.*] ‖ Amstelodami, ‖ Apud Jacobum Meursium, in Fossâ Imperatoriâ. ‖ Cum S. Caesareae Majestatis, Christianissimi Galliarum Regis, & Praepotentum ‖ Foederate Belgii Ordinum Privilegio. Anno doloclxviii, in-fol., pp. 184 et 172 + 5 ff. n. c. au com. pour le titre, la déd., etc.; + 4 ff. n. c. à la fin pour la tab., et la disp. des pl.; front. grav., port. de Nieuhof.

British Museum, 568, g, 6.

— An || Embassy || from the || East-India Company || of the || United Provinces, || to the || Grand Tartar Cham || Emperour of || China, || Delivered by their Excell[cies] || Peter De Goyer, and Jacob De Keyzer, || At his Imperial City of || Peking. || Wherein || The Cities, Towns, Villages, Ports, Rivers, &c. || In their Passages from Canton to Peking, || Are Ingeniously Described by Mr. John Nieuhoff, Steward to the || Ambassadours. || Also || an Epistle of Father John Adams their Antagonist, concerning the whole || Negotiation. || With || an Appendix of Several Remarks taken out of Father Athanasius Kircher. || Englished and set forth with their Several Sculptures, by John Ogilby, Esq.; Master of || his Majesties Revels in the Kingdom of Ireland. || London, || Printed by John Macock for the author, MDCLXIX. in-fol., pp. 327/18/106 + 2 ff. n. c. au com. pour le titre et le priv., Front. et gravures.

British Museum, 152, i, 3.

— An || Embassy || from the || East-India Company || of the || United Provinces, || to the || Grand Tartar Cham || Emperor of || China, || Deliver'd by Their Excellencies || Peter de Goyer and Jacob de Keyzer, || At His Imperial City of || Peking. || Wherein || The Cities, Towns, Villages, Ports, Rivers, &c. || In their Passages from || Canton to Peking, || Are Ingeniously Describ'd, || By M[r] John Nieuhoff, Steward to the || Ambassadors. || also || An Epistle of Father John Adams their Antagonist, || Concerning the Whole Negotiation. || With an Appendix of several Remarks taken out of || Father Athanasius Kircher. || English'd, and set forth with their several Sculptures, || By John Ogilby Esq.; || His Majesties Cosmographer, Geographick Printer, and Master of the Revels in the || Kingdom of Ireland. || The Second Edition. || London, || Printed by the Author at his House in White-Friers. M.DC.LXXIII. gr. in-fol., pp. 431 + 2 ff. n. c. au com. pour le titre, et la disp. des grav., front. gravé par Hollar et daté 1668.

British Museum, 568, i, 7.

(Nieuhof.)

— The Embassy of Peter de Goyer and Jacob de Keyzer from the Dutch East India Company to the Emperor of China in 1655. By John Nieuhoff, Steward to the Embassadors. [Translated from the Dutch.] (Pinkerton, VII, p. 231.)

JAN VAN CAMPEN ET CONSTANTIN NOBEL.

OLFERT DAPPER.

— Gedenkwaerdig bedryf der Nederlandsche Oost-Indische Maetschappye, op de kuste en in het keizerrijk van Taising of Sina : Behelzende het tweede Gezandschap Aen den Onder-koning *Singlamong* en Veldheer *Taising Lipoui;* Door Jan van Kampen en Konstantyn Nobel. Vervolgt met een verhael van het voorgevallen des jaers zestien hondert drie en vier en zestig, op de Kuste van *Sina,* en ontrent d'Eilanden *Tayowan, Formosa, Ay* en *Quemuy,* onder't gezag van Balthasar Bort : En het derde Gezandschap Aen *Konchy,* Tartarsche Keizer van Sina en Oost-Tartarye : onder beleit van zijne Ed. Pieter van Hoorn. Beneffens een Beschryving van geheel *Sina.* Verçiert doorgaens met verscheide kopere platen. Beschreven door Dr. O. Dapper. t' Amsterdam, By Jacob van Meurs, op de Keisers-gracht, in de Stadt Meurs. 1670. Met Privilegien. in-folio, pp. 504/264 à 2 col. s. l'ép.

Frontispice gravé avec le titre : Tweede en Derde Gesandschap na het Keyserryck van Taysing of China. met Previligien A° 1671.

Voir *Bib. Sinica,* col. 17.

Sur Olivier Dapper, voir la *Biog.* de Michaud, Vol. 10, pp. 125/6 (art. d'Eyriès). — *Allgemeine Encyclopädie* (Ersch und Gruber), 23, pp. 104/5.

— Gedenkwürdige Verrichtung || Der Niederlandischen || Ost-Indischen Gesellschaft || in dem Kaiserreich || Taising oder Sina, || durch ihre || Zweyte Gesandtschaft || an den Unter-könig *Singlamong* || und Feld-herrn *Taising Lipoui.* || Ausgeführet durch *Joan van Kampen,* und *Constantin Nobel;* || Woben alles das jenige was aus dem Sinischen See-Strande || und ben *Tajowan, Formosa, Aimuy,* und *Quemuy,* unter dem || Besehlhaber Balthasar Bort, im 1662. und || folgenden Jahre vorgefallen || erzählet wird. || Alls auch die || Dritte Gesandstschaft || an *Konchi,* Sinischen und Ost-Tartarischen Kaiser || verrichtet durch *Pieter van Hoorn.* || Zierbey ist gefüget || Eine Ausführliche Beschreibung des gantzen Sinischen Reichs; || Und ist durchgehends das gantze Werck

(Olfert Dapper.)

mit viel schönen Küpferstücken gezieret. ‖ Mit Freyheit | nicht nach zu drucken. ‖ Amsterdam | ‖ Bey Jacob von Meurs | ..... 1675, in-fol., à 2 col., pp. 336/76/164 + 3 ff. n. c. pour le titre, l'ép., etc. + 2 ff. n. c. à la fin de la 2e p., et 4 ff. n. c. à la fin de la dernière partie.

Le frontispice est semblable à celui de l'édition holl., mais les épreuves en sont moins bonnes; il porte le titre : Zweyte und Dritte Gesantschaft nach dem käiser-reich von Taysing oder China, mith. Previl. Ao. 1675.

Ce vol. se compose de trois parties ayant chacune son titre :

= Titre ut supra. Zweyte Gesandschaft, pp. 1/208.

= Die ‖ Dritte Gesandschafft ‖ an den ‖ Kayser von Sina oder Taising, ‖ und ‖ Ost-Tartarien. ‖ Verrichtet auf befehl des hohen Indischen Rahts von Batavia ‖ int 1666. und folgenden zwey Jahren | durch den Edlen Herr ‖ Peter von Hoorn. ‖ Darinnen die vornehmste Begebenheiten die auf der hin- ‖ und Wider-reyse durch die Landschafften Fokien, Chekiang, Xantung, ‖ Nanking, Peking, und an dem kayserlichen Tartarischen Hoff vorgefallen | ‖ aus dem Tagregister zu lesen vorgestelt werden. ‖ Gedruckt zu Amsterdam | ‖ Bey Jacob von Meurs | ..... | Anno 1674, pp. 209/336, 1/76 + 2 ff. n. c. pour la table.

= Beschreibung ‖ des ‖ Keyserthums ‖ Sina...... ‖ Beschrieben ‖ durch Dr. O. Dapper.... ‖ Amsterdam. ‖ ... Jacob von Meurs... ‖ Anno 1676, pp. 164 + 4 ff. n. c. [Voir *Bib. Sinica*, col. 17.]

British Museum, 568, g, 7.

= Atlas Chinensis : ‖ Being a Second Part of ‖ A Relation ‖ of ‖ Remarkable Passages ‖ in two ‖ Embassies ‖ from the ‖ East-India Company ‖ of the ‖ United Provinces, ‖ to the Vice-Roy ‖ Singlamong ‖ and general ‖ Taising Lipovi, ‖ and to ‖ Konchi, ‖ Emperor of ‖ China and East-Tartary. ‖ With ‖ A Relation of the Netherlanders Assisting the Tartar against Coxinga, ‖ and the Chinese Fleet, who till then were Masters of the Sea. ‖ and ‖ A more exact Geographical Description than formerly, both ‖ of the whole Empire of China in general, and in particular of every ‖ of the fifteen Provinces. ‖ Collected out of their several Writings and Journals, ‖ By Arnoldus Montanus. ‖ English'd, and Adorn'd with above a hundred several Sculptures, ‖ By John Ogilby Esq.; ‖ Master of His Majesty's revels in the Kingdom of Ireland. ‖ London, ‖ Printed by Tho. Johnson for the Author, and are to be had at his ‖ House in White-Fryers. M.DC.LXXI, in-fol., pp. 723 + 2 ff. n. c. au com. pour le tit., déd. à Charles II et disp. des pl.; grav. et front. gravé.

British Museum, 568, i, 8.

PIETER VAN HOORN.

Voir supra : DAPPER.

TITSINGH.

VAN BRAAM.

= Voyage de l'Ambassade de la Compagnie des Indes orientales hollandaises, vers l'Empereur de la Chine, dans les années 1794 & 1795 : Où se trouve la Description de plusieurs parties de la Chine inconnues aux Européens, & que cette Ambassade a donné l'ocasion de traverser : Le tout tiré du journal d'André Everard Van Braam Houckgeest, chef de la Direction de la Compagnie des Indes Orientales Hollandaises à la Chine, et Second dans cette Ambassade..... Et orné de Cartes et de Gravures = Publié en Français par M. L. E. Moreau de Saint-Méry. A Philadelphie, 1797-1798, 2 vol. in-4.

Tome Premier = 1797 = pp. lxxx-487. Dédicace à George Washington — Avertissement de l'éditeur = Notice des objets qui composent la Collection de dessins chinois de M. Van Braam = Avant-Propos — Itinéraire = Indications pour le Plan de la Ville de Peking = Notes et explications par ordre alphabétique..... pour former... un supplément à la Table Générale des Matières = Voyage de l'Ambassade.

Tome Second = 1798 = pp. xii-520. Indications pour le Plan de la Ville de Macao — Notes et Explications = Errata — Voyage de l'Ambassade — Supplément à la Relation du Voyage de l'Ambassade en Chine contenant plusieurs pièces relatives à cette ambassade et aux détails insérés dans cet ouvrage [pp. 355 et seq.] = Table générale des matières.

Ouvrage rare, mais il s'en trouve des ex. à la Bibl. nationale, $\frac{O^{2}n}{66}$, au British Museum, 148, d, 12/13, chez M. Léon Pagès, aux lib. Maisonneuve (Paris) et Brill (Leyde), chez nous (ex. Thonnelier).

= Voyage de l'Ambassade de la Compagnie des Indes Orientales Hollandaises, vers l'empereur de la Chine, en 1794 et 1795; Où se trouve la description de plusieurs parties de cet Empire inconnues aux Européens; Tiré du Journal d'André Everard Van-Braam Houckgeest, Chef de la Direction de cette Compagnie, et Second dans l'Ambassade. Publié par M. L. E. Moreau de Saint Méry. A Paris, chez Garnery..., A Strasbourg, chez Levrault... An 6 de la République (1798 v. st.), 2 vol. in-8.

* Moreau v. Saint-Mery, Med. L. El., Reise der Gesandtschaft der holländisch-ost-indischen Gesellschaft an den Kaiser von China in den Jahren 1794 u. 1795, worin man eine Beschreibung von mehreren den Europäern unbekannten Theilen dieses Reiches findet. Aus dem Tagebuche des Herrn And. Eb. van Braam Houkgeest ausgezogen u. herausgegeben; aus dem Franz. mit Anmerkungn. von dem Uebers. (J. Ad. Bergk.) 2 Thle. gr. in-8. Leipzig 1798-99. [Engelmann.]

= Reize van het Gezantschap der Hollandsche Oostindische Compagnie, naar den Keizer van China, in den Jaare 1794 en 1795. Waarin gevonden wordt eene beschrijving van verscheidene, aan de Europeaanen nog onbekende, gedeelten van dat Keizerrijk. Getrokken uit het dagverhaal van A. E. Van Braam Houckgeest. Opperhoofd der Nederlandsche Directie in China en Tweede bij gemelde Gezantschap. Door M. L. E. Moreau de Saint-Mery. Haarlem, François Bohn, MDCCCIV-MDCCCVI. 2 vol. in-8 — gravures.

— An Authentic Account of the Embassy of the Dutch East-India Company, to the Court of the Emperor of China, In the Years 1794 and 1795; (subsequent to that of the Earl of Macartney.) containing a description of several parts of the Chinese Empire, unknown to Europeans; taken from the Journal of André Everard Van Braam, Chief of the Direction of that Company, and Second in the Embassy. Translated from the original of M. L. E. Moreau de Saint-Méry. With a correct Chart of the Route. London : Printed for R. Phillips.... 1798, 2 vol. in-8.

— «Observations sur le Voyage de Van Braam», pp. 415/472 du *Voyage* de Charpentier-Cossigny, an VII (voir col. 1000).

DE GUIGNES.

— Voyages a Peking, Manille et l'île de France, faits dans l'intervalle des années 1784 à 1801, par M. de Guignes, Résident de France à la Chine, attaché au Ministère des Relations extérieures... A Paris, de l'Imprimerie impériale MDCCCVIII. 3 vol. in-8.

Tome Premier : Avant-Propos — Préface — Table des Empereurs de la Chine depuis 2953 avant J. C., jusqu'à l'année 1736 après — Itinéraire depuis Quanton jusqu'à Peking — Tableau de l'histoire ancienne de la Chine — Table Chronologique, contenant les Evénements relatifs à l'Histoire et à l'Astronomie de la Chine, depuis l'an 1122 avant J. C. jusqu'à l'ère chrétienne, mis en parallèle avec ceux des autres nations — Voyage à Peking pendant les années 1794 et 1795.

Tome Second : Retour de Peking, 15 Fevrier 1795 — Observations sur les Chinois.

Tome Troisième : Observations sur les Chinois — Observations sur les îles Philippines et sur l'île de France (Voyage à l'île de France et à Manille) — Retour en Europe — Table des Articles — Table alphabétique des Matières.

Cet ouvrage est accompagné d'un Atlas petit in-folio. «A Paris, de l'Imprimerie Impériale, MDCCCVIII» contenant 97 planches. Livres 14 — l'ex. de Beckford, l'un des six avec 2 états des grav., en noir et col. — Quaritch, 1872, 12.

Not. : *Quarterly Review*, II, Nov. 1809, pp. 255/275.

Charles Louis Joseph de Guignes, fils de Joseph de Guignes, né à Paris en 1759, est mort en 1845.

— «Réflexions critiques sur le Voyage à Pé-kin, de M. de Guignes fils» par l'Abbé Grosier dans sa *Description de la Chine*, 3e éd., Vol. I, pp. XV et seq.; ces réflexions sont suivies d'une lettre de Klaproth sur le même sujet.

— Voir dans le Vol. X des «Mémoires pour servir à l'histoire ancienne du globe», publiés par M. de Fortia d'Urban, Paris, 1809 :

Art. 466. Sur le Yu-kong et le voyage de M. de Guignes, pp. 33/39.

Art. 467. Premier Article de M. l'Abbé Grosier, pp. 39/54. (Réimp. de la *Gazette de France*, Samedi, 18 Février.)

Art. 468. Second Art. de M. l'Abbé Grosier, pp. 55/69. (*Ibid.*, Dimanche, 26 Février.)

Art. 469. Troisième Art. de M. l'Abbé Grosier, pp. 69/82. (*Ibid.*, Lundi, 6 Mars).

Art. 470. Quatrième et dernier Art. de M. l'Abbé Grosier, pp. 82/94. (*Ibid.*, Dimanche, 19 Mars 1809.)

Art. 471. Défense de M. de Guignes, pp. 95/97.

Art. 472. Réponse de M. de Guignes, pp. 97/106. (Réimp. de la *Gazette de France*, Mardi, 21 Mars 1809.)

Art. 473. De la certitude historique et des peuples antédiluviens. par Fortia d'Urban. (Réimp. du *Publiciste*, 29 Mars 1809, pp. 106/114.)

Art. 474. Réplique de M. de Guignes à M. Fortia d'Urban, pp. 114/116.

Art. 475. Réponse à M. de Guignes, pp. 117/118.

Art. 476. Réponse du père Amiot aux objections tirées du père de Prémare, pp. 118/124.

Art. 477. Conclusions du père Amiot sur l'antiquité des Chinois, pp. 124/136.

Art. 478. Nouvelles objections de M. de Guignes contre l'antiquité des Chinois, pp. 136/142 (Paris, 8 Avril 1809).

Art. 479. Réponse à M. de Guignes. Paris, 18 Avril 1809, pp. 142/146.

Art. 480. Du père Parennin et de son opinion sur l'antiquité de la Chine, pp. 146/154.

— Remarques philologiques sur les voyages en Chine de M. de Guignes, Résident de France à la Chine . . . . . par Sinologus Berolinensis. A Berlin, aux frais de l'auteur, 1809, in-8, pp. 168.

Not. : *Magasin Encyclopédique*, de Millin, II, 1810, pp. 210/211.

Sinologus Berolinensis = Antonio Montucci.

— Lettre sur les remarques faites par M. Montucci, sur le Voyage à Péking, de M. de Guignes. (*Annales des Voyages*, X, 1810, pp. 229/248) par de Guignes. — Paris, ce 15 janvier 1810.

— Audi alteram partem, ou Réponse de M. Montucci à la lettre de M. de Guignes insérée dans les *Annales des Voyages*, publiées par M. Malte-Brun. IIIme Souscription Tom. II. Cah. II. in-8, pp. 46 [Berlin, 1810].

Voir sur cette querelle, la col. 783.

— Coup d'œil sur l'empire chinois, son antiquité, ses forces et sa civilisation; d'après le Voyage à Péking par M. de Guignes fils, comparé aux Relations des Missionnaires. (*Annales des Voyages*, publiées par M. Malte-Brun, VII, 1810, pp. 191/245.)

— Réflexions sur les anciennes observations astronomiques des Chinois, et sur l'état de leur empire dans les temps les plus reculés, lues à l'Institut de France; par M. de Guignes fils (*Ibid.*, VIII, 1810, pp. 145/189).

Les Voyages de De Guignes ont été traduits :

* — Trad. en anglais. London, 1809, in-4.

* De Guignes...., Reisen nach Peking, Manila u. Isle de France in den Jahren 1784

bis 1801. Aus dem Franz. von K. L. Mths. Müller. Mit Kpf. u. Karte. Leipzig. Hinrichs, 1810. 2 Bde. in 3 Theilen. [Engelmann.]

— Viaggi a Pekino, a Manilla ed all' isola di Francia fatti negli anni 1794 al 1801 da M. De Guignes versione dal Francese di F. C. Con rami colorati. Milano, Presso l'editore Lorenzo Sonzogno, 1829-1830, 4 vol. in-12.

∴

— Voir le Vol. de Traités de Mayers.

V. — ANGLETERRE.

PREMIÈRES RELATIONS AVEC LA CHINE. — EAST-INDIA COMPANY. — OUVRAGES DIVERS.

— A short History of the East India Company: exhibiting a state of their affairs, abroad and at home, political and commercial; The nature and magnitude of their commerce, and its relative connection with the government and revenues of India; and a Discussion on the Question of Right to the Conquered Territories in India; also Remarks on the Danger and Impolicy of Innovation, and the Practical Means of ensuring all the good Effects of a Free Trade to the Manufacturers of Great Britain and Ireland, by Matter of Regulation, without disturbing the Established System. The Second Edition, with some Additions. To which is added an Abridgment of the New Act. F. R. — London: Printed for John Sewell, 1793, in-4.

— British intercourse with China, since the reign of Queen Elizabeth; details of the Recent War, and treaties with England. (Montgomery Martin, *China*, Vol. II, Chap. I.)

— Hugh Murray, *Historical Account*, III, Chap. IV.

— John Phipps' Practical Treatise on the China and Eastern Trade, 1836. [Voir col. 1031.]

— Extracts from the early records of the East-India Company's Factory in China. (*Canton Register*, 1839, Vol. 12, No. 20, pp. 95/7.)

C'est une série de faits relatifs à l'E.-I. Co., en Chine, arrangés par ordre chronologique de 1637 à 1800.

(Divers.)

— Chinese Official Account of Portuguese and English Embassies translated from the Li-pu-tse-li published in 1844. 禮部則例 (*Chinese Rep.*).

— Calendar of State Papers, Colonial Series, East-Indies, China and Japan, 1513—1616, Preserved in Her Majesty's Public Record Office, and elsewhere. Edited by W. Noël Sainsbury, Esq., of the Public Record Office, ... London: Longman, ... 1862, gr. in-8.

— 1617—1621 .... 1870, gr. in-8.

— 1622—1624 .... 1878, gr. in-8.

— The letters of the Queenes most excellent Maiestie sent in the yere 1596 vnto the great Emperor of *China* by M. *Richard Allot* and M. *Thomas Bromefield* marchants of the citie of London, who were embarqued in a fleet of 3 ships, to wit, *The Beare, The Beares Whelp*, and the *Beniamin*; set forth principally at the charges of the honourable knight *Sir Robert Duddeley*, and committed vnto the command and conduct of M. *Beniamin Wood*, a man of approued skill in nauigation: who, together with his ships and company (because we haue heard no certaine newes of them since the moneth of February next after their departure) we do suppose, may be arriued vpon some part of the coast of *China*, and may there be stayed, by the said Emperour, or perhaps may haue some treacherie wrought against them by the Portugales of *Macao*, or the Spaniards of the *Philippinas*. (Hakluyt, *Voyages*, III, pp. 852/854.)

En latin et en anglais.

(Divers.)

— Considerations on the danger and impolicy of laying open the trade with India and China; including an examination of the objections commonly urged against the East-India Company's commercial and financial management... London: Printed for Longman.... 1812, in-8, pp. 212 + 2 ff. n. c. au com. pour le titre et la préf.

« The following Sheets contain the substance of a series of Letters which appeared in the *Morning Chronicle* in the course of last summer, under the signature of COSSIM. The author finding the subject too extensive to be fully discussed within the limits of a newspaper, resolved to submit his thougths to the Public in their present shape : London, December, 1812. » (Pref.)

British Museum, 8245, b.

— Facts relative to the China Trade, shewing its Importance to this Country and the Inexpediency of its remaining exclusively in the Hands of the East-India Company. Edinburg, 1813, in-8.

— A delicate inquiry into the Embassies to China, and a legitimate conclusion from the premises. London : Printed for Thomas and George Underwood..... 1818, in-8, pp. 31.

— Facts relating to Chinese Commerce; in a letter from a British Resident in China to his friend in England. London : J. M. Richardson.... 1829, in-8, pp. VIII-66.

— East-India and China Trade. — A Review of the Arguments and Allegations which have been offered to Parliament against the renewal of the East-India Company's Charter. London : Effingham Wilson.... 1829. Price Two Shillings, in-8, pp. 74.

— A Series of Letters on the East-India Question. Addressed to the Members of the two Houses of Parliament. By Henry Ellis, Third Commissioner of the last Embassy to China. Letter I. Second Edition. London : John Murray.... MDCCCXXX, in-8, pp. 80.

— Remarks on Free Trade to China. London : C. J. and F. Rivington... 1830, in-8, pp. 20.

— Report from the Select Committee of the House of Commons on the Affairs of the East-India Company. China Trade. London: Parbury, Allen & Co., 1830, in-8, pp. 51.

— China Trade : containing the entire substance of the evidence laid before the House of Commons, In the Session of 1830; extracted and condensed, from the Report of the Committee; for commercial and political uses. By Thomas John Buckton, Honorary Secretary of the Hull Committee on the India and China Trades. Hull : Printed and published by I. Wilson.... 1831, br. in-8, pp. VIII-106.

— Notice. *Com^{ce}* : Several recent acts of the Chinese Government have compelled the President... *Sig.* R. Hudleston, Secretary. — British Factory. Macao 20th. May, 1831. Pièce. 1 f. in-fol.

British Museum, 717, $\frac{m,\ 19}{158}$.

— Address of the British Merchants, to His Excellency the Foo-yuen of Canton (and the Hoppo) etc. [1831.] Pièce in-fol., 2 ff. n. c.

Do/159.

— Notice. *Com^{ce}* : The President &c. Select Committee on the 20th ultimo gave public notice that « Several recent acts... » *Sig.* H. H. Lindsay, Secretary. — British Factory. Macao, June 10th. 1831. Pièce in-fol., 2 ff. n. c.

Do/160.

— Resolutions of the British Merchants of Canton. Canton, 30th May, 1831, Pièce in-fol., 1 f. n. c.

Do/161.

— Observations on the influence of the East-India Company's Monopoly on the price and supply of Tea; and on the commerce with India, China, etc. Reprinted, (by permission of the publishers), with corrections and amendments, from the Edinburgh Review, No. CIV. London : Printed for Longman.... 1831, in-8, pp. 41.

— Our Relations with China. (*Asiatic Journal,* Vol. VII, N. S., 1832, pp. 161/175.)

— Letter to the Right Hon. Charles Grant, President of the Board of Controul, on the present state of British intercourse with China. By Charles Marjoribanks, Esq. M. P. late President of the Select Committee in China. London : J. Hatchard and Son... 1833, in-8, pp. 66.

— A Letter to Lord Althorp, on the China Trade. Occasioned by an Article in the « Edinburgh Review », No. CIV.... London : James Ridgway, Piccadilly, MDCCCXXXIII, in-8, pp. 46.

«A considerable portion of this Letter was written immediately on the appearance of the Article to which it refers, in January, 1831, and published in the *Asiatic Journal*, in the following May.»

— British Relations with the Chinese Empire in 1832. — Comparative Statement of the English and American Trade with India and Canton. London, Parbury Allen & Co., 1832, in-8, pp. 148.

— Free intercourse with China; present situation of the country; remarks on it, by Staunton, Marjoribanks, Auber, and by writers in the Quarterly and Westminster Reviews, Spectator (London newspaper), and Alexander's East-India Magazine. By E. C. Bridgman. *(Ch. Rep.*, III, pp. 128 et seq.)

— British Authorities in China (Canton). By E. C. Bridgman. *(Ibid.* pp. 324 et seq.)

— Sur William John, Lord Napier of Merchiston, mort à Macao, le Samedi 11 octobre 1834, consulter :

The Canton Register, Oct. 14, 1834 et seq.

The Chinese Repository, III, Oct. 1834, pp. 280 et seq.

A funeral Sermon, occasioned by the death of the Right Honorable William-John, Lord Napier, his Britannic Majesty's chief Superintendent in China. Preached at Canton, on Lord's Day, the 26th instant, by the Reverend E. C. Bridgman *(Chinese Repository*, III, pp. 271 et seq., Oct. 1834).

∴

— Sir James B. Urmston, 1833, voir col. 1030.

* Remarks on British Relations and intercourse with China. By an American Merchant. London, 1834.

Not. par E. C. Bridgman, *Ch. Rep.*, III, pp. 406 et seq.

— Joseph Thompson, 1835, voir col. 1031.

— Letter to the Right Honourable Viscount Palmerston, on British Relations with China. By H. Hamilton Lindsay (late of the Honourable East-India Company's Service in China), Author of «the Report of the Amherst's Voyage to the North East Coast of China». Third Edition; London : Saunders and Otley, 1836, in-8, pp. 19.

Not. : *Ch. Rep.*, V, p. 246, Oct. 1836.

— Remarks on the British relations with China, and the proposed plans for improving them. By Sir George Thomas Staunton, Bart. Second Edition, with notes and illustrations. London : Edmund Lloyd, Harley Street; and Simpkin & Marshall, Stationers' Hall Court, MDCCCXXXVI, in-8, pp. VII-70.

Not. : *Ch. Rep.*, V, p. 248, Oct. 1836.

— Address to the People of Great Britain, explanatory of our commercial relations with the Empire of China, and of the course of Policy by which it may be rendered an almost unbounded field for British Commerce. By a Visitor to China. London : Smith, Elder & Co., 1836, in-8, pp. 127.

Not. par E. C. Bridgman, *Chin. Rep.*, V, July, 1836, p. 123.
Visitor to China. = G. J. Gordon.

— James Matheson, 1836, voir col. 1031.

* Remarks on the late Lord Napier's Mission to Canton; in reference to the present state of our relations with China. By James Goddard Esq., late of Canton. London, 1836, pp. 21.

Not. : *Ch. Rep.*, V, p. 250.

— Relations of Great Britain with China. By E. C. Bridgman. *(Chinese Rep.*, V, pp. 123 et seq.)

— Observations on our Chinese Commerce; including remarks on the proposed reduction of the tea duties, our new settlement at Hongkong and the Opium Trade. By Sir George Thomas Staunton, Bart. M. P. John Murray, London, 1850, in-8, pp. 52.

— Der Zwist zwischen den Engländern und Chinesen (La dispute entre les Anglais et les Chinois). *[Asiatische Studien* von C. F. Neumann, 1837, pp. 203/254.]

— Trade with China. — A Letter addressed to the British Public on some of the advantages that would result from an occupation of the Bonin Islands. By G. Tradescant Lay, Naturalist in Capt. Beechey's Expedition; (Now Agent of the British and Foreign Bible Society for Eastern Asia.) London: Published by Royston & Brown..., 1837, br. in-8, pp. 17.

— Narrative of the late Proceedings and Events in China. By John Slade, Editor of the *Canton Register*. — China. Printed at the *Canton Register* Press. 1839, in-8, pp. VI-183-75.

— Memoranda of a visit to Chun how, the temporary residence of the imperial commissioner, who in person there superintended the destruction of the opium, recently surrended to the Chinese government. June 17th, 1839. *(Canton Register*, Vol. 12, No. 29, July 16th, 1839.)

— The Iniquities of the Opium Trade with

China; being a developement of the main causes which exclude the Merchants of Great Britain from the advantages of an unrestricted commercial intercourse with that vast Empire. With extracts from authentic Documents. By the Rev. A. S. Thelwall, M. A., of Trinity College, Cambridge. Drawn up at the request of several Gentlemen connected with the East-India Trade. London : Wm. H. Allen .... 1839, in-8, pp. x-178.

Ch. Rep., VIII, pp. 310/317, par. E. C. Bridgman. — *Quart. Rev.*, Vol. 65, 1840.

Voir col. 866.

— Opium Crisis. A Letter addressed to Charles Elliot, Esq., Chief Superintendent of the British Trade with China. By an American Merchant [King], Resident at Canton. London : Edward Suter, ... MDCCCXXXIX, in-8, pp. 82.

Not. : *Quart. Rev.* : Vol. 65, 1840. — *Ch. Rep.*, IX, by E. C. Bridgman.

* The Rupture with China, and its causes; including the Opium question, and other important details; in a Letter to Lord Viscount Palmerston, Secretary to Foreign Affairs. By a Resident in China. London, 1840, in-8.

Not. : *Quart. Rev.* : Vol. 65, 1840. — *Ch. Rep.*, IX, by E. C. Bridgman.

— A Voice for China to my countrymen, the government, and my church. By a Minister of the Established Church, M. A., Cantab .... London, Nisbet, 1840, in-8, pp. 37 + 1 f. n. c.

— The Opium Question. By Samuel Warren, Esq. F. R. S. of the Inner Temple, Barrister-at-law. Fourth edition. London : James Ridgway, MDCCCXL, in-8, pp. IV-130.

Cette édition est précédée d'une note datée « *20th February, 1840* ». La « notice » de la 1ère. édition est datée du « *14th January, 1840* ». — La 3e. édition est de Janv. 1840.

Voir un compte-rendu dans le *Ch. Rep.*, IX, pp. 156/165 par E. C. Bridgman.

— The Chinese Vindicated, or another View of the Opium Question; being in reply to a pamphlet, by Samuel Warren, Esq. F. R. S. Barrister at Law in the Middle Temple. By Captain T. H. Bullock, H. H. the Nizam's Army. London : Wm. H. Allen & Co., 1840 [March], in-8, pp. VIII-120.

Voir un compte-rendu dans le *Ch. Rep.*, IX, pp. 311/321 par E. C. Bridgman.

— Review of the Management of our affairs in China, since the opening of the trade in 1834; with An Analysis of the Government Despatches from the assumption of Office by Capt. Elliot, on the 14th December, 1836, to the 22d of March, 1839. London, Smith Elder & Co., 1840, in-8, pp. 217.

— Is the War with China a just one? By H. Hamilton Lindsay, late of the Honourable East India Company's Service in China. London : James Ridgway, 1840, in-8, pp. 40.

* Brief Observations respecting the pending disputes with the Chinese, and a proposal for bringing them to a satisfactory conciliation. London, 1840.

Quart. Rev., Vol. 65, 1840.

— Some *Pros* and *Cons* of the Opium Question; with a few suggestions regarding British Claims on China. « Ratione non irâ. » — London : Smith, Elder & Co., 1840, in-8, pp. 43.

— War with China and the Opium Question. *(Blackwood's Magazine,* Mars 1840.)

Probablement par T. de Quincey : Voir une lettre de Jno. G. W. Sykes dans *The Athenaeum,* No. 2385, July 12, 1873.

— The right, obligation, & interest of the Government of Great Britain to require redress from the Government of China, for the late forced surrender of British-owned opium at Canton. By Alexander Graham, Esq. ... Robert Stuart & Co., Glasgow ... MDCCCXL, in-8, pp. 35.

— Peace with China! or, the Crisis of Christianity in Central Asia : a Letter to the Right Honourable T. B. Macaulay, Secretary at war. By Robert Philip, author of « Open China », and « No Opium » (in 1835), and of « the Life and Opinions of Dr. Milne, the second Protestant Missionary in China », etc. .... London : John Snow, 1840, in-8, pp. 15.

— Remarks on occurrences in China since the opium seizure in March 1839 to the latest date. By a Resident in China. London : Sherwood, Gilbert, and Piper, Paternoster Row, 1840, in-8, pp. 103.

— The English in China. By William Curling Young. London : Smith, Elder & Co., 1840, pet. in-8, pp. XII-147.

Avec une carte.

— La Chine, l'opium et les Anglais. Documents historiques sur la compagnie anglaise des Indes Orientales, sur le commerce de la Grande-Bretagne en Chine, et sur les causes et les événements qui ont amené la guerre entre les deux nations, Extraits des rapports officiels adressés au gouvernement anglais, des édits et actes du gouvernement chinois, et des publications de résidents anglais en Chine. Orné de figures, et d'une carte géographique.... par M. Saurin. Paris, Roret, 1840, in-8, pp. III-113.

— England and China : their future duty, interest, and safety. In a letter to the Right Hon. Sir R. Peel, Bart. &c. &c. &c. By an Englishman. London : Smith, Elder, & Co., . . . 1842, in-8, pp. 23.

— A Voice from China and India . . . . By James Pegg . . . 1846. [Voir col. 867.]

— English Embassies to China. (*Blackwood's Mag.*, LXXXIX, 42.)

— English Influence in China. (C. W. Dilke.) (*Macmillan's Mag.*, XXXIV, 557.)

— Our national Relations with China. Being two Speeches delivered in Exeter Hall and in the Free-trade Hall, Manchester, by the Bishop of Victoria. London : T. Hatchard, 1857, br. in-8, pp. 23.

GUERRE D'OPIUM.

— Hints for collecting information compiled for the expedition to China, s. l. n. d., in-8, pp. 66-XVIII.

William Rushton & Co., Printers, Calcutta.
Calcutta 1st May 1840.

— La Chine et l'Angleterre, ou Histoire de la déclaration de guerre faite par la Reine d'Angleterre à l'Empereur de la Chine. Par M. le Marquis de Fortia d'Urban, de l'Académie des Inscriptions et Belles-Lettres . . . . . Paris, chez l'auteur . . . . 1840, in-12, pp. IV-336.

Le commencement de cet ouvrage a paru dans trois feuilletons imprimés dans les numéros des 11, 12 et 13 Mai 1840 de l'*Écho français*.

Ce vol. contient, pp. 309/328, une « Notice sur Singapour », extraite du *Moniteur Universel*, du Dimanche, 23 Janvier 1842.

A.-D. de Jancigny. *Les Indes anglaises.* — I. Affaires de l'Afghanistan. Expédition anglaise au delà de l'Indus. (*Revue des Deux Mondes*, 1 janvier 1840.) — II. Système fluvial de l'Indus. Le Scinde, 15 février 1840. — III. L'Afghanistan, Mœurs des Afghans, 15 mars 1840. — IV. L'Hindoustan. Expédition de Khiva. Affaires de Chine, 15 mai 1840. — V. Progrès de la Puissance anglaise en Chine et dans l'Inde. Expédition de Chine (1840). L'Inde britannique en 1840, 15 avril 1841.

— Note sur la guerre entre l'Angleterre et la Chine, par Ed. B(iot). (*Journal Asiatique*, Janvier 1841, pp. 92/96.)

— Narrative of a recent Imprisonment in China after the wreck of the Kite. By John Lee Scott. London : W. H. Dalton, 1841, pet. in-8, pp. XI-131.

The *Kite* was wrecked on the 15th of Sept. 1840.

— The Fall of the City of Chin-kiang-Fu. (An incident in the Chinese Opium War [1840—1].) Translated from the Japanese by E. M. S[atow]. (*Ch. & Jap. Rep.*, Oct. 1865.)

— Six months with the Chinese Expedition; or, Leaves from a Soldier's Note-book. By Lord Jocelyn, late military Secretary to the China Mission. Sixth edition. London : John Murray, MDCCCXLI, pet. in-8 de pp. XVI-155.

Lord Jocelyn est arrivé à Chousan le 2 Juillet 1840. Il est parti le 24 Octobre.

— Second edition : London, John Murray, MDCCCXLI.

Not. : *Ch. Rep.*, par E. C. Bridgman, X, pp. 510 et seq.

— La Campagne de Chine ou six mois avec l'expédition anglaise par Lord Jocelyn, Secrétaire militaire de la Mission envoyée en Chine avec l'expédition par Xavier Raymond. Deuxième édition. Carte et dessins. Paris, H. Delloye, 1841, in-12, pp. VII-200.

— Die Chinesische Expedition in den Jahren 1840 und 1841. Von Lord Jocelyn und Lieut. Mackenzie. A. d. Engl. v. E. Olfermann. 2 Thle. mit 1 Plan. Braunschweig, 1843, in-12.

— Narrative of the Second Campaign in China by Keith Stewart Mackenzie, Esq. Late military Secretary to the Commander-in-chief. London : Richard Bentley, 1842, in-12, pp. x-253 et une carte. Pub. à 10 s. 6 d.

— Seconde Campagne de Chine par K. S. Mackenzie, Lieutenant au 90e régiment d'infanterie, faisant suite au récit de la première campagne par Lord Jocelyn. Traduit par Xavier Raymond. — Plans.

— Raymond-Bocquet, [Paris], 1842, in-12, pp. XII-200.

John Lemoinne. Des Affaires de la Chine et de l'Afghanistan. *(Revue des Deux Mondes,* 15 Décembre 1842.)

— Narrative of the Expedition to China, from the Commencement of the War to its termination in 1842, by Commander J. Elliot Bingham, R. N. 2nd ed. London, Henry Colburn, 1843, 2 vol. in-12.

La première édition est de 1842.

Not. : *Asiatic Journal,* XL, 1843, pp. 38/41.

— Der Krieg mit China von seinem Entstehen bis zum gegenwärtigen Augenblicke. Nebst Schilderungen der Sitten und Gebräuche dieses merkwürdigen, bisher fast noch unbekannten Landes vom Comm. J. Elliot Bingham . . . Nach dem Englischen von Dr. V. F. L. Petri. Braunschweig, Westermann, 1843. 2 Thle. avec une carte, gr. in-12.

— The War in China. Narrative of the Chinese Expedition from its formation in April 1840, to the Treaty of Peace in August 1842. By D. Mc Pherson, M. D. Madras Army, attached to the service of His Highness the Nizam, and lately with the 37th Grenadier Regiment in China. 3rd edition. London, Saunders and Otley, 1843, in-8.

First edition, 1842.

Deux articles de Mc Pherson qui avaient paru dans le *Ch. Rep.* sont compris dans ce volume.

Not. : *J. des Savans,* 1844, par Biot, pp. 577/594.

— Der Krieg in China, nach geschichtlichen Mittheilungen der Brittischen Offiziere M' Pherson, Elliot-Bingham u. A., von C. Richard. Zweite Ausgabe. Aachen und Leipzig, Verlag von Jacob Anton Mayer, 1845, in-8, pp. XVI-372.

British Museum, 9056, gg, 3.

La première édition de cette trad. est de 1843, in-8. Elle est identique à la seconde.

— The Closing Events of the Campaign in China : the Operations in the Yang-tze-kiang, and the Treaty of Nanking, by Capt. Granville G. Lock, R. N. London, John Murray, 1843, in-12.

— Letzte Ereignisse des Feldzuges in China, mit statistischen und sittenschildernden Beobachtungen, von Captain Granville G. Loch, R. N. Nachtrag zu dem «Krieg in China», von C. Richard. Aachen und Leipzig, Jacob Anton Mayer, 1844, in-8, pp. VII-176.

— Doings in China. Being the personal Narrative of an Officier engaged in the China Expedition from the recapture of Chusan in 1841 to the Peace of Nankin in 1842, by Lieut. Alexander Murray. London, Richard Bentley, 1843, in-8.

— An Aide-de-Camp's Recollections of Service in China, a Residence in Hongkong, and Visits to other Islands in the Chinese Seas, by Captain Arthur Cunynghame. London, Saunders & Otley, 1844, 2 vol. in-12.

*Réimp. à Philadelphie.

— An Aide-de-Camp's Recollections of Service in China, a Residence in Hong-kong, and visits to other islands in the Chinese Seas. By Colonel Arthur Cunynghame, . . . London : Richard Bentley, 1853, pet. in-8, pp. X-374.

— The Chinese War : an Account of all the Operations of the British Forces from the commencement to the Treaty of Nanking by Lieutenant John Ouchterlony, F. G. S. London, Saunders & Otley, 1844, in-8.

— The last year in China to the Peace of Nanking : as sketched in letters to his friends, by a Field Officer, actively employed in that country. With a few concluding remarks on our past and future policy in China. London : Longman, 1843, pet. in-8, pp. VIII-197.

— Narrative of a Voyage round the World, performed in Her Majesty's Ship *Sulphur,* during the years 1836—1842, including details of the naval operations in China, from Dec. 1840, to Nov. 1841. Published under the Authority of the Lords Commissioners of the Admiralty. By Captain Sir Edward Belcher, R. N . . . . . Commander of the Expedition. London : Henry Colburn 1843, 2 vol. in-8.

— Journals kept by Mr. Gully and Capt. Denham during a captivity in China in the year 1842. Edited by a Barrister. London : Chapman & Hall, 1844, in-8, pp. 198 + 1 f. n. c. à la fin.

Not. : *Asiatic Journal,* 3rd Ser., II, 1844, pp. 352/360.

— Geschichte des englisch-chinesischen Krieges von Karl Friedrich Neumann. Leipzig, Teubner, 1846, in-8, pp. VIII-358.

— Geschichte des englisch-chinesischen Krieges von Karl Friedrich Neumann. Zweite vermehrte Auflage. Leipzig, Teubner, 1855, in-8, pp. x-374.

— Narrative of the voyages and services of the *Nemesis,* from 1840 to 1843; and of the combined naval and military operations in China : comprising a complete account of the Colony of Hongkong, and remarks on the character and habits of the Chinese. From Notes of Commander W. H. Hall, R. N. With personal observations by W. D. Bernard, Esq., A. M., Oxon. London : Henry Colburn, 1844, 2 vol. in-8.

1845, in-8.

— The *Nemesis* in China, comprising a History of the late War in that Country; with a complete Account of the Colony of Hongkong from the Notes of Captain W. H. Hall, R. N., and the personal observations of W. D. Bernard, Esq., A. M., *Oxon.* Henry Colburn, 1846, 3rd ed., in-8.

— The *Nemesis* in China, comprising a History of the late War in that Country; with an account of the Colony of Hongkong. From Notes of Captain W. H. Hall, R. N., F. R. S. and personal observations by W. D. Bernard, Esq., A. M. Oxon. Third Edition, with a new introduction. London : Henry Colburn, 1847, in-8.

— Five Years in China; from 1842 to 1847, with an Account of the Occupation of the Islands of Labuan and Borneo by Her Majesty's Forces by Lieutenant F. E. Forbes, R. N. London, Richard Bentley, 1848, in-8.

— On trouvera dans *The Chinese Repository* de nombreux articles sur cette guerre :

Vol. VIII. Proclamations de Lin, pp. 167, 212, 426. — Articles divers par E. C. Bridgman et J. R. Morrison, pp. 180, 216, 221, 264, 269, 378, 489, 441, 619, 107, 241, 321.

Vol. IX. Hostilities with China : communication for the emperor's ministers; the queen's plenipotentiaries; British forces; the white flag; and the occupation of Chusan [by E. C. Bridgman] (Aug. 1840, pp. 219/238).

Cet article reproduit : le compte-rendu de la visite de Mr Thom à Amoy (en Juillet 1840), pp. 222/228, datée « On board H. B. M. frigate *Blonde*, 7th July, 1840 » — et des lettres adressées au *Canton Register* et à la *Canton Press*.

Attack on the Barrier at Macao (Aug. 1840, pp. 238/239) [by E. C. Bridgman].

War with China : order in Council, presented to Parliament by Her Majesty's command, April 4th; parliamentary debate on its policy, with remarks on the same from the *Friend of China* (Sept. 1840, pp. 241/257).

Sur l'occupation de Chousan, etc. Voir (Oct. 1840, pp. 408 et seq.).

Foraging on Tsungming — Chusan — Negotiations off the Bogue; etc. Armistice . . . . (by E. C. Bridgman). (Dec. 1840, pp. 639 et seq.)

Vol. X. Battle at Chuenpe : the position and number of the respective forces engaged in the action, with details of its progress and effects (by E. C. B.). (Jan. 1841, pp. 37 et seq.)

Proclamations of Charles Elliott (Macao, 20th January 1841). (Jan. 1841, pp. 63/4.)

Memorial from Keshen, concerning the attack on Chuenpe; with Replies thereto from the Emperor (Feb. 1841, pp. 108/115). (By J. R. Morrison.)

Perfidy with interruption of negotiations; battle at the Bogue; rewards for Englishmen; detention of prisoners at Chusan; imperial edict declaring war of extermination; present state of affairs (Feb. 1841, pp. 116/118).

Rewards for British ships and British subjects, offered by Eleang, the lieut. governor of Canton, in a proclamation dated February 27th, 1841 (March 1841, pp. 174/175).

Progress of the War; battle of the Bogue and destruction of the forts there and on the river up to Canton; armistice and arrangements for trade agreed on [by E. C. Bridgman]. (*Ch. Rep.*, March 1841, pp. 176/183.)

Loss of the Ship *Kite*, and Mrs. Noble's narrative of her captivity and sufferings in prison in China, in 1840—41; in a letter to a friend (April 1841, pp. 191/204).

Return of British Merchants to Canton; Keshen's Memorial on the defenses of the province (by J. R. Morrison). (April 1841, pp. 233/240.)

Le mémoire de Keshen est également traduit dans *The Hongkong Gazette*, No. I.

Attack on the English Ships at Canton (by E. C. Bridgman). (May 1841, pp. 290 et seq.)

Notices of the bombardment of Canton by the British forces under Sir Hugh Gough, on the 25th of May, 1841 (by E. C. Bridgman). (June 1841, pp. 340 et seq.)

A brief account of the assault and capture of the heights and forts above the City of Canton, &c., &c. By an eyewitness (Dr. Macpherson). (July 1841, pp. 390/401.)

Memorial from Yihshan and his colleagues to the emperor concerning the capture of the forts and heights above Canton (from the *Canton Press*). (By R. Thom.) (July 1841, pp. 402/407.)

Memorials and Edicts relating to the military operations on the coast, during the visit of the first English expedition (by R. Thom). (Aug. 1841, pp. 433/448).

Arrival of Sir Henry Pottinger, in the Sesostris, 10th Aug., 1841 (Aug. 1841, pp. 475 et seq.).

Capture of Capt. Anstruther at Tinghae (Sept. 1841, pp. 506/10).

Progress of H. B. M.'s second expedition, from Canton to Amoy, with particulars of the Capture of Amoy on the 26th of August (Sept. 1841, pp. 522/527).

Two papers relating to the present position of affairs between the English and Chinese. Written by Chinese, and translated by J. L. S(huck). (Oct. 1841, pp. 529/535.)

Progress of H. B. M's second expedition; losses of the Chinese at Amoy; Keshen's trial; Lin's recall and new appointment on the Yellow river; affairs at Canton and Hongkong. (Oct. 1841, pp. 587/592.)

Narrative of Events since the battle above Canton; sickness at Hongkong; tyfoons of 21st and 26th of July; the fall of Amoy, Chusan, Chinhae, and Ningpo. By a Correspondent (D. Macpherson).

The Trial and condemnation of his excellency, commissioner Eleepoo. Translated from the *Peking Gazette*, by J. L. S(huck). (Nov. 1841, pp. 633/635.)

A Memorial addressed by his imperial majesty, by Lew Yunko, the lieutenant-governor of Che keang and his colleagues, respecting the fall of Ningpo, and the state of the defences in the province. Dated Oct. 27th 1841, and forwarded by express (Dec. 1841, pp. 675/682). By J. R. Morrison.

. . . .

— Capture of Wusung and Shanghai in 1842. The Despatches of Admiral Sir William Parker, K. C. B. (Réimp. dans the *Chin. & Jap. Rep.*, Jan. 1865.)

— Question anglo-chinoise. Lettres de Chine : I. Portée morale et politique de la guerre (*Revue des Deux Mondes*, 15 février 1842). — II. Préliminaires de la crise (1 mars 1842). — III. L'Expédition anglaise et la Diplomatie chinoise : capitulation de Canton, (1 juin 1842). — IV. Seconde expédition anglaise; Prise d'Amoy, Chusan, Chin-haë, Ning-po; ouverture du Céleste-Empire au Commerce européen, (1 juillet 1842). Par Adolphe Barrot.

— Charles Lavollée : La Guerre de Chine (1840 à 1841), d'après les documens chinois. (*Revue des Deux Mondes*, 1 janvier 1853.)

— China during the War.... By Sir John Francis Davis. [Voir col. 62.]

Not. : *China Mail*, No. 401, Oct. 21, 1852 et No. 411, Dec. 30, 1852.

— China. By Thomas de Quincey. A Revised Reprint of Articles from « Titan » with preface and additions. Edinburgh : James Hogg, 1857, in-8, pp. IV-152.

— China. (From' Titan', Vol. XXIV, 1857.) (De Quincey's *Works*, Vol. XVI. Edinb., A. & C. Blacks, 1871, pp. 227/254.)

— The Opium Question and the Northern Campaigns : Including Notices of some strictures by Reviewers of the former; and indications of the salient points of the latter, down to the Treaty of Nan-king : With remarks upon its preliminaries and provisions and notices of incidents of the hostile protest of the Canton people against it. And an Appendix including the Inaugural Address at Concordia Hall, Canton. By Gideon Nye, C. M. A. G. S.... Canton, 1875, in-4.

Cet ouvrage a pour second titre :

The Opium Question and the Northern Campaigns. A Lecture in two parts : being the third of the Series designed to present a view of Forty years of Foreign Intercourse with China : 1833—74. Part. I. The Opium Question. Read before a portion of the Canton Community July 1st, 1874.

Poole's *Index to Periodical Literature* cite les articles suivants sur cette guerre (1840—42) :

(F. Wharton) *Hunt's Merchants' Magazine*, IV, 9. — (E. W. Sloughton) *Hunt*, II, 386. — *Foreign Quart.*, XXIV, 106; XXV, 188; XXXIV, 432. — *Brit. & For. Rev.*, X, 341. — *Quart. Rev.*, LXV, 294. — *Westminster Review*, XL, 123. — *Fraser's Mag.*, XXVII, 108. — *Edinb. Rev.*, LII, 281. — *American Eclectic*, I, 111, 288. — *Democratic Rev.*, VII, 516. — *Blackwood's Mag.*, XLVII, 368, 717, 847. — *Eclectic Mag.*, IV, 382. — *Dublin Univ.*, XXI, 125. — *Christ. Exam.*, XXX, 223. — (W. Adams) *Christ. Exam.*, XXXII, 281. — *Christ. Exam.*, XXXIII, 385. — *Fraser's Mag.*, XXI, 365. — *Eclectic Rev.*, LXXI, 699. — *Chamber's Journal*, VII, 155. — *Museum of For. Lit.*, XL, 221; XLI, 237. — *Tait's Edinb. Mag.*, n. s., VII, 135; VIII, 66—745; IX, 820; X, 525; *Fraser's Mag.*, LV, 239.

Traité de Nan-King, 29 août 1842.

— Treaty between her Majesty the Queen of Great Britain and the Emperor of China, signed in the English and Chinese languages, Nanking, August 29th, 1842, pet. in-8 de 101 p., s. l. n. d.

Egalement publié en chinois et en anglais dans le *N. C. Herald*, No. 69, Nov. 22, 1851; réimp. dans le même journal, No. 378, Oct. 24, 1857; en anglais et en français avec le traité supp. dans *The Shanghai Almanac* for 1852; etc.

— Supplementary Treaty signed by their Excellencies Sir Henry Pottinger and Kiying, respectively on the part of the sovereigns of Great Britain and China at the Bogue, 8th October 1843.

Textes anglais et chinois dans le *N. C. Herald*, No. 71, 6 Dec. 1851.

— General Regulations under which the British Trade is to be conducted at the Five Ports of Canton, Amoy, Fuchau, Ningpo and Shanghai.

Textes anglais et chinois dans le *N. C. Herald*, No. 74, 27 Dec. 1851.

LORD ELGIN ET L'EXPÉDITION DE 1860.

— The War with China. (*Fraser's Mag.*, Feb. 1857.)

— British Relations with China. (*Edinb. Rev.*, April 1857.)

* China, wie es war u. wie es ist. Nebst e. Hinblick auf den Thee- u. Opium-Handel u. e. Beschreibg. der fünf Häfen, welche nunmehr dem Brittischen Handel geöffnet sind. Aus d. Engl. v. A. W. Quedlinburg, Ernst, in-12, 1855, pp. VII-111. (*Bib. hist.-geog.*, 1855.)

— Bowring, Cobden, & China : a Memoir. By Lammer Moor. Edinburgh : John Menzies, 1857, in-8, pp. 32.

— The Memorable Year : — of the War in China; The Mutiny in India; The Opening — up of the Resources of Siam; The projected movement upon Cochin-China; and the Monetary Crisis in Europe and America : — being a Record of periodical Reflections and Comments elicited by the course of Events in the East, with incidental Notices of Political and Commercial Affairs in the West and some special Papers upon Political and Geographical Topics of the Period; and including a Sketch of the Inflation and Collapse of Mr. High — Commissioner Yeh. By a Corresponding Member of the American Geographical and Statistical Society — Author of the « Rationale of the China Question ». [Mr. G. Nye.] Macao, 1858, in-4, pp. 360.

— The new Quarrel in China. A Statement drawn from the official Documents. London : Ward & Co., 1859, br. in-8, pp. 24.

— L'Angleterre, la Chine et l'Inde, par Don Sinibaldo de Mas, Envoyé extraordinaire et Ministre plénipotentiaire de la reine d'Espagne en Chine. Paris, Jules Tardieu, 1858, in-8.

— China : being « The Times » special correspondence from China in the years 1857-58. Reprinted by permission. With corrections and additions by the author,

George Wingrove Cooke . . . . London : G. Routledge, 1858, in-8, pp. xxxii-457.

— China : being «The Times» special Correspondence from China in the years 1857-58. Reprinted with permission. With corrections and additions by the author, George Wingrove Cooke. . . . A New ed. London, Routledge, 1859, in-8, pp. xxxii-457.

— China and Lower Bengal. Being «The Times» . . . . . . by the author, George Wingrove Cooke. . . . Fifth Edition. London : Routledge, 1861, in-8, pp. xxxiii-495.

Charles Lavollée. — Un Historiographe de la presse anglaise dans la guerre de Chine, M. G. Wingrove Cooke. *(Revue des Deux Mondes,* 1 juillet 1859).

— The Past and Future of British Relations in China by Captain Sherard Osborn, C. B., R. N. William Blackwood, Edinburgh & London, MDCCCLX, in-8, pp. vi-184, 2 cartes.

Not. : *Tait's Edinb. Mag.*, n. s., XXVII, 619.

LAURENCE OLIPHANT.

— Narrative of the Earl of Elgin's Mission to China and Japan in the years 1857-58-59, by Laurence Oliphant, Private Secretary to Lord Elgin. Edinburgh & London, Blackwood, 1859, 2 vol. in-8.

Notices : *Edinburgh Review,* CXI, 96, Jan. 1860; cet art. est reproduit dans l'*Eclectic Mag.*, XLIX, 489. — *Bentley,* XLVII, 136. — *Blackwood's Mag.*, LXXXVII, 255.

— Narrative of the Earl of Elgin's Mission to China and Japan in the years 1857, '58, '59. By Laurence Oliphant, Esquire, Private Secretary to Lord Elgin. New York, Harper & Brothers, 1860, in-8, pp. xvi-645. Pub. à dollars 3.50.

«L'expédition en Chine et au Japon du baron Gros et de Lord Elgin, 1857-58.» Compte-rendu des ouvrages de Mr. Oliphant et du Mis. de Moges publié dans les *Variétés Orientales,* pp. 132/141, par Léon de Rosny.

— La Chine racontée par Laurence Oliphant. Traduction nouvelle — Précédée d'une introduction par M. Guizot. Nouvelle édition illustrée par les principaux artistes. Paris, Michel Lévy frères, 1875, grand in-8, pp. 403.

Cette traduction avait d'abord paru en 1860 sous le titre de :

— La Chine et le Japon, Mission du Comte d'Elgin pendant les années 1857, 1858 et 1859, racontée par Laurence Oliphant. Traduction nouvelle. Précédée d'une introduction par M. Guizot. Paris, 1860, 2 vol. in-8.

* Laurence Oliphant. De zending van Graaf van Elgin naar China en Japan, in 1857, 1858, 1859. Vertaald uit het Eng. door Mr. J. van der Leeuw, naar de 2e Eng. uitgave. Utrecht, Nolet & Zoon, 1864.

* Le même : Reis door China en Japan. Bijdragen tot de kennis van den aard, de zeden, gewoonten en gebruiken dezer landen. Uit het Eng. vertaald door Mr. J. van der Leeuw. 2 deelen. Amsterdam, K. H. Schadd, 1865, gr. in-8.

* Oliphant, Lorenzo. La Cina e il Giappone. Missione di Lord Elgin negli anni 1857, 1858 e 1859 raccondata in inglese. Milano, 1868, 2 vol. in-16.

Charles Lavollée. — Une Mission diplomatique en Chine et au Japon. *(Narrative of Earl of Elgin's Mission to China and Japan,* par Laurence Oliphant, traduction française avec une Introduction de M. Guizot.) *(Revue des Deux Mondes,* 1 Décembre 1860.)

Charles Lavollée. — Affaires de Chine. La Diplomatie anglaise depuis la dernière guerre, lord Elgin *(Revue des Deux Mondes,* 1 décembre 1859).

— Another Treaty with China, but not another Chinese War. Three Letters by T. Chisholm Anstey, Esq., of the Middle Temple, Barrister-at-Law, and late Her Majesty's Attorney-General in Hong-kong, and Counsel to Her Majesty's Plenipotentiary in China. With An Appendix, Notes, and Additions . . . . London : James Allen . . . . s. d. [1859], in-8, pp. 24.

— British Policy in China. Is our War with the Tartars or the Chinese? By John Scarth, author of «Twelve Years in China : the People, the Rebels, and the Mandarins» . . . . London : Smith, Elder & Co., . . . M.DCCC.LX, in-8, pp. 47.

— Letter on Mr. Bruce's Mission. Br. in-8, s. l. n. d., pp. 48.

Datée : *(Private),* China, 15th August, 1859. — Signée : T. F. W. [ade].

— The new quarrel in China. A statement drawn from the Official Documents. London : Ward & Co., . . . 1859, in-8, pp. 24.

— England's Policy in China by Andrew Wilson. Hongkong, A. Shortrede & Co., 1860, br. in-8, pp. 32.

— The Gage of the two Civilizations : Shall Christendom waver? Being an Inquiry into the Causes of the Rupture of the English and French Treaties of Tien-tsin : and comprising a general Review of our Relations with China : with Notices of Japan, Siam, and Cochin-China. Supplemental of the «Rationale of the China Question» and the «Memorable Year». Printed, not Published, at Macao, 1860, in-4, pp. 325, sans la Préface et l'Appendice qui contient le texte anglais du traité de Tien-tsin, etc.

— From Calcutta to Pekin; being Notes taken from the Journal of an officer between those places. By J. H. Dunne, Captain Ninety-ninth Regiment. London: Sampson Low, MDCCCLXI, pp. 159, in-12.

— Narrative of the North China Campaign of 1860; containing personal experiences of Chinese character, and of the moral and social condition of the country; together with a Description of the interior of Pekin by Robert Swinhoe, of H. M.'s Consular Service in China, Staff Interpreter during the Campaign to H. E. Sir Hope Grant. — With Illustrations. — London, Smith Elder & Co., 1861, in-8, pp. VIII-391.

— How we got to Pekin. A Narrative of the Campaign in China of 1860 by the Rev. R. J. L. M'Ghee. London, Richard Bentley, 1862, in-8.

— Narrative of the War with China in 1860 to which is added the Account of a short residence with the Taiping Rebels at Nankin and a voyage from thence to Hankow by Lieut.-Colonel G. J. Wolseley. London, Longman, 1862, in-8.

— Niphon and Pe-che-li; or, two years in Japan and Northern China. By Edward Barrington de Fonblanque. London: Saunders, Otley & Co., 1862, in-8, pp. 287.

— Army Medical Department. Statistical Sanitary, and Medical Reports for the year:

— 1861. — London, Harrison, 1863, in-8.

No. XI. On the Health of the Troops serving in China, pp. 99/107.

Sanitary Report for 1861 : China, pp. 282/3.

— 1862. — London, Harrison, 1864, in-8.

Statistical Report for 1862 : No. IX. On the Health of the Troops serving in China, pp. 113/122.

Sanitary Report for 1862 : China Command.

Shanghai, pp. 269/274.
Kowloon, pp. 274/275.
Hongkong, p. 275.

— 1863. — London, Harrison, 1865, in-8.

Stat. Rep. for 1863 : No. XI. On the Health of the Troops serving in China, pp. 111/119.

Sanit. Rep. for 1863 : China-Report on the sanitary condition of Shanghai, and on the epidemic of cholera, which visited that station in 1863. By Deputy Inspector-General Home, M. D., pp. 352/360 (with a plan of Shanghai).

Extract from a Report on the Sanitary condition of Hongkong and Kowloon, by Surgeon Snell, 99th Regiment; and Chart by Deputy Inspector-General Home; with proceedings of a Medical board, pp. 360/373.

(DIVERS.)

— 1864. — London, Harrison, 1866, in-8.

— Stat. Rep. for 1864 : No. IX. On the Health . . . , pp. 106/115.

— San. Rep. : China, p. 288.

— Report on a Hospital at Tientsin for the Treatment of sick Chinese : established by the British Army of Occupation, Jan. 11, 1861. Shanghai : *North China Herald* office, July 1861.

— The Half yearly and concluding Reports on the Chinese Hospital at Tientsin; established and supported by the British Army of occupation. J. Lamprey, M. B. Surgeon 67th Regiment.

Not. : *N. C. Herald*, 657, 28 Feb. 1863.

— China from a Medical point of view in 1860 and 1861 to which is added a chapter on Nagasaki as a Sanitarium. By Charles Alexander Gordon, M. D., C. B., Deputy-Inspector-general of Hospitals, Army Medical Department. London : John Churchill, MDCCCLXIII, in-8, pp. x-464.

Sur 13 chapitres dont se compose l'ouvrage, sept sont consacrés à Tien-tsin principalement.

— Personal Narrative of Three years' service in China. By Lt.-Colonel Fisher, C. B., Royal Engineers. London : Richard Bentley, 1863, in-8, pp. VI-420; 3 Cartes.

Charles Lavollée. — L'Expédition de Chine en 1860 : I. La Prise des forts de Takou (*Revue des deux Mondes*, 15 juillet 1865). — II. Les Traités de Pékin (1 août 1865).

— The British Arms in North China and Japan : Peking, 1860; Kagosima, 1862. By D. F. Rennie, M. D., Senior Medical officer of the Force in the North of China .... London : John Murray .... 1864, in-8, pp. XVI-408.

— Peking and the Pekingese during the first year of the British Embassy at Peking. By D. F. Rennie, M. D., Staff-Surgeon, ... London, John Murray, 1865, 2 vol. pet. in-8.

Not. : *N. C. Herald*, No. 810, 3 Fév. 1866.

— On consultera le *N. C. Herald*, surtout le Vol. XI, Janv.-Dec. 1860, et particulièrement les articles suivants :

Account of Yeh's Journey to Calcutta; his portrait : Nos. 414/418, July 3, 10, 17, 24, 31, 1858.

Trad. anglaise du *texte chinois* du Traité de Tien-tsin : No. 422, Aug. 28, 1858.

Trad. du Décret impérial condamnant Ki-ying à mort, publié dans la Gazette de Peking du 1er Juillet 1858 : No. 430, Oct. 23, 1858.

Désastre du «Pei-ho». Le *N. C. Herald* dans ses numéros de Déc. 1859, reproduit les articles publiés à ce sujet par les journaux anglais.

(DIVERS.)

Compte-rendu du désastre du «Pei-ho» par le commodore américain Josiah Tatnall, 4th July 1859 : No. 492, Déc. 31, 1859.

Correspondance de l'hon. F. W. A. Bruce, C. B. : Nos. 491 et 492, Déc. 1859.

Cette correspondance avait déjà paru dans la *London Gazette*. Le *N. C. Herald* en a fait un tirage à part en Janvier 1860.

Notice sur le mandarin Hwa-sha-na : No. 497, Fév. 4, 1860.

Ce mandarin mongol et membre de la Bannière jaune avait avec Kouei-liang négocié les traités de Tien-tsin en Juin 1858. Il est mort le 30 Décembre 1859.

Letters to the «Times», réimp. : No. 502, Mars 10, 1860.

Texte de la Convention de Tien-tsin, le 20 Nov. 1860 : No. 541, Déc. 8, 1860.

Narrative of the Captivity of Mr. Parkes (Statement of Mr. Parkes : British Head-Quarters, Pekin, Oct. 20th, 1860) : Nos. 556, 557, et 559, Mars et Avril 1861.

Voir également *The Times*.

Trad. des documents trouvés au Palais de Yuen-ming-yuen, le 8 Octobre 1860 [par M. M. C. Morrison] : No. 562, Mai 4, 1861.

— Personal Narrative of occurences during Lord Elgin's Second Embassy to China, 1860. By Henry Brougham Loch, Private Secretary to the Earl of Elgin. Second Edition. London, John Murray, 1870, pet. in-8, pp. xii-298.

Not. : *The Phœnix*, No. 7, Jan. 1871. — *The Cycle*, 19 Nov. 1870.

— Letters and Journals of James, Eighth Earl of Elgin, Governor of Jamaica, Governor-General of Canada. Envoy to China, Viceroy of India edited by Theodore Walrond, C. B. with a Preface by Arthur Penrhyn Stanley, D. D. Dean of Westminster. — Second Edition. — London, John Murray, 1873, in-8, pp. xii-467.

Consulter les Chap. VII—XIV sur les affaires de Chine.

Notices : *Christ. Obser.*, LXXIII, 599. — *Edinb. Rev.*, CXXXVII, 38. — *Month*, XVII, 144. — *Eclectic Mag.*, L, 428. — *Canadian Monthly*, II, 211.

James, 8e Comte d'Elgin et 12e Comte de Kincardine, né à Londres le 20 Juillet 1811. — Membre du Parlement pour Southampton 1841. — Gouverneur de la Jamaïque, Mars 1842. — Gouverneur général du Canada. 1846. — Première Mission en Chine. 1857. — Postmaster general, 1859. — Seconde Mission en Chine, 1860. — Vice-Roi des Indes, 1861. — Mort le 20 Nov. 1863.

— The Flight of Hsien Feng to Jehol. By G. C. S[tent]. (*Shanghai Budget*, sept. 12, 1874.)

Satire politique.

— Incidents in the China War of 1860 compiled from the private journals of General Sir Hope Grant G. C. B. Commander of the English Expedition. By Henry Knollys Captain Royal Artillery.... Blackwood... Edinburgh and London, MDCCCLXXV, pet. in-8, pp. xiv-263. Avec 3 cartes.

Poole's *Index to Periodical Literature* cite sur cette guerre les articles suivants :

Quart. Rev., CVII, 85. — (W. B. Reed) *North Amer.*, LXXXX, 25. — *Blackwood's Mag.*, LXXXVII, 480, 535; LXXXIX, 373. — Battle on the Peiho : *Blackwood's Mag.*, LXXXVI, 647; cet article est reproduit dans l'*Eclectic Mag.*, XLIX, 375.

Traité de Tien-tsin le 26 Juin 1858; ratifié à Péking le 24 Octobre 1860.

Textes anglais et chinois dans *The Chinese Commercial Guide*, 5th ed., pp. 1 et seq.

Texte anglais dans les journaux de l'époque (*N. C. Herald*, etc. vide supra) et dans le recueil de Mayers.

AMBASSADES.

VESTALE.

Voir une lettre du Sr. De Guignes, gérant du Consulat de France à Canton, au Ministre de la Marine, Macao, du 20 Décembre 1788, dans le Vol. V, No. 77 des Papiers tirés des Archives des Affaires Étrangères, cités dans l'Introduction de la *France en Chine*, p. LXI, 6 Vol. in-fol. ; INDES ORIENTALES, CHINE, COCHINCHINE.

Un grand nombre des pièces de cette Collection offrent le plus grand intérêt pour l'histoire des relations des Anglais avec les Chinois. Voir par exemple dans le Vol. VI, No. 37, une lettre de Canton, 25 Février 1809, dans laquelle est racontée l'expédition anglaise contre Macao en 1808.

LORD MACARTNEY.

SIR GEORGE LEONARD STAUNTON.

— An authentic account of an Embassy from the King of Great Britain to the Emperor of China; including cursory observations made, and information obtained, in travelling through that ancient empire, and a small part of Chinese Tartary. Together with a Relation of the Voyage undertaken on the occasion by His Majesty's Ship the Lion, and the Ship Hindostan, in the East India Company's service, to the yellow sea, and Gulf of Pekin; as well as of their return to Europe; with Notices of the several places where they stopped in their way out and home; being the islands of Madeira, Teneriffe, and St. Jago; the port of Rio de Janeiro in South America; the islands of St. Helena, Tristan d'Acunha, and Amsterdam; the Coast of Java, and Sumatra, the Nanka Isles, Pulo Condore, and Cochin-China. Taken chiefly from the papers of His Excellency the Earl of Macartney, Knight of the Bath, His Majesty's Embassador Extraordinary and Plenipotentiary to the Emperor of China; Sir Erasmus Gower, Commander of the Expedition, and of other Gentlemen in the several departments of the Embassy. By Sir George Staunton, Baronet .... In two volumes, with engravings [in-4]; beside a folio Volume of Plates. London : Printed by W. Bulmer and Co. For G. Nicol ... MDCCXCVII [quelques-uns 1798].

Vol. I, pp. xxxiv-518 :

Advertisement. — Table of Contents of the First Volume. — A List of the Plates contained in the folio volumes. — A List of the Engravings contained in the two quarto volumes. — I. Occasion of the Embassy. II. Preparations for the Embassy. III. Passage to Madeira. Notices of that Island. IV. Passage to Teneriffe; To St. Jago. Notices of those islands. V. Passage of the Line. Course across the Atlantic. Harbour, City, and Country of Rio de Janeiro. VI. Passage to the Southern Part of the Atlantic, and of the Indian Ocean. View of the Islands of Tristan d'Acunha in the former, and of those of St. Paul and Amsterdam in the latter. VII. Entrance into the Straits of Sunda. Visit to Batavia and Bantam in the Island of Java. View of the Southern extremity of the Island of Sumatra. Passage trough the Straits of Banka to Pulo-Condore. VIII. Cochin-China. IX. Passage to the Ladrone Islands near Macao; and thence to Chusan. Transactions and observations there. X. Navigation through the Yellow Sea. Embassador's entrance into the River leading to Tien-Sing.

Vol. II, pp. xx-626 :

Table of Contents. — I. Progress of the Embassy along the River Peiho, towards the Capital of China. Departure of the Ships from the Gulf of Pe-che-lee. II. Embassy lands near Tongchoo-foo; proceeds trough Pekin to a palace in its neighbourhood. Returns to the Capital. III. Journey to the Northern frontier of China. View of the Great Wall. Visit to the Emperor's Court at his summer's residence in Tartary. IV. Return to Pekin. Observations and occurences there, and at Yuen-Min-Yuen. V. Departure from Pekin. Journey to Han-choo-foo, partly upon the Imperial Canal. VI. Han-choo-foo. Journey from thence to Chu-san; and also to Canton. Passage of the Lion and Hindostan from the former to the latter. VII. Residence of the Embassy at Canton, and at Macao. VIII. Passage to St. Helena; Notices of that Island. Return Home. — Appendix.

L'Atlas (in-folio) contient 44 planches (Cartes, plans et vues).

Notice par E. C. Bridgman dans *The Chinese Repository*, II, pp. 337 et seq., réimp. dans *The Cycle*, 22 Oct. 1870.

Le compte-rendu de la réception à Péking de Lord Macartney est réimprimé d'après l'ouvrage de Staunton dans *The N. C. Herald*, No. 476, Sept. 10, 1859.

— An authentic Account of an Embassy from the King of Great Britain to the Emperor of China; including cursory observations made, and information obtained, in travelling through that ancient empire, and a small part of Chinese Tartary. Together with a Relation of the voyage undertaken on the occasion by His Majesty's ship the Lion, and the ship Hindostan..... with notices of the several places where they stopped..... taken chiefly from the papers of His Excellency the Earl of Macartney.... Sir Eramus Gower... and of other Gentlemen in the several departments of the Embassy. By Sir George Staunton, Baronet,..... London, G. Nicol, MDCCXCVII, 3 vol. in-8.

Il y a une carte au commencement de chaque volume.

— An Historical Account of the Embassy to the Emperor of China, undertaken by order of the King of Great Britain; including The Manners and Customs of the Inhabitants; and preceded by an account of the causes of the Embassy and Voyage to China. Abridged principally from the Papers of Earl Macartney, as compiled by Sir George Staunton, Bart. Secretary of Embassy to the Emperor of China, and Minister Plenipotentiary in the absence of the Embassador. Embelished with the following Plates : [33] — London, Printed for John Stockdale, 1797, in-8, pp. xv-477.

Cet ouvrage a été publié en 10 numéros hebdomadaires à un shilling.

Front. gravé portant la date *12th Octr. 1797* et *Embellished with 25 plates*. Allibone, II, 1228, cite : Dublin, 1798, 2 vol. in-8; Philadelphia, 1799, 2 vol. in-8; 2d ed., corrected, Lon., 1798, 3 vol. in-8; again 1802, 3 vol. in-8.

— An abridged account of the Embassy to the Emperor of China, undertaken by order of the King of Great Britain; including the Manners and Customs of the inhabitants; and preceded by an account of the causes of the Embassy and Voyage to China. Taken principally from the Papers of Earl Macartney, as compiled by Sir George Staunton, Bart. Secretary of Embassy to the Emperor of China, and Minister Plenipotentiary in the Absence of the Embassador. Embellished with a Frontispice by Stothard, and a Map of China, with the Track of the Lion, and Route of the Embassy. London : Printed for John Stockdale ... 1797. Price 3 s 6 d in Boards. pet. in-8, pp. XII-288.

— Voyage dans l'intérieur de la Chine, et en Tartarie, Fait dans les Années 1792, 1793 et 1794, par Lord Macartney, Ambassadeur du Roi d'Angleterre auprès de l'Empereur de la Chine; Avec la relation de cette Ambassade, celle du Voyage entrepris à cette occasion par les Vaisseaux le *Lion* et l'*Indostan*, et des détails très-curieux sur les Colonies Espagnoles, Portugaises et Hollandaises, où ces Vaisseaux ont relâché : Rédigés sur les Papiers de Lord Macartney, sur ceux de Sir Erasme Gower, Commandant de l'expédition, et des autres Personnes attachées à l'Ambassade; Par Sir George Staunton, de la Société royale de Londres, Secrétaire de l'Ambassade d'Angleterre, et Ministre plénipotentiaire auprès de l'Empereur de la Chine : Traduit de l'Anglais, avec des Notes, par J. Castéra. Avec des Figures et Cartes gravées en taille-douce. A Paris, Chez F. Buisson .... An 6 de la République, (1798). 4 vol. in-8.

Le quatrième volume se termine par une « Table générale et raisonnée des Matières », pp. 257/326.

Not. sig. : A. J. D. B. dans le *Mag. Enc.*, 1798, I, pp. 466/9.

— Une seconde édition du voyage de Macartney a été publiée en 5 volumes in-8 à Paris, chez F. Buisson ... an 7.

Le cinquième volume de cette seconde édition (qui sert de supplément à la première édition en 4 vol. in-8) contient :.

— Avertissement du libraire. — Préface de la seconde édition. — Précis de l'Histoire de la Chine. — Voyage de J. C. Hüttner en Chine et en Tartarie. — Notes que le traducteur a ajoutées à la seconde édition du Voyage en Chine, et qui s'adaptent à la première édition en 4 vol. de cet ouvrage, avec les renvois à cette première édition. = Table des Articles du 5e Vol. = Table gén. et rais. des Matières du 5e Vol.

La seconde édition contient 32 nouvelles planches; les pl. 31 et 32 se relient avec le Vol. V; les pl. 1/30 qui doivent être intercalées dans les quatre premiers volumes de la première édition du voyage sont quelquefois réunies en un volume ou atlas grand in-8 avec un «Avis au Relieur» et un titre spécial : Voyage dans l'intérieur de la Chine, et en Tartarie, fait dans les années 1792, 1793 et 1794, par Lord Macartney, Ambassadeur du Roi d'Angleterre auprès de l'Empereur de la Chine: Par Sir Georges Staunton, de la Société royale de Londres. Traduit de l'Anglais, avec des Notes, par J. Castéra. Seconde édition. Collection des Nouvelles Planches. A Paris, chez F. Buisson ... an 7 de la République.

= Pub. à 28 fr., br.; 56 fr. sur pap. vél. = Notice dans le *Mag. Enc.*, 1799, V, pp. 271/3.

= Le même. — Troisième Edition, revue, corrigée, et augmentée d'un Précis de l'Histoire de la Chine, par le Traducteur, et du Voyage en Chine et en Tartarie de J. C. Huttner, traduit de l'allemand par le même Traducteur. Avec 37 Planches et 4 Cartes gravées en taille douce par Tardieu l'aîné. A Paris, chez F. Buisson ... an XII (1804). 5 vol. in-8.

Toutes les gravures et les cartes de cette édition ont été réunies en un atlas in-4 avec un titre spécial.

= Reis van Lord Macartneij, naar China. Door George Staunton. Uit het Engelsch. Met Plaaten en Kaarten. Te Amsterdam, bij Johannes Allart. MDCCXCVIII—MDCCCI, 7 vol. in-8.

= Reise der brittischen Gesandtschaft unter dem Lord Macartney an den Kayser von China, beschrieben von Sir George Staunton. Aus dem Englischen übersetzt von M. C. Sprengel. Halle, 1798, 2 vol. in-8, pp. 328, 349 et 1 carte.

Cette trad. forme les vol. X et XI de *Auswahl der besten ausländischen geographischen und statistischen Nachrichten zur Aufklärung der Völker- und Länderkunde von M. C. Sprengel.*

= Des Grafen Macartney Gesandtschaftsreise nach China. Aus dem Englischen des Sir George Staunton. Berlin, 1798, in-8, pp. 424, 1 carte et grav.

* Staunton, G., Reise der englischen Gesandtschaft an den Kaiser von China in den Jahren 1792 bis 1793. Aus dem Engl. von J. Ch. Hüttner. Zürich, 1798, 1799. Gessner. Mit Karten u. Kpfrn. 2 Bde. in-8.

* Reise der Engl. Gesandtschaft an den Kaiser von China. 2 Bde. Vol. 3 et 4 de «*Länder- u. Reisebeschreibung*, kleinere... Leipzig, 1798—1800» [Engelmann].

* Trad. en italien, Firenze, 1799.

= Memoir of the Life and Family of the late Sir George Leonard Staunton, Bart. With an Appendix, consisting of illustrations and authorities; and a copious selection from his private correspondence. Havant-Press, Printed by H. Skelton, ... 1823, Printed for private circulation only, in-8, pp. XIII-400 et un Port.

Sir George Leonard Staunton, né en Irlande dans le Comté de Galway le 19 Avril 1737, est mort le 14 Janvier 1801.

* Wypis z podróży do Chin i Tartaryi w orszaku poselstwa angielskiego pod naczelnictwem Lorda Macartney odbytej. Wilno, nakładem i drukiem Manesa i Zymela, 1829, in-8.

(Redagował M. N. Aleksander. Przekład tłomaczenia francuzkiego Holmesa z objaśnieniami L. Langlèsa.) (Estreicher, *Bib. Polska.*)

ÆNEAS ANDERSON.

= A Narrative of the British Embassy to China in the years 1792, 1793, and 1794; containing the various circumstances of the Embassy, with accounts of Customs and Manners of the Chinese; and a Description of the country, towns, cities, &c. &c. By Æneas Anderson, then in the service of His Excellency Earl Macartney, K. B. Ambassador from the King of Great Britain to the Emperor of China. London: Printed for J. Debrett .... 1795. in-4, pp. XXIV-278. Sans l'Appendix de 22 pages qui se trouve à la fin de l'ouvrage. L'appendice est suivi de «Glossary of Chinese Words» 3 pages.

L'appendice a pour titre : Appendix : containing an account of the transactions of the Squadron during the absence of the Embassy, till their return on board His Majesty's Ship the *Lion*, at Whampoa.

= A Narrative of the British Embassy to China, in the years 1792, 1793, and 1794; containing the various circumstances of the Embassy, with accounts of Customs and Manners of the Chinese; and a Description of the country, towns, cities, &c. &c. By Æneas Anderson, then in the service of His Excellency Earl Macartney, K. B. Ambassador from the King of Great Britain to the Emperor of China. Dublin: Printed by William Porter, ... 1795, in-8, pp. XXIV-278, sans l'Appendix.

— A Narrative of the British Embassy to China, in the years 1792, 1793, and 1794; containing the various circumstances of the Embassy, with accounts of Customs and Manners of the Chinese; and a Description of the country, towns, cities, &c. &c. By Æneas Anderson, then in the service of His Excellency Earl Macartney, K. B. Ambassador from the King of Great Britain to the Emperor of China. Basil: Printed and sold by J. J. Tourneisen, MDCCXCV, in-8, pp. XVI-336, sans «appendix, containing an Account of the transactions of the Squadron during the absence of the Embassy, till their return on board his Majesty's ship the Lion, at Wampoa» 20 pages, et «Glossary of Chinese Words» 2 pages.

— An accurate account of Lord Macartney's Embassy to China; carefully abridged from the original work: with alterations and corrections, by the editor, who was also an attendant on the embassy. Embellished with a striking likeness of the present emperor, From an Original Drawing in the Possession of the Editor. London: Printed for Vernor and Hood, Birchin lane, Cornhill, 1795, in-12, pp. XII-144.

— Erzählung der Reise und Gesandtschaft des Lord Macartney nach China und von da zurück nach England in den Jahren 1792 bis 1794, von Æneas Anderson. Aus dem Englischen, mit Anmerkungen und Zusätzen. Erlangen, in der Waltherschen Buchhandlung, 1795, in-8, pp. XVI-190.

* Reise der britischen Gesandtschaft nach China 1792—94. Aus dem Engl. von Mthi. Ch. Sprengel. Halle 1796. Renger, in-8.

* Geschichte der britischen Gesandtschaft; nebst einer Nachricht von dem Lande u. den Sitten der Chinesen. Hamburg, 1796, Hoffmann, gr. in-8 [Engelmann].

* Trad. en français par Lallemant. Paris. 1796, 2 vol. in-8.

Biog. universelle.

— Récréation instructive. — Voyage en Chine, Costumes, monuments, notes curieuses, tableau de mœurs, pris sur nature, par Sir And***, employé à la suite de S. Exc. le comte Macartney, ambassadeur du roi de la Grande-Bretagne auprès de l'empereur de la Chine; recueillis et mis en jeu par Charles Letaille. Paris, Chez l'éditeur et chez les principaux marchands de nouveautés pour étrennes et cadeaux, in-16. s. d., [183?], pp. 32.

SAMUEL HOLMES.

— The Journal of Mr. Samuel Holmes, serjeant-major of the XIth light dragoons, during his attendance, as one of the guard on Lord Macartney's Embassy to China and Tartary. 1792—3. Printed without addition, abridgment, or amendment, from the original diary, kept during that Expedition. London: Printed by W. Bulmer and Co. 1798, in-8, pp. VIII-256.

— Voyage en Chine et en Tartarie, à la suite de l'ambassade de Lord Macartney, par M. Holmes, sergent-major de sa garde; Auquel on a joint les Vues, Costumes, etc., de la Chine, par M. W. Alexandre, les Planches de l'Atlas original de cette Ambassade, omises dans la traduction française, et leur Explication. Ouvrage traduit de l'anglais par MM***, revu et publié avec des Observations sur les relations politiques et commerciales de l'Angleterre et de la France avec la Chine, et quelques Notes, par L. Langlès, de l'Institut national, etc. A Paris, de l'Imprimerie de Delance et Lesueur. An XIII-1805, 2 vol. in-8.

Not., pp. 465/7, du *Mag. Enc.*, III, 1805.
Pub. à 15 fr., pap. ord.; 24 fr. pap. vél.

— Observations sur les relations politiques et commerciales de l'Angleterre et de la France avec la Chine par Langlès, membre de l'Institut national, etc. A Paris, Delance et Lesueur. An XIII-1805, in-8, pp. 37.

Ces observations ont été composées pour servir d'introduction au *Voyage en Chine* de Holmes.

* Podróż Lorda Makartneya, Posla w. Brytanii do Chin, w roku 1792, 1793 i 1794, zawierająca wiadomość o kraju, Rządzie i narodzie chińskim, tudzież o części Tartaryi chińskiéj i t. d., zebrana i wydana przez......, Sekretarza Poselstwa, a teraz na język polski przeł. przez Romana Markiewicza. Kraków, druk Jana Maja, 1801 à 1802, 2 vol. in-8.

Estreicher, *Bib. Polska.*

— Samuel Holmes's vormals Leibgardist bei dem Brittischen Gesandten Lord Macartney Tagebuch einer Reise nach Sina und die Tatarei mit der Brittischen Gesandtschaft, in den Jahren 1792 und 1793. Nach dem Französischen. Weimar, 1805, in-8, pp. XII-200.

* Trad. en italien, Milano, 1817.

JOHN BARROW.

— Travels in China, containing Descriptions, observations, and comparisons, made and collected in the course of a short residence at the Imperial Palace of Yuen-Min-Yuen, and on a subsequent journey through the country from Pekin to Canton, in which it is attempted to appreciate the rank that this extraordinary empire may be considered to hold in the scale of civilized Nations. By John Barrow Esq. Late Private Secretary to the Earl of Macartney, and one of his suite as Ambassador from the King of Great Britain to the Emperor of China. — Illustrated with several engravings. — London, Printed by A. Strahan, Printers' Street, For T. Cadell and W. Davies, in the Strand, 1804, in-4.

Cette édition a le même nombre de pages et de gravures que la suivante.

Pub. à Livres 3.13/6.

— Travels in China, containing Descriptions, observations and comparisons, made and collected in the course of a short residence at the Imperial Palace of Yuen-Min-Yuen, and on a subsequent journey through the country from *Pekin to Canton*. In which it is attempted to appreciate the rank that this extraordinary empire may be considered to hold in the scale of civilized nations. By John Barrow, F. R. S. Late Private Secretary to the Earl of Macartney, and one of his suite as Ambassador from the King of Great Britain to the Emperor of China. — Illustrated with several Engravings. — The Second Edition. — London: Printed for T. Cadell and W. Davies, in the Strand, 1806, in-4, pp. XII-632.

I. Preliminary Matter. II. Occurences and Observations in the Navigation of the Yellow Sea, and the passage up the Pei-ho, or White River. III. Journey through the Capital to a Country Villa of the Emperor. Return to Pekin. The Imperial Palace and Gardens of Yuen-Min-Yuen, and the Parks of Gehol. IV. Sketch of the State of Society in China. Manners. Customs, Sentiments, and Moral Character of the People. V. Manners and Amusements of the Court. — Reception of Embassadors. — Character and private Life of the Emperor. — His Eunuchs and Women. VI. Language. — Literature, and the fine Arts. — Sciences. — Mechanics, and Medicine. VII. Government. — Laws. — Tenures of Land and Taxes. — Revenues. — Civil and Military Ranks, and Establishments. VIII. Conjectures on the Origin of the Chinese. — Their Religious Sects. — Tenets, and Ceremonies. IX. Journey from Tong-choo-foo to the Province of Canton. — Face of the Country, and its Productions. — Buildings and other Public Works. — Condition of the People. — State of Agriculture. — Population. X. Journey through the Province of Canton. — Situation of Foreigners trading to this Port. — Conclusion. — Index.

— Travels in China, containing Descriptions, Observations, and comparisons, made and collected in the course of a short residence at the imperial palace of Yuen-Min-Yuen, and on a subsequent journey through the country, from Pekin to Canton: in which it is attempted to appreciate the rank that this extraordinary empire may be considered to hold in the scale of civilized nations. «Non cuivis homini contigit adire *Corinthum.*»

It is the lot of few to go to Pekin.

By John Barrow Esq.... The First American Edition. Philadelphia: Printed and sold by W. F. M'Laughlin.... 1805, in-8, pp. 8-422.

— Voyage en Chine, formant le complément du voyage de Lord Macartney; Contenant des Observations et des Descriptions faites pendant le séjour de l'Auteur dans le Palais Impérial de *Yuen-Min-Yuen*, et en traversant l'Empire Chinois, de *Peking* à *Canton*: Par John Barrow, Attaché à l'Ambassade Anglaise en Chine, en qualité d'Astronome et de Mécanicien; et depuis Secrétaire particulier de Lord Macartney au Cap de Bonne Espérance. Suivi de la Relation de l'Ambassade envoyée, en 1719, à Péking, par Pierre Premier, Empereur de Russie: Traduits de l'Anglais, avec des notes, par J. Castéra, Traducteur du Voyage de Lord Macartney en Chine et en Tartarie. Avec un Atlas in-4°, de 22 Planches, dessinées sur les lieux et gravées en taille-douce. A Paris, chez F. Buisson.... an XIII (1805). 3 vol. in-8, et Atlas.

Notice, pp. 213/4 du *Mag. Enc.*, V, 1805. — Pub. avec l'Atlas, à 20 fr. br., 40 fr. pap. vél.

— Barrow's Reisen in China. Aus dem Englischen übersetzt. Hamburg, 1805, bei Benjamin Gottlob Hoffmann, 2 vol. in-8.

Voir aussi dans la «Bibliothek der neuesten u. wichtigsten Reisebeschreibungen u. geog. Nachrichten», Weimar 1800—14, 50 vol. in-8 :

* XIV. John Barrow's Reise durch China von Peking nach Canton, in den Jahren 1793 u. 1794. Aus dem Engl. von J. C. Hüttner. 1 Thl. Mit Kupfern. 1804.

* XVI. J. Barrow's Reise durch China von Peking nach Canton, im Gefolge der Grossbritannischen Gesandtschaft in den Jahren 1793 u. 1794, mit Anmerkungen. Aus dem Engl. von J. C. Hüttner. 2 Th. Mit Kupfern. 1805.

— Reizen in China, inhondende: Beschrijvingen, Aanmerkingen en Vergelijkingen gemaakt en verzameld, geduurende het verblijf in het Keizerlijk Paleis, van Yuen-Min-Yuen en in eene daar op gevolgde reis door het land van *Pekin tot Canton* Waarin men getracht heeft den rang daar te stellen, welke dit zonderling Rijk moet toegekend worden, onder de beschaafde Natien. Door John Barrow . . . . Uit het Engelsch. Te Haarlem, Bij François Bohn, 1807-8-9, 3 vol. in-8.

C'est la traduction de l'édition anglaise, in-4.

— «Barrow's Travels in China». An investigation into the Origin and Authenticity of the «Facts and Observations» related in a work entitled «Travels in China, by John Barrow, F. R. S.» (Afterwards Sir J. Barrow, Bart.) preceded by a preliminary inquiry into the nature of the «powerful motive» of the same author, and its influence on his duties at the Chinese Capital, as Comptroller to the British Embassy, in 1793, by William Jardine Proudfoot. London, George Philip and Son . . . 1861, in-12, pp. 176.

— A Voyage to Cochinchina, in the years 1792 and 1793 : containing a general view of the valuable productions and the political importance of this Flourishing Kingdom; and also of such European Settlements as were visited on the voyage: with sketches of the manners, character, and condition of their several inhabitants. To which is annexed an account of a journey, made in the years 1801 and 1802, to the residence of the chief of the Booshuana nation, being the remotest point in the interior of Southern Africa to which Europeans have hitherto penetrated. The Facts and Descriptions taken from a Manuscript Journal. with a Chart of the Route. By John Barrow, Esq. F. R. S. Author of «Travels in Southern Africa», and «Travels in China». — London : Printed for T. Cadell and W. Davies in the Strand, 1806, in-4, pp. xx-447.

The Island of Madeira. — The Island of Teneriffe. — The Island of St. Jago. — Rio de Janeiro. — General Observations on the Brazils. — The Islands of Tristan da Cunha and Amsterdam. — The Strait of Sunda and Island of Java. — Batavia. — Cochinchina. — General Sketch of the Manners. Character. and condition of the Natives of Turon. — Advantages of a Commercial intercourse with Cochinchina. — An account of a Journey to Leetakoo.

Dédié à Sir George Thomas Staunton.

— Voyage à la Cochinchine, par les iles de Madère, de Ténériffe et du Cap Verd, le Brésil et l'ile de Java, contenant des Renseignements nouveaux et authentiques sur l'Etat naturel et civil de ces divers Pays; Accompagné de la Relation officielle d'un Voyage au Pays des Boushouanas, dans l'intérieur de l'Afrique australe; par John Barrow, Membre de la Société royale de Londres; traduit de l'anglais, avec des notes et additions, par Malte-Brun. Avec un Atlas de 18 Planches gravées en taille douce par Tardieu. A Paris, chez François Buisson.... 1807, 2 vol. in-8 et Atlas.

Not. : *Quart. Rev.*, III, Feb. 1810.

— Some Account of the Public Life, and a Selection from the unpublished writings, of the Earl of Macartney. The latter consisting of Extracts from an account of the Russian Empire : a Sketch of the Political History of Ireland : and a Journal of an Embassy from the King of Great Britain to the Emperor of China : With an Appendix to each volume. By John Barrow, F. R. S. . . . In two volumes. London : Printed for T. Cadell and W. Davies in the Strand. 1807, 2 vol. in-4.

— An auto-biographical Memoir of Sir John Barrow, Bart., late of the Admiralty; including reflections, observations, and reminiscences at home and abroad, from early life to advanced age. London : John Murray, 1847, in-8, pp. xi-515.

— Memoir of Sir John Barrow, Bart., and description of the Barrow monument, erected on the Hill of Hoad, Ulverston, In the neighbourhood of his Birth-place, A. D. 1850. *Vivit Post Funera Virtus.* Price One Shilling and Six pence, in-8, pp. 56 avec 1 Pl.

« The following pages will be found to contain a brief memoir of Sir John Barrow. the greater part of which appeared in the *Times*, written by Sir George Staunton. his long tried faithful friend; together with a description of the Tower, written by Mr. Timen, the able Architect. upon whose design, which is remarkable for its taste and elegance. the Tower was erected ... » (from the Preface).

British Museum, 10825, c.

J. C. HÜTTNER.

— J. C. Hüttners Nachricht von der Brittischen Gesandtschaftsreise durch China und einen Theil der Tartarei. Herausgegeben von C. B. — Berlin, in der Vossischen Buchhandlung, 1797, pet. in-8, pp. 190 + 1 f. à la fin. — Vig. sur le titre.

Notice. pp. 417/8 du *Mag. Enc.*, 1798, VI.

— Voyage à la Chine; Par J. C. Hüttner, Gentilhomme d'Ambassade. Traduit de l'allemand; avec une Carte de la Chine gravée par Tardieu, et de la Musique chinoise. A Paris, chez J. J. Fuchs... an VII, in-12, pp. xvj-295 sans les errata.

Cet ouvrage édité par Charles Bœttiger a été traduit en français par Winckler. On trouvera à la suite du voyage, pp. 258 et seq., la traduction d'une chanson chinoise. .... Paris, Pillot, 1800, in-18.

Notice dans le *Mag. Enc.*, sig. A. J. D. B., 1799, V, pp. 438/459.

Une autre traduction française du Voyage de Hüttner a été publiée, pp. 185 et seq., du Vol. V de la seconde édition de la traduction du Voyage de Macartney par Castéra. (Paris, an 7) et pp. 77 et seq. du Vol. V de la troisième édition du même ouvrage.

W. ALEXANDER.

Voir *Costume*, col. 851.

OUVRAGES DIVERS.

— An Historical, Geographical, and Philosophical View of the Chinese Empire; comprehending a Description of the fifteen provinces of China, Chinese Tartary, Tributary States; Natural History of China; Government, Religion, Laws, Manners and Customs, Literature, Arts, Sciences, Manufactures, &c. By W. Winterbotham. To which is added a copious account of Lord Macartney's Embassy, compiled from original communications. London, J. Ridgway .... and W. Button, 1795, in-8, pp. 435-114, sans les notes préliminaires.

La pagination est spéciale pour la relation de l'ambassade à laquelle les 114 dernières pages sont consacrées.

— A Complete View of the Chinese Empire exhibited in a geographical Description of that country, a dissertation on its antiquity, and a genuine and copious account of Earl Macartney's Embassy from the King of Great Britain to the Emperor of China. London. Printed and Published by G. Cawthorn .... 1798, in-8, pp. lxxii-456.

Duprat, 1861, Fr. 3.

— A complete view of the Chinese Empire exhibited in a geographical description of that country, a dissertation on its antiquity, and a genuine and copious account of Earl Macartney's Embassy from the King of Great Britain to the Emperor of China. London: Published by J. S. Pratt, MDCCCXLII, in-16, pp. 414.

Les pages 71—352 sont consacrées à l'ambassade. Il y a un appendix à la fin du volume (pp. 353—414) contenant des extraits des Voyages de Malcolm, etc.

C'est une reproduction (avec l'appendice en plus) de l'édition in-8 publiée en 1798 par Cawthorn.

* W. Winterbotham, Ausführliche Darstellung von China und seiner zinspflichtigen Staaten. Giess, 1798, 2 Bde. in-8. (Aus dem Englischen übersetzt.) [Oettinger, *Arch. hist.*, 14953.]

* Lord Macartney, Gesandtschafts-Reise nach China. Aus dem Engl. frei übers. 3 Bdchen. Mit Kpfrn. Berlin, 1798. 1800. Haude u. Spener. in-12.

* Reise nach China; nach dem Engl. frei bearb. für die deutsche Jugend, von ... Hirschmann. Neue Aufl. Mit 6 ausgemalten Kpfrn. Berlin, 1801 (Förstner), gr. in-8.

* Lord Makartney's Gesandtschaftsreise nach China, bearb. von Phil. Körber. Mit 1 Stahlstich. (Jugend-Bibliothek, Jahrg. 1847, 3. u. 4.) [Engelmann].

— Voir dans l'édition in-4 (Philadelphie) de l'ambassade de Van Braam, Vol. II, pp. 415, l'« Extrait d'une lettre de M. J. de Grammont, Miss. apostolique à Péking, au sujet de l'ambassade anglaise » [Lord Macartney].

— Voir également le voyage de Charpentier Cossigny, col. 1000.

— Art. *Macartney*: *Biog. univ.*, XXV, pp. 598/602, par Eyriès. — *Biog. gén.*, XXXII, pp. 464/468, par A. de Lacaze.

LORD AMHERST.

HENRY ELLIS.

— Journal of the Proceedings of the late Embassy to China; comprising a correct narrative of the Public Transactions of the Embassy, of the voyage to and from China, and of the Journey from the Mouth of the Peiho to the return to Canton. Interspersed with Observations upon the face of the country, the polity, moral character, and manners of the Chinese nation. The whole illustrated by Maps and Drawings. By Henry Ellis, third Commissioner of the Embassy. London, Printed for John Murray, 1817, in-4, pp. VIII-526.

Advertisement. — IX. Chapters. — Appendix of Official Papers. — Itinerary of the Route of the Embassy from Ta-koo to Pekin, and from thence to Canton. — Index.

L'édition en 2 vol. in-8 publiée en 1818 ne contient pas les gravures coloriées qui se trouvent dans celle-ci.

Not. : *Quart. Rev.*, XVII, July 1817.

— Journal of the Proceedings of the late Embassy to China; comprising a correct narrative of the public transactions of the Embassy, of the voyage to and from China, and of the Journey from the Mouth of the Pei-ho to the Return to Canton. By Henry Ellis, Third Commissioner of the Embassy. — Second Edition. — London, John Murray, 1818, 2 vol. in-8.

Vol. I, pp. XII-442. Advertisement. — Advertisement to Second Edition. — Contents. — Chapters I—V.

Avec une carte et le portrait de Lord Amherst.

Vol. II. pp. VIII-359. Contents. — Chapters VI—IX. — Appendix of Official Papers. — Itinerary. — Index.

Avec une carte.

L'ambassade quitta l'Angleterre avec l'*Alceste* le 8 Février 1816. — Page 93 il y a une liste des personnes composant l'ambassade : Sir George Staunton était le second membre de la Commission. L'ambassade arriva à Peking en Août 1816; elle était de retour à Spithead le 17 Août 1817.

Le 9e. chapitre contient des remarques sur la Corée et les îles Lieou-keou.

— Journal of the Proceedings of the late Embassy to China; comprising a correct Narrative of the Public Transactions of the Embassy, of the voyage to and from China, and of the Journey from the mouth of the Pei-ho to the return to Canton. Interspersed with Observations upon the face of the country, the polity, moral character, and manners, of the Chinese Nation. Illustrated by a large map. By Henry Ellis, Third Commissioner of the Embassy .... Philadelphia : Printed and Published by A. Small .... 1818, in-8, pp. 382.

— Journal of the Proceedings of the late Embassy to China; comprising a correct narrative of the public transactions of the Embassy, of the voyage to and from China, and of the Journey from the mouth of the Peiho, to the return to Canton. By the Right Hon. Henry Ellis, third Commissioner. A new edition. London, Edward Moxon, 1840, in-8, pp. xvi-128.

Au commencement du volume il y a une *notice* datée *July 1840*; mais l'Index des éditions précédentes n'est pas réimprimé.

— Voyage en Chine, ou Journal de la dernière ambassade anglaise à la Cour de Pékin, Contenant le Détail des Négotiations qui ont eu lieu dans cette circonstance; la Relation de la traversée à la Chine, et du retour en Europe, et enfin celle du Voyage par terre de l'Ambassade, depuis l'embouchure du Pei-ho jusqu'à Canton; mêlé d'Observations sur l'aspect du pays, sur la Politique, sur le Caractère moral, et sur les Mœurs de la nation chinoise; orné de cartes et de gravures; Par Mr. H. Ellis, Secrétaire et troisième Commissaire de l'Ambassade. Traduit de l'Anglais, Par J. Mac Carthy, Chef de Bataillon d'infanterie, Chevalier de la Légion-d'honneur. Paris, Delaunay [et] P. Mongie .... 1818, 2 vol. in-8.

Notices : Par J. P. Abel-Rémusat *(Journal des Savans*, Janvier 1819, pp. 3/15) et *Mélanges Asiatiques*, I, pp. 431/451. — Dennie's *Portfolio*, XX, 358.

Le *N. C. Herald*, No. 475, Sep. 3, 1859, donne (d'après le *Ch. Rep.*, qui, lui-même, l'a copié dans *The Chinese* de Davis) un compte-rendu de la réception de Lord Amherst à Peking.

* Lord Amhersts Ambassad till Kina.

Dans *Bibliothek för de nyaste Resbeskrifningar*, Stockholm, 1828, in-8, Vol. 3, pp. 73/113.

(Lord Amherst.)

CLARKE ABEL.

— Narrative of a Journey in the Interior of China, and of a voyage to and from that country in the years 1816 and 1817; containing an account of the most interesting transactions of Lord Amherst's Embassy to the Court of Pekin, and Observations on the countries which it visited. By Clarke Abel, F. L. S. and Member of the Geological Society, Chief Medical Officer and Naturalist to the Embassy. Illustrated by Maps and other engravings. London : Longman, 1818, in-4, pp. xvi-420.

Preface. — Table of Contents. — XII Chapters. — Appendix : A. Additional Notes. B. Description of Three new Species of China Plants by Robert Brown. C. Official Documents issued by the Government of China. D. Itinerary of the Route of the Embassy through China. E. & F. Meteorological Tables.

Un ex. avec les aquarelles originales, des notes ms. de Beckford, *m. r.* par C. Lewis, a été vendu au libraire Sotheran, liv. 6, 10/— à la vente Beckford, 1882.

Notices : *Gentleman's Magazine*, Vol. 88, Dec. 1818, pp. 518/520. — *Quart. Rev.*, XXI, 1819, pp. 67 et seq.

SIR GEORGE THOMAS STAUNTON.

— Notes of Proceedings and Occurences, during the British Embassy to Pekin, in 1816. Havant Press : Printed by Henry Skelton, West Street. [For private circulation only.] 1824, in-8, pp. viii-480.

By Sir George Thomas Staunton.

— Memoirs of the Chief Incidents of the Public Life of Sir George Thomas Staunton, Bart. Hon. D. C. L. of Oxford; one of the King's Commissioners to the Cour of Pekin, and afterwards for some time member of Parliament for South Hampshire, and for the borough of Portsmouth. Printed for Private Circulation. London : L. Booth, 1856, in-8, pp. vii-232.

Avec un portrait d'après Sir George Hayter.

— Select Letters written on the occasion of the Memoirs of Sir G. T. Staunton, Bart. by his private friends. London, 1857, in-8, pp. 77.

Privately printed.

ROBERT MORRISON.

— A Memoir of the principal occurences during an Embassy from the British Government to the Court of China in the year 1816. By the Rev. Dr. Robert Morrison, Author of the Chinese Dictionary, Grammar, &c., &c. and attached to the Embassy. London : 1819, in-8, pp. 68.

Avait paru dans « *The Pamphleteer* », périodique.

(Lord Amherst.)

— A Memoir of the Principal Occurences during an Embassy from the British Government to the Court of China in the year 1816. By the Rev. Dr. Robert Morrison, Author of the Chinese Dictionary, Grammar, &c., &c. and attached to the Embassy. London : Printed for the Editor; sold by Hatchard and Son.... 1820. Price Three Shillings and Six-pence, in-8, pp. 96.

La préface est signée : John Morton.

J. F. DAVIS.

— Scenes in China, exhibiting the Manners, Customs, Diversions, and singular peculiarities of the Chinese, Together with the Mode of Travelling, navigation, &c. in that vast empire. Taken from the latest Authorities, and including the most interesting particulars in Lord Amherst's recent embassy. London : Printed for E. Wallis, 42, Skinner-street, and J. Wallis, Marine Library, Sidmouth, in-12, pp. vi-181. Grav.

HONGKONG.

GOUVERNEMENT.

— «Insolvent Debtor's Act.» Honkong. (Pub. dans *The China Mail,* No. 68, 4 Juin 1846.)

— Hongkong Colonial Ordinances. 1844. By Authority. Printed and Published at the Office of the *China Mail,* 1847, in-fol.

— The Same. 1845. *Ibid.,* 1847. — 1846. *Ibid.,* 1847. — 1847. *Ibid.,* 1848. — 1848. *Ibid.,* 1849. — 1849. *Ibid.,* 1850. — 1850. *Ibid.,* 1851. — 1851. *Ibid.,* 1852.

— Hongkong Consular Ordinances. 1844. By Authority. Printed and Published at the Office of the *China Mail,* 1846, in-fol.

The Same. 1845—46. *Ibid.,* 1847. — 1847. *Ibid.,* 1848. — 1849. *Ibid.,* 1850. — 1850. *Ibid.,* 1851.

— A Digest and Index of All the Ordinances of the Honkong Government (to the close of 1849). By William Tarrant. Hongkong : Printed by D. Noronha, MDCCCL. Price one guinea, pp. xi-191-ccxxvi, in-8.

— A few Notices on the extent of Chinese Education, and the Government Schools of Hongkong; with remarks on the History and Religious Notions of the Inhabitants of this Island. By the Rev. W. Lobscheid, Missionary, and Inspector of the Government Schools. Hongkong, Printed at the «China Mail» office, MDCCCLIX, br. in-8, pp. 48 et un tableau.

— Crime and Government at Hongkong. A Letter to the Editor of the «Times» Newspaper; offering reasons for an enquiry, into the disgraces, brought on the British Name in China, by the present Hongkong Government. By T. Chisholm Anstey, Esq., of the Middle Temple, Barrister-at-Law, late Her Majesty's Attorney-General for Hongkong. London : Effingham Wilson, ... 1859, in-8, pp. 115.

N'a pas été insérée dans le *Times.*

— A Vindication of the character of the undersigned from the aspersions of Mr. T. Chisholm Anstey, ex-Attorney general of Hongkong. As contained in his charges, his pamphlet, and his letter to the Secretary of State for the Colonies. By Daniel Richard Caldwell, Registrar general and Protector of Chinese, Hongkong. Hongkong : Noronha's Office, ... 1860, in-8, pp. 70.

— Laws of the Colony of Honkong 1841—1854, gr. in-8 de 490 pages.

— Documents connected with the Hongkong Stamp Act, passed in the Legislative Council, Sept. 5th. Printed and Published at the «Daily Press» office, Hongkong, 1866, br. in-8, pp. 45.

— Statute Law in Hongkong by Q. B. (*Notes and Queries on China and Japan,* Vol. I, pp. 30—32; p. 59.)

Voir BLUE BOOKS, *infra.*

CHINA BRANCH OF THE ROYAL ASIATIC SOCIETY.

Cette Société a été fondée le 5 Janvier 1847 sous le nom de «Philosophical Society of China». Son premier président était le Major H. P. Burn. Le 19 du même mois, le nom fut changé en celui de «The Asiatic Society of China», les règlements furent adoptés, les officiers furent nommés (la liste du 5 avant été annulée) et Sir John F. Davis fut élu président. La séance d'inauguration eut lieu le vendredi 15 Février 1847. La Société asiatique de Hongkong n'existe plus depuis longtemps. Elle a publié six volumes ou cahiers de mémoires :

— Transactions of the China Branch of the Royal Asiatic Society. 1847. Hongkong : Printed at the office of the *China Mail,* MDCCCXLVIII, in-8, pp. 14-78.

Contents. — Preliminary Address. — I. Land Tenure in China. Remarks on the acquisition, common-tenure, and alienation of Real Property in China, accompanied by a Facsimile and Translation of a Deed of Sale : By Thomas Taylor Meadows, Interpreter to H. M.'s Consulate at Canton. — II. Hot Springs of Yong-Măk. A short account of a visit to the Hot Springs of Yong-Măk : By J. C. Bowring. — III. Chinese Anatomy and Physiology. A Treatise on the Chinese System of Anatomy and Physiology : by Dr. W. A. Harland. — IV. Chinese Copper coinage. Notes on the *Tsien,* or Copper Cash of the Chinese : Extracted from a native publication, the *Ta-tsing Hwuy-tien,* by Mr. C. B. Hillier, and communicated by the President. — V. The Mines in China. On the Mines of the Chinese Empire : by the Rev. C. Gutzlaff, Principal Chinese Secretary to the British Government in China. — Journal of Proceedings. — Report of the Council. — Appendix : Suggestions for future discussion by the Rev. Charles Gutzlaff. — Members of the Society in 1847.

— Transactions .... Part II.—1848-50. Hongkong : Printed at the Office of the *China Mail*, MDCCCLII, in-8, pp. 172, sans la préface (1 p.).

Prefatory Notice. — Office Bearers for 1852. — I. Chinese Coinage. A brief notice of the Chinese work 錢志新編 (Chronicles of Tsien; a new arrangement) and a Key to its 329 Wood-cuts of the Coins of China and neighbouring nations by C. B. Hillier Esq. (pp. 1—162). — II. Manufacture of Magnetic needles and Vermilion. Extracts from the Tung-Teen-Shaou, 通天曉, by Dr. W. A. Harland. — Journal of Proceedings.

—Transactions....Part III.—1851-52. Hongkong : Printed at the Office of the *China Mail*, MDCCCLIII, in-8, pp. VIII-116.

Preface. — Office Bearers for 1853. — I. The Madjicosima Islands. A short notice of the Madjicosima, (Meia-co-shi-ma, or Meia-koon-koomah) islands : by Dr. Bowring. — II. The Ta-heŏ. — «The Great lesson of life.» Translation of the Ta-heŏ classic, 大學 «The Great lesson of life»; by C. B. Hillier. — III. Leprosy in China and the East; by Benjamin Hobson, M. B. — IV. The Rice Paper Plant of China. The Rice-Paper Plant and its uses, by J. C. Bowring. — V. Inscriptions on Porcelain Bottles found in ancient Egyptian Tombs. Remarks upon Facsimiles, sent by Messieurs Julien and Rondot of Paris, of twelve inscriptions on Porcelain Bottles, alleged to have been found in ancient Egyptian Tombs : by W. H. Medhurst, Junior. — VI. Public Executions at Canton. Description of Proceedings in the Criminal Court of Canton : By Harry S. Parkes. With an account of an execution at Canton : By Frank Parish. — VII. Life and Writings of Commissioner Lin. On the Character and writings of Commissioner Lin Tsih-seu : By Dr. Bowring. — VIII. The Kingdom of Siam. A brief description of the present state of Siam, with its inhabitants, products, trade, &c. : By the Rev. W. Dean, D. D. — IX. Tablet in the Polo Temple. Translation of an inscription on a Tablet in the Polo Temple near Canton, erected by Commissioner Seu and Governor Yĕ : Translated by Harry S. Parkes. — Journal of Proceedings.

—Transactions....Part IV.—1853-54. Hongkong : Printed at the office of the *China Mail*, MDCCCLV, in-8, pp. 106, sans le titre, la table, la préface et les errata.

Contents. — Preface. — List of Office-Bearers for 1855. — I. Marriage, Affinity, and Inheritance in China : By W. H. Medhurst, Jun. — II. On the Eagre of the Tsien-Tang : By D. J. Macgowan, M. D. — III. On ancient Chinese pronunciation : By the Rev. Joseph Edkins, of the London Missionary Society, Shanghae (Part I). — IV. Ancient Chinese Pronunciation (Part II). — V. Chinese Medical Jurisprudence. Notice of a Chinese Work on Medical Jurisprudence, entitled Se-yuen-luh (洗寃錄), or «Records of the Washing away of injuries», with a collection of cases in illustration, a new edition, with additional notes and explanations : By W. A. Harland, M. D. — VI. Chinese Porcelain Bottles found in the Egyptian Tombs. — Their antiquity and uses : By Harry Parkes. — Journal of Proceedings. — Errata.

— Transactions .... Part V.—1855. Hongkong : Printed at the office of the *China Mail*, in-8, pp. VI-156.

Contents. — List of Office-Bearers for 1856. — Preface. — I. The Population of China. A Letter on the Population of China, addressed to the Registrar General, London : By Sir John Bowring. — II. A General Description of the Pagodas in China. By the Rev. William Charles Milne. — III. On an Ancient inscription in Chinese and Mongol, from a Stone Tablet at Shanghae : by Mr. A. Wylie, printer to the *London Missionary Society*, Shanghae. — IV. Phases in the Development of Tauism : By the Rev. Joseph Edkins, Shanghae. — V. An account of Sanscrit and Mongolian characters found in Chinese Books : By the Rev. Joseph Edkins, Shanghae. — VI. Notes on some places visited during a surveying expedition round the coast of Japan and Korea, in the summer of 1855 : by John Richards, Commanding H. M. Surveying Sloop «Saracen». — VII. On the Topography and Natural History of Turon, in Cochinchina : by W. A. Harland, M. D. — VIII. Notes on recent physical phenomena in Japan and China : By D. J. Macgowan, M. D. — Journal of Proceedings.

— Transactions .... Part VI. — 1859. Hongkong : Printed at the office of the *China Mail*, MDCCCLIX, in-8, p. 164, sans le titre, la table et l'introduction.

Contents. — Office-Bearers for 1858. — Introductory Note. — I. Remarks on Yezo and the Temples of Hakodadi : By the Rev. S. Beal, of H. M. S. «Sybille». — II. Note on Chinese Opium : By D. J. Macgowan, M. D. — III. Account of the Shui lui, or Infernal Machine, described in the 58th Volume of the *Hoi Kwak To Chi*. By the Rev. S. Beal, of H. M. Ship *Sybille*. — IV. Notice of the Wu-wei-kiau, a reformed buddhist sect : By the Rev. J. Edkins. — V. A notice of the Sanon district, 新安城. By the Rev. Mr. Krone. — VI. Some Observations on the Ghilack or Ghailack Race : their manners, customs, and the regions they inhabit : By John Mortlock Tronson, R. N. — VII. Some Observations on the Coast Tartars, and their homes : By J. M. Tronson, R. N. — VIII. On an ancient inscription in the Neu-Chich language : By the Rev. A. Wylie, Shanghae. — Journal of Proceedings.

PUBLICATIONS DIVERSES.

— Voir *Nemesis*, col. 1155.

— Letters from Hongkong and Macao, 1843 (A. R. Ridgway). (*Colburn N. Monthly Mag.*, LXX, 153, 353).

— The Memory of the Righteous. — A Sermon preached September 10, 1843, on the occasion of the death of the Hon. John Robert Morrison. Member of the Legislative Council of Hongkong, and Chinese Secretary to her Majesty's Government in China. By the Rev. S. R. Brown, Tutor in the school of the Morrison Education Society, at Victoria, Hongkong. London : W. H. Allen and Co., 1844, in-8, pp. 18.

— Description of a view of the Island and Bay of Hongkong; now exhibiting at the Panorama, Leicester Square. Printed by the Proprietor, Robert Burford; the figures by H. C. Selous; From Drawings, taken by Lieut. F. J. White, Royal Marines, In 1843. London : Printed by J. Mitchell and Co. (late Brettell) .... 1844, in-8, pp. 12, avec 1 Pl.

British Museum, $\frac{10058.\ ccc,\ 12}{3}$.

— The Honkong Almanack and Directory for 1846 with an Appendix. Hongkong, 1846, in-8.

Pub. par W. Tarrant.

* The Victoria Almanack and Chinese Directory for 1847. Mackay & Co., 1847.

— Report on the Island of Hongkong, by R. Montgomery Martin. (Blue Book, 1847, App. No. 3, pp. 445 et seq.)

*Hongkong illustrated in a Series of Views. By M. Bruce, Architect. Lithographed, London, 1849.

— Report regarding the Chinese Union at Hongkong. Printed at the «Hongkong Register» Office. 1851, br. in-8, pp. 22.

Le *brief report* en tête est signé T. HAMBERG.

— A Letter to the Archbishop of Canterbury, containing the annual report of St. Paul's College and Mission at Hongkong. By George Smith, D. D., Bishop of Victoria. Printed at the «Hongkong Register» Office. 1852, br. in-12, pp. 26.

— Remarks on the Cause and Character of the Civil War in America, and on the attitude of England towards the same. By a Conservative. Hongkong: Printed by A. Shortrede & Co., 1861, br. in-8, pp. 17.

— Colony of Hongkong. (Chinese Commercial Guide, 1863, pp. 217 et seq.)

— The Honkong Dragon Feast by A. L. [ister.] (*Notes and Queries on C. & J.*, II, pp. 156/7).

— Note on the Island of Hongkong by A. R. Johnston Esq. (*Jour. R. G. Soc.*, XIV, p. 12).

— Hongkong Chamber of Commerce: Rapport sur le Sikiang [Moss], voir col. 74 et 152.

Voir les rapports du Comité :

. . . .

— Report of the Committee of the Hongkong General Chamber of Commerce, for the half year ending November 1863, «Mercantile Printing office», Honkong, br. in-8, pp. 27.

. . . .

— Hongkong, possession anglaise. (*Rev. de l'Or. et de l'Algérie*, II, 1847, pp. 81/103.)

Ext. par O. Mac Carthy, de W. D. Bernard's *Narrative of the Nemesis*, Lond. 1844.

— Iets over het Protestantsche Vondelinghuis te Hongkong. Met een woord ter inleiding van J. P. Hasebroek, Predikant te Amsterdam. Uitgegeven door de Zutphensche Vrouwen-vereeniging voor Evangelisatie in China. Te Zutphen, bij A. E. C. van Someren, 1862, br. in-12, pp. 22.

British Museum, 4765, a a.

— Hongkong, Canton and Maco. (W. G. Palgrave.) (*Cornhill Mag.*, XXXVII, 278.)

— Memorandum and Articles of Association of the Hongkong Hotel Co. limited. Hongkong, 1866, in-8.

— Annual Report of the Roman Catholic Schools in Hongkong for the year 1869, Hongkong, de Souza & Co., 1870, br. in-8.

— Catalogue of Works in the City Library, City Hall, Hongkong. Including also a synoptical Index. Hongkong: Printed at the *China Mail* Office, 1874, in-8, pp. 111.

— The Blockade of the Port & Harbour of Hongkong, by the Hoppo, or farmer in Canton of Customs duties levied upon Chinese vessels. Proceedings at a Public Meeting held at the City Hall, Hongkong, on the 14th September, 1874. With an Appendix, Index, and Map. London: Kent & Co., s. d., in-8, pp. 67+III pour l'index.

British Museum, 8022, e e.

— L'île de Hongkong. (*Miss. Cath.*, VI, 1874, pp. 10/11).

Avec une carte dressée par Mgr. Volontieri.

MORRISON EDUCATION SOCIETY.

Voir col. 622.

HOPITAUX.

Voir col. 632.

PUBLICATIONS PÉRIODIQUES.

— *The Hongkong Gazette.* Vol. I, Saturday, May 1st 1841, No. I, in-8, à 2 col.

Journal paraissant tous les quinze jours; a été réuni au suivant :

— *The Friend of China.* No. I, Vol. I, Hongkong, Thursday, March 17th 1842, pet. in folio à 3 col. Réuni au précédent, ce journal a paru sous le titre de :

— *The Friend of China and Hongkong Gazette.* Vol. I, Hongkong, Thursday, March 24th 1842, No. I, in-folio à 3 col.

Une annonce à la page 1, signée «J. Robt. Morrison Acting Secretary and Treasurer», apprend que la *Hongkong Gazette* a cessé de paraître le 23 Mars 1842.

Le nouveau journal est hebdomadaire.

Vol. I, No. I, — No. 52, Hongkong, Thursday, March 16th, 1843, pp. 1/208.

Vol. II, No. 53. Hongkong, Thursday, March 23d, 1843. — No. 93, Thursday, December 28th, 1843.

Vol. III, No. 94. — No. 197, Victoria, Saturday, December 28th, 1844.

A partir du No. 94, le journal devient bi-hebdomadaire. Le format est augmenté depuis le No. 130, May 8th, 1844; in-folio à 4 col.

The Friend of China parut sans interruption jusqu'à l'année 1859 :

Vol. XVII. No. I, Victoria, Saturday, January 2nd, 1858. — No. 104, Victoria, Wednesday, December 29th, 1858, pp. 1/416.

William Tarrant en était alors l'éditeur-propriétaire. Ayant eu des démêlés avec les autorités de Hongkong, il fut obligé d'arrêter la publication de son journal pendant plusieurs mois; Tarrant transféra alors son établissement à Canton :

— *The Friend of China. Published every Saturday*, No. I of New Series. Vol. XIX, Canton, Saturday, October 6th 1860. — No. 13, Saturday, December 29th, 1860, pp. 1/160.

Hebdomadaire, pet. in-folio à 3 col.

No. 14 of New Series, Vol. XX. — Canton, Saturday, January 5th, 1861. — No. 65 of New Series, Vol. XX, Canton, Saturday, December 28th, 1861, pp. 165/791.

Dans le numéro 65, Tarrant annonce qu'il cesse la publication de son journal qui n'est reprise que deux ans plus tard à Shanghai :

— *The Friend of China. Published every evening*, Saturday excepted.

Grand in-folio à 5 col., éd. par W. Tarrant, dont la publication est commencée en Janvier 1864. No. 1 of Third Series, Vol. XXII, Shanghai, January 1864. — No. 188 of Third Series, Vol. XXII, Shanghai, Saturday, 31st December 1864, pp. 1/704.

— *The Friend of China.* No. I of Fifth (lisez Fourth) Series, Vol. XXIV, Shanghai, Tuesday, 2nd January, 1866. — No. 104 of Fourth Series, Vol. XXIV, Shanghai, Friday, 28th December, 1866, pp. 1/824, in-folio à 4 col.

Publié le mardi et le vendredi.

— *The Friend of China. Published every Tuesday and Friday.* No. I of Vol. XXVI (Fifth Series), Shanghai, Friday, 3rd January, 1868. — No. 99 of Vol. XXVI (Fifth Series), Shanghai, Tuesday 29th December 1868, pp. 1/280.

Grand in-folio à 5 col.

Le nom de Tarrant comme éditeur disparaît à partir du No. 67. — On lit à la dernière page du No. 68 : Printed and Published for the Proprietor at the Office of the Cosmopolitan Printing Co. Depuis le No. 82 ce journal a été «Edited by C. Treasure Jones, Printed and Published at the Office of the Cos. Print. Co.»

— *The Friend of China and Shipping Gazette. Published every evening:* No. I of Vol. XXVII (Sixth Series) Shanghai, Saturday, 10th April, 1869. — No. 85 of Vol. XXVII (Sixth Series) Saturday, 17th July, pp. 1/342.

— *The Overland Friend of China.* No. I, Victoria, Saturday, August 30th 1845, Vol. I, in-folio à 4 col.

Résumé du *Friend of China* publié pour le départ des courriers d'Europe. A cessé de paraître avec la première série du *Friend of China.*

Le *Shanghai Budget*, 28 Mars 1872, a donné un article sur William Tarrant, éditeur du *Friend of China*, dont nous extrayons le passage suivant : «Now the *Friend of China* and its last proprietor are both defunct, this is perhaps a not inappropriate occasion to give a *résumé* of its editors in chief, of whom, from its establishment in 1841 until Mr. Tarrant's death [26th January 1872], there have been in all but six, some of whom have been men of note in their time and generation :

1841. — John Robert Morrison, founder of the *Hongkong Gazette*, with which the *Friend of China* was incorporated.

1842. — James White, afterwards a leading merchant and landowner in Shanghai, now M. P. for Brighton and constant referee in Parliament on China matters. With him as sub-editor was the Rev. J. L. Shuck.

1843—4. — Dr. Satchell, assisted by Dr. Richard Jones. These gentlemen were the first to establish a civil Hospital in the colony of Hongkong.

1844. — John Carr, assisted by Mr. Edwards and others.

1850. — William Tarrant.

1868. — C. Treasure Jones (son of Dr. Jones who in 1843—4 assisted in editing the paper), then editor and proprietor of the *Shanghai Evening Express*, and now editing the *European Budget*.

1869. — William Tarrant again took charge of the *Friend* for a few months, until compelled, by failing health and want of support, to allow it to die a natural death.

— *The China Mail.* No. I, Hongkong, Thursday, February 20th, 1845.

C'était un journal in-folio à 5 col. publié par Andrew Shortrede. — Hebdomadaire.

L'*Evening Mail* ayant été réunie à la *China Mail*, ce dernier journal est devenu quotidien depuis le 1er Février 1867 sous le nom de :

— *The China Mail. Published every evening, and with which is incorporated the «Hongkong Evening Mail and Shipping List.»* Vol. XXIII, No. 1146, Hongkong, Friday, 1st February 1867.

Pet. in-folio à 6 vol.

Ce journal a atteint son 32e vol. en 1876.

— *Overland China Mail.* — Vol. I, No. I. Hongkong, Saturday, 29th January, 1848, Price Dol. 4 per annum. — Printed and Published by Andrew Shortrede, in-folio. — Mensuel.

Publié pour le départ des malles d'Europe. Devient bi-mensuel en 1853 (Vol. IX, No. 61, Hongkong 11th January 1853, No. 1).

— *China Overland Trade Report*, in-4, à 3 col.

A atteint son XXe Vol. en 1876.

— *Dixsons's Hongkong Gazette. Published every Monday, Wednesday, and Friday.* Specimen Copy, Hongkong, Monday, 17th June 1850. Gratis. in-4, à 3 col. — No. I. Hongkong, Wednesday, 19th June 1850.

Edited by Andrew Scott Dixson.

A partir du No. 3 devient *Dixson's Hongkong Recorder*.

Le format est augmenté au No. 314 (3e année) et au No. 1152, (8e année : in-folio à 4 col.).

Devient : *The Hongkong Recorder published every morning, Sundays excepted.* Nine year. No. 1339, Hongkong, Saturday, 10th January 1859, gratis, in-folio à 5 col.

— *The Hongkong Government Gazette.* No. I, Victoria, Hongkong, Saturday, September 24, 1853, gr. in-8 à 2 col., hebdomadaire.

Une nouvelle série de ce journal, avec le format pet. in-folio qu'il a gardé jusqu'à ce jour (Vol. XXII, 1st January 1876), a été commencée le 7 Juillet 1855.

— *The Evening Mail and Hongkong Shipping List.*

Journal quotidien, in-folio. Après douze années d'existence, a été réuni à la *China Mail*. Le dernier numéro de l'*Evening Mail* est daté de Hongkong, Thursday, 31st January 1867.

— *The Hongkong Shipping List.* Hongkong, August 1, 1855, une feuille.

Devient : *Hongkong Shipping List, and Commercial Intelligencer.* Third year. Hongkong, Saturday, 25th July 1857, une feuille in-folio à 5 col.

— *Hongkong Register.*

Voir *Canton Register*, col. 1093.

— *The Daily Press. Ships, Commerce and Colonies.* No. I. Hongkong, Thursday, 1st October 1857. Printed and Published by Luiz J. Jesus . . . . for Geo. M. Ryder, Editor and Proprietor, pet. in-folio à 3 col.

Le format est graduellement augmenté jusqu'au 1er Janvier 1864; le *Daily Press* est depuis cette époque un grand in-folio à 7 col.; il porte depuis 1864 (?) le nom de *The Hongkong Daily Press* et il est imprimé et publié par Mr. William H. Bell; ce dernier est mort à Marseille le 16 mai 1877, à l'âge de 46 ans.

* *The Hongkong Monthly Magazine.* No. 1. Edited by Mrs. Annie E. Beecher.

Cité par le *N. C. Herald*, No. 566, Aug. 1, 1877.

— *Notes and Queries : on China and Japan.* A Monthly Medium of inter-communication for Professional and literary men, missionaries and Residents in the East generally, etc.

Journal mensuel, format in-8, imprimé sur deux colonnes :

— Vol. I. January to December 1867. — Hongkong : Charles A. Saint, 1867. — No. 1. Thursday, January 31, 1867, price Dol. 4 per annum. — No. 12. Tuesday, December 31, 1867, pp. 1/176 (sans le titre et l'index).

Edited by N. B. Dennys.

— Vol. II. January to December 1868. — Hongkong : Charles A. Saint, 1868. — No. 1. Hongkong, January 1868, price Dol. 6 per annum. — No. 12. December 1868, pp. 1/192 (sans le titre et l'index).

Edited by N. B. Dennys.

— Vol. III. January to December 1869. — Hongkong : Charles A. Saint, 1869. — No. 1. Hongkong, January 1869, price Dol. 6 per annum. — No. 12. Hongkong, December, 1869, pp. 1/184 (sans le titre et l'index).

Edited by N. B. Dennys.

Mr. Dennys ayant cessé d'être l'éditeur, et Mr. Saint ayant vendu en Janvier 1870 la propriété de cette publication périodique ainsi que celle de *Papers on China* à Mr. C. Langdon Davies, *propriétaire* du *China Magazine*, *Papers on China* and *Notes and Queries* réunis en un seul journal parurent sous le titre de :

— *Notes and Queries on China and Japan.* A Monthly Medium of inter-communication for professional and literary men, missionaries, and residents in the East generally (with which is incorporated *Papers on China*) conducted by C. Langdon Davies. Subscription six dollars per annum. Hongkong : Published at the China Magazine Office, 7 Pedder's Wharf.

Journal mensuel, même format que le précédent, imprimé sur toute la largeur de la page. Chaque article est numéroté.

Vol. IV. New Series. — No. 1 (15 Feb. 1870). — No. 9/10, November 29th, 1870, pp. 1/148.

Ce volume comprend 128 articles. Le dernier numéro 9/10 est rare, car il n'a pas été distribué à tous les souscripteurs, aussi en donnons-nous la description : Il comprenait les pages 129/148, articles 117/128 :

117. Papers on China.
118. The Miau Tsze.
119. Whistling Pigeons.
120. The Colonised Tract of S. E. Mongolia, &c.
121. The Authorship of the Ch'un Ts'eu.
122. Chinese Anti-Liquor Traffic Mandate.
123. Chinese Names for ,Saffron'.
124. Coolie-Chinese for ,Mistress'.
125. Kin Satsz or Japanese Paper Money.
126. Etymologics from Chinese Rootwords.
127. Products of Western Asia and Eastern Africa.
128. On the use of Cowries in China.

Un amateur a fait imprimer une table de ce Vol. IV.

Mr. N. B. Dennys a repris *Notes and Queries* sous la forme de *The China Review : or Notes and Queries on the Far East. Published every two months* dont le premier numéro est daté : Juillet-Août 1872.

— *Papers on China.*

No. I (pp. 1—16). s. d. n. l.

Notes on Formosa, by R. Swinhoe. — The Mahommedans in China (*N. C. Daily News*). — A Leaf from Chinese History. — A Chinese Execution (*Recorder*). — How Mandarins came to be allowed to smoke. — A Chinese Almanac (*Hankow Times*). — The Nienfei (*N. C. Herald*).

No. II (pp. 17—32). s. d. n. l.

The «Peking Gazette» (*N. C. Daily News*). — The Governors of the Eighteen Provinces of China (W. T. Lay ; *Missionary Recorder*). — The Grand Canal (*N. C. Daily News*). — Review of Loomis' Confucius and the Chinese Classics. — Philology (*China Mail*). — Coal in the North. — A Reminiscence of the North, five years ago (by E. C. Bowra). — Ancestral Worship (*Sup. Court & Cons. Gazette*).

No. III (pp. 33—48). s. d. n. l.

Formosa (*China Mail*). — Coal and Railways at the North. — Chinese Tribunals (*N. C. Herald*). — Effect of the Study of Chinese upon Europeans (*Hankow Times*). — Knowledge of Chinese (*Sup. C. & C. Gazette*). — Labuan Coal (*N. C. Herald*). — Cremation Services at Bangkok (*Siam Monitor*). — Passiette (*China Mail*). — Effect upon officials of the study of Chinese (*China Mail*). — Religion in China (*N. C. Herald*).

No. IV. Dec. 1867 (pp. 49—64). s. d. n. l.

Formosa-Treaty with the Savages by the U. S. Consul at Amoy (*China Mail*, Nov. 11). — The Salt Trade (*Hankow Times*). — The late Sir F. Bruce (*Sup. C. & C. Gazette*). — Railways in the North of China (A Chefoo Merchant). — Chinese Odds and Ends (*Hankow Times*). — The Northern Ports (*Sup. C. & C. Gazette*, Nov. 16). — Customs' officials (*Sup. C. & C. Gazette*, Nov. 23). — The right of distraint (*Sup. C. & C. Gazette*, Nov. 23). — History of Foochow (*Customs' Reports on Trade*). — Chinese literary examinations (*Hankow Times*). — Chinese Pawn-Brokers (*Hankow Times*, Nov. 9). — Formosa (*N. C. Daily News*). — A new race (*Free Press*).

No. V. Jan. 1868 (pp. 65—80).

A Mandarin's Journey across China in the twelfth Century by Wm. Frederick Mayers (*From «Fraser's Magazine»*). — Calcutta to China (*Friend of India*, Nov. 9). — The Capital of China (*Shanghai Recorder*, Dec. 12). — An interesting Journal. The «Rover» Tragedy at Formosa (*by James Horn*). — The Chinese Language (*Hankow Times*, Sept. 9). — Chinese Odds and Ends (*Hankow Times*).

No. VI. Feb. 1868 (pp. 81—96).

Notes on Southern and Central Manchuria by the Rev. C. Williamson, Chefoo (*N. C. Daily News*). — The Royal Geographical Society (*China Mail*, Jan. 18). — Mr. Cooper's Journey (*N. C. Daily News*). — Rebellions in China (*Sup. C. & C. Gazette*, Jan. 18). — Trades' Unionism in China (*Sup. C. & C. Gazette*). — Chinese Honesty (*Recorder*). — Chinese Taxation (*N. C. Herald*).

No. VII. March 1868 (pp. 97—112).

The Study of Chinese (*Hankow Times*). — Trans-Himalayan Explorations (*Friend of India*, Jan. 23). — The Romance of Great Tibet (*Friend of India*, Jan. 30). — State of Agriculture around

Nankin (*Sup. C. & C. Gazette*, Feb.). — Notes on Chinese Literature (*China Mail*. — It is a Review of Mr. Wylie's work). — Doing Honor to a popular Governor (*China Mail*). — Native and Foreign Merchants (*Shanghai Recorder*). — The Rival Missions (*Shanghai Recorder*). — Chinese Life at Shanghai (*Shanghai Recorder*). — Chinese Odds and Ends (*Hankow Times*).

No. VIII. May 1868 (pp. 113—128).

Review of the Rev. W. Lobscheid's Dictionary, Part. III (*China Mail*). — A Trip to Wai Chau (*China Mail*, May 10) by K. G. J. — India to China (*Friend of India*). — A Voyage home via China, Japan, California, and across the Continent of America to New York and Liverpool by Geo. Sibbey (*Pioneer*). — Disarmament of Junks by Chinese Authorities (*China Mail*). — The Hongkong Gambling Houses (*China Mail*). — Decoration of Foreigners (*China Mail*). — Chekeang Rivers (*N. C. Daily News*). — Chinese Progress (*Hankow Times*).

No. IX. July 1868 (pp. 129—144).

Chinese Currency (*N. C. Daily News*, May 12). — Corea (*China Mail*). — Russian Privileges for Trade in the Interior (*Sup. C. & C. Gazette*). — The Yellow River (*N. C. Herald*). — Mr. T. T. Cooper's expedition (Coopers letter to the *N. C. Daily News*, dated Tai-tsian-loo, Western Border of China, 26th April 1868). Hangchow (*N. C. Daily News*). — A Chinese literary sketch (*N. C. Daily News*). — Travelling in Siam (*China Mail*). — Japan and Christianity (*Evening Express*). — The Chefoo Gold mines (*Recorder*). — Jottings from the Java papers (*Straits Times*).

C'est tout ce qui a paru de cette publication périodique qui avait pour but de reproduire les meilleurs articles qui paraissaient dans les journaux de la Chine et du Japon. *Papers on China* étaient publiés par cahiers de 16 pages format in-8 au bureau de la *China Mail*. Chaque cahier coûtait 25 cents. On ajoute à la collection :

— Summary of Events in China and Japan during 1867. (Reprinted from the *China Mail*, and issued gratis to subscribers to *Papers on China*, brochure de 12 pages in-8.)

On trouvera quelques exemplaires de cette publication périodique reliés avec un titre et une table des matières. Ce titre et cette table ont été imprimés à petit nombre aux frais d'un bibliophile [E. C. Taintor] qui les a distribués à ses amis.

Papers on China furent réunis à *Notes and Queries on China and Japan* par Mr. C. Langdon Davies, successeur de Mr. C. A. Saint, propriétaire de ces deux journaux et le premier numéro de la nouvelle publication qui forme le Volume IV de *Notes and Queries* paru le 15 Février 1870 sous le titre de *Notes and Queries on China and Japan. A Monthly Medium of inter-communication for professional and literary men, missionaries, and Residents in the East generally* (with which *is incorporated «Papers on China»*). [Voir supra.]

— *The China Magazine.*

Hebd. — Commencé le 7 Mars 1868.

— *The China Review* : or, Notes and Queries on the Far East. Published every two months. Edited by N. B. Dennys, M. R. A. S. & M. N. C. B. R. A. S. Vol. I, July, 1872, to June 1873. Hongkong : *China Mail* office, No. 2, Wyndham Street, in-8.

Paraît en cahiers in-8, tous les deux mois; Prix dol. 6.50 par an; le Dr. E. J. Eitel avait remplacé le Dr. Dennys comme éditeur; il s'est lui-même retiré; la publication continue.

— *The Chronicle & Directory for China, Japan & the Phillipines for 1863.* Hongkong : Printed, Published, and Sold at the *Daily Press* Office, in-8.

Cet ouvrage contenait une liste des résidents étrangers en Chine, au Japon et aux îles Philippines, et quelques tables. En 1866, on lui ajouta la traduction des différents traités, et divers renseignements utiles dont le nombre a augmenté chaque année : c'est aujourd'hui :

— *The Chronicle & Directory for China, Japan, & the Philippines*, (with which is incorporated the *China Directory*), for the year 1876. Corrected at the different Banks, Offices, and Institutions. Honkong : Printed and Published at the *Daily Press* Office, in-8.

dont deux éditions sont imprimées : l'une qui ne contient que la liste des résidents, et quelques renseignements; l'autre complète avec les traités, etc.

— *The Chronicle & Directory for China, Japan, the Philippines*, &c., (with which is incorporated the *China Directory*,) for the year 1881. Corrected at the different banks, offices, and institutions. Hongkong : Printed and published at the *Daily Press* Office, Wyndham Street, in-8.

— *The Daily Advertiser.* In-folio à 5 col. Commencé à Hongkong, November 1st, 1869. H. P. C. Lassen, Proprietor.

Format augmenté, au No. 631 (Nov. 20, 1871) in-folio à 6 col.

Devient le 1er Mai 1873 : « *The Hongkong Times Daily Advertiser and Shipping Gazette* », in-folio à 6 col. Printed and Published by William Curtis.

Ce journal est édité par Mr. Thomas Preston depuis le 31 Juillet 1875. — N'existe plus.

— *China Punch.*

Le No. 10 a été publié le 2 Août 1873.

— *The Honkong Catholic Register*, a fortnightly paper.

Fondé et publié par Mgr. Raimondi, vic. ap. de Hongkong. — Pet. in-folio à 2 col.; le premier numéro est du 22 Sept. 1877.

— Voir pour les relations depuis la dernière guerre, le chap. des *Questions contemporaines*.

PARLIAMENTARY PAPERS.[1]

(Blue Books.)

1837.

B. 431. *Courts in China.* — Bill to authorise the establishment of . . . . 1/2 *d.*

1837—1838.

B. 335. *Courts in China.* — Bill to establish, with Criminal, and Admiralty, and Civil Jurisdiction . . . . 1/2 *d.*

P. [128]. *Court of Judicature in China.* — Papers relative to the establishment of . . . . 1 1/2 *d.*

1840.

R. 359. *China Trade.* — Report from the select Committee . . . . 2 *s.* 4 *d.*

1. Cette liste est compilée à l'aide de — List of Parliamentary Papers for Sale, from Session 1836 to Session 1872, inclusive, with the prices affixed; and alphabetical List . . . . 1874, in-8, pp. 709; — et les listes publiées régulièrement chaque année au No. 13, Great Queen Street, Lincoln's-Inn-Fields, Londres.
R. = Report. — B. = Bill. — P. = Paper by Command.

P. 143. *China Produce.* — Directions for admission of, in Foreign vessels. . . 1/2 *d.*

P. 150. *China.* — Papers respecting Bills for Opium surrendered . . . . 2 *d.*

P. 157. *China trade.* — Exports to China in 1828 to 1832, and 1834 to 1839 . 1/2 *d.*

P. 200. *China.* — Further Return respecting Opium Certificates . . . . 1 *d.*

P. 204. *Ship Volage.* — Letter relative to the action with the Chinese War Junks 1/2 *d.*

P. 241. *China.* — Expense of the Armament preparing for service in China . 1/2 *d.*

P. 255. *China.* — Measures adopted on the interruption of Commerce with . 1/2 *d.*

P. [223]. *China.* — Correspondence relating to . . . . 5 *s.*

P. [224]. *China.* — Additional Correspondence . . . . 2 *d.*

P. [230]. *China.* — Additional Papers relating to . . . . 2 *d.*

P. [234]. *China.* — Additional Papers relating to [No. IV] . . . . 7 *d.*

P. [236]. *China.* — Paper relating to . 1/2 *d.*

P. [237]. *China.* — Order in Council respecting, dated 3 April 1840 . . . . 1/2 *d.*

P. [239]. *China.* — Order in Council relating to, dated 4 April 1840 . . . . 1/2 *d.*

P. [262]. *Trade with China.* — Memorials by British Merchants . . . . 3 1/2 *d.*

1841.

P. 246. *China.* — Sum expended by the East India Company . . . . 1/2 *d.*

P. 274. *China.* — Expenditure on account of the Expedition to . . . . 1/2 *d.*

P. 357—2. *Canada and China.* — Estimate of Sums required for expenses in 1/2 *d.*

1842.

P. 321. *China.* — Monies repaid to the East India Company on account of the War 1/2 *d.*

P. 335. *China.* — Sum required to be voted for the Expedition to . . . . 1/2 *d.*

P. 487. *China and India.* — Supplementary Estimate 1842—43 . . . . 1/2 *d.*

P. [364.] *Monies received from Chinese Authorities.* — Papers relating to . . . 2 1/2 *d.*

P. [366]. *China.* — Extract of a Letter from Captain Elliot, respecting . . . . . 1/2 *d.*

1843.

B. 555. *China Government Bill* . . . . . 1/2 *d.*

P. 257. *Cinnamon-Cassia-China-Tea, &c.* — Returns relating to . . . . 1 *d.*

P. 264. *China.* — Sums paid and received on account of the War . . . . 1/2 *d.*

P. 468. — II. *China.* — Estimate of Sum required to be voted in the year 1843 1/2 *d.*

P. 468. — III. *China* (Opium). — Estimate of Compensation due to the holders of Opium . . . . 1/2 *d.*

P. 596. — *China.* Correspondence relative to Military Operations . . . . 5 1/2 *d.*

1844.

P. [521]. *China.* — Treaty between Her Majesty and the Emperor of China . 2 *d.*

P. [534]. *China.* — Supplementary Treaty between Her Majesty and the Emperor of China . . . . 2 1/2 *d.*

P. [552]. *China.* — Despatches relative to the late J. R. Morrison . . . . 1/2 *d.*

P. [556]. *China.* — Commissions and Instructions respecting . . . . 1 1/2 *d.*

P. [570]. *China.* — Foreign Trade, Inland or Transit, Duties of . . . . 2 *d.*

1845.

P. [637]. *China.* — Ordinances passed in 1844, by the Chief Superintendent of British Trade . . . . 2 *d.*

P. [647]. *Trade at the Ports of Canton, Amoy, and Shanghai.* — Returns of, for the year 1844 . . . . 4 1/2 *d.*

1846.

P. 264. *Hongkong.* — Annual Receipts and Expenditure of . . . . 1 *d.*

P. 318. *East India and China.* — Bullion imported and Opium sold . . . . 1/2 *d.*

P. 323. *Chinese Labourers, &c.* — Papers relating to . . . . 3 *d.*

P. 541. *China.* — Accounts relating to Debts due by Chinese Merchants . . . 2 1/2 *d.*

P. [743]. *China.* — Ordnance passed by the Chief Superintendent of British Trade 1/2 *d.*

1847.

P. 654. *Commercial Relations with China.* —

Report from Select Committee *(with Plans)* . . . . 6 *s.* 6 *d.*

P. 261. *China.* — Receipts and Disbursements of Hongkong . . . . ½ *d.*

P. 497. *China* (Hongkong). — Memorandum by Robert Montgomery Martin . ½ *d.*

P. [794]. *Trade of China.* — Returns of 1 *s.* 6 *d.*

P. [795]. *Ditto.* — Orders, Ordinances, Rules and Regulations . . . . 8 *d.*

P. [808]. *Riot at Canton.* — Papers relating to . . . . 1 *s.* 6 *d.*

P. [812]. *China.* — Return of the Trade of the various Ports of, for 1846 . . . 6 *d.*

P. [813]. *Trade in China.* — Rules and Regulations concerning . . . . 1½ *d.*

P. [845]. *Canton River.* — Correspondence relative to . . . . 6 *d.*

1847—1848.

P. [928]. *Canton and Hongkong.* — Returns of the Trade at . . . . 2½ *d.*

P. [929]. *China.* — Papers relative to Commercial Relations with . . . . 1 *d.*

P. [930]. *Canton.* — Papers relative to the murder of six Englishmen in the neighbourhood of . . . . 1 *s.*

P. [947]. *China.* — Rules and Regulations concerning the Trade in . . . . 6 *d.*

P. [948]. *China.* — Ordinances issued in 1847, by the Authorities in . . . . 6 *d.*

1849.

P. [1119]. *China Trade.* — Returns of, in 1847 and 1848 *(with a Map)* . 1 *s.* 6 *d.*

1850.

P. [1252]. *China.* — Ordinances issued in 1849 by the Authorities in . . . . . 1 *d.*

P. [1286]. *China.* — Returns of Trade of various Ports in (1849).

1852.

P. [1513]. *China.* — Ordinances issued by the Authorities in 1850 and 1852 . 1 *d.*

1852—1853.

P. 804. *China.* — Property captured, and detained in . . . . ½ *d.*

P. 986. *Chinese Immigration.* — Despatches relating to *(with fac-similes)* . . 2 *s.* 6 *d.*

P. [1666]. *China.* — Order in Council 2½ *d.*

P. [1667]. *Civil War in China.* — Papers respecting

P. [1686]. *Emigration from China.* — Correspondence with the Superintendent of British Trade.

1854.

P. 247. *China Expedition.* — Correspondence respecting . . . . 2½ *d.*

P. [1792]. *Foreign Settlements at Shanghae.* — Correspondence respecting . . . . . 3 *d.*

1854—1855.

B. 208. *Chinese Passenger Ships.* — Bill to regulate . . . . 1½ *d.*

B. 293. *Chinese Passenger Ships.* — Bill [as amended by the Lords] . . . . 2 *d.*

1857. — Sess. 1.

P. 147. *Chinese Emigrants.* — Papers respecting Mortality among . . . . 2½ *d.*

P. 148. *Hongkong.* — Papers relating to *(with Plans)* . . . . 1 *s.*

P. [2163]. *Canton.* — Papers relating to Naval Forces at *(with Plans)* . . . . . . 4 *s.*

P. [2164]. *Canton River.* — Correspondence relative to Operation in . . . . 1 *d.*

P. [2166]. *Colonial Vessels at Hongkong.* — Correspondence respecting . . . . . 2 *d.*

P. [2172]. *Canton River.* — Further Correspondence. . . . . ½ *d.*

P. [2173]. *Canton.* — Correspondence respecting Entrance into, 1850—1855. . . 5 *d.*

P. [2175]. *China.* — Correspondence respecting insults in . . . . 2 *s.* 6 *d.*

P. [2189]. *Smuggling in China.* — Correspondence . . . . 1 *d.*

P. [2192]. *Canton.* — Proceedings of Naval Forces at *(with a Plan)* . . . . . 1 *s.* 4 *d.*

1857. — Sess. 2.

P. 101. *Hongkong.* — Correspondence relative to . . . . 2 *d.*

P. 115. *Hongkong.* — Correspondence respecting the Defence of . . . . 1 *d.*

P. 149. *China Surveys.* — Return relating to ½ *d.*

P. 155. *Hongkong.* — Papers respecting Chinese Prisoners in . . . . 5 *d.*

P. 168. *China.* (Military Operations.) — Estimate of Sum to be voted in 1857 1/2 *d.*

P. 191. *East India Company* (War in China). — Correspondence relating to . . . 1 *d.*

P. [2276]. *Canton.* — Further *Papers* . . 1 *d.*

1857—1858

P. 23. *China.* — Instructions to the Military Auditor . . . . 1/2 *d.*

P. 166. *Chinese Prisoners* (Honkong). — Despatch relative to the confinement of 1 *d.*

B. 193. *Chinese Passenger Act* (1855) *Amendment.* — Bill [from the Lords] . . 1/2 *d.*

P. 481. *Hongkong.* — Correspondence on the subject of Emigration from . . . . . 1 *s.*

P. 521. *Chinese, &c., Emigrants.* — Papers relating to Mortality in British Ships 5 *d.*

1859. — Sess. 2.

P. [2571]. *China and Japan.* — Correspondence relative to the Earl of Elgin's special Missions . . . . 6 *s.*

1860.

P. 94. *China.* — Correspondence relative to Affairs in . . . . 2 *d.*

P. 97. *Chinese Expedition,* 1859—1860. — Vote of Credit : Estimate . . . . . . 1/2 *d.*

P. 161. *Hongkong.* — Correspondence, &c. relative to . . . . 4 *s.* 8 *d.*

P. 423. *China* (Vote of Credit). — Estimate 1/2 *d.*

P. 453. *China.* — Estimate of Grant to Marine Forces. . . . . 1/2 *d.*

P. 609. *China.* — Grants to meet the expenses of Hostilities in . . . . 1/2 *d.*

P. [2587]. *China.* — Correspondence with Mr. Bruce . . . . 8 *d.*

P. [2606]. *China.* — Further Correspondence with Mr. Bruce . . . . 1 *d.*

P. [2618]. *China.* — Correspondence respecting Affairs in . . . . 4 1/2 *d.*

P. [2641]. *China.* — Further Correspondence with Mr. Bruce . . . . 1 *d.*

P. [2677]. *China.* — Further Correspondence with Mr. Bruce. . . . . 2 *d.*

P. [2685]. *China.* — Correspondence respecting Christianity in . . . . 1 1/2 *d.*

P. [2695]. *France.* — Convention respecting the Joint Captures in China . . . 1 1/2 *d.*

P. [2714]. *China.* — Correspondence respecting Emigration from Canton . . 1 *s.* 6 *d.*

1861.

P. 62. *East India* (China War). — Sums claimed on account of. . . . . 1/2 *d.*

P. 449. *China War (Vote of Credit).* — Estimate for 1861—62 . . . . 1/2 *d.*

P. 452. *East India (China War).* — Payments for, and Estimate to 1 May 1861 1/2 *d.*

P. [2754]. *China.* — Correspondence respecting Affairs in 1859—60 . . . . 3 *s.*

P. [2755]. *China.* — Treaties between Her Majesty and the Emperor . . . . 3 1/2 *d.*

P. [2777]. *China* (Expedition up the Yang-tze-kiang). — Correspondence . . . 1 *d.*

P. [2832]. *China.* — Memorial respecting Canton Claims . . . . 1 *d.*

P. [2840]. *China.* — Correspondence respecting opening of Yang-tze-kiang River 4 1/2 *d.*

1862.

P. 427. *Hongkong.* — Papers relating to 4 *d.*

P. [2919]. *Canton.* — Correspondence respecting the Evacuation of . . . . . . 1 *d.*

P. [2976]. *China.* — Papers respecting the Rebellion in . . . . 2 *s.*

P. [2976—I]. *China.* — Ditto *(Maps)* 1 *s.* 6 *d.*

P. [2992]. *China.* — Further Papers relating to the Rebellion in . . . . 2 1/2 *d.*

P. [3057]. *China* (Employment of British Officers). — Correspondence . . . . 1 *d.*

P. [3058]. *China.* — Further Papers respecting the Rebellion . . . . 7 *d.*

1863.

P. 15. *China.* — Yearly Cost of Troops stationed in, &c. . . . . 1 1/2 *d.*

P. 113. *Hongkong.* — Papers relating to 1 1/2 *d.*

P. 175. *China War* (Votes of Credit). — Accounts relating to . . . . 1 *d.*

P. 341. *China.* — Orders in Council relating to . . . . 1 *d.*

P. 456. *China.* — Accounts relating to Debts due by Chinese Merchants . . . . 1/2 *d.*

P. 466. *Shanghai.* — Correspondence respecting the insalubrity of . . . . . . 3 *d.*

P. 513. *China Indemnity.* — Sums received on account of . . . . ½ *d.*

P. [3104]. *China.* — Further Papers relating to the Rebellion . . . . 2 *s.* 3 *d.*

1864.

P. 281. *China and Hongkong.* — Annual Value of Exports to, 1834—63. . . . ½ *d.*

P. 314. *China* (Votes of Credit). — Account of, since 1857 . . . . ½ *d.*

P. 525. *China.* — Orders in Council relative to . . . . 3 *d.*

P. 525—I. *Ditto.* — Further Return . ½ *d.*

P. [3240]. *China.* — Correspondence respecting Statements in Mr. Lay's Memorandum . . . . 3 *d.*

P. [3271]. *China,* No. 2 (1864). — Correspondence respecting the Fitting Out, &c., of the Anglo-Chinese Fleet . . 6 *d.*

P. [3295]. *China,* No. 3 (1864). — Papers relating to the Affairs of. . . . . . 2 *s.* 3 *d.*

P. [3302]. *China,* No. 4 (1864). — Reports from Her Majesty's Consuls, for 1862 10 *d.*

P. [3315]. *China,* No. 5 (1864). — Memorials, &c., relative to a Direct Commerce from the Port of Rangoon . . . . . . 3 *d.*

P. [3345]. *China,* No. 6 (1864). — Extract of Despatch respecting Treaty Rights 1 *d.*

P. [3406]. *China,* No. 8 (1864). — Prince Kung's Answer to Sir F. Bruce's Memorandum . . . . 1 *d.*

P. [3408]. *China,* No. 7 (1864). — Correspondence relative to Lieut.-Colonel Gordon's Position in the Chinese Service 5 *d.*

1865.

P. 214. *Hongkong.* — Papers relating to 8 *d.*

P. [3497]. *China and Japan.* — Order in Council for the Exercise of Jurisdiction in (in-8). 3 *d.*

P. [3509]. *China,* No. 1 (1865). — Foreign Customs Establishment in . . . . . . 2 *d.*

P. [3510]. *China and Siam.* — Commercial Reports from Her Majesty's Consuls, 1864 (in-8). . . . . 3 *d.*

P. [3576]. *China.* — Further Commercial Reports from Consuls in . . . . 6 *d.*

P. [3579]. *China,* No. 2 (1865), *Rangoon, &c.* — Correspondence . . . . 1 *s.* 1 *d.*

1866.

P. 58. *Mortality in Troops* (China and Japan). — Correspondence relative to . . . 6 *d.*

P. 59. *Army* (Hongkong and Kowloon). — Return. — Accommodation for . . ½ *d.*

P. 60. *Army* (Hongkong). — Return relating to. . . . . ½ *d.*

P. 93. *Army* (Hongkong and Kowloon). — Monies expended on Fortifications, &c. 1 *d.*

P. 120. *Hongkong.* — Papers relating to 2 *d.*

P. 149. *Army* (Hongkong and Kowloon). — Report on the Sanitary Condition of, for 1864. . . . . 4 *d.*

P. 181. *Army* (Hongkong and Kowloon). — Return in continuation of No. 93 . ½ *d.*

P. 182. *Army* (Hongkong). — Letter relative to the Garrison of . . . . ½ *d.*

P. 262. *Chinese Pirates.* — Return relative to. . . . . ½ *d.*

P. 442. *Mortality of Troops* (China). — Report from the Select Committee *(with Plans)* . . . . 6 *s.*

P. 442—I. *Ditto.* — Index to the Report 11 *d.*

P. [3587]. *China.* — Commercial Reports. 1864 (in-8). . . . . 8 *d.*

P. [3707]. *China, Japan, and Siam.* — Commercial Reports from Her Majesty's Consuls, 1865 (in-8) . . . . 1 *s.* 2 *d.*

P. [3740]. *China and Japan.* — Commercial Reports from Her Majesty's Consuls, 1865 (in-8) . . . . 6 *d.*

1867.

R. [3823]. *China.* — Report from Foreign Commissioners for 1865 (in-8) . . 10 *d.*

1867—1868.

P. 1. *Mail Services* (India and China). — Correspondence relating to . . . . 4½ *d.*

P. 28. *Rangoon and Western China.* — Memorials, &c., respecting Communication between . . . . 4½ *d.*

P. 28—I. *Ditto.* — Survey Report and Correspondence *(with a Plan)* . . . 1 *s.* 6 *d.*

P. 192. *Ditto.* — Papers on the subject of direct Commerce with . . . . 1½ *d.*

P. 315. *China and Japan.* — Papers relating to the Legation and Consular Buildings in . . . . 4 *d.*

P. 367. *East India* (Rangoon and Western China). — Papers relative to proposed Communication between *(with a Plan)* 6 *d.*

P. [3960]. *Mails* (East India, China and Japan). — Copy of Contract . . . . . . 2 *d.*

P. [3987]. *Heligoland and Hongkong.* — Agreement under which Play Rooms are held, &c. . . . . 1 *d.*

P. [3976]. *China.* — Reports on Trade for 1866 (in-8) . . . . 1 *s.*

P. [3996]. *China* (Treaty of Tien Tsin). — Memorials respecting the Revision of $5^1/_2$ *d.*

P. [4079]. *China, Japan, and Siam.* — Commercial Reports from Consuls, 1866 to 1868 (in-8) . . . . 1 *s.* 9 *d.*

1868—1869.

P. 133. *Army* (China and Japan). — Correspondence relative to Allowances for Officers . . . . $3^1/_2$ *d.*

P. 409. *Hongkong* (Gambling Houses). — Papers respecting . . . . 1 *s.*

P. 420. *Mc Leod and Richardson's Journey.* — Papers relating to . . . . . . 2 *s.* 6 *d.*

P. [4097]. *China* (No. 1) (1869). — Correspondence respecting the Relations between Great Britain and . . . . . $1^1/_2$ *d.*

P. [4097—I]. *China* (No. 2). — Correspondence respecting Attack on British Protestant Missionaries at Yang-Chow-Foo 10 *d.*

P. [4097—II]. *Ditto* (No. 3). — Correspondence on the Disturbances at Chee-Foo and Taiwan . . . . $7^1/_2$ *d.*

P. [4097—III]. *Ditto* (No. 4). — Correspondence on the engagement of the « Algerine » with Pirates off Namoa. . . . 1 *d.*

P. [4097—IV]. *Ditto* (No. 5). — Correspondence on the Suppression of Piracy in the Han . . . . $1^1/_2$ *d.*

P. [4097—V]. *Ditto* (No. 6). — Correspondence on Outrage on British Merchants at Banca . . . . 2 *d.*

P. [4097—VI]. *Ditto.* (No. 7). — Correspondence on the Attack on the « Cockchafer's » boats near Swatow . . . . . 5 *d.*

P. [4097—VII]. *China* (No. 8). — Correspondence on Missionaries at Hankow and on the Ports of China . . . . 1 *d.*

P. [4097—VIII]. *Ditto* (No. 9). — Papers on the proceedings of the « Janus » at Sharp Peak Island, near Foo-Chow-Foo . 1 *d.*

P. [4097—IX]. *Ditto* (No. 10). — Further Correspondence on the attack on Missionaries at Yang-Chow-Foo. . . . . 3 *d.*

P. [4097—X]. *Ditto* (No. 11). — Abstract of Trade and Customs Revenue Statistics, 1848 to 1868 . . . . 2 *d.*

P. [4097—XI]. *Ditto* (No. 12). — Correspondence respecting the Revision of the Treaty of Tien Tsin . . . . $1^1/_2$ *d.*

P. [4187]. *China and Japan.* — Reports of Journeys in *(with a Plan)* . . . . $5^1/_2$ *d.*

P. [4192]. *Commercial Reports from Her Majesty's Consuls in China,* 1869 (in-8) 8 *d.*

P. [4216]. *China and Siam.* — Commercial Reports from Consuls . . . . $4^1/_2$ *d.*

1870.

P. [23]. *China* (No. 1, 1870). — Despatch respecting Supplementary Convention to Treaty of Tien Tsin . . . . 3 *d.*

P. [28]. *China,* No. 2 (1870). — Reports by Consul Swinhoe of his Special Mission up the River Yang-tsze-Kiang, &c. *(with a Plan)* . . . . 10 *d.*

P. [44]. *China,* No. 3 (1870). — Reports on Consular Establishments in . . 1 *s.* 4 *d.*

P. [59]. *China,* No. 4 (1870). — Memorials respecting the China Treaty Revision Convention . . . . 4 *d.*

P. [69]. *China,* No. 5 (1870). — Correspondence respecting Diplomatic and Consular Expenditure in . . . . 1 *s.* 2 *d.*

P. [80]. *China,* No. 6 (1870). — Further Memorials respecting the China Treaty Revision Convention . . . . $3^1/_2$ *d.*

P. [84]. *China,* No. 7 (1870). — Commercial Reports from Consuls, 1869 (in-8). 7 *d.*

P. 175. *China,* No. 8 (1870). — Report on the Trade of the Upper Yangtsze River *(with Plans)* . . . . 1 *s.* 8 *d.*

P. [89]. *China,* No. 9 (1870). — Correspondence respecting Inland Residence of English Missionaries . . . . 6 *d.*

P. [134]. *China,* No. 10 (1870). — Letter respecting the China Treaty Revision Convention . . . . 2 *d.*

P. [159]. *China,* No. 11 (1870). — Further Correspondence respecting the China Treaty Revision Convention . . . . 1 *d.*

P. [212]. *China,* No. 12 (1870) . . . . 1 *s.* 4 *d.*

P. 381. *China,* &c. (Legation Buildings). — Details of Estimate for . . . . 1 *d.*

1871.

P. [248]. *China* (No. 1). — Papers relating to the Massacre of Europeans at Tien Tsin . . . . 2 *s.* 8 *d.*

P. [317]. *China* (No. 2). — Commercial Reports from Consuls, 1869—70 (in-8) 6 *d.*

P. [366]. *China* (No. 3). — Circular of the Chinese Government communicated by the French Chargé d'Affaires. . $2^1/_2$ *d.*

P. [367]. *Ditto* (No. 4). — Despatches respecting the State of Affairs in . . . 1 *d.*

P. [389]. *China* (No 5). — Correspondence respecting the Revision of the Treaty of Tien Tsin *(with Plans)* . . . 7 *s.* 6 *d.*

P. [457]. *China.* — Return relative to claims for Indemnity under Convention of Pekin, 1860 . . . . $1^1/_2$ *d.*

P. [379]. *Hongkong* (Gambling Houses). — Papers relating to . . . . 10 *d.*

P. [430]. *China* (No. 6). — Commercial Reports from Her Majesty's Consuls, 1871 (in-8) . . . . 9 *d.*

1872.

P. [468]. *China* (No. 1). — Correspondence respecting the Circular of the Chinese Government relating to Missionaries 5 *d.*

P. [504]. *Chinese Coolies from Macao.* — Correspondence respecting the Emigration of . . . . 4 *d.*

P. [532]. *Student Interpreters* (China, Japan, and Siam). — Return of, 1847 to 1872 1 *d.*

R. [567]. *China* (No. 2). — Commercial Reports from Her Majesty's Consuls, 1870 (in-8) *(with Plans)* . . . . 1 *s.*

R. [638]. *China* (No. 3). — Commercial Reports from Consuls, 1871 . . . . . . 10 *d.*

1873.

P. 190. *Chinese Indemnity.* — Correspondence relating to . . . . $1^1/_2$ *d.*

P. [773]. *China* (No. 1). — Report on the Fluctuation of Foreign Trade between 1864 and 1871 (in-8). . . . . 1 *d.*

P. [825]. *China.* (No. 2). — Returns relative to Trade with, 1872 (in-8) . . . 1 *s.* 3 *d.*

P. [862]. *China* (No. 3). — Commercial Reports from Consuls, 1872 (in-8) . . 6 *d.*

1874.

P. [902]. *China* (No. 1). — Correspondence respecting the Audience granted to Her Majesty's Minister, and other Foreign Representatives at Peking . . . . . . 2 *d.*

P. [908]. *China* (No. 2). — Correspondence respecting the Macao Coolie Trade 2 *d.*

B. [950]. *China* (No. 3). — State of the Woosung Bar, near Shanghai. — Correspondence respecting . . . . 2 *d.*

P. [1013]. *China* (No. 4). — Report of the Expedition to Nang-chang-foo, by Mr. Mayers . . . . 1 *d.*

P. [1048]. *China* (No. 5). — Returns relative to Trade with, 1873 (in-8) . . . . $2^1/_2$ *d.*

P. [1080]. *China* (No. 6). — Commercial Reports from Consuls, 1873 . . . . 1 *s.*

1875.

P. [1189]. *Chinese Revenue Cruizers.* — Correspondence relative to complaints from Hongkong against . . . . 7 *d.*

P. [1130]. *China* (No. 1). — Commercial Reports from Consuls, 1873 (in-8) . $4^1/_2$ *d.*

P. [1164]. *China* (No. 2). — Island of Formosa. — Correspondence respecting the Settlement of the difficulty with Japan, in regard to . . . . $1^1/_2$ *d.*

P. [1212]. (No. 3). — Macao Coolie Trade. — Correspondence respecting, 1874—75 4 *d.*

P. [1241]. *China* (No. 4). — Returns relative to Trade with, 1874 (in-8) . . . . $2^1/_2$ *d.*

P. [1243]. *China* (No. 5). — Commercial Reports from Consuls, 1874 (in-8) . . 6 *d.*

P. [1243 – I]. *Ditto.* — (Part II) (in-8) . 6 *d.*

P. [1289]. *China* (No. 6). — Island of Formosa. — Further Correspondence respecting the Settlement of the Difficulty with Japan . . . . 1 *d.*

1876.

P. [1422]. *China* (No. 1). — Attack on Indian Expedition to Western China and Murder of Mr. Margary. — Correspondence respecting. . . . . 1 *s.* 2 *d.*

B. [1456]. *East India* (British Burmah and Western China). — Papers connected with the Development of Trade, between, and the Mission to Yunnan of 1874—5 . . . . 10 *d.*

P. [1556]. *China* (No. 2). — Report by Sir B. Robertson respecting his visit to Haiphong and Hanoi, in Tonquin . . . 2 *d.*

P. [1602]. *China* (No. 3). — Part I. — Commercial Reports from Consuls, 1875 (in-8) . . . . 8 *d.*

P. [1602—I]. *Ditto.* — Part II. — Returns relative to Trade, 1875 (in-8) . . . 2 *d.*

P. [1605]. *China* (No. 4). — Murder of Mr. Margary. — Further Correspondence

P. [1628]. *Hongkong* (Revenue Cruisers). — Further Correspondence relating to the Complaints against the Action of . 6 *d.*

1877.

P. [1665]. *China* (No. 1). — Commercial Reports by Consuls, 1875—6 (in-8) . 5 *d.*

P. [1712]. *China* (No. 2). Yunnan Mission. — Report by Mr. Davenport on the Trading Capabilities of the Countries traversed by (in-8) . . . . $2^1/_2$ *d.*

P. [1832]. *China* (No. 3). — Attack on the Indian Expedition to Western China, and the Murder of Mr. Margary. — Further Correspondence respecting *(with a Plan)* . . . . 2 *s.* 1 *d.*

P. [1856]. *China* (No. 4). — Returns relative to Trade with, 1876 (in-8) . . . . . . 3 *d.*

P. [1857]. *China* (No. 5). — Commercial Reports by Consuls, 1876 (in-8). . . . 7 *d.*

1878.

R. [1907]. *China* (No. 1). — Commercial Reports by Her Majesty's Consuls, 1876 (in-8) . . . . 5 *d.*

P. [1957]. *China* (No. 2). — Report on the Famine in the Northern Provinces of China *(with Map)* . . . . 9 *d.*

P. [1994]. *China* (No. 3). — Report on the Route followed by Mr. Grosvenor's Mission between Tali-fu and Momein *(with Maps)* . . . . 4 *s.* 6 *d.*

P. [2052]. *China* (No. 4). — Further Papers respecting the Famine in . . . . . . 1 *d.*

P. [2058]. *China* (No. 5). — Returns relative to Trade with, 1877 (in-8) . . . . . . 3 *d.*

P. [2107]. *China* (No. 6). — Further Papers respecting the Famine in . . . . 1 *d.*

P. [2109]. *China* (No. 7). — Commercial Reports from Consuls, 1877 (in-8) *(with a Plan)* . . . . 2 *s.* 1 *d.*

1878—1879.

R. [2231]. *China* (No. 1). — Commercial Reports by Her Majesty's Consuls, 1877—1878 (in-8) . . . . 5 *d.*

P. [2393]. *China* (No. 2). — Report by Mr. Baber of his Journey to Ta-Chien-Lu 1 *d.*

P. [2426]. *China* (No. 3). — Commercial Reports by Her Majesty's Consuls, 1878 (in-8) *(with a Plan)* . . . . 1*s.* 7 *d.*

P. [2438]. *Hongkong.* — Papers relating to the Flogging of Prisoners in . . . . 7 *d.*

1880.

P. 118. *Hongkong,* 1878 (Contagious Diseases Ordinance). — Papers relating to 8 *d.*

P. [2475]. *China* (No. 1). — Commercial Reports by Consuls, 1878 (in-8) . . . . 6 *d.*

P. [2716]. *China* (No. 2). — Correspondence respecting the Agreement signed at Chefoo on 13 september 1876 . . . 2 *d.*

P. [2718]. *China* (No. 3). — Commercial Reports from Consuls, 1879 (in-8) 1 *s.* 6 *d.*

1881.

P. [2881]. *China.* (No. 1). — Report on the Mixed Court at Shanghae . . . . . . 1 *d.*

P. [2943]. *China* (No. 2). — Despatch inclosing Copy of Supplementary Convention with Germany . . . . 1 *d.*

P. [3009]. *China.* (No. 3). — Commercial Reports from Consuls, 1878 and 1880 (in-8) *(with a Map)* . . . . 1 *s.* 9 *d.*

P. [3054]. *China.* (No. 4). — Commercial Reports from Consuls, 1880 (in-8) $9^1/_2$ *d.*

1882.

P. [3134]. *China* (No. 1). — Treaty between Russia and China . . . . 3 *d.*

P. [3185]. *Hongkong.* — Correspondence respecting the alleged Existence of Chinese Slavery in . . . . 1 *s.* 4 *d.*

P. 79. *Hongkong.* — Further Correspondence regarding the Sanitary Condition of 5 *d.*

VI. — RUSSIE.

OUVRAGES DIVERS.

— Voyage du Moscovite Evesko Petlin en Tartarie & Cathai, ou Chine, en 1620. (Dans le *Traité des Tartares* de Bergeron, Paris, 1634, pp. 192 et seq., et La Haye, 1735, pp. 105 et seq.)

Traduit de l'allemand par Godefroi, Historiographe du Roi.

— A Description of the Empires of Catay and Labin, and other Dominions as well inhabited, as places of Pastures called Vlusses and Hords, and of the great River Ob, And other Riuers and Land passages. (Purchas, III, liv. IV, c. xi.)

— A Relation of two Russ Cossacks Travels out of Siberia, to Catay, or China, and other Countries thereunto adjoyning. *(Travels of Avril,* Lond., 1693, p. 171.)

— Erste Eroberung Ssibiriens. *(St. Petersburgische Zeitschrift,* herausg. v. August Oldekop,[1] V, 1822, pp. 3, 49, 97.)

— Unternehmungen des Bojaren-Sohnes Jerofei Chabarow und Niederlassung der Russen an den Ufern des Amur. (Auszug aus der Geschichte der geographischen Entdeckungen der Russen von H. Berg.) *(St. Petersburgische Zeitschrift,* herausg. v. Aug. Oldekop, IV, 1822, pp. 241 et seq.; V, 1822, pp. 13 et seq., 68, 172.)

— Entdeckung des Oestlichen Oceans durch den Kosaken Mosskwitin, und Reise des Schrifts-Hauptes Wassilij Pojarkow. *(St. Petersburgische Zeitschrift,* herausg. v. Aug. Oldekop, XVI, 1824, pp. 191/195.).

D'après Сынъ Отечества, 1823, No. 35.

1. *St. Petersburgische Zeitschrift.* Herausgegeben von August Oldekop. St. Petersburg, 1822—24, 16 vol. in-8.

British Museum. P. P, 4850.

GERHARD FRIEDRICH MÜLLER.

— Sammlung Russischer Geschichte. St. Petersburg, Bey der Kayserl. Academie der Wissenschaften. 1732—1764, 9 vol. in-8.

I. Bd. *Erstes Stuck,* 1732, IV. Chinesische Gesandten-Ceremonielle am Kayserl. Russischen Hofe zu Moscau und St. Petersburg in denen Jahren 1731 und 1732, pp. 34/74.

Viertes Stuck, 1734, II. Von der Stadt Albaszin und denen darüber erregten Russischen und Chinesischen Streitigkeiten, pp. 315/326.

III. Auszug einer Chinesischen Reise-Beschreibung von Peking durch Sibirien nach der Astrachanischen-Chalmucken, pp. 327/348.

Sechstes Stuck, 1735, II. Russische und Chinesische Friedens-Handlungen im Jahre 1689, den 27. Augusti in der Gegend von Nerschinski, zu Stande gebracht, pp. 495/515.

II. Bd. *Funftes u. Sechstes Stuck,* 1758. Geschichte der Gegenden an dem Flusse Amur | von der Zeit, da selbige unter Russischer Oberherrschaft gestanden.

III. Bd. *Erstes, Zweytes u. Drittes Stuck,* 1758. Nachrichten von Seereisen . . .

IV. Bd. *Viertes Stuck,* 1760. Nachricht von den Ajuckischen Calmucken aus dem Schwedischen ubersetzt. (IV. Cap. Von der Chinesischen Gesandschaft, und wie dieselbe im Jahre 1714 den 2. Julius von den Calmucken beehret und aufgenommen worden, p. 339.)

Sechtes Stuck, 1760. Von den ersten Reisen die von Russen nach China geschehen sind.

VI. Bd. *Zweytes Stuck,* 1761. — *Drittes Stuck,* 1761. — *Viertes Stuck,* 1762. — *Funftes Stuck,* 1762. — *Sechtes Stuck,* 1762. — Sibirische Geschichte.

VIII. Bd. *Erstes, Zweytes, Drittes, Viertes, Funftes Stuck,* 1763. — Sibirische Geschichte (suite). (Voir pp. 504 et seq., Nachricht von der Russischen Handlung nach China.)

British Museum, 281, h, 33.

— Voyages from Asia to America, for completing the Discoveries of the North West Coast of America. To which is prefixed, a summary of the Voyages made by the Russians on the Frozen sea, in search of a North East Passage. Serving as an Explanation of a Map of the Russian Discoveries, published by the Academy of Sciences at Petersburgh. Translated from the High Dutch of S. Muller, of the Royal Academy of Petersburgh. With the Addition of three new Maps : 1. A Copy of Part of the Japanese Map of the World. 2. A Copy of De Lisle's and Buache's fictitious Map. And 3. A large Map of Canada, extending to the Pacific Ocean, containing the New Discoveries made by the Russians and French. By Thomas Jefferys Geographer to His Majesty. London : Printed for T. Jefferys . . . 1761, in-4, pp. VIII-XLIII-76.

British Museum, 566, h, 4 / 8.

— Voyages . . . . The Second Edition. London : Printed for T. Jefferys . . . . M.DCC.LXIV, in-4, pp. VIII-120.

British Museum, 981, e, 17.

— Voyages et découvertes faites par les Russes le long des côtes de la Mer Glaciale & sur l'Océan Oriental, tant vers le Japon que vers l'Amérique. On y a joint l'histoire du fleuve Amur et des pays adjacens, depuis la conquête des Russes; avec la nouvelle Carte qui présente ces découvertes & le cours de l'Amur, dressée sur des Mémoires authenthiques, publiée par l'Académie des Sciences de S. Pétersbourg, & corrigée en dernier lieu. Ouvrages traduits de l'Allemand de M. G. P. Muller, Par C. G. F. Dumas. A Amsterdam, Et se vend a Paris, chez Rozet, libraire . . . . M.DCC.LXVIII, 2 vol. in-12.

— Conquest of Siberia, and the History of the transactions, wars, commerce, &c. &c. carried on between Russia and China, from the earliest period. Translated from the Russian of G. F. Muller, historiographer of Russia, and of Peter Simon Pallas, M. D., F. R. S. Counsellor of the Board of Mines to the Empress of Russia, Member of the Imperial Academy of Sciences at Saint Petersburgh, etc. etc. London : Smith, Elder & Co. . . . . 1842, in-8, pp. v-153.

British Museum, 1437, f, 19.

— Beschreibung des Flusses Amur. (*Nordische Nebenstunden,*[1] I, 1776, pp. 13/17.)

British Museum, 278, d, 32.

WILLIAM COXE.

— Account of the Russian Discoveries between Asia and America. To which are added, the Conquest of Siberia, and the History of the Transactions and Commerce between Russia and China. By William Coxe, A. M. Fellow of King's College, Cambridge, and Chaplain to his Grace the Duke of Marlborough. London, Printed by J. Nichols, For T. Cadell, in the Strand. MDCCLXXX, in-4, pp. XXII-344 + 7 ff. n. c. pour l'index.

British Museum, 792, k, 17.

— Account of the Russian Discoveries between Asia and America. To which are added, the Conquest of Siberia, and the History of the transactions and commerce between Russia and China. By William Coxe, A. M. Fellow of King's College, Cambridge, and Chaplain to his Grace the Duke of Marlborough. The second edition, revised and corrected. London, Printed by J. Nichols, for T. Cadell, in the Strand. MDCCLXXX, in-4, pp. XXIII-344 + 7 ff. n. c. pour l'index.

Il faut ajouter :

— A Comparative View of the Russian Discoveries with those made by Captains Cook and Clarke; and a Sketch of what remains to be ascertained by future navigators. By Williame Coxe, A. M. . . . . London, Printed by J. Nichols, for T. Cadell, in the Strand, MDCCLXXXVII, in-4, pp. 31.

British Museum, 983, f, 3.

Heath, 2824, 18/6. — Coxe, 981, *m.*, 13/—. Duke of York, 1454, gr. pag., *m.*, 1 liv, 2/— (Lowndes).

— Third edition, 1787.

— Account of the Russian Discoveries between Asia and America. To which are added, the Conquest of Siberia, and the history of the transactions and commerce between Russia and China. By William Coxe, A. M. . . . . Canon residentary of Sarum, and Rector of Bemerton. The fourth edition, considerably enlarged. London : Printed for Messrs. Cadell and Davies, in the Strand, 1804, in-8, pp. XXIV-500 + 1 f. pour la disp. des pl.

British Museum, 981, d, 11.

7 s. 6 d. — Drury, 1351. gr. pag., c. d. *Russie*, 2 liv. 4/. — Sir M. M. Sykes, pt. 1, 747, 2 liv. 12/6 d. — Coxe, 589, 1 liv. 1/— (Lowndes).

— Les nouvelles découvertes des Russes, entre l'Asie et l'Amérique, avec l'Histoire de la conquête de la Sibérie, & du commerce des Russes & des Chinois. Ouvrage traduit de l'Anglois de M. Coxe. A Paris, Hôtel de Thou, M.DCC.LXXXI, in-4, fig., pp. XXIJ-314.

1. Nordische Nebenstunden. Das ist : Abhandlungen uber die alte Geographie, Geschichte und Alterthumer Nordens. Herausgegeben von J. B. Scherer . . . Erster Theil. [le seul paru]. Frankfurt und Leipzig, bey Johann Georg Fleischer, 1776, in-8, pp. XXVI-270.

— Die neuen Entdeckungen der Russen zwischen Asien und America nebst der Geschichte der Eroberung Siberiens und des Handels der Russen und Chineser, aus dem Englischen des Herrn Coxe übersetzt. Mit Kupfern. Frankfurt und Leipzig, bey Johann Georg Fleischer, 1783, in-8, pp, XI + 2 ff. n. c. + 409 + 4 ff. n. c. pour la tab.

L'ouvrage forme 2 parties dont la première va jusqu'à la p. 308.

British Museum, 10028, e, 18.

William Coxe, archidiacre de Wilts, né à Londres en 1747; fellow de King's College, Cambridge. 1768; curé de Denham, près d'Uxbridge, 1771; précepteur du Marquis de Blandford, puis de Lord Herbert, fils du Comte de Pembroke; recteur de Bemerton, 1788; chapelain de la Tour de Londres; Chanoine de Salisbury, 1803; archidiacre, 1805; † 1828.

∴

— Translation of a Chinese Dispatch sent to Russia, the 21st January 1789, pp. 89/94, Staunton's *Miscel. Notices.*

* Jul. von Klaproth, Reise durch Russland und Sibirien nach der Mongolischen Tartarei. Tübingen, Cotta, 1815, in-8 [Engelmann].

— On Russian Embassies to China. *(China Mail,* No. 188, Sept. 21, 1848.)

— Russia in Central Asia. *(New York Tribune,* May 20, 1852; réimp. dans le *N. C. Herald,* 117, Oct. 23, 1852.)

— The latest acquisition of Russia : The River Amoor. *(Fraser's Magazine,* LI, Jan. 1855; réimp. dans *Littell's Living Age,* XLIV, et dans le *N. C. Herald,* 254, June 9, 1855.)

— Китайскій чай. Подробное описаніе : .... Составилъ И. Ржановъ. Москва, 1856, in-8, pp. VI-59.

— History of the Treaty between China and Russia. — From the *Shing-woo-ke,* or «Wars of the Manchus»; by Wei yuen of Shau-yang. [By A. Wylie.] *(N. C. Herald,* 293, 8 March 1856 et seq.; et dans le *Shae. Miscel.)*

— Supplementary Remarks on Russian affairs from the *Shing-woo-ke* or «Wars of the Manchus». *(Ibid.,* 302, 10 May 1856 et dans le *Shae. Miscel.)*

— Die neuesten Russischen Erwerbungen im Chinesischen Reiche. Von A. Petermann. (Petermann's *Mitth.,* 1856, pp. 175/186.)

— Notes on the late expedition against the Russian Settlements in Eastern Siberia; and of a visit to Japan and to the shores of Tartary, and of the Sea of Okhotsk. By Capt. Bernard Whittingham, Royal Engineers. London : Longman, 1856, in-8, pp. XV-300.

— Der Amur-Strom. Nach den neuesten Russischen Forschungen zusammengestellt von A. Petermann. (Petermann's *Mitth.,* 1857, pp. 296/315.)

* Das Chinesische Reich, sein Länder-Gebiet, seine Grenzstellung zu Gross-Britannien und Russland. *(Unsere Zeit,* Heft 7, 1857.)

— Извѣстіе о китайскомъ, нынѣ манджуро-китайскомъ, государствѣ. Сочиненіе Архимандрита Софронія, Начальника Русской Миссіи въ Китаѣ въ началѣ нынѣшняго столѣтія. Москва. 1861, in-8, pp. 97.

— Очеркъ старыхъ и новыхъ Договоровъ Россіи съ Китаемъ, составленный М. Венюковымъ. St. Pétersbourg, 1861, in-8, pp. 57, s. la tab.

Réimprimé sous le titre de :

— Старые и новые договоры Россіи съ Китаемъ, собралъ М. Венюковъ. St. Pétersbourg, 1863, pet. in-8, pp. 95 s. 1 f. prél.

Réimprimé une 3e fois, pp. 300 et seq. de :

— Путешествія по окраинамъ Русской Азіи и записки о нихъ. М. Венюкова, ... St. Pétersbourg, 1868, in-8, pp. II-526 s. l. tab.

— Le Fleuve Amoûr. — Histoire, Géographie, Ethnographie. Par C. de Sabir .... Paris, Imprimerie de Georges Kugelmann, 1861, in-4, pp. VIII-160. Cartes et Pl.

Not. : *Nouv. Ann. des Voyages,* 1861, II, pp. 225/229 (par V. A. Malte-Brun).

— Les Orotchones et les Ghiliakes. Notes ethnographiques extraites de l'ouvrage : *Le Fleuve Amour,* par M. C. de Sabir. *(Nouv. Ann. des Voyages,* 1861, II, pp. 323/343.)

— Report on Russian Caravan Trade with China. By Harry Parkes, Esq. *(Jour. R. Geog. Soc.,* XXIV, p. 306).

— Russians on the Amur. By E. G. Ravenstein. *(Bentley's Miscellany,* XLI, p. 551, June 1857.)

— The Russians on the Amur; its Discovery, Conquest, and Colonisation. With a Description of the Country, its inhabitants, productions, and commercial capabilities; and Personal accounts of Russian Travellers. By E. G. Ravenstein. Illustrated by Three Maps, Four Plates and Fifty Eight

Wood Engravings. London, Trübner, 1861, pp. xx-467.

Preface. = List of Illustrations. = *Part I. Historical.* = I. Mantchuria and the Amur previous to the appearance of the Russians. = II. First News of the Amur, 1636; Poyarkoff's Expedition, 1643 to 1646. = III. Khabarof, 1647=1652. = IV. Stepanof, 1652=1661. = V. Discovery and Occupation of the Shilka 1652=1669. = VI. Renewed Enterprizes on the Amur. Albazin 1666 to 1682. = VII. War with China, 1683 to 1687. = VIII. The Treaty of Nerchinsk, 1689. = IX. The Amur since the Treaty of Nerchinsk, 1689 to 1848. = X. The Romish Missionaries in Manchuria. = XI. Recent History of the Amur. = *Part II. Geographical, Statistical and Commercial.* = Chap. XII to XXI. = *Appendix* : Historical Authorities. = Historical Sketch of Recent Geographical Explorations. = Notes on the Navigation of the Channel of Tatary, Castries Bay and the Gulf of the Amur by Captain Prütz. = Addenda and Errata.

Not. : *N. C. Herald*, 622, June 28, 1862. = *Nouv. Ann. des Voyages*, 1862, II, pp. 46/86 (par Adolphe de Circourt).

Sous le titre de *Historical Authorities*, Ravenstein a donné, pp. 431/434 de son ouvrage, une liste de travaux dont nous extrayons quelques indications que nous ne fournissons pas ailleurs :

= *Büsching's Magazin für Historie und Geographie*, II, 1768. Information about the Amur, by Müller, written 1741.

= *Monthly News, Instructive and Entertaining*, 1757. On the regions of the Amur, by Müller.

= *Monthly Papers (Ephemiesyachnia Sochinenya)*, 1756. History of the Amur under the Dominion of Russia. = 1755. Paper on the frontier of, 1689.

= *New Monthly Papers.*

1795. Description of the Amur.

= *The Siberian Messenger (Viestnik)* by Grigory Spasky. 1824. Historical and Statistical information on the Amur.

= *The Son of the Fatherland (Sin Otechestva)*, 1848, Conquest of the Amur in the 17th Century by Shchukin.

= *Journal for the Cadets of the Imperial Military Schools*, 1840=49.

27. Khabarof's Adventures.

29. Albazin destroyed by the Chinese.

38. Nerchinsk Expedition to the Amur.

77. The Russians on the Amur in the 17th century, from Documents in the Archives of Irkutsk and Nerchinsk.

The Documents which Muller consulted have lately been published.

= *Historical Documents (Akti Istoricheskskie)* collected and published by the Archæological Commission of the Russian Academy, Vol. IV, 1842.

Supplements, Vol. III, 1848.

= *The Muscovite.*

1843. Historical Documents on the Amur (Milovanof)., etc.

= *The Son of the Fatherland.*

1840. Documents on Khabarof's Expedition, also published by the Archæological Commission.

= *The Moscow Telegraph.* Edited by Polevoi.

1833. Documents from the Yakutsk Archives.

= *The Russian Library.* Edited by Polevoi. Moscow, 1833. Documents from the Albazin Archives.

= *Viestnik* of the Russian Geographical Society, 1853. Two Documents. Edited by Spassky.

— Russia on the Amoor. (*Quart. Rev.*, CX, p. 179, 1861.)

D'après Ravenstein, Atkinson, etc.

— Русско-китайскіе трактаты. Par Vassilief. St. Pétersbourg, 1862, br. in-8, pp. 61.

Extrait de l'*Abeille du Nord.*

* О Русской торговлѣ въ Чугучакѣ. (Le commerce russe à Tchougoutchak [Tarbagataï].) Par C. A. de Skatschkoff. 1858 (*Messager industriel russe*).

— Наши торговыя дѣла въ Китаѣ. К. А. Скачкова. С. Петербургъ, 1863, in-8, pp. 44.

Notre Commerce avec la Chine, par C. A. Skatschkoff.

— The Russians in Central Asia : their occupation of the Kirghiz Steppe and the line of the Syr-Daria : their political relations with Khiva, Bokhara, and Kokan : also descriptions of Chinese Turkestan and Dzungaria. By Capt. Valikhanof, M. Veniukof, and other Russian Travellers. Translated from the Russian by John and Robert Mitchell. London : Edward Stanford, 1865, in-8, pp. xvi-552, carte et grav.

— Наша китайская торговля. St. Pétersbourg, 1868, in-8, pp. 14.

— О Русской торговлѣ съ Китаемъ. Сочиненіе И. Н. St. Pétersbourg, 1867, in-8, pp. 20.

* Alex. Bonneau. Relations de la Russie avec la Chine. (*Revue contemporaine*, 15 Juillet 1869.)

— Die Russen in Centralasien. Eine geographisch-historische Studie. Mit einer Übersichtskarte. Von Friedrich v. Hellwald.... Wien, 1869, in-8, pp. 121.

= Die Russen in Centralasien. = Eine Studie über die neuere Geographie und Geschichte Centralasiens von Friedrich von Hellwald. Neue Ausgabe. Augsburg, Lampart, 1878, in-8, pp. VII-233.

— The Russians in Central Asia. A critical examination down to the present time of the geography and history of Central Asia. By Frederick von Hellwald.... Translated from the German by Lieut.-Col. Theodore Wirgman, LL. B...... With a Map. Henry S. King & Co. [London], 1874, in-8, pp. xx-332.

— Историческій очеркъ сношеній русскихъ съ Китаемъ и описаніе пути съ границы Нерчинскаго округа въ Тянь-дзинъ. Статья братьевъ Путиныхъ. Иркутскъ, 1871, in-8, pp. 39 et carte.

Avait déjà paru dans le *Bull. de la Soc. de Géog. imp. d'Irkoutsk.* 1871.

— Historical Sketch of the Ecclesiastical, political, and commercial relations of Russia with China. Drawn chiefly from original sources by John Dudgeon, M. D. Peking, 1872, br. in-8, pp. iv-54-23.

Série d'articles parus d'abord sous le titre de «Russian Ecclesiastical Mission», puis sous le titre de «Sketch of Russian intercourse with, and the Greek Church in China» dans le *Chinese Recorder*, Vol. III et IV. L'appendice qui occupe les 23 dernières pages de la brochure comprend «Journal of Lange's Residence at Peking in 1727—28 (Third Journey)». [Voir col. 634.]

— A Russian Embassy in Kashgar. *(Ocean Highways*, 1872, p. 235.)

— Опытъ военнаго обозрѣнія русскихъ границъ въ Азіи. Артиллеріи полковника М. Венюкова,.... St. Pétersbourg, 1873, in-8, pp. IV-487/79 et 2 cartes.

— History of Russian Progress in China. *(Pall Mall Gazette*, 2498, 15 Fev. 1873.)

— Russia on the Pacific Seaboard. *(Shai. Budget*, I, July 19; II, July 26, 1876.)

— Путешествіе по Китаю въ 1874—1875 гг. [черезъ Сибирь, Монголію, восточный, средній и сѣверо-западный Китай] изъ дневника члена экспедиціи П. Я. Пясецкаго. Въ двухъ томахъ. С. Петербургъ. 1880, 2 vol. in-8, pp. 1 à 560, pp. III-561 à 1122-XVIII; fig. et une carte.

— Le conflit entre la Russie et la Chine, ses origines, son développement et sa portée universelle. Etude politique par F. Martens, Professeur à l'Université impériale de Saint-Pétersbourg, ... Bruxelles, C. Muquardt, 1880, in-8, pp. 75.

Extrait de la *Revue de Droit international et de Législation comparée*, t. XII, No. V & VI.

— Дипломатическое собраніе дѣлъ между россійскимъ и китайскимъ государствами съ 1619 по 1792-й годъ. Составленное по документамъ, хранящимся въ Московскомъ Архивѣ Государственной Коллегіи Иностранныхъ дѣлъ, въ 1792—1803 году, НИКОЛАЕМЪ БАНТЫШЪ-КАМЕНСКИМЪ. Издано въ память истекшаго 300 лѣтія Сибири В. М. ФЛОРИНСКИМЪ съ прибавленіями издателя. — Казань. Типографія Императорскаго Университета, 1882, in-8, pp. XII-565.

Pub. à 5 roubles.

— P. Piassetsky. — Voyage à travers la Mongolie et la Chine. Traduit du Russe avec l'autorisation de l'auteur par Aug. Kuscinski et contenant 90 gravures d'après les croquis de l'auteur et une carte. Paris, Hachette, 1883, gr. in-8, pp. 563.

Le Dr. P. Piassetsky accompagnait Sosnovsky.

AMBASSADES.

FEODOR ISAKOVICH BAIKOV. 1653.

— Relatio ablegationis quam Czarea Majestas ad Catayensem Chamum Bogdi destinavit, ann. cIↄ.Iↄc.LIII.

Dans le Tome II de la Collection de M. Thévenot, à la suite du récit de l'Ambassade de Schakh Rokh.

— Land-Reys van Saedor Jacowits Boicoff, Uytgesonden voor Ambassadeur van den Czaar van Moscovien, na China; Gedaan in het Jaar 1653, Behelsende den Aart der Tarters en Cathayers; als mede hunne Woon-plaatsen, Kleedingen, &c. Nu alder eerst uyt sijn Oorspronkelijke Taal overgeset, Met noodig Register verrijkt. Te Leyden, By Pieter Van der Aa, Boekverkooper, 1707. Met Privilegie. Pièce in-8, pp. 13; le verso du d. f. pour la tab.

— Bernard, *Recueil de Voyages au Nord*, Vol. IV, Amst., 1732.

— An account of two voyages : The First of Feodor Iskowitz Backhoff, the Muscovite Envoy, into China. The Second of Mr. Zachary Wagener, a Native of Dresden in Misnia, thro' a great part of the World, as also in China. Translated from the High Dutch Original printed at Berlin. (Churchill's *Collection of Voyages*, II, 1744, pp. 467/78.)

Ces relations avaient été publiées par And. Müller à la suite de l'histoire de Beidavi (Berolini et Jenae, 1689). [Voir col. 234/5.] — Les éditions de Churchill de 1732 et de 1752 le donnent également dans le Vol. II.

— Mailla, *Hist. gén. de la Chine*, XI, p. 42.

— Backhoff (F. J.), Account of Two Voyages into China. Folio tract. London, N. D.

Cité p. 32 de «A Supplement to the Catalogue of the Library of the Hon. East-India Company. London, 1851, in-8».

— Notes of a Journey from Moscow to China in 1654, by J. Dudgeon, M. D. *(Chin. Recorder*, V, 1874, pp. 28/32.)

Voyage de Backhoff.

NICOLAS SPATAR MILESCU.

— Relation curieuse, et nouvelle de Moscovie. Contenant, L'état present de cet Empire. Les Expeditions des Moscovites en Crimée, en 1689. Les causes des dernieres Revolutions. Leurs Mœurs, & leur Religion. Le Recit d'un Voyage de Spatarus, par terre à la Chine. A Paris. Chez Pierre Aubouyn, Libraire de Messeigneurs les Enfans de France. Et Charles Clouzier, Quay des Augustins à la Croix d'Or. Avec Privilege du Roy, M.D.C.XCVIII, in-12, pp. 231 + 7 ff. prél. pour l'ép. + 1 f. à la fin n. c. pour la table et le priv.

L'ép. au Roy est signée De la Neuville. — La relation du Spatar occupe les pp. 206/231.

— Relation curieuse et nouvelle de Moscovie. Contenant L'état present de cet Empire. Les Expeditions det *[sic]* Moscovites en Crimée, en 1689. Les causes des dernieres Revolutions. Leurs Mœurs, & leur Religion. Le Recit d'un voyage de Spatarus, par terre, à la Chine. A la Haye, chez Meyndert Uytwerf, Marchand Libraire près de la Cour. M.DC.XCIX, in-12, pp. 231 + 5 ff. prél. pour l'ép.

— Le Fleuve Amour. Par M. C. de Sabir, *vide supra*, pp. 17/18.

*B. P. Hâşdeu, dans le journal : *Traianŭ*, II (1870), Nos. 7, 8, 9, 11, 13 et 14.

— Bibliothèque grecque vulgaire publiée par Emile Legrand... Tome III. Paris, Maisonneuve, 1881, in-8. *Introduction.*

— Nicolas Spatar Milescu, Ambassadeur du tsar Alexis Mihajlović en Chine. Par Emile Picot. (Mélanges Orientaux. Textes et traductions publiés par les Professeurs de l'Ecole spéciale des Langues orientales vivantes à l'occasion du sixième Congrès international des Orientalistes réuni à Leyde (septembre 1883). Paris, Ernest Leroux, 1883, gr. in-8, pp. 433/492.)

Cet article dont il a été fait un tirage à part, contient une bibliographie du sujet.

FEDOR ALEX. GOLOVIN. 1688.

(Traité de Nertschinsk.)

— Du Halde. *Description de la Chine*; Tome IV, relation du P. Gerbillon. [Voir col. 31.]

— Mailla, *Hist. gén. de la Chine*, XI, p. 110.

— Hostilities between Russia and China; embassadors and plenipotentiaries appointed; conferences and negotiations; treaty of perpetual peace and union concluded and ratified, September 7th, 1689, being the 28th year, 7th month of the reign of Kanghe. [Par E. C. Bridgman, d'après Gerbillon.] *(Chin. Rep.*, VIII, pp. 417 et seq.)

EVERT ISBRAND IDES.

— Beschreibung ‖ der ‖ Chinesischen Reise | ‖ Welche vermittelst ‖ Einer Zaaris. Gesandschaft ‖ Durch Dero ‖ Ambassadeur | Herrn Isbrand ‖ Ao. 1693, 94 und 1695. von Moscau über ‖ Grosz-Ustiga | Siberien | Dauren und durch ‖ die Mongolische Tartarey ver-‖richtet worden : ‖ Und ‖ Was sich dabey begeben | aus selbst ‖ erfahrner Nachricht mitgetheilet ‖ Von ‖ Adam Brand. ‖ Hamburg ‖ Bey Benjamin Schillern | Buchhandlern ‖ im Dohm 1698. ‖ Gedruckt bey Fried. Conr. Greflingen, in-12, pp. 215 + 8 ff. n. c. à la fin pour la table. Port.

British Museum, $\frac{1051, b, 23}{1}$.

Stuck cite également : Frf. 1697, in-8; Lubeck, 1723, in-8.

— Adam Brands. ‖ Seiner Königl. Majestät in Preussen ‖ Commercien-Rahts | ‖ Neu vermehrte ‖ Beschreibung ‖ Seiner grossen ‖ Chinesischen Reise | ‖ Welche er Anno 1692. ‖ In der Suite des Herrn Eberhard Is-‖brands | Ihro Czaarischen Majestät ‖ Abgesandtens nach China ‖ Von Moscau aus | über Gross-Ustiga, ‖ Siberien, Dauren und durch die grosse Tar-‖tarey bis in Chinam, und von dar wieder zurück ‖ nach Moscau innerhalb drey Jahren ‖ vollbracht. ‖ Samt einer Vorrede ‖ Herrn Paul Jacob Marpergers, ‖ Mitglied der Königl. Preuss. Societät der Wissenschafften, ‖ Von ‖ Denen Reisen insgemein | sonderlich aber ‖ der Orientalischen | und was vor Nutzen beydes ‖ die Europäer als Asiatische Völcker davon zu ‖ gewarten haben. ‖ Berlin ‖ Gedruckt bey Johann Lorentz | 1712, in-8, pp. 336 + 24 ff. n. c. au com. pour le tit., la déd., l'avis au lect., et la préface + 4 ff. n. c. à la fin pour la tab.

— Adam Brands, ‖ Seiner Königlichen Majestät in Preussen ‖ Hof- und Commercien-Raths, ‖ Neu-vermehrte ‖ Beschreibung ‖ Seiner grossen ‖ Chinesischen Reise | ‖ Welche er Anno 1692. ‖ Von Moscau aus, ‖ uber Grosz-Ustiga, Siberien, Dauren, ‖ und durch die grosse Tartarey bis in Chinam, ‖ und von da wieder zuruck nach Moscau, innerhalb drey Jahren vollbracht; ‖ Samt einer Vorrede ‖ Herrn Paul Jacob Marpergers, ‖ Mitglied der Königl. Preuss. Societat der Wissenschaften. ‖ Von denen Reisen insgemein, ‖ Sonderlich uber der Orientalischen ‖ und was vor Nutzen beydes die Europær als Asiatische Volcker ‖ davon zu gewarten haben. ‖ Dritter Druck. ‖ Lubeck, in Verlag Peter Bockmanns, 1734, pet. in-8, pp. 336 + 24 ff. n. c. au com. pour l'avis et la dissertation de Marpergers et 4 ff. n. c. à la fin pour la table.

British Museum, 978, d, 11.

— A ‖ Journal ‖ of an ‖ Embassy ‖ From Their Majesties ‖ John and Peter Alexowits, ‖ Emperors of Muscovy, &c. ‖ into ‖ China, ‖ Through the ‖ Provinces of Ustiugha, Siberia, Dauri, and ‖ the Great Tartary, to Peking, the Capital ‖ City of the Chinese Empire. ‖ Performed by Everard Isbrand, Their Ambassado ‖ in the Years 1693, 1694, and 1695. ‖ Written by Adam Brand, Secretary of the Embassy ‖ Translated from the Original Printed at Hamburgh 1698. ‖ With Some Curious Observations ‖ concerning the Products of Russia. ‖ By H. W. Ludolf. ‖ London : Printed for D. Brown at the Black Swan and ‖ Bible without Temple-Bar; and T. Goodwin at the Queen's Head ‖ over-against St. Dunstan's Church, Fleetstreet. 1698, pet. in-8, pp. 134.

Port. de Peter Alexiowitz.

British Museum, 1048, a, 30.

— A || Journal || of the || Embassy || From Their Majesties || John and Peter Alexievitz, || Emperors of Muscovy, &c. || Over Land into || China, || ..... Empire. || By Everard Isbrand, Their Ambassador in the || years 1693, 1694, and 1695. || Written by Adam Brand, Secretary of the Embassy. || Translated from the Original in High-Dutch, Printed at || Hamburgh, 1698. || To which is added, Curious Observations || .... 1698, pet. in-8, pp. 134.

Même édition que la précédente avec un titre différent.

British Museum, $\frac{1049,\ c,\ 2}{3}$.

— Three Years Travels from Moscow overland to China through Great Ustiga, Siriania, Permia, Sibiria, Daour, Great Tartary, &c., to Peking...... written by his Excellency E. Ysbrants Ides, Ambassador from the Czar of Muscovy to the Emperor of China...... to which is annex'd an accurate Description of China done originally by a Chinese Author...... printed in Dutch by the direction of Burgomaster Witzen, formerly Ambassador in England; and now faithfully done into English. London, 1706, in-8.

Un extrait sous le titre de « The Travels of Everard Isbrand Ides, the Russian Ambassador, in China, 1693 » est donné dans la Col. de Astley, III, pp. 566-575.

Notice par S. W. Williams, *Chin. Rep.*, VIII, pp. 520/9.

Quaritch, Sept. 1872, 21/—, 28/—; Lowndes cite les prix suivants : White Knights, liv. 4, 5/—; Gough, liv. 1, 4/—; Willett, liv. 2, 7/—; Roxburghe, liv. 1, 16/—; Dent, liv. 2, 16/—; Heath, liv. 2; Marquis of Townshend, liv. 1, 1/—; Jadis, liv. 1, 9/—; etc.; Sotheby (1860), liv. 1, 11/—.

— A Journal of an Embassy from their Majesties Iwan and Peter Alexiowitz, Czars of Muscovy, &c. over Land into China... Collected by Adam Brand, Secretary to the said Embassy, and translated from the High-Dutch Original, Printed at Hamburgh, 1698. (Harris' *Col.*, II, pp. 229/237.)

— Relation || du || Voyage || de Mr. Evert Isbrand || Envoyé de Sa Majesté || Czarienne || a l'Empereur || de la Chine, || En 1692, 93, & 94. || Par le Sieur Adam Brand. || Avec une Lettre de Monsieur ***, || sur l'Etat Présent de la Moscovie. || A Amsterdam, || Chez Jean-Louis de Lorme.... || M.DC.XCIX. || pet. in-8, pp. 249 + 2 ff. prél. pour le tit. et la préf.; une carte d'après celle de N. Witsen.

— Voir Prévost, *Hist. gén. des Voyages*, VII, 1749, pp. 297 et seq.

— Seer aenmercklijcke || Land- en Water-||Reys, || Onlanghs gedaen van't Gesantschap sijner tegen-||woordigh-regeerende Czaarsche Majesteyt uyt || Muscouw na China, onder desselven Ambassa-|| deur de Heer Isbrand, door Groot-Ustiga, || Siberien, Dauren, Mongalisch Tattaryen, &c. || Bevattende ongemeen-wonderlijcke bysonderheden || eeniger onbekende van haer aengetroffene Vol-|| keren; seldsame Voorvallen, en veelerley || andere gedenckwaerdige Saecken. || Beschreven door || Adam Brand; || eenen uyt't Gevolgh de Heer Ambassadeur. || Met byvoegingh van een || Curieuse Beschrijvingh der Natuerlijcke || dingen van Rusland. || Nu eerst vertaeld || En seer bequaem, om gevoeghd te werden by de || Religie || der || Muscoviten, || Oud-tijds en hedensdaeghs, onlanghs uytgekomen. || Tot Tyel. || By Jan van Leeuwen, Boeckverkooper. || En te bekomen t'Utrecht by Antony Schouten. || 1699, in-8, pp. 201 + 10 ff. n. c. au com. pour le tit., l'avis au lect., etc., + 1 f. n. c. à la fin pour les livres imprimés par A. Schouten.

— Driejaarige Reize naar China, te lande gedaan door den Moskovischen Afgezant, E. Ysbrants Ides, van Moskou af, over Groot Ustiga, Siriania, Permia, Sibirien, Daour, Groot Tartaryen tot in China. Waar in, behalven de gemelde Landstreeken, de Zeden dier woeste Volken, ten aanzien van hunnen Godtsdienst, Regeeringen, Huwelyken, dagelykschen Handel, Kleedinge, Woningen, Onderhoud, Dood en Begraafnissen naaukeuriglyk beschreven worden. .... Hier is bygevoegt, eene beknopte Beschryvinge van China, door eenen Chineeschen Schryver t'zamengestelt, nu eerst in 't Neêrduitsch vertaalt, en met verscheide Aantekeningen verrykt. T'Amsterdam, Gedruckt by François Halma... 1704, in-4, pp. 243, s. la préf. &c., Front. grav., grav.

— Driejaarige Reize || naar || China, || te lande gedaan door den Mos-||kovischen Afgezant, || E. Ysbrants Ides, || Van Moskou af, || Over || Groot Ustiga, Siriania, Permia, || Sibirien, Daour, Groot Tartaryen || Tot in || China. || Waar in, behalven de gemelde Landstreeken, de Zeden || dier woeste Volken, ten aanzien van hunnen Godtsdienst, || Regeeringen, Huwelyken, dagelykschen Handel, Klee-||dinge, Woningen, Onderhoud, Dood en Be-||graafnissen naaukeuriglyk beschreven worden. || Met eene Landkaart, door den Gezant op zyne Reize, naar de waare || gelegenheit der plaatzen getekent, en met veele schoone Printverbeeldingen versiert. || Hier is bygevoegt, eene beknopte || Beschryvinge van China, || Door eenen Chineesen Schryver t'zamengestelt, nu eerst in || 't Neêrduitsch vertaalt, en met verscheide Aantekeningen verrykt. || T'Amsterdam, || Gedrukt by Pieter de Coup, Boekverkoper in de || Kalverstraat, in Cicero. || MDCCX, in-4, pp. 243 + 15 ff. n. c. au com. pour le tit., la déd., etc., + 2 ff. n. c. à la fin pour un sup. et les er. Carte et front. grav., et pl.

L. V. ISMAILOFF.

Entre à Peking le 29 nov. 1720.

JOHN BELL, OF ANTERMONY.

— Travels from St. Petersburg.... Glasgow, 1763, 2 vol. in-4. [Voir col. 993.]

— Travels from St. Petersburg.... London, 1764, 2 vol. [Voir col. 993.]

— Travels from St. Petersburg in Russia, to diverse parts of Asia. Containing, I. A journey to Ispahan in Persia, in the years 1715, 1716, 1717, and 1718. II. A journey to Pekin in China, through Siberia, in the Years 1719, 1720, 1721. With a map of the Author's two routes between Mosco and Pekin : To which is added, a translation of the Journal of Mr. de Lange, Resident of Russia at the court of Pekin, in the years 1721 and 1722. III. A journey from Mosco to Derbent in Persia, in the year 1722. IV. A journey from St. Petersburg to Constantinople, in the years 1737 and 1738. By John Bell, Esq; [Gentleman in Several Embassies to the Emperors of China, Persia, &c.] In two volumes. Dublin : Printed for Robert Bell, Bookseller and Auctionier, in Stephen-street, opposite Aungier-street. M.DCC.LXIV, 2 vol. in-8.

British Museum, 979, k, 28.

— Travels from St. Petersburgh in Russia, to various parts of Asia. Illustrated with maps. In two volumes. By John Bell, of Antermony. Edinburgh : Printed for William Creech, and sold by Geo. Robinsons and Co. London. M.DCC.LXXXVIII. 2 vol. in-8.

British Museum, 1046, c, 2.

— Travels from St. Petersburgh in Russia, to various parts of Asia. Illustrated with Maps by John Bell, of Antermony. A new edition, in one volume. Edinburgh : Printed for William Creech, and sold by John Murray, 32, Fleet Street, London, 1806, in-8, pp. XVI-616.

— Pinkerton, VII [col. 994].

— Voyages depuis St. Pétersbourg [col. 994].

— Voyage de Pétersbourg à Péking, par la Sibérie, fait en 1719, par ordre de Pierre Ier, pp. 161/332 de la traduction française du *Voyage* de Barrow, III, Paris, 1805.

Voyage de Bell, médecin de l'ambassade d'Ismaïloff.

— A été traduit en russe avec le journal de Lange, par Popoff, en 1776, 3 vol.

— L'ambassade moscovite entra à Péking le 29 Nov. 1720; on trouvera des notes basées sur une lettre du P. Kögler, datée du 2 Déc. 1720, p. xxiij de l'ép du P. du Halde en tête du XVe Recueil des *Lettres édifiantes*.

LORENZ LANGE.

*Nouveaux Mémoires sur la Russie.

«A son retour, en 1718, il communiqua [son journal] à l'auteur des *Nouveaux Mémoires sur la Russie*, 2 vol. in-12; celui-ci l'inséra dans son second volume. On dit que Lange fut mécontent de cette publication, faite sans son aveu.» *(Biog. Univ.)*

— Bernard, *Recueil de Voyages au Nord*, Amst., 1715, Vol. VIII, in-12.

— Bernard, *Recueil de Voyages au Nord*, 1731, Vol. V.

— Prévost. *Hist. gén. des Voyages*, VII, 1749, pp. 312 et seq.

— J. J. Schwabe, *Allgemeine Historie der Reisen*, Bd. V.

*Georg Johann Unversagt's allerneueste Reisebeschreibung der Gesandschaft Ihro Kays. Maj. von Grosrussland an den chinesischen Kayser, welche 1719 aus St. Petersburg nach Pequin ist abgefertiget worden. Lübeck, 1725, in-8, avec carte. — Lübeck 1727, in-8.

Stuck, p. 306. — Brockhaus, 1872, Ngr. 25.

— Journal of Laurence Lange's Travels to China. (pp. 3/36 dans le Vol. II de : *The Present State of Russia* .... London, W. Taylor ... MDCCXXIII-1722, 2 vol. in-8.)

British Museum, 150, d, 7/8.

— The Travels of Laurence Lange, the Russian Envoy, in China, in 1717. Translated from the High Dutch. *(Astley's Col.*, III, pp. 575/581.)

— Journal de la résidence du sieur Lange, agent de Sa Majesté impériale de la Grande Russie à la Cour de la Chine; dans les Années 1721. & 1722. A Leyde, Chez Abraham Kallewier. 1726. Aux dépens de l'Auteur, in-8, pp. 243 + 6 ff. prél. pour le tit. et l'avis au lecteur.

British Museum, 1048, a, 31.

— Bernard, *Recueil de Voyages au Nord*, 1731, Vol. VIII.

LANGE.

«Lange accompagna Léon Vasiliavitz Ismaïlof, capitaine des gardes du tsar, et son envoyé extraordinaire auprès de Khang-hi, pour aplanir les difficultés relatives au commerce des Russes avec la Chine. Quand Ismaïlof partit de Péking, en 1721, Lange resta dans cette capitale pour veiller aux intérêts des caravanes russes; mais de nouvelles difficultés, survenues entre les deux nations, le forcèrent de quitter Péking, le 12 août 1722. Après que les frontières des deux empires eurent été fixées par un traité conclu en 1726, il fut de nouveau envoyé en Chine, avec une caravane de deux cents personnes. Le 26 décembre 1727, on entra dans Peking, et Lange y resta jusqu'au 13 juillet de l'année suivante. Ses services furent récompensés par la dignité de conseiller de chancellerie. En 1736, il fut encore envoyé à la Chine avec une caravane, qui partit de Selinginsk, et arriva le 10 novembre à Péking. Malgré les tracasseries continuelles des Chinois, les marchands russes firent des affaires assez lucratives. Lange partit le 10 mai 1737, et prit sa route par le désert de Kobi. Il fut ensuite nommé vice-gouverneur d'Irkoutsk.» *(Biog. Univ.)*

— Tagebuch einer in den Jahren 1727 und 1728 über Kiachta nach Peking unter Anführung des Agenten Lorenz Lange gethanen Karawanenreise. (pp. 83/159, VII, dans le Vol. II des *Neue Nordische Beytrage*,[1] St. Petersburg und Leipzig, 1781.)

— Tagebuch einer im Jahr 1736 unter Anführung des Kanzleyraths Lange und des Commissars Firsof von Zuruchaitu durch die Mongolen nach Peking verrichteten

1. Neue Nordische Beyträge zur physikalischen und geographischen Erd- und Völkerbeschreibung, Naturgeschichte und Oekonomie. St. Petersburg und Leipzig, bey Johann Zacharias Logan, 1781—1796, 7 vol. in-8.

Pub. par P. S. Pallas.

British Museum, 964, i, 15.

Karawanenreise. (pp. 159/207, VIII, dans le Vol. II, *Ibid.*)

— Tagebuch zwoer Reisen, welche in den Jahren 1727, 1728 und 1736 von Kiachta und Zuruchaitu durch die Mongolen nach Peking gethan worden von Lorenz Lange, ehemaligem Russ. Kays. Kanzleyrath. Nebst einer geographisch-historischen Beschreibung der Stadt Peking. Mit Kupfern. Aus ungedruckten Quellen mitgetheilt vom Herrn Prof. Pallas. Leipzig, Johann Zacharias Logan, 1781, in-8, pp. 152.

Voir *Jetziger Staat von Russland,* II, 1780.

— On trouve dans : la *Chrestomathie mandchou*, de Klaproth (1828), pp. 222 et seq. la traduction française du « *Traité de Paix entre la Chine et la Russie* » (21 Oct. 1727— ratifié 14 juin 1728); la *China Mail,* No. 188, Sept. 21, 1848, les trad. franç. et angl.; *N. C. Herald,* 295, Mars 22, 1856, trad. angl.

KROTOPOF.

— Suppl. au traité de paix du 21 Octobre 1727, conclu et signé le 18 Octobre 1768.

GOLOVKIN. 1805.

* (v. Golowin), Die Russische Gesandtschaft nach China im J. 1805. Neue Ausgabe. Elberfeld, 1817, Büschler. in-8. [Engelmann.]

EGOR FEDOROVICH TIMKOVSKI.

— Отрывокъ изъ новѣйшаго путешествія въ Китай чрезъ Монголію въ 1820 и 1821 годахъ. (*Сѣверный Архивъ,*[1] 1823, No. 5 et suivants, p. 440.)

Ces morceaux ont été traduits en allemand :

British Museum, P. P, 3914, d.

— Bruchstuck aus der neuesten Reise nach China durch die Mongolei in den Jahren 1820 und 1821. (*St. Petersburgische Zeitschrift,* herausg. v. Aug. Oldekop, XI, 1823, pp. 173/195, 289/309.)

— G. F. Timkowkskij's Tagebuch während seines Aufenthalts in Pekin vom 1. Decbr. 1820 bis zum 15. Mai 1821. (*Ibid.*, XII, 1823, pp. 196, 310; XV, 1824, pp. 169, 329; XVI, pp. 145, 196, 310.)

— Путешествіе въ Китай чрезъ Монголію, въ 1820 и 1821 годахъ. Съ картою, чертежами и рисунками. Печатано по Высочайшему повелѣнію, иждивеніемъ казны. St. Pétersbourg, 1824, 3 vol. in-8.

British Museum, 1046, k, 20.

1. Сѣверный Архивъ, журналъ, исторіи, статистики и путешествій, издаваемый О. Булгаринымъ. St. Pétersbourg, 1823—1828, 36 vol. in-8.

(DIVERS.)

* J. v. Timkowsky. Reise nach China durch die Mongolei, in den Jahren 1820 u. 1821. Aus dem Russischen übersetzt von J. A. E. Schmidt. Leipzig, E. Fleischer, 1825—1826. 3 Thle. Mit 11 Kpfrn. und Karten, gr. in-8.

— Reis naar China door Mongolije gedurende de Jaren 1820 en 1821 van Georg Timkowski. Te Haarlem, bij de Erven François Bohn, MDCCCXXVI, 3 vol. in-8.

— Voyage à Péking, à travers la Mongolie, en 1820 et 1821, Par M. G. Timkovski; traduit du russe par N********, Revu par M. J.-B. Eyriès; Publié, avec des Corrections et des Notes, Par M. J. Klaproth; Ouvrage accompagné d'un atlas qui contient toutes les planches de l'original, et plusieurs autres inédites. Paris, Dondey-Dupré père et fils, MDCCCXXVII, 2 vol. in-8 et Atlas in-fol.

Notices par Abel-Rémusat, Juillet 1827, pp. 392/402. — *Bul. Soc. Géog.*, III, 1828, p. 26.

— Travels of the Russian Mission through Mongolia to China, and residence in Peking, in the years 1820—1821. By George Timkowski. With corrections and notes by Julius von Klaproth. Illustrated by maps, plates, &c. &c. In two volumes. London: Printed for Longman,...: 1827, 2 vol. in-8.

British Museum, 1046, c, 13.

Not. : *Chinese Courier,* Canton, II, No. 9, 10 et 12.

— Podróż do Chin przez Mongoliją w latach 1820 i 1821 przez Jérzego Tymkowskiego odbyta, z rossyjskiego zaś na polski język przez T. W. Kochańskiego, członka towarzystwa jeograficznego w Paryżu, Przełożona. We Lwowie, drukiem Piotra Pillera. 1827, 2 vol. in-8.

British Museum, 10057, bbb.

∴

— *Traité signé à Tien Tsin, le 1/13 juin 1858.*

Trad. anglaises dans : *Home News,* Jan. 1859; *N. C. Herald,* 451, 19 Mars 1859; 479, Oct. 1, 1859; *Daily News,* 1859; *Chinese Commercial Guide,* pp. 56 et seq.

⁂

— *Convention signée à Péking,* le 14 Nov. 1860 par le général Ignatieff et le Prince de Kong.

Trad. anglaise : *N. C. Herald,* Janv. 26, 1861.

∴

Voir :

— *Travaux de la Mission russe de Peking,* col. 633/635.

— *Mongolie.*

— *Mandchourie.*

— *Tien chan Pe-lou; Tien chan Nan-lou.*

— *Observatoire russe de Peking,* voir col. 688/689.

(DIVERS.)

VII. — FRANCE.

OUVRAGES DIVERS.

— Mémoires sur les relations politiques des Princes chrétiens, et particulièrement des Rois de France, avec les Empereurs Mongols. Par M. Abel-Remusat *(Mém. de l'Ac. des Insc. et B.-L.)* :

Premier Mémoire. Rapports des Princes chrétiens avec le grand Empire des Mongols, depuis sa fondation sous Tchinggis-khan, jusqu'à sa division sous Khoubilai (VI, pp. 396 et seq.).

Lu le 13 Septembre 1816.

Second Mémoire : Relations diplomatiques des Princes chrétiens avec les Rois de Perse de la Race de Tchinggis, depuis Houlagou, jusqu'au règne d'Abousaïd (VII, pp. 335 et seq.)

Lu le 6 Septembre 1822.

Il y a un extrait succinct de ces deux mémoires dans les *Mélanges Asiatiques*, I, pp. 401/412. — Le *Journal Asiatique*, Sept. 1822, pp. 128/141 donne un extrait du second mémoire.

Cet ouvrage a été l'objet d'une notice de Reinaud dans le *Journal Asiatique*, VI, 1825, pp. 372/380.

Il y a un tirage à part de cet ouvrage :

— Mémoires sur les relations politiques des princes chrétiens, et particulièrement des Rois de France, avec les Empereurs Mongols. Par M. Abel-Rémusat. A Paris, de l'imprimerie royale 1822, in-4, pp. 180 et 7 pl.

SR. DE FEYNES.

Voir col. 979—980.

— Articles de la Compagnie povr le voyage de la Chine, dv Tonqvin, & de la Cochinchine, &c. A Paris. M.DC.LX, pièce in-4, pp. 12.

Bib. nat. $\frac{O^2 n}{241}$

— Voir RELIGION, col. 353—354.

— Articles et conditions sur lesquelles les Marchands Negotians du Royaume supplient tres-humblement le Roy de leur accorder sa Declaration, & les graces y contenuës pour l'établissement d'vne Compagnie pour le commerce des Indes Orientales. A Paris, M.DC.LXIV, in-4, pp. 21.

— Articulen en Conditionen. Op welcke de Kooplieden en Negotianten de Koningh van Vranckrijck, ootmoedigh versoght hebben om sijn Majesteyts Declaratie en toestemminge te hebben, aengaende 't oprechten van een Oost-Indische Compagnie in Vranckrijck. Gedruck nae de Copye van Parijs. 1664, in-4, pp. 12.

— Discovrs d'vn fidele sviet dv Roy, tovchant l'establissement d'vne compagnie françoise Pour le Commerce des Indes Orientales : Adressé à tous les François. A Paris. M.DC.LXIV, in-4, pp. 57.

— Declarations du Roy, Portant établissement d'une Compagnie pour le Commerce des Indes Orientales. L'autre en faveur des Officiers de son Conseil & Cours Souveraines interessées en ladite Compagnie, & en celle des Indes Occidentales. Registrées en la Cour de Parlement le premier Septembre 1664. En la Chambre des Comptes le 11. dudit mois & an. Et en la Cour des Aydes le 22. ensuivant. A Paris, M.DC.LXIV. Avec Privilege de Sa Majesté, in-4, pp. 36.

— Relation de l'establissement de la Compagnie francoise, povr le commerce des Indes Orientales. Dediée av Roy. Avec le Recveil de tovtes les pieces concernant le mesme Establissement. A Paris, Chez Sebastien Cramoisy, & Sebastien Mabre Cramoisy.... M.DC.LXVI. Avec privilege dv Roy, in-4, pp. 364 + 9 ff. prél. n. c. pour le tit., déd., etc.

— Der In Franckreich mit Königlicher Verwilligung Neu-auffgerrichteten Ost-Indianischen Compagnie Absehen | Gesätze | vnd Freyheiten zu jedermans benöthigter nachricht | ausz dem Frantzösischen in vnsere deutsche Muttersprache übersetzet durch Johan Christof Wagenseil von Nuremberg. Gedruckt im Jahr M.DC.LXV, in-4, pp. 96-38 + 1 p. n. c.

— Articles et conditions convenus entre les Directeurs de la Compagnie Royale des Indes Orientalles & Messieurs Jourdan, Decoulange & Compagnie de la Chine. Pièce in-4, pp. 5 + 2 [Fontainebleau, 23 Oct. 1700].

AMPHITRITE.

Voir col. 991.

— A Journal of the First French Embassy to China, 1698—1700, translated from an unpublished Manuscript by Saxe Bannister, M. A. with an Essay of the friendly Disposition of the Chinese Government and people to foreigners. London, Newby, 1859, in-12.

∴

— Mémoire sur la situation actuelle de la Compagnie des Indes; Par M. l'Abbé Morellet. Seconde édition. Se trouve A Paris, Chez Desaint, Libraire, rue du Foin-Saint-Jacques. M.DCC.LXIX, in-4, pp. 260-XXVII.

— Réponse au mémoire de M. l'abbé Morellet, sur la Compagnie des Indes, Imprimée en exécution de la Délibération de M[rs.] les Actionnaires, prise dans l'Assemblée générale du 8 Août 1769. A Paris, de l'Imprimerie royale. M.DCC.LXIX, in-4, pp. 50.

Par Necker.

— Examen de la réponse de M. N** au Mémoire de M. l'Abbé Morellet, sur la Compagnie des Indes; Par l'Auteur du Mémoire. Septembre 1769. Se trouve A Paris, Chez Desaint, Libraire, rue du Foin-Saint-Jacques. M.DCC.LXIX, in-4, pp. 151.

— Relations of France with China. [By E. C. Bridgman.] *(Chin. Rep.*, V, pp. 132 et seq.)

— John Lemoinne. — La Russie en Grèce, O'Connell, les Agens français en Chine. *(Revue des Deux Mondes,* 15 oct. 1843.)

— Loi relative à la Juridiction des Consuls de France en Chine et dans les Etats de l'Iman de Muscate. *(China Mail,* 3 fév. 1853, d'après le *Journal du Hâvre,* texte français et trad. anglaise.)

— La Chine depuis le traité de Nankin. Paris, Typographie Panckoucke, 1853, br. gr. in-8, pp. 63.

On lit, p. 63 : Extrait du *Moniteur Universel* des 21, 22, 23, 28, 29 et 30 juillet 1853.

Bib. nat., $\frac{O^2n}{143}$.

— Prince de Joinville. — La Question Chinoise. *(Revue des Deux Mondes,* 1 juin 1857.)

— Etudes sur la Marine. Paris, Michel Lévy, 1859, in-8, pp. 385.

La Question Chinoise, pp. 153/293.

— Etudes sur la Marine et récits de guerre par M. le Prince de Joinville. Paris, Michel Lévy, 1870, 2 vol. gr. in-18.

La Question Chinoise, Vol. I, pp. 151/286.

Ces volumes font partie de la *Bibliothèque contemporaine*.

— Charles Lavollée. — De la Politique de la France en Asie à propos de la Guerre de Chine. *(Revue des Deux Mondes,* 1 mars 1858.)

— Prosper Giquel. — La véritable politique de la France en Chine depuis les traités de 1858 et de 1860. *(Revue des Deux Mondes,* 1 mai 1872.)

— La politique française en Chine depuis les traités de 1858 et de 1860; par Prosper Giquel, lieutenant de vaisseau, directeur de l'arsenal de Fou tcheou (Chine). Paris, Guillaumin, 1872, br. in-8, pp. 74.

— La Rôle de la France en Chine et en Indo-Chine, par Francis Garnier. (Article daté de Shanghai, le 9 août 1873, en réponse à l'article de M. Giquel, dans la *Revue Scientifique de la France et de l'Etranger,* No. 15, 9 oct. 1875.)

— Prosper Giquel. — La France en Chine, le commerce français dans le Céleste-Empire, le Corps Franco-Chinois et les Missions en 1863. *(Revue des Deux Mondes,* 15 juin 1864.)

— Maurice d'Irisson. [Voir col. 66.]

— A. Poussielgue. — Voyage de M. de Bourboulon... Paris, 1866. [Voir col. 1019.]

M. Poussielgue, † à Washington, juillet 1869.

— Les Régions nouvelles. Histoire du Commerce et de la Civilisation au Nord de l'Océan pacifique par Hippolyte Rouhaud, Chancelier de Consulat. Paris, E. Dentu, 1868, in-8.

Voir : P. 223. Texte du traité de Tien tsin, 27 juin 1858. — P. 246. Procès-verbal de l'échange des ratifications du traité de Tien tsin. — P. 248. Tarif de douane, etc. le 24 novembre 1858. — P. 268. Extraits du livre de M. Ach. Poussielgue : *Voyage en Chine et en Mongolie de M. de Bourboulon.*

— Le *Polybiblion* de Juin, 1873, p. 333, parlant de l'Amiral Rigault de Genouilly, † à Paris, le 4 mai 1873, dit : «Il laisse, paraît-il, trois ouvrages achevés, mais encore inédits .... *l'Avenir de la Chine* ....»

— Mission de M. de Roquette au Se tchouan. *(Miss. Cath.,* VII, 1875, pp. 228, 309, 417, 441, 474; VIII, pp. 93, 110, 151.)

— Le Fleuve Bleu... par Gaston de Bezaure [col. 1028].

M. G. de B. accompagnait comme interprète M. de Roquette.

— La France en Chine au dix-huitième siècle. Documents inédits publiés sur les Manuscrits conservés au dépôt des Affaires Etrangères avec une Introduction et des Notes par Henri Cordier, Chargé de Cours à l'Ecole des langues orientales vivantes, Directeur de la *Revue de l'Extrême-Orient.* Tome Premier. Paris, Ernest Leroux, 1883, in-8, pp. LXV-298.

Ainsi qu'il est dit dans l'Introduction : «Cette Collection dont le titre : *Documents pour servir à l'histoire des Relations politiques et commerciales de la France avec l'Extrême-Orient,* indique suffisamment le contenu, est la base d'une *Histoire générale de ces Relations*, histoire qui n'est elle-même qu'un fragment d'un ouvrage plus considérable sur l'ensemble des *Relations des peuples d'Occident avec ceux de l'Extrême-Orient.* Un semblable travail n'avait pas encore été entrepris.

M. Pauthier a publié, à l'époque de la guerre de 1860, une *Histoire des Relations politiques de la Chine avec les Puissances*

Occidentales, qui n'avait que le mérite de l'actualité. Elle est pleine d'erreurs, insuffisante à tous les points de vue; elle ne saurait même être présentée comme une esquisse destinée à servir à un travail plus important.

C'est, à part un chapitre du *Middle Kingdom* du Dr. *S. Wells Williams,* dans lequel il n'est parlé d'ailleurs que d'une manière fort brève d'un certain nombre de puissances occidentales, le seul ouvrage général sur la matière.

Quand nous disons que l'ouvrage de M. Pauthier est le seul qui existe sur la matière, nous ne parlons naturellement que des ouvrages imprimés, car il existe au Département asiatique du Ministère des Affaires Étrangères à St Pétersbourg, un manuscrit inédit de *Timkovski,* qui fut ambassadeur à la Chine en 1822, sur les relations de son pays avec cet empire éloigné. Nous-mêmes possédons aux Archives de notre Département des Affaires Etrangères, un mémoire manuscrit considérable d'un sieur *P. P. Darrac Capitaine* sur les établissements français en Asie et principalement au Bengale. Ce manuscrit, qui forme un volume grand in-folio, est le premier tome d'une série de quatorze concernant les *Indes Orientales,* et ne comprend pas moins de 574 pages consacrées au mémoire du sieur *Darrac,* daté de Chandernagor le 26 décembre 1822. Il est suivi d'une courte notice sur le Comptoir de *Mahé,* par le même auteur. Ce ne fut qu'en mai 1840 que le sieur *Darrac* adressa son mémoire au Ministre des Affaires Etrangères.

. . . .

Parmi les documents conservés aux Archives des Affaires Etrangères se trouvent six volumes in-folio, reliés en veau plein brun, ayant pour titre général : *Indes Orientales, Chine, Cochinchine.* Ces volumes renferment des documents relatifs aux possessions françaises des Indes Orientales, à l'Ile de France et quelques pièces sur la Cochinchine (Evêque d'Adran). Le plus grand nombre des pièces concernent la Compagnie des Indes Orientales et le Consulat de Canton. Ce sont ces dernières qui sont publiées dans la *France en Chine* qui aura 2 volumes. Ils s'étendent depuis le mois d'octobre 1770 jusqu'au mois de septembre 1814.»

— Les Français à Changhaï en 1853—1855. Episodes du siége de Changhaï par les Impériaux par M. Arthur Millac. (*Revue de l'Extrême-Orient,* Tome II, 1883, pp. 1/53.)

Il a été fait un tirage à part de ce travail : Paris, Ernest Leroux, 1884, in-8, pp. 53.

— Le Conflit entre la France et la Chine. Etude d'histoire coloniale et de droit international par Henri Cordier, Directeur de la *Revue de l'Extrême-Orient.* Paris, Léopold Cerf, 1883, br. in-8, pp. 48.

La plus grande partie de cette brochure avait paru dans le journal le *Temps.*

Voir col. 159—161 : *Dupuis et le Tongking.*

AMBASSADE.

DE LAGRENÉ.

L'ambassade se composait de :

1° M. de Lagrené, ministre plénipotentiaire, chef de la mission.
[Mdme. et Mlles. Gabrielle et Olga de Lagrené.]
MM. de Ferrière-Le-Vayer, premier secrétaire.
Callery, interprète.
Bernard d'Harcourt, second secrétaire.
Xavier Reymond, historiographe.
Melchior Yvan, médecin.
De Montigny, chancelier.
Macdonald de Tarente, attaché libre.
Marey-Monge, attaché payé.
Fernand Delahante, attaché payé.
De la Guiche, attaché libre.
De Charlus, attaché libre.

2° Délégués du ministère du commerce, désignés par les chambres de commerce de Reims, de Mulhouse, de St Etienne, de Lyon et de Paris :
MM. Auguste Haussmann, cotons.
Natalis Rondot, laines.
Isidore Hedde, soies.
Renard, articles dits de Paris.

3° Représentants du ministère des finances :
MM. Jules Itier, inspecteur des douanes, chargé d'étudier la question des tarifs et de la navigation.
Charles Lavollée, employé des finances.

— Programme d'une Mission en Chine fait et adressé par A. S. Bellée, Avocat à la Cour Royale de Paris, à M. Thiers, Ministre des Affaires Étrangères, Président du Conseil des Ministres, les 19 mars et 16 avril 1840, pet. in-8, pp. 15, s. l. n. d. [1842].

On lit, p. 15 : Imprimerie de Guiraudet Jouaust, 315, rue Saint-Honoré.

Le programme est suivi, p. 8, d'une : Note complémentaire adressée à M. Mignet, aux Affaires Etrangères, pour être jointe au *Programme* qui précède d'une *Mission en Chine,* envoyé à M. Thiers.

Bib. nat. $\frac{0^2 n}{119}$.

— Exposé des Négociations au moyen desquelles la France a obtenu le rétablissement du libre exercice de la Religion catholique dans l'empire de la Chine par Ch. Lenormant, Membre de l'Institut. Extrait du *Correspondant,* des 10 février et 25 mars 1846. Paris, A. René, 1846, in-8, pp. 68.

— Th. de Ferrière le Vayer. Une Ambassade française en Chine. Journal de Voyage. Paris, Librairie d'Amyot, MDCCCLIV, in-8, pp. VI-386.

Des extraits en ont été donnés dans la *Revue de l'Or. et de l'Alg.,* XVI, 1854, pp. 50/56.

— De Ferrière-le-Vayer. Souvenirs de la mission de Chine en 1844. Un Diplomate chinois. (*Revue des Deux Mondes,* 15 janvier 1854.)

— Cte Bernard d'Harcourt. — La première Ambassade de France en Chine, mission de M. de Lagrené en 1844, liberté religieuse. (*Revue des Deux Mondes,* 1 juin 1862.)

— Correspondance diplomatique chinoise relative aux négociations du traité de Whampoa conclu entre la France et la Chine le 24 Octobre 1844. Traduite du Chinois en Français et du Français en Chinois par J.-M. Callery, Secrétaire-Interprète du Gouvernement français. Membre de l'Académie des Sciences de Turin, etc., etc. Paris, 1879. Tiré à cent exemplaires, in-8, pp. 306.

Malgré le titre, le texte de l'ouvrage a dû être imprimé certainement à Canton à l'époque de la mission Lagrené.

— Voir : *N. C. Herald,* 76 et 78, 10 et 24 janv. 1852. — Recueil de traités de Mayers.

Le traité a été traduit en anglais : *China Mail,* 19 et 26 juin 1845.

MELCHIOR YVAN.

Voir *Canton,* col. 153. — *Voyages,* col. 1010—1011.

.˙.

— Instructions générales données aux délégués du commerce de la Mission française en Chine. (*Revue de l'Orient,* III, 1844, pp. 289/96.)

— Ministère de l'Agriculture et du Commerce (Direction du commerce extérieur). Mission commerciale de Chine. — Exposition des échantillons et modèles rapportés de la Chine et de l'Inde, par les délégués commerciaux. Du 21 juillet au 20 août, les mardi, mercredi, jeudi et vendredi, de 10 heures à 4. Salles de l'Ecole Supérieure de la ville de Paris, rue Neuve-Saint-Laurent, 17. Paris, Imprimerie administrative de Paul Dupont, 1846, br. gr. in-8, pp. 100.

Sommaire : I. Articles de l'industrie *cotonnière.* — Délégué, M. Haussmann. — II. Articles de l'industrie *lainière.* — Délégué, M. N. Rondot. — III. Articles de l'industrie des *soies* et *soieries.* — Délégué, M. I. Hedde. — IV. Articles généraux d'art et de curiosité concernant l'*industrie parisienne.* — Délégué, M. Renard. — V. *Vins, Eaux-de-Vie, Sucres, Tabacs,* etc. — Délégué, M. N. Rondot.

— Voir *Annales du Commerce extérieur,* etc., col. 1032; surtout le numéro suivant :

Documens sur le commerce extérieur. Chine. — Faits commerciaux. No. 12. Suite des communications de la mission commerciale en Chine, in-8, 1847, pp. 436.

Sommaire : Observations préliminaires. — Historique de la Mission. — I. Note sur les premières relations commerciales en Chine. — II. COTON (Délégué, M. *A. Haussmann*). — III. SOIE (Délégué, M. *I. Hedde*). — IV. LAINE (Délégué, M. *N. Rondot*). — V. INDUSTRIE PARISIENNE (Délégué, M. *E. Renard*).

MONTIGNY.

Voir *Commerce,* col. 1032—1033.

AUGUSTE HAUSSMANN.

Voir *Voyages,* col. 1007. — *Commerce,* col. 1033.

* Mission commerciale en Chine. Rapport sur les échantillons de l'industrie cotonnière de France, qui ont été confiés au délégué de cette industrie, lors du départ de la mission en Chine (par M. A. Haussmann). Paris, 1846, br. in-fol., pp. 16 (autog.)

NATALIS RONDOT.

Voir *Agriculture,* col. 701. — *Vert de Chine,* col. 703. — *Industries diverses,* col. 710. — *Commerce,* col. 1033.

* Mission commerciale en Chine. Rapport sur les échantillons de la fabrique de Reims, (par M. Natalis Rondot). Paris, 1846, in-fol., pp. 198 (autog.).

* Notice sur quelques-unes des plantes textiles de Chine, par M. Natalis Rondot, Reims, 1846, br. in-8, pp. 18.

* Mission commerciale de Chine. Rapports sur les étoffes de laine française convenables pour la Chine, l'archipel indien et l'Afrique, par M. Natalis Rondot, délégué des industries des laines et des vins, attaché à la mission en Chine. Paris, 1847, in-fol., pp. 300 (autog.)

— Etude pratique des tissus de laine convenables pour la Chine, le Japon, la Cochinchine et l'archipel indien, par M. Natalis Rondot, délégué de l'Industrie lainière, attaché à la Mission de France en Chine. Paris, chez Guillaumin & Cie., 1847, in-8, pp. VIII-284.

* Note sur le *Khé-seu* et le *Mao-tchen,* tissus espolinés de fabrique chinoise, par M. Natalis Rondot. Paris, 1860, br. in-12, pp. 10.

ISIDORE HEDDE.

Voir *Agriculture,* col. 701.

— Mission commerciale en Chine. Industrie des soies et soieries. Catalogue des produits de l'Inde et de la Chine rapportés par M. Isidore Hedde.... et composant l'exposition publique faite à Lyon, sur la demande et aux frais de la Chambre de commerce de la même ville. Prix : 50 centimes. Lyon, Imprimerie de Barret, 1847, br. in-8, pp. 120.

Bib. nat., V.

* Mission commerciale en Chine. Rapport sur les échantillons des soies et des soieries de France, (par M. Isidore Hedde). Paris, 1846, br. in-fol. autog. (14 pages.)

— Chambre de commerce de Saint-Etienne. — 解物萬 Description méthodique des produits divers recueillis dans un voyage en Chine; par Isidore Hedde, délégué du ministère de l'Agriculture et du commerce, de 1843 à 1846, et exposés par la Chambre de commerce de Saint-Etienne, aux frais de l'administration municipale de la même ville. Saint-Etienne, Imprimerie de Théolier aîné, 1848, gr. in-8, pp. IV-400.

— Description méthodique des produits de l'industrie sérigène de la Chine, recueillis par Isidore Hedde, délégué du ministère de l'Agriculture et du Commerce, de 1843 à 1846, et exposés par la Chambre de Commerce de Saint-Etienne, aux frais de l'administration municipale de la même ville. Saint-Etienne, Imprimerie de Théolier aîné, 1848, in-8, pp. 216.

C'est un tirage à part de la *Deuxième partie* de la *Description*

(LAGRENÉ.)

précédente avec l'addition d'un *Supplément à la description de l'Industrie de la Soie, en Chine*, pp. 193/216.

RENARD.

*Mission commerciale en Chine. Rapport sur les échantillons de l'industrie parisienne (par M. Édouard Renard). Paris, 1846, br. in-fol. Autog. (36 pages.)

JULES ITIER.

Voir *Voyages*, col. 1010. — *Agriculture*, col. 700—701. — *Industries diverses*, col. 710.

CHARLES LAVOLLÉE.

Voir *Voyages*, col. 1011.

— Commerce européen en Chine, par C. Lavollée. (*Rev. de l'Or. et de l'Alg.*, IV, 1848, pp. 257/70. — V, 1849. pp. 129/143.)

Résumé des rapports de MM. I. Hedde, Haussmann, Renard et Rondot.

LE BARON GROS ET LA GUERRE DE 1860.

— Expédition des mers de Chine. Rapports adressés à S. Exc. le Ministre de la Guerre par le Capitaine Labbe, Chef du génie du corps français, publiés par les soins du dépôt de la guerre. Paris, Imp. Imp., 1858, in-8.

— Souvenirs d'une Ambassade en Chine et au Japon en 1857 et 1858 par le Mis de Moges. Paris, Hachette, 1860, in-12, pp. 350.

— Voyage en Chine et au Japon, 1857—1858. Texte par M. de Moges. Dessins d'après M. de Trévise. (*Tour du Monde*, 1860, I, pp. 129/176.)

— Recollections of Baron Gros's Embassy to China and Japan in 1857—58. By The Marquis de Moges, attaché to the Mission. [Authorized translation.] With coloured illustrations. London and Glasgow : Richard Griffin & Co., 1860, in-8, pp. viii-368.

— Recollections of Baron Gros's Embassy to China and Japan in 1857—58. By The Marquis de Moges, attaché to the Mission. [Authorized translation.] 2nd edition. London, Griffin, Bohn & Co., 1861, in-8.

— Notes sur le Japon, la Chine et l'Inde, Par M. le B[on] Ch. de Chassiron. — 1858. — 1859. — 1860. Paris, E. Dentu [et] Ch. Reinwald, 1861, in-8, pp. xj-356 + 2 ff. n. c. pour la tab. et les er.

— Expédition de Chine. Lettres d'un volontaire au 102me, recueillies et mises en ordre par Emile Maison. Paris, Benjamin Duprat, 1861, in-12, pp. xii-208.

— Souvenirs de l'expédition de Chine. — Un Voyage à Pékin par Georges de Kéroulée attaché à l'ambassade extraordinaire de France en Chine (1860—1861). Paris, Brunet, 1861, in-12.

— Souvenirs de Voyages. Lettres intimes sur la campagne de Chine en 1860. — Armand Lucy. — [Médaille de Chine.] Marseille, Imprimerie et lithographie Jules Barile, 1861, in-8, pp. 204.

Port. du Gén. Montauban. — Plan chinois de Peking. — Sur le titre : *Expédition de Chine, 1860.* — *Lettres intimes par Armand Lucy*, Marseille . . . 1861.

— Instruction médicale et scientifique pour les officiers de santé attachés au corps expéditionnaire de Chine, approuvée par le Ministre Secrétaire d'Etat de la Guerre sur la présentation du Conseil de Santé des Armées. s. l. n. d., br. in-8, pp. 64.

— Itinéraire médico-topographique du corps expéditionnaire en Chine, depuis son débarquement jusqu'à Pékin, par M. Castano, méd. princ. de 2e cl., chef du service médical en Chine. (*Rec. de Mém. de médecine . . . milit.*, 3e Sér., V, 1861, pp. 88/92.)

— L'expédition de Chine. Relation physique, topographique et médicale de la campagne de 1860 et 1861. Accompagnée de deux cartes. Par le Docteur F. Castano. Paris, Victor Rozier, 1864, in-8, pp. 316.

Bib. nat. L[4]h 1481

— Sur le service pharmaceutique du corps expéditionnaire en Chine, par M. Lapeyre, pharmacien major de 1re classe. (Extrait d'un rapport adressé de Hongkong le 20 Juin 1861, au Conseil de santé des armées.) (*Rec. de Mém. de médecine . . . milit.*, 3e Sér., VI, 1861, pp. 413/418.)

— Les Français devant Pékin, actualité chinoise mêlée de couplets en deux actes et deux tableaux. Représentée dans la salle de l'Alcazar à Lyon le 14 mars 1861. Au profit de l'œuvre des petites filles des soldats. Lyon, Imprimerie d'Aimé Vingtrinier, 1861, in-8, pp. 32.

— Les expéditions de Chine et de Cochinchine d'après les Documents officiels par le Baron de Bazancourt. Paris, Amyot, MDCCCLXI—MDCCCLXII, 2 parties in-8.

— Journal de la Campagne de Chine 1859—1860—1861 par Charles de Mutrécy. Précédé d'une préface de Jules Noriac. Paris, Librairie nouvelle, 1861, 2 vol. in-8, pp. III-387 et 412.

— Expédition de Chine, par Paul Varin. Paris, Michel Lévy, 1862, in-8.

— Almanach de la guerre de Chine pour 1862. Nancy, Imprimerie Hinzelin & Cie., in-8 à 2 col., pp. 79, pp. 80, grav.

Bib. nat. $\frac{L^{22}_{c}}{839}$.

— Relation de l'Expédition de Chine en 1860 rédigée par le lieutenant de vaisseau Pallu d'après les documents officiels avec l'autorisation de S. Exc. M. le Comte P. de Chasseloup-Laubat, Ministre de la Marine et des Colonies. Paris, Imprimerie Impériale, MDCCCLXIII, in-4, pp. 235.

Ce volume est accompagné d'un :

Atlas dressé d'après les documents officiels sous la direction du lieutenant de vaisseau Pallu publié par ordre de S. E. Mr. le Comte P. de Chasseloup-Laubat, Sénateur, Ministre de la Marine et des Colonies. Dépôt de la Marine, 1863, in-folio.

— Négociations entre la France et la Chine, en 1860. Livre jaune du Baron Gros, ambassadeur extraordinaire et haut commissaire de l'empereur, en Chine, en 1858 et en 1860. Extrait de sa Correspondance et de son Journal, pendant la seconde mission qu'il a remplie dans l'extrême Orient. Paris, J. Dumaine, 1864, in-4, pp. 248.

— L. F. Juillard. Souvenirs [col. 1020].

— Lettres de l'expédition de Chine et de Cochinchine, par Adolphe Armand . . . . extrait de la *Gazette Médicale de Paris*. Paris, Victor Rozier, 1864, in-8.

Voir pp. 158 et seq. : Du livre Si-yuen ou lavage de la fosse.

— Souvenirs de la campagne de Chine par M. J. L. de Negroni, Capitaine démissionnaire, chevalier de la Légion d'honneur. Détails sur sa collection. Paris, Imprimerie Renou et Maulde, 1864, in-8, pp. 231.

— Expédition des Français et des Anglais en Chine 1860. Coup d'œil sur la Chine. Causes de la guerre. Traversée des troupes. Opérations militaires. Conclusion de la paix. Paris, Librairie populaire des villes et des campagnes, rue d'Ulm, 48, in-16 carré, pp. 128 et carte.

Livre de colportage.

— Sur le tombeau élevé à Peking à la mémoire des Français † pendant l'exp. de 1860 voir : *Miss. Cath.*, IV, p. 421; grav., *ibid.*, p. 428. — Col. 498.

— L. de Rosny, *Variétés orientales*, 3e. éd., 1872, XII.

— Maurice d'Irisson. [Voir col. 66.]

— Le traité de Tien tsin du 27 juin 1858. — Texte français : *Chinese Commercial Guide*, 5th ed., pp. 41 et seq.

— Convention de Peking, 25 octobre 1860 :

Trad. anglaise : *N. C. Herald*, 543, Dec. 22, 1860.

Voir : *Changhai :* Concession française.

Corée : Expédition.

Questions contemporaines : Massacre de Tien tsin.

VIII. — SUÈDE ET NORVÉGE.

— Olof Torée, col. 996.

— C. J. Ekeberg, col. 996.

— J. Wallenberg, Min Son på Galejan, col. 997.

— C. F. Liljevalch, col. 1033.

— Resa till Kap, Ostindien och Kina, åren 1844—1846, berättad af G. W. von Düben. Stockholm, Tryckt hos L. J. Hjerta, 1847, in-12, pp. VIII-159.

Sur le faux-titre : *Resa till Kap, Ostindien och Kina*, et cet épigraphe tiré de Byron :

T'is pleasant, sure, to see ones name in print
A book's a book, although there's nothing in't.

G. W. v. D. était médecin, à bord du *Prins Carl* en 1844—46.

— Loggboks. Anteckningar under en jordomsegling med Fregatten Eugenie åren 1851—53, gjorda och Fäderneslandets ungdom tillegnade af En Jungman; bearbetade och utgifna af C. M. Ekbohrn. Med många färglagda afbildningar, träsnitt och en karta. Stockholm. P. A. Huldbergs Bokhandel, s. d., in-8, pp. 256.

— Fregatten Eugenies Resa omkring Jorden åren 1851—1853, under befäl af C. A. Virgin. Utgifven af C. Skogman. Med litografier, träsnitt och Kartor. Stockholm, Adolf Bonnier, s. d., 2 vol. in-8, pp. VI + 1 f. n. c. + 250, et V + 1 f. n. c. + 224 + 1 f. n. c.

C. Skogman était premier lieutenant chargé des observations nautiques et astronomiques.

* Erdumsegelung der Königl. Schwedischen Fregatte Eugenie.... Übers. v. Anton von Etzel. Berlin, 1856, 2 vol. in-8, grav. color.

* Reise um die Erde vermittelst der Schwedischen Fregatte Eugenie. Aus d. Schwed. nach den durch A. v. Etzel gel. Uebersetzungen für die Jugend bearbeitet von Hübner-Trams. Berlin 1856, in-8, pp. 379, grav. color.

* Dagbok hållen å Hans Maj:ts Fregatte Eugenies Jordomsegling åren 1851, 52 och 53. Af en ombord varande Båtsman. Sölvesborg. 1854. in-12, brochure anon.

* Kongliga Svenska Fregatten Eugenies Resa omkring Jorden Under befäl af C. A. Virgin. Åren 1851—1853. Vetenskopliga iakttagelser... utgifna af K. Svenska Vetenskopsakademien. Stockholm, in-4. [12 Cahiers parus depuis 1857.] Avec cartes et grav.

* Voyage autour du Monde sur la Frégate Suédoise l'Eugénie . . . 1851—53. Physique I—III. Stockholm, in-4, 1858—74.

* B. Christjernsson. Konsulsrapporter. [Rapports donnés au Ministère des affaires étrangères.] Dans le Journal : *Svenskt Handelsarkiv*, 1876, 77. Imprimé à Stockholm. [B. C., Vice-Consul à Changhai.]

— Bref och minnen från fjerran länder. (Dans le No. 2, Déc. 1869, de *Strödda Skrifter* af H. Annerstedt. Stockholm, Joseph Seligmann, in-8.)

— Kina, br. in-8, s. l. n. d., pp. 33.

A la fin on lit : Stockholm, Central-Tryckeriet, 1878 ; l'ouvrage est signé *August Strindberg*, qui est amanuens à la Bib. royale de Suède. Cette brochure est un tirage à part, 1877, du journal *Framtiden*, publié à Stockholm. Les caractères chinois qui se trouvent dans ce mémoire sont calqués sur ceux de la grammaire chinoise d'Abel-Rémusat.

— Notice sur les relations de la Suède avec la Chine et les Pays tartares depuis le milieu du XVIIe Siècle jusqu'à nos jours. Par August Strindberg. (*Revue de l'Extrême-Orient*, Vol. I, 1882, pp. 499/522.)

Il a été fait un tirage à part de cette notice : Paris, Ernest Leroux, 1884, br. in-8, pp. 24.

— Traité signé à Canton le 20 mars 1847 par C. F. Liljevalch et Kiying ; confirmé le 28 octobre 1847.

IX. — DANEMARK.

— Treaty between Denmark and China, including Tariff and Trade Regulations. Signed in Tien tsin on the 13th of July, 1863, By Colonel Raasloff, H. D. M.'s Chargé d'Affaires at Washington, &c. &c. &c. for Denmark. — Hang-ki and Chung-how, High Imperial Commissioners of the Ta-Tsing Dynasty, &c. &c. &c. for China. Exchanged in Shanghai on the 29th of July, 1864, by Steen-Bille, H. D. M.'s Vice-Admiral and Chamberlain, &c. &c. &c. for Denmark. — Li-Hêng-Sung, General, &c. &c. &c. and Liu-Hsün-Kao, Commissioner of Finance, &c. &c. &c. for China. Shanghai. Printed by F. & C. Walsh, 1864, br. in-folio, pp. 13.

Ce traité a été signé en anglais et en chinois.

X. — ÉTATS-UNIS.

OUVRAGES DIVERS.

— Relations between the United States of America and China. (*Chin. Rep.*, V, pp. 218 et seq., Sept. 1836.) [Par E. C. Brigdman.]

Voir aussi the *North American Review*, Oct. 1834. — Jan. 1835.

— R. B. Forbes. Remarks on China, 1844. [Voir col. 1032.]

— The Journals of Major Samuel Shaw, the first American Consul at Canton. With a Life of the Author, by Josiah Quincy. Boston : Wm. Crosby and H. P. Nichols, 111

Washington Street. 1847, in-8, pp. XIII-360. Port.

« Soon after the close of the war between Great Britain and America, several merchants in New York and Philadelphia being desirous of opening a commerce with Canton, in China, a ship was purchased and loaded principally with ginseng, in order to exchange it for teas and the manufactures of that country. My friend, Daniel Parker, Esq., agent for those concerned, having offered me the appointment of supercargo, I followed the advice of my friends in accepting it; and finding that Thomas Randall Esq., my intimate friend had an inclination to go the voyage, we agreed to try our fortunes together, and sailed from New York on Sunday, 22d February, 1784, in the ship *Empress of China*, commanded by John Green Esq. » . . .

« The ship's Company were as follows : JOHN GREEN Esq., Captain. Mr. PETER HOGDKINSON, Second Captain. Messrs. ROBERT MC CAVER and ABEL FITCH, Mates. Mr. JOHN WHITE SWIFT, Purser. ROBERT JOHNSON Esq., and Mr. ANDREW CALDWELL, Surgeon and Mate. Messrs. JOHN GREEN JR., and SAMUEL CLARKSON, Midshipmen. Mr. FREDERICK MOLINEAUX, Captain's Clerk. Also, thirty four persons before the mast, including the gunner, two carpenters, a cooper, and our boys. The ship was three hundred and sixty tons, carpenter's measurement », pp. 133/4.

Voir *Hunt's Merch. Mag.*, XVIII, 31 (by C. H. Glover); *Hunt's Amer. Merchants*, vol. ii.

— Establishment of American Trade at Canton. By S. W. Williams. (*China Review*, V, pp. 152/164.)

D'après le Journal de Samuel Shaw.

— Regulations for the Consular Courts of the United States of America in China. (*The China Mail*, No. 218, April 19, 1849.)

— Rules and Regulations for Masters, Officers, and Seamen, of Vessels of the United States of America, at the Free Ports of China. (*N. C. Herald*, No. 83, 28 February 1852.)

— Correspondence between the Legation of the United States of America, and the Government of China, relative to the adoption of measures for guarding the Imperial Revenue, and the non-exportation of grains, the produce of China. (*N. C. Herald*, No. 84, 6 March 1852.)

— Our Commercial and Political Relations with China, by an American Resident in China. [*A la fin :* Washington, February, 1855] s. l. n. d., pièce in-8, pp. 8.

By Edward Cunningham. — Pub. dans *Hunt's Merchant's Magazine*, Sept. 1855 et réimp. dans the *Friend of China*, No. 51, Supp., June 25, 1856.

— Opinion of the Attorney General concerning the Judicial Authority of the Commissioner or Minister and of Consuls of the United States in China and Turkey. Washington, Nicholson, 1855, in-8, pp. 36.

Imp. aussi dans le *Shanghae Miscellany*, I.

M. C. PERRY.

— A Paper by Commodore M. C. Perry, U. S. N., read before the American Geographical and Statistical Society, at a Meeting held March 6th, 1856. New York : D. Appleton, M.DCCC.LVI, in-8, pp. 31.

British Museum, 8177, e.

— Narrative of the expedition of an American Squadron to the China Seas and Japan, performed in the years 1852, 1853, and 1854, under the command of Commodore M. C. Perry, United States Navy, by order of the Government of the United States. Compiled from the original notes and journals of Commodore Perry and his officers, at his request, and under his supervision, By Francis L. Hawks, D. D. LL. D. With numerous illustrations. Published by order of the Congress of the United States. Washington : A. O. P. Nicholson, Printer, 1856, in-4, pp. XVII-537.

North American Review, April 1856, pp. 559/562; July 1856 pp. 233/260.

L'édition complète du gouvernement comprend 4 vol. in-4.

— Narrative of the Expedition of an American Squadron to the China Seas and Japan performed in the years 1852, 1853 and 1854, under the command of Commodore M. C. Perry, U. S. N., compiled . . . . by Francis L. Hawks. New York, Appleton, 1856, in-8, pp. VII-624.

— Voir W. Heine, col. 1014.

* J. Willett Spalding. Japan, and around the World; an Account of Three Visits to the Japanese Empire, &c. New York, 1855 in-12.

« Mr. Spalding's work was severely censured in Lon.[don] *Athenæum*, 1855, 1523, (same art. in *Liv. Age*, XLVIII, 395). It is stated that a german translation has been published at Leipsic ». (Allibone.)

— The Americans in Japan : an abridgment of the Government Narrative of the U. S. Expedition to Japan, under Commodore Perry. By Robert Tomes. New York : D. Appleton, 1857, in-12, pp. VIII-415.

— Documents and Facts illustrating the Origin of the Mission to Japan, authorized by the Government of the United States, May 10th, 1851; and which finally resulted in the Treaty concluded by Commodore M. C. Perry, U. S. Navy, with the Japanese Commissioners at Kanagawa, Bay of Yedo, on the 31st March, 1854. To which is appended a list of the Memoirs, &c., prepared and submitted to the Hon. John P. Kennedy, late Secretary of the Navy, by his order, on the 26th February, 1853, for the use of the projected U. S. exploring expedition to Behring's Strait, &c., under the command of Commander Cadwallader Ringgold, U. S. Navy, by Aaron Haight Palmer. Washington, Henry Polkinhorn, 1857, br. in-8, pp. 22.

— Japan opened, compiled chiefly from the narrative of the American Expedition to Japan, in the years 1852—3—4. London: The Religious Tract Society, 1858, in-12, pp. VIII-296.

.˙.

— Regulations for the Consular Courts of the United States of America in China, issued by Anson Burlingame, Peking, April 22d & 23rd, 1864. (*N. C. Herald*, 745, Nov. 5, 864.)

— A Statement of the Needs of the United States Consulates in China, pp. 17.

Lettre de Geo. F. Seward à Anson Burlingame, Boston, Massachussets, datée Shanghai, 16th September, 1865.

— Consular Jurisdiction over Persons on board Ships, in the waters of China, pp. 6.

Circular letter No. 7 of Geo. F. Seward to U. S. Consuls in China, dated Shanghai, August 3rd, 1868.

— The Legislative Authority of the Minister and Consuls of the United States in China, pp. 11.

Cette brochure est composée des dépêches de Mr. Geo. F. Seward, No. 324 (to the Hon. William H. Seward), No. 155 (to S. Wells Williams), No. 161 (to the Hon. J. Ross Browne).

— The Revision of the British Treaty with China. A Letter [dated Shanghai February 16th, 1869, No. 345] from the U. S. Consul General at Shanghai [Geo. F. Seward] to the Secretary of State [William H. Seward]. Shanghai, 1869, in-8, pp. 13.

— An Act to amend an Act, entitled « An Act to carry into effect provisions of the Treaties between the United States, China, Japan, Siam, Persia, and other Countries, giving certain judicial power to Ministers and Consuls and other Functionaries of the United States in those Countries, and for other purposes », approved June twenty-second, eighteen hundred and sixty.

Approved, July 1st, 1870.

Texte imprimé dans *The Shanghai News Letter*, Dec. 13, 1870.

— American Interests in Asia. By Celso Cesare Moreno. New York : C. S. Westcott, 1869, br. in-8, pp. 40.

Bib. Soc. Géog. Paris, C $\frac{5}{56}$.

— How to deal with China. A Letter to De B. Rand. Keim, Esquire, Agent of the United States by General Chas. W. Le Gendre, U. S. Consul at Amoy. Amoy. Printed by Rozario, Marcal & Co. MDCCCLXXI, gr. in-8, pp. 141.

Contient :

Letter to the Hon. First Assistant Secretary of State Washington, D. C. — Contents. — Letter to Mr. Keim. — *Memorandum No. 1.* — The Literati, and their influence in the government in China. — *Memo. No. 2.* — The Twenty First of June and the Diplomacy in Peking. — *Memo. No. 3.* — A trip overland from Foochow to Amoy 3rd to 9th January 1871 (by W. Lee Sibbald, Imp. Mar. Customs). — *Memo. No. 4.* — The disturbances in the Amoy District previous to the Massacre of Tien tsin, and how they were dealt with. — *Memo. No. 5.* — A Plan for the better transaction of foreign affairs in the interior of the Empire between the Consuls and the Chinese. — Conclusions. — Appendix.

100 Copies printed : 40 sent to the Ass. Sec. of State, 1 to the Consul General, 1 to the Minister, 1 to the Admiral.

— Samuel Wells Williams, LL. D. (*The Far East*, I, No. 6, 1876, pp. 140/142, avec une phot.)

CORRESPONDANCE DIPLOMATIQUE.

— Senate Executive Documents, No. 58, 2d session, 28th Congress, contains C. Cushing's dispatches; & No. 67 contains a removal of injunction of secresy.

— Senate Executive Documents, No. 22, of 2d session, 35th Congress, contains Mc Lane & Parker's correspondence.

— Senate Executive Documents, No. 30 & 39 of 1st session, 36th Congress, contains Reed's correspondence.

— H. of Rep. Ex. Doc. No. 29, 3d session, 40th Congress, contains report on American Claims for losses up to Nov. 1858; and Senate. Report No. 230, 2d session, 41st Congress, contains a report of E. Sumner of June 24, 1870, about the disposal of the surplus fund.

— La correspondance de Marshall fut imprimée par le Congrès vers 1854, mais nous ne l'avons pas vue.

— La *Diplomatic Correspondence*, contient tout ce qui touche aux relations des Etats-Unis avec la Chine depuis 1862.

— Voir Corée.

— Voir *Emigration*.

CALEB CUSHING.

— Treaty of Peace, Amity, and Commerce between the United States of America and the Chinese Empire. Signed at Wanghia (near Macao) in the English and Chinese Languages, 3rd July, 1844. Ratifications exchanged at Canton, 31st December, 1845.

Signataires : Caleb Cushing. — Ki ying.

Texte dans : *N. C. Herald*, No. 177, Dec. 17, & No. 179, Dec. 31, 1853. — Mayers' *Treaties*, pp. 76/83.

HUMPHREY MARSHALL.

- Art. du *New York Herald*, Sept. 28, 1852 ; réimp. dans la *China Mail*, 410, Dec. 23, 1852.

- Voir ses dépêches dans le *N. C. Herald* de 1855.

ROBERT M. MC LANE.

- Vide in the *N. C. Herald*, No. 227, Dec. 2, 1854, the U. S. Minister's (Mr. Robert M. Mc Lane) decree regarding the back duties due by American Citizens to the Chinese Superintendent of Customs.

The Decree is dated 23rd November 1854 :

	T	m	c	c
Russell & Co.	39095	5	1	9
Smith King & Co.	29497	5	2	3
Bull Nye & Co.	20983	5	7	6
Aug. Heard & Co.	18494	0	4	7
Wetmore & Co.	9498	4	3	8
Hiram Fogg & Co.	346	6	7	0
Wm. G. Pierce	50	0	0	0
Frank Foster	84	1	6	5
	118049	9	4	0
F. D. Williams	75	9	0	1
Total	118125	8	4	1

WILLIAM B. REED.

— Treaty between the United States of America and the Chinese Empire. Signed, in the English and Chinese Languages, at Tientsin, 18th June, 1858. — Ratifications exchanged at Pehtang, 16th August, 1859.

Signataires : William B. Reed. — Kweiliang et Hwashana.

Texte dans : *N. C. Herald*, No. 485, Nov. 12, 1859. — *Chinese Commercial Guide*, 5th ed., pp. 31 et seq. — Mayers' *Treaties*, pp. 84/92.

JOHN E. WARD.

— Narrative of the American Embassy to Peking. By S. Wells Williams, LL. D. Read before the Society, October 25th, 1859. (Art VI, *Journal N. C. B. R. A. S.*, No. III, Dec. 1859, pp. 315/349.)

On a fait un tirage à part de cette relation avec un titre spécial : « Narrative of the American Embassy to Peking, In July, 1859. By S. Wells Williams, LL. D. From the Journal of the North China Branch of the Royal Asiatic Society. Vol. I. — No. III. — Art. VI. Read before the Society, Shanghai, October 25th, 1859 », in-8, pp. 37.

Mr. John E. Ward était le ministre américain — les secrétaires de la légation étaient le Dr. S. Wells Williams et Mr. W. Wallace Ward. L'ambassade arriva à Peking le 28 juillet 1859. — Elle était arrivée à Shanghai à bord du *Powhatan* le 28 mai 1859.

Cette même relation, un peu abrégée, avait paru dans *The N. C. Herald*, No. 474, August 27, 1859.

ANSON BURLINGAME.

— Notification of the Hon. Anson Burlingame to the Chinese Government about the Rebellion of the Southern American States, and Reply of the Prince of Kung (March 16th 1864 — Tung-chi, 3rd year, 2d moon, 9th day).

Printed in the *N. C. Herald*, 714, April 2, 1864.

— Letter of the United States Minister at Peking. Containing Opinions on various disputed points and also Remarks concerning the co-operative policy, pp. 6.

Addressed by Anson Burlingame to Geo. F. Seward, U. S. Consul General at Shanghai and dated Peking, June 15th, 1864.

Cette lettre est aussi imprimée dans l'Appendice de « Regulations of the Chinese Maritime Customs », août 1864 — dans *The N. C. Herald*, 728, July 9, 1864.

— Additional Articles to the Treaty between the United States of America and the Ta Tsing Empire of 18th of June, 1858. Signed, in the English and Chinese Languages, at Washington, 28th July, 1868. Ratified at Peking, 23rd November, 1869.

Signataires : W. H. Seward. — Anson Burlingame, Chih-Kang et Sun Chia-ku.

Texte dans : *N. C. Herald*, Sep. 11, 1868. — Mayers' *Treaties*, pp. 93/95.

JOHN ROSS BROWNE.

Il est arrivé à Shanghai le 5 septembre 1868.

— Letter addressed by Mr. J. Ross Browne to Prince Kung on Material Progress in China. (*N. C. Daily News. — Shai. News-Letter*, July 19, 1869.)

La lettre de Mr. Browne est datée de Peking, Nov. 23, 1868.

— The Address of the Citizens of the United States, resident in Shanghai, Presented to the Hon. J. Ross Browne, Envoy Extraordinary and Minister Plenipotentiary of the United States at Pekin, on his departure from China (dated Shanghai, 14th July, 1869).

Imprimée dans : *The Shanghai News-Letter*, July 19, 1869. — *N. C. Herald*, July 29, 1869. — *Sup. Court & Cons. Gaz.*, Vol. VI, July 31, 1869.

— Address of the British Community of Shanghai to the American Minister, upon his departure from China (dated Shanghai, 17th July 1869).

Imprimée dans : *The Shanghai News Letter*, July 19, 1869. — *N. C. Herald*, July 29, 1869. — *Sup. Court & Cons. Gaz.*, Vol. VI, July 31, 1869.

— Mr. Browne's Reply, (dated Shanghai, 17th July, 1869).

Imprimée dans : *The Shanghai News-Letter*, July 19, 1869. — *N. C. Herald*, July 29, 1869. — *Sup. Court & Cons. Gaz.*, Vol. VI, July 31, 1869.

Ces documents ont été publiés à part sous le titre suivant :

— Addresses presented by the English and

American Communities of Shanghai to the Hon. J. Ross Browne, U. S. Minister at Peking, and His Excellency's Reply; together with a Letter addressed by Mr. Browne to Prince Kung regarding Material Progress in China. Shanghai. Printed at the office of the *N. C. Herald*, 1869, br. in-8, pp. 16.

— Une lettre du général américain James L. Kiernan, ancien consul des États-Unis à Tchinkiang, adressée au «New York Herald» et datée de New York, le 30 août 1869 a été réimprimée dans : *The Shanghai News-Letter*, November 20, 1869.

Les principales maisons américaines de Shanghai ont répondu à cette lettre, très injurieuse pour Mr. Browne et les Anglais, par une autre datée Shanghai, 15 Nov., 1869 et adressée «To the Editor of the *Shanghai News-Letter*». Elle a été insérée dans le numéro de ce journal du 20 Nov. 1869.

— Letter of Mr. Edward Cunningham on China Affairs

To the «Editor of the *Nation*, dated Shanghae, November 20th, 1869, reprinted in the *Shanghai Evening Courier*», 8 March 1870.

Elicited by the exposition of China affairs made in the «Nation» Sept. 2nd and 9th 1869, and by the attacks of General Kiernan in the New-York papers, and of the *Pall Mall Gazette*.

— Under the Dragon's Footstool. By J. Ross Browne. (*Overland Monthly*, 1871.)

FREDERICK F. LOW.

Il est arrivé à Shanghai le 7 mars 1870.

XI. — ALLEMAGNE.

— Quos Deus bene vortat. Octroy accordé par Sa Majesté le Roy de Prusse pour faire commerce à Bengale, et aux côtes voisines. Du consentement de la Royale Compagnie de la Chine, établie à Embden. Pièce in-4, s. l. n. d. [Berlin, 21 janvier 1753], pp. 10.

— «The Autographs of M. P. de Saint-Romain sold last week in Paris, by auction, under the direction of M. Charavay, were mostly collected by a French Protestant minister, M. P. H. Marron, who settled in Holland during the French Restoration. Among them are to be found twenty-three French letters of Frederick the Second, King of Prussia to chevalier de la Touche, relating to a German Society for trading with China and the East Indies;» . . . . *The Athenaeum*, No. 2378, May 24, 1873.

* China. Die Expedition des Preussischen Geschwaders in den Ost-Asiatischen Gewässern. (*Illustrirte Zeitung*, 16 & 23 Nov. 1861.)

— Japan und China. Reiseskizzen entworfen während der Preussischen Expedition nach Ost-Asien von dem Mitgliede derselben Dr. Hermann Maron. Berlin, 1863, 2 vol. pet. in-8.

Notice : *Quart. Rev.*, Vol. CXIV, 1863, p. 449.

— Die preussische Expedition nach China, Japan und Siam in den Jahren 1860, 1861 und 1862. Reisebriefe von Reinhold Werner, Lieutenant zur See I. Klasse. Mit sieben Abbildungen in Holzschnitt und einer lithographirten Karte. Leipzig : F. A. Brockhaus, 1863, 2 vol. in-8.

Le même; 2e. éd., Leipzig : F. A. Brockhaus, 1873, in-8.

— Beiträge zur Kenntniss des Klimas und der Krankheiten Ost-Asiens, gesammelt auf der Preuss. Expedition in den Jahren 1860, 1861 und 1862 von C. Friedel, D. M., Assistenz-Arzt in der Königlich Preussischen Marine. Berlin, 1863, Georg Reimer, in-8, pp. 183+2 ff. prél. pour le tit. et la préf.

— Die preussische Expedition nach Ostasien in den Jahren 1859—1862. Reisebilder aus Japan, China und Siam. Aus dem Tagebuche von J. Kreyher, ehemal. Schiffsprediger an Bord S. M. S. «Arcona». Hamburg, Agentur des Rauhen Hauses, s. d. [1863], pet. in-8, pp. xvi-428.

— Die Preussische Expedition nach Ostasien während der Jahre 1860—1862. Reise-Skizzen aus Japan, China, Siam und der indischen Inselwelt von Gustav Spiess, K. S. Kommissär an Bord Sr. preuss. Majestät Schraubenkorvette «Arcona». Mit 8 Tonbildern, mehreren Porträt-Tableau's, sowie zahlreichen in den Text gedruckten Illustrationen. Verlag Otto Spamer. Berlin [und] Leipzig, 1864, gr. in-8, pp. x-428.

— Literatur über die Preussische Expedition nach Ost-Asien. (*Petermann's Mitth.*, 1864, III, pp. 113/114.)

— Die Preussische Expedition nach Ost-Asien. Nach amtlichen Quellen. Erster Band. Mit XII Illustrationen und II Karten. Berlin MDCCCLXIV. Verlag der königlichen geheimen Ober-Hofbuchdruckerei (R. v. Decker,) in-8.

Zweiter Bd., mit XII Illust., 1866. — III. Bd., mit 1 Karte, 1873. — IV. Bd., mit XXIV Illust. und 1 Karte.

— Die Preussische Expedition..... Zoologischer Theil bearbeitet von Prof. Dr. E. v. Martens.

I. Bd. — I. Hfte. Berlin, MDCCCLXV.

I. Bd. — II. Hfte. Berlin, MDCCCLXVI.

II. Bd. — Die Landschnecken. Mit XXII Ill. Bearbeitet von Dr. Eduard v. Martens. Berlin, MDCCCLXVII.

— Die Preussische Expedition..... Botanischer Theil. Die Tange. Mit VIII Illustrationen. Bearbeitet von Georg v. Martens. Berlin, MDCCCLXVI.

— Die Preussische Expedition nach Ost-Asien. Ansichten aus Japan, China und Siam. Berlin, MDCCCLXIV. Verlag der königlichen geheimen Ober-Hofbuchdruckerei. (R. v. Decker). Grand Album in-plano, avec un texte explicatif des Pl. en allemand, français et anglais.

La publication de cet album a été faite en 8 livraisons de 1864 à 1872.

— Aus vier Welttheilen. Ein Reise-Tagebuch in Briefen von Max Wichura, Botanisches Mitglied der Preussischen Expedition nach Ost-Asien. Mit dem Portrait des Verfassers. Breslau, 1868. Verlag von E. Morgenstern, in-8, pp. VII-456.

British Museum, 10027, bb.

— Traité signé en allemand, en français et en chinois à Tien tsin, le 2 sept. 1861, par le Comte d'Eulenburg, au nom de la Prusse, de la Bavière, de la Saxe et des autres membres de l'association de douanes et de commerce allemande, et Tchoung lun et Tchoung heou. — Ratifié à Changhai, le 14 janv. 1863.

— Voir le *Recueil de Traités* de Mayers.

XII. — AUTRICHE-HONGRIE.

— Circumnavigation de la frégate autrichienne *Novara*, du 30 avril 1857 au 26 août 1859. Par V. A. Malte-Brun. (*Nouv. Ann. des Voy.*, 1860, I, pp. 183/203.)

Voir col. 1016.

* A. Kanitz. — Expeditio austriaco-hungar. ad oras Asiae orientalis, 10 pp. (*Ung. Nat.-Museum*, Budapest, II, 2.)

— Traité signé en allemand et en chinois, à Peking, le 2 sept. 1869 par le Contre Admiral Baron de Petz, Tong Sun et Tchoung heou. — Ratifié à Changhai le 27 nov. 1871.

— Voir le *Recueil de Traités* de Mayers.

XIII. — BELGIQUE.

— Recherches historiques sur le commerce des Belges aux Indes pendant le XVIIe et le XVIIIe siècle, précédées d'une lettre à M. le Ministre de l'intérieur, et suivies de documents relatifs à la Société générale des Pays-Bas, par Ad. Leval, ex-représentant, administrateur du Fonds spécial. (Extrait du *Trésor national.*) Bruxelles, Wouters, Raspoet et Cie., 1842, in-8 pp. XVI-253.

— Etude politique et militaire sur la Chine précédée de considérations sur l'industrie et le commerce extérieur de la Belgique et sur la nécessité pour elle de créer des établissements dans les pays transatlantiques. Paris, Ch. Tanera, 1860, in-8, pp. 219, avec 1 carte de l'Asie.

— Mission diplomatique et commerciale dans l'Indo-Chine et l'Extrême-Orient. Malines, Typ. de A. Steenackers-Klerx. 1860, br. in-8, pp. 40.

Par le Vte Eugène de Kerckhove de Varent (alias Kirckhoff).

Bib. nat. Paris, Pièce $\frac{8^{\circ}.\ M}{534}$.

— Un arrangement entre la Chine et la Belgique a été signé à Canton le 25 juillet 1845 par le Consul général Lannoy et Ki ying. — Un traité a été signé en français et en chinois, à Peking, le 2 nov. 1865 par August T'Kint, Tongsün et Tchoung-heou. — Ratifié à Changhai, le 27 octobre 1866.

— Voir le texte français de la convention de 1845 donné par Callery dans les *Archives diplomatiques*, Paris, 1861, Vol. I, p. 319. — Voir le *Recueil de Traités* de Mayers, — et la *Revue consulaire belge*, pour les rapports de M. de Serruys et autres agents belges en Chine.

XIV. — ITALIE.

— Rapport médical sur la Campagne de la Corvette de S. M. la *Fasana* dans l'Asie Orientale 1871—1873. Par le Dr. Charles Potocnik, médecin de la marine R. I. autrichienne. (Trad. par Gabriel Walther, dans les *Archives de Médecine navale,* oct. 1875, pp. 237/277.)

— Traité signé en italien et en chinois à Peking, le 26 oct. 1866 par le capitaine de frégate Vittorio Arminjon, Tan Ting-siang et Tchoung héou. — Ratifié à Changhai, le 12 nov. 1867.

— Voir le *Recueil de Traités* de Mayers.

XV. — PÉROU.

— Traité signé en espagnol, anglais et chinois, à Tien tsin le 26 juin 1874 par le capitaine de vaisseau Aurelio Garcia y Garcia et Li Hong-tchang. — Ratifié à Tien tsin le 7 août 1875.

— Voir le *Recueil de Traités* de Mayers. — Le texte anglais est aussi imprimé d'après le *Daily Press* dans le *Shai. Budget,* 8 août 1874.

XVI. — BRÉSIL.

Un traité a été signé par cette puissance avec la Chine.

XVII. — PEUPLES DE L'ASIE[1].

JAPON.

— Sande, E. da [Voir col. 1114].

— Recentissima de Amplissimo Regno Chinae .... Mogvntiae, 1601, in-12. [Voir col. 336.]

— Iaponica, Sinensia, Mogarana .... Leodii, 1601, in-12. [Voir col. 337.]

— De rebus Iaponicis, Indicis, et Pervanis epistolae recentiores. A Ioanne Hayo Dalgattiensi Scoto Societatis Iesv in librum unum coaceruatae. Antverpiae, Ex Officina Martini Nutij, ad insigne duarum Ciconiarum, Anno M.DC.V, in-8, pp. 968, sans l'*Index* et l'*Ordo Epistolarum.*

On trouvera pages 344—383 une lettre de Ludovicus Frois [ou Froës] datée de Nagasaki 28 Déc. 1596 «De Legatione Regis Cinensivm ad Taicosamam».

— Embassies from China to Japan. (*Indo-Chinese Gleaner,* vol. II, pp. 131—136.)

— Diplomatic intercourse [of the Japanese] with China. (*As. Jour. & M. Reg.,* XXXII, 1840, pp. 240/251.)

— Traité de Tien tsin, 13 sept. 1871, et convention de Peking, 31 oct. 1874. En anglais dans Mayers.

— Traité de commerce entre la Chine et le Japon.

Texte français dans le *Nouvelliste de Shanghai,* 1872, 18 & 21 mars; anglais dans Mayers.

— Traité entre le Japon et la Corée, 26 fév. 1876.

Dans Mayers.

1. Voir aussi dans la quatrième partie le chapitre consacré aux Connaissances des Chinois sur les peuples étrangers.

— The Japanese and China by Geo. Hughes. *(China Review,* II, pp. 369/375, III, pp. 23/29.)

— Chinese Notice of the Shogun Taïkosama. By Herbert J. Allen. *(Ibid.,* III, pp. 172 à 176.)

— An introduction to a retrospect of forty years of foreign intercourse with China, and a review of her relations with Japan. By G. Nye. *(China Review,* IV, pp. 191 à 199, 233/243.)

Conférence faite à Concordia Hall, Canton, Déc. 8, 1874.

Voir : *Expédition de Formose,* col. 149.

Voir : *Iles Lieou kieou,* dans la IVe Partie.

ANNAM.

— Histoire des relations de la Chine avec l'Annam-Viêtnam du XVIe au XIXe Siècle d'après des documents chinois traduits pour la première fois et annotés par G. Devéria, premier interprète de la légation de France en Chine, correspondant de l'Ecole spéciale des langues orientales vivantes. Ouvrage accompagné d'une carte. Paris, Ernest Leroux, 1880, in-8, pp. x-102.

Ce Vol. forme le Vol. XIII des *Publications de l'Ecole des Langues Orientales Vivantes.*

— Le conflit entre la France et la Chine .... par Henri Cordier [voir col. 1227]. Voir : *II. La Chine et l'Annam,* pp. 13/22.

— Les rapports de la Chine & de l'Annam par M. H. Castonnet Desfosses .... — Extrait de la *Revue de Droit international.* Bruxelles & Leipzig, C. Muquardt, br. in-8, pp. 70.

BIRMANIE.

— Some Account of the Wars between Burmah and China, together with the journals and routes of three different Embassies to Pekin by the King of Ava; taken from Burmese documents. By Lieutenant-Colonel H. Burney, Resident in Ava. *(Jour. As. Soc. of Bengal,* VI, Feb. 1837, pp. 121 et seq., et les nos. suiv.)

Réimp. dans l'*Asiatic Journal & Monthly Reg.,* Vol. XXVI, 1838, pp. 185/194, 324/328; XXVII, 1838, pp. 62/68.

— War between Burmah and China, described by Marco Polo, and by Burmese historians [by E. C. Bridgman] *(Chinese Repository,* Vol. IX, (and not VIII as marked in the *Gen. Index* of Vol. XX) :

July 1840, pp. 134/142.

Aug. 1840, pp. 169/190 : Narrative of a four [1765/9] years' war between Burmah and China : translated from the Burmese Chronicle [29th and 30th Vol. of the Chronicles of the Kings of Ava] by Colonel Burney.

Nov. 1840, pp. 437/483 : Embassies between the court of Ava and Peking : translated from Burmese Chronicles, by lieut.-colonel H. Burney, late resident in Ava.

Consulter, pp. 472/481 : «Route of a journey from the City of Ava to the City of Peking, traveled by a mission deputed by the King of Ava to the emperor of China in the year 1833».

— 乾隆征緬甸記. — Histoire de la Conquête de la Birmanie par les Chinois, sous le règne de Tç'ienn Lon̄g (Khien long), traduite du Chinois par M. Camille Imbault-Huart. *(Jour. Asiatique,* Sér. VII, XI, Fév.-Mars 1878, pp. 135/178.)

Extrait du *Cheng vou ki* 聖武記.

TIBET.

— Histoire de la Pacification du Tibet sous le règne de l'Empereur Kien-long, traduite du chinois par M. Maurice Jametel. *(Revue de l'Extrême-Orient,* T. I, No. 4, 1882, pp. 572/595.)

Tiré du *Cheng vou ki.*

— Voir les chap. : TIBET p. p. d. et PÉLERINS BOUDDHISTES.

DIVERS.

— The Rájá of China : with notices of the early intercourse between the Malays and the Chinese. From a Malay author, translated by the late Dr. John Leyden. London, 1821. *(Ch. Rep.,* V, p. 553 et seq., April 1837.)

— Relations of China with Badakhshan and the Afghans. By W. F. Mayers. *(The Phœnix,* No. 32, Feb. 1873.)

— Histoire de la Conquête du Népâl par les Chinois, sous le règne de Tç'ie lon̄g (1792), traduite du chinois par M. Camille Imbault-Huart. *(Jour. Asiatique,* Sér. VII, XII, Oct.-Déc. 1878, pp. 348/377.)

Avec une note de M. Léon Feer. — Ext. du *Cheng vou ki.*

— Recueil de Documents sur l'Asie centrale, I. Histoire de l'insurrection des Tounganes sous le règne de Tao-kouan̄g (1820—1828) d'après les documents chinois. — II. Description orographique du Turkestan chinois, traduite du Si yu t'ou tché. — III. Notices géographiques et historiques sur les peuples de l'Asie centrale, traduite du Si yu t'ou tché. Par Camille Imbault-Huart .... Ouvrage accompagné de deux cartes chinoises. Paris, Ernest Leroux, 1881, gr. in-8, pp. xi-225.

La première partie de cet ouvrage est extraite du *Cheng vou ki.* — Ce vol. forme le Vol. XVI des *Publications de l'Ecole des Langues Orientales Vivantes.*

XVIII. — QUESTIONS CONTEMPORAINES.

OUVRAGES DIVERS.

Charles Lavollée. — La Politique européenne en Chine; Relations de l'Angleterre et de la France avec le Céleste-Empire. (*Revue des Deux Mondes*, 15 février 1851.)

— Les derniers jours de la Chine fermée par Frédéric Baudry. Extrait de la *Revue de Paris*. Paris, A. Durand, 1855, in-8, pp. 48.

— La Question Chinoise. 1857—1858. Par L. Léon de Rosny. (*Revue de l'Orient et de l'Algérie*, Nlle. Sér., VII, 1858, pp. 193/201.)

— La Question Chinoise. Par G. Pauthier. (*Revue de l'Orient et de l'Algérie*, Nlle. Sér., X, 1859, pp. 419/431.)

V. de Mars. — Lettre de Chine; les Traités de 1860. (*Revue des Deux Mondes*, 15 janvier 1861.)

— Considérations sur le passé et l'avenir de la Chine. Examen de la rébellion actuelle par le Cte d'Escayrac de Lauture. Mémoire lu à l'Académie des Sciences morales et politiques dans la séance du 21 juin 1862. Offert par l'auteur, ne se vend pas. Paris, 1862, br. in-8, pp. 32.

Ext. du Compte-rendu de l'Ac. des Sciences Morales et Politiques, rédigé par M. Ch. Vergé, avocat, docteur en droit.

— Thoughts on the Past and the Future of China. [Translated from the French of Count d'Escayrac de Lauture.] (*Ch. & Jap. Rep.*, Nos. I & II, 1863.)

A. des Varannes. — La Chine depuis le Traité de Pékin, les Anglo-Français, les Impériaux et les Taï-pings. (*Revue des Deux Mondes*, 15 Avril 1863.)

— The Position of Affairs in China. From the «Friend of China», (a Shanghai Newspaper) of the 19th July, 1863, and following numbers. s. l. n. d., br. in-4, pp. 6 à 2 col., pap. bleu.

— Letter of the Hongkong Chamber of Commerce to Earl Russell (Victoria, Oct. 22, 1863).

Insérée dans *The N. C. Herald*, 718, Avril 30, 1864.

— Letter of the Chairman (Edward Webb) of the Shanghai Chamber of Commerce to Earl Russell.

Insérée dans *The N. C. Herald*, 719, May 7, 1864.

En réponse au Memorandum de Mr. Lay dans le livre bleu intitulé «Further Papers relating to the Rebellion in China». [Voir col. 1197.]

— Our Interests in China. A Letter to the Right Hon. Earl Russell, K. G., Her Majesty's Principal Secretary of State for Foreign Affairs. By Horatio N. Lay, C. B. late Inspector-General of Chinese Customs. London, Robert Hardwicke, [1864], br. in-8, pp. 71, Price 1/—.

Contents. — The Authority under which the naval force was organized. — Proceedings at Pekin: Reasons for the dissolution of the Force. — Attitudes of Sir F. Bruce, and my communications with him. — General Remarks upon our Policy. — Appendix.

— The Lay-Osborne Expedition to China. By the Editor [J. Summer]. (*Ch. & Jap. Rep.*, Jan. 1864, pp. 321/2.)

— Sur le licenciement de la flotille de Sherard-Osborne, la circulaire de ce dernier, la réponse de la flotille à la circulaire, voir le *N. C. Herald*, No. 710, 12 Mars 1864.

— Railways in China. Report upon the feasibility and most effectual means of introducing railway communication into the Empire of China. With a Map. By Sir Macdonald Stephenson. London, Printed by J. E. Adlard, 1864, in-fol., pp. 55.

— Railway in the North of China. (*N. C. Herald*, Nov. 16, 1867.)

Letter of «A Chefoo Merchant».

— Regulations under which Chinese subjects may purchase steamers and sailing vessels of a foreign model. (*N. C. Herald*, Sept. 14, 1867.)

Duchesne de Bellecourt. — L'état politique et commerciale de la Chine et du Japon, l'exposition chinoise et japonaise au Champ de Mars. (*Revue des Deux Mondes*, 1 août 1867.)

— Revision du Traité de Tien tsin :

Voir : *Blue Book*, P. [4097—XI]. *China*, (No. 12), 1868—1869, etc. [col. 1200].

¶ *Supreme Court and Consular Gazette* : Vol. II, 1867 : Memorials addressed by :

— Amoy Community.

Amoy, 18th Oct. 1867, to Robert Swinhoe, pp. 197 et seq.

— Foochow,

Foochow, 14th Sept. 1867, to Sir R. Alcock, pp. 145 et seq.

— Hongkong General Chamber of Commerce, 16th July, 1867, to the Duke of Buckingham and Chandos, Sec. of State for the Colonies.

— Jardine Matheson & Co.

Hongkong, 28th Nov. 1867, to Sir Richard Graves Macdonnell, Governor of Hongkong, pp. 248 et seq.

— Kewkiang Community.

Kewkiang, 2nd July 1867, to Sir R. Alcock, pp. 212 et seq.

— Shanghai General Chamber of Commerce, to Sir R. A., pp. 168 et seq.

— Tientsin Community, to Sir R. A., pp. 227 et seq.

Vol. III, 1868 :

— Hankow General Chamber of Commerce to Sir R. A., pp. 6/7.

— Chefoo Residents to Chaloner Alabaster, H. B. M.'s Vice-Consul, Chefoo, 23rd Dec. 1867, pp. 28/30.

— Correspondence between Sir Rutherford Alcock and the Shai. Chamber of Commerce, pp. 162/3.

— Circular from Sir R. A. in reply to the Memorials on the Revision of the Treaty (Pekin, Feb. 17, 1868), pp. 177/181.

Vol. V, 1869 :

— Private Memorials :

1° J. M. Canny, to W. H. Medhurst Esq., H. B. M.'s Consul, Shanghai. (Chinkiang, 25 Jan. 1869), pp. 121/2.

2° E. Cunningham to the Same. Shai., 31 Jan. 1869, pp. 133/5.

3° Edward Cunningham to Geo. F. Seward, U. S. Consul General, Shanghai, February 8th 1869, pp. 172/173.

4° R. Francis & Co. to W. H. Lay, H. B. M.'s Acting Consul, Kiukiang (Kiukiang, 15th January 1869), p. 144.

5° James Barr Robertson to W. H. Medhurst (Shanghai, 13th February 1869), pp. 144/6.

6° Thos. W. Kingsmill, C. E. to W. H. M[edhurst] (Shanghai, 25th February 1869), pp. 160—/163.

— Answer of Sir R. Alcock to the Private Memorials (Peking, March 23rd 1869), pp. 171/2.

Vol. VI, 1869 :

— Supplementary Convention to the treaty of Commerce and Navigation of June 1858 between Great Britain and China (Peking, 24th October 1869), pp. 363 et seq.

¶ Shanghai General of Commerce, vol. col. 1081—1082.

— Memorials addressed to H. E. the British Minister at Peking, on the approaching revision of the Treaty of Tien tsin, and Sir Rutherford Alcock's reply. Shanghai : Printed at the Office of the *N. C. Herald*, 1868, br. in-8.

— Revision of the British Treaty with China. — Chinese Official Memorial to the Emperor in favour of native education in foreign arts and sciences. March 1867. *China Mail* Office, Hongkong, br. in-8, pp. 15.

Réimp. de la *China Mail.*

— Correspondence respecting Inland Residence of English Missionaries. (Blue Book, *China,* No. 9 [1870], voir col. 1200—1201.)

Voir *Sup. Court & Cons. Gaz.*, Aug. 21, 1869 et *N. C. Herald*, Aug. 19, 1869.

— Texte anglais de la Convention. Révision du Traité anglais (non ratifiée) de Peking, 24. Oct. 1869, dans le recueil de Mayers, et dans le *N. C. Herald*, Déc. 21, 1869.

— P. [4097—I]. *China* (No. 2). — Correspondence respecting Attack on British Protestant Missionaries at Yang-Chow-Foo . . 10 *d.*

Blue Book, 1868—1869 [voir col. 1199].

— P. [4097—IX]. *Ditto* (No. 10). — Further Correspondence on the attack on Missionaries at Yang-Chow-Foo . . . . 3 *d.*

Blue Book, 1870 [voir col. 1200].

— Correspondence on the Yangchow Outrage. (*Sup. Court & Cons. Gaz.*, V, pp. 174/177.)

— The Claims of China; also a letter to the « Times ». By the Rev. Alex. Williamson, LL.D., Edinburgh : William Oliphant & Co., in-32, pp. 62.

— Note on Chinese Matters. By Robert Hart. Peking, 30th June 1869. (*N. C. Herald,* Nov. 9, 1869.)

— Three Letters addressed to « the Daily News » on the Political Situation in China; by James Barr Robertson. Shanghai, 1869, br. in-8, pp. 12.

— Our Policy in China. Parliamentary Papers. China. Nos. I to X. London : 1869. (*Westminster Review,* Jan. 1870, Art. VI.)

Par James Barr Robertson.

Paul Merruau. — La Chine depuis le traité de 1860 et le prince Kong. (*Revue des Deux Mondes,* 1 Août 1870.)

— Mr. Wade on China. (*The China Review,* I, pp. 38/44, 118/124.)

Mémoire adressé par Mr. Wade aux Ministres d'état chinois au sujet des affaires en Chine et traduit en anglais par H. E. Wodehouse.

— The China Question. I. The Commercial Convention of 1869. 2. Lord Clarendon's China Policy. 3. The Missionaries; and Opium Cultivation. 4. Notes. China and the Chinese. By James MacDonald, F. R. G. S., Formerly of Shanghai. London : Effingham Wilson, 1870, br. in-8, pp. VII-75.

Notices : *Shai. Evening Courier,* 2 juillet 1870. — *The Cycle,* 2 juillet 1870.

Voir également sur cette broch. une lettre signée *Save us from our Friends* et pub. dans le *Shai. Ev. Courier,* du 26 juillet 1870.

— The present condition of China. By a Resident. (*Fraser's Magazine,* New Series, 1870, II, pp. 554 et seq.)

— Chinese Statesmen and State Papers. (*Ibid.,* 1871, III, pp. 328, 503, 613.)

— What the Chinese really think of Europeans. By a Native Literate [transl. from the Chinese]. (*Ibid.,* 1871, Mars, p. 395.)

— British Policy in China by a Shanghai Merchant. London, Henry S. King & Co., 1871, br. in-8, pp. 51.

Par Frank B. Johnson, de la maison Jardine Matheson & Co.
Not. : *Shanghai Budget*, May 19, 1871.

— Notes upon Mr. Wade's Memorandum regarding the revision of the Treaty of Tien-tsin by Baron de Méritens, Knight of the Legion of Honour; formerly Chinese Secretary to the French Legation at Pekin; and, later, Commissioner of Customs at Foochow. Hongkong. Printed by de Souza & Co., 1871, br. in-8, pp. II-38.

H. Blerzy. — Les Affaires de Chine et la question chinoise en 1871. (*Revue des Deux Mondes,* 1 juillet 1871.)

La quatrième partie de cet article a été traduite en anglais dans le *Shai. Budget*, 13 Déc. 1871.

— Le Memorandum Chinois.

Publié *in extenso* dans le *Nouvelliste de Shanghai*, 18 août 1872; les *Missions Catholiques*, IV, 1872, pp. 44/48; la *Revue de l'Extrême-Orient*, T. II, 1883, pp. 132/138.

A été trad. en anglais dans le *Blue Book*, *China* (No. 3), 1871 [voir col. 1201]; *The Chinese Recorder*, Vol. 4, Nov. 1871, pp. 141/148; *Shanghai News-Letter*, Aug. 11, 1871.

Voir la correspondance signée W. M. dans le *Shai. Budget*, 8 Sept. 1871.

— Le Memorandum chinois ou violation du Traité de Peking. Exposé et réfutation par un missionnaire de Chine [F. Gennevoise]. Rome, Imprimerie de la Propagande adm. par le Ch. Marietti. 1872, pet. in-8, pp. 74.

Il y a de longs extraits de cette brochure dans les *Missions catholiques*, IV., pp. 185 et seq.; pp. 197 et seq.

— Dépêche du Comte de Rochechouart au Tsong-li-yamen en réponse à la circulaire concernant les Missionnaires. Peking, 14 nov. 1871. (Trad. en anglais dans le *N. C. Daily News;* retrad. en français dans le *Nouvelliste de Shanghai*, 9 déc. 1871; et réimp. dans les *Missions catholiques*, IV, pp. 220 et seq.)

— P. [468]. *China* (No. 1). — Correspondence respecting the Circular of the Chinese Governement relating to Missionaries . . 5 *d.*

Blue Book, 1872.

Les lettres de Mr. Wade à Wen siang, de Peking, le 8 juin 1871 et de Lord Granville à Mr. Wade, du 21 août 1871, ont été trad. en français dans les *Missions catholiques*, IV, pp. 131 et seq., et pp. 415 et seq.

— L'Europe et la Chine par M. P. Cave, lieutenant de vaisseau. Paris, Dupont, 1872, in-8.

Extrait de la *Revue maritime et coloniale*, janvier et février 1872.

— Transit Passes, Drawbacks, and Exemption Certificates. (*Shanghai Budget,* May 4, 1872.)

Lettre adressée par Johannes von Gumpach au journal.

— Fortschritt und Barbarei in China. (*Globus*, XXIII, 1873, No. 6—8, p. 105.)

(Divers.)

— The Affairs of China.

Deux articles sur la politique anglaise publiée en Nov. 1871 dans le *Globe*, de Londres, et réimp. dans le *Shai. Budget*, Jan. 4, 1872.

— The Attack on Mr. E. C. Baber, (H. B. M.'s Acting Vice-Consul at Kiukiang) at Nanchang. (*Shai. Budget,* May 25, 1872.)

— P. [1013]. *China* (No. 4). — Report of the Expedition to Nang-chang-foo, by Mr. Mayers . . . . 1 *d.*

Blue Book, 1874 [voir col. 1202].

— The Imperial Audience. A minute account of the first audience granted by the Emperor of China to the Foreign Ministers accredited to the Court of Peking. (Translated from the « Norddeutsche Allgemeine Zeitung ».) (*N. C. Daily News,* 23 March 1874 & *N. C. Herald,* XII, p. 272.)

— Réception des ministres plénipotentiaires par l'empereur de la Chine. (*Miss. Cath.,* V, pp. 620/1.)

— Voir dans le *Monde Illustré*, une note et un dessin de M. Gabriel Devéria.

— Audiences granted by the Emperors of China to Western Envoys. (*China Review,* III, pp. 67/83.)

— Applicabilité du droit des gens européens à la Chine, par le Dr. A. Krauel, Consul de l'Empire d'Allemagne à Shanghae. (*Revue de Droit international,* Gand, 1877, 9e vol. — No. III, pp. 387/401.)

— Appendice à l'article qui précède. La diplomatie européenne à Péking. — Réception des ministres étrangers par l'empereur de la Chine, le 29 juin 1873. Par G. Rolin-Jacquemyns. (*Ibid.,* pp. 401/404).

— P. [902]. *China* (No. 1). — Correspondence respecting the Audience granted to Her Majesty's Minister, and other Foreign Representatives at Peking . . . . 2 *d.*

Blue Book, 1874.

— Aperçu de la Situation en Chine 1861 à 1873. Londres, Trübner, [et] Bruxelles & Leipzig, C. Muquardt, 1874, br. in-8, pp. 52.

Par Thomas Fergusson, négociant de Tche fou. — Cette brochure a été tirée à 1000 ex. Les 500 premiers ex. ayant été imprimés sans nom d'auteur, la br. fut attribuée à M. A. T' Kint de Roodenbeck, ancien ministre de Belgique en Chine et au Japon, et Mr. Fergusson fit imprimer par suite son nom sur les 500 derniers exemplaires.

— A Sketch of the Situation in China 1861 — 1873. (*Shai. Budget,* Jan. 15, 1874, pp. 25/30.)

(Divers.)

Trad. de la br. précédente de T. Fergusson.

Notice : *Missions Catholiques*, VI, 1874, pp. 30/32, 41/43.

— The Treaty-Rights of the Foreign Merchant, and the Transit-System, in China; Considered with special reference to the views and opinions of Her Majesty's Board of Trade, Her Majesty's late and present Representatives in Peking, the Tsung-li Yamên, the Foreign Inspectorate-General of Chinese Maritime Customs, and the Shanghai General Chamber of Commerce. Supported throughout by official documents, partly unpublished. By Johannes von Gumpach. in-8, pp. XVIII-421. s. l. n. d. [Shanghai, 1875.]

On lit au verso du titre : Printed at *The Celestial Empire* Office.

— Asien, seine Zukunftsbahnen und seine Kohlenschätze. Eine geographische Studie von Ferdinand von Hochstetter, Präsident der k. k. Geographischen Gesellschaft in Wien. (Mit einer Karte). Wien, 1876, Alfred Hölder, in-8, pp. x-188.

— Sir Thomas F. Wade, K. C. B. (*The Far East*, I, No. 2, 1876, pp. 37/41, avec une phot.)

— Walter Henry Medhurst. (*The Far East*, II, No. 1, Jan. 1877, pp. 22/4.)

— A. R. Margary.

Voir : *Yunnan*, col. 161—162. — *Blue Books*, 1876, col. 1203.

La trad. anglaise de la lettre d'excuses présentée pour le meurtre de Margary par Kuo Sung-tao à la Reine d'Angleterre a été imp. dans le *N. C. Herald*, Vol. XIX, No. 544, 18 Oct. 1877, pp. 346/7.

— Letter to the Ministers of Treaty Powers on the Conservation of the River Wangpu. [Shanghai, 7th August, 1877.] Pièce in-fol., 2 ff.

Réimp. dans le *Celestial Empire*, Sept. 8, 1877 et dans le *N. C. Herald*, Sept. 8, 1877.

Voir col. 1083—1084.

— Chinese Foreign Policy. By Rev. John Ross, Newchwang. Shanghai : Printed at the « Celestial Empire » Office. 1877, br. in-8, pp. 51.

— Le *Lorcha* « Mandarin ».

N. C. Herald, June 30, 1877 ; le *Mandarin* fut retrouvé par C. Schmidt, à Wen tcheou ; cette découverte a été mentionnée par le *N. C. Herald*, du 9 juin 1877.

— China, England and Opium : the Chefoo Convention. By the Hon. Mr. Justice Fry. (*The Contemporary Review*, Jan. 1, 1878.)

— The Future of China. By Sir Walter H. Medhurst. (*The Contemporary Review*, Sept. 1879, pp. 1/12.)

— Present State of Affairs in China. By Herbert A. Giles. (*The Fortnightly Review*, Sept. 1, 1879, pp. 362/384.)

— Residence in the interior and the transit trade. By Hongkong. (*China Review*, X, pp. 265/272.)

— Voir l'*Annuaire Encyclopédique*, Années 1860—1869, Article *Chine*.

Anson Burlingame.

— The Chinese Embassy to Christendom. (*The Nation*, Feb. 20, 1868.)

— *Shanghai News-Letter* : Supp. Feb. 24, 1868 ; c'est un résumé de différents articles qui avaient paru dans les journaux de Chine.

— Correspondence between Lord Clarendon and Mr. Burlingame. (*Sup. Court & Cons. Gaz.*, Vol. V, pp. 173/41.)

— Mr. Burlingame's Speech at Boston. (*Ibid.*, Vol. VI, July 10, 1869.)

Les faits et gestes de l'ambassade à Boston ont été l'objet d'une brochure spéciale.

— *N. C. Herald*, Nov. 19, 1869 : Chinese Version of Burlingame's Credentials, Tung-chi, 6th year, 12th month, 6th day ; et trad. officielle anglaise, etc.

— A Memorandum on the Chinese Text of the Burlingame Credentials. (*N. C. Herald*, Nov. 30, 1869.)

— The China Question. — Mr. Robert Hart, Inspector General of Imperial Maritime Customs on the Present Situation. — Origin of the Chinese Embassy. — Remarks by J. Ross Browne. (*Daily Alta California*, Sunday, Sep. 19, 1869.)

— Official Papers of the Chinese Legation. Berlin. Printed for S. Calvary & Co., Booksellers. br. in-8, pp. 56 + 2 ff. prél. n. c. pour le tit. et la table.

Au verso de la couverture ext. : Printed by C. Salewski. Cette brochure est fort rare.

— The Burlingame Mission : a Political Disclosure, supported by Official Documents, mostly unpublished, to which are added : Various Papers and discourses on the claim of the Emperor of China to Universal Supremacy ; the true nature of actual diplomatic relations between China and Western Powers ; the position and influence in China of Robert Hart, Esq., as confidential adviser of the Tsung-li Yamen ; the Hart-Alcock Convention ; the Dispersion of the Lay-Osborn Flottilla ; the « New Chinese University » ; the Policy of the United States in China ; the new China Policy of England ; the Western Policy, and the Diplomacy, of the Chinese Governement ; the Massacre of Tientsin ; the Chung-'Ho Mission ; the Audience Question ; and the Coming War. By Johannes von Gumpach.

With two Illustrations. Shanghai, London and New-York, 1872, pp. xxii-891, in-8.

Contents :

Introductory Remarks. — Origin of the Burlingame Mission. — Official Appointment of the Principal Members of the Mission. — The Principal Members of the Mission. — The Hon. Mr. Burlingame's Letters of Credence. — Insulting character, and Principle of Vassalage involved in the acceptance, of the Letters of Credence. — Falsified quasi-official translation of the Letter of Credence. — Objects of the Mission. — The Mission, as based on diplomatic Fraud and a Plot against the Sovereign Dignity of Western Potentates. — The Mission and the Hon. Mr. Burlingame. — The Mission and Sir Rutherford Alcock. — The Mission and Mr. Wade. — Debut of the Mission. Truth *versus* Fiction. — Reception of the Mission at Washington. — The China Policy of the United States. — Reception of the Mission in England. — The new China Policy of England. — The Western Policy, and the Diplomacy, of the Chinese government. — Practical Measures involved in the Burlingame Mission. — Concluding Remarks (1—591). *Appendix* I, The New University of China, II. Mr. Hart's Note on Chinese Matters, III. Mr. Robertson's Letter to the «Daily News», IV. «The News from the North» («The Cycle»).

Massacre de Tien tsin.

— *The Shanghai News-Letter* : July 11, 1870. — A letter to the Editor dated Tientsin, July 23rd, 1870, du Rev. C. A. Stanley, imprimée dans le Numéro du 11 Août.

— Voir tous les journaux de Chine contemporains et en particulier le *N. C. Herald* et le *Shai. Evening Courier* dont les articles ont été réunis en brochures. Les missionnaires protestants des différents ports adressèrent des épîtres de condoléance aux miss. cath. Celle des miss. de *Shanghai* se trouve dans le *Shai. Ev. Courier*, 5 juillet; de *Ningpo*, 11 juillet; de *Hankeou*, 27 juillet 1870.

— A Month after the Massacre. (*The Nation* ; réimp. dans le *Shai. Ev. Courier*, 7 Dec. 1870.)

— Chinese Proposals regarding Tientsin. (*Shai. Evening Courier*, Saturday, 5 Nov. 1870.)

— Dépêches du Comte de Rochechouart et du Prince Kong [en anglais]. (*The Cycle*, 5 Nov. 1870.)

— [Letter of the Shanghai General Chamber of Commerce, A. Michie, *Chairman.*] To the Chairman of the London Committee of China Merchants. Pièce in-fol., pp. 4. [Shanghai, November, 15th, 1870.]

Mr. Thomas Hanbury a répondu à cette lettre par une autre lettre datée de Shanghai, 6 Déc. [1870] et adressée au *Times*. La lettre de Mr. T. H. a été réimprimée dans le *Shanghai Evening Courier* (17 mars) et dans le *Cycle* (18 mars 1871).

— A Visit to Tien tsin five months after the Massacre. (*Shanghai Even. Courier*, 28 Nov. 1870.)

(MASSACRE DE TIEN TSIN.)

— The Tientsin Massacre. The Causes of the late disturbances in China and how to secure permanent peace by George Thin, M.D. — Blackwood, Edinburgh and London, MDCCCLXX, petit in-8, pp. IX-100.

— Memorandum sur les Affaires de Tien tsin. s. l. n. d. [Chine, 1871], br. in-8, pp. 14.

Bib. Soc. Géog., Paris $\frac{5}{68}$.

— P. [248]. *China* (No. 1). — Papers relating to the Massacre of Europeans at Tien Tsin 2 *s.* 8 *d.*

Blue Book, 1871.

— France, the Jesuits, and the Tien tsin Massacre. (*Westminster Review*, April 1871, Art. VI.)

Par James Barr Robertson. — Notice dans le *Shai. Budget*, 9 Juin 1871.

— Voir dans le *Shanghai Budget*, 1871 : 2 juin, la correspondance relative au paiement de l'indemnité aux missionnaires protestants ; 9 juin, deux lettres, trad. en anglais, du Cte. de Rochechouart à Tseng Kouo-fan.

— Réception de l'ambassade chinoise à Versailles. (*Journal Officiel*, 24 Nov. 1871 ; réimp. dans les *Missions Catholiques*, IV, 1872, pp. 78/9.)

— Le Massacre de Tien-tsin et nos intérêts dans l'empire chinois par P. Dabry de Thiersant. Extrait du *Correspondant*. Paris, Charles Douniol, 1872, br. in-8, pp. 39.

— The Massacre of Tien-tsin. (*The Month*, Nov.—Dec. 1873.)

— Promenade autour du Monde... Par M. le Baron de Hübner. Paris, 1873, 2 vol. in-8 [voir col. 1025].

Le vol. II de cet ouvrage contient un récit très détaillé du massacre.

— Notes sur le massacre de Tien-tsin. Par le Dr. Ch. E. Martin. (*Revue de l'Extrême-Orient*, II, 1883, pp. 89/138.)

Il a été fait un tirage à part de cet article : Paris, Ernest Leroux, 1884, br. in-8, pp. 50.

(MASSACRE DE TIEN TSIN.)

QUATRIÈME PARTIE

LES CHINOIS CHEZ LES PEUPLES ÉTRANGERS

I. — CONNAISSANCES DES CHINOIS SUR LES PEUPLES ÉTRANGERS.

— Introduction à la connoissance des peuples qui ont été ou qui sont actuellement tributaires de la Chine. (*Mém. conc. les Chinois,* XIV, 1789, pp. 1/238.)

Par le P. Amiot.

— Recueil de suppliques, lettres de créance, et autres pièces, adressées à l'Empereur de Chine, envoyées du pays des Hoei-hoei, des Si-fan, &c. Traduites en François, avec des Remarques, par M. Amyot, Missionnaire à Peking. (*Ibid.,* pp. 239/308.)

* Relations anciennes concernant les royaumes de la Tsine, de Posu et de Foulin, trad. du chinois, par L.-D.; avec des réflexions du traducteur sur l'histoire et la géographie de ces états.

Ms. in-4, vend. Langlès (3542 *bis*), fr. 28.05.

— De l'étude des langues étrangères chez les Chinois. (1811.) (A. Rémusat, *Mag. Encyclopédique,* de Millin, 1811, V, pp. 318/346; *Mél. As.,* II, pp. 242/265.)

« Cette dissertation, composée il y a long-tems est le premier écrit où l'on ait fait mention de l'étude du samskrit à la Chine, sous le nom de langue *Fan.* C'était alors une chose entièrement nouvelle que de voir l'idiome des Brahmanes cultivé par les lettrés; car aucun missionnaire n'en avait jamais parlé. Cette petite découverte fit recevoir avec indulgence le morceau qui la contenait. En le reproduisant dans ce recueil, *[Mél. As.]* on y a ajouté tous les faits de même genre qu'on a pu découvrir dans l'espace de quatorze années. »

Ce mémoire a paru à part en br. in-8, s. l. n. d.

* Description du royaume de Camboge, par un voyageur chinois qui a visité cette contrée à la fin du XIIIe siècle; précédée d'une notice chronologique sur le même pays, trad. du chinois, par M. Abel-Rémusat (avec une carte). Paris, Smith, 1819, in-8.

Tiré à petit nombre. (Cat. Rémusat, 1240.)

Avait d'abord paru dans les *Nouv. An. des Voyages,* Vol. III. — Réimp. dans les *Nouv. Mél. As.,* I, pp. 71/152. Cette trad. est faite d'après le 眞臘風土記 *Tchin la foung tou ki.*

On retrouvera dans le Ma Touan-lin, de M. d'Hervey de Saint-Denys, II, pp. 476/488, une nouvelle traduction de la description du *Tchin-la.*

— Notices géographiques et historiques sur Khôkand, Andudjan, Marghilân, Namanghân, Tachkand, Badakhchân et autres pays voisins. Traduit de la 420e section de la nouvelle édition du *Thai thsing y thoung tchi.* (*Mag. As.*, pub. par Klaproth, I, 1825, pp. 81/122.)

— Description de la Russie, traduite du chinois. (J. Klaproth, *Mém. rel. à l'Asie*, I, 1826, pp. 81/115.)

— Eclaircissemens sur une Carte chinoise et japonaise de l'Asie et de l'Inde. (Klaproth, *Mém. rel. à l'Asie*, II, pp. 411 et seq.)

— Fookoua Siriak, ou Traité sur l'origine des richesses au Japon, écrit en 1708, par Arraï Tsikougo no Kami sama, autrement nommé Fak Sik Sen See, instituteur du Daïri Tsuna Ioosi et de Yeye mio tsou; traduit de l'original chinois et accompagné de notes, par M. Klaproth. Paris, Schubart et Heideloff, 1828, in-8, pp. 24.

Extrait du *Nouveau Journal Asiatique.*

— Relation du Pays de Ta Ouan, traduite du Chinois par M. Brosset jeune. Extrait du *Journal Asiatique*. Paris, Imprimerie royale, MDCCCXXIX, in-8, pp. 34.

« Cette relation est le 123ᵉ livre du *Ssé-ki* de *Ssêma Tsien*; elle renferme l'histoire de 43 ans (140—97 avant J. C.). »

Ta-ouan, peuples du Fergana.

Cette trad. a paru d'abord dans le *Nouv. Jour. As.*, II, 1828, pp. 418/450.

— Description du royaume de Laos et des pays voisins, présentée au roi de Siam en 1687, par des ambassadeurs du roi de Laos. (*Nouv. Jour. As.*, X, 1832, pp. 414/421.)

— Extrait d'une Relation de quatre Chinois transalpins qui, avec vingt ou trente mille individus de la province de Yun nan, s'étaient réfugiés dans l'Ava et dans le Pégu, et ensuite dans le Siam, pour ne pas être forcés à se raser les cheveux, selon l'usage des Tatares. An 1687. (*Ibid.*, pp. 421/438.)

Ces deux mémoires envoyés par le P. Visdelou et publiés par Klaproth sont, ainsi que les notes qui les accompagnent, fort intéressants à cause des renseignements qu'ils renferment sur les fleuves du Yun nan et de la péninsule indo-chinoise.

— Mémoires très intéressantes (*sic*) sur le Royaume de Mien de Mgr. Claude de Visdelou, évêque de (Claudiopolis). Traduction du Chinois. (*Revue de l'Extrême Orient*, T. II, Nos. 1 & 2, 1883, pp. 72/88.)

Ces mémoires sur le Pegou ont été publiés par M. Henri Cordier d'après le recueil ms. *Add.* 16913 du British Museum.

— Dissertation sur le Ta-tsin et le nom hiéroglyphique donné en Chine à la Judée, par M. de Paravey. (*Ann. de Phil. chrét.*, 1ʳᵉ série, XII.)

— Dissertation abrégée sur le nom antique et hiéroglyphique de la Judée, ou traditions conservées en Chine, sur l'ancien pays de Tsin, pays qui fut celui des céréales et de la croix par M. le Chᵉʳ de Paravey. Paris, Chez Treuttel & Wurtz, & Th. Barrois, 1836, in-8, pp. 27.

— Notice sur le royaume de Sse-tseu ou des *Lions*, c'est-à-dire de Ceylan, traduite du Chinois. Par G. Pauthier. (*Jour. As.*, 3ᵉ sér., 1836, I, pp. 400/4; II, pp. 36/56 et 10 Pl. de texte chinois.)

Lettre à M. le rédacteur du *Jour. As.*, par S. Julien sur le morceau précédent.

— Chinese account of Ceylon. (*As. Journal*, XX, 1836, p. 30.)

— Examen méthodique des faits qui concernent le *Thien-tchu* ou l'Inde, traduit du Chinois par M. Pauthier. (*Jour. As.*, 3ᵉ sér., VIII, 1839, pp. 257 et seq., 383 et seq., 433 et seq.; IX, 1840, pp. 161 et seq.)

Tirage à part : Paris, Imp. royale, 1840, br. in-8, pp. 144.

— Examen critique de quelques pages de chinois relatives à l'Inde traduites par M. G. Pauthier, accompagné de discussions grammaticales sur certaines règles de position qui, en chinois, jouent le même rôle que les flexions dans les autres langues. Par M. Stanislas Julien, de l'Institut. [Voir col. 790.]

— Réponse à l'examen critique de M. Stanislas Julien, inséré dans le numéro de mai 1841 du *Jour. As.*, par M. G. Pauthier. Paris, Imprimerie royale. MDCCCXLII, br. in-8, pp. 88. [Voir col. 790.]

— Géographie historique et descriptive avec cartes des états maritimes par Weï youen. br. in-8, pp. 8.

Notice sur le *Hai kouo tou tchi* par G. Pauthier. Extrait des *Annales de Philosophie chrétienne*, juillet 1869.

— Persien, Thabarestan und Tocharestan nach chinesischen Quellen. (*Asiatische Studien* von C. F. Neumann, 1837, pp. 152/186.)

— Handelsstrassen von China nach dem Westen; nach einem chinesischen Werke aus dem sechsten Jahrhundert unsrer Zeitrechnung. (*Asiatische Studien* von C. F. Neumann, 1837, pp. 187/202.)

— Hae Luh, or Notices of the Seas, by Yang Pingnán of Keaying in the province of Kwang tung (by E. C. Bridgman). (*Chinese Repository*, IX, May 1840, pp. 22/25.)

— Esquisse du Sy-yu ou des Pays à l'ouest de la Chine, traduite et résumée du chinois par Louis Lamiot, Missionnaire Lazariste, in-8, pp. 40.

Extrait du *Bulletin de la Société de Géographie* (Juillet 1832).

— Notices of countries on the west of China proper, extracted and translated from Chinese writings, by M. L'Amiot. Communicated for the Repository by R. I. [nglis]. *(Chinese Repository*, IX, July 1840, pp. 113/132.)

« This paper we ought to remark here, was translated from the French by R. I[nglis]. — M. L'Amiot arrived in Canton in 1820, after a residence of twenty-seven years in Peking, from whence he was expelled by an order from the emperor. See the *Anglo-Chinese Gleaner* for October 1820, p. 414.« (Note, *Chin. Rep.*, IX, p. 113.)

— Si yu. (Voir les *Mélanges de Géographie asiatique* de S. Julien, Vol. I, infra col. : 1266.)

— Chinesische Nachrichten über die Kanggar und das Osmanische Reich. Von Hrn. Schott. [Gelesen in der Akademie der Wissenschaften am 8. August 1844.] pp. 147/159 du Journal de l'Ac. des Sciences de Berlin.

— Essai sur l'histoire de la cosmographie et de la cartographie pendant le Moyen-Age… par le Vicomte de Santarem. Paris, Maulde et Renou, 1849-1852, 3 vol. in-8.

Voir dans le Vol. I.: Des cartes géographiques chez les Chinois, pp. 358/363. — De la cosmographie des Bouddhistes, pp. 366/7.

— Japan, a Chapter from the Hai Kuo Tu Chih or illustrated notices of countries beyond the Seas. By Thomas F. Wade. *(Chin. Rep.*, 1850, XIX, pp. 135, 206.)

Il en a été fait une réimpression à part avec des corrections; cette réimp. n'a pas été mise dans le commerce.

— Записки китайца о Нангасаки. Par Tsvetkof. *(Mém. de la Miss. eccl. de Peking*, III, 1857, pp. 143/182.)

— Mémoire sur le Périple de la mer Erythrée et sur la navigation des mers orientales au milieu du troisième siècle de l'ère chrétienne, d'après les témoignages grecs, latins, arabes, persans, indiens et chinois. Par M. Reinaud. (Lu dans les séances de sept. et oct. 1859, fév. et mars 1860.) *(Rec. de l'Acad. des Insc., Mém.*, XXIV, 1864, 2e partie, pp. 225/277.)

Tirage à part.

— Mémoire sur le commencement et la fin du royaume de la Mésène et de la Characène, d'après les témoignages grecs, latins, arabes, persans, indiens et chinois par Reinaud. *(Jour. As.*, V[e] sér., Vol. XVIII, pp. 161 et seq.)

Tirage à part.

— 志通定嘉 (Gia-Dinh-Thung-Chi). Histoire et description de la Basse Cochinchine (Pays de Gia-Dinh) traduites pour la première fois, d'après le texte chinois original, par G. Aubaret, Capitaine de frégate, publiées par ordre de S. Exc. le Comte de Chasseloup-Laubat, Ministre de la Marine et des Colonies. Paris, Imprimerie impériale. MDCCCLXIII, gr. in-8, pp. XIII-359.

— Mélanges de Géographie asiatique et de Philologie sinico-indienne, extraits des livres chinois, par M. Stanislas Julien, Membre de l'Institut, professeur de Langue et de Littérature chinoise au Collége de France. Tome I. Paris, Imprimerie impériale. MDCCCXLXIV, in-8, pp. 339.

Extrait du *Jour. Asiatique*.

Contient :

Notices sur les pays et les peuples étrangers tirées des Géographies et des Annales Chinoises.

Description de la province d'Ili, extraite du *Thaï-tsing-i-tong-tchi*, ou Géographie universelle de la Chine.

I. Aperçu général des limites de la nouvelle frontière, traduit du *Kin-ting-sin-kiang-tchi-lio* (Liv. I, Fol. 6).

II. Ili.

III. Les Oïgours.

I. Kao-tch'ang-hing-ki 高昌行記 ou relation d'un Voyage (officiel) dans le pays des Oïgours (de 981 à 983), par Wang-yen-té, 王延德.

IV. Oïgours.

II. Kao-tch'ang (Pays des Oïgours). Extrait de *Ma-touan-lin*, Liv. 326, Fol. 11 et suiv.

Notice sur un traité chinois de Géographie universelle, publié en 1844, à l'aide de matériaux tirés des auteurs chinois et européens.

V. Thien-tchou, l'Inde.

I. Extrait de Ma-touan-lin, Liv. CCCXXXVIII, Fol. 14. Observations sur un système de transcription méthodique des mots sanscrits qui se rencontrent dans les ouvrages chinois.

Les articles précédents avaient paru dans le *Jour. As.*, IVe sér., T. VIII, p. 228/252, 385/425; IX, 50/66, 189 et seq.; X, 1847, 81/121. — L'article sur le *Tien tchou* a été traduit dans *The Asiatic Journal*, July & Aug. 1836, pp. 213/222, 313/316, puis avec des notes de Prinsep dans le *Jour. As. Soc. Bengal*, Jan. 1837, pp. 61/75, enfin dans *The Indian Antiquary*, Jan. 1880, pp. 14, 24.

Renseignements bibliographiques sur les relations de voyages dans l'Inde et les descriptions du *Si-yu*, qui ont été composées en chinois entre le Ve et le XVIIIe siècle de notre ère [avait paru dans le *Jour. As.*, IVe sér., tome X, pp. 265 et seq.] :

I. *Fo-koue-ki*, 佛國記 Mémoire sur les royaumes de Bouddha, en un livre.

II. *Seng-hoeï-sing-sse-si-yu-ki*, 僧惠生使西域記 Mémoire du Samanéen *Hoeï-seng*, envoyé dans le *Si-yu*.

III. *Chi-chi-si-yu-ki*, 釋氏西域記 Mémoire sur le *Si-yu*, par un religieux bouddhiste.

IV. *Ta-thang-si-yu-ki*, 大唐||| Mémoires sur les contréos du *Si-yu*, composés sous la grande dynastie des Thang, en douze livres.

V. 求法高僧傳 *Khieou-fa-kao-seng-tch'ouen.*

VI. 繼業西域行程 *Khi-nie-si-yu-hing-tch'ing.* Itinéraire du voyage de *Khi-nie* dans le *Si-yu.*

VII. 釆迦方志 *Chi-kia-fang-tchi.*

VIII. 大唐慈恩寺三藏法師傳 *Ta-thang-tse-ngen-sse-san-thsang-fa-sse-tch'ouen*, en dix livres.

IX. 皇輿西域圖志 *Hoang-yu-si-yu-thou-tchi.*

Ouvrages sur le *Si-yu*, dont l'existence est incertaine. (Trad. en anglais par W. A. Macy, *Chin. Rep.*, XVII, pp. 575 et seq.)

Concordance sinico-samskrite d'un nombre considérable de titres d'ouvrages bouddhiques, recueillis dans un catalogue chinois de l'an 1306, publiée, après le déchiffrement et la restitution des mots indiens, par M. Stanislas Julien.

Un seul volume a paru ; il est extrêmement rare, n'ayant été tiré qu'à 50 exemplaires.

— Documents historiques sur les Tou-kioue (Turcs), extraits du *Pien-i-tien*, et traduits du chinois par M. S. Julien. (*Jour. As.*, VIe sér., 1864, Vol. 3, pp. 325/367, 490/549; Vol. 4, pp. 200/242, 391/430, 453/477.)

Tirage à part, 1877, in-8, 5 fr.

Traduit en anglais dans le *Chinese & Japanese Repository*, Sept. 1864.

— C. A. Skatchkoff. Географическія познанія Китайцевъ, br. in-8, 1866.

Lu à la Soc. de Géographie de St. Pétersbourg.

— Die geographischen Kenntnisse der Chinesen von K. A. Skatschkoff, Aus dem Russischen übersetzt von Professor Paul Voelkel. (Petermann, *Mitth.*, 1868, pp. 358/360.)

— Sur les connaissances géographiques des Chinois. Par Jules Gapp. (*Ann. des Voy.*, Sept. 1869.)

D'après le mémoire de M. Skatchkoff.

— San-tsai tou-hoei. Les peuples de l'Indo-Chine et des pays voisins. Notices ethnographiques traduites du chinois par Léon de Rosny. (*Actes de la Soc. d'Ethn.*, VI [1867—1870], pp. 138 et seq.)

Tirage à part : Poissy, S. Lejay . . . 1874, br. in-8, pp. 14.

— Les Peuples de l'Archipel Indien connus des anciens géographes chinois et japonais. Fragments orientaux traduits en français par Léon de Rosny, M. D., 1 Carte, 1 Pl. (*Mém. de l'Athénée oriental*, 1871.)

— Extraits du Ti-tou Tsoung-yao relatifs aux peuples étrangers à la Chine, traduits pour la première fois du Chinois, par Léon de Rosny. (*Mém. de la Soc. d'Ethn.*, XII, 1874, pp. 213/223.)

— Les Peuples orientaux connus des anciens Chinois d'après les ouvrages originaux par Léon de Rosny. . . . Mémoire accompagné de IX cartes. Paris, Ernest Leroux, 1881, in-8, pp. VIII-111.

Publié par la Société d'Ethnographie.

— Situation of Heen-too. By A. Wylie. (*Chin. Rec.*, IV, pp. 52/3.)

— Notes on the Western Regions. Translated from the « Tsëen Han Shoo ». By A. Wylie Esq.

Ces notes ont paru dans 5 vol. successifs de *The Journal of the Anthropological Institute* depuis Août 1880.

— Ethnography of the After Han Dynasty. By A. Wylie Esq. : History of the Eastern Barbarians. Translated from the How Han Shoo, Book CXV. (*Rev. Extrême Orient*, T. I, No. 1, 1882, pp. 52/83.) — History of the Southern and South-Western Barbarians. Translated from the How Han Shoo, Book CXVI. (*Ibid.*, T. I, No. 2, 1882, pp. 198/246.) — History of the Western Keang. Translated from the How Han Shoo, Book CXVII. (*Ibid.*, T. I, No. 3, 1882, pp. 423/478.)

— Ta-Ts'in-Kuo 大秦國. By E. Bretschneider, M. D. (*Chin. Rec.*, III, July 1870, pp. 29/31.)

— The Chinese Name of the Roman Empire. By Terrien de La Couperie. (*The Academy*, 1 Oct. 1881.)

— De l'origine des noms que les Chinois ont donnés à l'Empire romain. Par Henri Cordier. (*Mélanges Graux*, Paris, Ernest Thorin, 1884, pp. 719/721).

Voir Jacquet, E., etc., col. 880.

— On the Knowledge possessed by the Ancient Chinese of the Arabs and Arabian Colonies, and other Western Countries, Mentioned in Chinese Books. By E. Bretschneider, M. D. London : Trübner & Co., 1871, br. in-8, pp. 27.

— Products of Western Asia and Eastern Africa mentioned in Chinese Ancient Historical Works. By E. Bretschneider, M. D. (*Notes and Queries on C. & J.*, Vol. IV; Art. 127; pp. 145/146.)

— Chinese Intercourse with the Countries of Central and Western Asia during the Fifteenth Century. By E. Bretschneider, M. D. (*China Review*, IV, pp. 312/317, 385/393; V, pp. 13/40, 109/132, 165/182, 227/241.)

— Notices of the mediaeval Geography and

History of Central and Western Asia. Drawn from Chinese and Mongol Writings, and compared with the Observations of Western Authors in the Middle Ages. By E. Bretschneider, M. D. *(Jour. N. C. B. R. A. S.,* N. S. No. X, 1876, pp. 757/307.)

I divide my paper into six parts. In the first, I review the writings of eastern and western authors, to which reference is made in this essay. In the second, I give a full account of the *Kara-khitai* or *Si Liao*, an interesting nation originating in eastern Asia, who in the 12th century dominated over the whole of Central Asia, and was finally destroyed by Chinghiz khan. In the third, I have attempted to bring together the accounts found in Chinese and Mongol mediaeval works with respect to the Mohammedans. The fourth and fifth parts are devoted to the record of the military doings of the Mongols in the far west. The sixth part treats of the above-mentioned ancient map [first half XIVth Cent.] of central and western Asia.» *Introduction,* pp. 76/77.

On a fait un tirage à part de ce mémoire important.

— On what sea was T'iao-chih 條支 situated, and how was it reached from China? By Geo. Phillipps. *(Chin. Rec.,* III, Oct. 1870, pp. 137/8.) .

— The Roads to the Western Sea 西海 from China : The Northern Road. By Geo. Phillips. *(Ibid.,* p. 191.) — The Western Sea. By the same. *(Ibid.,* p. 259.)

— Where was An-si 安息. *(Chin. Rec.,* III, Nov. 1870, p. 164.)

— Mémoire sur l'histoire ancienne du Japon, d'après le Ouen hien tong kao, de Ma-touan-lin, par le Marquis d'Hervey de Saint-Denys. *(Journ. As.,* 6ᵉ Sér., XVIII, 1871, pp. 386 et seq.)

Lu à l'Ac. des Insc., Séances des 20 Oct., 10 et 17 Nov. 1871.

— Ethnographie de Ma-touan-lin. — Le royaume de Piao. Notice traduite pour la première fois du chinois par le marquis d'Hervey de Saint-Denys, Président de la Société d'Ethnographie, pp. 87/94 des *Mémoires de l'Athénée Oriental.* Session de 1871, I.

— Ethnographie des peuples étrangers à la Chine. Ouvrage composé au XIIIᵉ siècle de notre ère. Ma-touan-lin traduit pour la première fois du chinois avec un commentaire perpétuel par le Marquis d'Hervey de Saint-Denys, de l'Institut de France. Genève, H. Georg, 1876—1883, 2 vol. in-4.

Cet ouvrage qui a obtenu le prix Stanislas Julien à l'Académie des Inscriptions et Belles-Lettres a paru en livraisons dans : ATSUME GUSA *pour servir à la connaissance de l'Extrême Orient. — Recueil publié par F. Turrettini.*

— Countries and Places adjacent to China on the South and in the Indian Ocean. By Geo. Phillips Esq. (1) Kingdoms in Sumatra. (2) Siamese and Malay States. (3) Islands beyond Acheen in Sumatra. (4) Names mentioned by Marco Polo. (5) Countries mentioned in the Sin Tang Shoo. (Doolittle's *Voc.,* Pt. III, No. LXVII.)

(DIVERS.)

— The obligations of China to Europe in the Matter of Physical Science acknowledged by Eminent Chinese; being extracts from the Preface to Tsang Kwo-fan's edition of Euclid with brief introductory observations. By Rev. G. E. Moule. Read before the Society on 12th June 1872. (Act. VI, *Journal N. C. B. R. A. S.* — N. S. — No. VII, 1871/2, pp. 147 et seq.)

— Chinese Explorations of the Indian Ocean during the fifteenth Century. By W. F. Mayers. *(China Review,* III, pp. 219/225, 321/331; IV, 61/67, 173/190.)

«The work of which a translation follows below forms the 30th volume of the great collection of reprints produced, about the year 1850, at the expense of the celebrated Hong merchant of Canton Wu Ts'ung-yao, better known by his trading name of Howqua........ Not being included in the catalogue of the Imperial library compiled under the auspices of the Emperor K'ien Lung, it has escaped the notice, apparently, of European writers. Mr. Wylie, in his admirable Bibliography of Chinese Literature, has no mention of the book in the body of his work, although its name appears in his appendix, p. 221, as the 26th in the list of the *Che Hai* collection of reprints, issued during the reign of Tao Kwang. Its title is 西洋朝貢典錄, which may be translated Records of the Tribute sent to the Court of China by the Countries of the Western Ocean, or more briefly, The Tributary Nations of the West. The Compiler was named Hwang Sing-tsêng 黃省曾, and from the date appended to his preface it is evident that he lived during the early portion of the sixteenth century.»

* Notes on the Malay Archipelago and Malacca, compiled from Chinese Sources. By W. P. Groeneveldt. Batavia, W. Bruining, The Hague, M. Nijhoff, 1876.

Avait d'abord paru dans les Mémoires de la Société des Arts et des Sciences de Batavia. Notice : *China Review,* V, p. 199.

— The intercourse of China with Central and Western Asia in the 2nd Century B. C. By T. W. Kingsmill Esq. *(Jour. N. C. B. R. A. S.,* N. S., No. XIV, 1879, pp. 1/29.)

Une portion avait déjà paru dans le *Celestial Empire,* May 6th, 1876.

L'article a été réimp. dans *The Jour. of the As. Soc. of Gt. Brit.,* Vol. XIV, Pt. I, 1882, pp. 74/104.

* H. Yule. — Notes on the Oldest Records of the Sea-route to China from Western Asia. *(Proc. Roy. Geog. Soc.,* Nov. 1882.)

Avait paru *in extenso* dans le *Report of the British Assoc.* for 1882.

UNIVERSITÉ DE PEKING.

— The President of the Peking College and the transit of Venus : A critical sketch. By Johannes von Gumpach. Reprinted from the «Shanghai Evening Courier». Shanghai, 1874, br. in-18, pp. 21.

— Calendar of the Tungwen College. — First issue. — Published by authority. Peking, 1879, in-8.

(DIVERS.)

II. — VOYAGES ET AMBASSADES.

PÉLERINS BOUDDHISTES.

CHI FA-HIAN ET SUNG YUN.

(*Fo Kouo ki.*)

— Recherches historiques sur la religion indienne. Second mémoire . . . Par M. de Guignes. (*Mém. Ac. Insc.*, XL, 1780, pp. 284/290.)

— Histoire de la Ville de Khotan . . . par M. Abel-Rémusat, Paris, 1820, pp. 11 et seq.

— Mémoire sur un voyage dans l'Asie centrale, dans le Pays des Afghans et des Beloutches, et dans l'Inde, exécuté à la fin du IVe Siècle de notre ère, par plusieurs Samanéens de la Chine. Par M. Abel-Rémusat. (*Mém. de l'Ac. R. des Insc. et B.-L.*, XIII, pp. 345 et seq.)

Lu le 13 mai, 1831.

Abel-Rémusat. — Voyage dans la Tartarie, dans l'Afghanistan et dans l'Inde, exécuté à la fin du IVe siècle par plusieurs Samanéens de la Chine. (*Revue des Deux Mondes*, 1 janvier 1832.)

— 記國佛 *Foĕ kouĕ ki* ou Relation des Royaumes bouddhiques : Voyage dans la Tartarie, dans l'Afghanistan et dans l'Inde, exécuté, à la fin du IVe Siècle, par Chy Fă Hian. Traduit du chinois et commenté par M. Abel Rémusat. Ouvrage posthume revu, complété, et augmenté d'éclaircissements nouveaux par MM. Klaproth et Landresse. Paris. Imprimé par autorisation du Roi à l'imprimerie royale . . MDCCCXXXVI, gr. in-4, pp. LXVIII-424.

Introduction par C. Landresse (pp. 1/LXVI). — Errata. — Foĕ-kouĕ-ki (pp. 1/367). — Appendice (pp. 368/400) : I. Résumé géographique des principaux lieux mentionnés par Chy Fă Hian. II. Itinéraire de Hiuan Thsang. — Index (pp. 401/421). — Table des Chapitres (pp. 422/424).

Dans cet ouvrage se trouvent des cartes et des gravures (cinq planches).

Notices par : Eugène Burnouf, *Journ. des Savans*, 1837, mars pp. 160/176 ; juin, pp. 358/366 ; E. Jacquet, *Jour. As.*, 3e sér., IV, 1837, pp. 141/179 ; *Zeitschrft. f. d. K. d. Morg.*, III. Bd., I. Hft., 1839, pp. 105/151 (par Neumann).

J.-J. Ampère. Histoire du Bouddhisme ; *Relation des Royaumes bouddhiques*, traduite du chinois par Abel-Rémusat. (*Revue des Deux Mondes*, 15 juin 1837.)

— Account of the Foe Kúe Ki, or Travels of Fa hian in India, translated from the Chinese by M. Remusat. By H. H. Wilson, Director R. A. S. (Read 9th March and 7th April, 1838.) [*Journal of the R. As. Soc.*, Vol. V, 1839, Art. VIII, pp. 108/140.]

Ce compte-rendu de l'ouvrage de Rémusat est reproduit dans *The Chinese Repository*, IX, Oct. 1840, pp. 334/366.

Les deux cartes qui accompagnent le *Journal* ne sont pas données dans le *Repository*.

— Notes on the Religious, Moral, and Political State of India before the Mahomedan Invasion, chiefly founded on the Travels of the Chinese Buddhist Priest Fa Hian in India, A. D. 399, and on the Commentaries of Messrs. Remusat, Klaproth, Burnouf, and Landresse. By Lieut.-Colonel W. H. Sykes, F. R. S. (*Jour. R. As. Soc.*, VI, 1841, pp. 248/484.)

— The Pilgrimage of Fa hian; from the French edition of the Foe koue ki of MM. Remusat, Klaproth, and Landresse with additional Notes and Illustrations. By J. W. Laidlay, Esq. Vice-President and Joint-Secretary of the Asiatic Society. Calcutta : Printed by J. Thomas, Baptist Mission Press, 1848, in-12, pp. VIII-373, avec Cartes et gravures.

Le traducteur a ajouté des notes tirées des ouvrages de Wilson, de Lassen, etc., et de ses propres recherches.

— Mémoire géographique, historique et scientifique sur l'Inde, antérieurement au milieu du XIe siècle de l'ère chrétienne, d'après les Ecrivains Arabes, Persans et Chinois par M. Reinaud.

1re lecture, 28 mars 1845 ; 2e lecture, 10 février 1846. (*Mém. de l'Ac. des Insc.*, XVIII, pp. 1/399.)

Addition au Mémoire sur l'Inde par M. Reinaud. (*Ibid.*, pp. 565/6.)

— Notes on Places in the Province of Behar, supposed to be those described by Chy-Fa-hian, the Chinese Buddhist Priest, who made a pilgrimage to India, at the close of the fourth century A. D.; by Capt. M. Kittoe, 6th Reg., N. I. (*Jour. As. Soc. of Bengal*, XVI, Sept. 1847, pp. 953/970.)

— Fa hian, voyageur chinois. (Charton, *Voyageurs anciens et modernes*, I, pp. 356/391.)

— Travels of Fah-hian and Sung-yun, Buddhist Pilgrims, from China to India (400 A. D. and 518 A. D.). Translated from the Chinese. By Samuel Beal, (B. A. Trin. Coll. Camb.). A Chaplain in H. M.'s Fleet . . . . London : Trübner, 1869, pet. in-8, pp. LXXIII-208 + 1 f. p. les errata. Avec une carte.

Preface (pp. VII-XIII). — Introduction (pp. XV-LXXIII). — Records of Buddhist Countries. By Chi Fah hian of the Sung Dynasty [Date 400 A. D.], pp. 1/174. (40 Chapters.) — The Mission of Hwui Seng and Sung yun to obtain Buddhist Books in the West (518 A. D.). [Translated from the 5th Section of the History of the Temples of Lo-yang (Honan Fu)], pp. 175/208. — Note. — Errata.

Notice : *The Phoenix*, I, pp. 65/66.

— Indian Travels of Chinese Buddhists by Rev. S. Beal. B. A. (*Indian Antiquary*, 1881, April, pp. 109/111, July, pp. 192/197, Sept., pp. 246/248.)

— 佛國記 Record of the Buddhistic Kingdoms : Translated from the Chinese by Herbert A. Giles, of H. M.'s Consular Service. London : Trübner & Co. — Shanghai : Kelly & Walsh, in-8, pp. x-129.

Avait d'abord paru dans *The Celestial Empire*.

Notices : *N. C. Herald*, July 14, 1877, pp. 33/4. — *China Review*, V, pp. 393/396. — *Chin. Rec.*, VIII, 1877, pp. 447/350. By A. W[ylie].

T. Watters. — Fa Hien and his English Translators. (*China Review*, VIII, *pass.*)

HOEI CHIN.

(Question du Fou sang.)

— Voir les passages relatifs aux extraits du *Wen-hian-toung-kao* par De Guignes dans une lettre adressée par le P. Gaubil à M. de l'Isle (Pékin, 28 août 1752. — *Panth. litt.*, IV, p. 64).

— Lettre du P. Gaubil à M. De Guignes, Pékin, le 31 octobre 1755 (*Panth. litt.*, IV, pp. 71/72).

— Lettre du P. Gaubil à M. de l'Isle, Pékin, 3 novembre 1755 (*Panth. litt.*, IV, pp. 73/75).

— Recherches sur les Navigations des Chinois du côté de l'Amérique, Et sur quelques Peuples situés à l'extrémité orientale de l'Asie. Par M. de Guignes. (*Rec. de l'Ac. des Insc., Mém.*, XXVIII, 1761, pp. 503/525.) Avec 2 cartes.

Il y a des extraits de ce mémoire dans le *Journal historique sur les matières du tems*, Paris, Juillet 1753, LXXIV, pp. 43/48.

— Klaproth. Recherches sur le pays de Fousang, mentionné dans les livres chinois et pris mal à propos pour une partie de l'Amérique. (*Nouvelles Annales des Voyages*, XXI, 2e Sér., 1831.)

— Paravey, Chev. de. Origine asiatique d'un peuple de l'Amérique du Sud. Pièce in-8, s. l. n. d., pp. 7.

Extrait du No. 15, tome III, des *Annales de Phil. chrétienne*.

La lettre de M. de Paravey à la Soc. Asiatique, à laquelle il est fait allusion dans cet article, a été publiée en 1829 par la *Quotidienne*.

— Mémoire sur l'origine japonaise, arabe et basque de la civilisation des peuples du plateau de Bogota, d'après les travaux récens de MM. de Humbold et Siébold. Par M. de Paravey. Paris, Dondey-Dupré, 1835, br. in-8, pp. 33 + 1 Pl.

— Documens hiéroglyphiques emportés d'Assyrie, et conservés en Chine et en Amérique, sur le déluge de Noé, les dix générations avant le déluge, l'existence d'un premier homme, et celle du péché originel : Dogmes qui sont la base du Christianisme, mais qui sont niés en ce jour. Par le Cher. de Paravey,... A Paris, chez Treuttel et Wurtz, 1838, in-8, pp. 56 + 1 f. er. + 2 Pl.

Extrait des *Annales de Phil. chrétienne*.

— L'Amérique, sous le nom de pays de Fousang, est-elle citée, dès le 5e siècle de notre ère, dans les grandes annales de la Chine, et, dès lors, les Samanéens de l'Asie centrale et du Caboul, y ont-ils porté le bouddhisme, ce qu'a cru voir le célèbre M. De Guignes, et ce qu'ont nié Gaubil, Klaproth et M. de Humboldt? Discussion ou Dissertation abrégée, où l'affirmative est prouvée, Par M. de Paravey..... (Extrait du No. de février 1844 des *Annales de Phil. chrétienne.*) Paris, chez Treuttel et Wurtz, ... 1844, br. in-8, pp. 27.

— Nouvelles Preuves que le pays du Fousang mentionné dans les livres chinois est l'Amérique, br. in-8, pp. 12 + 1 Pl.

Par le Cher. de Paravey. — On lit à la fin : Extrait du No. 90 (juin 1847) des *Annales de Philosophie chrétienne*.

— Réfutation de l'Opinion émise par M. Jomard [1] que les peuples de l'Amérique n'ont jamais eu aucun rapport avec ceux de l'Asie. (Extrait du numéro de mai 1849 des *Annales de Philosophie chrétienne.*) br. in-8, pp. 7.

* Pilgerfahrten Buddhistischer Priester von China nach Indien. Aus dem Chinesischen übersetzt, mit einer Einleitung und mit Anmerkungen versehen von C. F. Neumann. Leipzig, 1833, in-8, pp. 63. (*Zeitschrift für histor. Theologie*, III.)

Otto Kistner, p. 24.

Voir Leland, *infra*.

«The original of this narrative forms nearly the whole of the 5th book of the *Lŏ yang kĕä lân kè*». (Wylie, *Notes*, p. XVII).

«The 洛陽伽藍記 *Lŏ yang kĕä lân ke* is a descriptive detail of the various Buddhist establishments in Lŏ yâng, the metropolis during the Northern Wei; written by 楊衒之 Yâng Hëen-che, an officer of that dynasty. The 5th and last book contains an interesting narrative of the mis-

1. A la Société de Géographie le 19 janvier précédent.

sion of 惠生 Hwúy-săng, a Buddhist priest to Central Asia, in search of the Buddhist canonical works.» *(Ibid.*, p. 44.)

— Ostasien und Westamerika. Nach chinesischen Quellen aus dem fünften, sechsten und siebenten Jahrhundert. Von Karl Friedrich Neumann. *(Zeitschft. f. Allg. Erdkunde,* Berlin, Vol. XVI, 1864, pp. 305/330.)

M. Neumann avait défendu la même thèse dans l'*Ausland* en 1845, à l'occasion du mémoire de M. de Paravey.

— Dans une «Notice ethnographique de l'Encyclopédie japonaise *Wa-kan-san-saï-dzou-yé*» publiée dans ses *Variétés Orientales*, 3e éd., pp. 73/80, M. Léon de Rosny cite un passage sur le «Fou-sang» (p. 80) et ajoute en note «J'ai traduit cette notice pour M. Jose Pérez, qui l'a insérée dans son Mémoire sur les relations des anciens Américains avec les peuples de l'Europe, de l'Asie et de l'Afrique». (Voy. *Revue Orientale et américaine, t. VIII*, p. 191.)

— Etude sur les Origines Bouddhiques de la civilisation américaine par M. Gustave d'Eichthal. Première Partie. Extrait de la *Revue Archéologique*. Paris, 1865, in-8, pp. 86.

Voir pp. 3 et seq. une analyse du mémoire de De Guignes publié en 1761 *(vide supra)* et pp. 81 et seq., une réponse aux observations de M. Vivien de Saint-Martin dans l'*Année géographique (vide infra) : Une vieille Histoire remise à flot.*

— Une vieille histoire remise à flot. Le pays de Fou-sang des Chroniques chinoises. *(L'Année géographique,* 3e année, 1865, pp. 253/268.)

Cet article contient la trad. inédite par S. Julien du liv. CCCXXVII, fol. 1 et suiv. de Ma Touan-lin sur le Fou sang.

— Une mission bouddiste en Amérique au Ve siècle de l'ère chrétienne, par le Docteur A. Godron, Doyen de la Faculté des Sciences de Nancy. *(Annales des Voyages,* 1868, IV, pp. 6/20.)

— Sur le Fou-sang et les rapports des Chinois et des Américains dans l'antiquité par le Marquis d'Hervey de Saint-Denys. *(Actes de la Soc. d'Ethn.*, VI, 1869, pp. 171 et seq.)

— Mémoire sur le pays connu des anciens Chinois sous le nom de *Fou-sang,* et sur quelques documents inédits pouvant servir à l'identifier, par M. le Marquis d'Hervey de Saint-Denys. Extrait des Comptes-rendus des Séances de l'Académie des Inscriptions et Belles-Lettres. Paris. Imprimerie Nationale. MDCCCLXXVI, br. in-8, pp. 17.

Voir également le Ma Touan-lin, du même auteur, I, pp. 374/401.

— L'ancienne querelle au sujet du *Fou-sang* a été recommencée dans *Notes and Queries on China and Japan* et dans le *Chin. Rec.* Une note signée Y. J. A(llen) : «*Buddhist Priests in America*» (reproduite p. 161 du *Fusang* de Leland) dans laquelle étaient demandés des renseignements sur la théorie de Neumann parut dans le No. 4, Avril 1869, p. 58 du Vol. III de *Notes and Queries.*

Theos. Simpson répondit à cette note par une lettre (reproduite pp. 162-163 de l'ouvrage de Leland) imprimée, pp. 78/79.

Dans le numéro du *Chin. Rec.* de mai 1870, pp. 344-345 on réimprima un article qui avait paru dans le *Gentleman's Magazine* sous le titre de «Who discovered America. Evidence that the new world was known to the Chinese fourteen hundred years ago».

Dans une note signée S, imprimée dans *N. & Q.*, Vol. IV. p. 19 (Mars 17, 1870), on indique le passage des *Variétés Orientales* de Léon de Rosny, que nous citons plus haut. Une autre note, signée *J. H. G.*, p. 96 (Sept. 1870) du même journal, répond à l'article de S.

— Dans le *Chinese Recorder* d'octobre 1870, pp. 114/120 parut un article du Dr. E. Bretschneider *(Fu-sang, or who discovered America?* — Peking, 13th June 1870) contraire à l'hypothèse de Neumann. Cet article est reproduit dans l'ouvrage de Leland, pp. 165-176.

— Fusang. *(The Cycle,* 16th July, 1870.)

— Fusang or the Discovery of America by Chinese Buddhist Priests in the fifth Century. By Charles G. Leland. London: Trübner, 1875, pet. in-8, pp. XIX-212.

Notices : *The Athenæum,* No. 2480, May 8, 1875. — *The Academy*, VII, 1875, p. 653. [Par R. H. Major]. — *China Review*, IV, p. 57. — *Continental Monthly*, I, 389, 500. — (W. Speer), *Princeton Review*, XXV, 83. — *Penn Monthly*, VI, 603.

— Fu sang. Lettre du Rev. J. Goble. *(Japan Gazette,* Oct. 15, 1875. — *China Review,* IV, p. 204.)

* Ueber das Land Fu-Sang. — Nach den alten chinesischen Berichten. Von E. Bretschneider, M. D.

Cette brochure est réimp. des *Mittheilungen der Deutschen Gesellschaft für Natur- und Völkerkunde Ost-Asien's.* Yokohama, Nov. 1876.

Notice : *China Review*, V, pp. 401/403.

— Notices of Fu-sang, and other Countries lying east of China, in the Pacific Ocean. Translated from the Antiquarian Researches of Ma Twan-Lin, with notes. By S. Wells Williams, Professor of Chinese Language and Literature in Yale College. New Haven : Tuttle, Morehouse & Taylor.... 1881, br. in-8, pp. 30.

From the *Journal of the American Oriental Society*, Vol. XI, 1881.

HIOUEN TSANG.

*Pilgerfahrten Buddhistischer Priester von China nach India. Von C. F. Neumann. Berlin, 1833. [Voir supra, col. 1274.]

— Reise des chinesischen Buddhapriesters Hiüan Thsang durch Mittel-Asien und Indien von J. Klaproth. Vorgelesen in der Sitzung der Berliner geographischen Gesellschaft, vom 15. November 1834, pièce in-8, pp. 8.

— Aperçu du Voyage de Hiouen-Thsang, prêtre bouddhiste chinois, dans l'Asie moyenne et dans l'Inde. (Klaproth, *Nouv. Arch. des Voy.)*

— Il y a pp. 375/399 du *Foĕ kouĕ ki* de Rémusat un *Itinéraire de Hiuan Thsang* dressé par C. Landresse.

— An Attempt to identify some of the places mentioned in the Itinerary of Hiuan-

Thsang. By Major William Anderson, C. B. Bengal Artillery. (*Jour. As. Soc. Bengal*, XVI, Dec. 1847, pp. 1183/1211.)

— Verification of the Itinerary of Hwan Thsang through Ariana and India, with reference to Major Anderson's hypothesis of its modern compilation. By Capt. Alex. Cunningham. (*Ibid.*, XVII, June 1848, pp. 476/488.)

— Verification of the Itinerary of the Chinese Pilgrim, Hwan Thsang, through Afghanistan and India during the first half of the seventh century of the Christian Era. By Alex. Cunningham. (*Ibid.*, XVII, July 1848, pp. 13/60.)

— Histoire de la Vie d'Hiouen-Thsang, et de ses voyages dans l'Inde entre les années 629 et 645 de notre ère. Traduite du Chinois. Fragment lu à l'Académie des Inscriptions et Belles-Lettres, par M. Stanislas Julien, membre de l'Institut. Paris, Arthus Bertrand, 1851, br. in-8, pp. 72.

Extrait des *Nouvelles Annales des Voyages*, 1851.

Avec une note du rédacteur : L. Vivien de Saint-Martin.

Quaritch 1872, No. 285-9191, 2/—.

— Histoire de la Vie de Hiouen-Thsang et de ses voyages dans l'Inde, depuis l'an 629 jusqu'en 645, par Hoëi-li et Yen-Thsong; suivie de Documents et d'éclaircissements géographiques tirés de la relation originale de Hiouen-Thsang; traduite du Chinois par Stanislas Julien. Paris. Imprimé par autorisation de l'Empereur à l'Imprimerie impériale. M.DCCCLIII, gr. in-8, pp. lxxxiv-472.

Voir huit articles de M. Barthélemy St. Hilaire dans le *Journal des Savans* : 1855, mars, 149-161, août, 485-498, sept., 556-566, nov., 677-689. — 1856, fév., 82-94, mars, 161-173, juin, 348-359, juillet, 400-412.

Quaritch, 1872, No. 285-9189, br. Liv. 1.16/—.

— J. J. Hoffmann. De Chinesche pelgrim Hiocên ts' áng en zijne reizen in Indië van 629-645. (*Gids*, 1853, II, 581.)

— Notice sur le royaume de Tse-kia (Tchêka) par Hiouen-Thsang. Traduit du Chinois par S. Julien. (*Rev. de l'Or. et de l'Algérie*, XX, 1856, pp. 209/216.)

— Extrait du Livre IV [Royaume de Tse-kia.] des Mémoires de Hiouen-thsang. Translated by M. Julien. (*Jour. Roy. As. Soc.*, XVI, 1856, pp. 340/345.)

— Mémoires sur les Contrées occidentales, traduits du sanscrit en chinois, en l'an 648, par Hiouen-Thsang, et du Chinois en Français, par M. Stanislas Julien. Paris. Imprimé par autorisation de l'Empereur à l'Imprimerie impériale. 2 vol. in-8.

— Tome Premier, contenant les Livres I à VIII, et une carte de l'Asie centrale. MDCCCLVII.

— Tome Second, contenant les Livres IX à XII, un mémoire analytique sur la carte du premier volume, cinq index, et une carte japonaise de l'Asie centrale et de l'Inde ancienne. MDCCCLVIII.

Ces *Mémoires* forment les volumes II et III de la collection des *Voyages des Pèlerins Bouddhistes* dont la *Vie de Hiouen-Thsang* est le premier.

Voir les articles de M. Barthélemy Saint-Hilaire dans le *Journal des Savans* : 1857, juin, pp. 341/352, juillet, 423/437, sept., 584/598. — 1859, janvier, 40/52, février, 94/107.

Notice par le Baron d'Eckstein, *Jour. As.*, 5e. sér., X, pp. 475/552.

Tirage à part : Paris, 1858, in-8.

— Léon de Rosny. Hiouen-tsang, moine bouddhiste. — Sa vie, ses pèlerinages. (*Variétés Orientales*, 3e. éd., pp. 255/264.)

Quaritch 1872, No. 285-9190, Liv. 5—. Les trois volumes des *Voyages* se vendent couramment 100 francs.

— Mémoire analytique sur la carte de l'Asie centrale et de l'Inde, construite d'après le Si-yu-ki (Mémoires sur les Contrées occidentales) et les autres relations chinoises des premiers siècles de notre ère, pour les voyages de Hiouen-thsang dans l'Inde, depuis l'année 629 jusqu'en 645, par M. Vivien de Saint-Martin. Paris. Imprimé par autorisation de l'Empereur à l'Imprimerie impériale. MDCCCLVIII, in-8, pp. 178 avec une carte.

Extrait du Tome II des *Mémoires* de Hiouen-thsang, traduits du chinois en français par M. Stanislas Julien.

— Summary Review of the Travels of Hiouen Thsang, from the translation of the Si-yu-ki by M. Julien, and the Mémoire Analytique of M. Vivien de St. Martin. By Prof. H. H. Wilson. (*Jour. Roy. As. Soc.*, XVII, 1860, pp. 106/137.)

— On an Ancient Inscription of the Neu-chih Language. By A. Wylie, Esq. of Shanghae. (*Jour. Roy. As. Soc.*, XVII, 1860, pp. 331/345.)

— The Ancient Geography of India. I. The Buddhist Period, including the Campaigns of Alexander, and the Travels of Hwen-thsang. By Alexander Cunningham, Major-General, Royal Engineers (Bengal retired). With thirteen Maps. London : Trübner, 1871, in-8, pp. xx-590.

— Notes on Hwen Thsang's Account of the Principalities of Tokháristán, in which some previous Geographical Identifications are reconsidered. By Colonel H. Yule, C. B. (*Jour. Roy. As. Soc.*, New Series, VI, 1873, pp. 92/120 et p. 278.)

Tirage à part : London, br. in-8, pp. 29.

— On Hiouen-Thsang's Journey from Patna

to Ballabhi. By James Fergusson, D. C. L., F. R. S. (*Jour. Roy. As. Soc.*, New Series, VI, 1873, pp. 213/274, et p. 396.)

— A List of the Principal Buddhist Countries and Places mentioned in the Travels of Fa-hien and Heuen-Chuang. By Geo. Phillips Esq. (Doolittle's *Voc.*, Pt. III, No. LI.)

— On the Identification of Nagarahara, with reference to the Travels of Hiouen-Thsang. By Wm. Simpson, F. R. G. S. (*Jour. Roy. As. Soc.*, April 1881.)

— Two Sites named by Hiouen-Thsang in the 10th Book of the Si-yu-ki. By the Rev. S. Beal. (*Jour. Roy. As. Soc.*, N. S., Vol. XV, Pt. III, July 1883, pp. 333/345.)

— Some further Gleanings from the Si-yu-ki. By the Rev. Prof. S. Beal. (*Ibid.*, XVI, Pt. II, April 1884, pp. 247/280.)

— Hwen T'sang. By Col. Yule. (*Encyclop. Britannica*, Vol. XII.)

DIVERS.[1]

— The pretended advance of the Chinese to the Caspian Sea. By Thos. W. Kingsmill. (*Chin. Rec.*, VII, 1876, pp. 43/50.)

Voir également : A. Wylie, dans le *Chin. Rec.*, II, p. 153.

— Relation de l'expédition d'Houlagou, fondateur de la dynastie des Mongols de Perse, au travers de la Tartarie; Extraite du Souhoung-kian-lou, et traduite du chinois. (*Nouv. Mél. As.*, I, pp. 171/185.)

Voir aussi Pauthier, *Marco Polo*, pp. CXXXIII-CL.

— The Expedition of the Mongols against Java in 1293, A. D. By W. P. Groeneveldt. (*China Review*, IV, pp. 246/254.)

— *Си ю цзи*, или Описаніе путешествія на западъ. Par l'Archimandrite Palladius. (*Trav. de la Mission ecc. russe de Peking*, IV, 1866, pp. 261 et seq.)

— Relation du Voyage de K'hiéou, surnommé Tchang-Tch'un (long printemps), à l'ouest de la Chine, au commencement du XIIIe siècle de notre ère, par M. Pauthier. (*Jour. As.*, Janvier 1867, pp. 39/86.)

Tirage à part, br. in-8, pp. 48.

— Notes on Chinese Mediaeval Travellers to the West by E. Bretschneider, M. D. Shanghai. American Presbyterian Mission Press, 1875, in-8, pp. ii + 1 f. n. c. + pp. 130.

Ce mémoire dédié à l'Archimandrite Palladius a d'abord paru dans le *Chin. Rec.*, Vol. V, 1874.

Ce volume contient : Preface. — Introduction. — I. *Si yu ki.* Ch'ang-ch'un's travels to the West, A. D. 1221—1224. — II. *Si shi ki.* Record of an embassy to the regions in the west, 1259—60. — III. *Pei shi ki.* Wu-ku-sun's accounts of western countries, 1220—21. — IV. Extract from the *Si yu lu.* Ye-lü-ch'u-ts'ai's travels to the west, 1219—24. — Corrections and additional illustrations. — Appendix : Comparative chronology. — Notes on eclipse, &c.

« The *Si yu ki* has been translated *in extenso* into Russian, by *Archimandrite Palladius*, and published in the 4th volume of the « Record of the Peking Ecclesiastical Mission », 1866. That article may serve as an example, for the translation of historical or geographical works from the Chinese. Palladius gives not only a very correct version, but he elucidates by numerous notes, various passages and expressions, and exhibits in these commentaries, an immense knowledge of Chinese literature in all its branches.

Another translation of the *Si yu ki* was made in 1867, into French, by *M. Pauthier*. But Pauthier translated only a short and very bad extract of the *Si yu ki*, found in the above-mentioned *Hai kuo t'u chi*. Besides this, his translation contains so many mistakes, that the whole article becomes unintelligible.

The translation of Ch'ang-ch'un's travels which I give in the following pages, is not such a complete one as that of Palladius. I have omitted all the numerous poems composed by Ch'ang-chu'n on different occasions, as well as some conversations on Taouist and other matters. In some instances I give only a resumé of the narrative, when of little interest; but all relating to history and geography is faithfully rendered, and accompanied by such remarks as my acquaintance with the subjects permits. Of course I invariably consult Palladius' excellent translation; and to enable the reader to distinguish my notes from his commentaries, I always mark the latter with his name. »

— Yeliu-tsou-tsai, voir Abel Rémusat, *Nouv. Mél. As.*, II, pp. 64/88.

— Narrative of the Chinese Embassy to the Khan of the Tourgouth Tartars, in the years 1712, 13, 14, & 24..... [Voir col. 263.]

— Le Chinois du P. Foucquet, d'après le manuscrit No. 169 de l'inventaire des papiers du duc de Saint-Simon. (*Revue de l'Extrême Orient*, T. I, No. 3, 1882, pp. 381/422; No. 4, pp. 523/571.)

Ce mémoire fait partie des *Documents inédits pour servir à l'histoire ecclésiastique de l'Extrême Orient*, publiés par M. Henri Cordier.

— Rapport sur le jeune Chinois qui est actuellement à Paris; par le C. Leblond [fait à la Société des Observateurs de l'homme le 18 thermidor an VIII]. (*Mag. Encyclop.*, de Millin, 1800, II, pp. 390/3.)

— Historique de l'instruction du Chinois qui a été présenté au Roi, le 8 Octobre 1821, par M. Philibert, capitaine de vaisseau, et député de l'île de Bourbon à Paris. Par Madame Celliez, née C$^{sse.}$ de Rossi. Blois, 1822, librairie d'Aucher-Eloy, br. in-4, pp. 20.

Bib. nat. $\frac{O^2s}{91}$.

1. Ne pas prendre l'ouvrage suivant pour un livre sérieux : *Some Observations upon the Civilization of the Western Barbarians, particularly of the English, made during a residence of some years in those parts. By Ah-Chin-Le, Mandarin of the First Class, Member of the Enlightened and Exalted Calao. Translated from the Chinese into English. By John Yester Smythe Esq., of Shanghai, and now first published out of China and in other than Chinese. Boston, 1876.
Notice : *China Review*, V, pp. 200/201.

Notice par L. B. *(Jour. As.*, II, 1823, pp. 45/52.)

Cette brochure a fourni à Abel Rémusat la matière d'un article «Sur les Chinois qui sont venus en France». *(Nouv. Mél. As.*, I, 1829, pp. 258/265.)

Rémusat cite les Chinois suivants :

Michel Chin Fo-tsoung, de Nanking (P. Couplet).

Arcadius Hoang, de Hing hoa (Fokien) (Ev. de Rosalie).

Tchoung Ya-san, Tchang Ya-kin, Kiang hiao } illettrés.

— Note de Fourmont sur le Chinois Hoange, du Fokien († 1 Oct. 1716). *(Jour. As.*, II, 1823, pp. 126/7.)

— La Chine Catholique, ou Tableau des progrès du Christianisme dans cet empire, suivi d'une Notice sur les quatre Chinois présentés à S. M. Charles X, avec leurs portraits et un facsimile de leur écriture. Paris, chez l'Auteur, rue de Sèvres, 92, et chez les marchands de nouveautés. 1829, in-8. [Voir col. 363.]

Par Condurier.

— Fugitive Notes on England and the English. Taken by a Chinaman after a visit to Great Britain in the years 1844, 45 & 46. *(N. C. Herald,* No. 61, Sept. 27, 1851 et seq.)

— The Chinaman abroad : or a desultory account of the Malayan Archipelago, particularly of Java; by Ong-tae-hae. Translated from the Original. Shanghae: Printed at the Mission Press. 1849, in-8, pp. xv-80.

Forme le No. II du *Chinese Miscellany.*[1]

— Chinesche Aanteekeningen omtrent Nederlandsch-Indië. 'S Gravenhage, Martinus Nijhoff, in-8, pp. 47. [1858.]

— Pin's Travels from China to Europe in 1866.

Pin est le commissaire chinois qui accompagna Mr. Robert Hart en Europe en 1866; il publia le journal de son voyage et l'on trouvera la traduction de certains extraits dans le *Shanghai Evening Courier :* 1870, Oct. 7 et 24, Dec. 5; 1871, Mars 22, 29 et 31.

— Voyage d'un lettré chinois dans l'empire d'Annam. Traduit du russe par L. Léger. *(Recueil d'itinéraires et de voyages dans l'Asie centrale et l'Extrême Orient.* Paris, E. Leroux, 1878, pp. 63/161.) [Ce Rec. forme le Vol. VII des *Pub. de l'Ec. des Langues Orientales vivantes.*]

Cette traduction française est faite sur la traduction russe du Père Eulampius qui avait paru en 1872, à St. Pétersbourg dans la *Revue Orientale (Vostöcnyj Sbornik),* I, pp. 67/145.

* Die sinesischen, indischen und tibetischen Gesandtschaften am Hofe Nuschirwans. Daniel Haneberg. *(Zeit. f. d. K. d. Morg.*, Vol. I, No. VIII, pp. 185/190.)

* L. Rousset. — Les Ambassades chinoises en Europe. *(Revue politique,* août 17, 1878.)

— Extracts from the Diary of Tseng Houyeh, Chinese Minister to England and France. Translated by J. N. Jordan. *(China Review,* XI, pp. 135/146.)

— Le Journal d'un diplomate chinois en Europe. [Par Henri Cordier.] *(Journal des Débats,* mardi 22 mai 1883.)

III. — ÉMIGRATION.

OUVRAGES DIVERS.

— Emigration Chinoise. Voir dans les *Ann. du Comm. ext.*, No. 21, Fév. 1855, pp. 30/32 du Rapport de M. Auguste Heurtier, délégué du département de l'agriculture, du commerce et des travaux publics, dans les mers de Chine et du Japon [présenté le 20 août 1854].

— Note sur l'Emigration des Coolies de Chine, *Ibid.*, pp. 67/71.

* Landverhuizing der Chinezen. Overzigt van de wijze waarop zij emigreren en de plaatsen van bestemming, 1853—1856; alsmede aanbeveling er van voor onze O. I. bezittingen. *T. v. N. I.* 18 j. 1856. II. 101.

Hooykaas, *Rep. op de Kol. Lit.*, 5745.

* De Chinezen in de verstrooijing; hunne emigratie en hun toestand buiten China; 1° de Chinesche Koelies; 2° de vrije Chinesche emigratie. *Vad. Lett.*, 1859, II. 149. 153. 159.

Hooykaas, *Rep. op de Kol. Lit.*, 5744.

1. — The Chinese Miscellany designed to illustrate the Government, Philosophy, Religion, Arts, Manufactures, Trade, Manners, Customs, History and Statistics of China.
Cette publication entreprise par le Dr. Medhurst comprend quatre livraisons, numéros ou volumes : I. *A Glance at the interior of China.* (Voir col. 1010.) — II. *The Chinaman abroad (supra).* — III. *Dissertation on the Silk Manufacture.* (Voir col. 715.) — IV. *Description of Shanghae.* (Voir col. 131.)

* De Chineesche landverhuizing, hare oorzaken, de wijze waarop zij plaats heeft, haar invloed. *Sloet, Tijds.* XVI. 78.

Hooykaas, *Rep. op de Kol. Lit.*, 5746.

Alfred Jacobs. — Les Chinois hors de la Chine. (*Revue des Deux Mondes*, 1 novembre 1858.)

— Essai d'éducation morale et religieuse dans nos colonies du Pacifique et les Sandwich; le Français, le Chinois et l'Américain dans l'Océanie. (*Revue des Deux Mondes*, 1 septembre 1859.)

* Die Auswanderung der Chinesen zur See. (*Ausland*, No. 35, 36, 1857.)

* Die Ausführung der Chinesen durch Europäer als Kulis nach West-Indien und Süd-Amerika, und ihre Auswanderung nach Kalifornien und Australien. (*Ausland*, No. 37, 1858.)

— Ed. du Hailly. — Souvenirs d'une campagne dans l'Extrême Orient : IV. Les Chinois hors de chez eux. (*Revue des Deux Mondes*, 15 novembre 1866.)

— Coolie labour and Coolie immigration. (*Cornhill Magazine*, XVI, 1867, pp. 74/83.)

D'après le rapport du Dr. Hillebrand, envoyé par le gouvernement hawaïen pour étudier la question.

— The Chinese from Home. (*All the Year round*, 20 mars 1869, Vol. I, New Series, pp. 367/372.)

— Chief Justice Smale's Judgment «in the matter of Kwoh A-shing on Habeas Corpus». (*The Cycle*, 15 april 1871, pp. 595 à 600.)

— De l'émigration chinoise par P. Dabry de Thiersant. (Extrait de la *Revue maritime et coloniale.*) Paris, Paul Dupont . . . Challamel, 1872, br. in-8, pp. 37.

Tirage à part de la *Revue maritime et coloniale*, Décembre 1871, pp. 877/918.

Edmond Plauchut. — La traite des coulies chinois. (*Revue des Deux Mondes*, 1 juillet 1873, pp. 178/193.)

— De l'émigration des Chinois au point de vue des intérêts européens par Ed. Madier de Montjau, Président de la Société américaine de France . . . . Paris, Maisonneuve, 1873, br. in-8, pp. 15.

Communication faite à la Société des Études japonaises, chinoises, tartares et indo-chinoises. Séance de novembre 1873.

— Emigration and the Coolie Trade in China. (*Westminster Review*, July 1873, pp. 75 à 109.)

— Macao and its Slave Trade. (*The China Review*, II, 1873—1874, pp. 9/20.)

— A Reply to «Macao and its Slave Trade». By P. G. Mesnier. (*Ibid.*, pp. 112/125.)

* Relatorio e documentos sobre a abolição da emigração de China contratados em Macáu, apresentado ás Cortes na Sessão Legislativa de 1874, pelo Ministro e Secretario d'Estado dos negocios da marinha e ultramar. Lisboa, 1874.

Notice : *Geographical Magazine*, Nov. 1874, pp. 343/6.

Voir divers autres documents signalés au chap. *Macao*.

— Die chinesische Auswanderung. Ein Beitrag zur Cultur- und Handelsgeographie von Dr. Friedrich Ratzel, Docent an der Kgl. Polytechnischen Schule zu München. Breslau 1876, J. U. Kern's Verlag (Max Müller), in-8, pp. xii-272.

* Die chinesische Auswanderung. (*Ausland*, 41, 1876.)

* F. Ratzel. — L'émigration chinoise. (*Rev. géog. intern.*, 1878, No. 33.)

* F. Ratzel. — Die chinesische Auswanderung seit 1875. (*Globus*, XL.)

* L. Rousset. — Les Chinois hors de chez eux. (*Le Correspondant*, juillet 10, 1878.)

* Ad. F. de Fontpertuis. — L'émigration chinoise, son caractère, son importance et sa distribution. (*Revue Scientifique*, 1er mars 1879.)

— L'émigration chinoise. [Par Henri Cordier.] (*Journal des Débats*, jeudi 12 juin 1879.)

ETATS-UNIS.

— Affaire de la *Sultana*. (*China Mail*, July 8, 1852. — *Hongkong Register*, July 20, 1852.)

— Les Chinois en Californie et le gouverneur John Bigler, voir *China Mail*, 1852, June 17 et July 15.

* Lijst van schepen met landverhuizers van China naar San Francisco, Australië, de West-Indië en Callao vertrokken, van October 1853 tot Junij 1855, met statistische opgaven. *T. v. N. I.* 18 j. 1856. II. 103.

Hooykaas, *Rep. op de Kol. Lit.*, 5747.

* Amerika und die Chinesische Völkerwanderung. (*Magaz. für die Literatur des Auslandes*, XXXIX, 22.)

* G. Rohlfs. — Chinesen in Californien. (*Ausland*, 38, 1876.)

— Les Chinois en Amérique. Par Justin Améro. (*Revue de France*, juillet 1877.)

* O. Gibson. — The Chinese in America. Cincinnati, 1877, in-16, pp. 403.

* Report of the Joint Special Committee to investigate Chinese Immigration. Washington, 1877, in-8, pp. 1290.

C. de Varigny. — L'invasion chinoise et le socialisme aux Etats-Unis. *(Revue des Deux Mondes,* 1[er] oct. 1878.)

— Missions to Chinese in California. By J. G. Kerr, M. D. Read before the Canton Missionary Conference, April 2nd, 1879. *(Chin. Rec.,* X, 1879, pp. 433/444.)

— Chinese Immigration, in its social and economical aspects. By George F. Seward, Late United States Minister to China. San Francisco : Printed by Edward Bosqui & Co. 1881, in-8, pp. xv-421.

Voir *Nation,* XXXII, 134, article de W. G. Summer.

— L'émigration chinoise aux Etats-Unis à propos d'une publication récente. *(Revue de Géographie,* 1881.)

Compte-rendu de l'ouvrage précédent par Maurice Jametel. — Tirage à part, pièce in-8, pp. 3.

* F. Ratzel. — Die Chinesen in Nordamerika seit 1875. *(Monatsschrift für den Orient,* 12, 1881.)

Poole's *Index* cite les articles suivants :

— The Chinese in California : (S. Andrews) *Atlantic Monthly,* XXV, 223. — (A. J. Hanson) *Methodist Quarterly,* XLI, 28. — (J. Hatton) *Belgravia,* XXXII, 221. — (H. A. Hill) *Penn Monthly,* II, 181. — (A. W. Loomis) *Overland Monthly,* I, 360. — (J. A. Palmer Jr.) *Old and New,* II, 692. — (J. S. Silver) *Lippincott's Magazine,* II, 36. — *Lippinc.,* XI, 219. — *All the Year Round,* XXI, 367. — *Blackwood's,* LXXII, 98. — *International Review,* V, 449. — *Chambers' Journal,* XVI, 393. — *Littell's Living Age,* XXXIV, 32. — (W. Speer) *Princeton Review,* XXV, 83. — *Nation,* XXII, 241.

— The Chinese in San Francisco : (A. P. Peabody) *American Naturalist,* IV, 660. — (T. J. Vivian) *Scribner's Monthly,* XII, 862.

— The Chinese in the United States : (J. D. Edgar) *Canadian Monthly,* VI, 389. — (V. B. Denslow) *International Review,* X, 51. — (E. A. Hart) *New Dominion Monthly,* XX, 501. — (F. D. Y. Carpenter) *Lippincott's Magazine,* XXVII, 404. — (C. W. Wendte) *Unitarian Review,* V, 510. — (J. Ellis) *Presbyterian Review,* I, 247. — *Chambers' Journal,* LVIII, 774. — *Republic,* VII, 17. — (G. B. Bacon) *Hours at Home,* X, 276.

— Immigration of the Chinese : (J. T. Bixby) *Christian Examiner,* LXXXVII, 183. — (A. D. Richardson) *Atlantic Monthly,* XXIV, 740. — (D. S. Cohen) *Penn Monthly,* X, 930. — (H. N. Day) *New Englander,* XXIX, 1. — (M. J. Dee) *North American Review,* CXXVI, 506. — (E. Cunningham) *Nation,* X, 9, 139. — (E. L. Godkin) *Nation,* IX, 44—309. XI, 20. — (G. A. Potter) *National Quarterly Review,* XLI, 303. — (J. H. Preston) *Canadian Monthly,* XX, 81. — (G. M. Grant) *Canadian Monthly,* XX, 207. — (S. W. Williams) *American J. Soc. Sci.,* X, 90. — *Every Saturday,* IX, 482. — (J. Kirkland) *Dial* (Chicago), I, 233. — (D. Ker) *National Quarterly Review,* XXXIX, 250. — (E. S. Todd) *Methodist Quarterly,* XXXVIII, 268. — (J. A. Kunkleman) *Evangelical Review,* XXI, 77. — (D. N. Utter) *Unitarian Review,* XII, 48. — (E. D. Mansfield) *International Review,* III, 833. — (R. Pumpelly) *Galaxy,* VIII, 22. (F. B. Thurber) *Unitarian Review,* VI, 547. — (R. Webb) *Nation,* XXVIII, 316.

— Chinese Companies of San Francisco. (A. W. Loomis) *Overland Monthly,* I, 221.

— Chinese Coolie Trade. (W. Ashmore) *Christian Remembrancer,* XXVII, 211.

— Chinese Emigration : (E. L. Burlingame) *Scribner's Monthly,* XIII, 687. — *Chambers' Journal,* XXXVI, 9.

— Trade in Chinese Coolies. Tait's *Edinburgh Magazine,* n. s. XXIV, 321.

— Labor of Coolies and Immigration. *Cornhill Mag.,* XVI, 74.

— Traffic in Coolies. (D. R. Hundley) *Hunt's Merchants' Magazine,* XXXVI, 570. — (R. Pumpelly) *Nation,* VIII, 449. — (W. W. Wright) *De Bow's Commercial Review,* XXVII, 296.

— Chapter on Coolies : (E. Holden) *Harper's Magazine,* XXIX, 1.

— The Immigration of the Chinese in the United States and Political Economy. By D. M. Means. *(New Englander,* XXXVI, 1.)

AMÉRIQUE MÉRIDIONALE ET ANTILLES.

— Export of Coolies to Peru.

Lettre datée : China, 26th March 1852. *(Overland China Mail,* No. 51, March 29, 1852.)

* Opgave van de voornaamste punten van het kontrakt, 11 Junij 1856, door den president van Venezuela met A. L. Guzman gesloten voor de bevordering van de Chinesche landverhuizing naar dat land. *T. v. N. I.* 18e j. 1856. II. 111.

Hooykaas, *Rép. op de Kol. Lit.*, 5748.

— From China to Peru. The Emigration Question. By Clements R. Markham. *(The Geographical Magazine,* Dec. 1, 1874, pp. 367/370.)

A propos de : Memoria que el Ministro de Estado en el despacho de Relaciones Exteriores presenta al Congreso Ordinario de 1874. (Lima, 1874.)

— The Coolie : A Journey to inquire into his Rights and Wrongs. By the Author of « Ginx's Baby ». *(Good Words,* 1871.)

Par Edward Jenkins, M. P., né en 1838 à Mysore, Indes Orientales.

Réimp. en vol. London, 1871.

— Chinese Emigration. The Cuba Commission. Report of the Commission sent by China to ascertain the condition of Chinese Coolies in Cuba. Shanghai : Printed at the Imperial Maritime Customs Press. MDCCCLXXVI, in-4, pp. 236.

Col. 1039—1040.

DÉTROIT DE MALACCA, ETC.

— State of Education among Chinese Settlers in Malacca. *(Indo-Chinese Gleaner,* No. XI, Jan. 1820, pp. 265/270.)

— Des Chinois émigrés dans les établissements anglais et hollandais. Par Crawfurd. *(Revue de l'Orient,* V, 1844, pp. 293/7.)

* The Rája of China; with notices of the early intercourse between the Malays and the Chinese. From a Malay Author, translated by the late Dr. John Leyden. London : 1821. in-8.

Notice : *Chin. Rep.*, V, 1837, pp. 558/560.

* Karakterschets der Chinesche mijnwerkers op Malaka, alsmede de positie der Chinezen en der Chinesche mijnwerkers, hun loon, en de wijze waarop zij op Malaka verkregen worden. Uittreksel uit een rapport van H. Croockewit Cz. in 1850 aan het Indisch Gouvernement ingediend. *T. v. N. I.* 13e j. 1851. II. 298. 302.

Hooykaas, *Rep. op de Kol. Lit.*, 5749.

— Annual Remittances by Chinese Immigrants in Singapore to their families in China. *(Jour. Ind. Arch.,* I, 1847, pp. 35/37.)

— The Chinese in Singapore. No. II. General Sketch of the Numbers, Tribes, and Avocations of the Chinese in Singapore. By Siah U Chin. *(Ibid.,* II, 1848, pp. 283 à 289.)

D'après le cens fait à Singapore sur l'ordre du gouvernement en Novembre et en Décembre 1849, il y avait à Singapore et ses dépendances 27988 Chinois sur une population de 59043 âmes. En voir le détail dans *The Journal of the Indian Archipelago,* February 1850.

— Antiquity of the Chinese Trade with India and the Indian Archipelago. By J. R. Logan. *(Jour. Ind. Arch.,* II, 1848, pp. 603 à 610.)

— Concerning the Tan Tae Hoey in Singapore. *(Jour. Ind. Arch.,* VI, 1852, pp. 545 à 555.)

Trad. par T. Braddell du *Hikáyat Abdullah bin Abdul Kadir Moonshee.*

— Notes on the Chinese of Pinang. *(Jour. Ind. Arch.,* VIII, 1854, pp. 1/27.)

— Notes on the Chinese in the Straits. *(Jour. Ind. Arch.,* IX, 1855, pp. 109/124.)

— The Chinese in the Straits of Malacca. By W. A. Pickering. *(Fraser's Mag.,* XCIV, 438.)

— Chinese Secret Societies and their Origin. By Mr. W. A. Pickering. *(Jour. Straits Branch R. As. Soc.,* 1878, No. 1, pp. 63/84, etc.)

— The Manners and Customs of the Chinese of the Straits Settlements, by J. D. Vaughan, Barrister-at-Law, Advocate and Solicitor of the Supreme Court of the Straits Settlements. Singapore. Printed at the Mission Press, 1879, gr. in-8, pp. 119-iv.

ILES DE LA SONDE, MOLUQUES, PHILIPPINES, ETC.

— The Chinaman abroad. [Voir *supra,* col. 1281.]

Révolte des Chinois (1740).

* Verhaal (Omstandig en allernaeuwkeurigst) van het..... Verraad gesmeedt tegen d O. I. Comp. ende alle Europeanen, door de

Chineesen zoo in Batavia als in de Bovenlanden. enz. behelz. een Dagverhael van omtr. twee maenden beginn. met 26 Sept. 1740. Utr. (1741), in-4.

Cat. Muller, 1882, No. 76.

— Kort en beknopt verhaal van den Opstand en de daar opgevolgde Massacre der Chineezen binnen Batavia Benevens een omstandig Dagverhaal Vant 't gepasseerde in de Bovenlanden aldaar, onder 't commande van den manhaften kapitein J. G. Crummel, als Mede I. Acte van generale Amnestie. II. Uit-schryving-Brief van den Boet-Dank-en Bedendag. III. Brief van den Chineeschen Mandaryn, Opperhooft der Rebellen. IV. Submissiebrief der Chineezen. Alle Authentique Stukken. In's Gravenhage, by Ottho en Pieter van Thol, 1741, pet. in-8, pp. 64.

— Verzameling van verscheide echte Stukken, van Batavia herwaards gezonden : Concerneerende den Opstand der Chineezen buiten, en de daar op gevolgde gruwelyke Massacre binnen gemelde Stad; bestaande in I. Kort Relaas van den Opstand, en 't geen grootdeels binnen de Stad is voorgevallen. II. Dagregister van het Gepasseerde in den Optocht van de Compagnies Krygsmacht, onder Kapitein Jean George Crummel. III. Acte van Amnestie. IV. Naukeurig Verhaal, by wyze van Notul, van de Geweldadige Arresteering der drie Ordinaire Raaden van India, Gustaaf Willem, Baron van Imhof, Elias de Haaze, en Izaak van Schinne, door Adriaan Valekenier, Gouverneur Generaal, enz. V. Droom; waar in veele aanmerkelyke zaaken voorkomen, tot opheldering van de voorgaande Stukken, enz. — Deeze Verzameling van Stukken zin te bekomen te Dord by *van Braam,* Haarlem by *Bosch,* Delft by *van der Kloot,* te Amsterdam by verscheide *Boekverkoopers,* te Leiden *Kallewier* en *vander Eyk,* Rotterdam *Smithof,* Gouda *Stael,* 's Hage *Iz. vander Kloot,* Alkmaar *Koster,* Hoorn *Duin,* Enkhuizen *Callenbach,* Middelburg *van Hoekke,* en *Meerkamp,* Utrecht *Besseling,* Zaandam *Ketel,* enz. in-8, pp. 172 + 1 f. errata [1743].

* Beschrijving van Batavia, desselfs casteel en publyke gebouwen.... regeeringe, inwoonders, hovaardy der Hollandsche en O. Ind. vrouwen, enz. Met Dagverhaal van de opstand d. Chinesen in 1740. Amst. 1741, in-8.

Muller, Amst., 1882, No. 63.

* Beschrijving van Batavia, en Dagverhaal v. d. opstand der Chinesen in 1740. Antw. 1741, in-8.

Contrefaçon. — Muller, Amst. 1882, No. 65.

— Voir Dubois, *Vies des Gouverneurs généraux,* pp. 309 et seq., avec une planche.

— Relation abrégée du Tien-Bing, vulgairement appelé la Fête des Morts, chez les Chinois de Batavia; par MM. Hooyman et Vogelaar, qui y assistèrent le 4 Avril 1789; tirée des *Mémoires de la Société de Batavia,* T. VI, Batavia, 1792, et traduite du Hollandais. (*Jour. As.,* II, 1823, pp. 236/243.)

* Berigt wegens eene Chinesche volkplanting, gevestigd op de Westkust van Borneo, tusschen Mampawa en Sambas. Getrokken uit de correspondentie van een Engelsch Kapitein, en overgenomen uit het Calcutta Journal, 1819, en de Nouv. Annales des voyages de Malte-Brun et Eyriès. Tom. V. *Star.,* III, 1821, 49.

Hooykaas, *Rep. op de Kol. Lit.,* 5764.

* Mededeelingen betreffende het doel en de inrichting of zamenstelling alsmede de wetten en instellingen der kongsies of Maatschappijen der Chinezen ter Westkust van Borneo, in 1832; door E. Francis. *T. v. N. I.* 4e j. 2e d. Bat. 1842. 19.

Hooykaas, *Rep. op de Kol. Lit.,* 5766.

* Bijzonderheden nopens de Chinezen, Arabieren, Makassaren op Java, alsmede over de Heidenen op het Tengersche gebergte en over de Badoeïs in het Bantamsche. Uit de Statistiek van 1832. *T. v. N. I.* 2e j. 1e d. Bat. 1839. 164.

Hooykaas, *Rep. op de Kol. Lit.,* 5772.

* Beschrijving van den toestand der Chinezen, alsmede van hunne kongsies in de adsistent-residentiën Pontianak en Sambas op de Westkust van Borneo; door W. L. Ritter. Februarij 1840. *De Kopiïst,* 1e j. 2e d. Bat. 1842. 337.

Hooykaas, *Rep. op de Kol. Lit.,* 5765.

* Iets over den oorsprong en de eerste uitbreiding der Chinesche volkplanting te Batavia, tot Junij 1625, door P. M. Cuningham van Alphen. *T. v. N. I.* 4e j. 1e d. Bat. 1842, 70. — Vgl. *Regt N. I.* 1e j. 1850. II. 340.

Hooykaas, *Rep. op de Kol. Lit.,* 5782.

* Opgave door S. G. F. Fraenkel van het getal Chinesche mijnwerkers op Banka in 1841 en 1842. *T. v. N. I.* 6e j. 2e d. Bat. 1844. 69.

Hooykaas, *Rep. op de Kol. Lit.*, 5759.

* Karakterbeschrijving van de Chinesche mijnwerkers op Banka, door S. G. F. Fraenkel. *T. v. N. I.* 6e j. 2e d. Bat. 1844. 71, 74, 80.

Hooykaas, *Rep. op de Kol. Lit.*, 5760.

* Mededeelingen betreffende de inrigting of zamenstelling en de wetten en instellingen der Kongsies of Maatschappijen der Chinezen te Montrado op de Westkust van Borneo in 1844. *T. v. N. I.* 9e j. Bat. 1844. 3e d. 66.

Hooykaas, *Rep. op de Kol. Lit.*, 5767.

— Coup d'œil général sur les possessions néerlandaises dans l'archipel archipelagique, par C. J. Temminck. Leide, E. J. Brill, 1846—1849, 3 vol. in-8.

— Notices of Chinese Intercourse with Borneo proper prior to the establishment of Singapore in 1819. By J. R. Logan. (*Jour. Ind. Arch.*, II, 1848, pp. 611/615.)

— The Chinese [in Borneo]. (*Jour. Ind. Arch.*, II, 1848, pp. 444 et seq., dans l'art. *The Geographical Group of Borneo.*)

* Hoe men de Chinezen te Batavia ontzag poogt in te boezemen voor het Gouvernement; door V. R. Over eene wenschelijke fnuiking der Chinezen in Ned. Indië; doch afkeuring hunner doellooze krenking en vernedering te Batavia. *T. v. N. I.* 1849. 2e d. 176.

Hooykaas, *Rep. op de Kol. Lit.*, 5781.

* Aanprijzing door F. Epp van eene kolonisatie van Balinezen en Chinezen in de adsistent residentie Banjoewangie op Java, met mededeeling van grondslagen daarvan. *T. v. N. I.* 1849. 2e d. 240.

Hooykaas, *Rep. op de Kol. Lit.*, 5783.

* Historische schets van de Chinezen in Nederlandsch Oost-Indië van 414 tot 1847; door H. C. Millies. *Gützlaff, aan mijne Medechr.*, Amst. 1850. 4.

Hooykaas, *Rep. op de Kol. Lit.*, 5751.

— De Chinezen in Nederlandsch Oost-Indië en het Christendom. Eene schets door H. C. Millies. Pièce in-8, s. l. n. d., pp. 76.

* Bedenkingen tegen den tegenwoordigen politieken toestand der Chinezen op Java. Medegedeeld door J. F. W. van Nes. — *A.* Extract uit het Advies van den Raad van N. I., 4 Julij 1837, op het Rapport van A. J. Bick. *T. v. N. I.* 13 j. 1851. I. 248. — *B.* Consideratiën en advies eener commissie in 1837 over eenige punten door den Raad van N. I. voorgesteld. *Ald.* 247, 249. — *C.* Inhoud van het verslag in 1838 van den Raad van N. I. op bovengenoemd rapport. *Ald.* 294. — *D.* Inhoud der voorstellen in 1839 door den Gouverneur-Generaal van N. I. aan den Minister van Koloniën gedaan. *Ald.* 13 j. 1851. I. 297. — *E.* Tekst der nota, 6 April 1840, door J. J. van Sevenhoven Z. M. den Koning aangeboden, ter aantooning van de bezwaren tegen de vestiging der Chinezen in het westerkwartier van Batavia. *Ald.* 13e j. 1851. I. 298. — *F.* Inhoud der beschouwingen van den Minister van Koloniën, J. C. Baud, op al de bovengenoemde stukken. *Ald.* 13e j. 1851. I. 300.

Hooykaas, *Rep. op de Kol. Lit.*, 5773.

* Opgave door J. F. W. van Nes van de placaten en resolutiën tot verbod van den invoer van Chinesche nieuwelingen op Java, van 1690 tot 1833. *T. v. N. I.* 13 j. 1851. I. 239.

Hooykaas, *Rep. op de Kol. Lit.*, 5770.

* De Chinezen op Java, door J. F. W. van Nes. Geschiedkundige beantwoording der vragen : « In welke betrekking staan de Chinezen tot ons, en welke regten kunnen zij van ons vorderen? » *T. v. N. I.* 13e j. 1851. I. 239, 292.

Hooykaas, *Rep. op de Kol. Lit.*, 5775.

* Inhoud der publicatiën van 6 April 1764 en van 29 Junij 1802, betreffende het toezigt op het verblijf der Chinezen in de binnenlanden van Java. *T. v. N. I.* 13e j. 1851. I. 250.

Hooykaas, *Rep. op de Kol. Lit.*, 5771.

* Over de Chinezen op Java, hun maatschappelijken toestand en karakter, met het oog op de vrees voor een eventueelen opstand tegen ons gezag; door H. C. van der Wijck. *Beschouw. Java. Arnh.* 1851. 38.

Hooykaas, *Rep. op de Kol. Lit.*, 5776.

* Beschrijving van den toestand en de geaardheid van de Dajaks, de Chinezen, de Maleijers en de Europeanen op Borneo. Uit-

treksel uit het rapport nopens de reis in Nov. 1847—Jan. 1848 van Z. M. schoener Aruba, naar Pontianak en opwaarts de Kapoeasrivier. *T. v. N. I.* 14 j. 1852. II. 188.

Hooykaas, *Rep. op de Kol. Lit.*, 5761.

* Een Chinesche parvenu op Java. Met eene plaat. *T. v. N. I.* 15e j. 1853. I. 357.

Hooykaas, *Rep. op de Kol. Lit.*, 5780.

* Staat aantoonende het getal Chinezen in de residentie Rio in 1849, volgens de eilanden en distrikten, het geslacht en den leeftijd. *T. v. N. I.* 15 e j. 1853. I. 421.

Hooykaas, *Rep. op de Kol. Lit.*, 5758.

— De Chinesche Feestdagen volgens den Javaanschen Almanak voor het jaar dal 1783 (J. C. 1854/55). Toegelicht door Dr J. Hoffmann Overgedrukt uit de *Bijdragen van de Taal-Land- en Volkenkunde van Neêrlandsch Indië,* Deel IV, bl. 264. br. in-8.

Voir à la suite : Mededeelingen over de Chinezen op het eiland Java door Aquasie Boachi, Prins van Ashanti, ingenieur der mijnen in Nederlandsch Indië, te Buitenzorg.

* Het Chinesche Gouvernement en de Chinezen op Java. Aantooning van het gevaarlijke van het Chinesche element op Java, uit den invloed welken de majoor der Chinezen Beh Ingtjoe, te Samarang zich had weten te verwerven door het voorgeven, dat de Keizer van China hem over al de Chinezen op Java had gesteld. *T. v. N. I.* 20e j. 1858. I. 50.

Hooykaas, *Rep. op de Kol. Lit.*, 5777.

* Een togtge naar Mandor. Extract uit een brief, Pontianak Januarij 1853, door R. C. van Prehn, over den toestand der Chinezen bij de mijn-etablissementen aldaar. *Tijds. Ind. T. L. V. Kunde* VII. 3e S. I. 1858. II.

Hooykaas, *Rep. op de Kol. Lit.*, 5769.

* Plan van D. J. van den Dungen Gronovius, anno 1838, tot Europesche Kolonisatie op de eilanden van den Indischen Archipel, speciaal op Soemba, niet in den eigenlijken zin, maar van Nederlanders als hoofden der onderneming en van inboorlingen van den Archipel en Chinezen als werklieden en arbeiders. Toegelicht door W. R. van Hoëvell. *T. v. N. I.* 17e j. 1855. I. 308.

Hooykaas, *Rep. op de Kol. Lit.*, 5750.

* Ongeregeldheden te Makassar, door Veritas. Het voorgevallene met de Chinesche landverhuizers te Makassar in 1855, met opgave van de oorzaken, welke dit hebben te weeg gebracht. *T. v. N. I.* 18e j. 1856. I. 449.

Hooykaas, *Rep. op de Kol. Lit.*, 5784.

* Bijdrage van J. T. Canter Visscher betreffende de Chinezen in Nederlandsch Indië. Historisch overzigt sedert 1617 van de voornaamste nederzettingen van dat volk, van hunne politieke verhouding tot het Gouvernement, en van de denkwijze van anderen over hun karakter. *Hand. Ind. Gen.* IV. 1857. 118, 210.

Hooykaas, *Rep. op de Kol. Lit.*, 5752.

* Staat aantoonende de sterkte der Chinesche bevolking in de verschillende gouvernementen en residentiën van Nederlandsch Indië, onder ult. Dec. 1855, volgens officieele bescheiden, door J. T. Canter Visscher. *Hand. Ind. Gen.* IV. 1857. 161.

Hooykaas, *Rep. op de Kol. Lit.*, 5753.

* Verslag der discussiën in de vergaderingen van het Indisch Genootschap op 16 Sept. en 5 Oct. 1857, over de vraag : « Hoedanig wordt geoordeeld over de vooren nadeelen van het Chineesch element in Nederlandsch Indië ». *Hand. Ind. Gen.* IV. 1857. 209.

Hooykaas, *Rep. op de Kol. Lit.*, 5754.

* Nadeelen door de Chinezen in de dessa's op Java veroorzaakt. *T. v. N. I.* 1850. II. 216.

Hooykaas, *Rep. op de Kol. Lit.*, 5778.

* Karakterbeschrijving der Chinezen op Borneo. *W. A. van Rees, Montrado,* 's Bosch 1858. 48. — Overgenomen in het *T. v. N. I.* 20e j. 1858. II. 339.

Hooykaas, *Rep. op de Kol. Lit.*, 5762.

* De Chinezen als geldschieters der Javanen beschouwd. Mededeeling van de verschillende wijzen, waarop de Chinezen zich, door zoogenaamden padihandel, van den oogst des landmans weten meester te maken; maar bepaald in Buitenzorg en in de Batavische omlanden. *T. v. N. I.* 21e j. 1859. II. 58.

Hooykaas, *Rep. op de Kol. Lit.*, 5779.

* Verslag der discussiën in de afdeeling koloniale landbouw van het XIV Nederl. Landhuishoudk. congres, te Winschoten van 21—25 Junij 1859 gehouden, over de vooren nadeelen van het Chineesch ele-

(Iles de la Sonde, etc.)

ment in Nederl. Indië. *Hand. Ind. Gen.* VII. 1860. 133, 135.

Hooykaas, *Rep. op de Kol. Lit.*, 5755.

* Betoog voor eene kolonisatie van Chinezen in de Palembangsche binnenlanden, in het belang der katoenkultuur, door J. E. Teysmann, 11 Julij 1857. *Nat. Tijds. N. I.* XVII. 4e S. IV. 1859. 63.

Hooykaas, *Rep. op de Kol. Lit.*, 5757.

* Bevolkingstaat van het aantal Chinezen in het landschap Landakh, Julij 1857, volgens geslacht, leeftijd en beroep. Medegedeeld door J. J. Peeters. *Tijds. Nijv. N. I.* VII. N. S. II. 1861. 417.

Hooykaas, *Rep. op de Kol. Lit.*, 5763.

* Beschouwingen van H. van Alphen, 9 Aug. 1862, over het Chineesch element en onze eigene stelling in Indië, naar aanleiding van : «Twee brieven over de Chinezen en hun landbezit op Java. Tiel 1861». *Gids.* XXVII j. 3e S. 1e j. 1863. I. 138.

Hooykaas, *Rep. op de Kol. Lit.*, 5756.

* Geschiedenis van het te Montrado in 1856 onder de Chinezen opgerigte «Genootschap van menschlievendheid en overeenstemming», alsmede tekst van het Reglement van dit genootschap. Medegedeeld door M. von Faber. 1861. *Tijds. Ind. T. L. V. kunde.* XIII. 4e S. IV. 1864. 478.

Hooykaas, *Rep. op de Kol. Lit.*, 5768.

* Iets over de toeneming der Chinesche bevolking op Java. Statistieke opgaven van 1815—1861. *T. v. N. I.* 1864. N. S. 2e j. II. 373.

Hooykaas, *Rep. op de Kol. Lit.*, 5774.

* K. W. van Gorkom. — Die China-Kultur auf Java. Aus dem Holländischen übertragen von C. Hasskarl. Leipzig, Engelmann, 1869, in-8, pp. 61.

— Voir dans «Travels in the Philippines by F. Jagor. With numerous illustrations and a Map. London, Chapman and Hall, 1875, in-8, pp. x-370» le chapitre XXVI, pp. 343-356, intitulé : «The Chinese».

— Iets omtrent de betrekkingen der Chinezen met Java voor de komst der Europeanen aldaar door Dr. G. Schlegel. Batavia, Lands-Drukkerij, 1870, br. in-8, pp. 23-xi.

Les neuf dernières pages contiennent un extrait, avec des notes, du Tome XIV, pp. 101/111, des *Mémoires concernant les Chinois*.

* F. Birgham. — Die Chinesen auf Hawaii. (*Globus,* XXXI, 1877.)

* J. Haupt. — Die Chinesen in Niederländisch-Indien. (*Wiener Abendpost,* Beilage 295—298.)

— L'instruction primaire chez les Chinois dans l'île de Java. Mémoire de M. J. E. Albrecht, de Batavia, traduit du hollandais et annoté par Aristide Marre.. (Extrait des *Annales de l'Extrême Orient.*) Paris, Challamel aîné, 1881, in-8, pp. 16.

* Julius Kögel : Die Chinesen auf den Molukkischen Inseln. (*Ausland,* Nr. 39, 1857.)

— Légendes et traditions historiques de l'archipel indien (Sedjarat Malayou) traduit pour la première fois du malais en français et accompagné de notes par L. Marcel Devic. Paris, Ernest Leroux, 1878, in-12, pp. viii-149 + 1 f. p. la tab.

Forme le Vol. XXII de la *Bibliothèque Orientale Elzévirienne*.

AUSTRALIE.

Queensland, etc.

— *Colonial Intelligencer,* Janv. 1878.

— Plan proposed for importing Chinese mechanics and laborers from Singapore to New South Wales. By G. F. Davidson. (*Chin. Rep.,* VI, 1837, pp. 299/300.)

* Bijzonderheden nopens de toegenomen Chinesche landverhuizing naar Australië. *Sloet, Tijds.* XIII. 428.

Hooykaas, *Rep. op de Kol. Lit.*, 5785.

* Over eene kolonizatie op Nieuw Guinea met Chinezen. *Sloet, Tijds.* XVI. 94.

Hooykaas, *Rep. op de Kol. Lit.*, 5786.

* J. A. Langford. — John Chinaman in Australia and the West. (*Gentleman's Mag.,* Sept. 1876.)

— Work among the Chinese in Victoria, Australia. By Mr. A. Gordon. (*Chin. Rec.,* XII, 1881, pp. 115/118.)

Poole's *Index* cite les articles suivants :

The Chinese in Australia : *All the Year Round,* XIV, 471. — *Littell's Living Age,* LVII, 860.

CONVENTIONS.

— By authority. — The Statutes at Large and Treaties of the United States of America, passed at the Second Session of the Thirty Seventh Congress; 1861—62 . . . . edited by George P. Sanger, Counsellor-at-law — to be continued annually — Boston, Little Brown & Co., 1862, in-8 : pp. 340/1, February 19, 1862, chap. 27

«An Act to prohibit the «Coolie Trade» by American Citizens in American Vessels».

— Notification No. 8 of 1866: Convention to regulate the Engagement of China Emigrants by British and French Subjects. Dated Peking, 5th of March 1866 and signed by Sir Rutherford Alcock, M. Henry de Bellonnet and the Prince of Kung. *(N. C. Herald,* 817, March 24, 1866.)

— The Emigration Convention of 1866. *(The China Review,* Vol. I, 1872—1873, pp. 63 à 70, 141/144.)

«Legalised coolie emigration from China was first initiated in 1859 by Peh-kwei, Governor of Kwangtung, acting under the influence of the British and French authorities then in military occupation of the city of Canton and was conducted under regulations drawn up by the Allies and the Chinese authorities. This legalisation, however, was only of a local character; but by the Treaty of 1860 the legality of coolie emigration was rendered national, and it was thereby agreed that the high authorities of every Province should, in concert with Her Britannic Majesty's representative in China, frame such regulations for the protection of Chinese emigrants as the circumstances of the different open ports might demand. After the conclusion of this Treaty, coolie emigration was conducted at the open ports, almost exclusively at that of Canton; but in the absence of the regulations promised in the Treaty, those of the Allies, *mutatis mutandis,* though never officially promulgated, were practically adopted, and continued to be in force, somewhat loosely however, till they were superseded by the Code of Regulations agreed to by Sir Rutherford Alcock and Prince Kung, which were drawn up in the form of a Convention, and promulgated in March 1866.»

BLUE BOOKS.

— P. 148. 1843. Regulations for the protection of Coolies . . . . 1 1/2 d.

— P. 323. 1846. Papers relating to Chinese Labourers, &c.. . . . . 3 d.

— P. 986. 1852—53. Despatches relating to Chinese Immigration (With facsimiles) 2 s. 6 d.

— P. [1686]. 1852—53. Emigration from China. — Correspondence with the Superintendent of British Trade.

(Conventions. — Blue Books.)

— B. 208. 1854—55. Bill to regulate Chinese Passenger Ships . . . . 1 1/2 d.

— B. 293. 1854—55. Chinese Passenger Ships. — Bill [as amended by the Lords] 2 d.

— P. 147. 1857. — Sess. 1. — Papers respecting Mortality among Chinese Emigrants . . . . 2 1/2 d.

— B. 193. 1857—58. Chinese Passenger Act (1855) Amendment. — Bill [from the Lords]. 1/2 d.

— P. 481. 1857—58. Correspondence on the Subject of Emigration from Hongkong 1 s.

— P. 521. 1857—58. Chinese, &c., Emigrants. — Papers relating to Mortality in British Ships . . . . 5 d.

— P. [2714]. 1860. Correspondence respecting Emigration from Canton . . . 1 s. 6 d.

— P. 124. 1867. Papers relating to Coolie Trade . . . . 3 1/2 d.

— P. 328. 1867—68. Papers relating to Coolie Emigration . . . . 2 1/2 d.

— P. [403]. 1871. Correspondence respecting Coolie Emigration (Macao) . . . . 3 d.

— P. [504]. 1872. Correspondence respecting the Emigration of Chinese Coolies from Macao. . . . . 4 d.

— P. 293. 1874. Return respecting Coolie Traffic . . . . 1 d.

— P. [1282]. 1875. *Consular* (No. 2). — Extracts from Report of French Labour Laws Commission bearing on Coolie Immigration . . . . 1 1/2 d.

— P. [1212]. No. 3. 1875. Correspondence respecting Macao Coolie Trade, 1874 to 1875 . . . . 4 d.

(Blue Books.)

CINQUIÈME PARTIE

LES PAYS TRIBUTAIRES DE LA CHINE

I. — TARTARIE.

OUVRAGES DIVERS.

— Gvilielmi Brvssii Scoti de Tartaris Diarivm. Ad illvstrem Georgivm Talbottum Anglum Serenissimi & optimi Principis Guilielmi, Comitis Palatini Rheni, utriusque Bauariae Ducis &c. familiarem. Francofvrti, Apud heredes Andreae Wecheli, Claudium Marnium, & Ioan. Aubrium. M.D.XCVIII. in-fol., pp. 11.

«Auctor, Scotus, fautorem nactus Ioannem Zamoscium, magnum cancellarium et supremum militiae Polonae praefectum, Antonio Spinolae, Genuensi, ibi innotuit, qui legationem ad Tataros obierat (circa a. 1579), a quo varia de hac gente audivit, eaque litteris breviter consignavit. Idem scripsit *Consilium de bello adversus Tartaros gerendo.* Colon. Agripp. 1595, fol. — Cf. *Hamb. Bibl. hist.*, Cent. X. p. 222. (Meusel.)»

— Q. D. B. V. Dissertatio historica de Tartaris, Quam publicè exqvirendam & excutiendam proponit Praeses M. Andreas Weber | Bojanovâ-Polonus, Respondente Godofredo Peucero, Berolstad. Silesio, in auditorio minori, Ad Diem 23. Martii, An. Chr. 1689. Wittenbergae, Typis Johannis Wilckii. Pièce in-4 de 8 ff. n. c.

— Relations touching the Tartars, taken out of the Historie of R. Wendover, and Mat. Paris : with certayne Epistles of the same subiect. (Purchas, *His Pilgrimes,* III, pp. 60 et seq.)

— Relations touchant les Tartares, tirées de l'histoire de R. Wendhover & de Mat. Paris, avec quelques Lettres sur le même sujet. (*Recueil* de Bergeron, La Haye, 1735, II, pp. 23 et seq.)

— Traité des Tartares, de leur Origine, Païs, Peuples, Mœurs, Religion, Guerres, Conquêtes, Empire, et son Étenduë; de la suite de leurs Chams et empereurs; États & Hordes diverses jusqu'aujourd'hui. Le tout recueilli de divers Auteurs; Memoires, & Relations antiques & modernes. Par Pierre Bergeron, Parisien. (*Recueils* de Bergeron, Paris, 1634, et la Haye, 1735, I.)

— Das Nord- und Ostliche Theil von Europa und Asia, In so weit solches das gantze Russische Reich mit Siberien und der grossen Tatarey in sich begreiffet, In einer Historisch-Geographischen Beschreibung der alten und neueren Zeiten, und vielen andern unbekannten Nachrichten vorgestellet, Nebst einer noch niemahls ans Licht gegebenen Tabula polyglotta von zwey und dreyszigerley Arten Tatarischer Völcker, Sprachen und einem Kalmuckischen Vocabulario, Sonderlich aber Einer grossen richtigen Land-Charte von den benannten Ländern und andern verschiedenen Kupfferstichen, so die Asiatisch-Scythische Antiqvität betreffen; Bey Gelegenheit der Schwedischen Kriegs-Gefangenschafft in Russland, aus eigener sorgfaltigen Erkundigung, auf denen verstatteten weiten Reisen zusammen gebracht und ausgefertiget von Philipp Johann von Strahlenberg. Stockholm, in Verlegung des Autoris, 1730. in-4, pp. 438 s. l. p. l. t., etc. Pl. grav.

Une édition de Leipzig, Kiesewetter, sans date, in-4, de 13 ff. prél., 438 pp. de texte, suivis de l'index, avec 21 pl., y compris les cartes; 14 fr. Rémusat. L'épître dédicatoire y conserve la date de 1730.» (Brunet.)

* An Historico-geographical Description of the North and Eastern Parts of Europe and Asia; but more particularly Russia, Siberia, and Great Tartary; both in their Ancient and Modern state, together with an entire new Polyglot Table of the Dialects of thirty-two Tartarian Nations; and a Vocabulary of the Kalmuk-Mungolian Tongue, as also a large and accurate Map of those Countries, and variety of Cuts representing Asiatick-Scythian Antiquities. Written originally in High German by Mr. Philip John von Strahlenberg, a Swedish Officer, thirteen years Captive in those parts. Now faithfully translated into English. London, 1738, in-4, pp. IX/463.

«First issued in 1736, afterwards with a supplement and new title in 1738. Roxburghe 7879, 6/. Bishop of Ely, 1394, 7/6 d. Heath, 2548, 14/6.» (Lowndes.)

* Description historique de l'empire russien, traduite de l'allemand du baron de Strahlemberg (par J.-L. Barbeau de La Bruyère). Paris, Desaint, 1757, 2 vol. in-12.

«Le traducteur a fait subir au texte allemand des mutilations assez considérables. Il a ajouté «l'Eloge de Pierre le Grand» par Fontenelle (I, 333—83) et «Projet de réunion de l'Eglise russienne avec l'Église romaine, présenté à Pierre Ier par plusieurs docteurs de Sorbonne, lors de son voyage en France, en 1717» (II, 25—82). (Barbier.)

«On fait peu de cas de [cette] traduction française.» (Brunet.)

* Nueva Descripcion geographica del imperio Ruso, en particular y en general. Trad. del Francès. Valencia, 1786, in-4.

— Relation de la Grande Tartarie, dressée sur les Memoires originaux des Suedois prisonniers en Siberie, pendant la guerre de la Suede avec la Russie. A Amsterdam, Chez Jean Frederic Bernard, M.DCC.XXXVII, in-12, pp. 301.

Chap. I. Situation, etc. — II. Des Moungales de l'Est ou Nieuchen-Moungales. — III. Des Calcha-Moungales ou Moungales de l'Ouest. — IV. Du Royaume de Tangut ou du Baghargar. — V. Du Royaume de Caschgar ou de la Petite Boucharie. — VI. De la Grande Boucharie. — VII. Du Païs de Charass'm. — VIII. Du Turkestan et des Tartares qui l'habitent. — IX. Des Coṣaques en général et en particulier de ceux du Taïck. — X. Des Tartares de Nagaï. — XI. Des Torgáuts, branche des Callmoucks. — XII. Des Callmoucks. — XIII. Des caractères et de la langue tartares.

Cette relation fait aussi partie du *Recueil de Voyages au Nord*, T. X, Amst., J. F. Bernard, MDCCXXXVIII, in-12.

— Voir Aboul-Ghâzi, col. 1320.

— Mandelslo. Voyages. [Voir col. 980.]

— Witsen. Noord en Oost Tartaryen. [Voir col. 894.]

— Consulter sur la Tartarie, le Vol. IV de la *Description* de Du Halde (pp. 1—74). On trouvera (pp. 30—59): Observations historiques sur la Grande Tartarie. Tirées des Mémoires du P. Gerbillon.

— A Description of Tartary, subject to China. (Astley's *Collection*, IV, pp. 348 et seq.)

Introduction. — I. The Territories of the Manchew Tartars, commonly called Eastern Tartary. — II. A Journey into Eastern Tartary in 1682, by Ferdinand Verbiest, Jesuit. — III. The Countries belonging to the Mongols, properly so called. — IV. Of the country belonging to the Kalka Mongols. — V. The Natural History of the Mongols and Kalkas. — VI. A Table of Situations in Western Tartary. — VII. The Countries belonging to the Eluths, or Kalmuks. — VIII. The Manners and Customs of the Eluths, or Aluths. — IX. The History and Government of the Eluths. — X. The Origin and History of the Mongols and Tartars. From Abúlghâzi Bahâdur Khân. — XI. The Reign of Jenghiz Khân. From Abúlghâzi Khân. — XII. A farther account of the Conquests of Jenghiz Khân; from the Chinese Annals. By Antony Gaubil, Jesuit, now first extracted from the French.

* Joh. Christoph. Harenbergii Epistola de Tatarorum origine.

«In I. Oelrichsii Germaniae litteratae opusculis (Brem. 1772, in-8) T. I. Nil novi!» (Meusel.)

— Monument de la transmigration des Tourgouths des bords de la mer Caspienne dans l'empire de la Chine. (*Mém. conc. les Chinois*, I.)

Par le P. Amiot. — Voir col. 263.

— Sur une Ambassade chinoise en Tartarie. (Abel Rémusat, *Mél. As.*, I, pp. 413/430.)

— Io. Eberhardi Fischeri .... Qvaestiones Petropolitanae I. de origine *Ungrorum* II. de origine *Tatarorum* III. de diversis *Shinarum* Imperatoris nominibus titulisque IV. de *Hyperboreis*. — Edidit Avg. Ludovicus Schloezer ... Gottingae & Gothae, Impensis Dieterichianis, 1770, pet. in-8, pp. 119 + 4 ff. prél. n. c. p. l. tit., etc.

— Histoire de la Tartarie, contenant l'Origine des Peuples qui ont paru avec éclat dans ce vaste pays, depuis plus de deux mille ans; leur Religion, leurs Mœurs, Coutumes, Guerres & Révolutions de leurs Empires, avec la suite chronologique & généalogique de leurs Empereurs; le tout précédé & suivi d'Observations critiques sur plusieurs Titres de la *Bibliothèque Orientale*. [Par le P. Visdelou.] (*Bib. Orientale*, de B. d'Herbelot, *Supp.*, Paris, 1780, pp. 18 et seq.)

— The Fifth Anniversary Discourse, delivered 21 February 1788. By the President [Sir William Jones]. *(Asiatick Res.,* Calcutta, II, 1790, pp. 19/41.)

On the Tartars.

Voir également les œuvres de Sir W. Jones.

— Tartarie chinoise. (Grosier, *Desc. de la Chine,* I, pp. 242 et seq.)

— Carl Friedrich von Ledebour's . . . Reise durch das Altai-Gebirge und die soongorische Kirgisen-Steppe. Auf Kosten der Kaiserlichen Universität Dorpat unternommen im Jahre 1826 in Begleitung der Herren D. Carl Anton Meyer und D. Alexander von Bunge . . . Mit Kupfern und Karten. Berlin, 1829/1830, G. Reimer, 2 vol. in-8.

— Vollstaendige uebersicht der aeltesten Tuerkischen, Tatarischen und Mogholischen Voelkerstaemme nach Raschid-uddin's vorgange bearbeitet von Franz von Erdmann. Kasan, In der Universitäts-Typographie, 1841, in-8, pp. 188 + 1 f. errata.

— Some Observations on the Ghilack or Ghailack Race : Their manners, customs, and the Regions they inhabit : By John Mortlock Tronson, R. N. Read before the Society, April 15th 1857. *(Trans. China Br. R. As. Soc.,* Pt. VI, Art. VI.)

— Some Observations on the Coast Tartars, and their homes. By J. M. Tronson, R. N. Read before the Society, April 7th, 1858. *(Ibid.,* Art. VII.)

— The Xοῦνοι and the 匈奴 *Hsiung Nu* [by E. C. Bowra]. *(Notes and Queries on C. & J.* — No. I, pp. 2/3, No. II, pp. 13/41.)

— History of the Heung Noo in their Relations with China. (Translated from the *Tseen-Han-Shoo.)* [By A. Wylie.] *(Shai. Budget,* 1873, passim.)

— Geographical Names in Tartary and Neighboring Countries. By Geo. Phillips Esq. (Doolittle's *Voc.,* Pt. III, No. LXVI).

LANGUES TARTARES.[1]

— Observationes historicæ Gerardi Frid. Mulleri quartæ relationi itinerariæ ad illustriss. imperii senatum additæ, et anno 1735, in itinere sibirico Jeniseæ collectæ. [Ms.]

« Contenant des vocabulaires comparatifs de vingt-deux dialectes tartares, des pièces historiques et diplomatiques en russe et en latin. Ces différents ouvrages du célèbre académicien de Pétersbourg ne paraissent pas avoir été jamais publiés. Chaque page collationnée et paraphée par l'auteur, est terminée par ces mots écrits de sa main : « Apographum hoc cum meo autographo convenire testor, *Gerard Fridrich Müller.* »

Ce ms. in-fol. a fait partie de la vente Klaproth, No. 95, et il a été adjugé pour 252 fr.

— Abhandlung über die Sprache und Schrift der Uiguren von J. v. Klaproth . . . Berlin, 1812, in-8, pp. 96 et 1 Pl.

Voir également le *Verzeichniss der Chin. und Mand. Bücher* de Klaproth, Paris, 1822, pp. 189 et seq.

— Einwürfe gegen die Hypothesen des Herrn Hofr. Klaproth : Ueber Sprache und Schrift der Uiguren (siehe dessen Reise 2ter Band Seite 481 und von Halle und Berlin 1814). Von Jos. Jac. Schmidt in St. Petersburg. *(Mines de l'Orient,* VI, Vienne, 1818, pp. 321 et seq.)

— Recherches sur les langues tartares ou Mémoires sur différens points de la Grammaire et de la Littérature des Mandchous, des Mongols, des Ouigours et des Tibétains, par M. Abel Rémusat. Vol. I. Paris, Imprimerie royale, 1820, in-4.

Ce volume est le seul qui ait paru. Le Ms. du second volume se trouve dans la bibliothèque particulière d'un lord anglais.

Notice par Silvestre de Sacy, *Journal des Savans,* Juin 1820, pp. 354/368.)

— Versuch über die Tatarischen Sprachen, von Dr. Wilhelm Schott. Berlin : Verlag von Virt & Comp. 1836, in-4, pp. 81.

* Ueber das Altai'sche oder Finnisch-tatarische Sprachengeschlecht, von Dr. Wilhelm Schott. Berlin 1849.

— Zur Uigurenfrage von W. Schott. Aus den Abhandlungen der königl. Akademie der Wissenschaften zu Berlin 1873. Berlin, 1874, in-4, pp. 102/121.

Abh. der philos.-histor. Kl. 1873. Nr. 5.

— Zur Uigurenfrage . . . Zweite Abteilung. Berlin 1875. in-4, pp. 27/57.

Abh. der philos.-histor. Kl. 1875. Nr. 2.

— Zur Geschichte der Schrift bei den tatarischen Völkerschaften. *(Asiatische Studien* von C. F. Neumann, 1837, pp. 121/144.)

— M. Alexander Castrén's Grundzüge einer Tungusischen Sprachlehre nebst kurzen wörterverzeichniss . . . . . herausgegeben von Anton Schiefner. St. Petersburg, 1856, in-8.

— M. Alexander Castrén's Versuch einer Koibalischen und Karagassischen Sprach-

1. Nous avons indiqué dans ce chapitre les ouvrages sur les langues tartares qui ne prendront pas place dans les chapitres consacrés aux langues mandchou et mongole (mongol oriental = mongol proprement dit et mongol occidental = kalmouk = eleuth, etc.).

lehre nebst wörterverzeichnissen aus den Tatarischen mundarten des Minussinschen kreises . . . . herausgegeben von Anton Schiefner. St. Petersburg, 1857, in-8.

— M. Alexander Castrén's Versuch einer Burjätischen Sprachlehre nebst kurzem wörterverzeichniss.... herausgegeben von Anton Schiefner. St. Petersburg, 1857, in-8.

— M. Alexander Castrén's Versuch einer Ostjakischen Sprachlehre nebst kurzem wörterverzeichniss.... herausgegeben von Anton Schiefner. St. Petersburg, 1858, in-8.

* A. Orlof. Grammatika Mongolo-Burjatskago razgowornago jazyka. Kasan, 1878, in-8, pp. x-265-IV.

«The book of Orlow is distinguished by the solidity and soundness of the author. It abounds in good examples. Instead of the original Mongolian types, a Russian transcription is used. At all events, the grammar is much more thorough and rich in instructive matter than is the essay of Castrén.» (Jülg, *J. R. As. Soc.*, Vol. XIV, pp. 62/3.)

— On an ancient inscription in the Neuchih language : By the Rev. A. Wylie, Shanghae. Read before the Society, March 21, 1859. *(Trans. Ch. Br. R. As. Soc.*, Pt. VI, Art. VIII.)

Réimp. dans le *Jour. of the Roy. As. Soc.*, Vol. XVII, 1860, Art. XVI, pp. 331/345.

— The Tartar Languages compared with Chinese. By the Rev. Joseph Edkins, B. A., Peking. *(The Phœnix,* I, 1870, pp. 5/6, 12/14.)

— On Tartar and Turk. By S. W. Koelle, Ph. D., Cor. Member of the Roy. Ac. of Sc. in Berlin, and Missionary of the Church Missionary Society. *(Jour. R. As. Soc.,* Vol. XIV, April 1882, pp. 125/159.)

MANDCHOURIE.

OUVRAGES DIVERS.

— *Chinese Repository,* I, pp. 113 et seq.

— Empire chinois. Notes sur la Mantchourie [Kay-tcheou, au Leao-tong, mai 1843]. Par Mgr. E. J. F. Verroles. *(Revue de l'Orient,* III, 1844, pp. 193/6.)

— Notices of the Sagalien River, and the island of Tarakai opposite its mouth. By S. W. Williams. *(Chin. Rep.,* XIX, June 1850, pp. 289 et seq.)

— Shaghalian Ula. *(N. C. Herald,* No. 305, May 31, 1856. — Réimp. dans le *Shae. Miscel.,* I.)

— La Vallée de l'Oussouri, sa flore, sa faune, ses habitants. Par J. Veniukoff. *(Nouv. Ann. des Voy.,* 1859, III, pp. 157/165.)

Analyse d'un mémoire présenté à la Soc. imp. géog. de Russie.

— Les nouvelles acquisitions des Russes dans l'Asie orientale. Le Fleuve Amoûr, d'après les documents originaux et les notes publiées par la Société impériale géographique de Russie. Par V. A. Malte-Brun. *(Nouv. Ann. des Voy.,* II, 1860, pp. 266/276.)

Tirage à part : Paris. Arthus Bertrand, 1860, in-8, pp. 78. Carte.

— Notes sur le fleuve Amoûr et sur la nouvelle frontière russo-chinoise. Par V. A. Malte-Brun. *(Ibid.,* 1861, II, pp. 130/136.)

— Le golfe de Pierre-le-Grand dans la mer du Japon. Note sur les dernières reconnaissances des Français, des Anglais et des Russes. 1852 à 1860. Par V. A. Malte-Brun. *(Nouv. Ann. des Voy.,* 1862, I, pp. 129/134.)

— Esquisse ethnographique des Mangounes d'après des documents russes. Par C[t] de Sabir. *(Rev. Or. et Am.,* V, 1861, pp. 292/299).

* W. Vassilief. — Описаніе Манъжуріи и свѣдтнія о Манъжурахъ. Description de la Mandchourie et détails sur les Mandchous. 1863.

Les détails sur les Mandchous sont tirés des auteurs des dynasties Yuen et Ming.

— Fr. Aug. Lühdorf. Das Amur-Land, seine Verhältnisse und Bedürfnisse. (Petermann, *Mitth.,* 1868, août, pp. 325/332.)

— Notes on Southern and Central Manchuria by the Rev. Alexander Williamson. *(N. C. Herald,* Dec. 31, 1867.)

— Notes on Manchuria. By Rev. Alexander Williamson, B. A. Read, Nov. 23, 1869. *(I. R. Geog. Soc.,* XXXIX, 1869, pp. 1/36.) — Extracts. *(Proc. R. Geog. Soc.,* XIII, 1869, pp. 26/38.)

— Russian Manchuria. *(Shai. Budget,* 28 Dec. 1871.)

— Russians in Mantchuria. *(Colburn's New Monthly Magazine,* CXLIII, p. 367.)

— Notes on Manchuria. By Rev. J. Ross. *(Chin. Rec.,* VI, 1875, pp. 214/221.)

— Some Notes on Liao-tung. By Rev. J. Ross. *(Chin. Rec.,* VII, 1876, pp. 99/106).

— Superstitions of Manchuria. By Rev. John Ross. *(Chin. Rec.,* VIII, 1877, pp. 516/519.)

— The Province of Shing-king. — In Five Parts. — 1. Historical. 2. Geographical. 3. Famous men and women. 4. Antiquities. 5. Commercial. And a short account of Tonquin. — June 1880. — Shanghai : Printed at the « Shanghai Mercury » Office, br. in-4, pp. 37.

— Voir les rapports du Commissaire des Douanes à Niou tchouang.

— Voir *Niou tchouang,* col. 1045.

— Voir au chapitre RELIGION. les *Annales de la Propagation de la Foi,* etc., ainsi que les *Biographies des Missionnaires.*

HISTOIRE.

* Одстояте из пое Описанiе пропахореденiя и состоянiя Маньчжурскаю народа и войска. Description détaillée de l'origine et de l'état actuel du peuple mandchou et de son armée. Par Alexis Léontief. Avec notes et commentaires (à la fin) écrits par Rossokine. St. Pétersbourg, 1784, 16 vol.

Traduction de l'original mandchou publié en 1739. L'auteur décrit en détail la transformation des Mandchous en peuple indépendant et son organisation politique et militaire. On y trouve aussi les biographies des Mandchous célèbres.

— Geschichte des Östlichen Asiens von Dr. Joh. Heinr. Plath. — *Erster Theil.* — Die Mandschurey. Göttingen, in der Dieterichschen Buchhandlung, 1830, in-8.

Cette première portion de l'ouvrage se compose de deux parties qui ont pour titre : Die Völker der Mandschurey von Dr. Jo. Heinr. Plath, Privatdocenten der Geschichte an der Universität Göttingen. Erster Band. Göttingen, in der Dieterichschen Buchhandlung, 1830.

— Zweyter Band. *Ibid.*

Pp. XVI + ff. 16 n. c. pour la table des 2 parties + pp. 1 à 498 + 1 f. n. c. p. l. er., pp. 499 à 1036 + 1 f. n. c. p. l. er.

Le Dr. J. H. Plath est mort, à l'âge de 73 ans à Munich, le 16 Nov. 1874.

— Notice sur l'origine de la nation des Mandchoux. (Klaproth, *Mém. rel. à l'Asie,* I, pp. 441/454.)

— W. Gorsky. Berceau de la dynastie mantchou, etc. [Voir col. 261.]

— The Rise and Progress of the Manjows. By the Rev. J. Ross. *(Chin. Rec.,* VII, 1876, pp. 155/168, 235/248, 315/329; VIII, 1877, pp. 1/24, 197/208, 361/380.)

— The Manchus, or the reigning dynasty of China : their rise and progress. Maps and illustrations. By Rev. John Ross, Author of « Corea ». Paisley : J. and R. Parlane, 1880, in-8, pp. XXXII-751.

VOYAGES.

— Verbiest. [Voir col. 262.]

— Voyage à la Montagne Blanche, traduit du Mandchou. (Klaproth, *Mém. rel. à l'Asie,* I, pp. 455/460.)

— The Chang-peh Shán, or Long White Mountains of Manchuria. By S. W. Williams. *(Chin. Rep.,* XX, pp. 296 et seq.)

— Voyage dans la Province de la Mandchourie par le P. Venault. Mandchourie, 10 mai 1851. *(Rev. de l'Or. et de l'Alg.,* XI, 1852, pp. 224/237.)

* 35th Congress, 1st Session. Ex. Doc. No. 98. Exploration of Amoor River. Letter from the Secretary of State, in answer to a resolution of the House, calling for information relative to the explorations of Amoor River. April 7, 1858. Ordered to be printed.

— Explorations of the Amoor River in Northern Asia. [P. M. D. Collins.] *(Singapore Free Press,* June 24, 1858; réimp. *N. C. Herald,* June 24, 1858.)

— Perry Mc D. Collins' Bericht über seine Reise durch das Asiatische Russland, 1856 u. 1857, und über die Handels-Verhältnisse am Amur. (Petermann's *Mitth.,* 1859, No. I, pp. 19/29.)

— Путешествiе на Амуръ, совершенное по распоряженiю Сибирскаго отдѣла императорскаго русскаго географическаго общества, въ 1855 году, Р. Маакомъ. St. Pétersbourg, 1859, in-4, pp. VIII + 2 ff. n. c. + 320 + 2 ff. n. c. + 211 p. + VIII + 1 f. n. c. + XIX.

Il y a un compte rendu étendu de cet ouvrage par Constantin de Sabir dans les *Nouvelles Annales des Voyages,* 1861, I, pp. 46/83. 182/232. « L'expédition, à la tête de laquelle se trouvait M. Maack, se composait de MM. Hertsfeld, Sandhagen, Kotchetoff et Furmann ; partie des bords de l'Amoûr en avril 1855, elle ne revint à Irkoutsk qu'en janvier 1856, après avoir parcouru en 9 mois 6000 verstes, c'est-à-dire environ 6402 kilomètres. » p. 47.

— Reise an den Sungari. (Erman, *Archiv Russ.,* XIX., 1860, pp. 515-518.)

— Nachrichten vom Ussuri-Flusse. St. Pétersb. *(Acad. Sc. Bull.,* II, 1860, col. 545 à 567.)

— Nachrichten vom Sungari-Fluss. [1861.] St. Pétersb. *(Acad. Sc. Bull.,* IV, 1862, col. 225-245.)

— Nachrichten vom Ssungari-Fluss, aus einer brieflichen Mittheilung des Herrn Maximowicz an Hrn. Leop. v. Schrenck. *(Bull. Ac. des Sc. de St. Pét.,* IV, 1862, col. 225/245.)

— Maximowicz's Reise auf dem unteren Ssungari, 1859. (Petermann, *Mitth.,* 1862, pp. 167/170.)

Voir *Maximowicz*, col. 197, *Regel*, col. 198 et en général le chap. *Histoire naturelle*.

— Le Fleuve Amour. Par F. de Lanoye. (*Tour du Monde*, 1860, I, pp. 97/112.)

I. Exploration de ce fleuve depuis ses sources jusqu'à son embouchure. II. Voyage d'hiver le long de l'Amour, de l'embouchure du fleuve au confluent de la Chilka et de l'Argoun, exécuté en 1856—57 par M. Porgachefski.

— Le fleuve Amoûr. Journal de voyage de M. Permikine. (*Nouv. Ann. des Voy.*, 1860, III, pp. 145/210.)

— Japan, the Amoor, and the Pacific; with Notices of other Places comprised in a Voyage of circumnavigation in the Imperial Russian Corvette «Rynda», in 1858—1860. By Henry Arthur Tilley. London, Smith, Elder & Co., 1861, in-8.

— Account of a Journey from Tientsin to Moukden, in Chinese Tartary : Letter to the Editor of the *North China Herald*. By M. (*N. C. Herald*, No. 581, Sept. 14, 1861.)

— Narrative of a Journey from Yingtsze-Newchwang to Moukden and Tientsin. By A. M. (*N. C. Herald*, No. 628, Aug. 9, 1862; No. 630, Aug. 23, 1862.)

— Travels on Horseback in Mantchu Tartary : being a Summer's ride beyond the Great Wall of China. By George Fleming Esq. London, 1863, in-8.

— The Sea-board of Russian Manchuria. By J. M. Canny Esq. Read before the Society on Sept. 5th and Nov. 29th 1864. (Art. VI, *Journal N. C. B. R. A. S.*, No. I., N. S., pp. 70/108.)

«The following paper on the Russian possessions on the coast of Manchuria is the result of the writer's personal experience while serving in the Russian navy in the years 1862—63», p. 70.

— Notes of a trip to the coast of Saghalien and the Amoor. (*Shae. Evening Courier*, Nos. 13 & 15 [1868].)

— The English Doctor in Southern Manchooria. (*Edinburgh Medical Journal*, Nov. 1869.)

Par le Dr. James Watson, de Niou tchouang. — Notice : *Shae. Evening Courier*, Jan. 13, 1870.

— Travels of a Naturalist in Japan and Manchuria. By Arthur Adams, F. L. S. Staff-Surgeon, R. N. London : Hurst and Blackett, 1870, in-8, pp. x-334.

— Williamson's Journeys in North-China, 1870. [Voir col. 1022.]

— Eastern Siberia and the Amoor. By Ronald Bridgett Esq. (*Proc. Roy. Geog. Soc.* — Réimp. dans *The Cycle*, 11 June 1870.)

— Journey from Port May to Kiachta. (*Shai. Budget*, 1871, June 23, 30; July 7, 14.)

— Travels in Mantchuria. (*Dublin University Mag.*, LXII, p. 95.)

— Дорожныя замѣтки на пути отъ Пекина до Благовѣщенска, чрезъ Маньчжурію, въ 1870 году. — Архимандрита Палладія. — (Изъ записокъ по Общей Географіи, T. IV), br. in-8, pp. 130 et une carte.)

— An Expedition through Manchuria from Pekin to Blagoveschensk in 1870. By the Archimandrite Palladius, chief of the Russo-Greek Church Mission at Pekin. Compiled from the Journal of the Archimandrite, and translated by E. Delmar Morgan, F. R. G. S. [Read Feb. 26, 1872.] With a Map. (*Jour. Roy. Geog. Soc.*, Vol. 42, 1872, pp. 142/180.)

— Journal through Eastern Mantchooria and Korea. By Walton Grinnell. Read June 13th, 1871. (*Am. Geog. Soc.*, N. York, Vol. III, No. IX, pp. 283/299.)

— On the island of Saghalin. By Colonel Veniukoff. Translated from the Russian 'Voyenni Sbornik', by Captain Spalding, 104th Regiment. With a Map. (*Jour. Roy. Geog. Soc.*, Vol. XLII, 1872, pp. 373/388.)

— A Visit to the Gulf of Tartary and Saghalien [with the *Iron Duke*]. (*Hongkong Times*; réimp. *Shai. Budget*, Dec. 18, 1873.)

— Prjevalsky. Voir MONGOLIE, et TIEN CHAN.

LANGUE.

— Consulter une lettre du P. Parrenin, *Lettres édifiantes*, XIX, pp. 257/299.

— Elementa Linguae Tartaricae.

Cette grammaire que l'on attribue généralement au P. Gerbillon, a été insérée par Thévenot dans son Recueil où elle occupe 34 pages (dans le Vol. II, 4e Partie, 1696).

Une traduction française incomplète de cette Grammaire a été publiée dans les *Mémoires concernant les Chinois*, Vol. XIII (Vide infra). — Les derniers chapitres, relatifs aux adverbes, aux prépositions et aux conjonctions, ne sont pas donnés dans la version imprimée dans cette collection de *Mémoires*.

«Les PP. Gerbillon et Domenge invitèrent plusieurs savans françois avec lesquels ils entretenoient une correspondance littéraire, à étudier le mantchou, et leur envoyèrent des secours dont l'on ne fit alors aucun usage. Le premier composa en latin une excellente grammaire, intitulée *Elementa linguae tartaricae*, imprimée, sans les caractères originaux, dans la *Collection des voyages de Melchisedech Thévenot*; l'autre rédigea, pour M. *de Fourmont*, un *Essai de méthode pour apprendre la langue des Mantchoux*. Cet ouvrage est resté manuscrit entre les mains de M. *le Roux des Hautes-rayes*, qui a bien voulu me le communiquer : il existe aussi un *Dictionnaire mantchou-latin*, du P. *Verbiest*, que je n'ai pas encore pu déterrer». Langlès, *Prospectus du Dict.*, p. IX.

— Grammaire Tartare-mantchou, par M. Amiot, Missionnaire à Pékin. Tirée du Tome XIII des Mémoires concernant l'Histoire, les Arts, les Sciences, &c. des Chinois. A Paris, Chez Nyon l'aîné, . . . M.DCC.LXXXVII, in-4, pp. 39.

Cette grammaire avait paru dans le Tome XIII des *Mémoires*, pp. 39/73.

C'est la traduction française des 112 premiers paragraphes de l'ouvrage latin de Gerbillon. (Voir Klaproth, *Lettres sur la lit. mand.* dans les *Mém. rel. à l'Asie*, III, p. 10.)

Mr. Alex. Wylie a traduit cette grammaire en anglais. C'est de cette traduction qu'il parle dans l'introduction (p. lvi) qui précède sa version du *Ts'ing Wang k'e mung*. Cette «*Manchu-Tartar Grammar*» a été imprimée et forme 30 pages in-8, mais comme elle devait faire partie d'une *Chrestomathie mandchoue* qui n'a pas été terminée, elle n'a pas été publiée.

— Le N. F. Chinois 1913, Bibliothèque nationale, Paris, est le ms. d'une traduction avec quelques légers changements et plusieurs additions par Abel Rémusat de la grammaire mandchoue du P. Gerbillon. Ce Ms. forme un petit in-4.

— Du Halde. Description de la Chine . . . La Haye, 1736, in-4, T. IV, pp. 77/87.

— Des Hauterayes a consacré un mémoire au «Tartare Mancheou» avec une Planche dans le Chap. VI. De l'*Imprimerie*, Tome II, Part. II, pp. 546/584 de l'Encyclopédie élémentaire ou Introduction à l'étude des lettres, des sciences et des arts . . . Par M. l'Abbé de Petity, Prédicateur de la Reine. Paris, MDCCLXVII, 2 tomes in-4 en 3 Volumes.

— Bayer, dans les *Comm. Acad. Petropolitanae* et les *Acta Erud. Lips.* — Voir surtout :

— De litteratvra Mangivrica. Avctore T. S. B. (*Com. Ac. Scient. Imp. Petropolitanae*, VI, 1738, pp. 325/338.)

* Kitaiskiia mysli . . . . Pensées chinoises, trad. du mandchou en russe par Alexis Leontief. St. Pétersbourg, *Acad. des Sc.*, 1772, in-8.

Cat. Klaproth (197), 1 fr.

— Alphabet tartare-mantchou, dédié à l'Académie royale des Inscriptions et Belles-Lettres, Avec des détails sur les lettres et l'écriture des Mantchoux. Par L. Langlès, Officier de NN. SS. les Maréchaux de France. A Paris, Imprimé par Fr. Ambr. Didot l'aîné, Avec les caractères gravés par Firmin Didot son 2d fils. M.DCC.LXXXVII, in-4.

— Alphabet Mantchou, rédigé d'après le Syllabaire et le Dictionnaire universel de cette langue; par L. Langlès . . . . Troisième édition, augmentée d'une notice sur l'origine, l'histoire et les travaux littéraires des Mantchoux actuellement maîtres de la Chine. A Paris, de l'Imprimerie impériale, 1807, in-8, pp. XVI/208.

— Prospectus du Dictionnaire, des Grammaires et dialogues tartares-mantchoux, Rédigés & publiés avec des additions considérables. En quatre volumes in-4°. Par L. Langlès, Auteur de l'Alphabet Mantchou. A Paris et à Strasbourg. in-4, pp. xx.

Le titre ci-dessus est celui de la couverture extérieure. On lit sur le titre : Dictionnaire, grammaires et dialogues, etc. *ut supra* . . . . . A Paris. Imprimés par Fr. Ambr. Didot l'aîné, Avec les caractères gravés par Firmin Didot son 2d fils. M.DCC.XC. — et sur le faux-titre : Dictionnaire, Grammaires et dialogues tartares-mantchoux françois. Suite des Mémoires chinois.

(MANDCHOURIE.)

— Dictionnaire Tartare-Mantchou françois, Composé d'après un Dictionnaire Mantchou-Chinois, par M. Amyot, Missionnaire à Pekin; Rédigé et publié avec des additions et l'Alphabet de cette langue, par L. Langlès, Officier de NN. SS. les Maréchaux de France. A Paris, Imprimé par Fr. Ambr. Didot l'aîné, M.DCC.LXXXIX — XC. 3 vol. in-4, pp. xl-592 = 575 = xx-249.

Au commencement du 3e vol. il y a des «Détails littéraires et typographiques, sur l'édition du Dictionnaire et des Grammaires tartares-mantchoux».

On lit au bas du faux-titre : «Suite des Mémoires chinois».

Voir sur ce Dictionnaire les *Remarques* de Klaproth (*2e Lettre sur la litt. mand.*).

Le Ms. du père Amiot porte le No. 1070 dans le *Catalogue* des Livres de Langlès (1825) et il est ainsi décrit, p. 125 : «Dictionnaire mantchou-chinois, trad. en françois et écrit tout entier de la main du P. Amiot, missionnaire à Pékin. Les mots chinois et mantchoux y sont écrits comme on les prononce à la cour. Ils contiennent tous les mots de la langue des Mantchoux jusqu'à la 12e année de Kienlong».

«Ce superbe manuscrit, exécuté avec la plus grande netteté sur papier de Chine, forme deux grands vol., in-4. rel. en étoffe de soie de la Chine, à fleurs sur fond jaune. Il est signé du P. Amiot, 1784.»

Ce Ms. vendu frcs. 321.— à la vente de Langlès le Mercredi 4 Mai 1825, a été présenté à la Bibliothèque de la Société royale asiatique de Londres le 5 Novembre 1825 par le vicomte Kingsborough.

Voir sur ce Ms. une note de Klaproth (*Lettres sur la litt. mand.* dans les *Mém. rel. à l'Asie*, III, p. 40.)

«Je possède l'original chinois de cet ouvrage, dit Klaproth, loc. cit., p. 11; il a été publié à Peking en 1752, et il porte le titre de *Mandchou isaboukha bitkhe*, ou Collection de la langue mandchoue; en Chinois, *Thsing vên wéi choû* 書彙文清.»

— Hymne tartare-mantchou, chanté à l'occasion de la conquête du Kin tchouen, Traduit en françois et accompagné de notes pour l'intelligence du texte par M. Amyot, missionnaire à Pékin; Et publié par L. Langlès, auteur de l'alphabet tartare-mantchou. A Paris, de l'imprimerie de P. Didot l'aîné. M.DCC.XCII, in-4, pp. xxvj.

— Notice des livres Tatars-Mantchoux de la Bibliothèque nationale. Par le Cen. Langlès. (*Not. et Ext. des Ms.*, V, an VII, pp. 581/606.)

Première Partie. *Dictionarium Latino-Sinico-Mantchou* [Dictionnaire Latin, Chinois et Mantchou]; 3 vol. in-fol. (*Tatar*, No. 1.)

— Rituel des Tatars-Mantchoux, rédigé par l'ordre de l'empereur *Kien-long*, Et précédé d'un Discours préliminaire composé par ce Souverain; avec Les Dessins des principaux Ustensiles et Instrumens du culte chamanique : Ouvrage traduit par Extraits du tatâr-mantchou, et accompagné des Textes en caractères originaux, par L. Langlès . . . . A Paris, de l'Imprimerie de la République. An XII. = (1804, v. s.), pp. 74 + 10 Pl.

(MANDCHOURIE.)

«La Notice qu'on va lire fait partie du tome VIIe, première partie, page 241—308, des Notices et extraits des Manuscrits de la Bibliothèque nationale. J'en ai fait tirer quelques exemplaires séparément, pour les offrir aux amateurs de la littérature Orientale, et pour exciter quelques-uns d'eux à étudier une langue savante, encore inconnue aujourd'hui en Europe. » . . . . . *Avertissement.*

On lit à la fin : Imprimé par les soins de J.-J. Marcel, Directeur de l'Imprimerie de la République.

— Lettres sur la littérature mandchoue :

I. Sur l'utilité de l'étude de la langue mandchoue.

II. Remarques critiques sur le dictionnaire mandchou du père Amiot, publié par M. Langlès.

III. Remarque sur la troisième édition [1807] de l'alphabet mandchou de M. Langlès.

IV. Rituel tartare-mandchou, publié par M. Langlès.

V. Sur quelques autres opuscules du même auteur relatifs au mandchou.

(J. Klaproth, *Mém. rel. à l'Asie,* III, pp. 1/88.)

— Ces lettres avaient paru à part : Paris, 1815, in-8, pp. 76.

Kaulen, *Linguae Mandshuricae Inst.*, écrit. p. 6 : «In eo exemplari, quod Berolini asservatur, editor adscripsit titulo : «traduites du Russe de M. Afanasii Larionowitch Leontiew»; deinde «— les lettres mandchoux ne sont tirées qu'à cinquante exemplaires.»

— Chrestomathie mandchou, ou Recueil de textes mandchou, destiné aux personnes qui veulent s'occuper de l'étude de cette langue; par J. Klaproth. Imprimé par autorisation de Mgr le Garde des Sceaux, à l'imprimerie royale. M.DCCC.XXVIII, in-8, pp. XII-273 sans l'errata.

Les pages 3/192 comprennent les textes.

On trouve pp. 193 et seq. la «traduction de quelques morceaux contenus dans la Chrestomathie mandchou» :

Ming Hian Dsĭ, ou Collection de Proverbes et de maximes, traduits du chinois en mandchou, pp. 195 seq. (174 prov.).

Traité des Récompenses et des Peines, de Thaï-chang, pp. 211 seq.

Traité de Paix entre la Chine et la Russie (21 Oct. 1727 — ratifié 14 juin 1728), pp. 222 seq.

Eloge de la ville de Moukden par l'empereur Khian loung, pp. 235 seq.

— Verzeichniss der Chinesischen und Mandschuischen Bücher . . . zu Berlin, von J. Klaproth. [Voir col. 837.]

— Elemens de la Grammaire mandchoue par H. Conon de la Gabelentz. Altenbourg, Comptoir de la Littérature, 1832, in-8, pp. x-156 sans les errata, et 6 planches lithographiées.

La couverture extérieure porte la date de 1833.

Gabelentz né à Altenbourg (Saxe) le 13 oct. 1807 est † à Lemnitz (Saxe-Weimar) le 3 sept. 1874. *The Athenaeum,* No. 2459, Dec. 12, 1874, contient une longue notice sur ce savant par le Dr. R. Rost, écrite d'après des souvenirs personnels et des détails fournis dans une note de l'*Altenburger Zeitung.*

— Mandschu-mongolische Grammatik aus dem *Sân-hŏ-piân-làn* übersetzt von H. C. v. d. Gabelentz. *(Zeit. f. d. K. d. Morg.,* I Bd. III Hft., 1837, pp. 255/296.)

— Mandschu-sinesische Grammatik nach dem *Sân-hŏ-piân-làn* von H. C. v. d. Gabelentz. *(Ibid.,* III Bd., I Hft., 1839, pp. 88/104.)

— Sing-li-tchin-thsiouan, die wahrhafte Darstellung der Naturphilosophie aus dem Mandschu übersetzt. von H. C. v. d. Gabelentz. *(Ibid.,* III Bd., II Hft., 1840, pp. 250 et seq.)

— Beiträge zur mandschuischen Conjugationslehre von H. C. v. d. Gabelentz. *(Ibid.,* XVIII.)

— Notice sur le Dictionnaire intitulé : *Miroir des Langues Mandchoue et Mongole,* par M. Abel-Rémusat. *(Not. et Ext. des Ms.,* XIII, 1838.)

— Translations from the Manchu, with the original texts, prefaced by an Essay on the Language. By T. T. Meadows, Interpreter to H. B. M.'s Consulate at Canton. Canton, 1849, in-8, pp. 54 et 24 f. de mandchou.

Notice par S. W. Williams, *Chin. Rep.*, XVIII, p. 604; extraits, *ibid.*, pp. 642 et seq.

— Translation of the *Ts'ing Wang ke' mung,* a Chinese Grammar of the Manchu Tartar language; with introductory notes on Manchu literature. Shanghae : London Mission Press, 1855, in-8, pp. lxxx-314.

Traduit par A. Wylie.

La préface contient une histoire de la littérature des Mandchous. — Une bibliographie des ouvrages imprimés en langue mandchoue est imprimée, pp. XLIX et seq.

Il figurait à la vente Klaproth, 2e partie, No. 202, une traduction ms. russe de la seconde partie du *Tsing wen ki meng*, par Antoine Wladykine, in-fol., 50 fr. — Wladykine a laissé également en ms. une grammaire mandchoue à l'usage de la jeunesse russe, 1804, pet. in-fol.: ce dernier ms. a également appartenu à Klaproth (vente, 1ère partie, No. 449, 40 fr. 50.).

Rémusat, dans ses *Recherches sur les langues tartares*, I, pp. 98 et seq. écrit que dans son mémoire *(vide supra,* col. 1304) :

«Deshauterayes fait mention de matériaux qu'il possédait, et d'après lesquels, dit-il, on aurait pu rédiger une grammaire trois fois plus étendue que celle de Gerbillon. J'ignore si ces matériaux sont les mêmes que M. Langlès avait intention de faire imprimer avec un autre ouvrage grammatical de M. Raux dans la *Collection de Grammaires* qu'il comptait publier à la suite du Dictionnaire d'Amiot. Suivant ce plan utile et simple, on aurait eu dans un seul volume trois ou quatre grammaires Mandchoues, les *Elementa linguæ Tartaricæ*, du P. Gerbillon, l'*Essai de la Méthode pour apprendre le Tartare,* du P. Domenge, et la première partie de l'ouvrage de M. Raux. Je ne connais ce dernier que par l'indication qu'on en trouve dans la préface de l'*Alphabet Mantchou;* mais d'après cette seule indication je pense qu'il donnerait de la langue une plus juste idée que les autres, puisque c'est la première partie de la traduction d'une grammaire originale Mandchoue. M. Langlès regrette la perte de la seconde partie, qui a été enlevée dans la traversée, et transportée au *British Museum* à Londres. Mais rien n'est plus aisé que de suppléer à cette perte, puisqu'on possède à la Bibliothèque du Roi l'original même d'un ouvrage semblable intitulé *Mandchou nikan khergen-ni Thsing wen ki meng*, et en chinois *Man han tseu Thsing wen khi meng* (les Principes de la langue des *Thsing* ou *Mandchous* en mandchou et en chinois). Une courte analyse de cet ouvrage ne sera point déplacée ici; elle fera connaître la méthode que les Mandchous suivent dans l'enseignement de leur langue; et servira de base aux réflexions dont cette même langue sera l'objet dans la suite de ce chapitre.

«Le *Thsing wen khi meng,* imprimé, comme l'indique son titre en caractères chinois et mandchous, est réellement une grammaire de la dernière de ces deux langues, composée dans la première. Toutes les règles y sont écrites en chinois, et tous les exemples y sont en mandchou. L'édition dont la Bibliothèque du Roi possède un exemplaire est en quatre volumes, et de l'année *Young-tching, Jin-tseu* (1733). Suivant la préface qu'on lit à la tête du premier volume, elle fut composée par le docteur *Cheou-phing,* dont le nom propre était *Wou-ko,* du pays de *Tchang-pe, pour l'usage des Ecoles;* et l'éditeur nommé *Tchhing-ming-youan* du titre de *Peï-ho,* du pays de *Thsian-thang,* s'annonce dans la préface en question comme s'étant chargé du soin de la publication, en sa qualité d'ami de l'auteur. Il y a probablement eu depuis cette époque un grand nombre d'éditions de cet ouvrage estimé des Mandchous, et je suis très porté à croire que le titre tartare donné par le P. Raux à sa traduction, pourrait bien n'être que celui d'une édition postérieure à celle que j'ai sous les yeux. L'ouvrage lui-même est divisé en quatre *Kiouan* *deptelin,* ou livres... [suit la description des quatre livres] . . . .»

— Linguae mandshuricae Institutiones quas conscripsit, indicibus ornavit Chrestomathia et Vocabulario auxit Franciscus Kaulen Rector Puteolanus, Soc. Asiat. Paris. Socius. Ratisbonae, Sumptus fecit G. Josephus Manz. Lipsia, ex officina Niesana, MDCCCLVI, in-8, pp. VIII-152.

— Les deux frères. Conte Mandchou. Traduit [avec le texte] par Stanislas Julien. (*Rev. Or. et Am.*, V, 1861, pp. 137/147.)

— Маньчжурская христоматія для первоначальнаго преподаванія, составленная Профессоромъ ..... Васильевымъ. St. Pétersbourg, 1863, in-8, pp. 228.

Texte mandchou.

— Маньчжурско-Русскій Словарь составленный для руковогства Студентовъ Профессоромъ . . . . . В. Васильевымъ. С. Петербургъ 1866 л . . . . . in-4, pp. VII-134, à 2 col., autog.

— Note on the Manchu Language. By the Rev. James Summers. (*The Phœnix*, I, Sept. 1870, p. 25.)

— Grammaire de la Langue mandchou par Lucien Adam, Membre titulaire de l'Académie de Stanislas. Paris, Maisonneuve, 1873, in-8.

*Грамматика Маньчжускаго языка. Par A. Orlof. 1873.

— Полный маньчжурско-русскій словарь составленный ...... Иваномъ Захаровымъ. St. Pétersbourg, 1875, Typ. imp. de l'Ac. des Sciences, in-4, pp. XXX-1129-6.

∴

*Dictionnaire mandchou-russe et russe-mandchou. = Dictionnaire mandchou, russe et chinois. = Dictionnaire chinois et mandchou. 4 vol. in-fol., rel.

«Beau manuscrit sur papier de Chine, M. Klaproth a ajouté des traductions françaises à beaucoup d'articles. La première partie de ce dictionnaire contient de 18 à 19.000 mots, tandis que le dictionnaire du P. Amyot n'en contient pas 14.000. Quant à la partie chinoise et mandchoue, c'est un travail, on pourrait dire unique, car on sait qu'il n'existe pas, même à la Chine, de dictionnaire chinois expliqué en tartare, et que tous ont été faits pour le mandchou. Une note semblerait indiquer que ce précieux ouvrage a appartenu à l'interprète Wladykine, auquel il aurait servi pour ses études, pendant son séjour à Péking en 1781». Ce ms. figurait sous le No. 210 à la vente de Klaproth (2e partie).

*Vocabularium sinico-mandshuico-russicum, auctore Alexei Paritschow. Irkutzkae, in Sibiriâ, in-fol., cart.

Manuscrit. — Vente Klaproth (2e partie), No. 209, fr. 59.

MONGOLIE.

OUVRAGES DIVERS.

— J. L. Mosheim, col. 320.
— Bergeron, col. 890, 891 et 1300.
— N. Witsen, col. 894.
— Jean du Plan de Carpin, col. 903.
— Simon de Saint-Quentin, col. 906.
— Guillaume de Rubrouck, col. 907.
— Marco Polo, col. 909.
— Hetoum, col. 931 et 932.
— Odoric de Pordenone, col. 937.
— Clavijo, col, 961.
— J. Janssen Struys, col. 985.
— Ph. Avril, col. 990.

— Samlungen historischer Nachrichten über die Mongolischen Völkerschaften durch P. S. Pallas..... St. Petersburg, gedruckt bey der Kayserlichen Akademie der Wissenschaften, 1776—1801, 2 vol. in-4.

«Ce livre ne traite pas seulement de l'origine et des caractères physiques de ces peuples mongols, de leurs mœurs et de leurs gouvernements; une grande partie est consacrée au détail de leur religion.» (Eyriès, dans la *Biog. universelle.*)

— Index mongol-allemand pour l'ouvrage de Pallas intitulé : Recueil de documents historiques sur les peuplades Mongoles.

Ms. in-4, d. rel., m. v., vente Klaproth, 2e partie, No. 97.

«Cet index, qui paraît fait avec le plus grand soin, peut être d'un grand secours pour la lecture souvent difficile de l'ouvrage de Pallas. On a rectifié dans la transcription des mots, les incorrections que Joerig, qui servait d'interprète au savant voyageur prussien, a commises. C'est à la fois un vocabulaire assez étendu et une excellente table alphabétique indispensable pour un livre aussi rempli de détails que l'est celui-là.» Ce Ms. a été adjugé pour 150 fr.

— Kurze Beschreibung derjenigen Gebräuche, welche 1729 vom 22 Jun. bis den 12 Jul. in dem Flecken Urga am Fluss Elbina bey Kundthuung der Wiedergeburt des Kutuchta, eines der vornehmsten Götzenpriester in der Mongolen, beobachtet worden. (*Neue Nordische Beyträge,* I Bd., II St., pp. 314/324.)

— Benjamin Bergmann's Nomadische Streifereien unter den Kalmüken in den Jahren 1802 und 1803. Riga, Hartmann, 1804—1805, 4 parties in-8.

— Remarques sur les peuples qui habitent la frontière chinoise, sur les Tatars tributaires de la Russie, et sur les Soïoutes et Mongols soumis à la Chine; recueillies de 1772 à 1781, par Iegor Pesterev. *(Mag. As.*, pub. par Klaproth, I, 1825, pp. 123—171.)

— Uranographie mongole. (Abel Rémusat, *Mél. As.*, I, pp. 212/240.)

— On Mongolia and its inhabitants. *(As. Jour. & Month. Reg.*, Vol. X, 1833, pp. 12—21.)

— Die Tanguten. *(Zeit. f. Ethn.*, Berlin, 1875, VII, pp. 381.)

Extrait de la Description statistique de la Chine par H. Bitchourine, II, p. 145.

— Записки о Монголіи. Сочиненныя Монахомъ Іакинѳомъ. Съ приложеніемъ карты Монголіи и разныхъ костюмовъ. St. Pétersbourg, 1828, 2 vol. in-8, pp. xii-230 + 1 f. n. c., vi-339 + 1 f. n. c.

— Denkwürdigkeiten über die Mongolei, von dem Monck Hyakinth, aus dem Russischen übersetzt von Karl Friedrich von der Borg. Berlin, G. Reimer, 1832, gr. in-8.

* Историческое обозрѣніе Ойратовъ или Калмысковъ. Examen sur l'histoire des Oïrats ou Kalmouks, par le P. Hyacinthe. St. Pétersbourg, 1837, in-8.

Oïrat = Kalmouks = Eleuthes = Dzongares. Ce traité a été écrit d'après des documents chinois. Le P. H. décrit l'histoire de ce peuple de race mongole qui a longtemps défendu son indépendance contre les Mandchous. On y voit une étude particulièrement intéressante de la migration des Kalmouks, qui, au siècle dernier, se portèrent en masse des bords de la Volga en Chine.

Voir Kien-long, col. 265.

— Mongolia. *(Chin. Rep.*, I, pp. 117 et seq.)

W. Schott. Bevölkerung, Verfassung und Verwaltung der heutigen Mongolei, nach Jakinf Bitschurinskij : Statistitscheskoe Opisanie Kitaiskoi Imperii. (Erman's *Archiv für wissenschaftliche Kunde von Russland*, 1845, IV, pp. 534/547.)

Ce vol. des Archives d'Erman contient d'autres extraits traduits de l'ouvrage du P. Hyacinthe : Der Handel China's, pp. 572/576; Die Bevölkerung China's, pp. 579/583; Posten in China, pp. 584/588; Die Einkünfte des Chinesischen Reiches, pp. 608/616.

Voir col. 56.

— Tibet, Tartary and Mongolia ... by Henry T. Prinsep ... [Voir *Tibet*.]

— Révolutions des Peuples de l'Asie moyenne, influence de leurs migrations sur l'état social de l'Europe, avec carte et tableau synoptique; par A. Jardot, Capitaine au Corps royal de l'Etat-Major. Paris, Desessart, 1839, 2 vol. in-8, pp. 392 et 440 avec carte et tableau.

— Ein Ausflug nach der Mongolei. Von Alexander von Mordwinow. (Erman, *Arch. f. wiss. Kunde v. Russl.*, XII, 1853, pp. 281/314.)

* Gulick, missionnaire américain. Note sur les Mongols. *(Journal des Miss. évangél.*, mars 1868.)

Année géog., 7e an. 1868, p. 76.

— Desultory Notes on Mongolia. *(The Cycle*, Nos. des 8, 15 et 22 Octobre 1870.)

— Notes on the old Mongolian Capital of Shang tu. By S. W. Bushell, B. Sc., M. D., Physician to H. B. M. Legation, Peking. *(Jour. Roy. As. Soc.*, New Series, VII, pp. 329—338.)

— On the «Mutton Wine» of the Mongols and analogous preparations of the Chinese by Dr. Macgowan. Read before the Society, March 23rd 1872. *(Jour. N. C. B. R. As. Soc.*, N. S., No. VII, 1871/72, Art. XII, pp. 236/240.)

— Fr. Hanemann. Bemerkungen zur Karte der westlichen Mongolei. (Petermann, *Mitth.*, 1872, No. 9, pp. 326/330, carte.)

— Mongolia's Two Neighbours, Russia and China. *(Chin. Rec.*; réimp. *Shai. Budget*, July 18, 1874.)

— For and against Mongolian Buddhism. By Hoinos. *(Chin. Rec.*, V, 1874, pp. 3/17.)

— Recent Russian explorations in Western Mongolia. *(Geogr. Mag.*, II, pp. 196/200.)

— Traces of Christianity in Mongolia and China .... By Archimandrite Palladius. [Voir col. 324.]

— Shang Jing (上京) of Kin (金). *(Chin. Rec.*, IX, 1878, pp. 161/169.)

— *Kitan*. By J. *(Chin. Recorder*, IX, 1868, pp. 419/445.)

— Mongolie. Notice. *(Missions Catholiques*, VII, pp. 506/508, avec une carte.)

— Climate and People of Mongolia. (B. St. John.) *(Edinburgh New Philosophical Journal*, XXXVII, p. 255.)

* A. Pozdnjejew. Urginskie chutuchty. Istoritscheskij otscherk ich proschlawo i sowremennawo byta. (Le Clergé d'Ourga. Aperçu historique de son existence passée et présente.) St. Pétersbourg, 1879, in-8.

* — Goroda sjewernoi Mongolii. (Les villes de la Mongolie septentrionale.) St. Pétersbourg, 1880, in-8.

Voir au chapitre RELIGION, les *Annales de la Propagation de la Foi*, etc., ainsi que les *Biographies des Missionnaires*.

HISTOIRE.

— Histoire du grand Genghizcan premier empereur des anciens Mogols et Tartares. Divisee en quatre livres. Contenant La Vie de ce Grand Can. Son Elevation. Ses Conquêtes, avec l'Histoire abregée de ses Successeurs qui regnent encore à present. Les Mœurs, les Coûtumes, les Loix des anciens Mogols & Tartares, & la Geographie des vastes Païs de Mogolistan, Turquestan, Capschac, Yugurestan, & de la Tartarie Orientale & Occidentale. Traduite et compilée de plusieurs Auteurs Orientaux & de Voyageurs Européens, dont on voit les noms à la fin, avec un Abrégé de leurs Vies. Par feu M. Pétis de la Croix le pere, Secretaire Interprete du Roy ès Langues Turquesque & Arabesque. A Paris, Dans la Boutique de Claude Barbin. Chez la Veuve Jombert au Palais, sur le second Perron de la Sainte Chapelle. M.DCCX, in-12, pp. 564 + 10 ff. n. c. au com. p. l. tit., l'av., l. tab., l'ap. et l. priv., carte.

— The History of Genghizcan the Great, first Emperor of the Antient Moguls and Tartars, in four Books by the late M. Petis de la Croix *Senior*, and now faithfully translated into English. London. 1722, in-8.

— Istoria del Gran Genghizcan Primo Imperadore degli Antichi Mogoli, e Tartari. Divisa in quattro Libri, Che contiene La Vita di questo Grand Cane. Il suo Ingrandimento. Le sue conquiste, con l'Istoria compendiata de' suoi Successori regnanti ancora oggidí. I Costumi, le Usanze, le Leggi degli antichi Mogoli e Tartari, e la Geografia de' vasti Paesi di Mogolistan, Turquestan, Capschac, Yugurestan, e della Tartaria Orientale o Occidentale. Tradotta e compilata Da più Autori Orientali, e Viaggiatori Europei, il nome de' quali, e la loro vita in compendio veggonsi nel fine. Del Signor Petis della Croix il Padre, Segretario Interprete del Re nelle Lingue Turca e Araba. Tradotta del Francese. In Venezia, MDCCXXXVII. Appressó Francesco Pitteri. in-12, pp. 609 + 12 ff. n. c. au com. p. l. tit., l'av., l. tab. et l'ap., carte.

— Nouvelle histoire de Genghiskan, Conquerant de l'Asie. A Paris au Palais, Chez Jean-Baptiste Marzuel, sur les Degrez de la Sainte Chapelle, au Voyageur. M.D.CC.XVI, pet. in-8, pp. 241 + 6 ff. au com. p. l. tit., etc.

— Histoire généalogique des Tatars. Traduite du Manuscript Tartare d'Abulgasi-Bayadur-Chan & enrichie d'un grand nombre de remarques Authentiques & tres-Curieuses sur le veritable Estat present de l'Asie Septentrionale Avec Les Cartes Geographiques necessaires. Par D***. A Leyde Chez Abram Kallewier. 1726. Aux despens du Traducteur.... in-12, pp. 814 s. 8 ff. n. c. au com. p. l. tit., l'ép., etc. et 5 ff. n. c. à l. f. p. l. tab. des mat. et les er.

Le Ms. de cet ouvrage a été acheté d'un marchand de Boukhara par des officiers suédois prisonniers à Tobolsk. On lit dans les *Supercheries littéraires dévoilées*, I, col. 836/837 : «C'est à tort que les auteurs de la *France littéraire* de 1769 attribuent cette traduction à un M. de Varennes. Dans son *Avis au lecteur*, le traducteur avoue que la langue française n'est pas sa langue maternelle ; j'aime donc mieux croire avec les traducteurs de l'*Histoire universelle*, in-4, t. XVII, p. 270, que ce traducteur a été Bentinck, l'un des officiers suédois (hollandais, suivant M. Pinkerton) faits prisonniers à la bataille de Pultawa. Il l'a faite avec l'approbation et sous la direction du baron Strahlenberg, qui avait apporté le manuscrit de la Sibérie. Les notes de Bentinck furent recueillies à part, et forment la description de la Tartarie dans le *Recueil des Voyages au Nord*, tom. X, et dans l'*Histoire générale des voyages*, tom. VII. édition in-4.»

On trouve quelquefois l'ouvrage relié en deux tomes avec un titre spécial pour le tome II, placé p. 351 après la troisième partie de l'ouvrage.

Parlant de cette édition, Meusel, qui consacre un assez long article à Aboul-Ghâzi (*Bib. historica*, Vol. II, Pars II, pp. 217 à 222) écrit (*l. c.*, p. 220). «Haec igitur historia e codice manu scripto Tatarico primum sumtibus ducum bellicorum Suecicorum, a Russis proelio Pultaviensi captorum ac in Sibiria detentorum, in quibus Phil. Ioh. de Strahlenberg, in linguam Russicam, et ex hac ab ipsis varias in linguas, v. c. a Strahlenbergio in Theotiscam. translata est. Prima typis vulgata versio fuit Francogallica, quam editor accepisse ab interprete ipso, cuius nomen vero haud tradit, affirmat : alii eandem e Theotisca ortam dicunt. Editor iste quoque anonymus audit *Varenne de Mondasse*, copiarum Gallicarum olim praefectus.»

Voir Strahlenberg, supra, col. 1300—1301 et consulter :

— Philipp Johann von Strahlenberg och hans karta öfver Asien. Teckning af August Strindberg. Föredragen i Geografiska Sektionen d. 15 Febr. 1879. (Häyeinte en karta.) br. in-8, pp. 12.

Extrait de Bd. I, Nr. 6, 1879, de *Svenska Sällskapet för Anthropologi och Geografi Geografiska Sektionens Tidskrift.*

On lit p. 12 de cette brochure :

«Philippe-Jean Tabbert, anobli von Strahlenberg, né à Stralsund en 1676, mort en Suède en 1747, officier suédois, fut, après la bataille de Pultava, emmené prisonnier en Sibérie. Il employa les treize années qu'il y passa (1709—1722) à la rédaction de son grand ouvrage «Das Nord-Ostliche Theil von Europa und Asia» Stockholm (Leipzig, Heinsius) 1730, in-4° avec Carte. (Cet ouvrage a été publié également en plusieurs langues.) [Voir col. 1300—1301.]

La carte, gravée à Berlin, par P.-J. Frisch, et suivant immédiatement en date celle de Delisle, de l'année 1723, lui est de beaucoup supérieure, principalement pour ce qui concerne la détermination topographique de l'Asie du Nord-Est et des régions intérieures de la Sibérie. Un officier suédois (Hollandais) au service de Charles XII nommé Bentinck, s'est servi d'une manière peu délicate de la carte originale et du manuscrit de Strahlenberg, en publiant à Leyde, en 1726, l'Histoire généalogique des Tartares par Abul-Ghazi, ouvrage qu'à la grande surprise de l'auteur suédois il accompagna d'une carte d'après un premier tracé de Strahlenberg, et des notes tirées du manuscrit de ce dernier.

Déjà l'année auparavant il avait été publié dans le «Recueil de Voyages au Nord», vol. 8, une carte ayant pour titre «la Russie asiatique, tirée de la Carte donnée par ordre du feu Czar». Ce titre est incorrect et G.-F. Müller indique (Sammlung Russischer Geschichte) que ladite carte avait également été dressée par des prisonniers suédois en Sibérie.

Strahlenberg avait la pleine certitude que l'Asie et l'Amérique étaient séparées par l'eau longtemps avant que Bering en eût fourni la preuve pratique; c'est ce que montre sa carte, qui porte la légende suivante en dehors des bouches de l'Indigirka et de la Kolyma : «Hic Rutheni ab initio per Moles glaciales quae flante Borea ad Littora flanteque Austro versus Mare itero pulsantur magno Labore et Vitae Discrimine transvecti sunt ad Regionem Kamtszatkam.»

— Abulgasi Bagadur Chan's Geschlechtbuch der Mungalisch-Mogulischen oder Mogorischen Chanen. — Aus einer türkischen Handschrift ins Teutsche übersetzt von D. Dan. Gottlieb Messerschmid. Aus dem 14, 15 und 16ten Theil des historischen Journals, zusammengedruckt. Göttingen, 1780, in-8, pp. 340.

* Родословная Исторïя о татарахъ, переведенная на французкой языкъ съ рукописныя татарскïя книги, сочиненïя Абулгачи-Баядурь-Хана, и дополненная великимъ числомъ премѣчанïй достовѣрныхъ и любопытственныхъ о прямомъ нынѣшнемъ состоянïи сѣверныя Азïй съ потребными географическими ландкартами а съ французкаго на россïйскïй въ Академïи Наукъ. St. Pétersbourg, 1770, 2 vol.

Zenker, I, 954.

— Abulghasi Bahadür Chani Historia Mongolorum et Tatarorum nunc primum tatarice edita auctoritate et munificentiâ illustrissimi Comitis Nicolai de Romanzoff Imperii Russici Cancellarii supremi. Casani MDCCCXXV ex Universitatis Imperialis Typographeo. In-fol. Front. grav.

— Histoire des Mogols et des Tatares par Aboul-Ghâzi Bèhâdour Khan, publiée, traduite et annotée par le Baron Desmaisons. St.-Pétersbourg, Imprimerie de l'Académie Impériale des Sciences, 1871—1874, 2 vol. in-8.

Le Vol. I. contient le texte, le Vol. II la traduction.

— Histoire de Gentchiscan et de toute la dinastie des Mongous ses successeurs, Conquérans de la Chine; tirée de l'histoire chinoise, Et traduite par le R. P. Gaubil de la Compagnie de Jesus, Missionnaire à Péking. A Paris, Chez Briasson, Libraire, rue Saint Jacques. Et Piget, Libraire, sur le Quay des Augustins. M.DCC.XXXIX. Avec approbation et privilege du Roy. in-4, pp. 317 + 4 ff. n. c. p. l. f. tit., l. tit. et l'av. + 1 f. n. c. à la fin p. l'ap. et le priv.

On lit au bas de la dernière page : De l'Imprimerie de Quillau, rue Galande, près la Place Maubert, à l'Annonciation 1738.

L'Avertissement commence ainsi : «Il y a sept ou huit ans que l'on donna un abrégé de l'Histoire qui paroît ici en entier. Cet abrégé fut assez bien reçû pour espérer que l'Histoire entière ne déplaira pas».

— Histoire générale des Huns, des Turcs, des Mogols, et des autres Tartares occidentaux, &c. avant et depuis Jesus-Christ jusqu'à présent; Précédée d'une Introduction contenant des Tables Chronol. & Historiques des Princes qui ont régné dans l'Asie. Ouvrage tiré des Livres chinois, & des Manuscrits Orientaux de la Bibliothèque du Roi. Par M. Deguignes, de l'Académie Royale des Inscriptions & Belles-Lettres, Censeur Royal, Interprète du Roi pour les Langues Orientales, & Membre de la Société Royale de Londres. Suite des Mémoires de l'Académie royale des Inscriptions et Belles-Lettres. A Paris, Chez Desaint & Saillant, MDCC.LVI-VIII. 4 vol. in-4, en 5.

Tome Premier, Première Partie, 1756, pp. CXViij-471.

. . . . Cycle Chinois, pp. XLVI-VII. — Cycle Tartare, p. XLVII. — Table des années du Cycle Chinois, réduites à celles de J. C., pp. XLIX-LXXVIII. — Table des époques des Chinois, des Grecs, des Arabes et des Persans, réduites à l'ère de Jesus-Christ, par Jean Gravius, pp. LXXIX-CXVIII. — Tables chronologiques des princes qui ont régné dans l'Asie; Livre I, II : Empire de la Chine, pp. 1-131. — Livre III : la Corée, pp. 132-145 . . . . le Tibet, pp. 158-168 . . . . — Livre IV : Tartares Orientaux, pp. 179-212. — Livre V : Tartares Occidentaux, pp. 213-313 . . . .

Tome Premier, Seconde Partie, 1756, pp. 8-XCV-522.

Description de la Grande Tartarie, pp. 1-XCV.

Tome Second, 1756, pp. VIII-292.

Tome Troisième, 1757, pp. VIII-542.

Livre XV : Histoire des Mogols sous Genghizkhan & ses successeurs, depuis l'an 1147 jusqu'en 1259, pp. 1-187.

Livre XVI : Histoire des Empereurs Mogols de la Chine, ou de la Dynastie des Yuen, depuis l'an 1260 jusqu'en 1370, pp. 138-233.

Tome Quatrième, 1758, pp. VII-518.

Abrégé de l'histoire des Kalmouks, leurs guerres avec les Chinois . . . , pp. 102 et seq.

Lettre à MM. les Auteurs du Journal des Sçavans; pour servir de réponse à quelques Observations de MM. les Journalistes de Trévoux, sur l'Histoire des Huns. Par M. Deguignes, de l'Académie des Inscriptions & Belles-Lettres, Insérée dans le premier Journal de Decembre 1747, pp. 345-362.

L'ouvrage a été publié à 60 livres.

— L'ouvrage de De Guignes a été traduit en allemand par J. Carl Dähnert sous le titre de : Allgemeine Geschichte der Hunnen, Greifswald, 1768-1771, 5 vol. in-4.

— Supplément à l'histoire générale des Huns, des Turcs et des Mogols, contenant un abrégé de l'histoire de la domination des Uzbeks dans la Grande Boukharie, depuis leur établissement dans ce pays jusqu'à l'an 1709 : et une continuation de l'histoire du Kharezm, depuis la mort d'Aboul-Ghazi-Khan jusqu'à la même époque; par M. Jos. Senkowski. Saint-Pétersbourg, 1824, in-4.

— Rapport fait par M. Bianchi, sur l'ouvrage intitulé : Supplément à l'Histoire générale des Huns, des Turcs et des Mongols, par M. Senkowski . . . . Pétersbourg, 1824, in-4. *(Bull. de la Soc. de Géog.*, II, 1824, pp. 141/146.)

— Guerres de Kang hi. — Ambassade de Tou li chen, etc., voir col. 263.

— Guerres de Kien long. — Voir col. 265-266.

— Extrait d'une lettre de M. Schmidt, à M***, sur quelques sujets relatifs à l'histoire et à la littérature mongoles. 10 (22) octobre 1820, St. Pétersbourg, Dec. 1822. *(Jour. As.*, I, 1822, pp. 320/334.)

— Examen des extraits d'une histoire des Khans mongols, insérés par M. J.-J. Schmidt dans le VIe volume des Mines de l'Orient; par M. Klaproth. A Paris, Dondey-Dupré, 1823; in-8, pp. 24.

Ext. du *Journ. Asiatique.*

Réimp. dans les *Mém. rel. à l'Asie*, I, pp. 172/197.

— Voir l'article de Schmidt, dans les *Mines de l'Orient* : Objections contre les hypothèses de M. Klaproth sur la langue et l'écriture des Ouigours.

— Extrait d'une Lettre de M. Schmidt, de St. Pétersbourg, adressée à M. Klaproth, en réponse à l'*Examen des Extraits d'une Histoire des Khans mongols*, in-8.

Ext. du *Journ. As.*, Vol. II, pp. 193 et seq.

Cette lettre est réimp. avec les remarques de Klaproth, dans les *Mém. rel. à l'Asie*, I, pp. 197/204.

— Forschungen im Gebiete der älteren religiösen, politischen und literärischen Bildungsgeschichte der Völker Mittel-Asiens, vorzüglich der Mongolen und Tibeter; von Isaac Jacob Schmidt. Mit zwei Tafeln in Steindruck. St. Petersburg, gedruckt bei Karl Kray, 1824. — Leipzig, in Commission bei Carl Cnobloch, in-8, pp. xiv + 1 f. n. c. + pp. 287.

— Beleuchtung und Widerlegung der Forschungen über die Geschichte der Mittelasiatischen Völker des Herrn J.-J. Schmidt, in St.-Petersburg; von J. Klaproth. Mit einer Charte und zwei Schrifttafeln. Paris, Dondey-Dupré, Sept. 1824, in-8, pp. 115.

— Forschungen im Gebiete, etc. Recherches sur l'ancienne histoire religieuse, politique et littéraire de l'intérieur de l'Asie; principalement sur celle des Mongols et des Tubétains; par Isaac Jacob Schmidt. In-8, xvi et 287 pag., av. 2 lithog. Pétersbourg, 1824; Kray. In-8, pp. 7.

Notice de Klaproth.

Ext. du *Bulletin des Sciences hist., antiquités, philologie*, etc., Nov. 1824, art. 297.

— I. J. Schmidt's Würdigung und Abfertigung der Klaprothschen sogenannten Beleuchtung und Widerlegung seiner Forschungen im Gebiete der Geschichte der Völker Mittel-Asiens. Leipzig, 1826, bei Carl Cnobloch. in-8, pp. 118.

— Philologisch-Kritische Zugabe zu dem von Herrn Abel-Rémusat bekannt gemachten, in den Königlich-französischen Archiven befindlichen, zwei Mongolischen Originalbriefen der Könige von Persien Argun und Öldshäitu an Philipp den Schönen; von Isaac Jacob Schmidt. St. Petersburg, Gedruckt bey Karl Kray. 1824, in-8, pp. 31 + 3.

— Geschichte der Ost-Mongolen und ihres Fürstenhauses, verfasst von Ssanang Ssetsen Chungtaidschi der Ordus; Aus dem Mongolischen übersetzt und mit dem Originaltexte, nebst Anmerkungen, Erläuterungen und Citaten aus andern unedirten Originalwerken herausgegeben von Isaac Jacob Schmidt . . . St. Petersburg, 1829, Gedruckt bei N. Gretsch. Leipzig, bei Carl Cnobloch. in-4, pp. xxiv-509 + 1 f. d'er.

Notices par Abel-Rémusat : *Journal des Savants*, 1831, janv., pp. 27/41; fév., 115/122; mars, 151/168; avril, 216/225. — *Nouv. Journ. As.*, 1831—1832, Vol. viii et ix. — Analyse de l'histoire des Mongols de Sanang Setsen. *(Mél. Posthumes*, pp. 373 à 458.)

*I. J. Schmidt. Die Volksstämme der Mongolen, als Beitrag zur Geschichte dieses Volkes und seines Fürstenhauses. *(Mém. de l'Ac. Imp. des Sc. de St. Pétersbourg*, 6e Série, t. II, 1834, pp. 409/477.)

— Histoire des Mongols, depuis Tchinguiz-Khan jusqu'à Timour-Lanc; avec une carte de l'Asie au XIIIe Siècle. Tome premier, Paris, Firmin Didot, ... mdcccxxiv, 2 parties in-8, pp. xlvi-1/319, 320/727.)

Notice : *Journ. des Savants* (Abel-Rémusat), Déc. 1824, pp. 718 à 726.

— Histoire des Mongols, depuis Tchinguiz-Khan jusqu'à Timour Bey ou Tamerlan, par M. le Baron C. d'Ohsson, Membre des Académies royales des Sciences et des Belles-Lettres de Stockholm, de la Société royale des Sciences d'Upsal, etc. Avec une carte de l'Asie au XIIIe siècle. Amsterdam, Frederic Muller, 1852, 4 vol. in-8.

Volume I, pp. LXVIII-452 : Exposition, pp. 1-LXVIII.

Livre I, Chap. I : Nations nomades de l'Asie centrale, etc. — Chap. II : Anciennes traditions des Mongols. — Ancêtres de Tchinguiz-Khan-Evenements de sa jeunesse, etc. — Chap. III : Tchinguiz-Khan proclamé empereur, etc. — Chap. IV : Révolte de Tchinguiz-Khan contre l'empereur de la Chine septentrionale, etc. — Chap. V : Tchinguiz-Khan depuis 1216. — Chap. VI : De l'empire Khorazmien, etc. — Chap. VII : Arrivée de Tchinguiz-Khan sur la frontière de l'empire Khorazmien. etc. — Retour de Tchinguiz-Khan en Mongolie. — Chap. VIII : Victoires sur les Georgiens, les Alans, les Lezguis, les Russes, les Boulgares, etc. — Chap. IX : Jusqu'à la mort de Tchinguiz-Khan. — Chap. X : Causes de la supériorité de Tchinguiz-Khan à la guerre, etc. — Notes. — Table.

Volume II, pp. 651, Livre II, Ogotaï, Chap. I—III = Couyouc. Chap. IV = Mangou, Chap. V—VII = Livre III, Coubilaï. Chap. I—IV. Temour. — Chap. V = Regences. — Khaïschan Ayour-bali-batra. — Schoudi-bala. — Yissoun-temour = Assoukeba. — Tob-temour. — Rintchenpal. — Avénement au trône de Togan-temour, Chap. VI = Togan Temour, Chap. VII = Notes. — Table.

Volume III, pp. 624, Livre IV, Chap. I—III, le Khorassan, l'Irac, le Mazendéran, la Géorgie, la Perse = Houlagou, Chap. IV—VII. — Livre V = Abaca, Chap. I—III = Tagoudar Ogoul ou Sultan Ahmed, Chap. IV—V. — Table. — Additions et corrections.

Vol. IV, pp. 774, Livre VI = Argoun, Chap. I—II = Gaïkhatou, Chap. III = Baïdou, Chap. IV = Gazan, Chap. V—IX = Livre VII. — Oeuldjaïtou, Chap. I—II = Abou-Saïd. Chap. III—IV = Chap. V : Depuis l'élection d'Arpa-Khan jusqu'à l'apparition de Tamerlan = Note = Table.

— Исторія первыхъ четырехъ хановъ изъ дома Чингисова. Переведено съ Китайскаго Монахомъ Іакинѳомъ. St. Pétersbourg, 1829, in-8, pp. XVI-440 + 1 f. n. c. et une carte.

— Rapport sur les Ouvrages du P. H. Bitchourinski relatifs à l'histoire des Mongols par M. J. Klaproth. in-8, pp. 40.

Extrait du *Nouveau Journal Asiatique*.

Les titres de ces ouvrages sont : *Notes sur la Mongolie* (St. Pétersbourg, 1828. in-8) et *Histoire des quatre premiers khans de la maison de Tchinghiz* (St. Pétersbourg, 1829, in-8).

— Observations sur les traductions et les critiques littéraires de M. de Klaproth. Par le Rév. P. Hyacinthe. Br. in-4, pp. 14. [St. Pétersbourg, 1829.]

— Sur l'histoire des Mongols d'après les auteurs musulmans. (A. Rémusat, *Nouv. Mél. As.*, I, pp. 427/442.)

— Tha-tha-toung-'o, ministre ouigour. (A. Rémusat, *Nouv. Mél. As.*, II, pp. 61/63.)

— Yeliu-Thsou-thsai, ministre tartare. (*Ibid.*, pp. 64/88.)

— Souboutai, général mongol. (*Ibid.*, pp. 89 à 97.)

— Sartak, prince mongol. (*Ibid.*, pp. 98/101. — Voir également le voyage de G. de Rubrouck.)

— Oubouch a, prince des Tourgaouts. (*Ibid.*, pp. 102/105.)

— Mémoires sur les relations politiques des princes chrétiens .... avec les Empereurs Mongols. Par M. Abel Rémusat. [Voir col. 1223.]

— The Mongols and their Conquests. [By C. Gützlaff.] (*Chin. Rep.*, III, pp. 441 et seq.; réimp. dans *The Cycle*, 28 Jan. 1871.)

— Les Mongols d'après les historiens arméniens. Fragments traduits sur les textes originaux par M. Ed. Dulaurier. (*Jour. As.*, 5e Sér., XI, pp. 192 et seq., 426 et seq., 481 et seq.; XVI, pp. 273 et seq.)

— Conquêtes en Asie par les Mogols et les Tartares sous Gengiskan et Tamerlan, par M. de Chavannes. Nouvelle édition. Tours, Mame, MDCCCLXXVI, in-8, pp. 240.

La première édition de cet ouvrage qui fait partie de la *Bibliothèque de la Jeunesse chrétienne* est de 1855.

*Franz v. Erdmann. Temudschin, der unerschütterliche, nebst einer geographisch-ethnographischen Einleitung und den erforderlichen besondern Anmerkungen und Beilagen. Leipzig, 1862, in-8.

— G. Pauthier. Cérémonial de Khoubilai Khan, 1862. [Voir col. 1099.]

— La puissance et la civilisation mongoles au treizième siècle par M. Léon Feer.... Paris, Didier, 1867, in-8, pp. 40.

— Старинное монгольское сказаніе о Чингисханѣ. Par l'Arch. Palladius. (*Mém. de la Miss. eccl. russe de Peking*, IV, 1866, pp. 1 à 258.)

Traduit du *Yuan tchao pi chi* 元朝祕史.

* Старинное Китайское сказаніе о Чингисканѣ. Par l'Arch. Palladius. (*Восточный сборникъ*. Vol. I, St. Pétersbourg, 1872.)

Traduit du 皇元聖武親征錄.

— Geschichte der Mongolen oder Tataren, besonders ihres Vordringens nach Europa, so wie ihrer Eroberungen und Einfälle in diesem Welttheile, kritisch bearbeitet von O. Wolff .... Breslau, 1872. Verlag von Carl Dülfer, in-8, pp. IV-426 + 2 ff. n. c. p. les errata.

— Die Geschichte der Mongolen-Angriffe auf Japan. Von Dr. Aug. Pfizmaier .... Wien, 1874, in-8, pp. 98.

(Extrait de *Sitzungsberichte d. phil.-hist. Cl. d. k. Akad. d. W.*, LXXVI. Bd.)

— The Northern Frontagers of China. By Henry H. Howorth. (*The Phœnix*, I, 1870/

1871, pp. 47/48, 69/70, 105/106, 181/183, etc.)

— The Northern Frontagers of China. By H. H. Howorth. Part. I. The Origines of the Mongols. *(Jour. Roy. As. Soc.,* N. S., Vol. VII, pp. 221/242.) Part. II. The Origines of the Manchus. *(Ibid.,* pp. 305/328.) The Manchus (Supplementary Notice). *(Ibid.,* Vol. IX, pp. 235/242.) Part. III. The Kara Khitai. *(Ibid.,* Vol. VIII, pp. 262 à 290.) Part. IV. The Kin or Golden Tatars. *(Ibid.,* Vol. IX, pp. 243/290.) Part. V. The Khitai or Khitans. *(Ibid.,* Vol. XIII.) Part. VI. Hia or Tangut. *(Ibid.,* Vol. XV, pp. 438/482.)

— The Eastern Mongols. By H. H. Howorth. *(The Phœnix,* II, pp. 4 et seq.)

— Jingis Khan. By H. H. Howorth. *(The Phœnix,* II, March 1872, pp. 138/143.)

— Chinghiz Khan and his ancestors. By Henry H. Howorth, F. S. A. *(Indian Antiquary,* 1880, pp. 89/95, 213/221, 240/247, 274/280; 1881, pp. 12/20, 111/117, 135 à 143, 171/180, 202/209, 234/242, 264/269, 333/339, 355/362.)

— Two Early Sources for Mongol History. By H. H. Howorth. *(Jour. Roy. As. Soc.,* Vol. XV, 1883, pp. 346/356.)

— History of the Mongols from the 9th to the 19th Century. By Henry H. Howorth ... London : Longman.

Notice : *N. C. Herald,* 29 Nov. 1877.

Part I. The Mongols proper and the Kalmuks. 1876, in-8. — II. The so-called Tartars of Russia and Central Asia. Division I. 1880, in-8. — Idem. Division II. 1880, in-8.

— The life of Jinghiz Khan from Chinese sources. By Robert K. Douglas .... London, Trübner, 1878, pet. in-8.

VOYAGES.

— Voyages en Tartarie du Père Gerbillon, Missionnaire François, de la Compagnie de Jésus, à la Chine. (Du Halde, *Description,* Vol. IV.)

Premier voyage en l'année 1688 (pp. 87-162).

Le P. Gerbillon accompagnait avec le Père Thomas Pereyra les deux ambassadeurs chinois envoyés par l'empereur pour traiter avec les Russes. Ils partirent de Peking le 30 mai 1688.

Second voyage fait par ordre de l'empereur en Tartarie par les Pères Gerbillon et Pereira, Missionnaires de la Compagnie de Jésus, à la Chine (pp. 163-251).

Ils quittèrent Peking le 13 Juin 1689.

Troisième voyage du Père Gerbillon en Tartarie, fait à la suite de l'empereur de la Chine (pp. 252-288). En l'année 1691.

Quatrième voyage du Père Gerbillon en Tartarie, fait à la suite de l'empereur de la Chine (pp. 289-303). En l'année 1692.

Cinquième voyage du Père Gerbillon en Tartarie, fait à la suite de l'empereur de la Chine. En l'année 1696 (pp. 304-335).

L'empereur allait faire la guerre au roi des Eleuths.

Sixième voyage du Père Gerbillon en Tartarie, fait à la suite de l'empereur de la Chine. En l'année 1696 (pp. 336-355).

Septième voyage du Père Gerbillon à Ning Hia, fait à la suite de l'empereur de la Chine (pp. 356-384).

Huitième voyage du Père Gerbillon en Tartarie. En l'année 1698 (pp. 385-422).

— Travels into Western Tartary, by order of the Emperor of China, or in his Retinue, between the years 1688, and 1698. By John Francis Gerbillon, Jesuit. (Astley's *Collection,* Vol. IV, pp. 664 et seq.)

A paru également dans la trad. anglaise de Du Halde.

— Auszug aus dem Reise-Journal des Herrn Ober-Kriegs-Commissarii Johann Unkowski von der Calmückey. Betreffend einige besondere Traditiones, Ceremonien u. Gewohnheiten. (Müller, *Samm. Russ. Gesch.,* I, pp. 141-153.)

— Relation chinoise contenant un intinéraire de Peking à Tobol, & de Tobol au pays des Tourgouts. Traduite par le P. Gaubil, & envoyée au P. E. Souciet de la Compagnie de Jésus en 1726. *(Observations... publiées par le P. Souciet,* .. 1729, pp. 148 et seq.)

Voir Tou-li-chen, col. 243.

— Auszug einer Chinesischen Reise-Beschreibung von Peking durch Sibirien nach der Astrachanischen Calmückey. (Müller, *Samm. Russ. Gesch.,* I, pp. 327-348.)

— Timkovski. Voir col. 1221-1222.

— Narrative of a Pedestrian Journey through Russia and Siberian Tartary, from the Frontiers of China to the Frozen Sea and Kamtchatka; performed during the years 1820, 1821, 1822 and 1823, by Captain John Dundas Cochrane, R. N. London, Murray, 1824, in-8.

— Lettres à mes filles, sur mes voyages en Sibérie et en Chine (1833—1834). Par M. le Comte Camille de Ste. A. *** Paris, Imprimerie de J. A. Boudon, 1835, in-8, pp. 118.

Barbier qui n'indique que l'édition de : Lille, imp. de L. Danel, 1838, in-8, pp. 98, de cet ouvrage, l'attribue au Comte Camille-Joseph-Balthazard de Sainte-Aldegonde.

Le *Journal de la Librairie,* 1838, p. 318, ajoute à l'indication de cette dernière édition : Tiré à 54.

— Huc. Voir col. 1011—1013.

— Travels in Siberia : including Excursions Northwards, down the Obi, to the Polar Circle, and Southwards to the Chinese Frontier by Adolph Erman, translated from the German, by William Desborough Cooley. London, Longman, 1848, 2 vol. in-8.

— Philadelphia, 1850, 2 vol.

Notice par S. W. Williams : *Chin. Rep.*, XX, pp. 18/40.

— Visit to the Great Wall of China. (*Illustrated London News,* Oct. 5, 1850. — Réimp. *N. C. Herald,* No. 26, Jan. 25, 1851.)

— Oriental and Western Siberia : a Narrative of Seven Years' Explorations and Adventures in Siberia, Mongolia, the Kirghis Steppes, Chinese Tartary, and Part of Central Asia. By Thomas Witlam Atkinson. With a Map and Numerous Illustrations. London, Hurst and Blackett, 1858, gr. in-8, pp. xii-611.

— Travels in the Regions of the Upper and Lower Amoor and the Russian Acquisitions on the Confines of India China. With adventures among the Mountain Kirghis; and the Manjours, Manyars, Toungouz, Touzemtz, Goldi, and Gelyaks : the hunting and pastoral Tribes. By Thomas Witlam Atkinson, F. R. G. S., F. G. S. Author of « Oriental and Western Siberia ». With a Map and Numerous Illustrations. London, Hurst & Blackett, 1860, gr. in-8, pp. xiii-553.

— Voyage sur les frontières Russo-Chinoises et dans les steppes de l'Asie centrale, par Thomas Witlam Atkinson. 1848—1854. Traduction inédite. (*Tour du Monde,* I, 1863, pp. 337/384.)

Extrait et traduit par F. de Lanoye.

— La Siberia oriental y occidental, y la Tartaria China, por Tomas Witlam Atkinson. (N. Fernandez Cuesta, *Nuevo Viajero Universal,* II, Madrid, 1860, pp. 3/68.)

— Recollections of Tartar Steppes and their Inhabitants. By Mrs. Atkinson. London, Murray, 1863, in-8.

— A. Michie. The Siberian Overland Route. [Voir col. 1017.]

— Voyage dans la Sibérie orientale, notes extraites de la correspondance d'une artiste (Mlle. Lise Cristiani). 1849—1853. — Texte et dessins inédits. (*Tour du Monde,* 1863, I, pp. 385/400.)

Extrait par F. de Lanoye.

— A Visit to the Agricultural Mongols. By the Rev. Joseph Edkins. (*Jour. N. C. B. R. A. S.,* N. S., No. II, Dec. 1865, pp. 99 à 111.)

— Williamson's Journeys in North China, 1870. [Voir col. 1022.]

— A Month in Mongolia. By Edward H. Parker Esq., of H. B. M.'s Legation at Peking. (*The Phœnix,* I, 1870/71, pp. 51 à 53, 71/74; II, pp. 113 et seq., 120 et seq.)

— A Trip to Kalgan in the autumn of 1868, by R. Swinhoe. (*Proc. Roy. Geog. Soc.* — Réimp. dans *The Cycle,* 14 May 1870.)

(Mongolie.)

* Overland through Asia. Pictures of Siberian, Chinese, and Tartar life. Travels and Adventures in Kamchatka, Siberia, China, Mongolia, Chinese Tartary, and European Russia, with full accounts of the Siberian Exiles, their treatment, condition, and mode of life, a description of the Amoor River, and the Siberian Shores of the Frozen Ocean. By Thomas W. Knox, Author of « Camp Fire and Cotton Field ». in-8, pp. 608.

Cité dans Trübner's *Record,* No. 75, Oct. 31, 1871.

— Through Mongolia (T. W. Knox). (*Galaxy,* VI, p. 160.)

— Narrative of a Journey through Western Mongolia, July 1872 to January 1873. By Ney Elias, Jun., Medallist R. G. S. [Read, May 12th, 1873]. (*Jour. Roy. Geog. Soc.,* Vol. XLIII, 1873, pp. 108/156.) With a Map.

— On a Journey through Western Mongolia. By Mr. Ney Elias. (*Proc. Roy. Geog. Soc.,* Vol. XV, No. V, pp. 184 et seq.)

* Ney Elias. Journey through Western Mongolia. (Illustrated Travels, ed. by Bates, Vol. V, 1873, Part LVII, pp. 257/261.)

— *Ocean Highways,* June 1873, pp. 126/8.

— Viaggi di Ney Elias in China e Mongolia. (*Cosmos* di Guido Cora, 1873, VI, pp. 253/6.)

— Routes of Travel from Urga to Uliasutai. Report of M. Paderin, Secretary to the Russian Consulate at Urga. Translated from the « Journal de St. Pétersbourg », of Jan. 16th, 1874. (*Shanghai Budget,* May 23, 1874.)

— Visit of Mr. F. Paderin to the Site of Karakorum. By H. Yule. With a Map. (*The Geographical Magazine,* July 1, 1874, pp. 137/139.)

Voir les *Isvestija* de la Soc. de Géog. de Russie, IX, 1873, No. 10.

— The Journey of the Chinese Traveller Chang-te-hui, from Peking to the Summer Residence of Prince Kublai in Western Mongolia, in the year A. D. 1248. Translated from the Russian version of F. Palladius, by Eugene Schuyler. (*Geographical Magazine,* Jan. 1875, pp. 7/11.)

D'après les Part. IX et X, p. 582, des Mém. de la Section Sibérienne de la Soc. Imp. de Géog. de Russie, Irkoutsk, 1867.

— Recent Russian Explorations in Western Mongolia :

I. Sosnovski and Miroshnichenko on the Upper Irtysh, 1872—1873. — II. Matusovski's journey into the Ektag-Altai. — III. A Russian caravan Journey to Kobdo, Uliassutai, and Barkul. — Sketch Map. (*The Geographical Magazine,* July, 1875, pp. 196 à 200.)

(Mongolie.)

* Notes of a Journey outside the Great Wall of China. Abstract of a paper read before the Royal Geographical Society, February 9th 1874. By S. W. Bushell, B. S. C., M. D., London University Scholar; Physician to H. B. M. Legation, Peking. London : Printed by William Clowes, 1874.

Notice : *Chin. Rec.*, V, pp. 171/2.

Un abrégé de ces notes a paru dans les *Proc. Roy. Geog. Soc.*, Vol. XVIII, No. II, 1874, pp. 149/168.

— Notes from the Journal of a trip into Mongolia. By L. N. W.[heeler]. *(Chin. Rec.*, IV, Feb. 1872, pp. 231/234.)

* Neue Reisen in der Mongolei. *(Ausland*, 1873, No. 42, pp. 831/834; 43, pp. 848 à 850.)

* Монголія и страна Тангутовъ. Par le Capitaine d'Etat-major N. Prjevalsky. St. Pétersbourg, gr. in-8.

Isvetija de la Soc. imp. de Géog. de Russie, Vol. VII, pp. 139 à 149, 277/288; VIII, pp. 159/179, 263/264.

— Reisen in der Mongolei, im Gebiet der Tanguten und den Wüsten Nordtibets in den Jahren 1870 bis 1873 von N. v. Prschewalski... Autorisirte Ausgabe für Deutschland. Aus dem Russischen und mit Anmerkungen versehen von Albin Kohn. Mit 22 Illustrationen und einer Karte. Jena, Hermann Costenoble, 1877, in-8, pp. xl à 538.

Bib. nat. $\frac{O^2 n}{631}$.

— Mongolia, the Tangut Country, and the Solitudes of Northern Tibet, being a Narrative of Three Years' Travel in Eastern High Asia. By Lieut.-Colonel N. Prejevalsky, of the Russian Staff Corps : Mem. of the Imp. Russ. Geog. Soc. Translated by E. Delmar Morgan, F. R. G. S. With Introduction and Notes by Colonel Henry Yule, C. B. Late of the Royal Engineers (Bengal). With Maps and Illustrations. London : Sampson Low, 1876, 2 vol. in-8.

Pub. à liv. 2. 2/—.

— Capt. Prjevalski. Physico-geographical sketch of the country between lake Dalai-Nor in Mongolia, and the northern boundaries of the Chinese Province of Kansu. *(Ocean Highways*, Nov. 1872, pp. 250/2.)

D'après les *Isvestija* de la Soc. de Géog. de Russie, Juillet 1872.

— On Captain Prshewalsky's Explorations in Mongolia and Northern Tibet, 1870—73. By Ney Elias, Gold Medallist R. G. S. *(Proc. Roy. Geog. Soc.*, Vol. XVIII, No. I, pp. 76/87, 1874.)

— Captain Prshevalski's Travels in Mongolia. *(The Geographical Magazine*, April 1874, pp. 5/7.)

— Die südöstliche Mongolei vom Dalei-noor bis nach Alä-schan. Physikalisch-naturhistorische Skizzen aus den Reisenotizen des Generalstabs-Kapitän N. Prshewalski. Von J. Spörer. (Petermann, *Mitth.*, 1873, pp. 84/95).

— Weitere Nachrichten vom K. Russ. Generalstabs-Kapitän Prshewalski in der südlichen Mongolei, Vordringen gegen Kukunoor. (Petermann, *Mitth.*, 1873, Notice, pp. 270/271.)

— *Das Ausland*, 1874, Nos. 11, 12, 13 et 14.

— N. M. Prshewalski's Reise durch Kukunoor und das nördliche Tibet bis zum Oberlauf des Jang-tse-kiang, September 1872 bis Juni 1873. (Petermann, *Mitth.*, 1874, pp. 41/49.)

— Geographische, magnetische und hypsometrische Beobachtungen, angestellt von Kapitän Prjewalsky auf seinen Reisen in Central-Asien während der Jahre 1870 bis 1873. Bearbeitet von H. Fritsche. (Petermann, *Mitth.*, 1874, pp. 206/207.)

Voir également : *Verhand. d. Ges. f. Erdk. zu Berlin*, 1874, No. 4, pp. 126/131.)

— Die Mongolen. *(Zeit. f. Ethn.*, Berlin, 1875, Bd. VII, pp. 353/381.)

Ext. de la trad. all. par F. von Stein de l'ouv. de Prjevalsky sur la Mongolie et le Pays de Tangout.

— Bemerkungen zur Originalkarte der Reisen von Mantusowski und Pawlinow in der Westlichen Mongolei. (Mit Karte.) (Petermann, *Mitth.*, 1873, p. 59.)

* H. Fritsche. Voyage en Mongolie (en russe dans les *Isvestija* de la Soc. de Géog. de Russie, 1873, IX, No. 8.)

— *Verh. d. Ges. f. Erdk. zu Berlin*, 1873, No. 4, pp. 78/84.

* H. Fritsche. Ergebnisse einer Reise durch die östliche Mongolei. *(Verh. d. Ges. f. Erdkunde zu Berlin*, 1874, No. 1, pp. 27/32.)

* E. Hernandez y Fernandez. Viaje à la Mongolia, aventuras de una familia española en las estepas del Asia central. Madrid, Murcia y Marti, 1874, 2 vol. in-8, pp. 128 et 124.

— Le Pays des Ortous (Mongolie). *(Missions Catholiques*, VII, 1875, pp. 276/8, 289/290, 300/302, 313/315, 326/327, 337/338, — avec une carte.)

[r]elation du voyage des missionnaires belges, les PP. de Vos et Verlinden au commencement de 1874 chez les Ortous où ils se proposaient d'établir une mission.

— Among the Mongols. By the Rev. James Gilmour, M. A., London Mission, Peking. With illustrations. London: The Religious Tract Society, pet. in-8, pp. xv-382.

LANGUE[1].

— Grammaire de la Langve des Tartares Monguls ou Mogols, traduite d'un Manuscrit Arabe [de la Bibliothèque de M. Gaumin].

[T]hévenot n'a publié qu'une page de cette grammaire (*Recueil*, 1696, T. II, à la suite du Voyage des Hollandois à Pékin.)

— Voir Strahlenberg, Das Nord u. Oest. Th. v. Europa, supra, col. 1300, pour le plus ancien dictionnaire kalmouk : Vocabularium Calmucko-Mungalicum, pp. 137/156.

— T. S. Bayer. Epistolae ad Menckenium de literis Tanguticis & Mogulicis. (*Acta Erud.*, 1731 & Sup., T. IX.)

— Elementa litteratvrae brahmanicae tangvtanae mvngalicae. T. S. Bayer Regiomontanus. (*Commentarii Ac. Scient. Imp. Petropolitanae*, III, 1732, pp. 389/422.)

— Elementa brahmanica, tangvtana, mvngalica. T. S. B. (*Ibid.*, IV, 1735, pp. 289 et seq.)

— Grammatik der Mongolischen Sprache; verfasst von I. Schmidt, ... Mit einer Tafel in Steindruck. — St. Petersburg, 1831, in-4, pp. xii-179.

* Я. Шмидтъ. Грамматика Монгольскаго языка. Перевелъ съ нѣмецкаго съ литографированнымъ чертежемъ. St. Pétersbourg, 1832, in-4, pp. vii-184.

Traduction du précédent. — Zenker, 6935.

— Grammaire mongole. Par I. J. Schmidt. Traduite de l'Allemand et suivie d'Essais de Traduction Mongole. Par A. M. H. [amelin]. Rennes 1870 ou MDCCCLXX [sic]. in-8, pp. 176, autographié.

— Elementi della grammatica mongolica di Carlo Puini. Firenze, successori Le Monnier, 1878, in-8, pp. x-42.

Extrait de la grammaire de Schmidt.

Pubblicazioni del R. Istituto di Studi superiori . . . in Firenze.

— Bericht ueber eine inschrift aus der aeltesten zeit der Mongolen-Herrschaft; von I. J. Schmidt.... — Aus den *Mémoires de l'Académie Impériale des Sciences de St. Pétersbourg. VI. Série. Sciences politiques, Histoire et Philologie*, T. II. besonders abgedruckt. — St. Petersburg... MDCCCXXXIII, pièce in-4.

— Монгольско-нѣмецко-россійскій словарь, съ присовокупленіемъ нѣмецкаго и русскаго алфавитныхъ списковъ составленный Я. Шмидтомъ,.... Санкт Петербургъ, 1835. Mongolisch - Deutsch - Russisches Wörterbuch, nebst einem deutschen und einem russischen Wortregister von I. J. Schmidt,.... herausgegeben von der kaiserlichen Akademie der Wissenschaften. St. Petersburg, 1835, in-4, pp. viii-613 sans les errata.

— Подвиги исполненнаго заслугъ героя Богды Гессеръ Хана,..... par I. J. Schmidt. St. Pétersbourg, 1836, in-4, pp. 191 + 1 f. n. c.

Texte mongol.

— Die Thaten Bogda Gesser Chan's, des Vertilgers der Wurzel der zehn Übel in den zehn Gegenden. Eine ostasiatische Heldensage, aus dem Mongolischen übersetzt von I. J. Schmidt.... 1839. St. Petersburg, bei W. Gräff. — Leipzig, bei Leopold Voss. in-8, pp. xiv + 1 f. n. c. + pp. 287.

Cf. W. Schott, Ueber die sage von Geser-Chan. (*Mém. de l'Ac. des Sc. de Berlin*, Phil. hist. Cl., 1851, pp. 263/295.) Et B. Jülg, Ueber die griechische heldensage im wiederscheine bei den Mongolen. (Mém. de la *Versammlung deutscher Philologen und Schulmänner zu Würzburg*, 1868 [Leipzig, 1869, pp. 58/71].)

— Mongolensia.

«Volume manuscrit contenant divers ouvrages traduits du Mongol en Russe. On y remarque entre autres des notices historiques par le Lama Mongol Tsortsii et surtout le poëme héroïque où sont retracés, en sept chants, les hauts faits du *Destructeur des dix maux dans les dix mondes*, Bogda Gesser Khan. Le Tibet septentrional, la Chine occidentale et les pays voisins du Hoang ho supérieur sont le théâtre des actions de ce héros que la mythologie lamaïque a divinisé. Bergmann a donné plusieurs fragments de ce poëme qui occupe le premier rang dans la littérature des Mongols et des Kalmouks et M. Schmidt en a récemment publié le texte à St. Pétersbourg. Ce manuscrit qui est d'une très belle écriture est en caractères slavons.» Ce ms. in-fol. a fait partie de la vente Klaproth, 2e partie, No. 96 et il a été adjugé pour 162 fr.

* Kratkaja Grammatika Mongolskago Knischnago jazyka. Par J. E. Kovalevsky. Kasan, 1835, in-8, pp. 197.

* Монгольская Хрестоматія; изданная Осипомъ Ковалевскимъ. Kasan, 1836, Part. I. in-8, pp. xvi-591.

«An excellent work, with a full selection of reading exercises, and an equally excellent commentary to the same.» (Jülg, *J. R. As. Soc.*, Vol. XIV, p. 57.)

— Dictionnaire Mongol-Russe-Français, dédié à Sa Majesté l'Empereur de toutes les Russies, par Joseph Étienne Kovalevski,

1. Nous ne donnons dans ce chapitre que les ouvrages relatifs au mongol oriental = mongol proprement dit et au mongol occidental = kalmouk.

professeur ordinaire de la littérature mongole à l'université impériale de Kasan.... Kasan, Imprimerie de l'Université, 3 vol. in-4.

Vol. I, 1844, pp. XIII-594.
Vol. II, 1846, pp. 595-1545.
Vol. III, 1849, pp. 1547-2690.
} Imprimés sur deux colonnes.

Quaritch, Sept. 1872 (285), Liv. 12/—.

* Robert Yuille. Short Mongolian Grammar (en Mongol).

«Xylography from the English mission press before Selenginsk beyond the Baikal, 1838. This book will always remain unique.» (B. Jülg, *J. R. As. Soc.*, Vol. XIV, p. 56.)

* Alex. Popoff. Монгольская Хрестоматія. Kasan, 1836, 2 vol. in-8, pp. x-318, 1/199.

«A work admirably adapted for beginners. By the same author is *Arithmetika na mongolskom jazykje*, Kasan, 1837.» (Jülg, *Ibid.*, p. 56.)

* Alex. Popoff. Грамматика Калмыцкаго языка. Kasan, 1847, in-8, pp. IX-390.

— Einiges über mongolische Poesie. Von H. C. v. d. Gabelentz. (*Zeitschft. f. d. K. d. Morg.*[1], I. Bd., I. Hft. 1837, pp. 20/37.)

— Versuch über eine alte mongolische Inschrift. Von H. C. v. d. Gabelentz. (*Ibid.*, II. Bd., I. Hft., 1838, pp. 1/21.)

— Nachtrag zur Erklärung der altmongolischen Inschrift. (*Ibid.*, III. Bd., II. Hft., 1840, pp. 225/227.)

— A Sketch of the Mongolian Language and Literature, [translated from the German of H. Conon von der Gabelentz. By the Editor]. (*Chin. & Jap. Rep.*, March 1864, pp. 398/400.)

— Parmi les manuscrits de la 2e partie de la vente Klaproth se trouvait (No. 215, vendu fr. 200) un «précieux recueil contenant les travaux originaux et inédits de Jean Jæhrig, qui accompagna Pallas dans ses voyages en qualité d'interprète, et qui, pendant un séjour de dix années au milieu des hordes tartares, avait acquis une connaissance étendue des différents dialectes qui y sont en usage. Ces pièces rédigées de 1783 à 1793, soit à Irkutsk, soit à Kiakhta même, sont d'une exécution très soignée et accompagnées de caractères originaux.» Elles comprenaient :

Sur le miroir de la langue mongole. — Elémens de l'écriture et de la langue mongole et éleuthe, 2 parties. — Elémens de l'écriture et de la langue tibétaine. — Catalogue de manuscrits et de livres indiens, tibétains et mongols, recueillis chez les peuples de la frontière mongole. — Miroir des mots mongols logiquement disposés, rédigé la 56e année de l'empereur (Khian loung) par une commission composée de 4 Tibétains, 3 Mongols et 7 Chinois, traduits mot à mot en allemand. 2 part. in-fol., dem.-rel.»

*Nawrocki. Courtes observations sur la différence entre les langues kalmouke et mongole [en russe]. (*Utschenyja Zapiski*, Université de Kasan, 1840, III, pp. 160 à 176.)

*(Schergin). Recueil de maximes, prières, fables, contes, dictons, anecdotes, et dialogues, traduit du russe en mongol, avec un dictionnaire mongol-russe [en russe]. Kasan, 1841, in-8, pp. VI-327.

— Älteste Nachrichten von Mongolen und Tataren, historisch-kritische Abhandlung von W. Schott. Gelesen in der Königl. Akademie der Wissenschaften am 8. Mai 1845. Berlin bei Veit & Co. 1846, in-4.

— Das Zahlwort in der Tschudischen Sprachenclasse, wie auch im Türkischen, Tungusischen und Mongolischen. Eine in der Akademie der Wissenschaften am 17. Februar 1853 gelesene Abhandlung von Wilhelm Schott. Berlin, 1853, in-4, pp. 29 + 1 tab.

* W. Schott. Altajische studien oder untersuchungen auf dem gebiete der Altai-sprachen. (Auf dem gebiete der Tatarischen (Turanischen) sprachen, Berlin, 1860 bis 1870, 5 fasc.)

* Грамматика Монгольско-Калмыцкаго языка. Сов. Алексѣя Бобровникова. Kazan, 1849, in-8, pp. XI-400.

* Alexius Bobrovnikov. Dschangar. Narodnaja Kalmyckaja skazka. St. Pétersbourg, 1854, in-8, pp. 30.

Traduit en allemand par Franz von Erdmann : Kalmückischer Dschangar. Erzählung der Heldenthaten des erhabenen Bogdo-Chan Dschangar. (*Zeitschft. d. D. Morg. Ges.*, Leipzig, 1857, Vol. XI, pp. 708/730.)

— Gramatik der West-Mongolischen, das ist Oirad, oder Kalmückischen Sprache von H. A. Zwick. [1853], in-4, pp. a/d + 1/147 + 1 f. n. c., lith.

— Handbuch der Westmongolischen Sprache. Gesammelt und verdeutscht durch H. A. Zwick. in-4, pp. 481 [1853].

Les pages 1/400 sont lithog. — Les pages suiv. qui sont imprimées comprennent un *Deutsches Wort-Register zum West-Mongolischen Wörterbuch.*

— An account of Sanscrit and Mongolian characters found in Chinese Books : By the Rev. Joseph Edkins, Shanghae. — Read before the Society, 24th January, 1855. (*Trans. China Br. R. As. Soc.*, Pt. V, Art. V, pp. 101/108.)

— Examples of Mongol and European common words. By the Rev. Joseph Edkins. (*The Phœnix*, II, March 1872, pp. 149/150.)

1. Zeitschrift für die Kunde des Morgenlandes, herausgegeben von H. Ewald, C. v. d. Gabelentz, J. G. L. Kosegarten, Ch. Lassen, C. F. Neumann, E. Rödiger und F. Rückert. Ersten Bandes erstes Heft. Göttingen, 1837. Druck und Verlag der Dieterichschen Buchhandlung, in-8.

Boller. Die wurzelsuffixe in den ural-altaischen sprachen. Wien, 1857.

— Die übereinstimmung der tempus- und moduscharaktere in den ural-altaischen sprachen (1857).

— Die pronominalsuffixe des ural-altaischen verbums (1858.)

Parm. Smirnow. Kratkij russko-kalmyckij Slowar. Kasan, 1857, in-8, pp. 127.

Altan Tobtschi. Chronique mongole dans l'original, et traduction, avec l'addition du texte kalmouk de l'histoire de l'Ubaschi Chuntaidschi et de sa guerre avec les Oirats. Traduit par le Lama Galsang Gombojew (Russe). (VIe Partie de *Arbeiten der Orientalischen Abth. d. Kais. Archaeologischen Ges.*, St. Pétersbourg, 1858, in-8, pp. xiv-234.)

Ardschi Burdschi. Mongolskaja powjest. Trad. du mongol en russe par le Lama Galsang Gombojew. St. Pétersbourg, 1858, in-4, pp. 19.

Schiddi-Kûr. Sobranie Mongolskich skazok. Trad. du mongol en russe par le Lama Galsang Gombojew. St. Pétersbourg, 1865, in-8, pp. 102.

Extrait de la gazette ethnographique *Sbornik* de la Soc. de Géog. russe, 1865.

B. Jülg. Die märchen des Siddhi Kûr. Kalmükisch. X. Erzählung. Wien, 1861, in-fol., pp. 6.

Spécimen.

— Die märchen des Siddhi Kûr. — Kalmükischer text mit deutscher übersetzung und einem kalmükisch-deutschen wörterbuch. Herausgegeben von B. Jülg. (Gedruckt mit unterstützung der kaiserlichen Akademie der Wissenschaften in Wien.) Leipzig, 1866, F. A. Brockhaus, in-8, pp. xvi-223.

B. Jülg. Kalmükische Märchen. Die Märchen des Siddhi Kûr oder Erzählungen eines verzauberten Todten. Ein Beitrag zur Sagenkunde auf buddhistischem Gebiete. Aus dem Kalmükischen übersetzt. Leipzig, 1866, in-8, pp. vi-69.

— Mongolische Märchen. — Erzählung aus der Sammlung Ardschi Bordschi. Ein Seitenstück zum Gottesgericht in Tristan und Isolde. — Mongolisch und Deutsch, nebst dem Bruchstück aus Tristan und Isolde, herausgegeben von B. Jülg. — Als Probe einer Gesammtausgabe von Ardschi Bordschi und den neun Nachtragserzählungen des Siddhi-Kûr. Innsbruck, Druck und Verlag der Wagner'schen Universitäts-Buchhandlung, 1867, in-8, pp. 37.

«This is the first Mongolian print out of Russia.» (Jülg.)

— Mongolische Märchen-Sammlung. — Die neun Märchen des Siddhi-Kûr nach der ausführlicheren Redaction und die Geschichte des Ardschi-Bordschi Chan. Mongolisch mit deutscher Uebersetzung und kritischen Anmerkungen herausgegeben von Bernhard Jülg. — (Mit Unterstützung der kaiserlichen Akademie der Wissenschaften in Wien.) Innsbruck, 1868, in-8, pp. xvi-256.

Mongol, avec trad. all. et notes critiques.

* B. Jülg. Mongolische Märchen. Die neun Nachtrags-Erzählungen des Siddhi-Kûr und die Geschichte des Ardschi-Bordschi Chan. Eine Fortsetzung zu den «Kalmükischen Märchen». Innsbruck, 1868, in-8, pp. xvi-132.

— On the present State of Mongolian Researches. By Prof. B. Jülg. In a letter to Robert N. Cust, Esq. Hon. Sec. R. A. S. (*Jour. R. As. Soc.*, N. S., Vol. XIV, 1882, pp. 42/65.)

Cette lettre datée d'Innsbruck, 24 juillet, 1881, contient une excellente bibliographie du sujet dans laquelle nous avons largement puisé.

* Sagas from the Far East: or, Kalmouk and Mongolian Traditionary Tales. With historical preface and explanatory notes. By the Author of «Patrañas; Household Stories from the Land of Hofer». London, Griffith & Farran, 1873, in-8, pp. xx-420.

«Contains from page 1/324 a complete verbal, though now and then misunderstood, translation of the Siddhi-Kûr and Ardschi-Bordschi of the present writer. The author does not mention this on the title page, and from page V of the preface it might be naturally inferred that it was her own work.» (B. Jülg, *J. R. As. Soc.*, XIV, p. 59.)

* Const. Golstunskij. Russko-Kalmyckij Slowar. St. Pétersbourg, 1860, in-8, pp. iv-136.

* Const. Golstunskij. Ubaschi-Chun Taidschijn tûdschi, narodnaja Kalmyckaja poema Dschangara i Sidditu Kûryjn-tûli, izdanyja na Kalmyckom jazykje. St. Pétersbourg, 1864, in-fol. oblong.

Autog. en Kalmouk.

* K. Th. Golstunskij. Les lois des Mongols-Oirads de l'année 1640, les commande-

ments supplémentaires du Galdan Chun-Taidschi, et les lois compilées pour les Kalmouks de la Volga sous le Khan Kalmouk Douduk-Daschi. St. Pétersbourg, 1880, in-8, introd. pp. 1/16, texte pp. 33, trad. et notes, pp. 35/143.

Texte kalmouk et trad. russe.

— Rapport sur deux médailles en cuivre jaune trouvées à Sourabaya, île de Java, dont les facsimiles lithographiques ont été envoyés à la Société par M. Netscher, de Batavia, par M. G. Pauthier, br. in-8, pp. 17.

Extrait No. 8 de l'année 1860 du *Journal Asiatique*.

— Observations sur l'Alphabet de Pa'-ssé-pa, et sur la tentative de Khoubilai-khân, au XIIIe siècle de notre ère, pour transcrire la langue figurative des Chinois au moyen d'une écriture alphabétique par M. G. Pauthier. Paris, Imp. Impériale, 1862, br. in-8, pp. 47.

Extrait No. 1 de l'année 1862 du *Journal Asiatique* (Ve Sér., Vol. XIX, pp. 5 et seq.).

— On an ancient inscription in Chinese and Mongol, from a Stone Tablet at Shanghae: by Mr. A. Wylie, printer to the *London Missionary Society*, Shanghae. Read before the Society, May 21st, 1855. (*Trans. China Br. R. As. Soc.*, Part. V, 1855, pp. 65/81.)

— Sur une inscription mongole en caractères Pa'-ssé-pa, par M. A. Wylie. Br. in-8, pp. 11.

Jour. As. Extrait No. 4 (1862). — Vol. XIX, pp. 461/471.

Voir dans la *Zeitschrift für die Kunde des Morgenlandes* pour 1838 un article de M. Conon de la Gabelentz, Vol. II, p. 1.

— Tableau de la Grammaire Mongole, suivi de l'Élévation de Gengis-Khan et de la Lettre d'Arghoun Khan à Philippe-le-Bel par M. Léon Feer. Paris, . . . 1866, in-4, ff. 8.

Autographie.

Ce tableau est, d'après l'avertissement, emprunté à la Grammaire de Schmidt.

— Волшебныя Монгольскія сказки, подобныя Арабскимъ тысячѣ одной ночи. Moscou, 1866, in-12, pp. 72.

— Sur les mots Mongol, Mogul, Tatar, Tartar, voir *Notes and Queries on C. & J.*, Vol. I, pp. 57/58 by E. C. Bowra, pp. 58/59 by Grey Cowl; Vol. II, p. 16 by E. C. Bowra.

(Mongolie.)

— A short vocabulary of the Mongolian Language in the Dialect chiefly used on the Northern borders of China (By the Editor, N. B. Dennys). (*N. & Q. on C. & J.*, Vol. I, pp. 132/137.)

Cet article a été réimprimé sous forme de brochure in-32, pp. 21 :

A Short Vocabulary of the Mongolian Language in the Dialect chiefly used on the Northern Borders of China. Reprinted from « Notes and Queries on China and Japan ». By the Editor. Hongkong. Printed at the « China Mail » Office, 1867.

— Translation and Remarks on an ancient Buddhist inscription at Keu-yung kwan, in North China, By A. Wylie. Br. in-8, pp. 31.

Ext. from the *Jour. of the R. As. Soc. of Great Britain and Ireland* for Dec. 1870.

Voir *Jour. N. C. B. R. As. Soc.*, No. I, N. S., pp. 133/136.

Voir col. 292.

— The Buddhist inscription at Keu-yung-kwan. By Rev. S. Beal, B. A. (*Indian Antiquary*, Aug. 1880, pp. 195/196.)

— Note sur l'inscription bouddhique et la passe de Kiu-young-kouan près de la Grande Muraille. Par Camille Imbault-Huart. (*Revue de l'Extrême-Orient*, T. II, No. 4, pp. 486/493.)

— Sentences, maximes et proverbes Mantchoux et Mongols accompagnés d'une traduction française, des alphabets et d'un vocabulaire de tous les mots contenus dans le texte de ces deux langues. Ouvrage destiné à servir d'introduction à l'étude comparative des langues tartares de l'Asie centrale par Louis Rochet. Paris, Maisonneuve [et] Ernest Leroux, 1875, in-8, pp. IV-166.

— Sur les écrivains turko-mongols du XVIe siècle par Léon Cahun. (*Annuaire de la Soc. des Études Japonaises*, 1877, pp. 106 à 112.)

* G. Bálint. Párhuzam a magyar és mongol nyelv terén. Budapest, 1877, pet. in-8, pp. XXX-62.

— Mongolian Folk Lore. (*Dublin University Mag.*, LXXIII, p. 591.)

* A. Pozdnjejew. Obraztsy narodnoi literatury mongolskich plemen. Wypusk perwyi. (Exemples de la littérature populaire des tribus mongoles.) St. Pétersbourg, 1880, fasc. I, in-8, pp. VI-346.

(Mongolie.)

II. — TIEN CHAN PE LOU. — TIEN CHAN NAN LOU.[1]

— Relation de la Grande Tartarie ... 1737. [Voir col. 1301.]

— Beschreibung des altaischen Gebürges aus dem chinesischen Buche : Daizyn-itun Dschi, übersetzt durch den 1759 zu Petersburg bey der Akademie verstorbnen, aus Nertschinsk gebürtigen Translateur Rossochin. (*Neue Nordische Beyträge,* I Bd., II St., pp. 223/230.)

— A Description of Little Bukharia, or the Kingdom of Kashgar. (Astley's *Coll.,* Vol. IV, pp. 526 et seq.)

— Position des principaux lieux du royaume des Eleuths. (*Mém. conc. les Chinois,* I, pp. 399/400.)

— Notices du Royaume de Ha-Mi. (*Mém. conc. les Chinois,* V, pp. 486 et seq.)

Par le P. Cibot.

— Introduction à la connoissance des peuples qui ont été ou qui sont actuellement tributaires de la Chine. [Par M. Amiot.] (*Mém. conc. les Chinois,* XIV, pp. 1/238.)

Cet écrit] « est tiré d'un ouvrage composé par ordre de l'empereur Kang-hi, d'après les nombreux Mémoires qu'il avoit fait rassembler, & achevé sur la fin de l'an 1696. C'est une Topographie historique des pays qui se sont reconnus feudataires de l'Empereur de Chine ..... ».

— Recueil de suppliques, lettres de créance, et autres pièces, adressées à l'Empereur de Chine, envoyées du pays des Hoei-hoei, des Si-fan, &c. Traduites en François, avec des Remarques, par M. Amyot, Missionnaire à Peking. (*Ibid.,* pp. 239/308.)

Cette pièce sert, en quelque façon, de preuves justificatives à la précédente; elle est due également au P. Amiot.

— Histoire de la ville de Khotan, tirée des Annales de la Chine et traduite du chinois; Suivie de Recherches sur la substance minérale appelée par les Chinois *Pierre de Iu,* et sur le *Jaspe* des anciens, par M. Abel-Rémusat. A Paris, de l'imprimerie de Doublet,.... 1820, in-8, pp. xvi-239 et une note.

Pub. à 5 fr. — Pap. vél. 7 fr. 50.

Notices : Silvestre de Sacy, *Journ. des Savans,* septembre 1820, pp. 526/534. — Klaproth, *Mém. rel. à l'Asie,* II, pp. 281 et seq.

1. Nous n'avons naturellement pas indiqué dans ce chapitre les travaux qui se rapportent exclusivement au Turkestan russe.

— Mémoires sur plusieurs questions relatives à la géographie de l'Asie centrale, par M. Abel-Rémusat. A Paris, de l'Imprimerie royale. 1825, in-4, pp. 130.

Contient : Recherches sur la ville de Kara-Koroum, avec des éclaircissemens sur plusieurs points obscurs de l'histoire et de la géographie de la Tartarie pendant le moyen âge, pp. 1/58. — Remarques sur l'extension de l'empire chinois du côté de l'occident, pp. 59/129. — Table.

— Lettre à M. L. Cordier, Membre de l'Académie des Sciences, sur l'existence de deux volcans brulans dans la Tartarie centrale. (Abel Rémusat, *Mél. As.,* I, pp. 209 à 211.)

— Ta ouan (Fergana), voir Brosset, col. : 1263.

— Voyage à Khokand, entrepris en 1813 et 1814, par Philippe Nazarov, interprète au service du gouvernement russe. (*Mag. As.,* pub. par Klaproth, I, 1825, pp. 1/82.)

— Voyage de Boukhtarminsk à Gouldja ou Ili, Capitale de la Dzoungarie Chinoise. Entrepris en 1811 par M. Poutimstev, interprète du gouvernement russe. (*Mag. As.,* pub. par Klaproth, I, 1825, pp. 173/229.)

— Notice sur les Amazones de l'Asie Centrale. (*Ibid.,* I, 1825, pp. 230/6.)

— Voyage dans l'Asie Centrale par Mir I'zzet-ullah, en 1812. (*Ibid.,* pub. par Klaproth, II, 1826, pp. 1/51, 161/186.)

— Relation des troubles de la Dzoungarie et de la petite Boukharie; traduite du Chinois. (*Ibid.,* pub. par Klaproth, II, 1826, pp. 187 à 208.)

— Описаніе Чжуньгаріи и восточнаго Туркистана въ древнемъ и нынѣшнемъ состояніи. Переведено съ Китайскаго Монахомъ Іакинѳомъ. St. Pétersbourg, 1829, in-8, pp. xlvi-270 + 1 f. n. c.

L'ouvrage est en deux parties, mais la pagination se suit; grav. col. de costumes.

C'est la traduction de l'ouvrage chinois *Si yu wen kien lou.*

— Pater Hyacinth's Beschreibung der Djungarei und des östlichen Turkestan. Von W. Schott. (Erman, *Archiv für wiss. Kunde v. Russl.,* I Bd., 1841, pp. 164/177.)

— *Chin. Repository,* I, pp. 170 et seq.

— Memoir on the U'sbeck State of Kokan, properly called Khokend, (the Ancient Ferghana) in Central Asia. By W. H.

Wathen, Esq. Persian Sec. to the Bombay Government, &c. *(Jour. As. Soc. Bengal,* III, No. 32, Aug. 1834.)

— Memoir on Chinese Tartary and Khoten. By W. H. Wathen, Esq., Persian Secretary to the Bombay Government. *(Jour. As. Soc. Bengal,* IV, No. 48, Dec. 1835, pp. 653 et seq. — Réimp. *Chin. Rep.,* XII, pp. 225 et seq., et *Chin. & Jap. Rep.,* Aug. 1865.)

— Carte de l'Asie centrale, dressée d'après des cartes levées par ordre de l'empereur Khian-loung, par les missionnaires de Pékin et d'après un grand nombre de notions extraites et traduites de livres chinois, Paris, 1835, 4 feuilles grand aigle.

«Elle représente les pays de l'Asie entre 25 et 52 degrés de lat. N. et entre 62 et 119 de longitude à l'est de Paris; elle jette un grand jour sur ces contrées peu connues. Depuis qu'il avait conçu le projet de cette carte, Klaproth n'avait pas cessé de comparer les renseignements que lui fournissaient les livres chinois avec ceux que les missionnaires avaient communiqués à d'Anville, et dont ce grand géographe avait fait usage pour les cartes qu'il a jointes à l'*Histoire de la Chine* de Duhalde. Par ce moyen il avait découvert la cause des erreurs de d'Anville, qui sont assez nombreuses pour les régions occidentales et voisines de l'Himalaïa. Il avait recueilli beaucoup de notes qui eussent fait la base d'un mémoire où il aurait exposé, discuté les motifs d'après lesquels il s'était décidé dans ses déterminations. Il a aussi donné : *Carte de la Mongolie, du pays des Mandchoux, de la Corée,* et *du Japon.* Paris, 1833. (Eyriès, Art. *Klaproth, Biog. univ.)*

* Der Telezkische See und die Teleuten im östlichen Altai. (Mit 1 Karte u. 2 Ansichten.) St. Petersburg, 1838 (Eggers u. Co.), gr. in-8.

Engelmann.

— Beiträge zur Kenntniss des Russischen Reiches und der angränzenden Länder Asiens..... Auf Kosten der kaiserl. Akademie der Wissenschaften herausgegeben von K. E. v. Baer u. Gr. v. Helmersen. St. Petersburg :

2. Bd. Nachrichten über Chiwa, Buchara, Chokand und den nordwestlichen Theil des Chinesischen Staates, gesammelt von dem Präsidenten der Asiatischen Grenz-Commission in Orenburg, General-Major Gens, bearbeitet und mit Anmerkungen versehen von Gr. v. Helmersen. Mit 1 Karte. 1839. in-8.

— Travels in the Himalayan Provinces of Hindustan and the Panjab; in Ladakh and Cashmir; in Peshawar, Kabul, Kunduz and Bókhara; by Mr. William Moorcroft and Mr. George Trebeck from 1819 to 1829. Prepared from the Press, from Original Journals and Correspondence by Horace Hayman Wilson, M. A., F. R. S. London, Murray, 1841, 2 vol. in-8.

— Asie centrale. Notice sur quelques contrées du Tibet et du Turkestan, sujets ou seulement tributaires de l'empire chinois, etc., par O. Mac Carthy. *(Rev. de l'Orient,* II, 1843, pp. 124/134, 308/316.)

— Asie centrale. — Recherches sur les chaînes de montagnes et la climatologie comparée; Par A. de Humboldt. Paris, Gide, 1843, 3 vol. in-8, cartes et tableaux.

*Trad. en allemand par W. Mahlmann. Berlin, 1844, 2 vol. in-8.

— P. de Tchihatcheff. Sur une nouvelle édition de l'Asie centrale d'Alex. de Humboldt. *(Bul. Soc. Géolog.,* XXVII, 1870, p. 222.)

— Voyage scientifique dans l'Altaï oriental et les parties adjacentes de la frontière de Chine. Fait par ordre de S. M. l'Empereur de Russie par Pierre de Tchihatcheff, Gentilhomme de la Chambre de S. M. I. Membre de plusieurs Académies et Sociétés savantes. Paris, chez Gide, 1845, 2 parties en un vol., gr. in-4, pp. XIV + 2 ff. n. c. + pp. 466, et Atlas in-4 de 35 Pl.

*v. Leonhard, Carl Caes., Bericht über Pierre de Tchihatscheff : Voyage scientifique dans l'Altaï oriental fait par ordre de sa Maj. l'Empereur de Russie. Heidelberg, J. C. B. Mohr, 1846, gr. in-8.

Engelmann.

— Ueber P. v. Tschichatschews Beiträge zur geologischen Kenntniss des Altai und seiner Umgebungen. Von A. Erman. (Erman, *Arch. f. wiss. Kunde v. Russl.,* V, 1847, pp. 333/352.)

— Eine Karawanreise nach Kuldja. (Aus dem Strantswowatel po Susche i Morjam.) (Erman, *Arch. f. wiss. Kunde v. Russl.,* III Bd. 1843, pp. 704/725.)

— Notes on Mahommedan Tartary. *(N. C. Herald,* No. 72, 13 Dec. 1851 et seq. — Réimp. *Shae. Alm. for 1854 and Miscel.,* I.)

— Собранiе свѣдѣнiй о народахъ, обитавшихъ въ средней Азiи въ древнiя времена. Въ трехъ частяхъ съ картою на трехъ большихъ листахъ, сочиненiе монаха Iакинѳа. St. Pétersbourg, 1851, 3 vol. in-8, pp. XXXIV-484, IV-179, V-273.

Suivi de :

— Географическiй указатель мѣстъ на картѣ къ исторiи древнихъ среднеазiйскихъ народовъ. Сочиненiе Монаха Iакинѳа. St. Pétersbourg, 1851, in-8, pp. 115 et table pp. VII.

C'est l'ouvrage le plus remarquable du P. Hyacinthe, ouvrage qui a valu à son auteur le prix Demidoff à l'Académie des Sciences de St. Pétersbourg. L'auteur a traduit textuellement tout ce qui se trouve dans l'histoire officielle de la Chine concernant les peuples de l'Asie centrale et les relations qu'ils ont eues avec les Chinois pendant les dix siècles antérieurs au IXe. Ce travail contient une foule de renseignements ethnographiques. Il est toutefois regrettable que l'auteur ait négligé de consulter d'autres ouvrages historiques chinois qui lui auraient permis de compléter ses recherches et qu'il ait arrêté son ouvrage au IXe siècle.

— Das Reich Kokand in seinem heutigen

Zustande. (Erman, *Arch. f. wiss. Kunde v. Russl.*, XI, 1852, pp. 580/607.)

— Der Balkasch See und der Fluss Ili. *(Ibid.*, XVI. Bd., 1857, pp. 491/500.)

* Исторія и древности восточной части Средней Азіи отъ X до XIII вѣка. Par Vasilief. St. Pétersbourg, 1857, in-8.

— Notes on Kokan, Kashgár, Yárkand, and other places in Central Asia. By Lieut. H. G. Raverty, 3rd Regt. Bombay, N. I., Ass. Com., Multán. *(Jour. As. Soc. Bengal*, XXVI, No. 4, 1857.)

— Der Fluss Ili als künftige Wasserstrasse nach dem westlichen China. (Petermann's *Mitth.*, 1858, pp. 407/408.)

— Wilhelm Radloff. Briefe aus dem Altaï. *(Arch. f. wiss. Kunde v. Russl.*, XX, 1861, pp. 556/597; XXI, 1862, pp. 179/223, 641/662; XXII, 1862, pp. 1/46.)

— Reise durch den Altai nach dem Telezker See und dem Abakan. Von Wilhelm Radloff. *(Ibid.*, XXIII, 1865, pp. 1/55, 218/316.)

— Das Ili-Thal in Hoch-Asien und seine Bewohner. Von Dr. W. Radloff. (Petermann, *Mitth.*, 1866, No. 3, pp. 88/97; No. 7, pp. 250/264.)

— Aperçu des récentes explorations des Russes dans l'Asie centrale. — Le Pays des Sept Rivières et la contrée transilienne par C. de Sabir.... Mémoire lu à l'Assemblée générale de la Société de Géographie le 29 novembre 1861. Paris, Imprimerie de L. Martinet, 1862, br. in-8, pp. 30.

— Results of a Scientific Mission to India and High Asia, undertaken between the years MDCCCLIV. and MDCCCLVIII., by order of the Court of Directors of the Honourable East-India Company, by Hermann, Adolph, and Robert de Schlagintweit, with an Atlas of Panoramas, Views and Maps. Leipzig, Brockhaus, [and] London, Trübner, MDCCCLXI—MDCCCLXIII, 3 vol. in-4.

I. Astronomical and Magnetic Observations. — II. Hypsometry. — III. Route Book. — Glossary.

— Observations on the Astronomical points determined by the Brothers Schlagintweit in Central Asia. By Capt. Golubief. *(Jour. As. Soc. Bengal*, 1866, Pt. 2, No. 1, pp. 46—50.)

D'après le Journal de la Soc. de Géog. de Pétersbourg.

(DIVERS.)

— Comparative, hypsometrical and physical Tableau of High Asia, the Andes, and the Alps. By Robert de Schlagintweit. *(Ibid.*, pp. 51/72.)

— Ili. (Voir les *Mélanges de Géographie asiatique* de S. Julien, Vol. I, supra col. : 1266.)

— Russia, Central Asia, and British India. By a British Subject. London : Trübner, 1865, br. in-8, pp. 48.

— Ost-Turkestan oder die Chinesische Provinz Nan-lu. Aus dem Reiseberichte des Stabscapitains Walichanow. *(Ibid.*, XXI, 1862, pp. 605/636.)

Voir col. 1212.

— [Valikhanof.] Zur Geschichte Ost-Turkestan's. Der Aufstand in Kaschgar im Jahr 1857. *(Arch. f. wiss. Kunde v. Russl.*, XXII, 1863, pp. 71/82.)

— Djungaria and the Celestial Mountains, by P. P. Semenof; being the Preface to the second volume of his russian translation of Ritter's « Erdkunde von Asien ». Translated from the russian by John Michell. *(Jour. Roy. Geog. Soc.*, XXXV, pp. 213/231.)

— Notes on Central-Asia. By M. Semënof. (Communicated by Lieut. J. T. Walker, R. E.) *(Jour. As. Soc. Bengal*, XXXIV, 1865, pt. II, pp. 113/134.)

Réimp. du même mémoire.

— Report on his Journey to Ilchí, the Capital of Khotan, in Chinese Tartary. By Mr. Civil-Assistant W. H. Johnson. Read Nov. 12th, 1866. *(Jour. Roy. Geog. Soc.*, XXXVII, pp. 1/7.)

— On the recent journey of M. W. P. Johnson from Leh in Ladakh to Ilchi in Chinese Turkistan. By Sir Henry C. Rawlinson. *(Proc. Roy. Geog. Soc.*, Vol. XI, No. 1, pp. 6/14.)

— On the geographical position of Yarkund, and some other places in Central Asia. By Capt. T. G. Montgomerie, R. E., Astronomical Assistant Great trigonometrical Survey of India. *(Jour. Roy. Geog. Soc.*, Vol. XXXVI, pp. 157/172, carte.)

— Capt. T. G. Montgomerie. On the geographical position of Yarkund and other places in Central Asia. *(Proc. R. Geog. Soc.*, X, No. 4, pp. 162/165.)

— The Russians in Central Asia. *(Quarterly Review*, No. 236, Oct. 1865, pp. 529/581.)

— Central Asia. *(Ibid.*, Oct. 1866, pp. 461 à 503.)

— Die Russen in Centralasien. Eine geogra-

(DIVERS.)

phisch-historische Studie. Mit einer Übersichtskarte. Von Friedrich v. Hellwald. Wien . . . . 1869, br. in-8, pp. 121.

— Die Russen in Centralasien. Eine Studie über die neuere Geographie und Geschichte Centralasiens von Friedrich von Hellwald. Neue Ausgabe. Augsburg, Lampart, 1878, in-8, pp. VIII-233.

— The Russians in Central Asia. A critical examination down to the present time of the geography and history of Central Asia. By Frederick von Hellwald . . . . Translated from the German by Lieut.-Col. Theodore Wirgman, LL. B. . . . . With a Map. Henry S. King, London, 1874, in-8, pp. XX-332.

— Centralasien. Landschaften und Völker in Kaschgar, Turkestan, Kaschmir und Tibet. Mit besonderer Rücksicht auf Russlands Bestrebungen und seinen Kulturberuf. Von Friedrich von Hellwald. Mit 70 Text-Abbildungen, in den Text gedruckten Karten, einem Tonbilde und einer Uebersichtskarte. Leipzig, Verlag von Otto Spamer, 1875, in-8, pp. VIII-446.

Voir col. 1212.

— Journey from Leh to Yarkand and Kashgar, and Exploration of the Sources of the Yarkand River. By G. W. Hayward. Read, December 13, 1869. *(Jour. Roy. Geog. Soc.*, XL [1870], pp. 33/166.)

Proc. Roy. Geog. Soc., XIV, pp. 41/74.

— Dictionnaire Géographique de l'Asie centrale offrant par ordre alphabétique, les transcriptions en caractères mandchoux et chinois, des noms géographiques donnés en langue nationale de chaque contrée, accompagnées de notices extraites ou traduites des ouvrages chinois et autres ouvrages originaux de l'Orient musulman; le tout publié, annoté et orné de cartes levées sur les originaux, par les soins de M. Jules Thonnelier, Membre de la Société asiatique de Paris. Prolégomènes. Pays en dehors de la domination chinoise. Paris, Maisonneuve, 1869, in-4, pp. 53 (lithographié).

I. Description du Khanat de Khokand (Turkestan).

Tout ce qui a paru.

— An Ethnographical Table of Central Asia. By Geo. Phillips, Esq. (1) Tungusic Nations. (2) Sian Pi Nations. (3) The Corean Branch of the Sian Pi. (4) Turkish Nations. (5) Thibetan Nations. (6) Alani and Gothic tribes with fair hair in Central Asia. (7) Unknown Races inhabiting Central Asia. (8) Kingdoms of the Indus and the Western Provinces of Persia. (Doolittle's *Vocab.*, Pt. III, No. IV.)

— Изъ Кокана. свбденія о путешествіи по Кокансному ханству А. П. Федченковъ 1871 г. Ташкентъ, 1871, br. in-8, pp. 33 + 1 f. n. c.

— A Visit to Yarkand and Kashgar. By R. B. Shaw. [Extracts]. *(Proc. Roy. Geog. Soc.*, Vol. XIV, 1870, pp. 124/137.)

— Results of the Observations taken by Mr. R. B. Shaw during his journey to Yarkand in the year 1870. Calculated by William Ellis, F. R. A. S., of the Royal Observatory, Greenwich. *(Jour. Roy. Geog. Soc.*, XLI (1871), pp. 373/392.)

— A Prince of Kâshgar on the Geography of Eastern Turkestan. by R. Shaw. *(Proc. Roy. Geog. Soc.*, XX, p. 6.)

— Visits to High Tartary, Yârkand, and Kâshghar (formerly Chinese Tartary), and return journey over the Karakoram Pass. By Robert Shaw, British Commissioner in Ladâk. With Map and Illustrations. London : John Murray, 1871, in-8, pp. XVI-486.

*R. Shaw. Reise nach d. Hohen Tatarei, Yârkand u. Kâshghar u. Rückreise üb. d. Karakoram-Pass. Deutsch v. J. C. A. Martin. Mit 14 Illustr. u. 2 Karten. Jena, 1872, in-8.

— Robert Shaw über die Gebirgssysteme Central-Asiens. (Petermann, *Mitth.*, Bd. XIX, 1873, pp. 1/4.)

— A Russian Embassy in Kashgar. *(Ocean Highways*, Nov. 1872, pp. 235/6.)

Baron Kaulbar.

— Le défilé et les glaciers de Mouzarte dans la chaîne du Tian-chan explorés en automne de 1871 par M. Chépélew, officier d'État-Major. Br. in-4 à 2 col., pp. 16.

Extrait du *Journal de St.-Pétersbourg*, du 13, 15 et 20 juillet 1872.

Bul. Soc. Géog., Pétersbourg, 4e cah. 1872.

— Geschichte Bochara's oder Transoxaniens von den frühesten zeiten bis auf die gegenwart. — Nach orientalischen benützten und unbenützten handschriftlichen geschichtsquellen. Zum erstenmal bearbeitet von Hermann Vámbéry . . . — Deutsche originalausgabe. Stuttgart, J. G. Cotta, 1872, 2 parties in-8.

— History of Bokhara from the earliest period down to the present composed for the first time after oriental known and unknown historical manuscripts by Arminius Vámbéry . . . London, Henry S. King, 1873, in-8, pp. XXXV-419.

— Matussowski's Bereisung des Emil-Thales in der Dschungarei. (Petermann, *Mitth.*, 1873, p. 150.)

*Hume and Henderson's Lahore to Yarkand: Incidents of the Route and Natural History of the Countries traversed, by the

Expedition of 1870 under Sir T. D. Forsyth. London, 1873, gr. in-8.

héliog.; 32 pl. d'oiseau; 1 grav. d'insecte, et 6 dessins de plantes. Pub. à Livres 2. 2/—.

Scientific Results of the Second Yarkand Mission; based upon the Collections and Notes of the late Ferdinand Stoliczka, Ph. D., now publishing under the Editorship of Allen O. Hume Esq., C. B., F. Z. S. Calcutta, by order of the Government of India, 1878, gr. in-4.

es parties suivantes ont été publiées et se vendent séparément:

OLLUSCA, by G. Neville, 1 pl.

EPTILIA and AMPHIBIA, by W. T. Blandford, 2 pl.

EOLOGY, par le même.

CHTHYOLOGY, by Francis Day, 5 pl.

AMMALIA, by W. T. Blandford, 29 pl. (dont 19 col.), et texte.

EUROPTERA, by R. Mc Lachlan, grav.

YMENOPTERA, by F. Smith, pl. col.

EPIDOPTERA, by F. Moore, 18 pp. de texte et 1 pl. col.

YRINGOSPHERIDAE, by Prof. M. Duncan, 3 pl.

* Forsyth's und seiner Begleiter Reise nach Jarkand. (*Globus*, XXIV, 1873, pp. 90, 105, 121, 191.)

— Report of a Mission to Yarkund in 1873, under command of Sir T. D. Forsyth, K. C. S. I., C. B., Bengal Civil Service, with historical and geographical information regarding the possessions of the Ameer of Yarkund. Calcutta : Printed at the Foreign Department Press. 1875, in-4, pp. iii-2-573.

Voir pp. 106/213, History of Kashgar, By H. W. Bellew.

* Nos voisins dans l'Asie centrale, la Chine et le pays des Turcomans. St. Pétersbourg (Devrient), 1873, in-8 [en russe].

— Central Asia, and its question : being a Paper read in the Speech-room of Harrow School, on the 18th March 1873. By Col. Sir Frederic John Goldsmid ... London, Stanford, br. in-8, pp. 64.

* O. Delitzsch. Das Reich Kaschgar oder Tschity Schehr. (*Aus allen Welttheilen*, IV, 1873, p. 122.) — Die Centralasiatische Frage. (*Ibid.*, p. 181.)

— Путешествія по туркестанскому краю и изслѣдованіе горной страны Тянъ-шаня, совершенныя по порученію императорскаго русскаго географическаго общества Докторомъ зоологіи, членомъ Императорскаго Русскаго Географическаго и другихъ ученыхъ обществъ Н. Сѣверцовымъ. St. Pétersbourg, 1873, in-8, pp. vi-461, 1 carte.

— Astronomische Ortsbestimmungen am Thian-schan. Von C. Scharnhorst. (Petermann's *Mitth.*, 1873, pp. 392/3.)

Trad. des Mém. de la Soc. Imp. de Géog. de Russie, 1873, No. IV.

— Ethnographie de l'Asie orientale, d'après les Chinois par le Marquis d'Hervey de Saint-Denys. (*Actes de la Soc. d'Ethn.*, VII, 1873, pp. 37/41.)

— On the Valley of the Ili and the Water-System of Russian Turkistan. By Ashton W. Dilke. (*Proc. Roy. Geog. Soc.*, Vol. XVIII, No. III, 1874, pp. 246/253.)

— Mémoire sur l'Asie centrale, son histoire, ses populations par Girard de Rialle .... Deuxième édition. Paris, Ernest Leroux, 1875, in-8, pp. 108.

— Histoire de l'Asie centrale (Afghanistan, Boukhara, Khiva, Khoqand) depuis les dernières années du règne de Nadir Châh (1153) jusqu'en 1233 de l'Hégire (1740—1818) par Mir Abdoul Kerim Boukhary publiée, traduite et annotée par Charles Schefer ... Traduction française. Paris, Ernest Leroux, 1876, in-8.

Ce vol. forme le vol. II, et le texte persan, in-4°, imprimé à Boulaq, le vol. I des *Publications de l'Ecole des Langues Orientales vivantes*.

— England and Russia in the East. A Series of Papers on the political and geographical condition of Central Asia. By Major-Gen. Sir Henry Rawlinson .... With Map. London : John Murray, 1875, in-8, pp. xvi-393.

— Le Kachgar, le Pamir et le Thibet. (*Revue Britannique*, Sept. 1876.)

Une réponse à cet article pour la partie relative au Tibet a été écrite par M. Aug. Desgodins, missionnaire, et insérée dans les *Missions Catholiques*, IX, 1877, pp. 427/8.

— Turkistan. Notes of a Journey in Russian Turkistan, Khokand, Bukhara, and Kuldja by Eugene Schuyler, Phil. Dr. .... With three Maps and Numerous illustrations. In two volumes. London, Sampson Low, 1876, 2 vol. in-8.

— The Roof of the World being the Narrative of a Journey over the high plateau of Tibet to the Russian frontier and the Oxus Sources on Pamir by Lieutenant-Colonel T. E. Gordon, C. S. I. Honorary Aide-de-Camp to the Viceroy of India, lately attached to the special mission to Kashgar. Illustrated with sixty-six drawings done on the spot and map. Edinburgh, Edmonston & Douglas, MDCCCLXXVI, gr. in-8, pp. XIV-172.

— Positions géographiques déterminées par deux missionnaires jésuites dans le Turkestan oriental et la Dzoungarie en 1756 d'après deux lettres inédites des PP. Amiot et Gaubil par le P. Brucker de la Compagnie de Jesus. Lyon, Imprimerie Pitrat aîné, 1880, in-8, pp. 11.

— Отъ Кульджи за Тянь-Шань и на Лобъ-Норъ. Извлеченіе изъ отчета д. чл. Императорскаго Русскаго Географическаго Общества, подполковника генеральнаго штаба Н. М. Пржевальскаго, in-8, pp. 13 [1877].

Ext. du Bull. de la Soc. Imp. russe de Géographie.

— Отъ Кульджи за Тянь-шань и на Лобъ-норъ. Путешествіе Н. М. Пржевальскаго, полковника генеральнаго штаба, дѣйствительнаго члена императорскаго русскаго географическаго общества. Въ 1876 и 1877 гг. St.-Pétersbourg, 1878, in-8, pp. 67.

— From Kulja, across the Tian Shan to Lob-Nor. By Colonel N. Prejevalsky, Author of «Travels in Mongolia». Translated by E. Delmar Morgan, F. R. G. S. Mem. of the Imp. Russ. Geogr. Soc. Including notices of the lakes of Central Asia. With Introduction. By Sir T. Douglas Forsyth, C. B., K. C. S. I. and Maps. London : Sampson Low, 1879, in-8, pp. XII-251.

— Prjevalsky. Voir MONGOLIE, col. 1331.

— Lettre du général Kauffmann, gouverneur-général du Turkestan russe à Tso Tsung-tang, commandant en chef des troupes chinoises sur le massacre des habitants de la ville de Manas. (*N. C. Herald*, No. 22, 1877, p. 480.)

— Le Pamir, étude de géographie physique et historique sur l'Asie centrale. Par J. B. Paquier. Paris, Maisonneuve, 1876, in-8, pp. VIII-218.

— Pamir et Kashgarie. Par J. B. Paquier. (*Bul. Soc. Géog.*, Juin 1877, pp. 605/620.)

— Voyages et découvertes géographiques. Collection publiée sous la direction de M. Richard Cortambert. — L'Asie centrale à vol d'oiseau par J.-B. Paquier, Docteur ès lettres . . . . . Paris, librairie de la Société bibliographique, 1881, in-18, pp. 176, une carte.

Pub. à 1 fr.

— Recueil d'itinéraires et de voyages dans l'Asie centrale et l'Extrême-Orient . . . . . . Paris, Ernest Leroux, 1878, in-8, pp. 380.

Ce recueil qui forme le Vol. VII des *Publications de l'Ecole des Langues Orientales vivantes* comprend : Journal d'une Mission en Corée, par Koei-ling, traduit du chinois par F. Scherzer. — Mémoires d'un voyageur chinois dans l'empire d'Annam, traduit par L. Leger. — Itinéraires de l'Asie centrale, par A. P. Khorochkine, traduits par L. Leger. — Description de la mosquée de Hazret, par Mir Salih Bektchourin, traduit par L. Leger. — Itinéraire de la vallée du moyen Zerefchan, par Radloff, traduit par L. Leger. — Itinéraires traduits du persan par C. Schefer. — Index orthographique des noms propres chinois.

(DIVERS.)

— Cours complémentaire de Géographie et d'histoire de l'Asie centrale et orientale à l'Ecole spéciale des Langues Orientales Vivantes. Leçon d'Ouverture par Ch. E. de Ujfalvy, membre de la Société Asiatique, chargé du Cours. Paris : Ernest Leroux, Editeur. 1874, br. in-8, pp. 31.

— Cours complémentaire de Géographie et d'Histoire de l'Asie orientale et septentrionale à l'Ecole spéciale des Langues orientales vivantes. — L'Ethnographie de l'Asie. Leçon d'Ouverture par Ch. E. de Ujfalvy, Membre de la Société asiatique, chargé du cours. Paris. Imprimerie Jules Le Clère et Cie, 29 rue Cassette, 1875, br. in-8, pp. 23.

— Leçon d'ouverture d'un cours de Géographie historique et politique de l'Asie centrale à l'Ecole des Langues orientales vivantes faite le 20 Novembre 1878 par Ch. de Ujfalvy de Mező-Kövesd chargé du Cours. Paris : Ernest Leroux, 1878, br. in-8, pp. 20.

— Lettre de M. C. de Ujfalvy au Secrétaire général de la Soc. de Géog. — Tachkend, le 23 mai 1877. (*Bul. Soc. Géog.*, Juin 1877, pp. 654/660.)

A consulter sur le voyage du Capitaine Kourapatkine en Kachgarie.

— Expédition scientifique française en Russie, en Sibérie et dans le Turkestan. — Le Kohistan, le Ferghanah & Kouldja avec un appendice sur la Kachgarie par Ch. E. de Ujfalvy de Mező-Kövesd . . . Paris, Ernest Leroux, 1878, in-8, pp. v-186, cartes et tables.

— Expédition . . . . . . Volume II. — Le Syr-Daria, le Zérafchâne, le Pays des Sept-Rivières et la Sibérie-occidentale avec quatre appendices . . . . . Paris, Ernest Leroux, 1879, in-8, pp. XVI-208, grav., carte, tables.

— Expédition . . . . Vol. III. — Les Bachkirs, les Vêpses et les Antiquités Finno-ougriennes et altaïques précédés des résultats anthropologiques d'un voyage dans

(C. E. DE UJFALVY.)

l'Asie centrale..... Paris, Ernest Leroux, 1880, in-8, pp. IX-170, grav., carte, tables.

— Expédition..... IV. — Atlas anthropologique des peuples du Ferghanah.... Paris, Ernest Leroux, 1879, in-8, photog.

— Expédition..... Vol. V. — Atlas des étoffes, bijoux, aiguières, émaux, etc. de l'Asie centrale... Paris, Ernest Leroux, 1880, in-8.

— Expédition.... Vol. VI. — Atlas archéologique des Antiquités Finno-ougriennes et altaïques de la Russie, de la Sibérie et du Turkestan.... Paris, Ernest Leroux, 1880, in-8.

— Expédition scientifique française en Russie, en Sibérie et dans le Turkestan : — Résultats anthropologiques d'un Voyage en Asie centrale communiqués au congrès anthropologique de Moscou (Août 1879) par Ch. E. de Ujfalvy de Mező-Kövesd... Paris : Ernest Leroux, Editeur, 1880, br. in-8, pp. 48.

— The Life of Yakoob Beg; Athalik Ghazi, and Badaulet; Ameer of Kashgar. By Demetrius Charles Boulger, Member of the Royal Asiatic Society. With Map and Appendix. London, Wm. H. Allen & Co., 1878, in-8, pp. XII-344.

— The late Yakoob Beg of Kashgar. (*Westminster Review,* July 1878.)

— England and Russia in Central Asia. By Demetrius Charles Boulger.... With two maps and Appendices.... London : W. H. Allen, 1879, 2 vol. in-8.

— Central Asian Portraits; the Celebrities of the Khanates and the neighbouring States. By Demetrius Charles Boulger.... London : W. H. Allen, 1880... in-8, pp. VIII-310.

— Osvaldo Roero, voir TIBET.

— Camille Imbault-Huart, voir col. 1250.

— Кашгарія. — Историко-географическій очеркъ страны, ея военныя силы, промышленность и торговля. — Трудъ А. Н. Куропаткина..... Publié par la Société impériale de Géographie. St. Pétersbourg, 1879, gr. in-8, pp. III-435.

(DIVERS.)

— Kashgaria : (Eastern and Chinese Turkistan.) Historical and Geographical Sketch of the Country; its Military Strength, Industries and Trade. By A. N. Kuropatkin... Translated from the Russian by Walter E. Gowan, Major, H. M.'s Indian Army. Calcutta, Thacker, Spink & Co. 1882, gr. in-8, pp. VIII-255.

— Le conflit entre la Russie et la Chine.... par F. Martens. [Voir col. 1213.]

— Свѣдѣнія. Кульджинскомъ районѣ за 1871—1877 годы, собранныя Н. Н. Пантусовымъ. Казанъ. Imprimerie de l'Université. 1881, in-8, pp. 226.

— Etudes sur l'Asie centrale, d'après les historiens chinois, par M. Edouard Specht. (*Jour. As.,* Oct.-Déc. 1883, pp. 317/350.)

BLUE BOOKS. — Correspondence with Russia respecting Central Asia. Presented..... 1873. [C. — 699.] 2½ *d.*

— Central Asia. No. 2 (1873). — Correspondence respecting Central Asia. Presented.... 1873. [C. — 704.] 11 *d.*

— Russia. No. 2 (1874). — Correspondence respecting Central Asia. Presented..... 1874. [C. — 919.] 2 *d.*

— Central Asia. No. 1 (1878). — Correspondence respecting Central Asia. Presented... 1878. [C. — 2164.] 2 *s.* 4 *d.*

— Central Asia. No. 2 (1878). — Further Correspondence respecting Central Asia. Presented... 1878. [C. — 2188.] 4 *d.*

— Central Asia. No. 1 (1879). — Further Correspondence respecting Central Asia. Presented... 1879. [C. — 2209.] 2 *d.*

— Central Asia. No. 1 (1880). — Further Correspondence respecting Affairs in Central Asia : 1879. (In continuation of «Central Asia No. 1 : 1879».) Presented 1880. [C. — 2470.] 2 *s.* 1 *d.*

Voir :

GÉOGRAPHIE : *Montagnes,* col. 72—73.

HISTOIRE : *Kang hi,* col. 263; — *Kien long* (Conquêtes des Eleuthes), col. 265—266, 424.

HIOUEN TSANG, col. 1276.

(DIVERS.)

III. — TIBET.[1]

OUVRAGES DIVERS.

— Observations géographiques et historiques sur la Carte du Thibet, contenant les Terres du Grand Lama, & des Pays voisins qui en dépendent, jusqu'à la Source du Gange. Tirées des Mémoires du Père Regis. (Du Halde, *Description,* Vol. IV, pp. 459-472.)

— A Description of Tibet, or Tibbet. (Astley's *Coll. of Voy.*, IV, pp. 449 et seq.)

— A Description of Tibet, or Tibbet. (Pinkerton, VII, p. 541, d'après Astley, IV, p. 449.)

— Mémoire sur le Thibet et sur le royaume des Eleuthes, nouvellement subjugué par l'Empereur de la Chine, avec une relation de cette conquête. *(Let. édif.*, anc. éd., XXXI, p. 212; éd. Mérigot, XXIV, 1781, pp. 5/56; *Pant. litt.*, III, p. 519.)

— Nachrichten von Tybet, aus Erzählungen tangutischer Lamen unter den Selenginskischen Mongolen. (Pallas, *Neue Nordische Beyträge,* I. Bd., II. St., pp. 201/222.)

Trad. en français :

— Description du Tibet, d'après la Relation des Lamas Tangoutes, établis parmi les Mongols; traduit de l'allemand avec des notes, par J. Reuilly, Auditeur au Conseil d'Etat, ... A Paris, Chez Bossange, Masson et Besson, 1808, in-8, pp. xij-89.

— Nachrichten betreffend die Erdbeschreibung, Geschichte und natürliche Beschaffenheit von Tybet. (Pallas, *Neue Nordische Beyträge,* Vol. IV, 1783, IX, pp. 271/308.)

— Des Montagnes du Thibet. *(Mém. conc. les Chinois,* XIV, pp. 152/169.)

* Alla sagra Congregazione de propaganda fide deputata sopra la missione del Gran Thibet, rappresentanza de Padri Cappuccini Missionaj, dello stato presente della medesima, e de' provvedimenti per manteneola ed accrescerla. 1738, pp. 55.

Cité par Markham, p. lx, note.

— Des Rivières du Thibet. *(Rec. de l'Ac. des Insc., Mém.*, XLIX, 1808, pp. 642/646. — Portion de l'art. d'Anquetil-Duperron « sur le premier fleuve de l'Inde ».

— Grosier, II, pp. 59 et seq.

— Mémoire sur le cours du Yarou Dzangbo Tchou; suivi de Notices sur la source du Burrampouter. *(Mag. As.*, I, 1825, pp. 302/329, Carte, — pub. par J. Klaproth.)

— Note sur le Cours inférieur du Dzang bo ou de la grande rivière du Tubet. *(Journ. As.*, VIII, 1826, pp. 302/6.)

— Description du Si dzang ou Tubet, d'après la grande géographie impériale de la Chine et le Dictionnaire géographique de l'Asie centrale, publié à Peking, en 1775. *(Mag. As.*, pub. par Klaproth, II, 1826, pp. 209/307.)

— Mémoire sur le cours de la grande rivière du Tubet, appelée Iraouaddy dans le Royaume des Birmans. (Klaproth, *Mém. rel. à l'Asie,* III, pp. 370 et seq.)

— Описаніе Тибета въ нынѣшнемъ его состояніи. Съ картою дороги изъ Ченъ-ду до Хлассія. — Переводъ съ Китайскаго. St. Pétersbourg, 1828, in-8, pp. xxvi-223 + 2 ff. n. c. à la fin.

— Notice. Par J. Klaproth. *(Nouv. Ann. des Voy.*, 2e Sér., XI, 1829, pp. 263/266.)

— 衞藏圖識 Description du Tubet, traduite partiellement du chinois en russe par le P. Hyacinthe Bitchourin et du russe en français par M.***; soigneusement revue et corrigée sur l'original chinois, complétée et accompagnée de notes par M. Klaproth, membre des sociétés asiatiques de Paris, de Londres et de Bombay. Paris, de l'imprimerie royale. — M.DCCC.XXXI, in-8, pp. 280. Cartes et Pl.

Cette description avait d'abord paru dans le *Nouv. Journ. As.*, Vol. IV, V, VI, 1829—1830; elle comprend un « Vocabulaire de la langue tubétaine » *(N. J. As.*, IV, 1829, pp. 304/324) qui n'avait pas été donné par le P. Hyacinthe.

— Chinese History of Tibet. *(As. Journal,* N. S., Vol. I.)

Notice de l'éd. donné par Klaproth de l'ouvrage du P. Hyacinthe.

— Wei-Tsang too sheih, or Tibet in a series

1. Voir le chapitre consacré au BOUDDHISME, col. 305—320.

of maps and descriptions : four volumes. Reviewed by a Correspondent [Ch. Gützlaff]. (*Chinese Rep.*, IX, May 1840, pp. 26/46.)

— Tibet and Sefan. By Dr. Ch. Gützlaff. (*Journ. R. Geog. Soc.*, XX, pp. 191.)

— Исторія Тибета и Хухунора съ 2282 года до Р. Х. до 1227 года по Р. Х. съ картою на разные періоды сей исторіи. Переведена съ Китайскаго монахомъ Іакинфомъ Бичуринымъ. Санкт-Петербургъ, 1833, 2 vol. in-8, pp. xxxi-258, ix-259, 1 carte.

— Geographical Notice of Tibet. By Mr. Alexander Csoma de Kőrös. April 1832. (*Jour. As. Soc. Bengal*, Vol. I, 1832, pp. 121 et seq.; réimp. *Chin. Rep.*, XIII, pp. 505 et seq.)

Trois grandes divisions : I. Tibet proprement dit, ou U-tsáng, au nord de l'Assam, du Butan et du Nepal. — II. K'ham-yul, partie orientale du Tibet, ou Pot-ch'hen, Grand Tibet. — III. Nári, partie nord-ouest du Tibet, de Tsang ou Ladak.

— Translation of a Tibetan Passport, dated A. D. 1688. By M. Alex. Csoma de Kőrös. (*Jour. As. Soc. Bengal*, II, April 1833, pp. 201/202.)

— Analysis of a Tibetan Medical Work. By M. Alexander Csoma de Kőrös. (*Jour. As. Soc. Bengal*, IV, Jan. 1835, pp. 1/20.)

The principal work on medicine in Tibet, is that entitled the «r *Gyud* b *Zhi*». It is attributed to SHA'KYA, though not introduced into the *Kah-gyur* or *Stan-gyur* collections. »

— Tibet. (*Chin. Rep.*, I, pp. 173 et seq.)

— Description of Tibet. Extracted from the geographical work of Sherif-Edrisi. (*As. Jour. & Month. Reg.*, Vol. X, 1833, pp. 52/57.)

— Die sinesischen, indischen und tibetischen Gesandtschaften am Hofe Nuschirwans. Von Daniel Haneberg. (*Zeitschft. f. d. K. d. Morgl.*, I. Bd., II. Hft., 1837, pp. 185/190.)

— Translation from the Statutes of the Ta Tsing Dynasty, relating to the System of Government in Tibet. (By J. R. Morrison.) (*Chin. Rep.*, VI, Feb. 1838, pp. 494/6.)

Théodore Pavie. — Le Thibet et les études thibétaines. (*Revue des Deux Mondes*, 1 juillet 1847.)

— Correspondence of the Commissioners deputed to the Tibetan Frontier; communicated by H. M. Elliot, Esq., Secretary to the Government of India, Foreign Department. (*Jour. As. Soc. Bengal*, XVII, Feb. 1848, pp. 89/132.)

— Tibetan type of Mankind. By B. H. Hodgson, Esq. (*Ibid.*, XVII, Aug. 1848, pp. 222/223.) — Extract of a letter by Dr. J. C. Prichard. (*Ibid.*, Nov. 1848, pp. 580/583.)

— Ethnology of the Indo-Pacific Islands. By J. R. Logan. (*Jour. Ind. Arch.*, Vol. V et suiv.)

Et en particulier :

— The West Himalaic or Tibetan Tribes of Asam, Burma and Pegu. By J. R. Logan. (*Ibid.*, Vol. II, N. S., pp. 68/114, 230/232.)

— Tibet, Tartary and Mongolia; their social and political condition, and the Religion of Boodh, as there existing ..... by Henry T. Prinsep Esq. Second Edition. London, Allen, 1852, in-8.

* Очеркъ исторіи сношеній Китая съ Тибетомъ. (Histoire des relations entre la Chine et le Tibet, par le hierodiacre Hilarion. *Mém. de la Miss. eccl. de Péking*, Vol. II, 1853.)

— Die Beziehungen China's zu Tibet. Eine historische Skizze vom Hierodiakonus O. Hilarion. (*Arbeiten d. K. Russ. Ges. z. Peking*, I. Bd., 1858, pp. 311/346.)

— W. Schott. Skizze der Beziehungen China's zu Tibet. Nach dem Russischen des Pater Ilarion. (*Arch. f. wissensch. Kunde v. Russl.*, XV, XVI, 111.)

* Köppen, Oberl., Tibet und der Lamaismus bis zur Zeit der Mongolenherrschaft. Progr. des Friedr.-Gymn. Berlin, 1859, in-4, pp. 27. (*Bib. hist. geog.*, 1860.)

— Le Ladak, d'après la relation anglaise du Major Alexander Cunningham. Par Léon de Rosny. (*Nouv. Ann. des Voy.*, 1860, I, pp. 204/212.)

— Bootan and Tibet in relation with China. (*Chin. & Jap. Rep.*, May 1865; réimp. *N. C. Herald*, 779, 1 July 1865.)

D'après le *Chin. Rep.*, Vol. IX, vide supra, et d'autres sources.

— Some account of Tibet and the adjacent countries. (*Ibid.*, June 1865; réimp. *N. C. Herald*, 12 Aug. 1865.)

— v. Schlagintweit-Sakünlünski. Ueber die Salzseen des Westlichen Tibet. (*2. Jahresber. d. Münchener Geog. Ges.*, 1872.)

— Exploration of the Great Sanpo River of Tibet during 1877, in connection with the operations of the Survey of India. — By

Major-Genl. J. T. Walker . . . (*Proc. As. Soc. of Bengal,* Aug. 1869.)

Tirage à part, pièce in-8, pp. 3.

— Notes on Eastern Thibet. By Dr. A. Campbell, Superintendent of Darjeeling. (*The Phœnix,* 1871, pp. 83/4, 107/111, 142/145.)

— On Winds, Storms, etc., in Tibet, by A. Campbell, M. D., late Superintendent of Darjeeling. (*The Phœnix,* No. 33, March 1873.)

— Zur Naturgeschichte des östlichen Tibet. (*Globus,* XXI, 1872, p. 332.)

— Versuche zur Eröffnung Tibets. (*Ibid.,* XXIV, 1873, p. 206.)

— Tibet. By W. L. Heeley, C. S. (*Calcutta Review,* No. CXVIII, July 1874.)

— Description du Tibet. (*Hist. de l'Asie centrale* ... par Mir Abdoul Kerim Boukhary ... trad. par C. Schefer, pp. 237/239.)

— Tibet nach den Resultaten geographischer Forschungen früherer und neuester Zeit. Von Dr. Konrad Ganzenmüller. Mit einer Einleitung von Hermann von Schlagintweit-Sakünlünski, Dr. Phil., LL.D., ... Stuttgart. Verlag von Levy & Müller, 1878, in-8, pp. xi-132.

— L'épigraphie chinoise au Tibet. Inscriptions, recueillies, traduites et annotées par Maurice Jametel. — Première partie, 1re livraison. — Péking, Typographie du Pé-t'ang. — Paris, Ernest Leroux, 1880, br. in-8, pp. vii-34.

Voir col. 1250, Hist. de la Pacification du Tibet . . . .

— The early history of Tibet from Chinese sources, by S. W. Bushell, M. D., Physician to H. B. M. Legation, Peking. (*Jour. R. As. Soc.,* Oct. 1880.)

Trad. des liv. 256—257 du *Kieou Tang chou,* complétée avec des textes du *Sin Tang chou.*

Notice : *Rev. de l'Extrême-Orient* (M. Jametel), I, p. 151.

— A propos de la position de Nab-tchou (Thibet). Lettre de M. Dutreuil de Rhins au Secrétaire général [de la Soc. de Géog.]. (*Bul. Soc. Géog.,* Mai 1881, pp. 490/1.)

* G. A. v. Klöden. Ueber Thibet. (*Monats. f. d. Orient,* 12, 1881.)

* G. Kreitner. Das tibetanische Hochland. (*Das Ausland,* No. 40, 41, 1881.)

— Tibet and the Way thither. By D. Boulger. (*Calcutta Review,* January 1882.)

— Tibetan Tales. Derived from Indian Sources. Translated from the Tibetan of the Kah-Gyur by F. Anton von Schiffner. Done into English from the German, with an Introduction by W. R. S. Ralston, M. A. London : Trübner & Co., 1882, in-8, pp. lxv-368.

Fait partie de *Trübner's Oriental series.*

— The Silver Coinage of Tibet. By A. Terrien de la Couperie, M. R. A. S. Reprinted from the *Numismatic Chronicle,* Third Series, vol. I, pp. 340/353. London, Trübner, 1882, br. in-8, pp. 16, 1 pl.

— Early History of Tibet. (*Jour. As. Soc. Bengal,* N. S., Vol. L, Pt. I.)

— Contributions on the Religion, History &c. of Tibet. — By Baboo Sarat Chandra Dás, Deputy Inspector of Schools, Darjíling. (*Journal of the Asiatic Society of Bengal,* N. S., Vol. L, Pt. I et seq.)

— Tibet in the Middle Ages. (*Jour. As. Soc. Bengal,* N. S., Vol. L, Pt. I.)

VOYAGES ET MISSIONS.

— Travels through Tibet, to and from China : by several Missioners. (Pinkerton, VII, p. 587.)

Andrade — Grueber — Desideri — della Penna.

ANTONIO DE ANDRADE.

— Novo Descobrimento do gram Cathayo, ov Reinos de Tibet, pello Padre Antonio de Andrade da Companhia de Iesv, Portuguez, no Anno de 1624. Com todas as licenças necessarias. Em Lisboa, por Mattheus Pinheiro. Anno de 1626, pièce in-4 de 16 ff.

Le recto du f. 16 renferme le permis d'imprimer.

* Nuevo descubrimiento . . . . Madrid, Luis Sanchez, año 1627, in-4, 12 ff.

« Cuja relação inteiramento transcreveo o P. Ant. Franco na *Imag. da Virtude em o Noviciado de Lisboa,* pp. 376 à 400. Desta relação do novo descubrimento do Tibet composta pelo P. Ant. de Andrade extrahio a maior parte de noticias Theodoro Rhay S. J. com que ampliou a Historia Latina que escreveo da Descripção daquelle Reino a qual sahio impressa Paderbonae apud Henricum Pontanum, 1658, in-4. » (Machado, cité par de Backer.)

— Relatione ‖ del novo scoprimento ‖ del Gran Cataio, ‖ overo ‖ Regno di Tibet ‖ Fatto dal P. Antonio di Andrade ‖ Portoghese della Compagnia ‖ di Giesù l'anno ‖ 1624. ‖ In

Roma, ‖ Appresso Francesco Corbelletti ‖ MDCXXVII. ‖ Con Licenza de' Superiori. ‖ pet. in-8, pp. 40, s. l. tit. et la permission = 1 f.

Agra 8. di Nouembre 1624.

nat. 0^2_1m.

l. par G. Gabrielli.

Nvovo scoprimento del Gran Cataio, o Regni del Tibet, dalla castigliana nella lingua Italiana recato. dal Signor Gio. Gabrielli, e dedicato a Monsignor ill.mo Centini Vescouo di Massa. In Napoli, 1627. pet. in-8, pp. 46.

lit au titre p. 5 «fatto dal P. Antonio d'Andrade della Compagnia di Giesv l'anno del Signore 1625».

Backer cite : Venezia, Damiano Zenario, 1646, in-4.

Le grand Cathayo, ov Royavmes de Tibet, n'aguerres descouuerts par le P. Antoine d'Andradé Portuguez de la Compagnie de Iesvs. Le tout tiré des Lettres dudict P. Andrade à son Supérieur, en date du 8. de Nouemb. 1624. Traduict fidelement de l'Espagnol en François. A Gand, Chez la Vefue de feu Gaultier Manilius, demeurant au Pigeon blancq, préz le Belfort. 1627. pet. in-8, pp. 40, le titre compris.

Agra ce 8. de Nouemb. 1624.

- Relation ‖ de la ‖ novvelle ‖ descovverte ‖ du grand Catay, ‖ ou bien du ‖ Royaume de Tibet. ‖ Faite par le P. Antoine d'Andrade Portuguez, ‖ de la Compagnie de Iesvs, l'an 1624. ‖ Tirée d'vne lettre du mesme P. escrite au R. P. ‖ Prouincial de Goa de la mesme Compagnie. ‖ Et traduite de l'Italien en François. ‖ A Paris, ‖ Chez Sebastien Chappelet, ruë sainct ‖ Iacques, au Chapelet. ‖ M.DCXXVII. in-8, pp. 55 tout comp.

gra, 6 Novembre 1624.

b. nat. 0^2_2m.

- Relation de la novvelle descovverte du grand Catay, ou bien du Royaume de Tibet. Faicte par le P. Antoine d'Andrade Portuguez, de la Compagnie de Jesus, l'an 1624. Tirée d'vne lettre du mesme P. escrite au R. P. Prouincial de Goa de la mesme Compagnie. Et traduite de l'Italien en François. Av Pont-a-Movsson. Par Iean Appier Hanzelet . . . & Iean Bernard . . . MDCXXVIII. pet. in-8, pp. 48.

Agra, ce 6 Novembre 1624.

Advis certain d'une plus ample découverte du royaume de Catai avec quelques autres particularités notables de la coste de Cocincina, et de l'antiquité de la foy chrestienne dans la Chine. Tiré des lettres des PP. de la Compagnie de Jesus de l'année 1626. Bourdeaux, 1628, in-8.

— Advis ‖ certain, ‖ d'vne plvs ‖ ample descov-‖verte dv Royavme ‖ de Cataï, ‖ Auec quelques autres particularitez ‖ notables de la coste de Cocincina, ‖ & de l'antiquité de la Foy Chre‖stienne dans la Chine. ‖ Tirées des lettres des PP. de la Compa-‖gnie de Iesvs, de l'année 1626. ‖ A Paris, ‖ Chez Sebastien Chappelet, ruë ‖ Sainct Iacques, au Chapelet, ‖ M.DC.XXVIII ‖ in-8, pp. 28, tout compris.

Voir pp. 20 et seq. : Inscription d'vn marbre gravé l'an de N. Seigneur 382 en la Prouince de Xansi au Royaume de la Chine, & descouuert le vingt-troisième d'Aoust mil six cens vingt cinq.

Bib. nat. 0^2_3m.

— Relation de la novvelle descovverte du grand Catay, ou bien du Royaume de Tibet. Faite par le P. Antoine d'Andrade Portuguez, de la Compagnie de Iesvs, l'an 1624. Tiree d'vne lettre du mesme P. escrite au R. P. Prouincial de Goa de la mesme Compagnie. Et traduite de l'Italien en François. A Paris, Chez Sebastien Chappelet, ruë sainct Iacques, au Chapelet. M.DCXXVIII, in-8, pp. 55.

— Relacam geral do estado da christandade de Ethiopia; Reduçam dos Scismaticos; Entrada, & Recebimẽto do Patriarcha Dom Affonso Mendes : Obediencia dada polo Emperador Seltã Segued com toda sua Corte à Igreja Romana; & do que de nouo socedeo no descobrimẽto do Thybet, a que chamam, gram Catayo. Composta, e copiada das cartas que os Padres da Companhia de Iesv, escreuéram da India Oriental dos Annos de 624. 625. & 626. pelo Padre Manoel da Veiga da mesma Companhia, natural de Villauiçosa. Com todas as licenças necessarias. Em Lisboa. Por Mattheus Pinheiro. Anno de 1628. in-4, 124 ff. s. l. tit. et 1 f. prél.

Ff. 103/124 : Livro III. Das covsas do Reyno do Gram Thybet, a que chamam Catayo, que de nouo socederam nos Annos de 625. & 626.

— Segvnda carta. ‖ Prosigue el descubrimiento del gran Catayo, o ‖ Reynos del gran Thibet, por el Padre Antonio de Andrada, de ‖ la Compañia de Iesus, Portugues, escrita a su General, ‖ y embiada del

Virrey de la India a su Magestad, ‖ en este año de 1627. Pièce in-fol. de 6 ff. n. c.

Le tit. *ut supra* en tête de la lettre. — A la fin, recto du f. 6 : . . . De Chaparàgue Corte del Rey ‖ del gran Thibet en 15. de Agosto de 1626. ‖ El Padre Antonio de Andrada. ‖ Con licencia del señor don Gonçalo Perez de Valençuela, en Se‖gouia por Diego Flamenco. Año de 1628.

Bib. nat. 0^2_4 m dans un vol., recueil factice, intitulé *Relaciones cvriosas*, en *mar. r.*, aux armes de Colbert, $\frac{\text{Oa}}{198}$.

— Histoire de ce qvi s'est passé av Royavme dv Tibet. Tirée des Lettres escriptes en l'année 1626. Addressée au R. P. Mvtio Vitelleschi General de la Compagnie de Iesvs. Traduicte d'Italien en François par vn Pere de la mesme Compagnie. A Paris. Chez Sebastien Cramoisy, ruë sainct Iacques, aux Cigognes. M.DC.XXIX. Aec Priuilege du Roy. in-8, pp. 104 s. l'ép.

Let. d'Ant. d'Andrade « de Caparangue ce 15. Aoust 1626 ».

— Relacion nveva y cierta qve escriue el P. Antonio de Andrada Religioso de la Compañia de Iesus, en cartas que llegaron este año. de 1629. con la Nao de la India Oriental, dando auiso de todo lo que passa en el gran Catayo, y Reynos del Tibet, y Cochinchina, Tonquin, Camboia, y Sian [s. d., 1629].

Pièce in-fol. de 2 ff. n. c. — A la suite de la lettre du P. d'Andrade une lettre sur la Cochinchine du P. Gaspar Diaz.

— British Museum, $\frac{4783}{6}$ f.

— Voyages au Thibet, faits en 1625 et 1626, par le père d'Andrada, et en 1774, 1784 et 1785, par Bogle, Turner et Pourunguir, traduits par J. P. Parraud et J. B. Billecoq. A Paris, de l'imp. de Hautbout l'aîné, l'an IV. in-24, pp. xij-204.

— Hugh Murray, Historical Account, I, Chap. IX, pp. 424-436.

— Voir dans « The Geographical Magazine » May 1875 un article de Clements R. Markham sur « Travels in Great Tibet and Trade Routes between Tibet and Bengal ». Ce travail qui avait été lu le 26 Avril 1875 à la Royal Geographical Society, contient des détails intéressants sur les voyageurs au Tibet, particulièrement sur Bogle, Thomas Manning et les envoyés du Colonel Montgomerie.

— Claros Varones de la Compañia de Jesus . . . . por el P. Juan Eusebio Nieremberg . . . . Madrid, Tome I, 1643, in-fol.

* Carta em que relata como voltou a Tibet a 15 de Agosto de 1626. *(Imago da Vird. em o Novic. de Lisboa,* du P. Franco, pp. 400/2.)

De Backer.

Trad. en italien, etc. dans les *Lettere annue del Tibet del 1626* . . . [voir col. 348], etc.

JEAN GRUEBER, DE LA COMPAGNIE DE JÉSUS.

— Viaggio del P. Giovanni Grveber, tornando per terra da China in Europa. (Recueil de Thévenot, II.)

Suivi de trois lettres de Grueber en latin et d'un alphabet provenant du P. Ruggieri, missionnaire à la Chine; après la mort de ce dernier l'alphabet tomba entre les mains du P. Simon, jésuite, qui le communiqua à M. Hardi dont Thévenot l'obtint; puis de « Voyage à la Chine des PP. I. Grveber et d'Orville », trad. de l'italien par Thévenot, et de « Ex litteris Grueberi Kirchero inscriptis ».

— Notizie varie dell' Imperio della China . . . Firenze, 1697. [Voir col. 659-660.]

— Estratto svccinto da trè Lettere Latine del P. Grveber Giesvita, scritte ad alcuni di lui amici, nelle quali notansi varie particolarità della China, e più particolarmente del di lui Viaggio per l'arene della Tartaria Orientale. (Anzi, *Il Genio Vagante,* Parma, 1692, III, pp. 331/339.)

— Moderna Relazione della China, e del vario passagio per la Tartaria deserta in que Regni. Estratto da una Relazione avutosi in Firenze con un Padre Giesvita [Grueber] venuto da Regni della China, ove si riferiscono vari costumi, e riti loro ne' presenti tempi. (Anzi, *Il Genio Vagante,* Parma, 1692, III, pp. 341/399.)

— China and France, or Two Treaties. The one, Of the present State of China, As to the Government, Customs, and Manners, of the Inhabitants thereof; never yet known to us before in Europe. From the observation of two Jesuites lately returned from that Countrey. Written and Published by the French Kings Cosmographer, and now Englished. The other, Containing the most remarkable Passages of the Reign and Life of the present French King, Lewis the Fourteenth; and of the valour of our English in his Armies. London, Printed by T. N. for Samuel Lowndes over against Exeter-house in the Strand. 1676, in-12.

Le traité sur l'état de la Chine est le récit des voyages du P. J. Grueber.

— Travels from China to Europe in 1661. By John Grueber, Jesuit. (Astley's *Collection,* Vol. IV.)

Réimprimé par Markham, Tibet, pp. 295 et seq., vide infra.

— Brief P. Joannis Grueber, der Ges. Jesu Missionarii aus der Oesterreicher Provinz an R. P. Joannem Haffenecker, des Collegii Soc. Jesu und der Universität zu Grätz in Steyermarck Rectorem. Geschrieben zu Surate in Ost-Indien den 7. Mertzen 1658. *(Neue Welt-Bott,* I, pp. 111/112.)

— Kircher, *Chine Illustrée.* [Voir col. 16.]

— Prévost, *Hist. gén. des Voy.,* Vol. VII.

— Hugh Murray, Historical Account, I, Chap. IX, pp. 436-441.

HIPPOLYTE DESIDERI, DE LA COMPAGNIE DE JÉSUS.

— Lettre du Père H. Desideri au Père Ildebrand Grassi (A Lassa, le 10 Avril 1716). *(Let. éd., Pant. litt.,* III, pp. 531/535.)

Hist. des Voyages, de l'Abbé Prévost, VII, Ch. 7.

duite en allemand dans le *Welt-Bott*, VII. Th., No. 175, pp. 90/93.

Travels into Tibet in 1714. By Hypolito Desideri, an Italian Jesuit. Now first translated from the French. (Astley, *Coll. of Travels*, Vol. IV.)

duit aussi par Markham, vide infra (pp. 302/308).

Notes sur le Tubet par le P. Hippolyte Desideri, recueillies par N. Delisle. *(Nouv. Jour. As.*, VIII, 1831, pp. 117/121.)

Hugh Murray, Historical Account, I, Ch. IX, pp. 441/445.

Voir dans les Nos. 2 et 3 du *Bullettino italiano degli studi orientali* un résumé critique que le Dr. C. Puini a fait de la relation du voyage de Desideri d'après le Ms. inédit qui est dans es mains du Chevalier Filippo Rossi Cassigoli de Pistoia.

vista Europea, Juin et Juillet 1876 : Conseils que le P. Desideri donnait aux voyageurs.

FRANCESCO ORAZIO DELLA PENNA DI BILLI.

- Relazione del principio, e stato presente della Missione del vasto Regno del gran Tibet, ed altri due Regni confinanti, raccomandata alla vigilanza, e zelo de' Padri Cappucini della Provincia della Marca nello Stato della Chiesa. Pièce in-4, pp. 12.

la fin : In Roma, nella Stamperia di Antonio de' Rossi. 1742. Con licenza de' Superiori.

itish Museum, T. 70*.

aduit dans le Vol. XIV de la *Nouvelle Bibliothèque, ou Histoire littéraire*.

An account of the Commencement, and present State of the Capuchin Mission in Tibet, and two other neighbouring kingdoms, in the year 1741. By Friar Horace della Penna, Prefect of the Mission. *(Astley's Collection*, Vol. IV.)

- Relacion publicada en Roma del principio, y estado presente de la Mission del dilatado Reyno del Gran Tibet, y otros dos Reynos confinantes, recomendada à la vigilancia, y zelo de los Padres Capuchinos de la Provincia de la Marca, en el Estado Eclesiastico.

èce in-4, pp. 12; à la fin : En Madrid : Se hallarà en la Imprenta de la Gaceta, Calle de Alcalà.

- Representacion hecha por el R. Procurador General de Religiosos Menores Capuchinos, a la Sagrada Congregacion de Propaganda Fide, sobre el estado actual de la Mission del Thibet. Traducida del Toscano por el Doctor D. Antonio Maria Herrero. Con Privilegio. En Madrid: En la Imprenta del Reyno, Calle de la Gorguera. Año de 1744. in-4, pp. 119 s. le f. prél.

- Breve Notizia del regno del Thibet, dal frà Francesco Orazio della Penna de Billi. 1730.

ublié par Klaproth avec des notes dans le *Nouv. Jour. As.*, Vol. XIV, Sept. 1834, pp. 177/204; Oct. 1834, pp. 273/296; Nov. 1834, pp. 406/432.

— Account of Tibet by Fra Francesco Orazio della Penna de Billi. 1730. With Notes by M. Klaproth. *(As. Jour. & Month. Reg.*, Vol. XV, 1834, pp. 294/303.)

— Brief account of the Kingdom of Tibet, by Fra Francesco Orazio della Penna di Billi, 1730. (Markham, *Tibet*, Vide infra, pp. 309 et seq., trad. du Ms. publié par Klaproth.)

— Missio apostolica, thibetano-seraphica. Das ist : Neue durch Päbstlichen Gewalt in dem Grossen Thibetanischen Reich Von denen P.P. Capucineren aufgerichtete Mission Und über solche Von R. P. Francisco Horatio della Penna, Praefecto Missionis, der Heil. Congregation de Propaganda Fide, Anno 1738. Beschehene Vorstellung Von Rev^mo.^ & Illust^mo.^ D. D. Philippo de Montibus, dermahligen S. Congregat. Secretario in Rom | zum öffentlichen Druck beförderet | hinnach Allen des Catholischen Glaubens eyfrigen Seelen zu Lieb | aus dem Welschen in das Teutsche | und dise Geschichts-Form übersetzet. Von F. E. C. I. einem Priester Capuc. Ord. der Chur-Bayrischen Provinz. Erstes Buch. Thibetaner-Religion, und Lebens-Arth. Cum licentia superiorum, & Priv. Sac. Caes. Majest. München | gedruckt.... bey Johann Jacob Vötter.... Anno 1740. in-4, 15 ff. n. c. p. le tit., préf. etc. + pp. 128. Front grav.

— Zweytes Buch | Anfang der Thibetischen Mission. pp. 224 + 12 ff. n. c. p. la tab.

— Hugh Murray, Hist. Account, I, Ch. X, pp. 445-446.

SAMUEL VAN DE PUTTE (HOLLANDAIS). † le 27 Septembre 1745.

« Bien des gens souhaitent être instruits exactement sur les lamas du Thibet du temps de l'empereur Kang-hi. Les Européens qui étoient à Pékin auroient pu aisément s'instruire là-dessus; on n'en eut pas la pensée. Depuis que je suis ici, nous ne pouvons prudemment avoir grande communication avec les lamas. Du temps de l'empereur Young-tching, un Hollandais, nommé M. Van de Put, après avoir connu bien des pays, alla au Thibet par les Indes. Il fut en considération chez les lamas; quelques-uns de ceux-ci, puissans à Pékin, le menèrent dans leurs principaux temples en Tartarie, et le conduisirent à Pékin, où il vit ce qu'il y à voir : il savoit, dit-on, la langue des lamas. Ce M. Van de Put aura donc pu avoir bien des connoissances sur ces lamas. » (Lettre du Père Gaubil, Pékin, ce 13 Août 1752. — *Let. éd., Panth. litt.*, IV, p. 60.)

— Voir l'ouvrage de Markham sur le Tibet, *infra*, pp. lxii et seq.

∴

— Carta familiar de un Sacerdote respuesta a un colegial amigo suyo, En que le dà cuenta de la admirable Conquista espiritual del vasto Imperio del Gran Thibèt, y la Mission que los Padres Capuchinos tienen allì, con sus singulares progressos hasta el presente. Dase tambien una noticia succinta de la Fundacion de esta Penitente Seraphica Familia; de los Santos que la ilustran, Cardenales, Arzobispos; de su Observancia, y austeridad, Missiones que tiene en todo el Orbe, Provincias, Conventos, y Religiosos en que se halla propagada, con otras noticias Historico-Eclesiasticas. Impressa en Mexico : En la Imprenta de la Bibliotheca Mexicana, en el Puente del Espiritu Santo. Año de 1765. in-4, pp. 48 s. les licences.

Par Fraderico Fonsancii, anagramme de Ricardo Anffescinio.

— Memorie istoriche delle virtu', viaggj, e fatiche del P. Giuseppe Maria de' Bernini da Gargnano Cappuccino della Provincia di Brescia, e Vice-Prefetto delle Missioni del Thibet, Scritte ad un Amico dal P. Cassiano da Macerata Stato suo Compagno, E date alla luce con una Prefazione di ragguaglio de' suoi primi anni nel Secolo, e nella Religione, con alcuni squarcj di sue Lettere per continuazione della Storia dal P. Silvio da Brescia dal medesimo Ordine. In Verona, M.DCC.LXVII. Nella Stamperia Moroni. Con Licenza de' Superiori. In-8, pp. XXXII-277. Port.

GEORGE BOGLE (1774).

— An Account of the Kingdom of Thibet, in a Letter from John Stewart, Esq. F. R. S., to Sir John Pringle, Bart. F. R. S. (*Philosophical Transactions,* for 1877, Vol. LXVII, part ii, pp. 465/488.) — (*Annual Register,* 1778.)

— Relation du Thibet, Contenant l'exposition des Mœurs, des Coutumes, de la Religion et du Commerce des Habitans, extraite des Papiers de M. Bogle, Par M. Stewart, Et insérée dans les *Transactions Philosophiques,* t. 67 et part. 2; et dans l'*Annual Register,* pour l'année 1778. Traduit de l'Anglais, par J. P. Parraud.

Dans le recueil de Parraud et Billecocq (voir col. 1363), pp. 73/108.

— Extrait du Voyage de M. Bogle, au Boutan et au Thibet, inséré dans un ouvrage anglais, intitulé : Essai sur l'Histoire, la Religion, les Sciences et les Mœurs des *Hindoux,* avec un Abrégé de l'état actuel des Puissances de l'*Indostan,* Par M. Craufurd; London, in-8, 2 vol. Et traduit par J. B. L. J. Billecocq.

Ibid., pp. 109 et seq.

— Narratives of the Mission of George Bogle to Tibet, and of the Journey of Thomas Manning to Lhasa. Edited, with Notes, an Introduction, and Lives of Mr. Bogle and Mr. Manning by Clements R. Markham, C. B., F. R. S. Geographical Department, India Office. London : Trübner & Co. 1876, in-8, pp. CLXI-354.

Dedication. — Preface. — Table of Contents. — Introduction. — Note on the Maps of Tibet, Nepal, Sikkim, and Bhutan. — Biographical Sketch of George Bogle. — Biographical Sketch of Thomas Manning. — Narrative of the Mission of Mr. George Bogle to Tibet. — Journey of Mr. Thomas Manning to Lhasa (1811—12). — Appendix. — Index.

THOMAS MANNING (1811—1812).

— Journey of Mr. Thomas Manning to Lhasa (1811—12), pp. 211 et seq. de l'ouvrage de Markham, vide *supra.*

SAMUEL TURNER.

— An Account of an Embassy to the Court of the Teshoo Lama, in Tibet; containing a Narrative of a Journey through Bhootan and Part of Tibet. By Captain Samuel Turner. To which are added, views taken on the spot, by Lieutenant Samuel Davis; and observations botanical, mineralogical, and medical, by Mr. Robert Saunders. The Second Edition. London, Bulmer, 1806, in-4, pp. XXVIII-473.

13 gravures et une carte gravée par John Walker.

— An Account of a Journey to Tibet to the Honorable John Macpherson, Esq. Governor General, &c. &c. &c. Fort William.

C'est le récit daté de Calcutta, Feb. 8, 1786, par Samuel Turner, du voyage de Poorungeer. (*As. Res.,* I, No. VIII, pp. 207/21.)

Trad. en français par J. P. Parraud dans son recueil (voir col. 1363), pp. 169 et seq.

— Narrative of the Particulars of the Journey of Teshoo Lama, and his suite, from Tibet to China, from the verbal report of Poorungheer Gosein. (Extracted from Mr. Turner's Embassy to Tibet.) (*Asiatic. An. Reg.,* 1800, *Miscel. Tracts,* pp. 58/69.)

— Translation of a Letter from Kien long, Emperor of China, to Dalai Lama, the Grand Lama of Tibet. (Extracted from Turner's Embassy to Tibet.) (*Ibid.,* pp. 69/72.)

— Ambassade au Thibet et au Boutan, contenant des Détails très-curieux sur les Mœurs, la Religion, les Productions et le Commerce du Thibet, du Boutan et des Etats voisins, et une Notice sur les Evenemens qui s'y sont passés jusqu'en 1793; par M. Samuel Turner, chargé de cette ambassade : traduit de l'anglais avec des notes, par J. Castera. Avec une Collection de 15 Planches, dessinées sur les lieux, et gravées en taille-douce par Tardieu l'aîné. À Paris, Chez F. Buisson, an IX (1800), 2 vol. in-8.

Turner, Sm., Gesandtschaftsreise an den Hof des Teschoo Lama durch Bootan u. einen Theil von Tibet; aus dem Engl. übers. Hamburg, Hoffmann, 1801, gr. in-8.

gelmann.

Turner's Reisen nach Butan und Tibet. Aus dem Engl. von Sprengel. 1801. (IV. Bd.; 2; *Bibliothek der neuesten und wichtigsten Reisebeschreibungen*... Weimar, 1800—14.)

Hugh Murray, Hist. Account, II, Ch. 11, pp. 446 et seq.

Rob. Saunder's Mineralogische und botanische Reise nach Butan und Tibet. 1790. (I. Bd., Magazin von merkwürdigen neuen Reisebeschreibungen . . . Berlin 1790—1839.)

- Route de Tchhing tou fou, en Chine à travers le Tubet Oriental jusqu'à H' Lassa ou Lassa. Traduit du Chinois. (*Mag. As.*, pub. par Klaproth, II, 1826, pp. 97/132.)

après le Wei Thsang thou chy.

- Travels in the Himalayan Provinces of Hindustan and the Panjab; in Ladakh and Cashmir; in Peshawar, Kabul, Kunduz and Bókhara; by Mr. William Moorcroft and Mr. George Trebeck from 1819 to 1825. Prepared from the Press, from Original Journals and Correspondence by Horace Hayman Wilson, M. A., F. R. S. London, Murray, 1841, 2 vol. in-8.

Huc. Voir col. 1011—1012.

Eugène Veuillot. — Le Thibet et les Missions françaises dans la Haute-Asie; Mœurs chinoises et thibétaines; Voyage de MM. Huc et Gabet (15 Juin 1850, *Revue des Deux-Mondes*).

- Itinerary from Phari in Thibet, to Lassa, with appended Routes from Darjeeling to Phari. — By A. Campbell, M. D. Superintendent of Darjeeling. (*Jour. As. Soc. Bengal*, XVII, April 1848, pp. 257/276.)

- Routes from Darjeeling to Thibet, by A. Campbell, M. D. Superintendent of Darjeeling. (*Ibid.*, XVII, Nov. 1848, pp. 488/500.)

Narrative of a journey to the Lakes Cholagan and Chomapan in Tibet, 1846. Calcutta, 1849.

— Physical Geography of Western Tibet. By Capt. Henry Strachey. (*Jour. R. Geog. Soc.*, XXIII, p. 1.)

— Relics of the Catholic Mission in Tibet. By B. H. Hodgson. (*Jour. As. Soc. Bengal*, XVII, Aug. 1848, pp. 225/230.)

* Western Himalaya and Tibet : the Narrative of a Journey through the Mountains of Northern India during the Years 1847 and 1848. By Dr. Thomas Thomson. London, 1852, in-8, carte et grav.

— Relation d'un Voyage au Thibet en 1852 et d'un voyage chez les Abors en 1853 par M. l'abbé Krick de la Société des Missions étrangères, supérieur de la Mission du Thibet pour le Sud; suivie de quelques documents sur la même mission par MM. Renou et Latry. Paris, Auguste Vaton, 1854, in-12, pp. VIII-224.

— Rev. J. Barton. Report of Missionary Work in Thibet. (*Church Miss. Intellig.*, Aug. 1863, pp. 183/8.)

* Diary of a Pedestrian in Cashmere and Thibet by — Knight, Capt. Indian Army. London, Bentley, 1863, in-8, grav.

* Capt. T. G. Montgomerie, R. E. Report on the trans-himalayan explorations in connexion with the great trigonometrical survey of India, during 1865—67. Dehra-Doon, 1867, in-4, pp. 96.

* Route survey from British India into Great Tibet through the Lhasa territories, and along the upper course of the Brahmaputra River, or Nari-chu-Sangpo, made by Pundit * * * and compiled from the original materials by Capt. T. G. Montgomerie. Great Trigonometrical Survey of India Office, Dehra Doon, Dec. 1867, 1 feuille (au 1.000.000^e).

— Reisen und Aufnamen zweier Punditen in Tibet, 1865—66. (Petermann, *Mitth.*, 1868, pp. 233/243, 276/290, carte au 2.000.000^e.)

Voir *Proc. Roy. Geog. Soc.*, Vol. XII, No. III, pp. 146/164, 164/173.

— Voyage d'un Pandit à L'hasa et dans le bassin supérieur du Brahmaputra jusqu'à sa source. (*Ann. des Voy.*, Nov. 1868.)

Trad. by G. Destailleur des *Proc. Roy. Geog. Soc.*

— L'exploration scientifique du Tibet. Première tentative et premiers jalons. Voyage de deux pandits ou docteurs hindous, instruits dans les écoles anglaises-Lhassa et le Brahmapoutra. — Résumé des résultats acquis pour la géographie du Tibet. Quelques remarques. — L'administration intérieure et l'état politique du Tibet. Nouveaux renseignements. *(Année géographique,* VIIe année [1868], pp. 109/128.)

— Dr. J. L. Stewart. Notes of a botanical Tour in Ladak or Western Tibet. *(Trans. Edinb. Botanical Soc.,* Vol. X, 1868—69, pp. 207/239.)

— Account of an Attempt by a Native Envoy to reach the Catholic Missionaries of Tibet. By Captain J. Gregory. *(Proc. Roy. Geog. Soc.,* Vol. XIV, 1870, pp. 214/219. — Réimp. dans *The Cycle,* 29 Oct. 1870.)

— La Mission du Thibet de 1855 à 1870, comprenant l'exposé des affaires religieuses, et divers documents sur ce pays, accompagnée d'une carte du Thibet. D'après les lettres de M. l'abbé Desgodins, missionnaire apostolique. Par C.-H. Desgodins, Inspecteur des Forêts en retraite. Verdun, Imprimerie de Ch. Laurent, 1872, in-8, pp. IV-419.

Lettre adressée au Rédacteur du Manuscrit par Mgr. Chauveau, évêque de Sébastopolis, vicaire apostolique du Thibet.

Avertissement.

Première Partie : Faits propres à la Mission (XI) Chapitres).

Deuxième Partie : Documents divers (VII Chapitres).

I. Notice géographique sur le Thibet. — II. Politique et Administration. — III. Population. — IV. Religion. — V. Littérature thibétaine. — VI. Industries et Arts divers. — VII. Commerce du Thibet.

Appendice : Notice sur plusieurs peuplades habitant au sud du Thibet. — Lettre de Mgr. Chauveau au Rev. F. Shéa, S.-J., éditeur de la Correspondance indo-européenne, rue du Parc 10, à Calcutta, datée de Ta-tsien-lou, le 20 Juillet 1870 sur les mines du Thibet. — Lettre de M. l'abbé Desgodins, à Monsieur Guillaumé, curé de Manheulles (Meuse) datée de Yer-ka-lo le 20 Octobre 1870 sur le Bouddhisme. — Extrait du journal *Les Missions catholiques* du Vendredi 8 Mars 1872.

Table des matières.

— Il y a des notices sur cet ouvrage dans : *«The Edinburgh Review»,* April 1873. — *La Revue des Questions historiques,* 1er Avril 1873, pp. 746/7, par H. de Charencey. — *Missions Catholiques,* IV, 1872, pp. 474, 485/7, 498/500.

— Lettre de M. Desgodins à Francis Garnier, Dôle, Jura, le 20 Déc. 1869. *(Bull. Soc. Géog.,* 5e Sér., XIX, 1870, pp. 227/31.) — Ext. d'une let. de l'abbé A. D. Gunra, 30 Oct. 1866. *(Ibid.,* pp. 231/5.) — Itinéraire de Pa-tang à Yer-ka-lo, et description des vallées du Kin cha kiang (fleuve bleu) et du Lan-tsang-kiang (Cambodge) entre le 30° et le 29° parallèle environ. Ext. d'une let. de l'abbé D. à F. Garnier. Yer-ka-lo le 13 Déc. 1870. *(Ibid.,* 6e Sér., II, 1871, pp. 343/368.) — Let. de l'abbé D. à F. G., Yerkalo, le 4 Janvier 1872. *(Ibid.,* IV, 1872, pp. 416/423.) — Let. de l'abbé D. à F. G., Yerkalo, le 15 Mars 1872. *(Ibid.,* pp. 525/533.) — Mots principaux de certaines tribus qui habitent les bords du Lau-tsan-kiang, du Lou-tzo-kiang et Irrawaddy, par l'abbé Desgodins (Yerkalo, 26 Mai 1872). *(Ibid.,* V, pp. 145/150.)

— Notes sur la Zoologie du Thibet ; par l'abbé Desgodins, missionnaire apostolique. *(Bull. Soc. d'Accl.,* Mai 1873, pp. 309/332.) — Tirage, Paris, in-8, pp. 24.

— Voir des lettres de ce missionnaire dans les *Missions Catholiques,* col. 545.

(DIVERS.)

— Voyages de Tse-kou à Ta-so (Thibet). Visite aux Lyssous. — Par le P. Dubernard, des Missions étrangères. *(Missions Catholiques,* V, pp. 500/1, 512/3.)

— Prjevalsky. Voir MONGOLIE, col. 1331, et TIEN CHAN, col. 1351.

— Great Tibet. Discovery of Lake Tengri-nor. *(Geog. Mag.,* Feb. 1, 1875, pp. 41/44.)

* The Abode of Snow : Observations on a Journey from Chinese Tibet to the Indian Caucasus, through the Upper Valleys of the Himâlaya. By Andrew Wilson, author of «the Ever Victorious Army». Edinburgh & London, Blackwood, 1875, in-8.

Notices : *The Athenaeum,* Aug. 28, 1875. — *Geog. Mag.,* Sep. 1, 1875, p. 280.

— The Roof of the World being the narrative of a journey over the high plateau of Tibet to the Russian frontier and the Oxus sources on Pamir by Lieutenant-Colonel T. E. Gordon, C. S. I..... Illustrated with sixty-six drawings done on the spot and map. Edinburgh, Edmonston and Douglas, MDCCCLXXVI, gr. in-8, pp. XIV-172.

— Ricordi dei Viaggi al Cashemir, Piccolo e Medio Thibet e Turkestan in varie escursioni fatte da Osvaldo Roero dei Marchesi di Cortanze dall' anno 1853 al 1875 (Con quattro Tavole). Torino, Camilla e Bertolero, 1881, 3 vol. pet. in-8.

∴

* Beschreibung einer Thibetanischen Handapotheke, ein Beitrag zur Kenntniss der Arzeneykunde Asiens von Dr. J. Rehmann. St. Petersburg, gedruckt bey F. Drechsler, 1811.

LANGUE.

— L'*Encyclopédie élémentaire* de Petity (voir col. 1311) contient Tome II. Part. II, au chap. VI de l'*Imprimerie,* un mémoire sur le «Thibetan ou Boutan».

— Alphabetum tibetanum missionum apostolicarum commodo editum. Praemissa est Disquisitio qua de vario litterarum ac regionis nomine, gentis origine moribus, superstitione, ac manichaeismo fuse disseritur. Beausobrii calumniae in Sanctum Augustinum, aliosque Ecclesiae Patres refutantur. Studio et labore Fr. Augustini Antonii Georgii Eremitae Augustiniani. Romae MDCCLXII. Typis Sacrae Congregationis de Propaganda Fide. — Superiorum facultate. in-4, pp. XCIV-820.

Stuck, p. 103, cite : Nachrichten von Tibet, aus dessen *Alpha-*

(LANGUE.)

betum tibetanum, dans Ioh. Ernst Fabri's Sammlung von Stadt-, Land- und Reisebeschreibungen, Halle, 1783, gr. in-8.

— Alphabetum tangutanum sive tibetanum. Romae MDCCLXXIII. Typis Sac. Concreg. de Propag. Fide Praesidum Facultate. in-8, pp. XVI-138.

* A Dictionary of the Bhotanta or Boutan language, printed from a manuscript copy made by the late F. Ch. G. Schroeter, edited by J. Marshman; to which is prefixed a Grammar of the Bhotanta language, by T. Ch. G. Schroeter, edited by W. Carey. Serampore, 1826, in-4, pp. iij-35-6 et 475.

L'ouvrage de Schroeter était en italien; il a été traduit en anglais par Marshman.

— Observations sur le Dictionnaire tubétain, imprimé à Serampore, par M. Klaproth. *(Nouv. Jour. As.,* I, Juin 1828, pp. 401 à 423.)

Tirage à part, br. in-8, pp. 26.

— Sur la littérature du Tibet, extrait du n° VII du *Quarterly Oriental Magazine,* Calcutta, 1826. *(Jour. As.,* X, 1827, pp. 129/146.)

L'article est de Kőrős, l'extrait par E. Burnouf.

— Enumeration of Historical and Grammatical Works to be met with in Tibet. By Alexander Csoma Kőrősi. *(Jour. As. Soc. Bengal,* VII, pp. 147 et seq.)

— A Grammar of the Tibetan Language, in English. Prepared under the patronage of the government and the auspices of the Asiatic Society of Bengal, By Alexander Csoma de Kőrős, Siculo-Hungarian of Transylvania. Calcutta : Printed at the Baptist Mission Press, Circular Road. 1834, in-4, pp. XII-204.

L'ouvrage est suivi de 40 pages lithographiées représentant un «Syllabic scheme of the Tibetan language».

— Essay towards a Dictionary, Tibetan and English. Prepared, with the assistance of Bandé *Sangs-Rgyas Phun-Tshogs,* a learned Láma of Zangskár, by Alexander Csoma de Kőrős, Siculo-Hungarian of Transylvania. During a Residence at Kanam, in the Himálaya mountains, on the confines of India and Tibet. 1827—1830. Calcutta : Printed at the Baptist Mission Press, Circular Road, 1834. gr. in-4, pp. XXII-351 à 2 col.

Nous avons examiné l'exemplaire appartenant à la bibliothèque du Pehtang, Peking; il contient une traduction française manuscrite.

— Alexander Csoma de Kőrős. *(As. Jour.,* XXXIX, 1842, pp. 113/118.)

— Grammatik der Tibetischen Sprache, verfasst von J. J. Schmidt.... Herausgegeben von der Kaiserlichen Akademie der Wissenschaften. 1839. St. Petersburg, bei W. Gräff. — Leipzig, bei Leopold Voss. in-4, pp. XVI-318, sans les errata.

Voir à la fin du volume, p. 291 : *Remarks on the Siamese language* by the Rev. Mr. Gutzlaff, and *Specimen of Oriental Alphabets.*

* Я. Шмидтъ. — Грамматика Тибетскаго языка. St. Pétersbourg, 1839, in-4, pp. XIII-333.

— Tibetisch-Deutsches Wörterbuch, nebst deutschem Wortregister, von J. J. Schmidt; .... — Herausgegeben von der Kaiserlichen Akademie der Wissenschaften. — 1841. St. Petersburg, bei W. Gräffs Erben. — Leipzig, bei Leopold Voss, in-4, pp. XI-784 + 1 f. errata.

* Я. Шмидтъ. — Тибетско-русскій словарь, съ присовокупленіемъ алфав. списка. St. Pétersbourg, 1843, in-8.

Zenker.

— འཛངས་བླུན། oder der Weise und der Thor. Aus dem Tibetischen übersetzt und mit dem Originaltexte herausgegeben von I. J. Schmidt. St. Petersburg, bei W. Gräff's Erben. — Leipzig, bei Leopold Voss, 1843, 2 parties in-4.

Erster Theil, Der Tibetische Text nebst der Vorrede. — Zweiter Theil, Die Übersetzung. Auf Verfügung der Kaiserlichen Akademie der Wissenschaften.

— Verzeichniss der Tibetischen Handschriften und Holzdrucke im Asiatischen Museum der kaiserlichen Akademie der Wissenschaften verfasst von I. J. Schmidt und O. Böhtlingk. (Aus dem *Bulletin historico-philologique de l'Académie Impériale des Sciences de St. Pétersbourg,* T. W., NNo. 6. 7. 8.) St. Petersburg...... br. in-8, pp. 71.

— Discours prononcé à l'ouverture du cours de langue et de littérature tibétaine près la bibliothèque royale. br. in-8, pp. 15.

Par Ph.-Ed. Foucaux. Paris, 31 Janvier 1842.

— Grammaire de la langue tibétaine par Ph. Ed. Foucaux. Paris, Imprimerie impériale, 1858, in-8.

— Glossary of Tibetan Geographical Terms. Collected by Hermann, Adolphe, and Robert de Schlagintweit, and edited by Hermann de Schlagintweit, Ph. Dr., LL. D.

&c. (*Jour. Roy. As. Soc.*, XX, 1863, pp. 67/98.)

* Tibetanische Studien. Von Anton Schiefner. (St. Pétersbourg, 1851, *Mél. As.*, I.)

— Note on the Pronunciation of the Tibetan Language. — By the Rev. H. A. Jaeschke of Kyèlang. (*Jour. As. Soc. Bengal*, Vol. XXXIV, Pt. I, No. 2, 1865, pp. 91/100.)

— A short practical Grammar of the Tibetan Language, with special reference to the spoken dialects. By H. A. Jaeschke, Morav. Missionary. Kye-lang in Brit. Lahoul, 1865, in-8, pp. 56 + 1 f. prél.

Autographié.

— Romanized Tibetan and English Dictionary. By H. A. Jaeschke, Mor. Missionary. Kyelang in British Lahoul, 1866, in-8, pp. 158 + 1 f. prél.

* Handwörterbuch der Tibetischen Sprache von H. A. Jäschke. Gnadau, Universitäts-buchhandlung, 1871, in-4.

Notice : *The Phœnix*, No. 2, 1870, p. 11, et No. 33, March 1873, p. 152.

— A Tibetan-English Dictionary with special reference to the prevailing dialects. To which is added an English-Tibetan Vocabulary. By H. A. Jäschke, late Moravian Missionary at Kyèlang, British Lahoul. Prepared and published at the charge of the Secretary of State for India in Council. London, 1881, gr. in-8, pp. XXII-671.

— Notice sur la langue, la littérature et la religion des Bouddhistes du Népal et du Bhot ou Tubet; communiquée à la Société asiatique de Calcutta, par M. B. H. Hodgson. (*Jour. As.*, 2e Sér., VI, 1830, pp. 81/119, 257/279.)

— Remarks on an inscription in the Ranjà and Tibetan (U'cchen) Characters, taken from a Temple on the confines of the Valley of Nepál. By B. H. Hodgson. (*Jour. Roy. As. Soc. Bengal*, IV, 1835, pp. 196/198.)

— The Literature and Religion of the Buddhists. (Voir col. 308.)

— On the Tribes of Northern Tibet (Horyeul and Sokyeul) and of Sifan. By Brian H. Hodgson Esq. (*The Phœnix*, No. 30, Dec. 1872.)

— Essays on the Languages, Literature, and Religion of Nepál and Tibet: together with further Papers on the Geography, Ethnology, and Commerce of those Countries by B. H. Hodgson . . . . . London, Trübner, 1874, in-8, pp. XI-145-124.

« These essays were originally printed partly in *Illustrations of the Literature and Religion of the Buddhists* (Serampore, 1841) [Voir col. 308], and partly in *Selections from the Records of the Government of Bengal* (No. XXVII, Calcutta, 1857), and were reprinted in the *Phœnix*, Professor Summer's Magazine for China and Eastern Asia [col. 308]. They are now again reprinted in a collected form, with corrections and additions. » (*Geographical Magazine*, Dec. 1, 1874, p. 381.)

— Miscellaneous Essays relating to Indian Subjects. By Brian Houghton Hodgson, Esq., F. R. S., . . . London, Trübner, 2 vol. in-8, pp. VIII/408, VIII/348.

Pub. à 28/.—.

* Manual of Tibetan. By Col. T. W. Lewin. Calcutta, 1879.

IV. — CORÉE.

OUVRAGES DIVERS.

— Three severall testimonies concerning the mighty kingdom of Coray, tributary to the king of China, and borthering vpon his Northeast frontiers, called by the Portugales *Coria*, and by them esteemed at the first an Iland, but since found to adioyne with the maine not many dayes iourney from *Paquí*, the Metropolitan citie of *China*. The more perfect discouery whereof and of the coast of *Tartaria* Northward may in time bring great light (if not full certaintie) either of a Northwest or a Northeast passage from *Europe* to those rich countries. Collected out of the Portugale Iesuites yeerely Iaponian Epistles dated 1590, 1591, 1592, 1594, &c. (Hackluyt, *Voyages*, III, pp. 854/861.)

HENDRICK HAMEL.

Voyage du *Sperwer [l'Epervier]*.

— Journael, ‖ Van de Ongeluckige Voyagie van't Jacht de Sperwer | van ‖ Batavia gedestineert na Tayowan | in't Jaar 1653. en van daar op Japan; hoe't selve ‖ Jacht door storm op't Quel-paarts Eylant is ghestrant | ende van 64. personen | maar 36. ‖ behouden aan't voornoemde Eylant by de Wilden zijn gelant : Hoe de selve Maats door ‖ de Wilden daar van daan naar 't Coninckrijck Coeree sijn vervoert | by haar ghenaamt ‖ Tyocen-koeck; Alwaar zy 13. Jaar en 28. daghen | in slavernije onder de Wilden hebben ‖ ges worven | zijnde in die tijt tot op 16. na aldaar gestorven | waar van 8. Persoonen in ‖ 't Jaar 1666. met een kleen Vaartuych zijn ontkomen | latende daar noch acht ‖ Maats sitten | ende zijn in't Jaar 1668. in't Vaderlandt gearriveert. ‖ Als mede een pertinente Beschrijvinge der Landen | Provin-‖tien | Steden ende Forten | leggende in't Coninghrijck Coeree : Hare Rechten | Justitien ‖ Ordonnantien | ende Koninglijcke Regeeringe : Alles beschreven door de Boeck-‖houder van't voornoemde Jacht de Sperwer | Ghenaamt ‖ Hendrick Hamel van Gorcum. ‖ Verciert met verscheyde figueren. ‖ [Vig. représentant le naufrage.] Tot Rotterdam, ‖ Gedruckt by Johannes Stichter | Boeckdrucker : Op de Hoeck ‖ van de Voghelesangh | inde Druckery | 1668. in-4, pp. 20-12; 7 fig. dans le texte du Journal.

Les douze dernières pages comprennent : Beschryvinge ‖ Van't Koninghrijck ‖ Coeree, ‖ Met alle hare Rechten, Ordon-‖nantien, ende Maximen, soo inde Politie, als ‖ inde Militie, als vooren verhaelt. ‖ [Fleuron.] Anno M.DC.LXVIIj.

Bib. de l'Université de Leyde.

* Journael ‖ Van de ongeluckige Reyse van't Jacht de ‖ Sperwer, ‖ Varende van Batavia na Tyowan en Fer-‖mosa, in't Jaer 1653. en van daer na Japan, daer ‖ Schipper op was Reynier Egbertsz. van Amsterdam. ‖ Beschrijvende hoe het Jacht door storm en onweer ver-‖gaen is, veele Menschen verdroncken en gevangen sijn : Mitsgaders ‖ wat haer in 16. Jaren tijdt wedervaren is, en eyndelijck hoe ‖ noch eenighe van haer in 't Vaderlandt zijn aen geko-‖men Anno 1668. in de Maendt July. ‖ *(Grav. sur bois)* ‖ t'Amsterdam, Gedruckt ‖ By Gillis Joosten Saagman, in de Nieuwe-straet, ‖ Ordinaris Drucker van de Zee-Journalen en Landt-Reysen ‖ in-4.

«Titre avec la gravure en bois ordinaire; au verso, la Renommée, grav. en bois, avec souscription en vers de six lignes.

Texte imprimé en deux colonnes, p. 3—40. Signat. A 2—E 3.

Planches dans le texte (tirées d'autres ouvrages) au nombre de six, dont cinq sont gravées en taille douce.

Réimpression du précédent, avec quelques variations dans le style et quelques phrases ajoutées au commencement et à la fin, entre autres la date du départ et du retour. La description de la Corée est insérée dans le Journal (p. 18—33). Les noms des marins évadés et de ceux restés prisonniers se trouvent à la fin de l'ouvrage.» (Tiele.)

* 't Oprechte Journael, ‖ *(etc., comme le précédent)* . . . Beschrijvende hoe het Jacht door storm en onwer op Quelpaerts Ey-‖lant vergaen is, op hebbende 64. Man, daer van 36. aen Lant zijn geraeckt, en gevan-‖gen genomen van den Gouverneur van 't Eylant, die haer als Slaven na den Coninck ‖ van Coree dede voeren, alwaer sy 13. Jaren en 28. dagen hebben in Slaverny moeten blij-‖ven, waren in die tijdt tot op 16. nae gestorven : Daer van acht persoonen in't Jaer 1666. ‖ met een kleyn Vaertuygh zijn 't ontkomen, achterlatende noch acht van haer Maets : ‖ En hoe sy in 't Vaderlandt zijn aengekomen Anno 1668. in de Maent July. ‖ *(Gravure en bois)* ‖ t'Amsterdam, Gedruckt ‖ By Gillis Joosten Saagman, *etc. (comme le préc.)* in-4.

«La planche du titre représente un seul vaisseau.

Les planches aux pp. 7, 31 diffèrent; comme la dernière est plus grande, le texte des pp. 30, 31 a été plus ou moins changé. Du reste, cette édition est en tout conforme à la précédente (40 pp.).» (Tiele.)

* Journael, ‖ Van de ongeluckige Reyse, *etc. (comme le précédent)*... t'Amsterdam, ‖ By Gillis Joosten Zaagman, *etc. (comme le précédent)* in-4.

«Titre avec la même figure que l'éd. préc. — La planche à la p. 22 manque, mais elle est remplacée, p. 23, par une planche tirée du journal de Linschoten. Aux pp. 30, 31 aussi les planches manquent dans cette édition, de sorte que le texte a subi quelques changements, afin de conserver intact le nombre des pages.» (Tiele.)

«Parti des Pays-Bas le 10 Janvier 1653, le Yacht *de Sperwer* (l'Epervier) arriva le 1er Juin de la même année à Batavia, d'où il fut envoyé 18 jours après à l'île de Formose. Surpris par une tempête, le navire fit naufrage sur la côte de l'île Quelpaert, près de la Corée. La moitié des hommes de l'équipage, parmi eux le capitaine y périrent. Les autres furent fait prisonniers par les Coréens et amenés devant le roi. Ils restèrent dans ce pays plus de 13 ans. Le récit de leurs aventures, quoique très simple et nullement scientifique, ne manque pas d'intérêt. Huit de ces hommes, entre autres Hendrick Hamel, l'auteur du récit, réussirent enfin à s'échapper au Japon, où on les mena à Nangasacki, auprès de leurs compatriotes. Ils furent de retour à Amsterdam en Juillet 1668. Les meurtres et autres excès sont bien plus rares dans ce récit que dans celui du voyage de Pelsaert. Aussi est-il devenu beaucoup moins populaire. Avec tout cela c'est le seul ancien ouvrage connu qui donne de première source des détails importants concernant la Corée et ses habitants. Voir Ritter, *Erdkunde*, IV, 3, p. 604.» (Tiele.)

— Relation du naufrage d'un vaisseau holandois, Sur la Coste de l'Isle de Quelpaerts : Avec la Description du Royaume de Corée : Tradvite dv Flamand, Par Monsieur Minutoli. A Paris, Chez Thomas Jolly . . . M.DC.LXX, in-12, pp. 165, s. l'av[t].

— Relation du naufrage d'un vaisseau holandois, Sur la Coste de l'Isle de Quelpaerts : Avec la Description du Royaume de Corée : Tradvite dv Flamand, Par Monsieur Minutoli. A Paris, Chez Louys Billaine... M.DC.LXX, in-12, pp. 165, s. l'av[t].

— Bernard, Recueil de Voyages au Nord, IV, 1715, et 1732.

— Voyage de quelques Hollandois dans la Corée, avec une relation du Pays & de leur naufrage dans l'Isle de Quelpaert. (Prevost, *Hist. gén. des Voy.*, VIII, La Haye, 1749, pp. 412/429.)

«Hendrik Hamel et sa Captivité en Corée», article de Léon de Rosny (*Variétés Orientales*, 3e éd., pp. 157/162.)

— Journal.... darinnen alles dasjenige was sich mit einem Holländischen Schifft, das von Batavien aus, nach .... Japan, reisfertig, durch Sturm, im 1653. Jahre gestrandet, und mit dem Volk darauf, so in das Königreich Corea, gebracht worden, nach und nach begeben, ordentlich .... erzehlet wird .... Aus dem Niederländischen verteutschet. (Arnold [C.] Wahrhaftige Beschreibungen, etc. 1672. in-8.)

— Schwabe, *Allg. Hist. der Reisen*, Bd. 6, 1747.

— An Account of the Shipwreck of a Dutch Vessel upon the Coast of the Isle of Quelpaert; with a Description of the Kingdom of Corea in the East Indies. (Harris' *Coll.*, II, App., pp. 37 et seq.)

— An Account of the Shipwreck of a Dutch Vessel on the coast of the Isle of Quelpaert, together with the Description of the Kingdom of Corea. Translated out of French. (Churchill, *Col. of Voy.*, 3rd ed., IV, 1745, pp. 719/742.)

Dans l'édition de 1704, ce voyage se trouve dans le Vol. IV, pp. 607/632. — Imp. également dans l'éd. de 1752.

Cette traduction anglaise est reproduite dans la *Coll.* d'Astley, IV, pp. 329/347.

— Travels of some Dutchmen in Korea; with an account of the country, and their shipwreck on the Island of Quelpaert. By Henry Hamel. Translated from the French. (Pinkerton, VII, p. 517, d'après Astley, IV, p. 329.)

∴

— Observations géographiques sur le Royaume de Corée. Tirées des Mémoires du Père Regis. (Du Halde, *Description*, Vol. IV, pp. 423/430.)

— Histoire abrégée de la Corée. (Du Halde, *Description*, Vol. IV, pp. 430/458.)

«Ce qui se dit ici de la Corée, est tiré de trois differens Auteurs : d'un théâtre du monde intitulé *Tsien kio kiu loui chu* : de l'abrégé général de Chorographie qui a pour titre : *Quang yu ki*; et surtout d'une Géographie universelle intitulée, *Fang yu ching lio*. Dans les points essentiels on s'est contenté de traduire simplement, et on y a ajouté la Chronologie qu'on croit être sûre.»

— Observations Géographiques et Histoire de la Corée, par le Père Jean-Baptiste Regis, Jésuite. (Prévost, *Hist. gén. des Voy.*, VIII, La Haye, 1749, pp. 395 et seq.)

En anglais dans la *Coll.* d'Astley, IV, pp. 319 et seq., d'après la trad. ang. de Du Halde, in-fol., II, pp. 376 et seq.

— Voir Grosier, I, pp. 340 et seq.

— Voyage de La Pérouse autour du Monde .... A Paris, An V. (1797), 4 vol. in 4.

Voir II, pp. 387 et seq.

— Relation (Extrait) de l'Etablissement du Christianisme dans le royaume de Corée, rédigée par M. de Govea, évêque de Pekin en 1797. (*Lettres édifiantes*, éd. de Grimbert, III, pp. 351 et seq.)

— Lettre (Extrait) de Mgr. de Govea. (Pékin, le 23 Juillet 1801). (*Let. éd.*, éd. de Grimbert, III, pp. 365 et seq.)

— Lettre (Extrait) des Chrétiens de Corée à l'évêque de Péking (18 décembre 1811). (*Let. éd.*, éd. de Grimbert, III, pp. 367 et seq.)

Voir *Nouv. let. édif.*, dans lesquelles ces lettres ont paru, col. 443.

— Gli atti di Cinque Martiri nella Corea coll' origine della Fede in quel regno secondo la relazione scritta da Monsignor Vescovo di Pekino a Monsignor Vescovo di Caradra Vicario apostolico nel Su-tchuen della Cina. Siegue una breve Notizia della Corea e del suo Cristianesimo ne' tempi anteriori. In Roma MDCCCI. pel Fulgoni. Col permesso. in-8, pp. XVI-112.

— A Voyage of Discovery to the North Pacific Ocean : in which the Coast of Asia, from the lat. 35° North to the lat. of 52° north, the island of Insu, (commonly known under the name of the Land of Jesso,) the North, South, and East Coasts of Japan, the Lieuchieux and the adjacent isles, as well as the coast of Corea, have been examined and surveyed. Performed in His Majesty's Sloop *Providence* and her tender, in the years 1795, 1796, 1797, 1798. By William Robert Broughton. London : Printed for T. Cadell and W. Davies in the Strand. 1804, in-4, pp. xx-393, Cartes et grav.

— Basil Hall. [Voir ILES LIEOU KIEOU, col. 1389—1391.]

— Macleod. Voyage de l'*Alceste*. [Voir col. 1002/3.]

Zeereis van het Engelsche Oorlogsfregat de Alceste, langs de stranden van Corea naar het eiland Loochoo; benevens een Verhaal betreffende de schipbreuk van genoemde fregat. Uit het Engelsch. Van John M'Leod, wondheeler op de Alceste. Te Rotterdam, by Arbon & Krap, 1818, in-8, pp. II + 1 f. n. c. + pp. 215.

— 三國通覽圖說 *San Kokf Tsou Ran To Sets*, ou Aperçu général des Trois Royaumes. Traduit de l'original japonais-chinois, par Mr. J. Klaproth. Ouvrage accompagné de cinq cartes. Paris : Printed for the Oriental Translation Fund ..... MDCCCXXXII, gr. in-8, pp. VI-288.

— Plates and Maps to accompany the San kokf tsou ran to sets, ou Aperçu général des trois Royaumes. Traduit de l'original japonais-chinois, Par Mr. J. Klaproth. Paris : Engraved and Printed for the Oriental Translation Fund. — MDCCCXXXII, gr. in-4.

Préface du traducteur, I—VI. — Introduction, pp. 1/4. — Préface de l'auteur, pp. 5/10. — Description de la Corée, pp. 11/23. — Description de la Corée d'après le *Tai tsing i tong ché* (section CCCIII de l'éd. de 1716), pp. 24/168. — Notice des îles Lieou khieou, appelés en japonais Riou kiou, pp. 169/180. — Description du Pays des Yeso, pp. 181/255. — Description des îles inhabitées, pp. 256/262. — Explication des lettres de renvoi placées sur les cartes qui accompagnent cet ouvrage, pp. 263/286. — Contenu, pp. 287/288.

Cet ouvrage publié à Yedo en 1786 a été rédigé par le Japonais *Rinsifée*.

— Journal of three voyages ... By Charles Gützlaff. [Voir col. 1005.]

— Reizen langs de Kusten van China, en bezoek op Corea en de Loo-Choo-Eilanden, in de jaren 1832 en 1833, door K. Gutzlaff, benevens een overzigt van *China* en *Siam* en van de verrigtingen der protestantsche Zendelingen, in deze en aagrenzende Landen, door W. Ellis, en twee andere historische bijlagen. Met Plaat en Kaart. Te Rotterdam, bij M. Wijt & Zonen. 1835, in-8, pp. VI-354.

— Amiral Cecille. [Voir col. 1007.]

— Mémoire sur la Corée. (Adressé par J. M. Callery au Ministre de l'Instruction publique). (*Rev. de l'Orient,* V, 1844, pp. 273/294.)

— Sur la perte de la *Gloire* et de la *Victorieuse* sur la côte de Corée, le 10 Août 1847, voir la *China Mail,* 135 et 137, 16 et 30 Sept., 1847; *Chin. Rep.*, XVI, p. 464.

— Note sur une montagne volcanique sortie du fond de la mer au sud de la Corée, l'an 1007 de J.-C. (Extrait de l'*Encyclopédie japonaise.*) (*Actes rendus de l'Ac. des Sc.*, X, p. 835, par S. Julien.)

— Catholic Missions in Corea. From the « Annales de la Propagation de la Foi ». Communicated for the Repository, by J. T. D.[ickinson], Singapore. (*Chin. Rep.*, VIII, pp. 567/575.)

D'après les *Annales* de 1839, voir col. 447. — Consulter ce recueil pour l'histoire moderne de l'église de Corée. Le *U. S. Cath. M.* a donné (VII, pp. 421, 462) des articles intitulés *Mission of Corea*, d'après les lettres : d'André Kim Hai-Kim ; voir *Ann. de la Prop.*, col. 450.

— Narrative of the Voyage of H. M. S. Samarang, during the years 1843—46; employed surveying the islands of the Eastern Archipelago; accompanied with a brief vocabulary of the principal Languages. Published under the Authority of the Lords Commissioners of the Admiralty. By Captain Sir Edward Belcher, R. N., C. B., ... Commander of the expedition. With Notes on the Natural History of the Islands, by Arthur Adams, Assistant-Surgeon, R. N. London : Reeve, 1848, 2 vol. in-8, pp. xl-358, 574 + 1 f. n. c. Cartes et gravures.

Chap. IX et XI sur les *Loo choo*. — Chap. X sur *Quelpart and the Korean Islands.* — Le chap. VIII de l'*Hist. nat.*, est consacré à *Loo choo, Korea, Japan.*

— The Zoology of the Voyage of H. M. S. Samarang; under the command of Captain Sir Edward Belcher, C. B., F. R. A. S., F. G. S., during the years 1843—1846. By John Edward Gray, F. R. S., Sir John Richardson, M. D., F. R. S.; Arthur Adams, F. L. S.; Lovell Reeve, F. L. S.; and Adam White, F. L. S., Edited by Arthur Adams, F. L. S., Assistant-Surgeon to the Expedition. Published under the authority of the Lords Commissioners of the Admiralty. London : Reeve and Benham, 1850, in-4.

L'ouvrage a été publié en 7 parties de 1848 à 1850.

— Travels of a Naturalist in Japan and Manchuria . . . by A. Adams. London, 1870. in-8. [Voir col. 1309.]

PERTE DU NARWAL.

Le *Narwal*, baleinier français, se perdit sur les îles de la côte sud-ouest de Corée dans la nuit du 2 au 3 Avril 1851; l'équipage à l'exception d'un homme ayant échappé au naufrage, le second du navire se rendit à Changhai dans une des chaloupes du baleinier prévenir le consul de France, M. de Montigny, qui équipa un lortcha, et accompagné de son interprète, M. le Cte. Kleczkowski, alla chercher lui-même ses compatriotes.

— *Chin. Rep.*, XX, pp. 500/506. — Réimp. dans le *Shai. Budget,* Sept. 15, 1871.

— Narrative of the Loss of the French whaler *Narwal* on the coast of Corea and rescue of the crew. By J. M. D. (Mac Donald). (*N. C. Herald,* Nos. 44, 45, 46, 47, 50 et 57, 1851.)

— Notes on some places visited during a surveying expedition round the coast of Japan and Korea, in the summer of 1855; By John Richards, Commanding H. M. Surveying sloop « Saracen ». Read before the Society, Nov. 8, 1855. *(Trans. China Br. R. As. Soc.*, Pt. V, Art. VI.)

— La Corée, son état actuel, les missionnaires catholiques. (Extrait d'une lettre particulière du baron de Chassiron.) *(Nouv. Ann. des Voy.*, 1859, I, pp. 357/366.)

— Les Missions catholiques en Korée et dans l'Inde anglaise. — 1859—1860—1861. (Baron de Chassiron, *Notes sur le Japon*, pp. 327/356.)

— The Shores of the Corea and Japan. *(N. C. Herald*, No. 485, Nov. 12, 1859.)

— La presqu'île de Corée et son avenir. Par Léon de Rosny. *(Journal des Economistes*, 2e Sér., 1859, t. XXII, pp. 413 et seq.)

— Sur la géographie et l'histoire de la Corée. Par Léon de Rosny. *(Rev. Orientale*, 2e Sér., T. I. — 1868—69, pp. 155/174.)

Réimp. dans les *Variétés Orientales*, 3e éd., pp. 313/336.

* Description hydrographique de la Côte Orientale de Corée et du golfe d'Osaka, traduite du russe par M. de la Planche, lieut. de vaisseau, in-8, pp. 4 et 3 cartes. *(Ann. hydrog.*, 1861.)

— Notes on Corea and the Corean Language. By the Rev. Joseph Edkins, B. A. *(Chin. & Jap. Rep.*, Sept. 1864.)

— Geographical Notices on Corea. *(Chin. & Jap. Rep.*, May 1865.)

— Capt. Allen Young. On Corea. *(Proceedings Roy. Geog. Soc.*, IX, No. 6, pp. 296/300.)

— A cruise in Corean Waters in August, 1866. By J. M. James. (All rights reserved.) 1871. Printed at the Nagasaki Express Office : Japan. in-8, pp. 20.

In the British Str. « Emperor ».

EXPÉDITION FRANÇAISE DE CORÉE (1866).

— *N. C. Herald*, (853, Dec. 1, 1866 ; 854, Dec. 8, 1866.)

— *Revue maritime et coloniale*, Fév. 1867, pp. 477/481.

Résumé d'après les documents publiés au *Moniteur*.

— Diplomatic Correspondence of the United States. 1867—1868. (Papers presented to Congress.) Washington.

— L'Expédition de Corée en 1866, épisode d'une Station navale dans les mers de Chine. Par M. H. Jouan [Sept. 1868]. in-8, pp. 84.

Ext. des *Mém. de la Soc. Ac. de Cherbourg*, 1871.

— Aperçu sur l'histoire naturelle de la Corée. Par H. Jouan. *(Mém. de la Soc. des Sc. nat. de Cherbourg*, XIII, 1868, pp. 69/82.)

— Note sur une récente exploration du Hang-kyang en Corée. Par le Vicomte De Rostaing. Extrait du Bulletin de la Société de Géographie (Février 1867). Paris, Imprimerie de E. Martinet, 1867, br. in-8, pp. 16, avec une carte.

— Le *Shanghai Evening Courier*, du 12 Janvier 1869, contient la traduction anglaise de la correspondance échangée entre le Prince Kung et M. de Bellonet, chargé d'affaires de France, au sujet des difficultés soulevées en Corée.

— Vie de Monseigneur Berneux. [Voir col. 540.]

— H. Zuber. Une expédition en Corée. *(Tour du Monde*, XXV, 1873, pp. 401 et seq.)

— Expédition de Corée 1866. Par le Dr. Ch. Martin, ancien médecin de la légation de France à Pekin. *(Le Spectateur militaire*, Paris, 1883, Tome 22, pp. 181/189, 254/267, 344/355.)

— A Narrative of the French Expedition to Corea in 1866, the U. S. Expedition in 1871, and the Expedition of H. M. S. « Ringdove » in 1871. Re-printed from « The North-China Herald ». Shanghai : Printed at « The North-China Herald » Office, 1871, in-8, pp. 27 à 2 col.

PROCÈS JENKINS-OPPERT.

— *The Shanghai News Letter* : Supp. July 14th 1868. — *N. C. Herald*, 11 July, 1868. — *Sup. Court & Cons. Gaz.*, Vol. IV, July 11, 1868, pp. 21/25. — *N. C. Herald*, Nov. 9, 1869.

.·.

* Pfizmaier, Dr. August. Nachrichten von den alten Bewohnern des heutigen Corea. Aus den *Sitzungsber. d. k. Akad. d. Wiss.*, Wien, Gerold's Sohn in Comm., 1868, in-8, pp. 63.

— Darlegungen aus der Geschichte und Geographie Corea's von Dr. August Pfizmaier . . . , Wien, 1874, in-8, pp. 56. *(Sitzungsber. d. phil.-hist. Cl. d. k. Akad. d. Wiss.*, LXXVIII. Bd.)

— The Corean Martyrs : A Narrative by

Canon Shortland. London : Burns, Oates & Co.... s. d. [1869.] pet. in-8, pp. VII-115.

ur le massacre de 1866. — Tiré des *Annales de la Propagation de la Foi.*

- Williamson's Journeys in North-China, 1870. [Voir col. 1022.]

— Note sur la Carte de Corée par H. Zuber. *(Bul. Soc. Géog.*, Juin 1870, 5e Sér., Vol. XIX, pp. 417/422.)

U. S. EXPEDITION.

'oir le *Shanghai Budget*, March 1871 et Juin 9, 30, Juillet 7, 1871.

The Shanghai News Letter : June 12th, 1871. — Le supplément daté 28 June 1871—July 11th, 1871.

∴

— Corea. *(Shai. Budget,* Nov. 22, 1871.)

— Corea as it was in 1860. By E. A. Reynolds. *(Shai. Budget,* June 16, 1871.)

ur le vapeur anglais *Remi* jeté en Avril 1860 sur l'une des îles de la côte de Corée.

- Walton Grinnell. [Voir MANDCHOURIE, col. 1310.]

— Corea. *(Edinburgh Review,* Oct. 1872, pp. 299/335.)

— La Corée. *(Revue britannique. — Journal officiel,* 7 Fév. 1873, pp. 917/918.)

* Japan und Korea. *(Evangelisches Missions-Magazin,* Bâle, Juil. 1873, pp. 262/289.)

— Les peuples de la Corée connus des anciens Chinois par Léon de Rosny. *(Actes de la Soc. d'Ethn.*, VII, 1873, pp. 99/109.)

* Die Halbinsel Korea und die Koreaner. *(Globus,* XXIV, 1873, No. 9.)

— Petitnicolas, Un martyr en Corée. [Voir col. 550.]

— Histoire de l'Eglise de Corée précédée d'une introduction sur l'histoire, les institutions, la langue, les mœurs et coutumes coréennes avec Carte et Planches par Ch. Dallet, Missionnaire apostolique de la Société des Missions étrangères. Paris, Victor Palmé, 1874, 2 vol. in-8.

'introduction qui ne comprend pas moins de 192 pages dans le premier volume, est le travail le plus remarquable que l'on ait publié jusqu'ici sur la Corée. L'ouvrage a été écrit principalement d'après les papiers de Mgr. Daveluy.

'ublié à 12 fr.

es extraits de cette histoire ont été publiés en 1878 dans l'*Explorateur.*

Notice : *Miss. Cath.*, VII, pp. 10/11.

- Early Days of Corean Church. By F. Goldie *(Month,* XXIV, pp. 205, 231).

(DIVERS.)

— Modern History of Corean Church. By F. Goldie. *(Ibid.*, XXV, p. 281.)

— La Corée et les puissances civilisées. [Par P. Tournafond.] *(Explorateur,* II, 1875, pp. 278/282, 297/302.)

— Corea und dessen Einfluss auf die Bevölkerung Japans. *(Verh. d. Berliner Ges. für Anthropologie...* 1876, pp. 78/83. — *Zeit. f. Ethn.*, Bd. VIII, 1876.)

Par P. Kempermann.

— Glimpse of Corea. By C. A. Bridge. *(Fortnightly Review,* XXV, p. 96; réimp. dans *Liv. Age,* CXXIX, p. 168.)

— Corea. By Samuel Mossman. *(Geographical Magazine,* June 1, 1877, pp. 148/152.)

— Hideyoshi's Invasion of Korea. By W. G. Aston Esq. Read before the Asiatic Society of Japan, March 9th 1878. *(Trans. As. Soc. Japan,* Vol. VI, Pt. II, pp. 227/234.)

Chapter II. — The Retreat. [Read Jan. 11, 1881.] *(Ibid.*, Vol. IX, Pt. I, pp. 87/93.) — Chap. III. — Negotiation. [Read June 14, 1881.] *(Ibid.*, Vol. IX, Pt. III, pp. 213/222.) — Chap. IV. — The Second Invasion. [Read Jan. 10th 1883.] *(Ibid.*, Vol. X, Pt. I, pp. 117/125.)

* A Summer Dream of' 71. A Story of Corea. By T. G. *(The Far East,* Shanghai, April 1878.)

— The Korean Potters in Satsuma. By E. Satow Esq. Read before the Asiatic Society of Japan, Feb. 23rd 1878. *(Trans. As. Soc. Japan,* Vol. VI, Pt. II, pp. 193/203.)

— Journal d'une Mission en Corée. Par F. Scherzer. *(Recueil d'itinéraires et de voyages dans l'Asie centrale et l'Extrême Orient.* Paris, Ernest Leroux, 1878, in-8, pp. 1/62.)

Tirage à part, gr. in-8, pp. 62. — Carte.

C'est le voyage de Koei ling en 1866 à la cour de Corée.

Avait paru dans la *Revue de Géog.*, de M. L. Drapeyron.

— Visit to the Corean Gate. By Rev. J. Ross. *(Chin. Rec.*, V, 1874, pp. 347/354; réimp. dans le *Shai. Budget,* Jan. 14, 1875.)

— History of Corea Ancient and Modern with description of manners and customs, language and geography. Maps and Illustrations. By Rev. John Ross, Seven Years resident in Manchuria. Paisley : J. and R. Parlane, s. d. [1879], in-8, pp. XII-404.

Notice : *China Review,* IX, pp. 233/236.

Mr. Ross a donné au *North China Daily News* diverses lettres sur la Corée signées *Philo-Coreanus;* voir les lettres datées de Niou tchouang, et insérées dans ce journal : 1873, 17 et 21 mars; 1875, 8 et 18 janv., 30 mars.

(DIVERS.)

— A Forbidden Land : Voyages to the Corea. With an Account of its geography, history, productions, and commercial capabilities, &c., &c. By Ernest Oppert. With two Charts and twentyone illustrations. London : Sampson Low, 1880, in-8, pp. XIX-349.

Notices : *Nation* (W. E. Griffis), XXX, 271. — *New Englander* (S. W. Williams), XXXIX, 509.

— La Corée, ses ressources, son avenir commercial par Maurice Jametel. *(L'Economiste français,* 23 Juillet 1881.)

— The Subjugation of Chaou-seen [Corea] by A. Wylie. *(Atti del IV Cong. int. degli Orient.,* 1881, II, pp. 309/315.)

This fragment is a translation from the 95th Book of the *Tsëen Han shoo*, or «History of the former Han dynasty» of China. — Tchao sien. (Voir le Vol. I, pp. 1 et seq. du Ma Touan-lin, de M. d'Hervey de Saint-Denys.)

— Corea. The Hermit Nation. I. — Ancient and mediaeval history. II. — Political and social Corea. III. — Modern and recent history. By William Elliot Griffis, late of the Imperial University of Tokio, Japan, Author of «the Mikado's Empire». London : W. H. Allen & Co., 1882, in-8, pp. XXIII-2 ff. n. c. — 462. Carte et grav.

Il y a au commencement une bibliographie des livres relatifs à la Corée. — Notice dans la *Revue de l'Extrême Orient*, II, pp. 273/5 (par H. Cordier).

— La Corée. — Géographie. — Organisation sociale. — Mœurs et Coutumes. — Ports ouverts au commerce japonais. — Les Traités. — Par G. Baudens, lieutenant de vaisseau. Paris, Berger-Levrault, 1884, br. in-8, pp. 38.

Extrait de la *Revue Maritime et Coloniale*.

— Visit to Corea. *(Chambers' Journal,* LVII, p. 598.)

— What shall we do with Corea? (W. Speer). *(Galaxy,* XIII, p. 303.)

— Reclus, *Géographie universelle*.

* A. W. Douthwaite. Notes on Corea. Shanghai, 1884, in-12, pp. 81.

LANGUE.

— Remarks on the Corean Language. By the Rev. Charles Gützlaff. *(Chin. Rep.,* I, pp. 276/9.)

— The Corean Syllabary. By J. R. Morrison. *(Chin. Rep.,* II, p. 135.)

— Translation of a comparative vocabulary of the Chinese, Corean, and Japanese Languages . . . By Philo-Sinensis. (Voir col. 736.)

— Siebold, *Lui Ho,* voir col. 736.

— Vocabulaire Chinois-Coréen-Aino expliqué en français et précédé d'une introduction sur les écritures de la Chine, de la Corée et de Yéso par Léon de Rosny. Paris, Maisonneuve & Cie., MDCCCLXI, br. in-8.

Extrait de la *Revue Orientale et Américaine,* VI, 1861.

— Aperçu de la langue coréenne, par Léon de Rosny. *(Jour. As.,* 6e Sér., Vol. III, 1864; VIII, 1866, pp. 441/472.)

— A Sketch of the Corea Language and Grammar. Translated from the French of M. Léon de Rosny. *(Chin. & Jap. Rep.,* Feb. & April 1865.)

— Опытъ русско-корейскаго словаря. — Составилъ М. Пуцилло. St. Pétersbourg, 1874, pet. in-4, pp. XV-730 + 1 f. n. c.

— The Corean Language. By John Ross. *(China Review,* VI, pp. 395/403.)

— Corean Primer, being lessons in Corean on all ordinary subjects, transliterated on the principles of the «Mandarin Primer», by the same Author. By Rev. John Ross. Newchwang. Shanghai : American Presbyterian Mission Press, MDCCCLXXVII, in-8, pp. 89.

— An Outline History of Japanese Education Literature and Arts; prepared by the Mombusho [Department of Education] for the Philadelphia International Exhibition 1876, reprinted for the Paris Exposition 1878. Tokio, Japan. 10th Meiji (1877). in-8, pp. 194.

— Proposed arrangement of the Korean Alphabet. By W. G. Aston. [Read Nov. 11th, 1879.] *(Trans. As. Soc. Japan,* Vol. VIII, Pt. I, pp. 58/60.)

— Notes on the Corean Language. By John Macintyre. *(China Review,* IX, 1880—81.)

— Corean Tone Book. By Rev. John Macintyre. *(Chin. Rec.,* XI, 1880, pp. 442/444.)

— Dictionnaire Coréen-Français contenant I. — *Partie lexicographique.* 1° Le mot écrit en caractères alphabétiques coréens; 2° sa prononciation; 3° le texte chinois correspondant; 4° la traduction française. II. — *Partie grammaticale.* Les terminaisons d'un verbe modèle arrangées par ordre alphabétique. III. — *Partie géographique.* Les noms et la position des villes, des montagnes, des cours d'eau, etc., les divisions administratives, etc., avec une carte de Corée. Par les Missionnaires de Corée de la Société des Missions étrangères de Paris. Yokohama, C. Lévy, 1880, gr. in-8.

— Grammaire Coréenne. Précédée d'une introduction sur le caractère de la langue Coréenne, sa comparaison avec le Chinois, etc. Suivie d'un appendice sur la division du temps, les poids et mesures, la boussole, la généalogie avec un cours d'exercices gradués pour faciliter l'étude pratique de la langue. Par les Missionnaires de Corée de la Société des Missions étrangères de Paris. Yokohama, Imprimerie de L. Lévy et S. Salabelle, 1881, gr. in-8.

Compte-rendu par Charles Vapereau dans *The N.-C. Daily News*, 17 Dec. 1881.

— On the early history of Printing in Japan. By Ernest Satow. [Read Dec. 15, 1881.] (*Trans. As. Soc. Japan*, Vol. X, Pt. I, pp. 48/83.)

— Further Notes on movable types in Korea and early Japanese Printed Books. By Ernest Satow. [Read June 21, 1882.] (*Ibid.*, Vol. X, Pt. II, pp. 252/259.)

V. — ILES LIEOU KIEOU, ETC.

— Mémoire sur les îles Lieou-kieou par le P. Gaubil. (*Lettres édifiantes,* XXIII, voir col. 423.)

On trouve dans une des ventes de Libri, à Londres, *Coll. of Ms.*, l'indication du ms. suivant qui a été acheté Livres 5.5/— par Sir Thomas Phillips :

«239. — Mémoire sur les Isles que les Chinois appellent Isles de *Lieou Kieou* (envoyé de Chine par le P. Gaubil en Nov. 1752). — Caractères chinois combinés selon le Chouc-wen. — Lettres mongoles d'Ouldjaito Souldan et de l'Empereur Arkhoum Khan (written in 1305). Folio, saec. XVIII, on paper.

An interesting geographical and historical collection. The *Lettres Mongoles*, so important for history, are here in the original Oriental character with a partial transcription. See «Mémoires (Nouveaux) de l'Académie des Inscriptions» (Vol. VII, p. 335). We have in this Manuscript some inquiries on the subject, perhaps by De Guignes, before A. Rémusat (1824).»

— Grosier, II, pp. 127 et seq.

— W. R. Broughton. Voy. of Disc. to the N. Pacific Ocean. Lond. 1804. [Voir *Corée*, col. 1380.]

— Sprachproben von Lieu-kieu. (Klaproth, *Archiv für Asiat. Lit.*, St. Petersburg, 1810, pp. 151/158.)

— Description des îles de Lieou khieou, extraite d'ouvrages japonais et chinois. (Klaproth, *Mém. rel. à l'Asie,* II, pp. 157 et seq.)

— Macleod. Voyage de l'*Alceste*. [Voir col. 1002/3.]

BASIL HALL.

— Account of a Voyage of Discovery to the West Coast of Corea, and the Great Loo-choo Island; with an Appendix containing Charts, and various hydrographical and scientific Notices. By Captain Basil Hall, Royal Navy, F. R. S. Lond. & Edin. . . . . And a Vocabulary of the Loo-choo Language, By H. J. Clifford, Esq. Lieutenant Royal Navy. London : John Murray . . . 1818. in-4, pp. xvi-222, sans l'App., etc. Grav., etc.

Pub. à Livres 2.2/—.

Notices : *Quart. Rev.*, XVIII, 1818, pp. 308 et seq. — *Edinb. Rev.* (F. Jeffrey), XXIX, pp. 475/497. — *Eclectic Rev.*, XXVII, p. 513. — *North Am. Rev.* (Jared Sparks), XXVI, pp. 514/538. — *Month. Rev.*, CXXV, p. 59; CXXVII, 592; CXXXIV, p. 143. — *Fraser's Mag.*, VIII, p. 593.

— Voyage to Corea and the Island of Loo-chow by Captain Basil Hall. — A new ed. London, Murray, 1820, pet. in-8.

«The First Ed. [1818, 4°] of this work which gives a full account of the Voyage to Corea and Loochoo, is divided into a Narrative — an Appendix, containing Charts and various nautical and scientific Notices and a Vocabulary of the Loochoo Language. The present Edition is confined to the narrative alone to the exclusion of all technical and other details, not calculated to interest the general reader.» (*Preface.*)

— Vocabulary of the Language spoken at the Great Loo-choo Island, in the Japan Sea. Compiled by Herbert John Clifford, Esq. Lieutenant, Royal Navy, In two Parts. in-4.

A la suite du Voyage de Basil Hall, 1818.

— Voyage to Loo-choo, and other places in the Eastern Seas, in the year 1816. including an account of Captain Maxwell's attack on the Batteries at Canton; and notes of an interview with Buonaparte at St. Helena, in August 1817. By Captain Basil

Hall, R. N., F. R. S. Edinburgh : Printed for Archibald Constable & Co.; and Hurst, Robinson & Co., London, 1826, in-12, pp. ii-322.

Forme le Vol. I de *Constable's Miscellany of Original and Selected Publications.*

— Narrative of a Voyage to Java, China, and the Great Loo-choo Island. With accounts of Sir Murray Maxwell's Attack on the Chinese Batteries, and of an interview with Napoleon Buonaparte, at St. Helena. By Captain Basil Hall, R. N., F. R. S. London : Edward Moxon, MDCCCXL, in-8 à 2 col., pp. 81 + 4 ff. prél. n. c. p. le f. tit., tit., tab.

Forme le premier numéro d'un volume intitulé : *Voyages and Travels.* London : Edward Moxon, MDCCCXL, qui comprend quatre voyages avec pagination spéciale.

— Verhaal eener ontdekkingsreis langs de westkust van Corea en het Groot Loochoo eiland in de Japansche Zee door Kapitein Basil Hall. Uit het Engelsch. Te Rotterdam bij Arbon & Krap. MDCCCXVIII, in-8, pp. III-286.

Sur le titre gravure : *Gezigt van het Zwavel eiland, bladz 80.*

— Entdeckungsreise nach der Westküste von Korea und der grossen Lutschu-Insel von dem Capitan Basil Hall. Aus dem Englischen übersetzt, und mit Anmerkungen begleitet von Friedrich Rühs. Mit zwei Charten. Weimar, 1819, in-8.

Dans le Vol. XIX de la *Neue Bibliothek der wichtigsten Reisebeschreibungen.*

.·.

— Short Visit to Loo-choo in Nov. 1818 [in the brig *Brothers*]. By W. Eddis. *(Indo-Chinese Gleaner,* No. VII, Jan. 1819, pp. 1/4.)

— Chinese Account of Loo-choo [taken from a continuation of the Chinese Official Memoirs, concerning the Loo-choo, first published in the reign of Kang-ke (about A. D. 1700) and now extended to the 13th year of the reign of Kea-king, (A. D. 1808). Printed at Peking, with moveable Chinese types. P. Gaubil, in the *Lettres édifiantes* gave an account of the former memoirs). *(Indo-Chinese Gleaner,* No. VII, Jan. 1819, pp. 4/8.)

— Journal of three voyages.... By Charles Gützlaff. [Voir col. 1005.]

D'après les *Nouv. Ann. des Voyages,* Mars 1822.

— Die Lieou-Kieou Inseln. *(St. Petersburgische Zeitschrift,* herausg. von Aug. Oldekop, VIII, 1822, pp. 291/306.)

— San Kokf tsou ran to sets. [Voir col. 1381.]

— Narrative of a Voyage of the Ship *Morrison,* Captain D. Ingersoll, to Lewchew and Japan, in the months of July and August, 1837. By S. Wells Williams. *(Chin. Rep.,* Vol. VI, 1837, pp. 209 et seq., 353 et seq. — Réimp. dans le *N. C. Herald,* No. 445, Feb. 5, 1859, et seq.)

— Nautical Observations made during the voyage. *(Ibid.,* pp. 400 et seq.) — Notices of some of the specimens of natural history. *(Ibid.,* pp. 406 et seq.)

— Lewkew kwŏ che leŏ : a brief history of Lewchew, containing an account of the situation and extent of that country, its inhabitants, their manners, customs, institutions, &c. By E. C. Bridgman. *(Chin. Rep.,* Vol. VI, July 1837, pp. 113 et seq.)

« The work, the title of which stands at the head of this article, was written by Chow Hwang after his return from Lewchew, whither he was sent as an envoy in the 21st year of Keenlung, A. D. 1757. » P. 114.

— Journal of an Expedition from Sincapore to Japan, with a Visit to Loo-choo; descriptive of these Islands and their inhabitants; in an attempt with the aid of natives educated in England, to create an opening for missionary labours in Japan. By P. Parker, M. D. Medical Missionary from the American Missionary Board. Revised by the Rev. Andrew Reed, D. D. London : Smith Elder & Co., MDCCCXXXVIII, pet. in-8, pp. VIII-75.

British Museum, 791. d, 20.

— Narrative of the Voyage of H. M. S. *Samarang* . . . [voir col. 1382].

— Notes on the Batanes and Madjicosima Islands. *(Chin. & Jap. Rep.,* July 1865.)

Visite du *Samarang,* 1843.

— Lettre de la Grande Loutchou (12 Août 1845). Par le P. Forcade. *(Rev. de l'Orient,* X, 1846, pp. 257/8.)

— Letter from B. J. Bettelheim, M. D., giving an account of his residence and missionary labors in Lewchew during the last three years. *(Chin. Rep.,* XIX, pp. 17/49, 57/90.)

— Letter from B. J. Bettelheim, M. D. Missionary in Lewchew, addressed to Rev. Peter Parker, M. D. — Canton. Printed at the Office of the Chinese Repository.... 1852, br. in-8, pp. 42.

— Loochoo Naval Mission. Extract from the Report for 1850—51, written by Dr. Bettelheim, Missionary at Napa. *(N. C. Herald,*

No. 78, 24 Jan. 1852. — Réimp. dans le *Shae. Alm. and Miscel.* for 1853.)

s forme de lettre adressée à l'éditeur du *N. C. Herald*, et atée de Napa, 4 Sept. 1851.

Loochoo Mission: Extracts from the Journal of the Society's Missionary, Dr. Bettelheim. 1850—52. London, Published for the Society, s. d., pet. in-8, pp. 61.

The Seventh Report of the Loochoo Mission Society for 1851—52. London, Published by the Society, 1853, pet. in-8, pp. 32.

Visite du «Reynard» en Oct. 1850. *(China Mail,* No. 303, ov. 28, 1850.)

Lewchew and the Lewchewans; being a Narrative of a Visit to Lewchew, or Loochoo, in October 1850, by George Smith, D. D., Lord Bishop of Victoria. London, T. Hatchard, 1853, pet. in-8, pp. VIII-95.

The Madjicosima Islands. A short notice of the Madjicosima (Meia-co-shi-ma, or Meia-koon-koomah) Islands. By Dr. Bowring. Read to the Society, 13th June 1852. *(Trans. China Br. R. As. Soc.*, Pt. III, Art. I.)

/isit du «Sphinx» en Fév. 1852. *(China Mail,* No. 368, March 4, 852.)

Description of Loochoo by a Native of China. *(N. C. Herald,* No. 187, Feb. 25, 1854 et seq. — Réimp. dans le *Shae. Alm. and Miscel. for. 1855.)*

indigène était resté aux Lou tchou en 1853.

Le *N. C. Herald*, No. 216, Sept. 16, 1854, cite les travaux ydrographiques suivants du lieut. S. Bent, de la marine des tats Unis, publiés par ordre du Commodore M. C. Perry :

ing Directions for Napha, Island Great Lewchew.

ting or Port Melville, Island Great Lewchew.

K. L. Biernatzki. Beiträge zur geographischen Kunde von Japan und den Lutschu-Inseln. (Gumprecht, *Zeitschr. Allg. Erdk.*, IV, 1855, pp. 225/47.)

Perry. Remarks upon the probable future commercial Relations with Japan and Lewchew (Washington, 1856), gr. in-4.

G. Jones. Report of an exploration of Great Lewchew (Washington, 1856), in-4.

Wae Yàng Jin. — Eight Months' Journal kept on board one of Her Majesty's sloops of war during visits to Loochoo, Japan, and Pootoo. By Alfred Laurence Halloran, Master Royal Navy. London : Longman, 1856, pet. in-8, pp. v + 1 f. n. c. + pp. 126, grav.

(DIVERS.)

— Aug. Heurtier. Commerce avec le littoral japonais et les îles Liou tcheou. [Voir col. 1032.]

— Lettres à M. Léon de Rosny sur l'Archipel Japonais et la Tartarie Orientale par le P. Furet Miss. Ap. au Japon . . . . Précédé d'une introduction par E. Cortambert et suivi d'un traité de Philosophie japonaise et de plusieurs Vocabulaires. Paris, Maisonneuve, MDCCCLX, pet. in-12, pp. IV-120.

Introduction. — I. La grande île Lou-tchou. — II. Les Lettrés de Lou-tchou. — III. Une excursion à Lou-tchou. — IV. Le détroit de Mats-mayé. — V. La Baie du Barracouta. — VI. La Baie de Joncquières. = Appendice : Traité de philosophie Japonaise. = Philologie : Vocabulaire des habitants de la Baie de Joncquières. — Voc. aïno de Hakodadé. — Voc. de la tribu des Yak. — Voc. coréen de la Baie de Brougton. — Oraison dominicale en langue loutchouane.

— Le même. Deuxième édition. Paris, Maisonneuve, MDCCCLCI, pet. in-12, pp. IV-120.

4 ex. sur pap. vélin et numérotés.

— Les îles Lou-tchou. [Un château-fort. — Le marché de Nafa.] Lettre à M. Léon de Rosny . . . Par le P. Furet. *(Rev. Or. et Am.*, T. II, 1859, pp. 109/115.)

Nafa, 25 juin 1858.

Voir col. 547.

— Notices sur les Iles de l'Asie orientale, extraites d'ouvrages chinois et japonais, et traduites pour la première fois sur les textes originaux, par Léon de Rosny . . . Paris. Imprimerie Impériale, MDCCCLXI, in-8, pp. 20.

Extrait No. 2 de l'année 1861. du *Journal Asiatique* (5e Série, Vol. 17, pp. 357 et seq.).

Ces notices sont consacrées à Nippon, Yéso et les Lou-tchou.

* J. Hoffmann. Blikken in de geschiedenis en staatkundige betrekkingen van het eiland Groot Lioe-kioe, naar chinesche en japansche bronnen. *(Bijdragen tot de Taal-Land- en Volkenkunde van Nederlaendsch Indie,* 3e Sér., t. Ier, 3e cahier. S' Gravenhag., 1866, in-8, pp. 379/401.)

— Les îles Liou-kiou. (Vivien de Saint-Martin, *Année géographique,* 1867, pp. 242/3.)

— The American Compact with Lewchew. *(Chinese Commercial Guide,* 1863, pp. 262 et seq.)

— Political intercourse between China and Lewchew. By S. Wells Williams, LL. D. Read Oct. 13, 1866. *(Jour. N. C. Br. R. A. S.*, Dec. 1866, pp. 81/93.)

— Journal of a Mission to Lewchew in 1801.

(DIVERS.)

By S. Wells Williams Esq. LL. D. Read 27th Feb. 1871. *(Jour. N. C. Br. R. A. S.,* N. S., No. VI, 1869 & 1870, pp. 149/171.)

Shi Liu-kiu Ki 使琉球記 Journal of an Envoy to Lewchew. Published by Li Ting-yuen, the Envoy, in 1803. One vol. in 6 sec., pp. 290.

— Notes on Loochoo. By E. Satow, Esq. Read before the Asiatic Society of Japan, 30th Oct. 1872. *(Trans. As. Soc. Japan,* I, pp. 1/9.)

— Visite du «Curlew». *(Shai. Budget,* Nov. 27, 1873.)

(Divers.)

— Notes taken during a visit to Okinawa Shima-Loochoo Islands. By R. H. Brunton, Esq. Read before the Asiatic Society of Japan, 19th Jan. 1876. *(Trans. As. Soc. Japan,* Vol. IV, pp. 66/77.)

— Kingdom of Liu-kiu (琉球), or Lewchew. (Sect. XXIII, Ma Twan-lin; S. W. Williams, *Notices of Fu-sang,* pp. 24/29.)

* Nocentini. Le isole Lieu-kieu. *(Rassegna Settimanale,* No. 73, 25 Mai 1879.)

* *Chambers' Journal,* Vol. LVIII, p. 581.

(Divers.)

FIN.

POSTFACE

Cet ouvrage — dont l'idée première nous a été suggérée par la nécessité de recherches personnelles et par la rédaction de notre inventaire des livres de la Société royale asiatique de Changhaï[1] — a été commencé à la même époque que ce catalogue, en 1869 en Chine. Des voyages dans les différentes parties du Céleste Empire, nous permirent de tirer des collections de ce pays tout ce qui pouvait servir à notre travail. De retour en Europe, en 1876, nous avons pu — dans nos courses à travers l'Allemagne, la Belgique, la Hollande, la Russie, l'Autriche, l'Italie, la Suisse et l'Angleterre — compléter nos notes. Nous n'avons épargné ni notre temps, ni notre argent pour publier un ouvrage bibliographique digne du vaste empire à l'étude duquel nous avons consacré notre existence.

L'impression de la *Bibliotheca Sinica* fut commencée en 1877 et le premier fascicule parut en 1878; les difficultés de l'impression d'un ouvrage qui comprend près de 1400 colonnes et l'arrivée de nouveaux matériaux en retardèrent la terminaison jusqu'à ce jour. Nous avons plus que personne conscience des erreurs et des omissions que nous nous attacherons à réparer dans un supplément. Des critiques de détail qui nous ont été adressées ne sauraient nous faire oublier la grande bienveillance dont en général nous avons été l'objet. Il serait nécessaire d'ajouter un grand nombre de noms à ceux cités dans notre préface; on nous permettra de ne mentionner que celui du P. Carlos Sommervogel, S. J., le digne continuateur des PP. de Backer; il a corrigé quelques erreurs qui s'étaient glissées dans le chapitre consacré à l'histoire ecclésiastique.

***

Nous considérerions notre œuvre comme inachevée si nous ne la complétions par un supplément ayant pour objet de combler les lacunes et de rectifier les erreurs découvertes au

1. A Catalogue of the Library of the North China Branch of the Royal Society (including the Library of Alex. Wylie, Esq.) Systematically classed. Shanghai, 1872, gr. in-8.

cours de l'impression; il donnera en même temps la liste des travaux parus depuis la publication du premier fascicule. Ce supplément sera suivi d'un index alphabétique des auteurs et de différentes tables utiles pour se guider dans un ouvrage de bibliographie.

Nous croyons nécessaire d'annoncer aussi que nos travaux sur la bibliographie de l'Asie orientale doivent comprendre également une Bibliotheca Indo-Sinica qui sera mise sous presse à la fin de l'année courante et une Bibliotheca Japonica; celle-ci ne sera publiée d'ailleurs que si l'un de nos jeunes et actifs confrères[1] ne donnait lui-même un semblable travail depuis longtemps en projet d'exécution.

*
* *

Cet ensemble de publications nous donnera donc la liste des travaux sur les Pays de l'Extrême-Orient imprimés par les Européens dans leurs langues nationales, mais il existe en outre un grand nombre d'ouvrages inédits dans les bibliothèques publiques et particulières et dans les Archives de ministères. La *Bibliotheca Sinica* ne renferme l'indication que d'un petit nombre de manuscrits. Nous avons déjà commencé à donner dans notre *Revue*, la description des documents inédits relatifs à l'Extrême-Orient conservés dans les Bibliothèques du British Museum et de la Royal Asiatic Society, à Londres, la Bibliothèque palatine à Vienne, la Bibliothèque publique de Genève et la Bibliothèque de l'Université de Kasan[2]. Quand nous aurons réuni toutes nos notes, nous les publierons en un volume du format de la *Bibliotheca Sinica*.

Les archives ministérielles et privées nous ont fourni l'occasion de publier deux séries de documents :

1° Documents inédits pour servir à l'histoire ecclésiastique de l'Extrême-Orient[3].

Ces documents se composent de pièces relatives à l'histoire du Christianisme et de lettres inédites de missionnaires. Ils nous servent à préparer notre :

Asia Christiana Orientalis.

1. M. Pierre Bons d'Anty, aujourd'hui en Chine.

2. *Revue de l'Extrême-Orient,* Vol. I, pp. 113, 479, 311, 625, 628; Vol. II, p. 573.

3. *Revue de l'Extrême-Orient,* Vol. I : I. Correspondance du P. Foucquet avec le Cardinal Gualterio. — II. Nouvelles de la Chine, extraites de diverses lettres écrites de ce pays-là sur la fin de l'an 1729 et au mois de janvier 1730. — III. Le Chinois du P. Foucquet, d'après le manuscrit No. 169 de l'inventaire des papiers du Duc de St Simon. — Vol. II : IV. Mémorial du Tsong-tou, ou gouverneur général des deux provinces du Fou-kien et de Tche-Kiang, appelé Mouan, présenté contre la religion chrétienne à l'empereur de la Chine, vers la fin de l'an 1723. — V. Catalogus omnium Missionariorum qui Sinarum Imperium ad haec usque tempora ad praedicandum Jesu Xti Evangelium ingressi sunt. — VI. Lettres diverses.

2° Une série de pièces diplomatiques imprimées les unes sous forme de volumes[1], les autres dans la *Revue de l'Extrême-Orient.*

Ces pièces nous permettront de donner des recueils qui pourront tenir lieu de *Calendars of State Papers* et serviront de pièces justificatives à notre ouvrage depuis longtemps commencé :

HISTOIRE GÉNÉRALE DES RELATIONS POLITIQUES ET COMMERCIALES DES NATIONS DE L'OCCIDENT AVEC LES PEUPLES DE L'EXTRÊME-ORIENT.

***

Nous avons passé sous silence les travaux sur la Chine écrits en langue chinoise : le savant Mr. Alex. Wylie en a déjà donné une bibliographie purement chinoise dans ses *Notes on Chinese Literature.* Nous-mêmes avons commencé une bibliographie des livres publiés en Chinois par les Européens[2].

Nous pensons que l'ensemble de ces travaux présentera en quelque sorte le bilan de nos connaissances actuelles sur l'Extrême-Orient. Espérons qu'il nous sera permis de terminer notre tâche.

1. La France en Chine au dix-huitième siècle. — Documents inédits publiés sur les manuscrits conservés au dépôt des Affaires étrangères avec une introduction et des notes. Tome I. Paris, Ernest Leroux, 1883, in-8. — Le Consulat de France à Hué sous la Restauration. Paris, Ernest Leroux, 1884, in-8.
2. Essai d'une bibliographie des ouvrages publiés en Chine par les Européens au XVIIe et au XVIIIe siècle. Paris, Ernest Leroux, 1883, gr. in-8.

HENRI CORDIER.

3, Place Vintimille, Juillet 1885.

TABLE DES MATIÈRES

DU SECOND VOLUME

DEUXIÈME PARTIE

LES ÉTRANGERS EN CHINE

TROISIÈME PARTIE

RELATIONS DES ÉTRANGERS AVEC LES CHINOIS

QUATRIÈME PARTIE

LES CHINOIS CHEZ LES PEUPLES ÉTRANGERS

CINQUIÈME PARTIE

LES PAYS TRIBUTAIRES DE LA CHINE

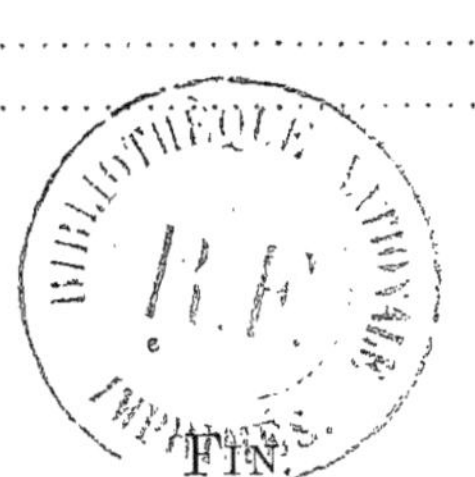

FIN.

BIBLIOTHECA SINICA

DICTIONNAIRE BIBLIOGRAPHIQUE

DES OUVRAGES

RELATIFS A L'EMPIRE CHINOIS

PAR

HENRI CORDIER

CHARGÉ DE COURS A L'ÉCOLE DES LANGUES ORIENTALES VIVANTES

Cet ouvrage a obtenu à l'Institut le prix Stanislas Julien en 1880

TOME SECOND

FASCICULE II

PARIS

ERNEST LEROUX, ÉDITEUR

LIBRAIRE DE LA SOCIÉTÉ ASIATIQUE DE PARIS

DE L'ÉCOLE DES LANGUES ORIENTALES VIVANTES, ETC.

28, RUE BONAPARTE, 28

[illegible]

www.ingramcontent.com/pod-product-compliance
Lightning Source LLC
Chambersburg PA
CBHW070756270326
41927CB00010B/2169

* 9 7 8 2 0 1 2 6 3 8 1 9 8 *